民法解釈学の展望

謹しんで
品川孝次先生に捧げます

執筆者一同

〔執筆者一覧〕（掲載順）

須田晟雄（すだ　あきお）　北海学園大学法学部教授
福永礼治（ふくなが　れいじ）　東京学芸大学教育学部教授
関　武志（せき　たけし）　新潟大学法学部教授
奥冨　晃（おくとみ　あきら）　南山大学法学部教授
斎藤充弘（さいとう　みつひろ）　前愛媛女子短期大学助教授
清水千尋（しみず　ちひろ）　立正大学法学部教授
中嶋士元也（なかじま　しげや）　上智大学法学部教授
門広乃里子（かどひろ　のりこ）　実践女子大学生活科学部助教授
桶田和子（おけた　かずこ）　前帝京大学短期大学講師
辻　伸行（つじ　のぶゆき）　上智大学法学部教授

品川孝次先生

民法解釈学の展望

品川孝次先生古稀記念

編集代表

須田晟雄
辻　伸行

信　山　社

はしがき

品川孝次先生は、平成一二年七月二八日をもってめでたく古稀の佳齢を迎えられた。先生は、昭和二八年に北海道大学法経学部法律学科を卒業後直ちに研究生活に入られ、その後、北海道教育大学、上智大学、帝京大学、専修大学において研究および教育活動に携わられ、平成一三年三月に専修大学を定年退職された。

われわれは、先生が上智大学および帝京大学にご在職中に、学部および大学院における講義、演習、論文指導を通して直接ご指導いただいた。とくに論文指導に際しては、仮借のない叱咤とともに、あたかもご自身の著作であるかのごとく一言一句に至るまで綿密かつ懇切なご指導をたまわった。われわれがまがりなりにも学究としての途を歩みはじめた後も、先生の主宰される研究会に毎年、そして今日に至るまで参加させていただき、公私にわたって先生のご薫陶を受けた。われわれは、文字通り苦悶のすえ考えを絞り出す先生のご学風と厳正なる学究としての先生のご姿勢に学び、徳の顕に三重あるべしというべきご教示をたまわったが、先生のご境地にいくばくかでも近づきえたかは今なお心もとない。

かえりみると、先生の壮年時代には、持病のために数種類の薬を常に携帯され、酒宴の席では薬酒を求められるなど、われわれは、ひそかに先生のご健康を心配していたが、当時から最近に至るまで研究会での長時間にわたる飽くなき談論風発と旺盛な行動力は、われわれの気力、体力をはるかに凌駕しており、先生のご健在ぶりには目をみはるものがある。先生が古稀を迎えられてますますご壮健でおられることは、われわれが心から欣びとするところであり、多年にわたる学恩に対して深甚なる謝意を捧げたい。

本書の企画は、およそ三年前にさかのぼる。記念論文集の出版を固辞されるであろう先生のお人柄を慮って、先生には内密にし、執筆者も先生より直接ご指導いただいたわれわれだけにとどめて、先生に対する敬慕と感謝の念を純粋に込めて編むことにした。先生に献呈する以上渾身の力を込めてというわれわれの当初の意気込みがどれだけ実現できたかはいささか心もとない。また、われわれのうちの数人は、所属大学における職責と重なり、論文の完成が遅れ、心急ぐうちに月日のみが徒に過ぎ行き、先生の古稀を過ぎること一年にしてようやく論文集をまとめることができた。われわれが一人として欠けることなく全員で謝意を表すことができることで、先生のご海容をいただけることを念じつつ、先生の古稀を心よりお祝いし、深い学恩に感謝し、先生に本書を捧げたい。

記念論文集としては異例ともいえる本書の刊行をご快諾下さり、刊行まで多大な労を執って下さった信山社の袖山貴氏に心より御礼を申し上げる。

二〇〇一年一二月二〇日

執筆者一同

目次

民法解釈学の展望

1
動機錯誤の類型的考察
――要件を中心にして――

須田晟雄

一　はじめに

動機錯誤をめぐるわが国の学説上の論議は、二つの段階をへて現在に至っている。

第一の段階は、杉之原、舟橋、川島博士の先駆的研究を踏まえ、意思の欠缺と動機錯誤の理論的対置を捨象して錯誤無効の許否を決する実質的判断基準を解明し、共通の統一的要件を構築することを論議の中心とする段階である。中心的な対立点は、いかなる判断枠組、要件を構築することによって錯誤の危険の合理的分配を実現すべきかにある。錯誤者、相手方および取引の安全に対する保護の比重の程度、錯誤制度に対する見方の相違などによって、要件の内容とそれぞれの要件のウエイトの置き方について多様な見解が主張されている。[1]要素の錯誤を関係する利害を総合的に調整する一般条項的な判断枠組として位置づけるか、[2]あるいは客観的要件と主観的要件の組合せによるか、という全体的判断枠組の把握の仕方、より一般的にいえば方法論手法の相違を背景に置く対立がある。また、主観的要件として考慮される相手方の主観的態様についても、錯誤についての認識ないし認識可能性、[3]錯誤の主観的重要性についての認識ないし認識可能性、[4]相手方の詐欺的行動ないし相手方による錯誤の惹起、さらには錯誤の共通性[5]などを要求する見解が主張され、いまだに収斂されていない。このような学説上の混迷には、それぞれの要件の異同とそれらを要求する趣旨について十分な検討がなされていないことが大きな要因になっているように思われる。錯誤の惹起についての相手方の悪性または帰責性を考慮するのか、それとも表示に対する相手方の信頼を否定する要素として考慮するのか、錯誤の共通性については、錯誤が共通であること自体を考慮するのか、それともドイツ法における行為基礎に関する錯誤のように両当事者が誤った事態に重きをおいていたことを考慮するのかなどである。最近では、錯誤の主観的重要性の認識ないし認識可能性の趣旨を錯誤の甘受、錯誤の認識ないし認識可能性の趣旨を錯誤是正と把握する見解が主張されているが、[6]なお検討の余地がある。ただいずれにしても、相手方の主観的態様を重視する学説の傾向が消費者取引における不当な勧誘行為から消費者を保護する構成に重要な影響を及ぼしたことは明らかである。[7]

他方、意思の欠缺と動機錯誤の理論的な区別を前提にし、動機錯誤を錯誤論とは異なる法領域―たとえば、前提論、行為基礎論、保証の合意、瑕疵担保の類推―の問題として解決を図る説[8]や契約内容に受容された動機に関する錯誤を考慮する説[9]も有力に主張されている。これらの学説の前提とされている意思の欠缺または意思と表示の不一致という構成が理論的に同一のものであるかどうかはなお検討の余地があるが、動機錯誤に関連していえば、前提、行為基礎と契約内容構成との間に実質的な保護の範囲にどのような相違があるのかは必ずしも明らかではない。また、一元説からは、契約内容への受容を基準に危険分配を試る学説に対して観点の違いでしかないとの指摘がなされている。たしかに、錯誤の危険分配の包括的な判断組としては、理論的説明ないし方法論的手法の違いと見ることもできよう。しかし、どちらの構成が危険分配のための具体的基準をより的確に提示し、理論化できるかという問題は残されている。そして、これに関連してより重要なことは、これらの学説がいかなる動機錯誤を想定して要件の構築を試ているかである。契約内容を基準とする説が主として性質錯誤以外の行為基礎に関する錯誤を念頭に置いて錯誤の認識可能性や錯誤の惹起がこれらの錯誤を顧慮する要件として適合的でないことを指摘するのに対し、一元説では、性質錯誤に焦点を合わせて要件を構築しているようにも見られ、いずれにしても、動機錯誤を類型的に検討するという視角は十分にとり入れられていない。意思の欠缺と動機錯誤を区別することに対する批判的検討に主眼が置かれ、錯誤を一元的に把握してその共通の要件構築のための基本的視角が契約類型に求められたために、各類型における動機の多重性という分析視角が十分に意識されなかったことにその原因を求めることができる。一元説においても、たとえば、すでに破談になっていることを知らずに婚礼の贈物として家具を購入した場合のような狭義の動機錯誤を他の動機錯誤と区別して扱うべきことが指摘されている。[10] 狭義の動機錯誤としてどのような錯誤が想定されているのか、かりに行為基礎に関する錯誤が含まれるとすれば、契約内容を基準とする学説の指摘の正当性を検証することが必要となろう。

以上のように、第一の段階では、動機錯誤全般に共通する統一的な要件の構築に向けて論議がなされたが、各契約における動機を重層的に把握し、動機錯誤を類型化したうえでそれぞれの類型に固有の要件の解明を試るという視角は、これらの論議のなかで十分に取り入れられていないということができる。

第二の段階は、消費者取引における事業者側の不当な勧誘行為または不当に情報を黙秘する行為に対して既存の制度をいかに拡張ないし修正することによって消費者の保護を図るかという問題に関連して錯誤の対応可能性をめぐる論議の段階である。消費者を保護するための理論としては、詐欺・強迫の拡張理論、情報提供義務、助言義務、契約締結上の過失など多様な理論が提唱され、消費者契約法への結実として収斂の方向にあるが、以下では、錯誤に関連する範囲内において言及するにとどめることにする。

錯誤法理またはその拡張理論を活用して消費者保護を試る学説は、まず、消費者の動機を最大限に尊重し、事業者の勧誘行為によって消費者の認識と客観的事実との間に不一致が生じ、合理的消費者を基準とする錯誤の重要性を満たせば錯誤無効を認める見解[11]、あるいは同様の消費者の錯誤について「消費者にとって不用なもの」でなかったことを要件として錯誤無効を認める見解[12]としてあらわれた。しかし、これらの見解が提示する判断枠組は、消費者の動機を広範に考慮し、消費者保護に偏りすぎる結果を招きかねないためにその後の学説の支持を得ていない[13]。

つぎに、事業者側の行為態様を錯誤または詐欺の拡張理論の問題として考慮する見解があらわれ、その具体的内容は多様であるが、学説上有力化している。詐欺と錯誤の中間的な概念として情報提供義務違反を把える見解[14]、有償契約における錯誤の要素を給付の主観的均衡と把え、これに該当しない場合を詐欺の拡張理論としての情報提供義務違反などによって解決を試る見解[15]、錯誤無効の判断において相手方の行為態様や当事者の情報へのアクセスの難易などを考慮する「変容した」錯誤制度を情報提供義務と同質のものと把える見解[16]など多岐にわたっている。

これらの見解には、錯誤の一般理論として、第一に、錯誤の要素は、契約の典型性や給付の主観的均衡という客観的ファクターによって限定づけられ、第二に、相手方の行為態様や情報に対するアクセスの難易度は、錯誤無効の判断のうえで考慮されないという前提があるように見られる。しかしながら、第一の前提についていえば、従来の判例、とくに下級審裁判例にあらわれた圧倒的多数の事例は、右の客観的ファクターに関係しない狭義の動機の錯誤を扱っており、しかも要素の錯誤が肯定された事例も相当数にのぼる。これらの判決において採用されている、動機が表示され契約内容に受容されているという判例準則の具体的内容を解明することが決定的に重要である。判例準則が契約内容を確定するための契約の解釈の問題として動機錯誤を処理する定式を採用しながら、実際には、錯誤の危険を分配するための判断枠組として機能していることは、すでにすぐれた判例分析によって明らかにされている。契約の解釈という側面から見れば、契約内容を確定する解釈には、当事者の個別的事情に即した解釈と典型的ないし類型的解釈という両面があるとの指摘(17)を十分に考慮する必要がある。給付の等価性に関連する錯誤の場合には、給付の主観的均衡という客観的ファクターが契約内容への受容および錯誤の危険分配についての決定的な基準になりうる。たとえば、有償契約において、錯誤者が相手方の給付の内容について誤った観念をもち、これが錯誤者の反対給付に影響を及ぼしている場合には、相手方が錯誤者の誤った観念を認識ないし認識可能であることを前提にして、契約内容への受容が肯定されるとともに給付の主観的不均衡のゆえに錯誤の重要性も肯定されうる。これに対して、変額保険における運用益に関する保険契約者の錯誤や英会話教材の売買契約における海外旅行の会員になれるとの買主の錯誤の場合には、これらの錯誤は契約の典型性や給付の主観的均衡に関係しないから、これらのファクターが要素の錯誤の基準になりえないことは当然であろう。そして、決定に重要なことは、事業者側が当該動機に関する事項について不実の説明により勧誘し、消費者は当該動機を決定的なものとして契約締結に誘導されたという事態を適切に受容できる錯誤の判断枠組を提示できるかどうかである。従来の錯誤理論においても、相手方の行為態様は詐欺的行動ないし錯誤惹起行為として考慮されたが、錯誤を顧慮するための一要因として位置づけられたにとどまり、錯誤を惹起させ、または錯誤を利用して契約締結に誘導する相手方の行為態様の帰責性が直接な標準とされていたわけではない。この点では、近時の学説が指摘する第二の前提は正当であろう。

そこで、消費者取引における特殊性が鮮明に意識される以前から、とりわけ保証人の錯誤などを中心にして展開されてきた狭義の動機錯誤についての判例準則の実質的な判断枠組を明らかにしたうえで、右の述べた事態に対して判例準則はどのようにそしてどこまで対応することが可能かを検討することが課題となろう。当事者間の情報量の格差は、消費者契約におけるように類型的に考慮されず、各契約ごとに個別に考慮されるであろうし、相手方の行為態様の帰責性の有無を判断する際の諸事情は、異なる観点から考慮されるであろう。また、強迫的な不当勧誘行為および不当な黙秘による誤信利用行為は、錯誤の適用外に置かれることになろう。

本稿では、以上のような問題意識に基づいて、動機錯誤を類型化し、各類型における判例の実質的な判断枠組を解明することを試ることにする。

(1) 学説の詳細については、中松纓子「錯誤」民法講座Ⅰ(一九八四年)三八七頁以下参照。

(2) 杉之原舜一「『法律行為ノ要素』の錯誤に関する一考察」民商法四三巻一一号(一九二五年)、舟橋諄一「意思表示の錯誤」九大十周年記念論文集(一九三七年)、星野英一・民法概論Ⅰ(一九七一年)二〇一頁、内田貴・

民法Ⅰ（一九九四年）六六頁。

(3) 川島武宜・民法総則（一九六五年）二八九頁以下。

(4) 野村豊弘「意思表示の錯誤(7)」法協九三巻六号（一九七六年）。

(5) 小林一俊「錯誤無効のファクターに関する一考察(一)(二)(三)(四)」亜細亜法学一四巻一号、一五巻。一号、二号、一六巻一・二号（一九七九年―一九八二年）（錯誤法の研究〈増補版〉所収、以下の引用は本書による。）

(6) 沖野眞已「契約締結過程の規律と意思表示理論」消費者契約法別冊NBL五四号（一九九九年）三二頁。

(7) たとえば、長尾治助「消費者契約における意思主義の復権」判タ四九七号（一九八三年）二二頁参照。

(8) 高森八四郎「和解の基礎に関する錯誤について」民商法六五巻六号、六六巻一号（一九七二年）および一連の著作（法律行為論の研究所収）、高橋三知雄「私的自治・法律行為論序説」法学論集二四巻三号、四号、六号、鹿野菜穂子「『動機錯誤』の効果に関する一考察」九大法学六二号（一九九一年）、岡林伸幸「契約解釈と行為基礎論(二)」同法四二巻六号（一九九一年）。

(9) 石田喜久夫編・民法総則（一九八五年）一五六頁以下、磯村哲「スイスにおける信頼理論的錯誤論(二)」民商法九三巻六号（一九八六年）一頁以下（錯誤論考所収。以下での引用は本書による）、須田晟雄「錯誤の法的保護要件と多元的構成」私法五三号（一九九一年）。

(10) 狭義の動機錯誤については、川島・前注(3)二八七頁―二八八頁、中松・前注(1)四三三頁、磯村・前注(9)八一三頁以下、森田宏樹「『合意の瑕疵』の構造とその拡張理論(1)」NBL四八二号（一九九一年）二七頁、滝沢昌彦「錯誤論をめぐって」一橋論叢一一九巻一号（一九九八年）一三頁など参照。

(11) 長尾・前注(7)二二頁。

(12) 伊藤進「錯誤論」山本進一教授還暦・法律行為の現代的課題（一九八八年）五六頁。

(13) 森田・前注(10)三〇頁―三一頁。

(14) 後藤巻則「フランス契約法における詐欺・錯誤と情報提供義務(三)」民商法一〇二巻四号（一九九〇年）七

一頁。

(15) 森田・前注(10)ＮＢＬ四八四号六四頁、大村敦志・消費者法（一九九八年）八四頁以下。なお、河上正二「契約の成否と同意の範囲についての序論的考察(2)」ＮＢＬ四七〇号（一九九一年）五〇頁以下も参照。

(16) 沖野・前注(6)三二頁、四一頁。

(17) 山本敬三「補充的契約解釈(四)」法学論叢一二〇巻二号（一九八六年）一頁以下、沖野眞巳「フランス法における契約の解釈」私法五四号（一九九二年）二八二頁。

二　動機錯誤に関する判例

(1)　動機錯誤に関する判例の分析については、すでに多様な角度からすぐれた研究が数多くなされている。要素の錯誤に関する当時の通説、判例を批判し、錯誤の危険分配という視点を鮮明に打ち出し、この視点から表示錯誤、動機錯誤を含めた錯誤の保護要件の統合化を試る杉之原博士、舟橋教授の研究[18]、さらに、これらの研究を発展させ、錯誤の危険分配のための諸要因の抽出という角度からの研究[19]、最近でも、判例理論の論理構造を内在的に分析することを試る研究[20]、総合的な判例研究[21]などが跡を絶たない。これらの研究のうち前二者の研究が表示錯誤と動機錯誤の区別を捨象する一元的構成の有力化に重要な影響を及ぼしたことはいうまでもない。

ところで、従来の研究では、動機が明示ないし黙示に表示され、契約内容に受容されるという定式のうち、動機の表示の有無を判例準則の核心部分と把え、これに対して批判的検討が加えられ、この検討を通して動機の表示の有無にかかわる諸事情は相手方の態様を考慮する要因に組込まれ、錯誤の危険分配のための重要な主観的要素とされている。しかし、右の準則を錯誤の危険を契約上分配するための判断枠組と位置づけるならば、判例理論の中核をなすのは、契約内容への受容の有無であり、動機の表示の有無は、これを判断する際の重要ではあるが諸事情の一つにしかすぎない。たしかに、判例は、最高裁に至っても右の定式を維持し、動機の表示の有無を基準にして錯誤無効の許否を決しているかのように見られる。しかしながら、問題は、判例が右の定式の下でいかなる要因を決定的なものとして考慮しているかであり、本稿では、判例の定式を錯誤の危険を契約上分配する基準と把握し、動機錯誤を新たな角度から類型化することによりその具体的内容の解明を試る。以下では、具体的な分析視角を提示するために、あらかじめ三件の最高裁判決を検討しよう。

第一は、第三者の債務を弁済する目的で売主が所有する不動産を債権者に売却し、代金債権とその債権を対等額で相殺する契約を締結したが、債権者の債権はすでに他に譲渡、通知されていたという事案であり、原審の確定した諸般の事情のもとでは、契約締結にあたり、売主には要素の錯誤があったと判示されている。(22)

本判決に対しては、判決理由のなかで判例準則の適用が示されていないために判例理論に矛盾する判決と位置づけられたり、(23)とかくあいまいで疑問のある「要素の錯誤」に関する一般論について言及していないのは賢明な態度と評されている。(24)

しかし、われわれの見地からは、なお異なる評価が可能である。原審判決によれば、本件契約は、債務引受けおよび相殺契約を含み、これらは売買と一体不可分のものであり、買主が貸金の債権者であることは本件契約の不可欠の要件であると判断されている。要するに債務の弁済が売買契約の主要な目的であることを認定したうえで、錯誤がこの目的に関係していれば錯誤と契約締結との間の相当因果関係が認められるという構成がとられている。同様の考え方は、リゾートマンション売買契約に関する平成八年の最高裁判決(25)にも見られる。むろん、一方の契約上の債務不履行を理由に他方の契約を解除できるかが争点とされ、契約の個数論が論じられている点では問題のレベルを異にするが、契約全体に共通する主要な目的を認定し、その目的が達成されない場合には契約全体の効力を否認するという発想は共通している。

以上のように、本判決は、債務の弁済を主要な目的とする売買契約において錯誤が債権の存在に関していれば契約目的実現不能を理由に錯誤無効を認めたものと解することができる。その際、つぎの二点について注意が必要である。第一に、この種事案では、相手方の詐欺的行動の有無は、要素の錯誤の成否の判断に何らの影響も及ぼさないことである。このことは、買主がすでになされていた債権譲渡の事実を失念して契約を締結した場合にも結論は変わらないことからも明らかである。第二に、本件では、成立した契約の主要な目的が純粋な売買か、それとも債務の弁済であるかが争点とされ、原審は、買主の申込の表示、売主側の諸事情から後者であると認定している。判例理論のいう動機の契約内容への受容が契約の解釈の問題だとすれば、すでにその操作は原審段階で行われていたのであり、最高裁は、これを前提とし、債務弁済という契約の主要な目的が契約内容に受容されていることを自明のことと見ていたのではないかと思われる。本判決は、判例理論に矛盾するどころか、その適用の典型的な事例を示したものと見ることができるのである。以下では、この種の事例を「契約目的非実現型」(第一類型)と呼ぶことにする。

第二は、山林の売買において山林の北側山麓に開墾道路が開通し、造林事業上極めて有利であるとの売主の説明を受け、当初の買受け希望価格を大幅に上回る売買代金を約定したところ、北側山麓には開墾道路は存在しなかった事案であり、売主が存在しない北側道路に言及したことは不自然であり、買主は北側道路が存在しないことを知っていたならば、本件売買をする意思がなかったということは取引上至当であり、右北側山麓道路が存在することは本件売買契約の要素をなすもの（重過失の有無につき破棄差戻）と判示した。(26)

本判決も、相手方の詐欺的行動、または相手方の錯誤惹起行為が決定的要因として考慮されたものと受けとめられている。(27) しかし、本件をただ単に存在しない開墾道路についての不実の説明により錯誤の陥った事例と見るならば、つぎに述べる一方当事者の個別目的非実現型の類型に属し、要素の錯誤成否の判断、すなわち、本判決のいう売買する意思がなかったことが取引上至当であるかどうかの判断は相当微妙である。われわれは、本件事案において売主の説明により当初の買受け希望価格を大幅に上回る代金額が約定されたという事情に注目したい。開墾道路の存在についての売主の説明を前提にして代金額が定められたことによりこれが契約内容に高められ、その結果売買契約の要素をなすに至ったものと見られるのである。たしかに、本判決は、売主の言動が不自然であったと述べているが、われわれの見地からは、売主が開墾道路不存在の事実を知っていたために詐欺的と評価されうるかどうかは重要ではない。客観的には不実の説明が錯誤者の反対給付に影響を及ぼし、その結果相互の給付の間に不均衡が生じたことが要素の錯誤成否のきめ手になったと考えられる。以下では、この種事例を「給付不均衡型（第二類型）」と呼ぶことにする。

第三は、国との土地売買契約における譲渡所得税減額に関する売主の錯誤であるが、売買交渉に際して、売主が譲渡所得税減額の措置を求め、その際の取り決めが減額を必ず実現する確約であったのか、減額に努力する趣旨の諒解事項であったのかが争われた事例であり、「本件売買契約においては右税金が上告人主張の程度に減額されないならば上告人は本件契約を締結しなかったであろうというほどの関係において税金の減額化が契約の内容とされていたか否かの点」が重要であり、「右諒解事項の言明は上告人に対する譲渡所得税を税務署に対する被上告人側の折衝によりできるだけ上告人主張の程度に低額に決定徴収させる約束を含むことや、かような言明がなかったならば上告人は本件売買契約を締結しなかったであろう如き関係において、右言明が本件売買契約の内容にまでされていたこと等については、これを認めるに足る証拠がない」との原審の判断には所論の違法はないと判示されている。(28)

本件は、譲渡所得税の減額という売買契約における一方当事者の付随的目的に関する錯誤、一般的にいえば狭義の動機錯誤について、その限界線上の事例を扱ったものである。譲渡所得税の減額が契約事前交渉の対象とされているから、売主が税の減額に重きを置いて契約を締結しようとしたことは相手方に伝えられているはずである。つまり、錯誤または錯誤の主観的重要性の認識ないし認識可能性という要件は、本件では要素の錯誤成否のきめ手にはなりえないのである。最高裁のいう、税の減額が実現されなければ契約を締結しなかったであろうほどの関係において税の減額化が契約の内容とされたか否かを決定する基準を解明することが重要である。この問題は、結局のところ、契約内容確定のための解釈に帰着するが、われわれは、この基準を、一方当事者の付随的目的が実現不能であれば契約を締結しないことについての了解ないし了解可能性と措定し、その具体的内容の解明を試ることにする。本件では、原審の事実認定の詳細が不明であるために結論を留保せざるをえないが、税の減額は法の基準に従うものであって個別に対応するはずがないとの価値判断も一因となってその了解可能性が否定され、単なる諒解事項として定められたと判断されたものと推測される。いずれにしても、後に検討するように、近時の下級審裁判例には、保証契約や担保権設定契約における錯誤の事例を中心にしてこの種の事例が多くあらわれており、限界線上の事例における要素の錯誤成否の判断はきわめてデリケートである。以下では、この種事例を、「個別目的非実現型」(第三類型)と呼ぶことにする。

なお、以下において検討の対象とする判例は、大審院、最高裁の主要な判決および昭和五〇年代以降の下級審判決とし、各判決の事実関係および判決理由の引用は、紙幅の関係上必要最少限にとどめることにする。

(2)　裁　判　例

(i)　契約目的非実現型

(イ)　肯定例

(a)　売買

①　大判大正五年七月五日民録二二輯一三二五頁（存在しない債務を弁済する目的で売買契約が締結された事例）

②　大判大正八年一一月一九日民録二五輯二一七二頁（染料製造権利の譲渡契約において、その製法では染料を製造することが不能であった事例）

③　大判昭和一一年二月二二日法学五巻七号一二二頁（重石試掘権売買において、鉱区内に採掘しうる重石が存在しなかった事例）

④　大判昭和一三年八月一七日判決全集五輯一七巻四頁（当座貸越契約上の債務が極度額を超えて存在するものとし、その債務を弁済する目的で抵当不動産を売却したが、その債務額は極度額をはるかに下回っていた事例）

⑤　大判昭和一六年八月三〇日判決全集八輯二七号一五頁（営業譲渡契約における営業継続可能性についての譲受人の錯誤の事例）

⑥　大判昭和一七年九月三〇日法学一二巻三二四頁（③判決と同種事例）

⑦　最判昭和四〇年一〇月八日民集一九巻七号一七三一頁（前掲）

⑧　仙台地判平成四年一〇月三〇日判タ八二七号一八三頁（ラブホテルとその営業権の譲渡契約において、買主が風俗営業法上の廃業届と営業届を売主と買主がそれぞれ提出することにより営業を継続できると考え、売主もこれを了解して契約を締結したが、風俗営業法の規制により営業することが不可能であった事例）

(b)　賃　貸　借

⑨　大判昭和九年七月二五日新聞三七二八号一二頁（法令により土地所有者の承諾がないかぎり建物を建築できない土地の転貸借において、転借人がすで賃貸人の承諾は得ているとの転貸人の説明により契約を締結したが、その承諾は得られていなかった事例）

(c)　その他の契約

⑩　大判明治四三年一一月一七日民録一六輯七七九頁（地租改正の際に部落民の共有地を単独所有名義にしていたとしてこれを共有名義に改める契約を締結したところ、実際には単独所有であった事例）

⑪　大判大正一〇年九月二〇日民録二七輯一五八三頁（仲買人でない者が委託を受けて売買取引をし、その結果七六〇〇円の利益金があるものとしてその支払いのために約束手形を振出したが、売買取引は強行規定に反し無効であった事例）

⑫　大決昭和九年九月一五日裁判例八巻二一一頁（手形債権者でない者との間で手形債権について準消費貸借契約を締結し、抵当権を設定した事例）

⑬　最判平成元年九月一四日判時一三三六号九三頁（協議離婚にともない夫が自己の特定財産に属する土地、建物すべてを財産分与したところ、夫に対して二億円余の譲渡取得税が課されることが判明した事例）

⑭　東京地判昭和五二年二月一六日判タ三五三号二六〇頁（寺院の荘厳具の製造販売を営む者が鍍金膜を接着するための技法について特許権を有する者との間でその技法を用いて人天蓋を製造する技術指導を受ける特許権実施契約を締結したところ、その技法では人天蓋を製造することが不可能であった事例）

⑮　東京地判平成元年八月二一日判タ七二四号二一二頁（保険会社が加害者との保険契約に基づき交通事故による加害者の損害賠償債務を履行する目的で被害者の病院に対する治療費支払債務を引受ける契約を病院と締結したところ、保険金詐欺目的のために負傷を装ったもので加害者に損害賠償義務が存在しなかった事例）

⑯　東京地判平成三年七月一九日判タ七七八号二四七頁（二〇年以上別居し、遠方の地で生活している夫が従前の住所において所有していた財産のすべてにあたる二筆の土地を妻に財産分与して狭義離婚することとし、交渉にあたって妻側の弁護士より夫には税金が課されることはないとの説明を受けてこれに応じた―ただし、二筆の土地はすでに妻に贈与されていたとも認定されている―ところ、一千万円以上の譲渡所得税が課せられた事例）

⑰　横浜地決平成七年一一月八日判タ九一〇号一二六頁（校務主任より懲戒解雇事由にあたるから退職届を出すよう説諭された教員が懲戒解雇を回避するために退職届を提出したところ、懲戒解雇事由にあたらなかった事例）

(ロ)　否定例

(a)　売　買

⑱　最判昭和二九年一一月二九日民集八巻一一号二〇八七頁（すでに賃借人が居住する家屋の売買において、売主より賃借人の立退について責任を負わない旨の申入れがなされ、契約締結の前日に賃借人より同居拒絶がなされていた事例）

⑲　最判昭和三八年三月二六日判時三三一号二一頁（敷地と建物の所有者を異にする建物につき使用家屋の価格に相応する代金を定めた売買において、両当事者が建物所有権を取得すれば敷地も利用できると考え、敷地の所有者に問合わせることもせずに契約を締結し、後に敷地の所有者から買主に対して明渡請求がなされた事例）

(b) 請負

⑳ 注文主の指定する土地に短期間のうちに建物を建築することを約定した請負契約において、請負人が建築場所の指定がなされないことを理由に木材の切込みに要した要用につき債務不履行に基づく損害賠償を請求したのに対し、注文主が建築確認が得られない点に錯誤があるとして請負契約の無効を主張した事例）

(ii) 給付不均衡型

(イ) 肯定例

(a) 売買

㉑ 大判大正二年四月一日刑録一九輯三九二頁（㉓判決と同種事例）

㉒ 大判大正六年二月二四日民録二三輯二八四頁（特定の馬匹の売買において、売買馬匹が年齢一三才にして現に受胎しているとの売主の言明により契約を締結したが、実際には受胎していなかった事例）

㉓ 大判大正一一年三月二二日民集一巻一一五頁（無資力の買主が移転登記と同時に代金を支払う旨欺罔して土地の売買契約を締結させ、移転登記と同時に第三者に対して抵当権を設定し、売主が売買契約の錯誤無効を抵当権者に主張した事例）

㉔ 大判大正一一年七月一三日新聞二〇三二号一九頁（売主が隣地との境界を誤り、二筆の原野の一部一二町歩をその全域六八町歩と誤信し、実際の範囲に比較して著しく少額の代金で売却した事例）

㉕ 大判昭和六年四月二四日裁判例五巻七五頁（株式の売買において、株式会社の設立無効の判決が確定し、その株式が無価値であった場合に、代金支払のための手形振出も無効とされた事例）

㉖ 大判昭和一〇年一月二九日民集一四巻一八三頁（石炭採掘権の売買において、鉱区の水面上に一億斤の品質良好な無煙炭を埋蔵する処女鉱と誤信し、代金六万円で買受けたところ、実際には以前から採掘されており、水面下の機械掘の区域に一万斤につき一九円程度の品質粗悪な無煙炭七千万斤が埋蔵するにすぎなかった場

合につき、原審では鉱区の品質につき売主から説明がなかったとして要素の錯誤の成立が否定されたのに対し、「原審ノ確定ニ係ル本件鉱区売買代金六万円ナルモノ是亦此点ニ関スル一ノ資料タルヲ失ハス何ソヤ此六万円ノ代金ハ本件鉱区ノ実価ニ比シ過大ナルコトカ分明シタリトセハ依テ以テ上告人ノ此鉱区ニ付キ予期セシトコロノ亦過大ナリシコトハ反対ノ事情無キ限リ之ヲ窺フニ難カラサレハナリ」と判示して原判決を破棄、差戻した事例）

㉗　大判昭和一八年六月三日新聞四八五〇号九頁（株式の売主が特定の株式について年七分の利益配当を継続し、その価格も一株五〇円に上騰する見込みのところ時価一株三五円で売却する旨を新聞により広告し、買主がこれにより株式四〇株を一株三五円で買受け、さらに、五〇株を二五円で買受けしたところ、相場価格は、それぞれ一〇円、八円程度にしかすぎなかった事例）

㉘　最判昭和三七年三月三〇日裁判集五九号七三一頁（血統書付の馬の売買において、買主が競争馬を繁殖する目的で買受け、血統書に記載された血統種別によって代金を定めたが、繁殖馬として役に立たなかった事例）

㉙　最判昭和三七年一一月二七日判時三二一号一七頁（前掲）

㉚　最判昭和四五年三月二六日民集二四巻三号一五一頁（油絵二点の売買において両当事者は真筆と信じ、真筆の作品の時価と著しく異ならない代金を定めたところ、油絵が贋作であった場合に、油絵の転買人が買主の錯誤を理由に売主との売買契約の無効を主張した事例）

㉛　東京地判昭和五〇年五月一四日判時七〇五号一七五頁（山林の売買において一町当り一〇〇万円の単価で全体の代金額が五八〇万円と定められたが、実際の面積は一町四反余にしかすぎなかった事例）

㉜　東京地判昭和五八年六月二九日判タ五〇八号一二八頁（売主より交通の便もよく、付近には住居が点在しているとの説明を受け、別荘用地として価値があると信じて坪当り一万円余で買受けたところ、実際には交通の不便な傾斜地でその価値も坪当り二、三千円でしかなかった事例）

㉝　東京地判昭和六三年一二月二三日判タ七〇五号一七九頁（穀物相場投資コンサルタント業開業を目的とする穀物相場分析プログラム利用権の譲渡契約において、利用権譲渡の対価をコンサルタント業により得られる利益から支払うことが定められていたが、プログラムの操作には高度の統計的素養が必要なため短期間のうちに操作することが不可能であった事例）

㉞　名古屋地判平成元年一二月二一日判タ七二六号一八八頁（画廊に展示されていたピカソのサイン入り版画について真作であるが展示価格（三〇〇万円）を四〇万円に値引するとの説明により保証書付きで買受けたが贋作であった事例）

㉟　大阪高判平成二年一月二四日判タ七二一号一八〇頁（宅地の売買において、擁壁に亀裂があるために建物に傾きが生ずるおそれがあり、その修復工事に二四〇万円余の費用がかかることが判明した事例）

㊱　東京地判平成二年六月一四日判時一三七五号七九頁（不動産業者が売主の賃借している土地を地主より分筆のうえ売渡しを受けた後買受ける契約を締結したが、締結に際して売買の対象となる土地が公道に面していることについて当事者間に了解があり、代金額もこれを前提にして定められていたが、後に分筆の状況を調査したところ公道との間に帯状の他人所有地が存在していた事例）

㊲　東京地判平成六年四月二五日判時一五二九号八六頁（借地人が借地を買受ける際に、借地権は期間満了により消滅しているとの地主の説明を受け、更地価格を基準にして代金額を定めたが、実際には借地権は更新により存続しうるものであった事例につき、「売買当事者において、特定の事実の存否を前提に売買代金額を算定することが明示され、当該事実の存否を前提に代金額を算定して代金額の合意に至った場合においては、当該事実は、売買代金額に準じて売買契約の意思表示内容をな」すと判示されている。）

㊳　東京地判平成七年一月二三日判時一五四九号八〇頁（経営権を実質的に譲渡する目的での株式売買において、株式の資産価値が八四〇〇万円程度あるにもかかわらず、売主は、高齢なため価格の決定について十分な

検討をしうる状態にはなく、価格決定に立会った会計士から額面売買で差し支えないとの説明がなされたため発行済株式二〇〇株のうち一四〇株を出資金の七割に相当する七〇〇万円で売却した事例）

(b)　その他の契約

㊴　大判昭和五年一〇月三〇日新聞三二〇三号八頁（銀行が送金小切手の支払人として債務を負担したために、振出銀行との間で振出銀行が他銀行に対する為替尻預金を付替える合意をしたところ、その銀行は支払不能の状態にあった事例）

㊵　最判昭和三三年六月一四日民集一二巻九号一四九二頁（売買代金債務の存否に関する裁判上の和解において、債務者が六二万円余の債務を負っていることを認め、そのうち四〇万の支払いに代え、特定の特選苺ジャム一五〇箱を一箱三〇〇〇円として引渡し、債権者は、五万円を支払って残債務を免除する契約を締結したところ、そのジャムが半値にも満たない粗悪品であった事例）

㊶　最判昭和四〇年六月二五日裁判集七九号五一九頁（代物弁済の目的物が水田に適した土地であるとの相手方の説明により一〇〇万円の損害賠償債権に見合うと信じて代物弁済に応じたところ、その土地は不毛地で一万五〇〇〇円程度の価値しかなかった事例）

㊷　東京地判昭和六二年一月二六日判時一二六四号八一頁（土地をめぐる紛争事件の解決のための弁護士との委任契約において、土地の価格が二億五〇〇〇万円を下らず、建物を建築所有することもできるとの弁護士の説明により一三〇〇万円の報酬を支払うことを約定したが、その土地は市街化調整区域内にあって価格も四六〇〇万円程度であった場合につき、相当報酬額を超える部分について錯誤無効の主張が認められた事例）

㊸　東京地判平成四年二月一二日判時一四五〇号八四頁（パチンコ業者が景品交換業務の通常の利益率は換金額の一、五パーセントから三パーセントであることを知らずに遊戯者から仕入れた景品を仕入額の二割増で買戻す継続的取引契約を締結した事例）

(ロ) 否定例

(a) 売買

㊹ 大判大正二年三月八日新聞八五三号二七頁（書画売買において、売主より観覧された書幅のなかから自己の鑑識により呉春および応挙の真筆と信じ、二点の書画を代金一八〇〇円で買受け、呉春筆、応挙筆と記載された代金受領証を受取ったが、その書画は実価一五〇円足らずの贋作であった事例）

㊺ 大判大正九年一一月二九日民録二六輯一八七九頁（株式の売買において、売主の代理人が株式の相場価格を売主に問合わせ、一株三九円余との回答を一九円余と誤聞し、一株一九円余で売却した事例）

(iii) 個別的目的非実現型

(イ) 肯定例

(a) 売買

㊻ 大判大正二年五月二七日新聞八六九号二七頁（古材木商である買主が取毀家屋として建物を買受けたところ、建物の一部に抵当権が設定されていた事例）

㊼ 大判大正一〇年一二月二五日民録二七輯二一六〇頁（中古電動機の買主が実際の性能は三〇ないし七〇馬力であるにもかかわらず一三〇馬力あると誤信した場合について、「本件当事者カ如上ノ品質ヲ具有スル電動機ヲ以テ其目的ヲ達スルニ重要ナルモノト為シ売買契約ヲ為シタルヤ否ヤヲ審究セサル可カラサル筋合」として原判決を破棄、差戻した事例）

㊽ 大判昭和六年五月一三日新聞三二七六号九頁（組立式紙製茶瓶用の茶瓶胴と底の売買において、買主が鉄道当局より試験売買の許可を得て鉄道駅で販売する目的であることを明示して買受けたが、後に組立てたが紙製茶瓶の一部に湯漏れが生ずることが判明し、試験売買の許可が取消された事例）

㊾ 大判昭和八年六月八日評論二二巻刑法一七七頁（売主と転買人と称する者が共謀して買主より金員の騙取を

企て、買主を相当の転売利益を得られると誤信させて山林の売買契約を締結させた事例）

㊿　最判昭和三九年九月二五日裁判集七五号五二五頁（土地の売買において、軍の用地として使用されることが契約上明定されていたが、実際には軍に使用される事情は存在しなかった事例）

51　札幌高判昭和五五年九月三〇日判タ四二六号一四三頁（買主がパチンコ店の営業用地として使用する目的で土地を買受けたが、一〇〇メートル以内に病院、学校がある場合には営業の許可が必要なため、病院についての許可は売主がとることが定められたが、学校の存在については買主が知らなかったためにその許可については契約締結に際して言及されず、その許可が得られなかった事例）

52　大阪高判昭和五五年二月二二日判タ四一九号一〇六頁（売主が安価なクリソベリルの宝石を売却したとして自己の鑑定ミスについて責任をとるためにこの事情を買主に説明し了解を得たうえで実物の良質のアレキサンドライトと売却した宝石を交換する契約を締結したが、実際には、二つの宝石は同じ物質のものであり、時価に相当するアレキサンドライトを売却したもので責任をとる必要がなかった事例）

53　大阪地判昭和五六年九月二一日判タ四六五号一五三頁（高周波電流を利用した脱毛機の売買契約において、保証された永久脱毛を達成できる性能を有していなかった事例）

54　東京高判昭和五六年一〇月二七日判時一〇二三号五六頁（借地権の設定されている土地の転売目的での売買において、買主は、売主の説明により借地人に対する立退料の支払いは転売差益でまかなえると考えていたところ、実際の立退料は見込みの三倍を越えていた事例）

55　名古屋地判昭和五八年六月二八日判タ五〇八号一八六頁（土地の売買契約において、一旦解除された従前の契約では課税優遇措置を受けるために二年にまたがって代金の支払期日が定められていたために、売主は再度の売買に難色を示したが、税制改正により優遇措置が受けられるとの買主の説明により売買に応じたところ、税制改正法案の成否が未定なため優遇措置が実現していなかった事例）

㊻ 大阪高判平成元年九月二二日判タ七一四号一八七頁（不動産業者が航空法による制限のある土地を工場用地とする目的で買受けたが、契約締結に際して仲介者である建築業者との間で一定の高さの建物が建てられることを確認し、その土地上に建築する建物の請負代金について交渉し、同席していた売主は、これらの事情を了知しながら黙認したところ、実際には、買主の予定していた高さは、航空法の制限を超えていた事例）

㊼ 東京高判平成二年三月二七日判時一三四五号七八頁（土地、建物の買主が契約締結に際し代金支払方法について売主と話し合い、その一部を財形融資で充てることを説明し、その支払方法に見合う代金支払い時期が定められたが、財形融資は受けられないことが判明した事例）

㊽ 東京地判平成五年三月二九日判時一四六六号一〇四頁（買主がマンション七階部分の購入の交渉の際に老夫婦居住のため日当り良好な物件を購入する目的であることを明示し、不動産業者である売主に対し隣接する空地の建築計画を問合せたところ、売主が隣地計画ビルの概要説明書を示して隣地には七階建ビルの建築が予定されており、高さが同程度であるから日照には影響がないと説明したので売買契約を締結したところ、隣接計画ビルは、七階建であるが本件マンションの一一階建の高さに相当するために同ビルが完成すれば日照が阻害されることが判明した事例）

㊾ 東京地判平成五年一一月二五日判時一五〇〇号一七五頁（マンションの売買契約において、買主は売買代金の一部を国民金融公庫の融資を受けて充てる予定でいたところ、売主から融資は可能であるとの説明を受け、その支払方法を契約上明定したが、マンションの態様上融資が不可能であった事例）

(b) 保　証(29)

㊿ 大判昭和九年二月二六日判決全集一輯三号一九頁（保証の目的で連帯債務を負担した者が担保として提供された恩給の真偽に疑問を抱き、真偽が確定されるまで貸金の大半の授受をしないことを債権者と定めたが、その後貸金が授受され、恩給が偽造であることが判明した事例）

㉑ 東京地判昭和五三年三月二九日下民集二九巻一—四合併号一五三頁（銀行が債務者より提出された偽造の納税証明書、興信所調査書などにより実体のない会社について良好な実績があると判断して手形取引を開始し、これらの書類を送付して信用保証協会に保証を委託し、保証協会は、これらの書類の机上調査のうえ保証に応じたところ、銀行取引の内容が融通手形の割引であり、保証委託書の保証人欄の記載も無効であった事例）

㉒ 大阪地判昭和六二年八月七日判タ六六九号一六四頁（保証人が主たる債務者の資産状態に懸念を抱き、保証人になることを拒絶していたところ、主たる債務者の経営状態が悪化していて差迫った決済を必要とする債務（債権者に対する手形債務を含む）があるために主たる債務者と債権者（信用金庫）の支店長が保証人に赴き、二〇〇〇万円の融資があれば債務者の経営状態は回復すると説明し、保証人はこの説明により融資債務の保証に応じたが、融資金では既存債務の全額の弁済に満たないために債務者が不渡りにより倒産した事例）

㉓ 大阪高判平成二年六月二一日判時一三六六号五三頁（連帯保証人が特定の者が連帯保証人になることを条件として債務者の依頼に応じ、保証契約締結に際して債権者よりその者が連帯保証を承諾している旨の説明を受け、自らもその者が連帯保証人になるならば連帯保証を引受けると述べてこれに応じたが、その後、その者が連帯保証を承諾しなかったために、債権者とその者との間で形式的な連帯保証契約がとりかわされた事例）

㉔ 東京地判平成八年二月二一日判時一五八九号七一頁（債務者より銀行からの借入金を預金し、これに質権を設定するので責任を追求されることはないと説明を受けて連帯保証を依頼され、債権者からも質権が設定されているから連帯保証は形式的なものにすぎないとの説明を受けて連帯保証に応じたところ、質権設定契約が無効であった事例）

(c)　担保権設定

㉕ 大判大正三年一二月一五日民録二〇輯一一〇一頁（抵当不動産の価格が一五〇〇円あるものと信じて極度額一五〇〇円の根抵当権の設定を受けたところ、実際の抵当不動産の価格が七〇〇円にしかすぎなかった場合

に、目的物の価格に関する錯誤は意思表示の内容の錯誤になりえないとした原判決を破棄、差戻した事例）

⑯　大判昭和一二年一月二三日判決全集四輯二号三頁（土地の売買において、売主が買主より売買代金の支払いは他からの借入金で充当し、その借入金債務について売主名義で抵当権を設定すれば直ちに支払う旨欺罔され、貸主との間で抵当権設定契約を締結し、その契約証書には、貸主は金五万五〇〇〇円貸渡し、該金員の授受を了せりと記載されていたが、実際には借入金の大半を買主の既存債務の弁済に充て五〇〇〇円が現金で交付されることに買主と貸主との間で了解されており、代金の支払いが受けられなかった場合について、売主の錯誤は縁由の錯誤であり、要素の錯誤にあたらないとした原判決を破棄、差戻した事例）

⑰　東京地判昭和六一年一月三〇日判タ六二七号一五〇頁（主たる債務者が金融機関より公証人事務所開設資金の融資を受け、その融資につき担保を提供すれば事務所で雇傭すると物上保証人を欺いてその承諾を得て、物上保証人と同道して債権者に赴き、融資が実現すれば開設される公証人事務所で雇傭を予定している物上保証人が担保を提供することを説明して融資を依頼し、債権者の担当者が物上保証人の提供する不動産の担保価値から六〇〇万円の融資は可能であるとの見込みを示したところ、主たる債務者は、公証人役場から一定の年収を得ている旨の虚偽の所得税納税申告書を作成し、税務署の文書収受印を得て担当者に交付し、担当者は、この文書により主たる債務者の説明は間違いないものと確信し、融資金の使途を「事務所開設資金」として決裁を得て物上保証人との間で使途を定めた根抵当権設定契約書に署名捺印して契約を締結した事例）

⑱　仙台高判平成元年九月二八日判時一三四五号八一頁（債務者は、銀行より医院開業資金として二億三〇〇〇万円の融資を受けていたが、五〇〇〇万円の追加融資を申入れたところ、新たな担保の提供を要求され、銀行の担当者が債務者と医院の建築請負を担当している物上保証人に対し請負代金支払いのための融資分七五〇万円を物上保証人に支払い、これを物上保証人名義の定期預金にして担保を提供すれば、五〇〇〇万円の融資は可能であり、二ケ月後に予定されている一〇〇〇万円の追加融資により債務を返済すれば担保を解消できると説

明し、物上保証人としても担保提供に応じれば未払いの請負代金の回収が得られると考え、定期預金の担保提供に応じたが、一〇〇〇万円の追加融資は信用保証協会の保証が得られないために実現しなかった事例）

⑲　東京地判平成九年一一月二五日金商判例一〇四二号四七頁（貸主は、担保の余力のない不動産を所有している事業者に対して人的担保を取って貸付を行う貸金業者であるところ、保証人が主たる債務者より継続的取引に関する契約の債務について自己所有の不動産に担保を設定し、迷惑をかけないから保証人になるよう依頼され、これに応じることにし、元本限度額三〇〇万円の連帯根保証契約締結に際して、貸主に対し自己に責任が及ぶかどうかたずね、貸主が主たる債務者の所有する不動産に担保の余力があるかどうかを確認せずに主たる債務者と同様の説明をしたので契約に応じ、後に、貸主からの代位弁済請求の際にも、貸主より担保が移ればこれから回収することができると説得されて代位弁済に応じたが、主たる債務者の設定した根抵当権には担保の余力がなかった事例）

(d)　和解（示談）

⑳　大判大正六年九月一八日民録二三輯一三四二頁（転付債権者と第三債務者との間で債権の弁済方法を定めた訴訟上の和解をしたところ、その債権がすでに第三者に譲渡されていた場合について、和解の確定効により錯誤無効の主張は許されないとした原判決を、第三債務者が転付命令を有効と誤信して争いの目的とせずに和解をした場合には民法九五条の適用があるとして破棄差戻した事例）

㉑　大判大正七年一〇月三日民録二四輯一八五二頁（強制執行を受けた債務者が、請求異議訴訟を提起中、「勝敗未定ナル事実」に基づいて手形債務を消費貸借の目的とする和解をしたところ、当時すでに債務者勝訴の判決が確定していた事例）

㉒　大判大正一一年七月一二日新聞二〇三〇号四頁（当事者間に著作権侵害に関する紛争が生じたために、被告が編集した歌集より原告主張の歌曲を削除し、今後当該歌曲を登載して発行しない旨の和解契約を締結したと

ころ、原告は当該歌曲について著作権を有していなかった事例)

⑬ 大判昭和二年一〇月五日新聞二七六八号一一頁(田畑を小作させ、小作料の支払いを引受ける内容の和解契約が締結されていたために、小作料の支払いを引受ける債務が存在することを前提にして引受債務の弁済期猶与を受ける和解契約を締結したところ、小作料支払債務の一部が存在しなかった事例)

⑭ 大判昭和一〇年二月四日裁判例九巻民一五頁(債権者が債務者を被告として二万六〇〇〇円余の株式競売不足金の支払いを訴求したが、調停者の勧告に従って、判決未定の間に和解する趣旨で債務者に対する請求金を七五〇〇円に打切り、残余の債権を放棄する旨の和解をしたが、その直前に債権者勝訴の判決が確定していた事例)

⑮ 東京地判昭和五二年六月一五日判時八六二号一〇頁(工事中の事故による損害賠償についての示談契約締結に際して、加害者は事故に責任があることを前提にして示談にのぞんだが、被害者の配偶者は、加害者側から事故の詳細について説明を受けなかったために被害者本人に事故の責任があるものと誤信し、五〇万円の慰謝料の支払いを受けてその他の損害賠償請求権を放棄する内容の示談契約に応じた事例)

⑯ 長野地裁諏訪支部判昭和五三年八月二四日判時九三三号一一七頁(医療過誤に基づく損害賠償についての調停において、被害者が、加害者の代理人および調停委員より請求権は時効にかかっているが、示談に応じれば見舞金として五〇万円を支払う用意があるとの説明を受けて調停の成立に応じたところ、加害者が時効を援用することが許されないことが判明した事例)

⑰ 東京地判昭和五八年一二月一六日判時一一二二号一二五頁(請負代金支払請求訴訟継続中の和解契約締結に際し、請負人は、請負代金支払いについて給付条項とすることを主張したが、確実に支払うから確認条項にしてほしいとの注文主からの申入れを受けて同意し、請負代金の支払義務の存在を確認し、支払方法として金融機関からの借入金によることができるとの条項が定められたが、注文主は、借入手続をせず、当初から代金支

払意思がなかったことが判明した事例）

⑱　大阪高判平成元年四月二五日判時一三二五号七〇頁（交通事故の加害者が既払額九六万円余以外に損害賠償に応ずる必要がないと考えていたところ、被害者に未払分の治療費二六万円余があることが判明し、自賠責保険であてればよいと考えてその支払いについて和解に応じたところ、被害者は、自賠責保険から休業損害として二三万円余をすでに受取り、既受領額は一一九万円余に達していたが、和解の席上では既払額が九六万円であることを争わず、和解調書にも既払額が九六万円であることが明記されていた事例）

⑲　東京地判平成三年二月一九日判時一三九二号八九頁（漁船同士の衝突事故により死亡した乗組員の遺族等と相手漁船の船主との和解において、遺族等は、船主責任制限法により一遺族一〇〇万円に賠償責任が制限されると相手方船主から強く説得され、実損害額より著しく低額な一遺族七五〇万円の支払いを受ける内容に同意したが、実際には、相手方船主が自らの過失責任を免れるため証拠を隠滅していたためその制限がなかった事例）

⑳　東京地判平成七年一二月五日判時一五八〇号一二〇頁（商品先物取引により生じた六〇〇〇万円の損害の賠償請求訴訟提起後に、委託者が受託者から、先物取引による損害について責任はないが、若干の見舞金を出す、委託者の承諾がないと取引の手仕舞もできないとの説明を受け、八〇〇万円の見舞金の支払いを受ける和解に応じたところ、実際には、受託者に法的責任があることが判明した事例）

(e)　その他の契約

㉑　大判昭和一二年四月一七日判決全集四輯八号三頁（小切手の再割引において、割引契約の相手方が金融業者ではないと誤信した事例）

㉒　長野地裁諏訪支部判昭和五九年三月二六日労働判例四三五号七四頁（従業員が、団体交渉の結果退職金全額が支給され、新会社を設立して再雇傭されるという合意に基づいて退職の意思表示をしたところ、新会社を設

立することが不可能であった事例）

⑧③　岐阜地裁高山支部判昭和五九年四月一三日判時一一二九号一〇一頁（ホテル業を営む会社が企業年金保険契約を締結する際に、中途退職者に対する退職保険金の支給に関心があることを明示し、保険会社の係員より、中途脱退特約を付ければ、保険金は直接退職者に支給され、特約を付けなければ、配当金として企業に支払われ、退職金の支給額を企業で調整できるとの説明を受け、これを信じて契約を締結したところ、保険金は、被保険者の退職の都度支給されるものでなかった事例）

⑧④　大阪地判昭和六二年二月二七日判時一二三八号一四三頁（生命保険契約の両当事者が、保険金受取人が保険金詐欺グループの一員であることを知らずに受取人に指定して契約を締結した事例）

⑧⑤　東京高判昭和六三年四月二五日高民集四一巻一号五二頁（被相続人の母がもっぱら被相続人の兄第に相続させる目的で、この目的を相続放棄申述書に明記して相続を放棄したところ、被相続人の父方の母が生存していてその目的が達せられなかった事例）

⑧⑥　東京地判平成元年一月三一日判時一三二七号四六頁（借地上のショッピングセンター建設請負人が、注文者はビル建設資金について金融業者から融資を受け、その担保として借地権に担保権を設定していると誤信し、従前にも同様の方法で注文者の債務を決済しており、債権者から担保権を実行することをほのめかされ、従前の方法による返済を強く求められ、ビル建設について注文者と提携関係にある請負人としては、担保権が実行され、賃借権を失えばビル建設が困難になると考え、注文者が設定した担保権一切を解除することを条件とすることを明定して注文者の債務を引受ける契約を債権者と締結したが、賃借権設定登記は、地主の意思に基づかない無効のものであり、担保権設定についても地主の承諾を得ていなかった事例）

⑧⑦　東京地判平成六年一二月二二日判時一五五二号八八頁（男女の交際をしていた女性がその関係を解消するために慰謝料の支払いを受ける合意をしていたところ、その修復が図れるとの期待の下にその後も関係を重ね、

相手方の求めに応じて慰謝料請求権を放棄したところ、相手方には、関係を回復する意思はなく、その期待を利用して放棄させた事例）

㊳　東京地判平成八年九月九日判時一六一〇号八七頁（レーザーによる液晶の薄膜微細加工機械についての代理店契約において、実際の機械が説明された性能を有しない未完成品であった事例）

㊴　東京地判平成九年六月九日判時一六三五号九五頁（年収四〇〇万円程度の建具業を営み、株取引、先物取引の経験のない顧客に対し、生命保険会社の係員と銀行の係員が変額保険加入を勧誘し、その際、変額保険のリスクについて説明せず、むしろ、相続税対策として有利な面を強調し、変額保険の実際の運用実績がマイナスであることを知りながら、その運用実績が九ないし一〇パーセントあり、銀行の借入金の元利金を控除してその差額により納税資金に充てられると説明し、顧客は、この説明を信じ、保険金総額三億円の変額保険および養老保険の加入契約を締結し、保険料支払いのために当座貸越契約を締結し、一億一八〇〇万円の貸付けを受けたが、その後の顧客の死亡時において、相続税の節税は、七五〇〇万円にとどまり、借受け残債務額一億一八〇〇万円に対し、変額保険及び養老保険の権利評価額が九〇〇〇万円であったために、差引き二二五〇万円の債務を新たに負担したこととなった事例）

(ロ)　否定例

(a)　売　買

㊵　大判昭和四年一一月二八日新聞三一四三号一〇頁（買主が仲介者より売主の所有する工場内の特定の機械類を他に売却することについて何ら支障なく、その工場内に設置して引続きゴム底の製造事業を行うことができるとの説明を受け、売主より特定の機械類を買受けたが、工場の家主より明渡しを求められていて工場内に設置したまま製造事業を行うことができず、工場経営者と売主との間の機械類をめぐる問題が解決していないために買主が機械類を引取ることもできなかった場合について、原審が工場内で引き続き機械類を使用して製造

事業を経営することができることは売買契約の要件とされていたとして要素の錯誤を肯定したのに対し、売主との間で要件とされていないとして破棄差戻した事例)

(91) 大判昭和一〇年七月五日判決全集二輯二〇号二八頁(株式三〇〇株と土地および五〇〇円の補足金との交換契約において、株式の将来の価格、配当は意思表示の内容とされていないとして破棄差戻した事例)

(92) 大判昭和一九年三月二九日新聞四九〇九号一頁(株式の売主が第三者より一株一五円で買受ける希望があると聞き、第三者に対して一株一五円で売却することを買主に依頼したところ、買主は、第三者に照会して一株一五円で買受ける諾約を得たために、一株三〇銭の転売利益を得る目的で売主より一株一四円七〇銭で買受けたが、第三者にはもともとその価格で買受ける意思がなかった事例)

(93) 最判昭和三七年一二月二五日訟務月報九巻三八頁(前掲)

(94) 御嵩簡判昭和五八年一〇月七日判時一一一二号一一八頁(売主が土地の買収に際して売主側の取りまとめ役の説明により税法上の優遇措置の適用があると誤信し、このことを買主に伝えることなく売買契約を締結した事例)

(95) 東京地判平成二年六月二六日判タ七四三号一九〇頁(リゾートマンションの買主等が、売主の従業員より全戸海が眺望できると記載されたカタログの提示とともに、所在地の町の条例により今後四階建以上のリゾートマンションは建てられなくなるとの説明を受け、一二階建マンションの区分所有権を平均およそ一四八〇万円で買受けたところ、計画されていた条例が制定されず、東南方面に一四階建のリゾートマンションが建築されたため眺望と日照が阻害された事例)

(96) 大阪地判平成二年九月七日判時一四〇三号八一頁(工業用地の売買契約において、税の優遇措置が受けられる旨記載された「工業立地のご案内」と題するパンフレットに基づいて交渉が進められ、税の減免に関するパンフレットの記載の一部に誤りがあり、買主側からは税の減免について質問がなされないまま契約が締結された場合について、税の優遇措置が受けられることは売買契約上表示されていたが、税の減免についての買主の期待は、一般的、抽象的なもので、候補地選択にあたり重要な要因となっていなかったとして要素の錯誤が否定された事例）

⑰　広島地裁尾道支部判平成五年一〇月二二日判タ八三九号二三三頁（家庭薬配置業者の懸場帳の売買契約において、配置薬の売上げの基本高計算の際に前年度二回配置先を訪問販売した売上実績が四三七万円であったことから、これの一、八五倍の八〇八万円を代金額と定めたところ、全部の顧客を訪問した売上額が二一〇万円にしかすぎなかった事例）

(b)　保　証

⑱　大判明治三八年一二月一九日民録一一輯一七八六頁（保証人が主たる債務には乾燥まゆ二二五杯が担保に供せられていると誤信して保証契約を締結した場合につき、担保品の実在をもって保証契約の要件とされないかぎり要素の錯誤にあたらないとされた事例）

⑲　大判大正六年五月三〇日民録二三輯九一一頁（主たる債務者の提供した担保が有効であることを保証契約の要件とした場合にのみ要素の錯誤にあたるとされた事例）

⑳　大判大正七年六月一日民録二四輯一一五九頁（保証人が主たる債務者の委託を受け、その際、他に連帯債務者を立てる旨の言を信じて保証契約を締結した場合に、連帯債務者の実在が保証契約の要素とされないかぎり要素の錯誤にあたらないとして原判決を破棄差戻した事例）

㉑　大判昭和四年一二月一七日新聞三〇九〇号一一頁（主たる債務者と保証人との間に、主たる債務者の所有する土地に抵当権を設定し、保証人には迷惑をかけない旨の約定が存在したこと、しかし、主たる債務者の資力では抵当権を設定することが不可能であることを債権者が熟知しながら保証契約を締結した場合に、担保の存在が保証契約の要部となるためには他に特別の事情が必要であるとして要素の錯誤を肯定した原判決を破棄

差戻した事例）

⑩² 大判昭和一二年一二月二八日判決全集五輯二号三頁（⑩⁰判決と同種の事例）

⑩³ 大判昭和二〇年五月二一日民集二四巻一号九頁（主たる債務者が能力者であること、担保を提供することについての保証人の錯誤の事例）

⑩⁴ 最判昭和三二年一二月一九日民集一巻一三号二二九九頁（連帯保証人の存在に関する保証人の錯誤の事例）

⑩⁵ 最判昭和三八年二月一日判タ一四一号五三頁（⑩⁴判決と同種の事例）

(c) 担保権設定

⑩⁶ 大判大正五年四月二〇日民録二二輯七三四頁（債権者より増担保を要求された買主が代金支払意思がないにもかかわらず売主より不動産を買受け、売主名義で買主の債権者に対して抵当権を設定した時点で代金を支払う旨欺罔して抵当権を設定させ、後に売主が買主の代金支払意思に関する錯誤を理由に抵当権設定契約の無効を主張した事例）

⑩⁷ 大判昭和一七年六月一六日新聞四七八六号一五頁（土地の売買において、代金の一部につき買主の既存債務の履行を引受け、代金完済と同時に所有権を移転する約定をして契約を締結した後、売主は、買主よりその土地の埋立工事に要する費用についての融資債務のためにその土地に売主名義で根抵当権を設定するよう依頼されてこれに応ずることとし、融資債権者に対して売主が履行を引受けた買主の債務について支払保証を要求したところ、支払保証については後日善処するからとりあえず根抵当権設定登記を済ませるよう求められたので、後日支払保証が得られるものと信じて登記を済ませたが、後に至っても支払保証がなされなかった事例）

⑩⁸ 最判昭和四七年一二月一九日民集二六巻一〇号一九六九頁（破産状態にある債務者の再建計画案に基づいて債権者が債務者に二千万円の新規融資をするものと信じて、物上保証人がその債務を担保するために現に債務者が負担しているつなぎ融資債務を含めて極度額二千万円の根抵当権を設定したところ、実際には再建計画案

は実行されず、債務者に対する二千万円の新規融資もなされなかった場合について、要素の錯誤にあたるとした原判決には一部無効法理の解釈に誤りがあるとして破棄差戻した事例）

⑽ 東京地判昭和五〇年一月三〇日金法七五四号三五頁（債務者より担保提供の依頼を受けた物上保証人は、その経営内容に不安を抱いて難色を示し、融資債権者である銀行にその真偽を確めることとし、他方、債務者より虚偽の決算報告書を受けて融資を申込まれた銀行は、信用調査のうえ貸出取引適当と判断して担保の提供を求めていたところ、三者の面談の際に、物上保証人より債務者の信用状態をたずねられ、取引先として無難であり、心配ない旨回答し、これにより物上保証人が抵当権設定に応じた事例）

⑾ 東京高判昭和六三年八月一八日金法一二二五号三四頁（倒産の危機に瀕する債務者が差迫った債務を弁済する目的で銀行から融資を受ける際に、物上保証人に対し事業拡張のためと偽り、担保の謝礼を支払うことを約して抵当権設定を依頼し、仕事の発注を受けていた物上保証人としては、債務者の事業の発展は自己の利益になると考えて承諾して根抵当権設定に応じ、契約締結に際し銀行との間では借入金の使途について話合われず、契約書には印刷機械購入と記載されていたが、借入金は既存債務の弁済に充てられ、債務者は後に倒産した事例）

⑾ 東京高判平成元年三月二九日金法一二四三号二九頁（銀行より多額の融資を受けていた債務者が、手形貸付を受ける際に担保の提供を要求されたために、自己の他の債務について一番抵当権を設定していた物上保証人に対し転売代金で抵当権を抹消することを約して転売用不動産購入資金の融資を受けるについて二番抵当権設定を依頼し、物上保証人は、これを承諾し、銀行との話合いでは、債務者は心配ないとの発言があり、抵当権設定、連帯保証に応じたが、融資金の大部分は手形の決済にあてられた事例）

(d)　その他の契約

⑿ 最判昭和二八年五月七日民集七巻五号五一〇頁（家屋の賃貸人が息子と同居し、同家屋で営業させる必要が

あるとして賃借人を相手方とする家屋明渡しの調停を申立て、賃貸人の主張について全面的に争われた後に賃貸借契約を合意解除し、家屋を明渡す旨の調停がなされたが、賃貸人の家屋使用の必要性が生じなかった事例）

⑪③ 最判昭和三〇年九月三〇日民集九巻一〇号一四九一頁（共同相続人が今後の生活を維持するために相続を放棄したところ、相続税が予想外に高く、共同相続による方が納税額が低かった事例）

⑪④ 最判昭和四二年一一月一七日判タ二一六号一一八頁（存続期間五年と定めた借地契約において、この存続期間の定めが無効であることを知らずに建物を収去して土地を明渡す旨の調停が成立し、借地人が調停の錯誤無効を主張した事例）

⑪⑤ 最判昭和四五年五月二九日判時五九八号五五頁（既存の手形債務について準消費貸借契約を締結する際に、債権者より担保の提供を求められ、債務者は、再三にわたって二千万円程度の新規融資を要請し、債権者からの明確な拒絶がないために期待どおりの融資が受けられると信じて準消費貸借契約を締結して抵当権を設定したが、七〇万円の手形割引以外の新規融資が得られなかった場合に、別訴において抵当権設定契約が錯誤により無効であるとしてその抹消登記手続請求の認容判決が確定したために、債権者が準消費貸借上の債権ないし旧手形債権の履行を請求したのに対し、債務者が準消費貸借契約の錯誤無効を主張した事例）

⑪⑥ 最判昭和四七年五月一九日民集二六巻四号七二三頁（定期貯金債権者が、土地の売買契約を合意解除し、あらためて土地の交換契約を締結してその結果生じた九千万円の清算金債務を弁済するために、農業協同組合との間の定期貯金契約を合意解約し、その払戻金を交換契約の相手方に支払うことを委任する契約をしたが、交換契約締結に際して、土地売買契約について貯金債権者を代理していた組合長に対して交換契約締結の事情を説明し、組合長は、貯金債権者の交換契約の相手方に対する五千万円の債権について個人保証をし、組合が相手方に対して回収に不安のある三千万円の融資債権を有していたために、前記の融資債権の担保として交換の対象とされた相手方所有不動産に抵当権の設定を受けていた関係からその不動産の価値を知りながら、交換契

約が締結されれば個人保証の責任および債権回収の不安が解消されるとの期待の下に、交換に応ずるかどうか念を押すにとどめ、貯金債権者としては、組合長も賛成していると感じて交換契約を締結したが、交換の対象とされた土地の価値には著しい差異があった事例）

(117) 最判平成五年七月二〇日判タ六六七号二三〇頁（生命保険契約における被保険者の重要事項についての保険会社の錯誤の事例）

(118) 東京高判昭和六〇年九月一八日判タ六〇五号五三頁（婿養子縁組による婚姻をした夫が養親から相続した不動産を離婚にともなう財産分与として妻に移転し、妻からも不動産の移転を受け、妻の所有する土地に賃借権の設定を受ける旨の離婚の調停に合意したが、夫には、四二〇〇万円の譲渡所得税がかかることが判明した事例）

(119) 大阪高判平成三年五月二九日判タ七八〇号二〇三頁（コンピューターのリース契約において、ユーザーは、コンピューターの使用目的を明確にもたず、サプライヤーからもその点の説明がないままにリースを受け、特意先の見積りを行ったところ、コンピューターの容量不足のために計算違いが生じた事例）

(18)　杉之原・前注(2)、舟橋諄一「判例に現はれたる『法律行為ノ要素』の錯誤(一)(二)(三)(四)」民商五巻四号、五号、六号、六巻一号（一九三七年）

(19)　野村豊弘「意思表示の錯誤」法協八五巻一〇号（一九六八年）、小林・前注(5)二一七頁以下。なお、筆者も、当時の有力説の立場と判例理論の接合という観点から判例を分析したが（「要素の錯誤(七)(八)」法学研究一二巻三号、一三巻二号）、判例理論を契約上の錯誤の危険分配という視点からその具体的内容を解明するという点で不徹底であり、本稿での検討によって全面的に改めることにする。なお、これらの研究については、中松・前注(1)四二六頁以下参照。

(20)　森田宏樹「民法九五条（動機の錯誤を中心として）」民法典の百年II（一九九八年）一四一頁以下。

(21) 右近健男「動機の錯誤判例に関する一考察」法時七〇巻四号八五頁以下、川勝隆之「動機の錯誤―最近の裁判例からみた」民事判例実務研究八巻一頁以下、後藤勇「要素の錯誤に関する実証的研究㊤㊥㊦」判タ九八六号、九八八号、九九〇号（一九九九年）など。
(22) 最判昭和四〇年一〇月八日民集一九巻七号一九三一頁。
(23) 小林・前注(5)三一一頁、三一六頁、三二六頁。
(24) 星野英一・本件評釈法協八三巻五号七九七頁。なお、星野教授は、相手方に詐欺的行動が存在したこと、および契約の実質が代物弁済であることがきめ手となったことを指摘し（七九六頁）、後者に関連して契約の「前提」論に言及されている（七九八頁）。本文で述べている契約自体の主要な目的と「前提」との関係については、後に若干の検討を加える。
(25) 最判平成八年一一月一二日民集五〇巻一〇号二六七三頁
(26) 最判昭和三七年一一月二七日判時三二一号一七頁。
(27) 野村・前注(19)一三七六頁、一四一〇頁―一四一一頁、小林・前注(5)二二七頁、三〇八頁。
(28) 最判昭和三七年一二月二五日訟務月報九巻一号三八頁。
(29) なお、連帯保証人がいわゆる空売り、空リースを本来の割賦売買ないしリース契約と誤信して割賦支払債務またはリース料支払債務について保証したという事例が下級審裁判例に見られ、要素の錯誤の成否は分かれている。

要素の錯誤を否定する判決では、契約の金融的側面を重視し、通常の融資債務の保証と同視して保証人の錯誤は単なる動機錯誤にしかすぎないとする（東京地判昭和五九年七月二〇日金商判例七一六号二六頁、仙台高判昭和六〇年一二月九日判時一一八六号六六頁、東京高判昭和六二年一月二〇日判タ六五〇号一七六頁、東京地判平成二年五月一六日判時一三六三号九八頁、東京地判平成一〇年三月二三日金商判例一〇五八号四八頁）。平成二年判決では、リース契約締結から四年が経過し、リース物件の客観的価値が著しく低下し、リース料支払債務の六割がすでに支払われていたという事情が考慮されている）。これに対して、要素の錯誤を肯定する判決では、契約の売買ないし賃貸借としての側面が重視され、通常の割賦売買ないしリース契約から生ずる債務として目的物件の引渡を前提とし、保証契約の内容とされている主たる債務の態様に関する錯誤である（大阪高判昭和五六年一〇月二九日判タ四六〇号一〇二頁、広島高判平成五年六月一一日判タ八三五号二〇四頁）とか、主たる債務者による返済の確実性の相違（仙台地判平成八年二月二八日判時一六一四号一一八頁）がその論拠とされている。

保証人が純粋な融資債務を目的物件を一定の目的のために使用する割賦債務またはリース債務と誤信したという点では、既存債務についての準消費貸借上の債務を新規融資債務と誤信したという場合に近似する。後者の場合には、新規融資債務であることが保証契約上定められていれば、要素の錯誤が肯定されており、当面の事例では、債務の性質上、主たる債務者が目的物件を一定の目的のために使用することは保証契約上も当然の前提とされている。

また、空売り、空リースの場合には、代位弁済をした保証人は、目的物件を取得することができない。これは、あたかも保証人が主たる債務に他の物的担保が存在するものと誤信した場合に類似するが、割賦売買契約では、所有権留保が、リース契約では、目的物件を引上げてその価額分を未払リース債務に充当することが契約上予定されており、保証人が単に他の物的担保の存在を誤信した場合と同視することはできない。むしろ、自動車の割賦売買上の債務を保証する意思で送付されてきた自動車割賦販売契約の保証人欄に署名・捺印したところ、主たる債務は、自動車の売買代金を分割して支払う債務弁済契約上の債務で所有権留保がついていなかった事例（東京地判平成六年一一月九日金法一四三八号四一頁）に近い。これらの点で割賦払債務ないしリース料支払債務を純粋な融資債務と同視して保証人の錯誤につき要素の錯誤を否定する判例の立場には疑問がある。もともとこの問題は、空売り、空リースという潜脱行為の危険を割賦販売業者ないしリース業者と連帯保証人のどちらに負担させるべきかにあり、このようなシステムで営業を行い、その防止についてより高い可能性を有する業者が危険を負担すべきとするのが妥当であろう。したがって、保証人が空売り、空リースの事実を知っていたとか、主たる債務の態様を問わずに保証する趣旨がうかがわれる場合（前掲仙台高裁昭和六〇年判決の事例）を除いて要素の錯誤を肯定すべきものと考えられる。

三　判例の分析

(1)　契約目的非実現型

(i)　契約目的

本稿でいう契約目的は、両当事者が契約締結により実現しようとした共通の目的であって、これが実現されなければ契約の締結を無意味にさせる主要な目的である。

契約目的は、目的不到達における目的、売主の担保責任に基づく解除の際の目的、補充的契約解釈における契約目的[30]、フランスのコーズに由来する目的ないし原因など多様な領域において多義的な用語として用いられており、それぞれの目的の具体的内容および各契約目的間の関連性については、なお不透明であり、検討の余地が残されている[31]。本稿でいう契約目的は、これらの一部と重なり合うが、完全に一致するものではない。以下、若干の検討を加える。

判例にあらわれた事例を分類すると、第一に、たとえば、債務弁済の目的で売買契約の形式により実質的には代物弁済契約を締結したところ、債務が存在しなかった場合のように、両当事者に共通の契約目的が契約締結時においてすでに実現不能であり、錯誤が直接この目的に関係している場合がある。

この類型での契約目的は、いわゆる目的不到達における「目的」（ドイツ法におけるcausa）に類似する。この「目的」概念は、学説によって把握の仕方が異なり、なお流動的であるが、最近の類型化の試みによれば、「給付者が、将来の債権関係を期待して、その債権関係が存するとすれば、それを基礎としてなされるべき給付を行ったところ、債権関係が存在しなかった場合」[32]とか、「出捐をする時に、すでに原因ないし目的を欠く場合」[33]として、債務の弁済目的で金銭を交付したが、その債務はすでに弁済によって消滅していた場合などが典型的類型としてあげられている。前者の類型と後者の類型は、契約締結時においてすでに目的が実現不能である場合を含むか否かで異なるが、いずれにしても、目的不到達によって受領者に不当利得返還義務が生ずるが、契約自体の効力に影響を及ばさない点で錯誤無効と異なる。[34] もっとも、目的不到達事例について前提的黙示条件不成就による契約の無効を承認する見解[35]や⑦判決の事例について「前提」の欠如を理由に契約の無効を承認する見解[36]も主張されている。これらの見解が目的不到達全体に―契約締結時にすでに実現不能であったか、契約締結後に到達不能に陥ったかを問わずに―共通する理論として述べているとすれば、[37]本稿で検討する余裕はない。目的不到達は、ヴィントシャイトの前提論に由来するだけに、法的保護に値する動機の総体として過去、現在および将来の事情を含み、また、両当事者に共通する契約目的または一方当事者の契約目的としても考慮されうるが、ここでは、さしあたり、冒頭に述べた事例のように、両当事者の共通の契約目的が契約締結時において実現不能であった場合に限定して、検討を加えることにする。この点から見ると、前述した学説は、理論構成の問題を捨象すれば、ここでいう目的が契約内容の解釈によって確定され、この目的が契約締結時において実現不能であれば契約の無効を承認するものであり、錯誤の問題に置きかえると、錯誤がこの目的に直接関係していれば錯誤無効が承認され、この類型では、いかにしてこの目的を確定するかが重要な課題となろう。

第二に、契約成立のために不可欠な合意部分とは異なるが、これに密接に関連し、各契約類型ごとに定型的に定められる契約目的がある。たとえば、売買目的物の一般的な使用可能性、営業権譲渡における営業可能性、製造権利譲渡における製造可能性、建物請負契約における建築可能性などである。(38) 近時一部の学説によって有力に主張されているコーズ論との関連でいえば、客観的コーズまたは類型コーズと主観的コーズの中間に位置する。(39)

主観的コーズの導入により錯誤論の再構成を企図する見解によれば、有償契約におけるコーズとは、反対給付との関連において、契約上の給付の主観的な均衡の内容にとり込まれた要素であるとされ、その具体的基準として、表意者が一定の事項を具体的な給付の均衡の要素として考慮したこと、これを契約目的としてこの目的が相手方に認識されたことが必要であるとし、「契約の要素」とは、この意味での契約内容の確定の問題であるとされる。(40) そこでいわれる契約目的が一方当事者の目的をも含み、個別的、具体的に確定されるのに対し、ここでいう契約目的は、どちらかといえば各契約類型ごとに定型的に確定され、相手方が具体的に認識しなくても当然にこの目的に含まれるものである。以下において、判例にあらわれた事例を検討する。

(ii) 判例にあらわれた事例の検討

本類型に属する事例は、(a)錯誤が契約目的に直接関係する場合と(b)錯誤の結果契約目的が実現不能となる場合に分けられる。

(a) 錯誤が契約目的に直接関係する事例では、ほとんどの判決が動機錯誤に関する判例理論を適用せずに要素の錯誤を肯定している。

まず、錯誤の主観的重要性のみを要件として要素の錯誤を肯定した判決が見られる（⑩判決）。⑩判決は、部落民共有の土地が所有者の単独所有名義とされていると誤信して部落民共有名義の登記に改める契約を締結したが、実際には、所有者の先代が他からその所有権を取得したものであった事例について、「仮令来歴ナリトスルモ上告人ニ於テ其事実ニ付誤信ナカリセハ契約ヲ締結スルニ至ラサリシナルヘシト認ムルコトヲ得ヘクンハ其錯誤ハ即チ契約ノ要素ニ錯誤アリト云フコトヲ得ヘキ」と判示している。判旨で述べている「其事実」は、部落民共有の土地が所有者の単独所有名義とされていることを示しているから、本件契約が実体関係に登記名義を符合させる契約目的に基づいて締結されたことは容易に推認される。本判決は、錯誤の主観的重要性の存否を強調しているが、契約目的に直接関係する錯誤の存在が認められれば当然に要素の錯誤を肯定する趣旨に解することができる。

つぎに、当然に意思表示ないし契約の内容になりうるとして要素の錯誤を肯定する判決や特別の理由を付することなく要素の錯誤を肯定する判決がある。「代物弁済ニ関スル契約ナリトセハ弁済ニ依リ消滅スヘキ債権ノ存在ヲ以テ意思表示ノ内容ト為シ」（①判決）とか、「酒精類ノ供給ヲ拒絶セラルヘキ事由ノ存セサルコトハ本件営業譲渡契約ノ内容ヲ為シ其ノ要素ニ属スル」（⑤判決）と前者に属する判決では判示され（その他、④判決）、後者に属する判決では、「特別ノ事情ナキ限リ右準消費貸借契約及ヒ……本件抵当権設定契約ハ何レモ要素ノ錯誤ニ因リ全部無効ナルモノ」（⑫判決）と判示されている（その他、⑦判決）。

ところで、本類型に属する錯誤をこれらの判決が動機錯誤と見ているかどうかが問題となろう。まず、準消費貸借契約における基礎となる債務の存在に関する錯誤については、かつて現金授受の貸借か旧貸借の振替勘定かが当事者間で争われた場合について契約の目的の錯誤として要素の錯誤を認めた判決[41]、および保証目的での連帯債務負担契約における主債務の存在に関する錯誤について「契約ノ要素タル目的」の錯誤として承諾を阻却するとした判決(42)において採用されている目的の錯誤に近似する。もちろん、目的の錯誤と⑫判決当時判例によって採用された意思表示の内容の錯誤とは、その由来も内容も異なり、後者は前者を主観的に拡張したものとされているが(43)、いずれにしても、例外的に内容の錯誤になりうる第二類型および第三類型の動機錯誤とは区別されよう。もっとも、基礎となる債務の存在を準消費貸借契約の成立要件とするならば、錯誤以前の契約不成立の問題となる。

つぎに、土地を売却し、売買代金を既存債務の弁済に充当する契約における債務の存在に関する錯誤については、二つの異なる構成が見られる。第一は、この契約を端的に代物弁済と見て、債務の存在は、その意思表示の内容をなすという①判決が採用する構成である。①判決では、「弁済ニ依リ消滅スヘキ債権ノ存在」に関する錯誤が判決のいう「表意者ノ内心的効果意思カ其表示上ノ効果意思ト不慮ニ一致セサル場合」に含まれることを当然の前提としている。これに対して、第二に、売買の形式を重視したうえで、債務が「現存セルコトヲ前提トシテ之ヲ決済スルコトヲ契約ノ内容トシテ本件売買契約ヲ締結スルニ至リタルモノ」とする④判決が採用する構成である。前者の構成が契約目的を契約の性質決定の段階で考慮するのに対し、後者の構成が、契約目的を要素の錯誤のなかで考慮する違いといえよう。後者の構成による判決がここでの錯誤を意思表示の内容の錯誤として自明視しているのか、判例理論によれば契約内容に受容されていることを判断すれば足り、動機錯誤であるか否を問うまでもないとしているのかは明らかではない。

さらに、この類型の錯誤について動機錯誤に関する判例理論を適用して要素の錯誤を肯定する判決も見られる。⑮判決は、交通事故により「真実治療を要する傷害を負ったことを当事者双方が当然の前提にしていたことが明らかであり、その旨本件動機の表示がなされていた」として要素の錯誤を肯定する。本件では、保険会社が交通事故の加害者の損害賠償債務を履行する目的で被害者の治療費支払債務を引受ける契約が締結されている。この目的は、この特殊な契約における両当事者に共通する目的であって、当事者一方の契約目的ではない。本件では、この目的に関して、前記の諸判決と同様に、存在しない債務について債務引受がなされたものであり、当事者双方の当然の前提という判断はこの契約目的を基礎に置いている。したがって、要素の錯誤を肯定するために、当然の前提として表示されたという中間命題は無用であり、端的にこの契約目的に関して錯誤があれば足りるものと考えられる。

これらの事例では、どちらかといえば契約の型、内容から定型的に契約目的が確定されるのに対し、当事者の意図、給付の態様、その他の契約締結の際の諸事情から個別、具体的に契約目的が確定される場合がありうる。この点で、われわれは、事案の型としては(b)に属する⑬判決の事例に注目したい。本事例は、夫が他の女性と婚姻して裸一貫から出直すことを決意し、妻の意向にそう趣旨で、夫の特有財産のすべてにあたる土地、建物を財産分与として妻に譲渡して離婚し、その契約に際し、財産分与を受ける妻に譲渡所得税が課せられることを気遣う発言をし、夫に課税されることは話題にならなかった(差戻後の原審判決(44)では、双方とも財産分与が課税の対象になること、夫に課税されることを予期していなかったと認定されている)が、離婚後に夫に対して二億円以上の譲渡所得税が課されることが判明した事例について、「上告人において、右財産分与に伴う課税の点を重視していたのみならず、他に特段の事情がない限り、自己に課税されないことを当然の前提とし、かつ、その旨を黙示的には表示していたものといわざるをえない」と判示し、財産分与契約における要素の錯誤を否定した原判決を破棄差戻したものである。

本判決は、自己に課税されないことを財産分与における分与者の一方的動機と把え、この動機が分与者の意思表示の当然の前提として相手方に黙示的に表示されていると判示して従来の判例理論に沿う判断枠組が採用されている。本判決の評釈、解説も、契約締結の際に、相手方に課税されることを気づかう分与者の発言があり、相手方も自己に課税されると考えていたという事情から、財産分与の動機が黙示的に表示されたと認定されたものと理解し、動機の表示の認定が緩やかになると近時の一元的構成に近くなるとの見方を示している。(45)

しかし、本判決を、分与者の一方的な動機錯誤について契約締結の際の曖昧な発言に基づいて動機の黙示的表示があったとして要素の錯誤を肯定したものと理解するならば、一方的動機錯誤につき要素の錯誤を否定した最高裁判決との整合性が問題となろう。たとえば、㊾判決の事例では、表意者の動機が事前交渉の直接の対象とされ、税の減額の実現に努力する旨の合意がなされている場合にも要素の錯誤が否定されている。動機の表示という点から見れば、自己に多額の税が課せられることを考慮してこれを交渉の対象とし、一応の合意を得た表意者よりも、相手方とともに課税について誤解し、またはそもそも課税のことを念頭に置かずに契約を締結した表意者が厚く保護されることになる。二つの事件には、不動産譲渡における譲渡者に対する課税と財産分与における分与者に対する課税という違いがあり、本件では、分与者に譲渡所得税を課すことの当否に関連して法の不知がいかなる場合に考慮されるかという興味深い問題が内包されている。しかし、本判決は、この問題には言及せずに錯誤論の枠内において判断しており、この判断枠組を前提として論を進めよう。ところで、本判決がいかなる事情を考慮して分与者は自己に課税されないことを当然の前提として黙示に表示したと判断したかについては検討すべき点がなお残されている。本判決が本件契約締結における分与者の誤解に基づく発言を考慮してこのような判断をしたと見るならば、およそ一般的に、財産分与においてこのような発言があり、課税が高額であれば、分与者の課税に関する錯誤は顧慮されることになろう。財産分与における分与者に対する譲渡所得税の課税という特殊性があるとしても、大方の本件評釈が指摘するように、動機表示構成を錯誤者保護のために拡大したものとする見方が可能となろう。

しかし、本件財産分与が分与者の特有財産のすべてを相手方に譲渡する内容であることを重視すれば、全く異なる見方が可能である。このような内容の財産分与であれば、財産分与にともなってこれ以上の出捐のないことは、少なくとも分与者にとって当然の前提であることは明らかであるからである。分与者にとって自己に課税されないことは、財産分与契約の内容と密接に結びつけられていたとする見方が可能である。本件財産分与が離婚を前提にし、離婚にともなう財産分与として分与者の特有財産のすべてを相手方に譲渡する内容であることは、原審および差戻後の原審によって認定されており、分与者がその特有財産全部を相手方に譲渡することによって離婚にともなう財産的関係を清算するという目的が両当事者に共通する契約目的であることは容易に確定されよう。したがって、本件は、両当事者が分与者に譲渡所得税が課せられることを知らずに本件契約を締結したために、前記の契約目的が実現不能であったことが考慮された事例と見ることができる。その際、本件契約締結における相手方に対する課税を気づかう分与者の発言は、分与者の錯誤の存在および財産分与にともなって分与者にこれ以上の出捐はありえないとする契約の趣旨・目的を認定するための補強的事情として位置づけられ、要素の錯誤の成否にとって決定的な意味をもつものではないと考えられる。いずれにしても、本判決は、このような特殊な契約内容を前提にしたうえで動機の黙示的表示構成を採用したものであり、その射程距離は限定的に理解されるべきである。(46)

(b)　賃借人が居住する家屋の売買契約における賃借人の同居承諾に関する買主の錯誤⑱、あるいは建築請負契約における建築確認に関する注文者の錯誤⑳の場合には、錯誤は契約目的に直接関係せずに錯誤の結果として契約目的が実現不能となった事例である。これらの錯誤も原則としては(a)の錯誤に準じて取扱うことができるが、契約締結の際の諸事情によって、錯誤の危険が錯誤者に移転する場合がありうる。売主より賃借人の立退については責任を負わない旨の申入れがなされたにもかかわらず契約を締結をした場合には、買主自らの危険において賃借人の同居承諾を得るという趣旨が認められる。注文主が建築場所を指定することができないにもかかわらず、あえて短期の建築期間を定めて建築を急がせた⑳事例について、最高裁は、請負人の木材切込みに要した費用につき債務不履行に基づく損害賠償請求を認めるために要素の錯誤を否定したものと解されるが、右の事情によって建築確認申請に関する錯誤の危険を注文主に移転させるべきかどうかは微妙であり、要素の錯誤を肯定したうえで、契約締結上の過失に基づく損害賠償義務を注文主に課すという解決もありえたと思われる。

(2) 給付不均衡型

(i) 有償契約と給付の不均衡

給付の不均衡が要素の錯誤の決定的な基準として考慮されるのは、主として給付交換型契約すなわち有償契約の場合である。この点は、従来から学説上意識されており、いくつかの見解が主張されている。たとえば、要素の錯誤の成否を決定する基準を設定するために必要な契約類型の分類として、等価的財産取引行為と非等価的財産取引行為を区別し、前者については、等価性がいちじるしく損われていることをその基準とする見解がある。(47) この見解は、有償契約における要素の錯誤全体を等価性の観点から基礎づけることを試みた最初の説と見られるが、有償契約における錯誤全体の要素の錯誤成否の基準を等価性に求めているために

―錯誤者を救済するための特別の事情をも考慮しているが―個別的な事例の説明としてはやや無理な点が見られる。

また、すでに言及したように、フランスのコーズ理論の影響の下に、表意者の合意に決定的な影響を与えた動機のうち契約内容に受容され、「契約の領域」にとり込まれたものを合意のコーズ（原因）とし、有償契約のコーズとしては、反対給付との関係において、契約上の給付の主観的な均衡の内容にとり込まれた要素があげられ、その具体的基準として、表意者が一定の事項を具体的な給付の均衡の要素として考慮したこと（主観的要件）、とこのような表意者の考慮（契約目的）が相手方に認識されることを必要とする説が主張されている。(48)おそらくこの説では、給付の不均衡に関係のない有償契約における錯誤は、少なくとも一般的な錯誤理論としては考慮されないことになろう。しかし、契約内容に受容された決定的動機をも顧慮するという前提に立つならば、それらの錯誤が顧慮される余地は残されているはずである（個別的目的非実現型の問題である）。また、この説は、表意者のいかなる動機が契約上の給付の主観的な均衡という観点から契約の要素となりうるかは契約内容の確定の問題であるとされており、本稿と同様の方向を志向している。ただし、右に述べた具体的基準によって契約内容への受容という契機をとり込みうるか否かが問題となるが、この点は主観的要件の理解の仕方にもかかわる問題であり、後に言及することにする。さらに、近時ドイツの行為基礎論に影響を受けて、動機に関する誤った観念が当事者の給付と反対給付との交換のプログラムに具体化され、双方の給付の目的的な機能連関に組み込まれた場合には、当該契約の個別的、相対的な等価関係に組み込まれたものとし、この観念と現実の不一致の結果右の等価関係が破壊されたことを考慮する見解も主張されている。(49)もっとも、この見解は、主として計算錯誤それも行為基礎にかかわる場合を念頭において論じられているために、相対的な等価性の破壊という要件が錯誤論全体においてどのように位置づけられるかは明らかにされていない。また、相対的な等価性という判断枠組の具体的内容も鮮明にされていない。しかし、他方において、動機錯誤を顧慮するためにドイツの判例が採用するいわゆる拡大された内容の錯誤(50)の理論的整合性を否定しつつもその帰結を否定していないから、契約内容に受容された等価性に関連する諸要素を考慮するという考え方を否定ものでないといえよう。

ところで、判例準則の具体的内容を解明するという本稿の立場からは、給付不均衡型という類型を設定することの固有の意味を明らかにする必要がある。第一に、相手方の給付内容の評価について表意者の誤った観念が存在することは当然のこととして、表意者の誤った観念が契約の商議において相手方に伝えられ、相手方がこれを認識していること、少なくとも認識可能であることが必要である。もっとも、表意者が相手方の給付内容の評価を誤り、誤った評価に見合う反対給付を定めたという場合には、相手方は、表意者の反対給付の内容から表意者に何らかの錯誤があることについて認識可能である場合が多いとはいえよう。しかしながら、表意者の何らかの錯誤の存在についての認識可能性で足りるとするならば、給付間に著しい不均衡があればそれだけで錯誤として考慮されることになり、このような場合には常に錯誤解明義務を相手方に課す結果になる。莫大損害として給付の客観的不均衡を考慮する特別な規定を定めているオーストリア民法(九三四条)と異なり、厳格な主観的な要件の下で暴利行為を認めるわが国の立場では、このような考え方は否定されるべきであろう。なお、大審院の判例には、買主が鉱区の性質を誤って評価し、このことを直接相手方に表示せずに、実際の採掘権の価値より著しく高額な代金を約定した事例について、「何ソヤ此六万円ノ代金ハ本件鉱区ノ実価ニ比シ過大ナルコトカ分明シタリトセハ依テ買主ノ比鉱区ニ付キ予期セシトコロノ亦過大ナリシコトハ反対ノ事情無キ限リ之ヲ窺フニ難カラサレハナリ」として原判決を破棄、差戻した判決㉖がある。判旨は必ずしも明確ではないが、約定された代金額から買主の鉱区について予期していたことを—その他の諸事情と相俟って—知りうる場合に要素の錯誤を肯定する余地を認めたものであり、代金額と鉱区の実価との間の著しい不均衡のみを考慮したものではない。第二に、表意者の相手方の給付についての誤った観念が契約内容に受容され、相互給付の等価性が損なわれたことが必要である。そこで、問題は、いかなる基準によって契約内容への受容の有無を判断するかである。オーストリアやスイスの判例は、相手方の給付について表意者の誤った観念が表意者の反対給付の内容に影響を及ぼしていることを基準にして契約内容への受容の有無を判断しており[51]、後述するように、わが国の判例も同様の基準に従っていると見られる。相手方の給付について表意者が誤った評価をし、これを基準にして反対給付の内容を決定し、合意されれば、その誤った評価、観念が反対給付の内容にとり込まれることによって契約の内容に受容され、主観的等価関係の不均衡が生ずる。給付不均衡型の固有の意味は、この基準により契約内容への受容の有無を判断することにあると考えられる。後述する個別目的実現不能型、たとえば、不動産売買契約における課税に関する売主の錯誤の場合には、売主の課税に関する誤った観念は売主の反対給付の内容に影響を及ぼさないのを常態とするから、この基準と別のより厳格な基準の下に契約内容への受容の有無が判断されるのである。以下では、本類型の判例を整理し、検討する。

(ii)　判例の検討

(イ)　給付の対象の性質、数量に関する買主の錯誤については、売主が一定の性質、数量の存在を説明し、この説明を信じた買主がその存在に対応する代金を約定した場合には、要素の錯誤が肯定される㉙㉜㉞㊲

㊶)。なお、絵画の真筆性に関する共通の錯誤の例として引用される㉚判例もこの類型に含めることができる。絵画の真筆性が契約商議の対象とされ、真作の時価と著しく異ならない代金が約定された事例であり、錯誤の共通性は、要素の錯誤の成否にとって意味を有しないからである。また、一定の性質、数量の存在が保証ないし契約上明定され、これを基準に代金、報酬が定められた場合にも、要素の錯誤が肯定される(㉘㉛㉝㊱㊲)。目的物に通常有すべき性質が欠けていた事例(㉟)、また、和解において、確定された債権の代物弁済として一定の品質を有する特定物の価格を定めてその債権額に見合う数量を引渡す約定をしたが、その特定物にはその品質が欠けていた事例(㊵)もこの類型に含めることができる。

売主の性質または数量に関する錯誤も同様の基準により要素の錯誤の成否が決せられる。隣地との境界線を誤り、二筆の土地の一部を売買の対象として代金額が定められた事例(㉔)、買主の資力と代金支払意思を誤ったために売主の反対給付に対応する相手方の給付が期待できない事例(㉓)がこの類型に属する。

(ロ) 給付の対象の価値、価格についての錯誤は、一定の時価あるものとして売買された株式の相場価格がその三分の一に満たない場合(㉗)、土地の境界線を誤った結果、売買の対象とされた土地の一部の実測面積を基準に代金が定められた場合(㉔)には、要素の錯誤が肯定される。なお、景品交換業務の通常の利益率のおよそ一〇倍の割合で景品を買戻す契約を締結した場合について、㊸判決は、景品交換業務における利益率の通常の相場を十分に認識せずに通常でもその程度の割合であろうとの誤った認識に基づいて意思表示がなされたことを理由に要素の錯誤を肯定している。パチンコ業界について知識の乏しい両当事者が当然の前提としていた通常の相場となる利益率について錯誤があった事例と見るべきであろう。

(3) 個別的目的非実現型

(i)　個別的契約目的

既述のように、動機に関する事項は、契約の主要な内容、すなわち核の部分[52]との関連性に応じて重層的に連っており、ここで取り上げる一方当事者の個別的契約目的は、その最外縁部分に属し、従来狭義の動機とよばれる領域に属するものと一応いうことができる。売買目的物の特別な性質・性能、その使用目的、売主の課税負担、担保提供行為における債務者の資力、他の担保の存在、やや特殊であるが変額保険における運用益の見通しなど多種多様にわたり、契約の相手方はこれらの目的を契約上当然には考慮する必要がないから、これらに関する錯誤のリスクは錯誤者が負担するのを原則とすべきことはいうまでもない。

しかし、前述したように、判例は、主として下級審裁判例を中心にして、従来より、動機が表示され契約内容へ受容されたことという判例準則を適用して要素の錯誤の成否を決しており、要素の錯誤を肯定した裁判例も相当数にのぼる。もちろん、この類型の錯誤の場合に、動機が表示され相手方がこれを認識しているだけでは、契約内容への受容が肯定されるわけではなく、錯誤の危険移転にとって十分ではない。たとえば、すでに破談していることを知らずに娘の婚姻の贈物として家具を購入したという古典的な事例において、買主がその目的を売主に告げたとしてもそれは法的には何等の意味ももちえない。さらに、特異な想定ではあるが、たまたま売主が破談の事実を知っていて、買主の錯誤を認識していたとしても錯誤の危険移転に影響を及ぼさないであろう[53]。限界的な状況であり、見解の分かれるところと思われるが、契約外の偶発的事情が契約上の危険分配の判断の際に考慮されるかという問題があり—当事者間に継続的な取引関係がある場合には、信義則上の錯誤是正義務の契機となりうることは別論として—契約上の観点からの制限を加えることが妥当であろう[54][55]。

それでは、一方当事者の個別的目的が契約内容に受容されたと判断されるためには、どのような事態が想定されるべきであろうか。消費者取引における不当な勧誘行為について錯誤を適用した事例を素材にして基本的立場を明らかにしよう。英会話教材の売買契約において、事業者側が英会話教材の売買であることを説明せずにもっぱら海外旅行に安く行ける会員になれると説明し勧誘して契約を締結させた事例につき、表意者が契約に応じたのは海外旅行に安く行ける会員になることを目的とし、相手方はこの目的を承知し、これを利用して契約を成立させるに至ったものと推認することができるとしたうえで、相手方は表意者の表示された動機に錯誤があることを認識し、かつその錯誤は主観的重要性を満たすとして要素の錯誤を肯定した判決(56)がある。

本件は、事実認定の仕方にもよるのであるが、契約の不成立と錯誤の関係について微妙な問題を含んでいるが、以下では、動機錯誤として論を進める。本判決の前段で述べられている錯誤を肯定するための実質的論拠と後段の形式的理由づけは正確に対応していないが、きめ手とされたのは、相手方が正しい契約内容を説明せずに、契約に応ずれば海外旅行に安く行ける会員になれるとの不実の説明をし、これにより表意者の錯誤が惹起され、この錯誤の結果表意者の契約締結意思が決定づけられたこと、であろう。不当勧誘行為や情報提供義務違反としては、相手方の行為態様の不当性や違法性に着眼して諸事情が考慮される。これに対して、この種の表意者の目的ないし動機に関する錯誤が顧慮されるためには、この種の目的が実現不能であるならば、両当事者は契約を締結しなかったであろう関係が認められる必要がある。この関係が両当事者によって明確な了解または合意に高められていると認定される場合は比較的まれであるから、それ以外の場合にいかなる基準によってこの関係を認めるかが問題となる。判例準則を契約内容確定の解釈を基準として錯誤の危険を分配する判断枠組と把握すれば，表示の意味付与についての表意者の帰責性と表示受領者の信頼許容性を基準とする契約の成否の解釈[57]および黙示的な性質保証の存否の解釈[58]は重要な手がかりとなろう。契約の成否および契約の主要な内容を決定する解釈や一定の法律効果の発生を目的とする解釈では，より厳格な基準による認定が要求されるのに対し，錯誤の危険分配の解釈基準としてはより柔軟な判断枠組の設定が可能であるが，解決の方向は軌を一にしよう。すなわち，一方当事者の個別的目的が実現不能であるならば契約を締結しなかったであろうことを了解したと認められてもやむをえない事情が相手方にあり，相手方が了解したと理解することが許される事情が錯誤者にある場合には，右に述べた関係を認めて錯誤の危険分配を図るという解決である。前記事例でいえば，相手方の行為態様は了解したと認められてもやむをえない事情として考慮され，錯誤を誘発させる相手方の不実の説明の断定性や反復性の程度，表意者の年齢，職業，当該取引の経験の有無は，相手方が了解したと理解することが許される事情として考慮される。以下では，右に述べた判断枠組をこの類型の錯誤を顧慮するための共通の要件とする仮説的前提に立って判例にあらわれた事例を検討することにする。

(ii)　判例の検討

(イ)　保証・担保権設定

以下では，保証契約または担保権設定契約における保証人または物上保証人（担保権設定者）の錯誤を一括して扱い，判例準則の実質的な判断枠組の具体的内容を解明することを試みる。

(a)　保証人，物上保証人が保証または担保提供の委託を受ける際に，主債務者よりその資力，借入金の使途，他の担保の存在について説明を受け，保証人が説明を受けた事情の存否に重きを置いて承諾したとしても、債権者との契約締結に際して商議の対象とされていない場合には、これら事情の存否に関する錯誤は要素の錯誤にあたらないとされる（(98)(99)(100)(102)(103)(104)）。

そして、債権者が保証人の錯誤を認識していた場合、すなわち、主債務者と保証人との間において主債務者が担保を設定して迷惑をかけない旨の約定があり、主債務者の資力では担保の設定が不可能であることを熟知していた場合でも、これらの内部的事情「カ同契約ノ要部ヲ成シタリトスルニハ他ニ特別ノ事情ノ存在ヲ認メ得ヘキコトヲ要ス」として要素の錯誤が否定される（(101)）。また、下級審裁判例においても、物上保証人が第三者に対して設定していた先順位根抵当権を債務者がその債務を弁済して消滅させ、債権者に対する新規融資債務について一番根抵当権を設定する旨の合意がなされたが、協議に同席していた債権者は、物上保証人の担保物件に担保の余力があるために先順位抵当権の消滅に関心を払わず、物上保証人も先順位根抵当権の消滅を条件にしていることを債権者に直接説明していなかった事例について、物上保証人がその所期するところを債権者に明示して設定契約に及んだことは認められないとして要素の錯誤が否定されている[59]。このように、債権者が保証人の個別的目的またはこれに関する錯誤を認識しているだけでは判例準則の要件を満たさないとされている。債権者にとってみれば、融資に見合う担保の提供を受けることが重要であり、先順位の担保権の消滅に関与する必要がないから、物上保証人と債務者の間の合意の存在を認識していることが錯誤の危険負担に影響を及ぼさないことは明らかである。主債務者の資力に関する錯誤を債権者が認識している場合には微妙であるが、保証は主債務者の無資力を想定して債権回収を図る手段であり、しかも、保証引受けに際して何らかの内部的な合意や条件がつけられるのが一般的であるから、その保証人の錯誤を認識していただけでは、保証契約上錯誤の危険移転にとって十分ではないという判断が背景にあると考えられる。

(b)　それでは、いかなる事情が付加されれば判例準則が満たされ、錯誤の危険が債権者に移転するのであろうか。

判例にあらわれた大多数の事例では、保証人の個別的目的は契約締結に際して交渉の対象として言及ないし話合われており、これらの事情が判例準則のなかでどのように考慮されているかが問題となる。物上保証人が根抵当権を設定する際に自己の第三者に対する債権について支払保証をするように債権者に要求し、債権者から支払保証については後日善処するとの回答を得たが、支払保証は実現されなかったという事例について、債権者の支払保証は将来の事情に属するから、実現しない事態を覚悟すべきことが当然であるとして要素の錯誤を否定した判決がある。(60) その実質的理由について、判旨の前段では、「根抵当権ノ設定ニ対スル反対給付トシテ第三者ニ対スル設定者ノ債権殊ニ右ノ限度ヲ超ヘタル債権ノ支払保証ヲ為スカ如キハ特殊ノ事情ナキ限リ想像コトヲ得ス」と述べている。債権者の回答を、契約上支払保証が実現されない危険を引受ける趣旨に解されないこと、すなわち、支払保証が実現しないならば抵当権を設定しなかったであろうことを了解する趣旨には解されないことを認めたものと考えられる。同様のことは、債務者の再建計画案の実行と債権者の新規融資の実現がどのように結びつけられていたかが中心的な争点とされた⑩判決にも妥当する。原判決が新規融資の実現という物上保証人の個別的目的は根抵当権設定契約の主要な内容として了解されていたと見るのに対して、最高裁は、つなぎ融資債権を被担保債権に加えることの了解があり、この見返りに既存の担保権の放棄を承認した事情などから原判決の判断を疑問視している。この事例でも、新規融資が実現されなければ根抵当権は設定されなかったであろうことについての了解の存否が問題とされていたと見ることができる。

これらの判決から、錯誤者の個別的目的が相手方に表示されたこと自体は重要な意味をもたず、これらの表示を含めた交渉過程の諸事情から、個別的目的が実現不能であるならば当該契約を締結しないであろうことを了解したと解されるかどうかが判例準則のきめ手になっていると考えることができる。しかし、要素の錯誤が肯定された事例のすべてについて明確な了解の存在が認められるわけではなく、(61) むしろ、そのような了解の存在が認められるかどうかかが微妙な事例が少なくなく、そこではいかなる具体的基準によって判例準則が適用されているかが問題となる。⑥③判決を素材にして検討しよう。この判決に対しては、他の連帯保証人の存否は保証人の負担すべきリスクである、(62) 契約内容は契約類型ごとに客観的に定まり、他の保証人の存在は契約内容になりえない、(63) 本件の事情だけでは、債権者が共同保証人の存在を契約内容として受容し、そのリスクを自ら引受けたと認めるのに十分でない、(64) として、いずれも要素の錯誤を肯定する判決に対して否定的な見方がなされている。理論的側面からいえば、契約内容をなぜ契約類型や定型的内容に限定しなければならないかが問題であり、(65) 実質的側面からいえば、事後的な債権者の行為態様を除いて、保証契約締結の際の諸事情から、錯誤の危険を債権者に移転させることが実質的価値判断として妥当でないと見るべきかどうかが問題となる。この事例では、多額の借入債務について、資産を有する特定の友人が連帯保証人になることを条件として連帯保証者になることを内諾した保証人に対して、債権者は、債務者が担保権を設定すること、信用保証協会の保証がなされることを説明し、そのうえで特定の友人の名をあげて連帯保証人になることの承諾を得ていると説明し、この説明により保証人はその者が連帯保証人になるのであれば保証に応じてもよいと述べて契約を締結している。内諾の条件とされた特定の者が連帯保証人になるという個別的目的は、債権者との交渉の対象とされ、債権者は、あえてその者の名をあげて承諾を得ている旨を説明し、保証人の留保に対しても異議を述べていないのであるから、その者の連帯保証がなければ保証契約は締結しないであろうことの了解があった、少なくとも、了解したと認められてもやむをえない事情が債権者にあり、了解したと理解することが許される事情が保証人にあったということができる。われわれの見地からは、判例準則により要素の錯誤が肯定される実質をそなえていると見ることができる。判例準則は、個別的目的ないし動機が合意や条件にまで高められていない場合であっても、契約締結までの交渉過程における当事者の行為態様およびその他の諸事情から右に述べた了解ないし了解可能性がある場合に、錯誤の危険を相手方に移転させる判断枠組と理解することができる。

(c)　以下では、限界線上の事例を中心にして検討する。

㋑　保証人（物上保証人）が自らの判断で保証意思（担保提供意思）をすでに固めていた場合には、債権者の説明や契約書の表現によって保証意思が決定づけられたものではないとして要素の錯誤は否定される(66)（⑩⑪）。⑩判決の事例は、微妙であるが、物上保証人があらかじめ担保提供に同意していたと見られる事情などから債権者の資力についての回答は、単なる確認にとどまると判断されたものと考えられる。

㋺　これに対して、主債務者の資力また新規融資の実現可能性に対する懸念などを理由に保証または担保提供を躊躇している保証人に対して債権者が保証意思を決定づける説明ないし説得をした―主債務者に対する貸付が債権者にとってメリットがあるか、危険性がないという事情が付加されている―場合には、要素の錯誤が肯定される（62676869）。62判決の事例は、この典型であり、判決は、融資によって債務者の経営を立て直せるという動機は保証人と債権者の間において当然の前提とされていたとし、さらに、重過失を否定する際に、債権者の説明は、保証人が「本件保証をするについての正に決定的な動機づけをなしたものと認められる」と述べている。本判決のいう当然の前提、動機と契約締結の決定的関係は、当該動機が存在するからこそ保証をするという関係、逆にいえば、当該動機が存在しなければ保証をしないであろう関係を指し、本稿でいう当事者間の了解ないし了解可能性と同義と解される。

(ロ) 売買およびその他の契約

(a) 当事者一方の個別的目的、動機が条件とされ㊻、契約上明定されているか㊿、保証され(67)㊼、または当事者間で約定されている㊷㊺㊷㊺場合には、要素の錯誤が肯定される。これらの認定に際していかなる事情が考慮されたかは明らかにされていないが、個別的目的が契約内容に受容された典型的事例である。

(b) 錯誤者が個別的目的の実現を具体的に交渉の対象とし、錯誤者の意向に沿う相手方の説明によって契約締結意思が決定づけられたと見られる場合㊹㊺㊾㊿㊸、または個別的目的の実現を前提とする契約の条項が定められた場合㊾には、要素の錯誤が肯定される。なお、錯誤者の個別的目的ないし動機が具体的に交渉の対象とされていない場合であっても、契約の性質ないし当該取引の慣行上それらの存在が前提とされていると解される場合にも、要素の錯誤が肯定される㊶㊹。㊹判決は、その理由を当事者双方が共通の動機錯誤に陥っていたことに求めている。この事例では、受取人が保険金詐欺グループの一員であることを両当事者が知らなかったというのであるから、その限りでは共通錯誤が存在していることに疑いを容れる余地はない。しかし、要素の錯誤を肯定するきめ手になったのは、錯誤が右の事情に関すること、すなわち、この事情が生命保険契約の性質上いわゆる悪危険として排除される事項に含まれることであり、共通錯誤自体ではない。本類型の錯誤において考慮されるのは、両当事者の共通の前提に関する錯誤であり、前述したように、その具体的内容は錯誤の共通性とは異なる。

(c)　一方当事者の個別的目的が契約の交渉過程で何ら言及されていない場合には、要素の錯誤は否定される（⑩⑪⑫⑬⑭）。もっとも、この目的が交渉の対象とされ、相手方からこの点について説明がなされた場合に、要素の錯誤が否定された事例がある（⑮⑯⑰）。これらの事例では、この目的が決定的なものとして具体的に交渉の対象とされたものではなく、錯誤者は、相手方の説明を一つの要因として他の事情を含めて契約締結を決定したと見られるから、了解可能性が否定される事例である。

(ハ)　変額保険

(a)　変額保険において保険会社または金融機関の不当な勧誘または不実の説明によって保険契約者が契約締結に誘導された場合に、多くの下級審裁判例では、情報提供義務違反または説明義務違反の問題として解決が図られており、[68] 錯誤の問題として解決を試る判決は比較的少数に属する。[69] 以下では、錯誤が問題とされた事例[70]を素材にして、要素の錯誤の成否の判断の際に考慮される事情を明らかにし、本稿の立場との整合性を検討する。

(b)　(イ)　まず保険契約者が変額保険を通常の定額保険と誤信した、または元本割れの危険性のない保険と誤信したとして変額保険契約の錯誤無効を主張した事例がある。これらの錯誤は、保険金や解約返戻金が確実に保証されていると誤信する保険の内容に関する錯誤であると一応いうことができるが、相手方から変額保険の仕組や危険性について具体的に説明されていたとして錯誤自体の存在が否定されている（ⅰⅱⅳ）。これに対して、要素の錯誤が肯定された事例（ⅲⅴ）では、保険契約者が相続税対策として安全確実であることを繰り返し確認し、保険会社側は、変額保険の危険性を説明せず、九パーセントの運用利回りが確実で、解約返戻金が借入金を下回ることはないとその都度説明したという事情が見られる。なお、ⅲ判決は、保険会社の説明義務違反をも認め、既払分の貸入利息について損害賠償を認めている点において注目に値する。

㋺ 変額保険における相続性対策としての有利性についての錯誤が主張された事例では、変額保険契約の無効を主張した場合（ⅶⅷ）および銀行との融資契約の無効を主張した場合（ⅸ）のいずれにおいても錯誤の存在が否定されている。相手方が運用実績による変動リスクを説明したこと、および保険契約者に取引の経験があることが考慮されている。

㋩ 契約締結当時の運用実績ないし将来の運用実績の見込みに関する錯誤を扱った事例がもっとも多く、錯誤無効の主張が認められた事例も多い。契約締結当時の運用実績に関する錯誤について、為替や経済状勢について相当の知識を有する保険契約者が自己の経済情勢の予測により契約を締結したものであり、現在の運用実績を決め手として意思決定をしものではないとして要素の錯誤を否定し、意思決定の基礎となる現在の運用実績について誤った情報を提供したことにつき説明義務違反を認めた判決がある（ⅹ）。

変額保険の運用益、解約返戻金が銀行からの借入元利金を下回ることがないと誤信したとして錯誤無効を主張した事例では、株式投資の経験上運用にともなう危険を認識していたとして錯誤の成立が否定された事例が一件あり（ⅺ）、要素の錯誤が肯定された事例が五件ある（ⅻⅹⅲⅹⅳⅹⅴⅹⅵ）。これらのうち、変額保険のみの錯誤無効が認められた事例が二件あり（ⅻⅹⅳ）、そのうちの一件では、保険会社の説明義務違反と銀行の違法な勧誘行為を共同不法行為として借入金の金利分と登記手続費用について損害賠償が認められている（ⅹⅳ）。変額保険および融資契約の錯誤無効が認められた事例が二件あり（ⅹⅲⅹⅴ）、そのうち一件では、保険会社と銀行に説明義務違反に基づく共同不法行為として弁護士費用につき損害賠償が認められている（ⅹⅴ）。

要素の錯誤が認められた事例では、以下の事情が認められる。まず、当初変額保険に加入する意思をもたない保険契約者に対して繰返し勧誘を行ったことがあげられ、すべての事例に共通する事情である。勧誘の際の事情として、変額保険に関するパンフレットや設計書を交付して運用実績が変動しうることを説明している事例が多い（ⓧⅱ ⓧⅲ ⓧⅳ ⓧⅴ）。しかし、これらの事例では、現在の実績を下回る危険性または運用益が借入金利を下回る危険性について説明せず、むしろ、将来の運用の見入みを強調し、運用益によって銀行からの借入元利金の返済ができなくなることはありえないと具体的に説明している点で共通する。さらに、保険契約者が投資取引の経験のない高齢者である場合が多い（ⓧⅱ ⓧⅲ ⓧⅴ）。しかし、要素の錯誤を肯定する際にどのように考慮されたかは判決理由からは明らかではない。もっとも、重過失の認定の際には、重要な事情として考慮されている。保険契約者が投資の経験を有する場合には、変額保険の一般的危険性について説明を受けていなくても、交付された資料などを調査してその危険性を認識する機会を逸した点に重過失があるされる（ⓧⅵ）。これに対して、保険契約者が投資取引の経験のない場合には、保険料の運用について調査を怠った落度があっても、銀行が保険契約者の信頼を利用して執拗に勧誘したという事情が否定的に評価されて重過失が否定される（ⓧⅲ ⓧⅳ）。銀行側の断定的な説明を考慮する判決として、（ⓧⅱ ⓧⅴ）。重過失の認定に際しては、変額保険における自己責任原則および適合性原則を保険契約者の理解能力と銀行側の行為態様を相関的に判断することを通して考慮するという判例の姿勢が鮮明にあらわれている。

(c)　全体として見れば、以下のことがいえる。変額保険において錯誤無効の成否が争われた事例では、保険契約者が主張する錯誤の内容が多義的であり、判決においても、具体的勧誘行為の事実認定にも関連して、錯誤の内容の確定、錯誤の存否、要素の錯誤の成否について多様な構成が採用され、若干の混乱も見られる。

要素の錯誤を肯定するための要件について見れば、錯誤の主観的重要性のみで要素の錯誤を肯定した判決を除いて、錯誤の主観的重要性を相手方が認識していること(xiv)、錯誤を相手方が認識していること(xv)、または動機が表示され相手方が認識していること(xii)(xiii)(xvi)という要件が付加されている。全体的な傾向としては、判例準則に沿って、運用益、解約返戻金などが借入元利金を下回らないという保険契約者の目的ないし動機が契約締結までの過程において相手方に表示され、認識されているという構成によって要素の錯誤が肯定されているといえよう。しかし、このような構成によってこの種の錯誤について要素の錯誤を肯定すべき実質が汲みつくされているかどうかは疑問である。保険契約者の目的は明示的に交渉の対象とされており、前掲の諸判決が付加的に要件とした事情は当然の前提とされているからである。保険会社側の事情として、勧誘行為の強度と反復性、運用益や運用の見通しについての説明の具体性と断定性、そして、保険契約者の事情として、変額保険について正確な理解能力および情勢収集能力の有無ないし程度、勧誘前の変額保険に対する関心の有無ないし程度などが相関的に考慮されている。これは、まさに本稿でいう保険契約者の目的が実現しないならば変額保険契約を締結しないであろうことの了解ないし了解可能性の判断がなされていると見ることができる。むろん、前記の諸事情は、情報提供義務違反ないし不当勧誘行為としても考慮される。既述のように、情報提供義務違反を錯誤論に取り込み、その効果としての契約の解消を錯誤によって基礎づける試みがなされ、錯誤者に誤認を惹起させた側の認識および行為態様に着目して、そこに錯誤誘導ないし誤認是正の不作為につき相手方に帰責性がある場合に錯誤無効の主張を許すという新たなスキームと軌を一にするものとして評価されている。(71) おそらく、契約内容確定の解釈の観点から解決を試るか、それとも錯誤を惹起させる相手方の行為態様の帰責性をそのまま錯誤論の判断枠組に取り込むかという立脚点の相違が本稿の立論との間に存在するように思われる。しかし、誤認を誘導する行為態様の帰責性それ自体を錯誤の問題として考慮する手法には違和感があることは否定できない。また、保険会社がたとえば契約当時の運用実績について誤った説明をし、保険契約者がその説明を重要な要因としつつ他の要因も考慮して契約を締結したという場合には、錯誤としては顧慮されないが、その行為態様によっては情報提供義務違反として評価される余地があり、両者の保護領域は完全には一致していないように思われる。契約締結までの諸事情を一方では了解ないし了解可能性という観点から評価し、他方では行為態様の帰責性ないし違法性として評価し、異なる評価に基づく効果の両立を認めるという結論で満足すべきものと思われる。(72)

(30) 山本・前注(17)二九頁以下。

(31) フランスのコーズ論がこれらの目的に関連して多様な機能を有することについては、小粥太郎「フランス契約法におけるコーズの理論」早稲田法学七〇巻三号（一九九五年）一頁以下。フランスのコーズ論を手がかりにしてこれらの目的を含めた契約論の再構成を試みる研究として、大村敦志・典型契約と性質決定（一九九七年）一七〇頁以下、同「合意の構造化に向けて」債権法改正の課題と方向（一九九八年）三一頁以下。

(32) 四宮和夫・事務管理・不当利得・不法行為(上)（一九八一年）一一三頁―一一四頁。

(33) 我妻栄・有泉亨・清水誠補訂・コンメンタール事務管理・不当利得・不法行為（一九九八年）五八頁。

(34) 土田哲也「給付利得返還請求権」不当利得・事務管理の研究(2)（一九七一年）三三二頁。

(35) 加藤雅信・財産法の体系と不当利得法の構造（一九八六年）六八九頁。

(36) 星野・前注(24)

(37) 加藤・前注(35)六八九頁は、目的または前提という表意と対応する内心の意思以外の非表層的部分までもとり込んだ形で法律行為論を再構築していく必要があることを指摘されている。

(38) 大村・前注(31)典型契約と性質決定一八四頁。川島博士が錯誤の予見可能性の具体的基準として提示されている意思表示の直接的目的（cause）もこれに属するものであろう（川島前注(3)二九〇頁、二九二頁注㈤）。

(39) ここでは、わが国の錯誤論に関連して主張されてコーズ論が本稿での動機錯誤の類型化とどのように関係するかについて若干言及するにとどめることにする。フランスにおけるコーズ概念をめぐる学説の全体的展望については、小粥・前注(31)五三頁以下参照。

(40) 森田・前注(10)二六頁。

(41) 大判明治三五年三月二六日民録八輯三巻七三頁。

(42) 大判明治三二年一〇月一〇日民録五輯九巻六二頁。

(43) 森田・前注(20)一五九頁以下参照。

(44) 東京高判平成三年三月一四日判時一三八七号六二頁。

(45) 野村豊弘・本件解説ジュリスト九五二号九一頁、小林一俊・本件紹介民商法一〇二巻四号一〇四頁。

(46) 鹿野菜穂子・本件評釈ジュリスト九五六号一一三頁、森田・前注(10)二九頁は、本件財産分与が分与者の全財産を譲渡する内容であることに着目しながら、本稿とは異なる観点から本件の特殊性を指摘している。

(47) 川井健・注釈民法(3)（一九七三年）二〇三頁以下。

(48) 森田・前注(10)二五頁—二六頁。

(49) 大中有信「動機錯誤と等価性㈡」法学論叢一四一巻五号（一九九七年）一一七頁以下。

(50) この点については、磯村・前注(9)八九頁以下参照。

(51) 詳細については、「物の性質錯誤に関する一考察」星野英一先生古稀記念・日本民法学の形成と課題上（一九九六年）参照。

(52) 契約の核の部分については、河上・前注(15)NBL四七〇号四五頁参照。

(53) スイスの学説について、磯村・前注(9)二一七頁。ただし、本文に挙げた事例につき、相手方が認識している場合には、錯誤者の法的保護を無視することは妥当でないとする（二二八頁）。
(54) 磯村・前注(9)二二八頁にあげられた事例でいえば、一定の価格形成のファクターを基準にして代金額が定められている同一の商品についての当事者間の継続的な取引関係の存在を、計算過誤によって生じた代金額についての売主の錯誤を考慮する際にどのように評価すべきかにかかわる。
(55) 錯誤または詐欺の拡張としての情報提供義務理論においても、相手方の単なる錯誤の認識に重点が置かれずに、錯誤を利用ないし錯誤に乗ずるより積極的な相手方の行為態様に対する否定的評価に重点が置かれているように見られることも示唆的である。たとえば、売主が買主の錯誤を知りながら買主の希望する家具および高価な家具を勧めて契約を締結させたという場合には、売主の行為態様は錯誤是義務違反などの契機となりうる。ただし、買主の使用目的につき契約内容への受容を認める契機にはなりえないから、錯誤としては考慮されない。
(56) 名古屋高判昭和六〇年九月二六日判時一一八〇号六四頁。
(57) 磯村保「ドイツにおける法律行為解釈論について㈣」神戸法学雑誌三〇巻四号（一九八一年）、滝沢昌彦「表示行為の帰責性について」法学研究（一橋大学）一九号（一九八九年）。
(58) 藤田寿夫「性質保証と表示㈠㈡」民商法九三巻五号、六号（一九八六年）（表示責任と契約法理所収）。
(59) 東京高判昭和五五年一〇月二七日判タ四三一号九七頁。
(60) 大判昭和一七年六月一六日法律新聞四七八六号一五頁。
(61) 明確に了解の存在が認められる事例として、⑽⑻があげられる。
(62) 栗田哲男・判例評論三八八号一六五頁以下。事案の解決としては、債権者が事後的に錯誤を認識していたことを理由に説明義務違反を認める。
(63) 賀集唱・私法判例リマークス一九九一〈下〉一〇頁。
(64) 鹿野菜穂子・ジュリスト九九四号一〇〇頁。

(65) 前注(17)引用文献参照。

(66) 東京高判平成元年三月二九日金法一二四三号二九頁。

(67) 「永久脱毛」という多義的な内容を含む効果について、錯誤の存在または保証の内容を確定できるかという問題があるが、(53)判決は、機械の用法に従い相当期間使用した後かなり長期間脱毛処理を必要しない状態が継続することを意味するとする。

(68) この点に関する研究は枚挙にいとまがないが、最近の総合的研究として、潮見佳男「投資取引と民法理論㈠㈡㈢㈣」一九九八年。

(69) 錯誤の問題を扱う研究として、大村敦志・金法一四二八号六八頁以下、松岡久和「変額保険の勧誘と銀行の法的責任」金法一四六五号（一九九六年）二四頁以下、平野裕之「投資取引における被害者救済法理の相互の関係について㈡」法学論叢（明治大学）七一巻二・三号（一九九八年）、潮見・前注(67)論文㈣など。

(70) (i) 東京地判平成七年八月二五日判タ九一一号一七二頁、(ii) 富山地判平成八年六月一九日金法一四六五号一一〇頁、(iii) 大阪地判平成七年一〇月一七日金法一四六五号一六〇頁、(iv) 東京地判平成七年九月二五日金法一四六五号一四三頁、(v) 東京地判平成六年五月三〇日金法一三九〇号三九頁、(vi) 東京地判平成七年一月二七日金法一四二〇号三七頁、(vii) 東京地判平成七年一二月二六日金法一四六五号一三〇頁、(viii) 東京地判平成八年三月一日判タ九二四号二四二頁、(ix) 東京地判平成六年三月一五日判タ八五四号七四頁、(x) 東京地判平成八年九月二七日判タ九二四号一九三頁、(xi) 東京地判平成七年九月二五日判タ九二五号二三三頁、(xii) 東京地判平成八年三月二五日判時一五七二号七五頁、(xiii) 東京地判平成八年七月三〇日金法一四六五号九〇頁、(xiv) 横浜地判平成八年九月四日金法一四六五号五六頁、(xv) 東京地判平成九年六月九日判時一六三五号九五頁、(xvi) 東京地判平成一一年三月三〇日判時一七〇〇号五〇頁などがある。

(71) 潮見佳男・判例評論四九五号二〇三頁。

(72) 紙幅の関係もあり、和解に関する錯誤について検討することができなかった。ここでは、要素の錯誤が肯定されたほとんどの事例では、和解の基礎ないし前提を本稿でいう契約目的として把えることができることを指摘するにとどめることにする。

四　おわりに

契約締結における一方当事者の動機は、契約の核心的部分との関連性に応じて重層化し、なおかつ多様である。これらの動機に関する錯誤を統一的な共通の要件の下で顧慮することはかなりの困難をともなう。動機錯誤を有意に類型化し、各類型の特性を明らかにし、それぞれの固有の要件の定立を必要とする所以である。

われわれは、動機錯誤に関する判例準則を契約内容の確定を基準として錯誤の危険分配を図る判断枠組として把握し、動機錯誤を契約目的非実現型、給付不均衡型、個別目的非実現型に類型化して各類型における危険分配の具体的基準の解明を試みた。

動機錯誤全体の危険分配の基準となるおおまかな判断枠組としては、当該動機が存在しなければ両当事者は契約を締結しないであろう関係が認められるか否かにあると措定することができる。ドイツにおける行為基礎論やスイスにおける基礎錯誤類型では、この関係の限界づけおよびその理論化をめぐって深刻な学説上の対立が生じていると理解できるように思われる。この関係の存否を判断するための基準は、右に述べた類型によって異なる。前二者の類型では、個別的事情を考慮しつつもなお類型的に考慮することが可能であるが、後者の類型では、個別的にこの関係について当事者間に了解ないし了解可能性があったかが確定されなければならない。このような判断枠組によって、錯誤または詐欺の拡張理論としての情報提供義務違反に組み込まれた一部の錯誤を錯誤論の枠内で顧慮する途を可能にするといえる。むろん、錯誤と情報提供義務違反の関係については理論的な角度から厳密な検討が必要であり、他日の検討を期すことにしたい。

2　代理の類型と代理権濫用についての覚書
――最高裁平成四年一二月一〇日判決を契機として――

福永礼治

一　はじめに

最高裁判所は、平成四年一二月一〇日の第一小法廷判決（平成元年（オ）第七五九号。根抵当権等抹消登記手続請求事件。民集四六巻九号二七二七頁。以下、平成四年判決又は本判決と記す）において、親権者による法定代理権の濫用となるのは、親権者に法定代理権が与えられている法の趣旨に著しく反すると認められる特段の事情がある場合であると判示するとともに、相手方が濫用行為を知りもしくは知り得る場合には、民法九三条ただし書の類推適用によって代理の効果を無効とするとの判断を示した。

代理権の濫用については、これまで、多くの裁判例があり(1)、学説も種々議論がなされてきたが(2)、本判決は、親権者による法定代理権の濫用についての初めての最高裁判決であり、そこでは、法定代理権の濫用となるのはいかなる場合であるのかを明らかにするとともに、親権者の法定代理権の濫用と利益相反行為との関係に論及し、また、制限能力者（平成四年判決時は無能力者と述べている）の法定代理権の濫用の場合も、民法九三条ただし書を類推適用するとして、任意代理人や法人の代表者による権限濫用の場合と同様に、代理権の濫用においては、代理の類型にかかわらず、この法理によるとの判断が示された。

ところで、筆者は以前に、代理権の濫用について、主にドイツ法を参考に検討を試み、代理権濫用を代理人の内部的義務違反行為という角度から代理権濫用の意義を考察し、その結果、代理の類型に考慮し、特に、本人が代理人に関与することができない制限能力者（当時は無能力者と記している）の法定代理権の濫用の場合においては、法人の代表機関や任意代理人の濫用の場合よりも、本人の保護をより厚くすべきものとして、具体的解決を試論としてではあるが示したことがある。(3) 本判決は取引保護を重視して、親権に服する子の財産保護には厳しい判断であるが、学説においては、本判決の立場を支持する見解も多くみられる。法定代理人による濫用の場合において本人の保護を厚くすべき根拠は前記の論文で示し、これはいまでも考えは基本的に変りはないのであるが、最高裁判決が出された現在、多くの判例評釈も著され、(4) 学説上論議がなされているので、それらの点をふまえ、また、別の視点からの若干の検討も含め、今一度、代理の類型と代理権の濫用について検討を試みたい。

そこで以下、はじめに、平成四年判決について、事実関係及び裁判の顚末を明らかにする。本判決は法人の代表機関や任意代理人による濫用の場合の理論を法定代理の場合にも用いることを明らかにするなど代理権濫用についての判例の立場を総括したものといえ、他方、代理権濫用とはどのような場合かを示した点において、新たな代理権濫用の問題の出発点の意義をも有する重要な判例と思われる。本事件は再上告審まで争われ、裁判が確定するまでに、合計五回にわたって判決がだされている。一審から上告審までは公式判例集等で明らかにされているが、差戻控訴審、および、再上告審については、法律雑誌等にもほとんど紹介されていないので、資料的な意義もふくめて、再上告審までの裁判の経過を示しておきたい。そのうえで、本判決の構造と従来の判例のなかでの意義を明かにし、また、本判決に対して学説がどのように評価しているかを検討する。それをふまえて、代理人の義務について若干考察したうえで、代理の類型と代理権の濫用に深くかかわるいくつかのポイントについて検討をこころみたい。

（1） 代理権の濫用に関する判例、学説については、平山也寸志「代理論史――代理権濫用論を中心に――」獨協法学四〇号四四七頁以下（水本浩・平井一雄編『日本民法学史・各論』四一頁以下所収、信山社、平成九）に年代別に整理されている。

平成四年判決以降、代理権濫用にかかわる最高裁判決は、次の章で示した本判決の再上告審（平成七年七月四日）のほかはみあたらない。下級審判決では、本判決の差戻控訴審（大阪高判平成六年九月二九日）のほか、証券会社の外務員の権限濫用の事案（大阪高判平成五年三月二九日判例タイムズ八二九号四四頁）、商法四三条の商業使用人にあたる会社の部課長が権限を濫用した事案（福岡地判平成六年三月八日判例時報一五一三号一六五頁）、株式会社から銀行と手形割引取引をする権限をあたえられた取締役が自己または第三者の利益をはかる目的で銀行から一五〇〇万円を借り受け会社名義の約束手形を振り出した事案（福岡高判平成一〇年二月五日金融・商事判例一〇四六号四六頁）、訴訟代理人の権限濫用があったか否かが争われた事案（名古屋高判金沢支判平成一〇年二月一六日判例タイムズ九七六号二三一頁）などがみられる。事案によって直接の争点や結果は様々であるが、濫用についての判例法理である代理人が権限を濫用しても代理の効果は生じるが、相手方が濫用を知りもしくは知り得る場合には民法九三条ただし書を類推適用して代理の効果を否定する点は変わりない。

（2） 学説の整理は、前掲注(1)の平山論文を参照。なお、最近の著書、論文等としては、佐久間毅『代理取引の保護法理』四四頁（有斐閣、平成一三）、（佐久間教授は、「代理法からみた法定後見・任意後見」民商法雑誌一二二巻四・五合併号三六頁において、成年後見制度での任意後見人・法定後見人による代理権濫用について検討している）、平山也寸志「代理権の客観的濫用に関する一考察――代理人に背信的意図がない場合」獨協法学四六号二三三頁および、内部的義務が代理権の範囲にどのよう影響するかという点について、ボアソナード来朝から明治民法典の成立前後までの学説を検討した、同「わが国における代理権の範囲の無因性に関する一考察――明治民法典成立の前後期までを中心として――」下関市立大学論集四五巻一号一一頁、知識工学から民法の解釈論にアプローチを試み、検討例として、代理権濫用を取り上げ、従来の学説の分析、評価を行なった、角田篤泰「法解釈論の知識工学的アプローチ――平井宜雄「良い法律論」の形式論理的分析と代理権濫用論への適用――」北大法学論集五一巻二号四六八頁、柳勝司「法定代理権限の範囲とその濫用」名城法学四八巻一号一一五頁、小林佳雄「代理人の権限濫用」法学ジャーナル（関西大学大学院）六七号五五頁、米沢明「代表取締役の権限濫用行為の効力」法と政治四三巻四号一頁、伊藤進「代表権の濫用」森泉章他編『民法基本論集』第一巻総則八八頁（法学書院、平成六年）、代理権濫用という現象を相手方の本人に対する付随的義務違反の問題として構成する中島修二「濫用代理論批判」『財産法学の新展開』七九頁（有斐閣、平成五年）、辻義教「表見代理論の周辺にある若干の問題――権利外観論、表見代理不法行為論、代理権濫用論等とメタ規範論――」阪南論集　社会科学編三一巻一号四一頁などがみられる。なお、校正中に、親権者による濫用的財産管理権の行使の規制について、その法的枠組の再検討を試みた、合田篤子「親権者による財産管理権の濫用的行使の規制」神戸法学雑誌五一巻一号七七頁に接した。

（3） 拙稿「代理権の濫用に関する一試論」（一）、（二・完）上智法学論集二二巻二号一二九頁、三号一七七頁。

（4） 平成四年判決の評釈については、注(10)参照

二　平成四年判決の裁判経過

以下、平成四年判決の事実および一審から再上告審にいたるまでの裁判の経緯を確認する。(5)

本件は、未成年者の所有する土地に、その親権者が第三者の債務の担保のために根抵当権を設定した行為が、親権者の法定代理権の濫用にあたるか否か争われた事件である。

（一）　事件の概要

本件土地は、X（原告、控訴人、被上告人）の祖父Aが所有していたものであるが、AおよびBその妻B、Aの長男でXの父であるCが、昭和五一年から五二年にかけて、あいついで死亡したため、Aの次男でXの叔父にあたるDを中心にAらの遺産について分割協議がなされ、その結果、本件土地ならびにAの居住であった建物と敷地などをXが取得し、賃貸中の集合住宅及びその敷地などをCの妻でありXの母であるEが取得することを内容とする協議が成立した。Dは、Eの依頼を受けて、その協議に基づく各登記手続きを代行し、また、Eの取得した集合住宅の管理をするなど諸事にわたってEら母子の面倒をみていた（なお、第一審では、Dは、登記手続きの代行の際、Eの印章を作って、印鑑登録して実印とし、それを使用して行ったこと、また、印章を一旦Eに返したが、その後、Dに預けるなどしていたことが、認められている）。

ところで、Dは、H会社を経営し、その代表者であったが、H会社がN銀行から事業資金の目的で借り入れをするため、Y（信用保証協会）から債務保証を受ける必要があった。その際、不動産担保を提供するように求められていたため、DはXの土地を担保に入れることをEに求め、EはXの親権者として、昭和五八年一〇月にXの土地に、YがH会社にたいして保証委託取引に基づき取得する債権を担保するため、極度額八四〇〇万円を最高限度とする根抵当権を設定することを承諾した。そこで、DはEを代行して債権極度額を三〇〇〇万円とする根抵当権設定契約書を作成したうえ、根抵当権設定登記手続をした。その後、昭和五九年二月に、債権極度額を四五〇〇万円に同様の方法で変更している。昭和五八年、五九年当時、Xは未成年者であり、Xの母Eが親権者であった。H会社はN銀行から二回にわたって計四〇〇〇万円を借り受け、Yは、H会社の借り受けについて信用保証委託契約を結び、N銀行に対してH会社の借り受け債務を保証することを約した。Yは根抵当権設定契約および極度額変更契約（以下、両契約をまとめたものを、「本件各契約」という）の締結において、H会社の借り受けが、前述のように、H会社の事業資金であって、Xの生活資金等Xの利益のため使用されるものではないことを知っていた。

成年に達したXは、EがXの親権者として「本件各契約」を締結した行為は、専ら、H会社の利益を図るものであり、親権者の法定代理権の濫用に当たり、Yは契約締結の際にこれを知っていたのであるから、民法九三条ただし書の類推適用によって「本件各契約」の効果はXに及ばないと主張して、Yに対して、本件土地の所有権に基づき、根抵当権設定登記の抹消登記手続きを求め、本訴におよんだというものである。

(二)　第一審　大阪地判昭和六二年五月一九日（大阪地裁昭六〇（ツ）第一四七九号）

判決では、EがXの親権者として、H会社の債務をXが担保するため、根抵当権を設定することやその極度額の増額などを承諾し、その手続きをDが代行をすることを許容していたことを認定したうえで、かような行為が、Eの法定代理権の濫用だというXの主張について、つぎのように判示し、Xの請求を棄却した。

請求棄却　「そこで原告の法定代理権濫用の主張につき判断するに、原告X所有の本件土地につき、訴外H

の債務を担保するため、根抵当権を設定することは、Xにとって不利益となることは明らかである、がしかし、単に本人たる未成年者に不利益なるとのことのみをもって、親権者が未成年者を代理してなした法律行為が法定代理権の濫用となり無効であるとは解しえない。」

(三)　第二審　大阪高判平成元年二月一〇日(大阪高裁昭和六二(ネ)一二三七号)

Xは控訴し、一審での主張とともに、Eが法定代理権を濫用して行った根抵当設定契約が、当然に無効とはいえないとしても、Hが訴外銀行から借り入れしようとした金員が、Xの生活資金や、事業資金としてではなく、それが訴外Hの事業資金として使用されるものであること、すなわち、Eが法定代理権を濫用して本件根抵当権設定締結する事実を、Yは知りながら、敢えて、契約したものであることから、その契約は無効であると主張した。判決は一審を取り消し、以下のように述べた。

原判決取消　「……民法八二四条は『親権を行う者は、子の財産を管理し、又、その財産に関する法律行為についてその子を代表する。』と定めているところ、右にいう親権者が代理(代表)しうる子の財産に関する法律行為とは、原則として、子の財産上の地位に変動を及ぼす一切の行為を指すものというべきである。

しかしながら、同時に、親権者がなす財産に関する法律行為については、その制度、目的からして、当然に、その子自身の利益のためになされることを要し、親権者自身又は第三者の利益のためになすが如きは、親権の濫用に該当し、許されないものというべきである。

ただ、このようにして、親権者が子のためではなく、自己又は第三者の利益を図るために子の財産の処分行為をした場合に、これが当然に無効であると解するとすれば(後見人が他人のために被後見人の財産を担保に供する行為は当然に無効であるとするものとして、大審院明治三〇年一〇月七日判決民録三輯九巻二一頁参照)、親権者と取引した第三者に対して不測の損害を被らせる結果となる場合も予想され、これらのことを勘案すると、右のような場合には、民法九三条但書を類推適用して、その取引の相手方において、親権者が自己又は第三者の利益を図る目的で代理行為を行うとの親権者の意図を知り又は知りうべかりし場合に限り、右代理行為は無効であって、その行為の効果は本人たる子に及ばないと解するのが相当である(最高裁昭和四二年四月二〇日判決民集二一巻三号六九七頁参照)。

……結局、訴外Eのなした前示担保差入の承諾ないし本件抵当権設定契約は、第三者たる訴外Hのためになされるものであったこと、ただ、訴外Dの訴外H名義での訴外銀行からの借入の真の意図は、訴外Dの同級生訴外Pが経営し、かつ、訴外Hがその下請の関係にあった訴外株式会社Tの運転資金に充てるためであり、かつ、これが実施した場合には、右Tから訴外Hないしは同Dにおいてその謝礼を得ることを目的とするにあったもので、現に訴外Dは、本件土地を被控訴人に担保に供することによって訴外Hが訴外銀行から借り入れ、訴外Tに融通した合計四〇〇〇万円に関し、同社から額面一〇〇〇万円の約束手形をその謝礼として受領し、これを割り引いて換金しているものであること。そして、右のDの意図はともかくとして、前認定の事情に照らせば、前示訴外Eが X を代理してなした Y に対する本件土地の担保差入の承諾及びこれに基づく本件抵当権設定契約は、いずれも専ら第三者たる訴外Hの利益を図るものであるから、未成年者たる X の利益に反するものとして、親権の濫用に該当するといわざるをえない。

他方、Yにおいては、右契約締結に至る経過からして、当然これらの事情を知っていたものというべきであるのみならず……Yにおいては、訴外DはXの叔父にあたるところ、同人には訴外E及びXにおいて、同人らの夫であり父であったCの死亡に伴う相続に関する手続などをはじめとして、何くれとなく世話になっていたところから、訴外Dの経営する訴外Hのために本件土地を担保に供するものであることとの事情は認識していたものの、もとよりXと訴外Hとの間には格別の利害関係はないこと、並びにこれによって訴外Hが訴外銀行から融資を受ける金員は、訴外Hの運転資金として使用されるもので、Xの生活資金や事業資金、その他Xの利益のために使用されるものではないことまでを認識しながら、訴外Eから前示担保差入の承諾を得、本件抵当権設定契約を締結するに至ったものであることが認められ、他にこれを左右するに足りる的確な証拠はない。

そうすると、Yにおいては、前示訴外Eの親権濫用の事実を知りながら、右担保の差入れを受け、本件抵当権設定を締結したものというほかなく、結局、訴外EとYとの間でなされた右各行為は、親権の濫用として無効であるというべきである」。

（四）　上告審　最判平成四年一二月一〇日（最高裁平成元年（オ）第七五九号）

そこでYは上告し、次のような主張をしている。親権者の法定代理権が親権の濫用に該当するような場合は、その法律行為が無効になることについては異論はないが、どのような法律行為が親権の濫用にあたるかは極めて慎重に判断しなければならないはずだ。なぜならば、安易に親権の濫用とすると第三者に不測の損害を被らせることになる。原判決も、そのような場合には民法九三条ただし書を類推すればよいとして、未成年者の利益と第三者の利益の衡平を図っているかのように見えるが、実質的には第三者の利益を全く考慮していない。なぜならば、原判決は、民法九三条ただし書の類推適用について、「その取引の相手方において、親権者が自己又は第三者の利益を計る目的で代理行為をおこなうとの親権者の意図を知り又は知りうべかりし場合に限り、右代理行為は無効であって、」とし、これを本件にそのまま適用している。本件事案においては、親権者が未成年者の不動産を第三者の為に担保に供している場合であり、Yは右事実を知っていたのであるから無効であると判示するが、このことは、本件の具体的な事実に対して適用したという判断にとどまるのではなく、未成年者が第三者の為に担保提供すること自体が無効であると判示しているに等しい。物上保証にあっては、貸付側が第三者の為にすることを知っていることが通例だからである。また原判決は明治三〇年一〇月七日の後見人が他人の為に被後見人の財産を担保に供する行為は無効とする大審院判決を、実質的にそのまま適用しているといえる。今日の活発な金融取引においては、本件の場合のような取引は相当数にのぼるはずであるが、たとえ未成年者自身が何らかの利害関係により第三者の為に自己の財産を担保に供する意思を有してもそれができないことになる。親権者と未成年者の間の利益相反行為であれば、民法八二六条により特別代理人を設けて未成年者の財産処分行為が可能であるが、本件のような場合は法はなんら手当をしていないので、いかなる方法によっても担保提供は不可能だ。

最高裁は、以下のような理由で原審を破棄し、大阪高裁に事案を差し戻した。

破棄差戻「1　親権者は、原則として、子の財産上の地位に変動を及ぼす一切の法律行為につき子を代理する権限を有する（民法八二四条）ところ、親権者が右権限を濫用して法律行為をした場合において、その行為の相手方が右濫用の事実を知り又は知り得べかりしときは、民法九三条ただし書の規定を類推適用して、その行為の効果は子には及ばないと解するのが相当である（最高裁昭和三九年（オ）第一〇二五号同四二年四月二〇日第一小法廷判決・民集二一巻三号六九七頁参照）。

2　しかし、親権者が子を代理してする法律行為は、親権者と子との利益相反行為に当たらない限り、それをするか否かは子のために親権を行使する親権者が子をめぐる諸般の事情を考慮してする広範な裁量にゆだねられているものとみるべきである。そして、親権者が子を代理して子の所有する不動産を第三者の債務の担保に供する行為は、利益相反行為に当たらないものであるから、それが子の利益を無視して自己又は第三者の利益を図ることのみを目的としてされるなど、親権者に子を代理する権限を授与した法の趣旨に著しく反すると認められる特段の事情が存しない限り、親権者による代理権の濫用に当たると解することはできないものというべきである。したがって、親権者が子を代理して子の所有する不動産を第三者の債務の担保に供する行為について、それが子自身に経済的利益をもたらすものでないことから直ちに第三者の利益のみを図るものとして親権者による代理権の濫用に当たると解するのは相当でない。

3　そうすると、前記一1の事実（ABCが死亡しDを中心に遺産分割の協議がされて、Xが本件土地を相続したこと。DがEの依頼を受けて本件土地の登記手続きを代行し、また諸般にわたってEX親子の面倒をみていたことなど。括弧内筆者記載）の存する本件において、右特段の事情の存在について検討することなく、同一5の事実（H会社がN銀行から二五〇〇万円、一五〇〇万円と借り受けたが、その使用目的がBの事業資金であり、Xの生活資金や事業資金その他Xの利益のために使用されたものではなく、またXとHとの間には格別の利害関係はなかったということ。括弧内筆者記載）のみから、EがXの親権者として本件各契約を締結した行為を代理権の濫用に当たるとした原審の判断には、民法八二四条の解釈適用を誤った違法があるものというべきであり、右違法が判決に影響することは明らかである。

4　以上の次第で、論旨には理由があり、原判決は破棄を免れない。そして、右の点について更に審理を

尽くさせる必要があるから、本件を原審に差し戻すこととする。」（裁判官全員一致の意見）

（五）　差戻控訴審　大阪高判平成六年九月二九日（大阪高裁平成四年（ネ）二九九四号）

Xは原判決の取り消しを求めて次のように主張した。本件各契約は、Hの事業資金としてN銀行から融資をうけたものであり、Xの生活資金、事業資金その他X自身の利益のために使用されるものではなく、XとHとの間には格別の利害関係もない。Hの代表者Dは本件土地が遺産分割によって、Xの所有になったことに目をつけてH会社の資金借入に利用したもである。①〜⑥で指摘するとうり、(6) EはH会社の数件の債務について連帯保証人になっており、本件担保提供行為は間接的にEの利益となる。したがって本件各契約は、上告審判決の示す親権濫用の基準に該当する。EがXの利益を無視してHないしDの利益を図ることのみを目的としてなされたもので、親権者に子を代理する権限を授与した法の趣旨に著しく反すると認められる特段の事情がある場合に当たるものとして代理権を濫用したものというべきである。（なお、Xは新たな主張として、本件各契約が錯誤により無効であることも述べている）。

これにたいしてYは、EがDから遺産分割の協議成立や集合住宅の管理など世話になっていた事情がある以上、たとえXが主張するような、EがHの連帯保証人なるなどのことがあったとしても、親権濫用となる範囲を極めて限定的に考えている本件上告審判決の判断に従う限り、親権の濫用に該当するものではないなどと主張して控訴棄却を求めた。

控訴棄却　「親権者が民法八二四条に基づく子の代理権を濫用して法律行為をした場合において、その行為の相手方が右濫用の事実を知り又は知り得べかりしときは、民法九三条ただし書の規定を類推適用して、その行為の効果は子には及ばないと解するのが相当である。

ところで、親権者が子を代理してする法律行為は、親権者と子の利益相反行為に当たらない限り、それをするか否かは子のために親権を行使する親権者が子をめぐる諸般の事情を考慮してする広範な裁量にゆだねられているものとみるべきである。そして、親権者が子を代理して子の所有する不動産を第三者の債務の担保に供する行為は、利益相反行為に当たらないものであるから、それが子の利益を無視して自己又は第三者の利益を図ることのみを目的としてされるなど、親権者に子を代理する権限を授与した法の趣旨に著しく反すると認められる特段の事情が存しない限り、親権者による代理権の濫用に当たると解することはできないものというべきである。

そこで、本件における訴外Ｅの控訴人所有不動産の担保提供行為について、右の特段の事情があるか否かを検討する。

まず、すでに認定したところからみると、本件の根抵当権設定行為は、控訴人自身の生活資金、事業資金、その他控訴人自身が必要とする用途に使用するための金員借入を目的として行われたものではなく、その叔父である訴外Ｄが経営する訴外Ｈの事業資金を訴外銀行から借り入れるために行われたものであり、控訴人自身は訴外Ｈと格別の利害関係はないことが窺えるし、また、右契約当時訴外Ｈの経営状態は必ずしも良好とはいえなかったことも考慮すると、右契約をすること自体は、控訴人にとって直ちに利益を生ずるものではなく、むしろ不利益を被る危険性があったことは否定できない。

さらに、……控訴人主張の①ないし⑥のとうり、訴外Ｄが、訴外Ｈの事業資金を得るため、同社が他から融資を受けるに際して、訴外Ｅに無断で同人を連帯保証人にしたり、同人所有の不動産を担保として提供させるなどの行為を行っていたことが認められる。

しかし、以上の各事情があるとしても、本件の根抵当権設定契約等をした当時においては、訴外Eは前段のような不当な行為を訴外Dが行っていたことは知らなかった（甲第一六号証）のであるし、同人と控訴人が叔父、甥という近い身分関係にあることや前記のように控訴人ないし訴外Eが本件土地などの遺産相続の際には訴外Dから世話を受けており、その後も取得遺産の管理等についての尽力を得ている事情等からみると、訴外Eにおいて、過去の尽力に対する恩義の思いや控訴人が将来において訴外Dから何らかの世話をうける可能性について配慮したとしても、一概に不当とはいえないし、親権の行使については親権者に広範な裁量が認められるべき点にも配慮すると、本件の根抵当権設定契約等が子である控訴人の利益を無視して訴外Dないし訴外Hの利益のみを目的としてなされたものと断定し、本件各契約の締結が親権の濫用に当たるものとみることはできない。

なお、仮に前記①ないし⑥の事実が加わることによって、本件の根抵当権設定契約等が子であるXの利益を無視して訴外Dないし訴外Hの利益のみを目的としてなされたものとみる余地が生じるとしても、右契約当時、これらの事実をYが知っていたことを認めるに足る証拠はなく、また、このような訴外E自身でも気付かなかった事実をYが知り得べきであったものと解するのは相当ではないから、この点でもXの本主張は採用できないことになる。」

㈥　再上告審　最判平成七年七月四日（最高裁平成六年（オ）第二三八一号）

Xは、差し戻後控訴審判決が、親権者であるEや相手方であるYが、抵当権設定契約当時、①ないし⑥の不当な行為をDがおこなっていたことを知らなかったことを理由に、特段の事情の存在を否定していることは問題であると主張し、差し戻後控訴審判決の全部破棄を求めた。すなわち、無知な親権者が、特段の事情を構成する事実関係(本件では①ないし⑥の事実)を知らずに代理権を行使した場合にあっても、その知不知に拘わらず、その当時に客観的に存在した全事情を斟酌して実質的な利益衡量によって特段の事情の存否を決すべきであるとする。また、最高裁判決は「特段の事情が存しない限り」と述べるにとどまるのであって、「特段の事情」の判断において、親権者の主観的事情のみを判断材料に限定するものとはしていない。「特段の事情」の有無は、主観的・客観的事情を含めて諸般の事情を斟酌して、「親権者に子を代理する権限を授与した法の趣旨に著しく反するか否か」を客観的に実質的利益衡量によって判断すれば足りるものと解される。そもそも「特段の事情」という要件自体が濫用にあたる場合を狭く解しすぎるきらいがある上に、差し戻し後の判決はさらに狭く解している。これは取引の安全に傾き過ぎて、未成年者本人の利益保護に配慮された判断とは言えない。

最高裁は、ほとんど理由をのべることなく、以下のように上告を棄却した。

上告棄却「所論の点に関する原審の認定判断は、原判決挙示の証拠関係に照らし、正当として是認することができ、その過程に所論の違法はない。論旨は、独自の見解に基づいて原判決を論難するものにすぎず、採用することはできない。」(裁判官全員一致)

(5)　本稿において、再上告審まで本件裁判の経過を確認したのは、一で述べたように、判例法上重要な意義を有するため、その資料的な意味からであるが、さらに、本件裁判が、いかなる場合に法定代理権の濫用にあたるかを争点とし、さらに、本判決において特に濫用と認められるための要件として、「特段の事情」の存在を求め、その存否を確認するため破棄差戻しという判断を示していることから、差戻し後において、「特段の事情」についてどのように、裁判所が判断しているかみておくことが有意義と思われたためである。結果的には、差戻後控訴審においては、若干詳しい検討がされているが、再上告審においては、上告棄却ということで差戻後控訴審の判断を確認してるかたちになっている。

なお、未公刊の再上告審判決（平成七年七月四日）の判決文の複写を最高裁から入手する際には、東京学芸大学名誉教授梅谷俊一郎（元教育学部第二部部長、現旭川大学教授）先生のご配慮を頂いた。

（6）①ないし⑥の事情とは、DがEから預かっているEの印鑑を悪用して、無断でEを連帯保証人にしたこと（①）、同じくDが印鑑を悪用して、Eとクレジット会社との間の契約書を偽造し、二七四万四千円を借り受けたこと（②）、Dの経営するH会社の建物修補費用のため、DがEを連帯保証人としてクレジット契約を締結し、四一九万一千円を借り受けたこと③、DがEに無断で、知人の会社が借り入れについて、本件土地を担保に入れることを許容し、その対価として一千万円を受け取ることに合意したこと④、Hが金融業者から借り入れるにおいて、Eに無断で、E所有の集合住宅を担保とする趣旨で売買予約の仮登記がおこなわれていること⑤、④の合意にもとづいて、五千万円が借り入れられ、これを担保するため本件土地に対して売買予約の仮登記が経由されていること（⑥）である。

三　平成四年判決の意義

以上、平成四年判決の事実および一審から再上告審まで見てきた。そこで、本件訴訟の争点と、本判決の意義、構造について確認しておきたい。

本判決は、利益相反行為について形式的判断説の立場をとることを前提に、親権者の法定代理権の濫用がいかなる場合に認められるか、その要件を述べるとともに、濫用とされる場合には民法九三条ただし書が類

推適用されることを明らかにした、はじめての最高裁判決といえる。(7)

本訴訟での争いの中心は、親権者が子の不動産を第三者の債務の担保に提供することが代理権の濫用といえるのか、すなわち親権者による法定代理権の濫用とはどのような場合かという点であり、一審から再上告審まで一貫してこの点が争われている。従来、代理権の濫用に関しての裁判例は、当該行為が代理権の濫用にあたるか否かという点よりも、濫用行為がなされ相手方がその濫用行為を知りもしくは知り得る状況にあったか否か、また相手方がそのような場合において、代理の効果否認をどのような法律構成によっておこなうかという点が主であり、学説でもその点をめぐって、民法九三条ただし書類推説およびその他の法律構成が種々議論されてきたことは周知のとうりである。かような点からみれば、代理権の濫用にあたるか否かを直接の争点とし、またその点を明確に判断した本判決は、代理権濫用に関する裁判例のなかでも特色あるものといえる。

また、これまでも、親権者が法定代理権を濫用した場合の子の保護の法的構成についての論及はなされてはいたが、それは利益相反行為の局面での議論が主であり、当該行為が利益相反行為に該当しない場合に生じる不合理な結論の是正のための、濫用法理の利用というかたちであった。本件も同様な面もあるが、本件は、利益相反行為にあたらない場合に、代理権濫用に該当するか否かをその要件から検討し、さらに、本人と相手方の保護の調整の理論構成(民法九三条ただし書の類推適用)について言及している。これによって、今後は、法定代理権の濫用の問題を、法人の代表や任意代理において展開されてきた代理権の濫用論の中で位置づけ、展開されることが考えられる。

本判決は、法定代理権の濫用にあたるか否かの判断の際に、法定代理権の範囲について言及し、当該行為が代理権の範囲内の行為であると判断している。任意代理、機関代理の濫用の判決においては、代理権の範囲内であることを当然の前提としているためか、かような点についての言及はあまりみられない。判決が代理権濫用の問題が代理権の範囲の問題にかかわることを示したことは、今後の代理権濫用論の展開において意義深いことといえる。

平成四年判決においては、必しも判示する必要はなかっと思われる、相手方が濫用行為について知りもしくは知り得る場合についての価値判断および理論構成について明かにして、従来の法人の代表機関や任意代理人による濫用行為の場合と同様に、民法九三条ただし書を類推適用することを示している。法定代理権の濫用に関して、最高裁判決がこの点について論及したのは、はじめてであり、これによって、代理の類型にかかわらず、相手方が濫用行為を知りもしくは知り得る場合にはこの法理によることが確定したものといえる。(8)

本件訴訟で、直接には争われていないが、平成四年判決は、親権者が子の不動産を第三者の債務の担保に提供することが、親権者と子との間の利益相反行為にあたらないことを判断し、従来からの通説である形式的判断説の立場にもとづく見解を示している。(9)また、親権者の法定代理権の範囲について、親権者には、諸般の事情を考慮してする広範な裁量権があたえられているものとらえたうえで、親権者の代理行為が、子との利益相反行為に該当しないか否かのフィルターにかけ、それにあたらないことを確認したうえで、代理権の濫用に該当するか否かの判断をおこなうかたちをとっており、利益相反行為と代理権濫用というふたつの制度が子の財産保護のためにどのように機能するかを示したといえる。

以上のように、平成四年判決は、民法九三条ただし書を類推適用するといった、従来の代理権濫用論の論点ではあるが、本件裁判では直接争われたものではないにもかかわらず論及する一方、代理権濫用がどのような場合に認められるかといった、これまで裁判例であまり論及されて来なかった問題を正面から論じた判決であり、かようなことから、本判決は、代理権濫用においてのおもな論点について最高裁が総括するとともに、新たな問題を提起し、その出発点となる判例法上重要な意義を有するものと考えられる。

（7）　本判決は法定代理権の濫用についての初めての最高裁判決ととらえることができるが（正面から法定代理権の濫用の問題として取り扱った最高裁判決は本判決以外にみあたらない）、しかし、判決の読み方によっては、先例が存在したともいえることが指摘されている（辻「後掲判批」注(10)一六頁）。

（8）　判例の立場が民法九三条ただし書類推説であることは、本判決によって、いっそう確固なものとなったが、学説において、この問題点について決着がついているとはいえない。しかし、理論構成の問題を他説との比較で立ち入って論じるものは多くない（ただし、四（四）および注(38)を参照）。特に、本判決においては、判示事項の最初に記されているにもかかわらず、この点について、従来の学説の展開との関係で論じるものは少ない（本判決の判例評釈参照）。本判決の争点が親権者の法定代理権の濫用をいかにとらえるかという問題であり、また、利益相反行為の問題がかかわっているため、議論の中心がそちらに集中しているためであろうか。今後、代理権濫用のリーディングケースとして本判決がまずあげられることが考えられることから（民法判例百選Ⅰ（総則・物権）も第四版以降、本判決が取り上げられている。第四版七八頁、第五版七六頁）、このような現象はますます強くなることも考えられる。もっとも、濫用の問題は、すでに指摘したように（注(2)参照）、様々な角度から研究がなされ、それぞれ独自の見解が示されている。しかし、それぞれの見解の背景となる考え方が異なることが多いので、今後、それぞれの問題把握がどのように位置付けられるか、また共通の基盤をどこに求めるかの検討が必要と思われる。

（9）　田中「後掲判批」注(10)一八九頁。

四　学説の見解と検討

ここでは、平成四年判決の中で、代理の類型と代理権の濫用にかかわる問題点について、本件判決の評釈および従来から示されている見解を考慮しつつ検討する。(10)

(一)　親権者の法定代理権の範囲と代理権の濫用

親権者の有する代理権について、民法八二四条は、「親権を行う者は、子の財産を管理し、又は、その財産に属する法律行為について子を代表する」と規定する。この規定について、平成四年判決は、「親権者は、原則として子の財産上の地位に変更をおよぼす一切の法律行為につき子を代表する権限を有する」とのべて、さらに「親権者が子を代理してする法律行為は、親権者と子と利益相反行為に当たらない限り、それをするか否かは子のために親権を行使する親権者が子をめぐる諸般の事情を考慮してする広範な裁量にゆだねられている」とし、親権者に広範な代理権が与えられていものと判断している。(11)このような、広範な代理権が親権者に与えられていることから、本判決の立場として、親権者はかなり自由に権限を行使でき、濫用とされる場合は限定されるものとの考えが、右の判断につづく判旨の文脈からうかがえる。(12)

この親権者の法定代理権が広範な権限であることと、その代理権の濫用の成否との関係について、学説においては、そのとらえ方がわかれる。今日、子の財産保護を尊重すべきという思想には、ほとんど異論はないものの、現行法の枠組みのなかで、この問題を検討する場合には、本判決のようなとらえ方をすることが妥当、あるいは現行法上やむを得ないとする見解と、子の財産保護を強調し、親権者に広範で包括的な代理権が与えられていても、濫用を認める範囲を限定する必要はないとするものである。[13]

米倉教授は、本件判決の理解として、問題の代理行為が利益相反行為にあたらないとなれば、親権者に包括的な代理権を与えている以上はたやすく濫用にあたるというのでは態度として一貫しないことになるので、濫用と認められる場合のしぼりこみが厳しくなり、その反面において相手方の保護（取引の安全）に厚くなると解し、本判決にはこのような側面があるので、その結論も了解できなくはなく、差戻してなお特段の事情の存在＝濫用にあたる可能性を調べさせるという処理は、子の保護の余地を残しているもので、その限りで慎重な態度であると評価できるとされる一方、[14]本判決は立法による解決の必要性を強く示唆していると評価することができると述べられる。[15]また、沖野眞已教授は現行の親権者の財産管理権が義務性の希薄な設計がなされていることを指摘し、そのようなものとして設けられている以上、親権者に子の福祉について広く第一次的判断権限を与えるのが現行法なので、その権限の行使について、親権者に広範な裁量が与えられており、権限濫用の判断にあたってはそのことをふまえ、特段の事情ある場合に限って濫用と認定するという判例の立場は、解釈論として、十分首肯されると述べ、さらに、親権者の財産管理権制度の下で、その権限への制約を拡大するのは、現行法が基礎とする親権像と整合せず、解釈論による対応は、その限界を露呈されざるを得ないとのべ、米倉教授と同様、立法的解決を指向する。[16]以上のような見解は、本判決を支持する評釈にもみられる。[17]

これに対して、法定代理権の広範性と濫用との関係について、親権者の法定代理権の範囲の広さをいうのであれば、法人の理事や株式会社の代表取締役のように包括的な代理権限を有するものも異ならないのであり、また、理事についても法人との利益相反行為に関しては代理権限が否定されているが（民法五七条）、理事の代理行為については、利益相反行為に当たらない行為についても代理権の濫用が一般的に問題とされており、代理権の包括性からだけでは親権者の代理権濫用について他の場合よりも濫用の認められる範囲を狭く解するという結論を導くことはできないとして、代理権の範囲の広範性、包括性ということで濫用を限定的にとらえることに否定的な見解である。(18)

この代理権の範囲と濫用の関係をどうとらえるか、特に、代理権の広範性、包括性については、代理の類型と代理権濫用の検討において重要な問題であり、これは次の節で検討したい。

(二) 利益相反行為と法定代理権の濫用の関係について

利益相反行為については、明文上の規定（八二六条）があるのにたいして、代理権の濫用には直接規律規定は存在せず、判例、学説によって形成された概念である。また、民法は利益相反行為にあたる場合には、特別代理人の選任が必要であると規定するのであり、規律の仕方としては、特別代理人を選任して、そのものに代理行為をおこなわせる必要があるとする事前の親権者の代理権のコントロールというかたちである。ただ、特別代理人が選任されずになされた利益相反行為と疑われる行為が、それに該当するか否か、すなわち事後において、どのような基準によって判断するかが争われてきた。

この利益相反行為の事後的な判断の基準については、その行為を形式的に判断すべきか、それとも実質的に判断すべきか説がわかれ、従来の判例、通説が形式的判断説であることは、周知のとうりである。本判決も、親権者が子の不動産を第三者の債務の担保に供することが、利益相反行為にあたらないことを、(20)最上級審裁判所としてはじめて明言し、(19)形式的判断説の立場に立つものであることを多くが指摘している。そして、形式的判断説に立った場合には、行為者の背信的な意図などが考慮されないため、実質的には子の利益を害するような親権者の代理行為であっても、形式的には、親と子の間の利益が対立しない以上、民法八二六条の利益相反とはいえないことになり、本判決でも、子の不動産が第三者の債務の担保に供されることは利益相反行為にはあたらないものと判断している。

そもそも民法八二六条の利益相反行為の規定は、その立法の趣旨では、子の利益保護をまったく考慮していないわけではないが、代理法の理論的な観点から導き出された側面があり(21)、そこで、形式的判断説にたってした場合において、子の不利益を他の手段で回避しようとしてもちだされるのが代理権の濫用の法理であると解されている。すなわち、民法八二六条の適用が及ばない場面で、別の構成である代理権濫用理論によって、法定代理権のチェックをおこなう(22)、あるいは、子の財産保護の法律構成として、代理権濫用の法理を持ち出すしかないといった指摘にあらわれる(23)。このことは、形式的判断説においては、民法八二六条が規定する事前的コントロールということを動かさずに、事後コントロールを代理権の濫用の法理に委ねていることになるのに対し、実質的判断説においては、利益相反行為の判断で、法定代理人の動機や目的、子の実質的利益を考慮する立場で、利益相反行為という枠組みを用いて、親権者の法定代理権の行使を事後的にコントロールしようとするものといえる(24)。

本判決は、子の不動産を第三者の担保に供することが、法定代理権の濫用にあたるか否かについて判断する前に、当該行為が親権者と子との利益相反行為に該当しないことを明らかにしている。そのことから、代理権の濫用の法理が適用されるのは、利益相反行為とならない代理権行使の領域であり、利益相反行為となる範囲によって左右されるものと指摘され(25)、当該行為が利益相反行為に該当する場合には、法定代理権の濫用は問題とならないものととらえる。[26]

利益相反行為と代理権の濫用との関係は、上記の場合は、形式的判断説の立場にたち、また代理権濫用は代理権限内であるとする場合の結論であるが、実質的判断説に立った場合には、利益相反行為と代理権濫用のいずれによって解決するか問題となる。[27]

(三)　親権者の法定代理権濫用のとらえかた

本判決は、いかなる場合が、親権者の法定代理権の濫用にあたるかを明らかにしている。すなわち、「子の利益を無視して自己又は第三者の利益を図ることのみを目的としてなされるなど、親権者に子を代理する権限を授与した法の趣旨に著しく反すると認められる特段の事情が存」することが必要であると述べ、その積極的な要件を示すとともに、「それが子自身に経済的利益をもたらすものでないことから直ちに第三者の利益のみを図るものとして親権者による代理権の濫用に当たると解するのは相当でない」と消極的要件をも示す。法定代理権の濫用（さらには代理権濫用一般）の意義を明らかにした点が、本判決の大きな意義であることはすでに述べたとうりである。[28]

親権者の法定代理権の濫用について、さらには、一般に代理権濫用について、どのような場合に濫用にあたるのかという点は、裁判の争点になることが少なく、これまであまり多くは論じられてこなかった。裁判例としてあげられるのは、親権者の代理権については、明治三五年二月二四日（民録八輯二巻一一〇頁）の大審院判決で、親権者が自己の遊興費のために子の不動産を担保の供し、第三者から借財したという例があり、また、後見人による濫用について、本判決の原審において述べられている明治三〇年一〇月七日(民録三輯九巻二一頁）の大審院判決などであるが、それらが今日の代理権濫用の議論においてどれだけ意義を有するか問題とされている[29]。また、代理権濫用の代表的なものとして、最高裁判決では、「株式会社の代表取締役が、自己の利益のため表面上会社の代表者として法律行為をなした場合において」（最判昭和三八年九月五日民集一七巻八号九〇九頁）、「代理人が自己または第三者の利益をはかるため権限内の行為をしたときは」（最判昭和四二年四月二〇日民集二一巻三号六九七頁）などとのべられ、その後の判例も、ほとんど、昭和四二年判決の表現を踏襲している。裁判例において濫用にあたるか否かを論じて来なかったのは、これまで裁判で問題となった事案が、当然に「濫用」視されるべきものであったため、「濫用」とされるための要件に論及されるに至らなかったとものといわれる[30]。

学説においても、濫用とされるための要件の議論はほとんどされてこなかったと指摘されるが[31]、代理権の濫用一般の議論においては、法定代理権の濫用の場合も含めた議論がなされており、特に、ドイツの代理権濫用論の検討から、代理権濫用の概念や意義、いかなる行為が代理権濫用にあたるかについて詳細に論じたものは存在した。代理権濫用を、対内関係における義務違反が代理行為の効力にどのような影響をあたえるかという点から把握を試みた高橋三知雄博士や[32]、代理権濫用を内部的義務違反の観点から検討する伊藤進教授[33]、それに筆者も同様の観点からの検討をおこなっている[34]。そこで共通することは、代理権濫用を、代理人による内部関係の義務違反行為といった客観的な側面からとらえていることである。

そのようななかで、本判決において示された、代理権濫用がどのような場合であるかの見解は、詳細であるだけでなく、従来の判例とは異なる新たな視点が加わっていることが注目される。すなわち、濫用を背信的な意図のもとでの行為といった主観的な側面だけでなく、濫用と認められるのが親権者に代理権が与えられた「法の趣旨に反すると思われる特段の事情」がある場合としている点である。「特段の事情」の必要性は別に議論の余地があるが、濫用行為となるのが、代理権が与えられた法の趣旨に反する事情の存在というとらえ方は、義務違反という客観的な側面からの把握も可能となるのではないかと思われるからである。

(四) 法定代理権の濫用と民法九三条ただし書類推説

平成四年判決は、親権者の法定代理権の濫用においても、任意代理・機関代理の濫用の判例において形成された、相手方が濫用行為を知り得る場合には、民法九三条ただし書を類推適用するといった法理を採用することを示した。この法理は、機関代理や任意代理の濫用の判例において形成され、今日において、そこでの判例では定着したものであるが、これを、法定代理の濫用の場合にも適用されることが明示された。(35)

学説においても、判例の立場を支持するものが多数あり有力な見解とされる。しかし、信義則ないし権利濫用説をはじめ種々の見解が主張されてきたことは周知のとおりであり、(36)また、今日においても、新たな見解(構成)が主張されている状況である。(37)したがって、学説においては、この問題にたいする見解が定着どころか安定しているとはいえないのであるが、しかし、学説間において、議論が活発になされているかというと、必ずしもそうとはいえない。(38)商法学者の大多数は信義則説ないし権利濫用説を主張するが、他説への批判などはあまりみられない。また、本判決においては、法定代理権の濫用も民法九三条ただし書を類推適用することを、判示事項の最初に掲載するなど判決の意義として軽いものではないものと思われるが、本判決の多くの評釈において、民法九三条ただし書類推適用の法律構成について立ち入って論じるものはあまりなく、議論する意義が少ないような印象をあたえる。もっとも、この問題は、前述の、代理権権用をどのように把握するかという問題と連動しており、そこでの議論において、この民法九三条ただし書の問題、理論構成の問題を含めて論じているものともいえる。本判決は、法定代理権の濫用の場合にも民法九三条ただし書類推説によることを示したことによって、代理の類型にかかわらず、代理権の濫用の場合にはこの法理によるものと統一的な処理を明らかにしたのであるが、他方、前述の代理権の濫用のとらえかたにおいては、法定代理の場合は任意代理や機関代理の場合よりも限定的に把握しているのであり、代理権の濫用について、判例の立場が、統一的であるということはいえず（民法九三条ただし書を類推するという構成については統一的であるが）、結果的には、判例の立場では法定代理の濫用の場合の方が、任意代理・機関代理の濫用の場合より、より本人（未成年者）に厳しく、相手方保護（取引の安全）に手厚いということになる。

(10)　平成四年判決の評釈としては以下のものがある。田中豊「判批」法曹時報四五巻一二号一七七頁、同「時の判例」ジュリスト一〇二〇号一〇二頁、右近健男「判批」ジュリスト平成四年度重要判例解説一〇二四号九二頁、犬伏由子「判批」法学セミナー四六三号四二頁、田尾桃二「判批」ＮＢＬ五二五号五一頁、道垣内弘人「判批」民商法雑誌一〇八巻六号一一三頁、磯村保「判批」金融法務事情一三六四号四八頁、吉田邦彦「判批」判例評論四一六号三九頁（判例時報一四六四号二〇一頁）、小林亘「判批」金融法務事情一三七四号一八頁、渡邊知行「判批」名古屋大学法政論集一五二号五三一頁、松尾知子「判批」産大法学二七巻四号一二六頁、辻正美「判批」私法判例リマークス八号（一九九四年）（上）一四頁、米倉明「判批」法学協会雑誌一一一巻三号一〇六頁、石田喜久夫「判批」法律時報六六巻三号一一三頁、阿部徹「判批」担保法の判例Ⅱジュリスト増刊三二九頁、拙稿「判批」ジュリスト一〇四八号一二頁、同「判批」民法判例百選Ⅰ（第四版）七八頁、同（第五版）七六頁、同「判批」家族法判例百選（第五版）一二〇頁、米山隆「判批」奈良法学会雑誌七巻二号一〇三頁、都築民枝「判批」判例タイムズ八五二号（平成五年度主要民事判例解説）二六頁、片岡宏一郎「判批」銀行法務21第五〇二号三六頁、小野義美「判批」熊本法学八二号六九頁、熊谷士郎「判批」法学六一巻一号一六三頁、新井誠「判批」民法の基本判例［第二版］（法学教室増刊）四一頁。

(11) 学説においても同様に解している。於保不二雄編『注釈民法（二三）』一〇九頁［中川淳］（有斐閣、昭和四四年）、松尾「前掲判批」注(10)一三二頁。ただ、その例外として、八二四条但書きに規定された、子の行為を目的とする債務を生じる場合と、民法八二六条の親権者と子との利益相反にあたる行為があげられる。

(12) 濫用と認められるためには、「親権者に子を代理する権限を授与した法の趣旨に著しく反すると認められる特段の事情」が必要とのべる。

(13) 沖野眞已「民法八二六条（親権者の利益相反行為）」広中俊雄・星野英一編『民法典の百年Ⅳ 個別的観察（3）親族編・相続編』一一二頁（有斐閣、平成一〇年）において、明治民法草案八八九条（これは、一定の行為について親権者による財産管理を親族会の認許にかかわらせ、親権者が子の財産を恣にする危険に対処した規定であるが、結局立法化されなかった）をめぐる立法過程での議論で、親権者に包括的な権限を認めることとその濫用の危険について、危険が存することを肯定する見解と否定する見解が対立していたことを指摘する。

(14) 米倉「前掲判批」注(10)一一九頁。

(15) 米倉「前掲判批」注(10)一二二頁。

(16) 沖野『前掲書』注(13)一六〇頁。

(17) 田尾「前掲判批」注(10)五二頁。

(18) 磯村「前掲判批」注(10)五〇頁。

(19) 米倉「前掲判批」注(10)一一八頁。

(20) 田中「前掲判批」注(10)一八二頁、新井「前掲判批」注(10)四二頁ほか注(10)の判批参照。

(21) 沖野『前掲書』注(13)一一〇頁以下に、旧民法（利益相反に相当する規定はない）、明治民法（八八八条）

をへて現行民法八二六条にいたる成立史が詳しく述べられており、現行民法が引き継いだ明治民法八八八条の草案（九〇〇条）では、その趣旨として、自己契約・双方代理に関する代理の一般原則からの帰結と、親権者の子の財産管理権限に対する制約の二つがあったが、制定過程において、後者の点が影をひそめて、専ら前者の性格となったと指摘されている。なお、道垣内弘人「利益相反行為と代理権の濫用」道垣内弘人・大村敦志『民法解釈ゼミナール　親族相続』一〇一頁（有斐閣、平成一一年）。

(22)　吉田「前掲判批」注(10)二〇四頁。

(23)　熊谷「前掲判批」注(10)一六五頁。

(24)　道垣内『前掲書』注(21)一一一頁。

(25)　右近「前掲判批」注(10)九三頁。

(26)　磯村保「前掲判批」注(10)四九頁。

(27)　磯村保「判批」家族法判例百選（第三版）（別冊ジュリスト）一三五頁において、親権者が子とともに第三者の債務の連帯保証人になる一方、同一債務について子と自己の共有不動産に抵当権を設定したという事案（子の行為については親権者が代理して行った）で、実質説の一部はこの場合も利益相反行為の問題として処理すべきと主張するが、民法八二六条は、未成年の不利益において親権者が利益を受けるという利益相反性を前提としているので、右の場合と定型的に利益状況を異にするというべきで、この場合はむしろ、代理権濫用の理論によるべきものとする。そして、親権者は対外的に広汎な代理権を有するが、内部的にはその代理権を未成年者の利益のために行使すべき義務を負担していると考えられ、親権者がこの義務に違反して代理行為をなすときは、法定代理権の濫用として処理されるものと述べている。

(28)　米倉「前掲判批」注(10)一一八頁。また、(同・一一九頁)では、判決は濫用行為にあたるか否かが直接の争点となり、上記のように、詳しく親権者の代理権濫用の意義をあきらかにしており、これが本判決のあたらしさであり個性であると述べる。

(29) 道垣内「前掲判批」注(10)一二二頁。
(30) 米倉「前掲判批」注(10)一一九頁。
(31) 田尾「前掲判批」注(10)五四頁。
(32) 高橋三知雄『代理理論の研究』二〇五頁(有斐閣、昭和五一年)。
(33) 伊藤進『任意代理基礎理論』一七五頁(成文堂、平成二年)。
(34) 拙稿「前掲論文」注(3)(一)一二九頁、(二)一七七頁。
(35) 米倉「前掲判批」注(10)一一七頁。親権者による法定代理権の濫用にも、法人の代表機関・商業使用人・任意代理について説かれた、民法九三条ただし書の類推適用を推及することが明示されたとする。
(36) 最近のものとして、拙稿・民法判例百選I(第五版)七六頁のほか注(2)にあげる著書、論文を参照。
(37) 大村敦志『基本民法I』一四二頁(有斐閣、平成一三年)では、信義則によることを一応くみしながら、ただちに信義則を持ち出さずに、別の工夫として、顕名に関する民法一〇〇条但書を類推する試みを提示される。すなわち、この規定は、「本人のため」と言わずに代理人が契約しても、「本人のため」であることを相手方が知っていれば、効力は代理人ではなく本人に帰属することを定めていることから、「本人のため」と言って代理人が契約しても、「本人のため」でないことを相手方が知っていれば、効力は本人ではなく代理人に帰属するという規範を導くことができるのではないかとされる。そして、「誰のため」かを表示ではなく真意で決定しようとする点で二つの命題は共通点をもっているとされる。ただし、前者は代理人の形式的な意図を問題としているのに対して、後者は代理人の実質的な意図を問題とする点に相違があるとも述べている。大村教授は、代理人は、本人の利益のために行為をする義務を負うと述べるとともに、代理権の濫用を義務違反行為であるととらえられるが、代理権の濫用は代理権限内の行為と解している(権限外と考える余地もあるとの指摘もされるが)。また、辻正美『民法総則』二九七頁(成文堂、平成一一年)では、代理権消滅後の表見代理の規定である民法一一二条に依拠する見解(一一二条の「消滅」を「濫用」と読み替えるとする)を示し、証明責任の分配の点でもこれが適当とする。

(38)　ただし、最近の教科書や著書にはこの点に若干立ち入って検討したものがみられる。前掲注(37)の教科書のほか、内田貴『民法Ⅰ』総則・物権総論一四一頁（東大出版会、第二版補綴版、平成一二年）では、民法九三条本来の場合でさえ、保護される相手方は善意無過失が要求されるのに、信義則説では、善意だけを求めるのでバランスを失すると述べる一方、無権代理と構成する説については、代理権の範囲が余りに主観的に捉えられて問題であるとし、結論として判例の立場（民法九三条ただし書類推説）を支持する（なお、内田教授は、代理権濫用の問題の検討において、法定代理の濫用の場合においては、任意代理の場合よりも、本人保護にウエイトをおいた解釈論も十分理由がありそうだとして代理の類型を考慮することに理解を示している。同・一四四頁）。佐久間『前掲書』（注2）四五頁は、民法九三条ただし書類推説を民法五四条の場合と対比し、前者は相手方が善意無過失でなければ保護されないのに対して、後者は善意であれば保護されるが、相手方が比較的容易に知り得る手段のある代理権の事項的範囲に関する内部的制限については、善意であれば保護されるのに、知ることが極めて難しい代理人の主観的事情については、善意無過失でなければ保護されないのは矛盾であり、同等の保護を与えるべきとし、相手方が善意であれば保護されるとして、信義則説を支持する。また、山本敬三『民法講義』Ⅰ総則三七一頁（有斐閣、平成一三年）では、民法九三条ただし書類推説が相手方に善意無過失を要求するのに対し、信義則説が無過失まで要求しないことの相違いについて、信義則説が代理権の濫用を権限踰越の場合との違いを重視しているためと分析する（すなわち、代理権濫用の場合は、あくまでも代理権の客観的な範囲内の行為がおこなわれているので、円滑な代理取引を確保するためには、それ以上詮索しなくても、有効な代理行為としてあつかうことが要請されるのであり、また、本人も、自分が指示した行為を代理人がしているのだから、その行為に対する責任を問われても仕方がない。ただ、代理権濫用を知っていた相手方まで保護する必要はなく、また悪意に準ずる重過失も同様であるととらえる）。

五　代理の類型と代理権濫用

以上、平成四年判決について、代理の類型にかかわる問題点を、学説の見解等を踏まえて検討した。ここでは、代理の類型と代理権の濫用を検討するうえで、ひとつの要因と考えられる代理人の義務という点を考慮しながら、以前に示した[39]、代理の類型にかかわる私見を踏まえて、代理の類型と代理権の濫用について若干の考察をしてみたい。

(一)　義務違反の代理行為と代理人の義務

四(三)で述べたように、本判決においては、代理権の濫用について、従来の判例とは若干異なって、義務違反の代理行為という客観的側面からとらえることも可能であることを示しているといえる。もっとも、学説においては以前から、代理権の濫用を義務違反の代理行為の側面からとらえることが指摘されていたことは既述のとおりである。そこで、問題となることは二点ある。ひとつは、義務違反の代理行為が代理の効果発生にどのように影響するかという点であり、今一つは、義務違反の代理行為といった場合に、代理人の義務とはなにか、代理人はどのような義務に違反しているというのか、また、その義務が代理の効果とどのように関係するのかという点である。前者については、代理権の有因・無因の問題をどのようにとらえるか、ということで、これまでも議論されてきた問題である[40]。後者については、これまでは、あまり多くの議論はみられなかったが、濫用論の展開において、また、近時、若干論じられたものがみられる。どちらも大きな問題で、ここで立ち入った検討はできないが、代理の類型と代理権の濫用の問題を検討するまえに、ここでは特に後者について若干ふれておきたい。

代理人は委任契約など内部契約や内部的な法律関係から本人に対して種々の義務を負担する。代理権濫用が義務違反の代理行為であるならば、代理人ははたしてどのような義務に反するのか。

ところで、ドイツにおける代理権濫用論では、(41)内部関係において義務違反が存在することを前提に展開され、代理関係に影響をあたえる義務違反として、忠実(義務)違反があげらる場合が多い。すなわち、キップ(Kipp)の見解を発展させたジーベルト(Siebert)は、代理権の範囲について無因性を否定するとともに、代理権の内部関係から代理権を忠実に行使すべき義務が導き出され、それが代理権の範囲を決定する基準となるものとし、(42)代理権濫用の成立の内部的な要件を忠実義務違反とする。(43)また、ジーベルトの主張する代理権と内部関係についての見解を批判するリンク(Rinck)においても、代理権の濫用は、代理人による本人に対する忠実義務(Treupflicht)違反であると正面からとらえ、(44)代理人がその代理権の範囲内において忠実義務に反して締結した法律行為が、どの程度本人を拘束するか検討すべきであると述べる。(45)シュトル(Stoll)は、内部関係が代理権を限界づけるといった立場に立たず、本人に対して第三者が負う保護義務によって代理権が限界づけられるという見解をとるが(ただし、その検討対象を任意代理に限定している)、代理権濫用行為を、本人の指図や課せられた義務に反する行為である義務違反行為と、目的違反行為、そして代理人が本人の指図や課せられた義務に反してはいないが、本人の利益を無視して自己又は他人の利益のために代理人の地位を利用する行為である忠実違反の(treuwidrig)行為と三種類に分類し、(46)忠実違反の場合において、相手方が自己に課せられた本人にたいする保護義務に反する場合は、損害賠償責任や代理の効果の否定といった効果を認める。(47)また、判例も、代理権の濫用となるか否かの判断において、代理人が本人にたいして忠実義務に違反していないかを明らかにすることが必要であるとするなど、[48]代理権の濫用論の展開の中で、代理人の義務が忠実義務違反であることを示している。[49]

わが国において、代理人の義務という視点からの議論はそれほど多くない。英米法や信託法の議論を背景にしたと思われる四宮和夫博士の見解では、代理人は、信認関係に立って他人の事務を処理する者として、代理行為を行うに際し、事務処理契約上の義務を要求されるとして、善管注意義務、忠実義務、自己執行義務をあげ、忠実義務について、代理人は、もっぱら本人の利益のために行動すべきであり、自己や第三者の利益のために行動してはならず、また、本人の利益と自己の利益が衝突するような地位に身をおいてはならない（民法一〇八条・八二六条等参照）とのべて、代理人の義務について正面から論じている。[50]この見解は、その後のこの問題にふれられたものの基本となっている。[51]また、最近、やはり信託法の考えを背景として展開された、安永正昭教授は、任意代理人について、受任者の義務として、受任者が自らの利益において委任事務を処理してはならないというルールがあるとし、[52]任意代理人の義務として忠実義務を認め、また親権者などの法定代理人については、利益相反行為の規定がおかれていることなどから、親権者と子との内部関係において、利益相反とされる行為について自ら代理をなすことは適正な財産管理とはいえないのでそのような財産管理行為はしてはならないという義務規範（忠実義務）が存在すると、結論づけることが許されるのではないかと述べ、代理人の義務として忠実義務の存在を主張されている。[53]さらに、ドイツ法における事務処理者の誠実義務（Treupfricht）について、判例学説の詳細な史的な考察を試み、わが国において受任者の忠実義務を認めることに積極的な見解をしめした論文などがみられ、[54]日本法においても代理人の義務として、忠実義務をみとめる方向が示されてる。以上は、代理人の義務、特に、代理人の忠実義務について、一瞥したにすぎず、さらに検討をする必要があることは、十分に承知している。特に、忠実義務論についての蓄積のある、受託者や会社の取締役の忠実義務における議論との関係などの検討も必要であるが[55]、ここでは一応、代理人の義務として忠実義務の存在が認められるとする見解に立って、代理の類型と代理権の濫用の問題の検討にうつりたい。

（二）　代理権の包括性、広範性と代理権の濫用

本判決が親権者の法定代理権の濫用において、濫用であることの認定を限定的にする根拠として、特にあげているのが、親権者には子の財産上の地位の変動を及ぼす一切の法律行為を代理する権限があるといった、親権者の法定代理権の広範性、包括性ということである。学説は、四（一）で述べたように、代理権の広範性、包括性と濫用との関係については見解がわかれる。

代理権の広範性、包括性から濫用の成立をしぼりこむことを是認する見解の根拠は、親権者に法定代理権を認める規定（八二四条）が、親権者に広範な裁量権を与えることによって、親権者の目的を達成させる構造であるといった、民法の構造上によるものであるが、この見解を批判する説が主張するように、代理権の広範性、包括性による裁量権の広いことは、法人の代表機関にも共通するものであり、また、利益相反に該当する規定もやはり代表機関にも認められるのである[56]。したがって、法定代理権の広範性・包括性を理由に濫用の成立を限定するのであれば、会社の代表機関などの濫用についても限定的にとらえる必要がでてくるのではないか。しかし、そのような見解は判例・学説にはみられない。

親権者に広範な法定代理権が与えられているのは、子のために親権を行使しやすくすることによって、子

の福祉をはかるためである。しかし、代理権の広範性、包括性によって、代理人の裁量の余地が広くなり、それによって権限を濫用される危険性が大きくなることも十分考えられる。広範で包括的な代理権があたえられている以上は、そのような危険があることを本人は覚悟すべきであるとも考えられなくはないが、はじめに述べたように、代理人の義務として、代理人はもっぱら本人の利益ために行動すべきであり自己や第三者の利益のために行動してはならないといった、忠実義務を認めることができるとすれば、広範性、包括性の代理権を有する代理人の忠実義務の程度はより高くなるものと考えられる。裁量権の範囲が広く、そのなかでの行動の自由度が高ければ高いほど、その権限をもつものは、その職務追行うえでの倫理的要求(それが法的な評価までになるものとするが）は高まるものと思われるからである。

他面、相手方からの立場からみた場合に、代理人が広範で、包括的な代理権を有することは、代理人の行為が外形的には権限内の行為であるとの信頼がしやすいことは確かであるが、代理人の行為が本人に対し、忠実義務に適合しているかの判断は、代理権が広範か否かにかかわりない。ただ、包括的、広範な代理権を与えられている代理人と取引する相手方は、代理人が権限を濫用しやすい立場にあることを認識して対応する必要があるのではないか。

(三)　本人の関与可能性と代理権の濫用

以前に述べたように、代理権の濫用の問題は、代理人の内部的な義務違反行為によって生じる危険を、本人と相手方との間でいかに分配するかという側面からとらえることが可能であり、そのような面から見た場合、代理権濫用の問題の検討においては、本人が代理人の危険をコントロールできる代理とそれが困難な代理がを区別して論じる必要がある。(57) すなわち、親権者の法定代理の場合などは、代理権の成立・範囲・内部的義務などは法律によって定められ、本人は代理人に対して関与することができず、代理人による濫用という危険をコントロールできないのに対して、任意代理・機関代理の場合には、本人が代理人に関与することが可能であり、危険をコントロールすることができる。法定代理の場合には、本人は危険を発生させることのないような代理人を選任したり、危険を発生させる可能性の強い代理人を解任したりすることは困難であり、また、危険を予防するために、代理権の範囲を制限したり、一定の行為を指示したり、または禁止したりすることもできないのに対して、任意代理・機関代理の場合には、一般に、本人は危険を発生させることのない代理人を選任することができ、危険を発生させそうな代理人を解任することが可能で、さらに、場合によっては、危険を防止するため代理権を制限したり、代理人に指図したり監視することができるという特色があるものといえる。(58)

以上のような、法定代理、任意代理・機関代理の本人の関与可能性の有無についての特色から、法定代理の場合には、本人による濫用という危険のコントロールができないので、より強く本人を保護する方向で濫用の問題を解決すべきである、ここまでは、すでに指摘したことであるが、さらに、次のようなことが考えられる。すなわち、代理人は本人の利益のために行動すべきであり、自己や第三者の利益のために行為してはならないとする代理人の忠実義務の観点から、任意代理・機関代理の場合より、法定代理の場合の方がより強く、その義務が要求されるといえるのではないか。なぜならば、法定代理の場合は本人は代理人に対して関与できない立場にあり、代理人の行為に全面的に信頼をよせざるをえない状態にある。かような信頼を寄せられている代理人には、より強く本人の利益のために行為すべきことが要求されるものと解することが可能ではないかと考えられるからである。このようなことから、本判決のように、親権者の法定代理権の濫用において、濫用行為と認められる要件を、任意代理・機関代理の場合より限定することは問題であると思われる。(59)

(四)　法律や制度の趣旨と代理権の濫用

次ぎに法定代理と任意代理・機関代理との特色の対比で、本人の関与可能性のほかに、以下の点があげられる。すなわち、法定代理においては、代理の存在理由が明確で、代理権を根拠づける法律または制度自体が、代理の実質的目的、趣旨を明らかにしているのに対して、任意代理・機関代理においては、法律や制度自体が実質的な目的を明らかにしていることは少なく、実質的な目的は、本人自身によって追求されるということである。かようなことから、法定代理の場合は、代理人の義務が明確となるので、相手方は、代理人が義務に適合した行為を行っているか否かの判断が容易といえるのに対して、任意代理・機関代理の場合には、本人からの委託や指図によるため、代理人の行為がその義務に適合しているか否かの判断は困難である。(60)

さらに、代理人の忠実義務の点からいえば、法定代理の場合は、その根拠となる法律や制度の目的が明確で、相手方からも認識しやすいのであるから、代理人が法律や制度の趣旨に反して、自己または第三者の利得のために代理行為を行っていることは認識しやすいものと思われる。他方、任意代理・機関代理においては、その目的、趣旨が相手方にとって明確である場合は少なく、代理人が本人の利益のためにおこなっているのか、あるいは代理人自身や第三者の利益のために行っているのか判断が、法定代理の場合ほど明確ではない。

以上の点からみて、法定代理の濫用においては任意代理・機関代理の濫用の場合より本人の保護を厚くすべきものと思われる。

本判決において、親権者の法定代理権の濫用と認められる要件として、「親権者に子を代理する権限を授与した法の趣旨に著しく反すると認められる特段の事情」がある場合と述べているが、従来の任意代理・機関代理の場合と異なって、法の趣旨という側面を濫用の要件として表現したことは評価できるが、それが、「特段の事情」を必要とするといったかたちで、法定代理における代理権の濫用の成立を限定させていることは疑問に思われる。

（五）　む　す　び

以上、平成四年判決において、代理の類型の問題にかかわる問題点、すなわち、代理権の広範性、包括性の点、本人の代理人への関与可能性の点、そして法定代理の法（制度）の趣旨の点について、以前に示した私見と、代理人の義務、特に忠実義務という観点から若干の検討を試みた。平成四年判決は、親権者の法定代理権の濫用を任意代理・機関代理の場合より限定的にとらえる理由として、親権者の法定代理権の広範性、包括性をあげ、また、学説も立法趣旨や立法過程の議論、あるいは親権者の法定代理権の構造上の理由で現行法上やもう得ないとするむきがあるが、代理権が広範であることと、濫用が認められにくいということとは、論理的に必然なものではないものと思われる。また、この点だけを根拠に、親権者の法定代理権の濫用の場合に任意代理・機関代理の場合より代理権濫用として判断される場合が制限され、その結果、本人（子）の保護に欠けることは、問題と考える。また、親権者の法定代理の場合には、本人が代理人に関与できないという点については、私見では、本人は代理人に関与して濫用の危険を排除することが困難であるというとらえかたをするのに対して、判決では直接は述べていないが、その立場として考えられるのは、親権者の法定代理の場合には、その代理権の広範性、包括性から、代理人（親権者）が本人に関与して、子の福祉（利益）を実現するといった考えに基づくものと思われる。たしかに、子の福祉（利益）のために、親権を行使すべきということは、今日、異論なく認められていることではあり、親権者が積極的に親権を行使して子の福祉をはかることは理想ではあるが、濫用という事態においては、子の福祉（利益）の点からそれに対応する解釈を提示することが必要ではないか。もっとも、問題は第三者保護（取引保護）との関係である。代理権の濫用においては、表見代理と異なり、子など本人の保護は親権者との間でのみ問題とすべき事柄であって、相手方は関知しないところとする見方もあるが、[61]任意代理・機関代理の場合と同様の濫用のとらえ方ならばまだしも、任意代理・機関代理の場合よりも本人の保護が少なくてよいとするとらえ方には疑問である。

以上のことから、親権者の法定代理権の濫用の場合に、任意代理・機関代理の場合より代理権濫用が認められる場合を限定し、本人（子）の保護を制限している、平成四年判決には大いに疑問であるものと考える。

(39) 拙稿「前掲論文」注(3)（二・完）二二一頁以下。

(40) 代理権の有因・無因ついて、特にドイツにおける議論を背景に論じた、高橋三知雄『代理理論の研究』一六七頁以下（有斐閣、昭和五一）、伊藤進『任意代理基礎理論』二〇〇頁以下（成文堂、平成二年）、拙稿「前掲論文」注(3)（一）一四二頁以下、同三号二〇四頁以下ほかがある。またわが国における有因・無因の捕らえ方、特に代理権の範囲について有因・無因について議論がされなかった原因を、学説史的に検討したものとして、平山「前掲論文」注(2)下関市立論集四五巻一号一一頁。

(41) ドイツ代理権濫用論については、高橋『前掲書』注(40)二〇五頁、伊藤『前掲書』注(40)一七五頁、拙稿

「前掲論文」注(40)（一）一五〇頁など参照。

(42) Wolfgang Siebert, Zur Lehre vom Mißbrauch der Vertretungsmacht, Zeitschrift für gesamte Staatswissenschaft, Bd. 95, 1935, S. 644.

(43) W. Siebert, a.a.O., S. 650.

(44) Gerd Rinck, Pfrichtwidrige Vertretung, Insichtgeschäfte und sonstiger Vollmachtsmißbrauch nach Deutschem und Englischem Recht unter besonderer Berücksichtigung der Umgehungsfälle, Neue Deutsche Forschungen, Bd. 92, 1936, S. 111, S. 13.

(45) G. Rinck, a.a.O., S. 112.

(46) Heinrich Stoll, Der Mißbrauch der Vertretungsmacht, Festschrift für Heinrich Lehmann zum 60. 1937, S. 132.

(47) H. Stoll, a.a.O., S. 135.

(48) Neue Juristische Wochenschrift 1966, 1911

(49) 伊藤進教授は、ドイツの代理権濫用論の検討を通して、次のようにのべている。「内部関係の制限は本人の内心的意図を意味するのではなく本人と代理人間の内部的法律関係において一般解釈理論によって導き出されたところの本人の代理人に対する指図や、代理人の本人に対する義務あるいは目的による制限などによって決まるものである。なお、さらに代理権行使に際しての代理人の一般的な注意義務あるいは忠実義務も代理権の潜在的質的範囲を形成するものと解すべきである。これらの義務は、一般的に権利それ自体に内在的に存在するものであり、代理権の場合もその例外ではないからである。」伊藤『前掲書』注(40)二一〇頁。

(50) 今日、民法における代理人の義務について、正面から論じているのは、四宮和夫博士で、『民法総則』（弘文堂、昭和四七年）の初版から、代理権行使に際しての代理人の基本的義務として善管義務、忠実義務、自己執行義務をあげている。同二四六頁。なお、新版（昭和五一年）二四一頁、三版（昭和五七年）二四六頁、四版（昭和六一年）二三六頁。第五版（平成一一年）二六九頁は四宮教授の逝去後に能見善久教授によって改定されたものであるが、代理人の義務については基本的にはかわりはない（忠実義務についての記述はより詳しい説明となっている）。なお、四宮教授の忠実義務についての見解は、「受託者の忠実義務」『信託の研究』二〇八頁（有斐閣、昭和四〇年）、同「委任と事務管理」谷口知平教授還暦記念『不当利得・事務管理の研究（2）』二九九頁（有斐閣、昭和四六年）に示されている。

(51) 平井一雄「代理権の濫用」法学セミナー三八五号四〇頁所収、山田卓生「代理人の権限とその濫用」山田卓生ほか『分析と展開・民法Ⅰ』（第二版）九一頁（弘文堂、平成九年）など。

(52) 安永正昭「代理・委任における代理人・受任者の行動基準」『財産管理における受託者及びそれに類する者の行動の基準』（トラスト六〇研究双書）一二頁（財団法人トラスト六〇、平成七年）。

(53) 安永「前掲論文」注(52)一二頁。

(54) 岩藤美智子「ドイツにおける事務処理者の誠実義務――日本法における委任契約の受任者の忠実義務を考察するための基礎的作業として」神戸法学雑誌四八巻三号六〇九頁。

(55) 文献は非常に多い（岩藤「前掲論文」注(54)六一四頁、六一五頁の注(7)、(8)、(9)に掲げる文献。そのほか最近のものとして、樋口範雄『フィデュシャリー［信認］の時代』（有斐閣、平成一一年）、同「アメリカ代理法のイメージ」法学協会雑誌一一七巻二号一六七頁、藤田友敬「忠実義務の機能」法学協会雑誌一一七巻二号二八三頁、能見善久、山田誠一、道垣内弘人「現代信託法の展望」信託法研究二四号六五頁ほか。なお、潮見佳男「『なす債務』の不履行と契約責任の体系」北川善太郎先生還暦記念『契約責任の現代的諸相』（上巻）（東京布井出版、平成八年）五七頁所収。

(56) 本稿**四**参照。

(57) 拙稿「前掲論文」注(3)（二・完）二一〇頁。

(58) 拙稿「前掲論文」注(3)（二・完）二一五頁。

(59) 佐久間「前掲論文」注(2)五八頁では、新成年後見制度においては、被保佐人・被補助人は代理権付与の審判の申立て又は同意という形で、代理人の選任にある程度関与できることから、任意代理権の濫用と法定代理権の濫用を区別して論じる主張は、その主張の基礎の一部を失うことはあっても補強されることはないと述べている。これは任意代理、法定代理をどのように区別するかということにかかわるものと考える。私見における、任意代理と法定代理の区別は、以前に示したように（拙稿「前掲論文」注(3)（二・完）二二一頁）、フッロツ（Frotz）の見解を参考に、本人の関与可能性という点から区別することを主張した。そのため、夫婦の家事代理権などは法定代理ではなく任意代理の中にいれるべきものとしている。なお、道垣内「前掲判批」注(10)一二四頁において、松本恒雄「代理権濫用と表見代理」判例タイムズ四三五号二三頁において指摘された、法定代理に表見代理の成立を認めない私見について、昭和一七年の大審院判決（昭和一七年五月二〇日民集二一巻一一号五七一頁。未成年者の親権者である母が未成年者名義の株券の売却を他人に依頼していたが、その際に親族会の同意を得ていなかったという事案で、大審院連合部は、民法一一〇条の適用はないとする原審を破棄して、その適用を認めた）との関係が問題であることを指摘されているが、この点については、「法定代理と表見代理――民法一一〇条の場合を中心として」弘前大学経済研究四号五二頁という小稿で触れている。そこでは昭和一七年判決が今日において先例としての意義を有するものかという点（有価証券（株券）の流通の保護を必要とし、また相手方が法定代理の関係を知り得ない状態にあったという特殊事情があり、さらに親族会の制度を有した旧法下の事案であることなどから）と利益衡量の点から一応、応接している。

(60) 拙稿「前掲論文」注(3)（二・完）二二五頁。

(61) 石田「前掲評釈」注(10)一一六頁。

六　おわりに

以上、平成四年の親権者による法定代理権の濫用の最高裁判決を、事実から再上告審までたどり、裁判の顚末を確認したうえで、本判決の意義および学説による評価を考察し、また、代理の類型と濫用にかかわると思われる問題点を取り上げて、法定代理権の濫用における本人保護のありかたについて検討するとともに、任意代理・機関代理の濫用の場合より親権者の法定代理権の濫用の場合のほうが、本人の保護が制限されたかたちとなっている平成四年判決の見解を批判した。代理人の義務や代理権の広範性・包括性の問題などの吟味が十分ではないが、それらは、今後の課題として取り組んでいきたいと考えている。

3　建築基準法上の私道と通行妨害に関する一視角

関　武志

一　はじめに

(1)　建築基準法四二条の「道路」

建築基準法（以下、建基法または法と略記する）は、「建築物の敷地、構造、設備及び用途に関する最低の基準を定めて、国民の生命、健康及び財産の保護を図り、もって公共の福祉の増進に資する」ことを目的とし（一条）、同法は、その中で、原則として都市計画区域内における建築物の敷地は、幅員四メートル以上の「道路」に二メートル以上接していなければならない、と規定している（いわゆる接道要件である。法四三条）。法四二条に定められている道路がここにいう「道路」に該当するのであるが[(1)]、かかる「道路」にはいわゆる私道も含まれ得るのであって、同条一項三号、五号の道路および同条二項は概ね私道であるとさえ言われている。[2] こうした私道は、建基法上の規制に服さないで、事実上、道路として使用されているにすぎない（単なる私的所有の客体としての）私道とは大いに性質を異にしている。すなわち、建基法上、道路として扱われる前述の私道（以下、建基法上の私道という）も、その所有者（以下、私道所有者という）によって道路として築造された私有地に他ならないから、当該道路の維持・管理は原則としてこの私道所有者に委ねられている限りでは、純然たる私道と異なるものではないのであるが、しかし一般交通の用に供される限り、私道所有者は道路交通法で定められた制約を受忍しなければならず（同法二条一項一号、七六条三項、七七条など参照）[3]、また右の所有者には、この通行の妨げとなる特定の行為や、前述した、敷地が接道しなければならないという要件を満たさなくなる私道の変更・廃止が禁じられている（法四四条一項、四五条一項参照）。つまり、建基法上の私道の範囲内に建築物が築造されたり、敷地を造成するための擁壁が築造された場合など、法四四条違反の行為に対しては、特定行政庁は原則として是正措置を採ることができるだけでなく（法九条）、接道要件を満たさなくなる私道の変更・廃止が行われた場合も、特定行政庁はかかる変更・廃止を禁止したり、これを制限することが許されているなど（法四五条）、右の私道は都市計画区域内においては種々の集団的な規制（＝集団規制）を受けるため（法四一条の二参照）、この点において前述した建基法上の私道は純然たる私道とは異なった取扱いを受けることとなる。

このように建基法上の私道は、たとい当該私道が（通行権原の存在いかんとは無関係に）一般公衆の通行に供されているにせよ、私人が勝手に築造した純然たる私道とは異なり、いわゆる公的制約を受ける限りで公道に近似した性格を有しているのであるが、私的所有の客体である土地がこうした公的制約を受ける私道として扱われるためには、道路の指定に関する一定の手続を必要とする。この手続には、(a)建基法によって直接かつ当然に道路として指定されるもの（法四二条一項一号～三号所定の各道路）と、それから(b)特定行政庁の処分によって初めて道路として指定されるものとがあり、後者はさらに、(イ)特定行政庁の職権による一方的な指定によるもの（同条一項四号、二項所定の各道路）と、(ロ)利害関係人の申請に基づいて指定されるもの（同条一項五号所定の道路。二項にいう道路〔二項道路と呼ばれる〕にもこの指定によるものがある）とに分けられる。また、道路位置指定の処分方式としては、個別的、具体的に指定されるのが原則であるのに対し、いわゆる二項道路については、特定行政庁が一定の指定要件を定め、この要件に適合する一定地域内の道路について、規則または告示の形式で一般的に指定することも可能であるとされている。(4) しかし、その一方で、かような私道の維持または管理の権能はあくまで私人（すなわち私道所有者）に属しているため、公道とは明確に区別された側面も否定し得ない。したがって、公道、建基法上の私道、純然たる私道という三種の道路は、それぞれ類似性を有しながらも、しかし各々の法的扱いは相互に異なっていると言うことができる。

(2) **問題の所在とその背景**

ところで、法四二条により「道路」として扱われる私道であっても、右に述べたように、その維持・管理の権能はあくまで私道所有者に留保されているため、この所有者が、私道内に（または私道との境界線上に）、通行利用の妨げとなる工作物を設置するなどにより、私道所有者と私道を通行利用してきた者（以下、通行人という）との間で、設置物という妨害物の排除いかん（妨害の恐れが認められるときには妨害の予防いかん）がこれまでしばしば裁判上で争われてきており、公刊の判例集に掲載された裁判例に限ってみてもこうした私的紛争はかなりの数に及んでいる。もとより、こうした私道については一般公衆の自由な通行が許容され得るにせよ、だからと言って、このことは、私道所有者と通行人の間で、直ちに私法上の通行権が設定されたことを意味するわけではない。したがって、通行利用に関する当事者間の争いが相隣関係を定めた諸規定の適用によって解決されたり、当該私道の利用につき、右の当事者間に明示または黙示で利用権が設定されている(または通行人がこうした利用権を時効取得する)などの事情が存するならば格別、そうでないときはかなり深刻な問題状況にまで発展することが少なくない。もっとも、法四四条違反の行為または接道要件を満たさなくなる私道の変更・廃止といった行為が生じた場合には、通行人は、特定行政庁を相手に、是正措置命令や禁止・制限措置命令の発動を求め得るのであるが、特定行政庁としては、かかる発動を求められたところで、常にこの求めに応ずることが義務づけられるものではなく、右の発動は特定行政庁の自由裁量の範囲内に属する行為であって、通行人としては単にこうした命令の発動を促すことができるにすぎない、と一般に考えられてきた。(5) このように、通行に支障が生じた通行人が特定行政庁に対して通行妨害につき苦情や陳情を申し立てたところで、結果として行政機関による是正措置の発動により妨害状況が常に除去されるとは限らないため、通行人としては、私道所有者を相手に、直截的に、その妨害の排除(または妨害予防。以下、妨害の排除をもって代表させる)を求めて通行状態を確保しようとする行動に出ることは容易に予想され得るところである。

こうした背景が一因となって登場することとなった裁判例のうち公刊されたものとしては、いわゆる五号道路と二項道路に関するものがかなり多く散見される。もとより、五号道路にあっては、いわゆるミニ開発などにおいて、敷地予定地につき接道要件を充足させる必要から、事前にこの道路として位置指定処分の申請がなされることが多いようであるが、この指定処分については、現地に、境界線その他の適当な方法で道路位置を表示することがその効力要件となっているわけではなく、五号道路として指定を受けながら、しかし現実には道路を築造しないで放置したり、私道上に不適格建築物を設置する私道所有者が少なくないことが、前述した、五号道路における紛争の原因となっていると言われている。[6] また、二項道路にあっては五号道路以上に問題状況は深刻のようである。すなわち、いわゆる既存不適格建築物に対しては法四四条一項の適用が除外されているため（法三条二項参照）、二項道路としての指定がなされたところで、右の建築物を所有する者は直ちに除去義務を負うことにはならず、当該土地の所有者としては、将来、既存不適格建築物について増改築等を施す際に、二項道路として指定された部分における既存建築物を除去すべき拘束を受けるにすぎない。だから、法四二条二項は事後的に四メートル道路を確保しようとする趣旨に基づいているのであるが、しかし二項道路としての指定がなされたにせよ、実際上は道路位置について何ら具体的な表示が施されていないのが通常である。[7] こうして指定された二項道路は、道路としての機能が十分でない場合が少なくないため、二項道路内に築造された工作物等の所有者が、その後に増改築等の工事を施す際にあっても、この除去義務に応じない傾向は強いようである。[8] これより、長期間に亘って二項道路として指定がなされたままの場所にあっては、道路としての実体を備えない状態が継続するため、二項道路に関して起こる前述の妨害排除という紛争が相当に深刻となることは想像するに難くないであろう。[9] とまれ、通行人が私道所有者を相手にこうした妨害排除の請求をすることが法的に許されようか、また仮に許されてよい場合が存するとしても、それはいかなる法的構成によって根拠づけられるべきであろうかという問題は、独り私道所有者のみならず、現実に通行が妨げられているという事態に直面している通行人にとっても相当に重大である、と言えよう。[10]

(3) 裁判例および学説の状況と疑問点の提示

ところで、右に述べてきた法的問題に対して裁判実務はどう解決を図り、また学説はどのような解釈論を展開してきたのであろうかと言うと、学説はもとより裁判実務にあっても必ずしも統一的な解決策を採ってきたとは言い得ない状況にある。もっとも、こうした解釈状況を前にしたとき、そこに見られる主な特色としては次の点を挙げることができよう。すなわち、前述した、私道所有者に対して通行人が妨害の排除を求めるという民事紛争の背景には、私道の所有者による、私道内に工作物を設置するなどの形で現れた私道所有権の行使が、往々にして、私道を通行利用してきた近隣の土地所有者に対して通行妨害を引き起こす形で具現する。だから、私道所有権の行使により生ずる、日照・通風の妨害といった、いわゆる消極的な生活妨害に対して近隣者が差止請求をする、という紛争形態と置かれた問題状況が少なからず類似していると言うことができ、そのためか、生活妨害に対する差止の請求がいかなる要件の下でどの範囲まで認められるべきか、またその法的根拠いかん、についてこれまで論議されてきた解釈の状況と似通った議論が展開されてきている、という点である。周知のように、かような差止請求が許される可能性を承認する点において、既に裁判実務と学説とは一致しているところであるが、その法的根拠に関しては学説はもとより裁判実務にあっても種々の立場が存在する、と指摘されている。先行業績を参考にこれをごく大雑把に纏めると、(11) 権利濫用の法理など一般法理の適用により解決を図ったものがかつては多く散見されたが、その後には右の生活妨害について不法行為責任が認定されることを条件に、この責任を根拠とした差止請求を認容しようとする不法行為説、さらには差止請求が正当化されるための何らかの権利を請求者の側に認める権利説(これには、当該権利を何と構成するかによってさらに物権的請求権説、人格権説、環境権説などの諸説がある)が主張されるに至っている。一方、通行人が私道所有者を相手に妨害排除請求をしたという前述の場合に関しても、この請求を認めた裁判例が数多く存在し、また学説によっても同様に妨害排除請求を許す結論が少なからず承認されてきた。もっとも、こうした結論が正当化される根拠をどのように法律構成するかについては、私道所有者による妨害行為を権利濫用であると解してその除去を認めたものが僅かに存する一方で[12]、通行人に特定の権利が存することを承認し、かかる権利を根拠に妨害排除の請求を論ずる権利説（人格権説[13]、通行自由権説[14]、利用権説[15]）と、それから、こうした具体的な権利を通行人に認める右の法律構成とは袂別し、むしろ当該妨害行為につき私道所有者に不法行為責任の有無を論ずることで、その効果として右の妨害排除請求を正当化しようとする不法行為説[16]、などが主張されている状況にある。こうした解釈状況を前にしたとき、建基法上の私道を巡る妨害排除請求の可否に関する論争は、前述した生活妨害に対する差止請求につき展開してきた論争と類似した様相が窺えるのみならず、実際、学説の中には[17]、かかる私道の上に生じた妨害行為を、「公害と同様の生活妨害」と同一視することに積極的な姿勢を示すものさえ存在するのである。

ところで、現行の民事訴訟制度を前提としたならば、私道所有者と私道の通行人という、対立した当事者間での争訟という形態を採らざるを得ず、その限りでは権利説であれ不法行為説であれ、何れの立場も右の形態における法律構成としては適っていると言うことができる。したがって、請求者側の主張が認容されるかどうかは、請求者側の個人的な事情が勘案されることに終始した格好となったところで、それ自体は首肯できなくもない[18]。その上、やや厳密に言うと、右の二説は、何れも、私道所有者側の事情（すなわち私道所有権の保護）を重視しつつも、しかし当該私道を利用してきた通行人側の事情をも斟酌して総合的に判断することで[19]、妨害排除請求の可否に対する結論を導いてきており、この限りにおいては右の二説はともに変わりがないと言い得るのであるが、[20] 前述してきたように建基法上の私道は公的制約を受けているのであるから、当該私道を巡る通行妨害というケースは、単純な私道に関して生じた通行妨害のケースとは大いに異なると言うべきであり、そうであれば、単に、私道所有者側と通行人側の事情を利益衡量して解決されるという、いわば二律背反する関係当事者の争訟として捉えられない性質のものであろう。もっとも、裁判実務は、建基法上の私道のような道路の通行は公的制約を受けたことの反射的利益にすぎない、という考え（いわゆる反射的利益論）を常に確認してきており、かかる裁判実務の状況に鑑みたならば、[21] 妨害行為の排除いかんという問題が建基法上の規制を受けた私道という特色を顧みることなく論じられたところで、強ち不合理ではならないと一応は考えられる。[22] こうした考えは、建基法上の規制が公法的領域に属するのに対して私人間での争いは私法の領域である、と捉える公法・私法峻別論を前提としたならば尚さらであろう。しかし、本稿の冒頭にも掲げたように、建基法が「国民の生命、健康及び財産の保護を図り、もって公共の福祉の増進に資する」目的にあること、すなわち健康で安全な生活環境の最低限度を確保せんとの意図にあるから、こうした法の趣旨は前述した妨害排除請求の可否に対して反映されるところがないものか。すなわち、同法の趣旨を単に公法の領域のみに関することとして押し込めてしまい、かかる趣旨との関連では妨害排除請求の可否という私人間の争訟に対する解決策を顧みないならば、建基法が、前述した多くの制約を私道所有者に課すことで、特定地域一帯の生活環境を整備・保全せんとした集団規制の趣旨は没却（少なくとも軽視）されることとなる。しかし、こうした扱いは大いに疑問視されてよいように思われる。[23] また、建基法上の私道が前述した種々の公的かつ集団的な規制を受ける限りで単なる私道とは異なっているという事情は、他方で、建基法上の私道の所有権が、結局のところ、どんな内容の権利として扱われることを意味することになるのか、という観点からも疑問を引き起こすものと言えよう。もしも右の所有権の行使が妨害排除の請求者との関係でも制約を受けることになるならば、やはり前述した事情は妨害排除請求の可否に影響をもたらすことになりはしまいか、と思量されるからである。

こうした疑問を提起することが許されるならば、かかる疑問は何に由来して生じているのであろうかと言うと、それは、結局のところ、前述した諸説が単に私道所有者と妨害を被った通行人との間における私的紛争という側面のみを捉えて論じている、という点こそが最大の原因となっているように思われる。けだし、建基法上の私道は、繰り返し述べてきたように、公道や純然たる私道のそれぞれと類似した側面を有していながらも、しかしこれらの道路とは明らかに区別された性質を備えている、という特色の存在を右の諸説は見失っていると考えられるからである。すなわち、建基法上の私道は、公道におけると等しく公的制約を受けながらも、その反面、私道自体の維持・管理は私道所有者に留保されている限りにおいては、純然たる私道における場合と共通しているのであるから、公道上の通行妨害を巡っての排除請求という紛争とは異なった配慮が必要となること言うまでもないが、しかし建基法上の私道は前述した公的制約を受けていることに注目したならば、一方では、かかる規制により当該私道の所有権はどう制約を受けることになろうか（その結果として、この制約は私道所有権の行使にどう反映するものか）、といった側面に配慮した形で議論を展開すべき必要性がありはしまいか。また他方で、前述した公的制約を受けているということは、私道の通行状況に対して何ら影響しないものとして扱われることで構わないものか。こうした事柄を考慮しないままに、妨害排除請求が許されようかという問題を、単に、私道所有者を害してまで通行人の利益を保護すべきかどうか、という私人間の事情に集約した形で捉え、前述したように、これら双方の事情について利益衡量したうえで総合的に判断する、という二律背反の紛争形態として論ずることは、ここでの問題の本質を捉えた議論であると言えようか。むしろ、建基法上の私道を巡る通行妨害の場合に、私道所有者を相手に通行人は妨害排除請求をすることが許されようかという問題には、① 私道の所有権と前述した公的制約との関係、② この公的制約と通行人の利益との関係、③ 私道所有者と通行人の関係という三つ巴的な側面があり、各々の側面を視野に入れたうえで、最終的にどう調整を図るべきかという解釈こそが求められている、と考えられるのである。

この点、近時、建基法を、「公共空間に居住しこれを諸活動の舞台とする人々の間を規律する秩序を国家制定法として表現したもの」と捉え、また「警察規制そのものが背後の私人同士の関係の設定を含んでいる」、という意味で「常に」いわゆる「三面関係」である、と主張する学説が現れた(24)。この学説は、前記①~③の視角から私道を巡る妨害排除請求の可否という問題を考察すべし、との必要性を説いた前述の立場と通ずるところがあると考えられる。しかも、右の学説は、建基法が原則として土地利用に関する「地域的公序」を形成していると解し、前述した「三面関係」を融合的に捉えて通行人による妨害排除請求いかんを論じている(25)。こうした一連の解釈(以下、公序説という)は、公的制約を受けた土地利用のあるべき方向性を言い当てた、極めて鋭い指摘であるとして賞賛するに値するのであるが、しかし実際の裁判例にはこの妨害排除請求を通行人に認めなかったものが少なくなく、かかる裁判例の判断のすべてが不当であったとは必ずしも言い切れないことに照らすと、建基法上の私道を巡る前述の妨害排除請求について、同法の趣旨を根拠に「地域的公序」の形成を承認する公序説は、右の妨害排除請求を肯定する場合には有力であり得ても、そうでない場合の結論を、建基法の目的に支えられた右の「地域的公序」との関係でどう調整するのか、といった点に関連して未だ残された課題が存するのではないかと思量されるため、現時点において同説を無条件のままに受け入れることは困難であることが予想される。けだし、右の公序説を前提としたところで、さらに問われなければならないことは、「地域的公序」の形成をどう具体的な基準の下で実現していくか、すなわち私道所有者の当該行為がいかなる状況を具体的に形成している場合には、この行為は建基法の趣旨に反するものとして排除請求の対象とされるべきかにある、と考えられるからである。(26)

一方、本稿の冒頭に示した建基法における目的の重要性を力説したところで、この重要性に照らされた妨害排除請求の可否は、一般公衆にすぎない私道の通行人である場合をも等しく扱うことで論じられてよいものか、という視点からも問題視されてよいように思われる。けだし、裁判上に現れた事案のほとんどは、私道付近の居住者が妨害排除請求をした、という場合に関してであるという事情を看取できるところ、権利説であれ不法行為説であれ、何れの説も、私道所有者を相手に提起された妨害排除請求訴訟では、請求者である当該通行人にかかる請求を許すことが妥当であろうかという観点から専ら論ずることで足りるため、そこでは、右に述べた事情の有無が、通行人による妨害排除請求の可否、という前述した問題を解決するに際しては軽視されることになりはしまいか、と懸念されるからである。実際、前述した利用権説の論者の中に見られる、「建基法によって要役地と私道との間に形成された客観的な『地役関係』が外枠として形成されて(いる)」、という指摘は前述した事情の重要性を示唆していると解することができよう。(27)そうであれば、最低の基準を定めて規制した建基法による保護の程度は、私道に近隣して通行利用する居住者の場合と、それから一般公衆が通行利用する場合とでは異なった扱いとなりはしまいか、という観点からの考察も求められているると考えられるのである。つまり、私道所有者に対する妨害排除請求の可否という問題の解決としては、右の特色にも配慮した形で同法の目的が十分に発揮できるような解釈が求められているのではないか、ということである。

(4) 本稿の構成

以上に述べてきた問題意識を前提に、本稿は、建基法の趣旨との関係で具体的にどのような判断要素が求められようかという問題を、前述した三つの視角(前記①〜③)に配慮しつつ考察することを目的とする。その際、かかる考察は次の構成に従って行うこととしたい。

まず第一に、便宜上、前記③の関係を最初に取り上げる(後記二)。ここでは、右の問題を扱った最高裁判所の判決を分析することから出発し、続いて、公刊された下級審裁判例の状況をも整理することで裁判実務の解釈状況を確認しておきたい。その上で、前述してきた諸説が陥っている不合理性をできる限り明確にするとともに、前述した諸説の意味するところを明らかにする。こうした作業は次に続く考察の必要性を再確認させるだけでなく、進んで、前述した妨害排除請求の可否という問題を解決するための本質とその方向性を浮き彫りにする、といった積極的な意義を有している。

次に、前記①および②の側面に関連した考察を取り上げる(後記三)。前記①の関係としては、本稿の冒頭で示してきた建基法上の規制が私道の所有権をどう制約づけることになるのか、といった土地所有権の制約に関する考察を行い、また前記②における関係に関しては、右の規制が通行人に対してどんな法的保護を与えることになろうか、という視点から考察する。こうした考察は本稿が対象とする妨害排除請求の可否という問題を解決するうえで無視できない、と考えるからである。

続いて、以上に試みてきた考察を踏まえて一つの試論を提示したい(後記四)。そこでの主張を端的に示すと、現下の法秩序にあっては通行人に具体的な権利を認めることが困難であると思われ、だからこそ、例外的に通行人に妨害排除請求を認める必要性がある、というものである。その結果として、例外的な場合をどう法的に根拠づけ、また例外的に許される範囲をどう画するか、という疑問が次に生じてくると予測できるため、この疑問に対しても考えるところを述べるつもりである。

最後に、右における主張との関係で残された問題を若干指摘することで本稿を締めくくることとしたい(後記五)。

＊　紙幅の都合から本稿での引用文献は最少限に止めることをお断りしておく。なお、本稿は平成九年度〜一一年度に研究助成を受けた科学研究費補助金（基盤研究C）による研究成果の一部である。

(1)　この「道路」には、法四二条所定の各道路のほかに、法六八条の七が定める予定道路、さらには建基法付則五項により法四二条一項五号にいう道路位置指定があったとみなされる道路も存する。本稿では、後者の道路については五号所定の道路に準じた表記で示すこととする。

(2)　荒秀＝関哲夫＝矢吹茂郎『改訂建築基準法』三六二頁（平二、第一法規）。

(3)　建基法上の私道も、不特定多数の人または車両等の交通の用に供される限り、道交法二条一項一号にいう「道路」に該当し得る（木宮高彦＝岩井重一『詳解道路交通法』三頁〔有斐閣ブックス、改訂版、昭五五〕)。また、かような私道には、不動産取得税、固定資産税、都市計画税が非課税となるなどの優遇措置が認められているが(地方税法七三条の四、三四八条、七〇二条の二参照)、現実の利用実態が広く不特定多数人の利用に供されているとは認められ得ない場合はこの限りでない（自治省固定資産税編『固定資産税逐条解説』二二六頁、二二七頁〔地方財務協会、昭四六〕参照)。

(4)　荒ほか・前出注(2)三八七頁。

(5) 詳しくは、荒ほか・前出注(2)一八三頁以下を参照。なお、同頁の記述は法九条の是正措置命令に関するものであるが、法四五条に基づく命令についても同様に妥当しよう。

(6) 荒ほか・前出注(2)三七三、三七九頁参照。もっとも、特定行政庁には、道路位置指定に関する要綱を定めて、不適格建築物の発生を回避しようと努めているのが通常である。筆者が在住する新潟市での道路位置指定要綱を例に示すと、五号道路としての処分申請がなされた場合、まず受理通知書が交付され、申請者は道路築造に着手する義務を負う。続いて、申請者が道路築造報告書を市長に提出すると、工事の完了検査を受けることとなり、検査の結果、基準どおりの築造が確認されたならば、漸く申請者に道路位置指定処分の通知がなされる段取りになっている。こうして、特定行政庁は、申請者が指定処分を受けながら現実には道路を築造しない、といった事態の発生をできるだけ回避すべく対策に苦慮しているのが実情である。

(7) 荒ほか・前出注(2)三九二頁参照。二項道路として指定を受けた土地部分には既に建築物等が築造されている場合が多く、かような場合には道路位置の表示を設けることが物理的に困難である。

(8) その原因としては、二項道路が建物密集地に対して指定される場合が多いため、みなし道路部分を除去するわけにはいかないことや、増改築工事の時期が区々であるため、最初に工事を行う者には、自己の建築物のみがみなし道路の境界線まで下がることに心理的抵抗があること、などが指摘されている(荒ほか・前出注(2)三八七頁参照)。

(9) 那須彰「私道の通行権をめぐる諸問題」判タ五九〇号二頁(昭六一)は、「ことに、近年の都市における宅地の細分化や、都市化に伴う宅地造成といった事情が背景となって、この種紛争が増加する傾向にあるということができ、裁判例も相当数重ねられている。」と指摘する。

(10) この点、公道上または純然たる私道上の障害物を巡って妨害排除の請求が私人間で争われたケースが既に公刊裁判例に複数登場しているが、かようなケースは本文に述べた建基法上の私道に関する場合とは趣を異にしている。まず、公道に関する妨害排除の場合を扱った裁判例としては、最判昭和三九年一月一六日民集一八巻一号一頁がしばしば引用される（なお、東京高判昭和五九年一二月二五日判時一一四二号五六頁も、町道に対する通行につき、「何人も公道については、当該公道に対する他の者の利益ないし自由を侵害しない程度において、法令・信義則にのっとり、社会の通念に照らし妥当とされる態様で公道を通行に使用する自由権を有するものと解するのが相当であり、もしこの通行の自由権を妨害され、その妨害が継続するときには、当該妨害者に対し、これが妨害の排除を求めることができるものといわなければならない」、と判示して右の昭和三九年判決を引用している）。この最高裁判決は、一般村民の共用に供される村道が妨害されたため、毎日これを通行に利用していた村民が妨害排除請求をしたという事案において、「村民各自は他の村民がその道路に対して有する利益ないし自由を侵害しない程度において、自己の生活上必須の行動を自由に行い得べきところの使用の自由権（民法七一〇条参照）を有するものと解するを相当とする。」と判示したが、村道という公道を、維持・管理が所有者に留保されている建基法上の私道と全く同列に扱い得ないことは多言を要しまい。また、純然たる私道の上に生じた通行妨害は純粋に私人間で争われてよい私的紛争であるから、殊さら特殊な問題状況を指摘するまでもないであろう。その際、裁判実務が通行人の妨害排除請求を認める法律構成としては、（通行人に当該私道についての利用権が認められない場合には）権利濫用の法理によるものが散見される。必ずしも一般公衆によって利用されてきた道路に関する事案ではないが、私道上の通行妨害に関して右の法理を適用した公刊裁判例として、大阪地判昭和二八年一二月二五日下民四巻一二号一九九六頁、仙台高判昭和四九年一二月二五日判時七七六号五九頁、仙台高判昭和五五年一〇月一四日判タ四三一号一〇四頁、などがある（なお、青森地十和田支判昭和四一年一一月九日下民一七巻一一・一二号一〇七三頁〔私道所有者が通行人を相手に通行禁止等の請求をしたという場合に、この請求を権利濫用禁止の法理によって認めなかった〕、東京地判昭和四五年一月二〇日判時五九七号一〇四頁、福岡地久留米支判昭和五二年一二月五日判時八八五号一五七頁、浦和地判昭和六三年九月九日判タ六九五号二一一頁、〔何れも、建基法上の規制を受けていない私道において、通行を妨げる障害物の設置につき私道所有者の権利濫用を認めた〕なども参照）。

(11) 先行業績は多数に及ぶため数点を挙げるに止めると、好美清光「日照権の法的構造(上)〜(下)」ジュリ四九〇号〜四九四号(一九七一)、藤岡康弘「権利濫用に関する一覚書」北法二六巻二号(昭五〇)、沢井裕『公害差止の法理』(日本評論社、昭五一)、神戸秀彦「公害差止の法的構成の史的変遷に関する考察(一)〜(四・完)」都法二九巻二号、三〇巻一号、二号、三一巻二号(一九八八〜一九九〇)、大塚直「生活妨害の差止に関する基礎的考察(一)〜(八・完)」法協一〇三巻四号、六号、八号、一一号、一〇四巻二号、九号、一〇七巻三号、四号(一九八六〜一九九〇)、同「生活妨害の差止に関する裁判例の分析(1)〜(4・完)」判タ六四五号〜六四七号、六五〇号(一九八七)、同「人格権に基づく差止請求」民商一一六巻四・五号(一九九七)、などが有益である。

(12) 一般公衆の通行の用に供されてきた私道に関する事案を扱った公刊の裁判例としては、東京地判昭和二五年一一月六日下民一巻一一号一七五一頁を挙げ得るにすぎない。もっとも、本件事案は、建基法の前身である市街地建築物法の適用下におけるものであったが、同法の下でも、四メートル以上の「道路敷地」に二メートル以上接することを要する旨が定められていた(同法二六条一項、同法施行規則四条一項参照)。とはいえ、本件私道を果たして建基法上の私道と同等に扱ってよいものかについて、判決文に示された事実関係からは容易に判断できないため、私道所有者の当該行為を権利濫用である、と判示した右の裁判例をここで引用することは必ずしも適切でない可能性も存する。

反対に、建基法上の私道を巡る妨害排除請求を扱った公刊裁判例には、当該行為は権利濫用に当たらないと判断しているものが多い(なお、この裁判例については後記**二**(1)で具体的に示すが、前述した昭和二五年判決には右に指摘した可能性が内在していることより、後記**二**(1)では、この判決を考察対象として取り上げないこととする)。

(13) 坂本倫城「建築基準法と民法の相隣関係」判タ七六七号二七頁(一九九一)、瀬木比呂志「私道の通行権ないし通行の自由について」判タ九三九号一四頁(一九九七)、牧賢二「通行の自由について」判タ九五二号三四頁（一九九七）など。

なお、公刊された裁判例には、人格権を、通行の自由権（東京高判平成八年二月二九日判時一五六四号二四頁など）とか、民法上保護に値する自由権（東京地判平成七年一一月九日判タ九一六号一四九頁など多数）といった権利名称の置き換え表現として引用しているものが多く（もっとも、東京地判昭和六一年八月二六日判時一二二四号二六頁のように、「人格権あるいはそれに由来する通行の自由権」と併記しているものもある）、また人格権という名称ではなくて「人格権的権利」と表現する裁判例も存するが（最判平成九年一二月一八日民集五一巻一〇号四二四一頁）、本稿では何れの裁判例も人格権説に含めて扱い、これらの間に見られる相違についても後記二(1)で指摘することとする。

(14)　公刊された裁判例の中には、私道所有者による通行妨害の排除請求いかんを論ずる際に、通行の自由権という名称のみが用いられ、明確には人格権（または人格権的利益）という言葉に触れていないものが見受けられる（たとえば東京地判平成二年三月三〇日判時一三八〇号一一三頁など）。かような裁判例を、人格権説に立つものとして扱ってきた裁判例（前注(13)を参照）と同一に扱ってよいであろうか、につき疑義が生じなくはないため、自由権のみを掲げる前述した裁判例の立場を一まず通行自由権説として独立に分類しておく。

(15)　要役地の利用権的側面を重視し、相隣紛争を可能な限り物的な相隣関係法の中へ取り込むべし、と主張する岡本詔治「建築基準法上の私道と通行の自由権（私権）」島法三五巻四号一〇、一一、三〇頁（一九九二）参照。なお、その二七頁以下では、沿道所有者に許される自由通行を「自由通行権」と表現しているが、本稿では右の岡本説を既に本文に掲げてきた通行自由権説とは区別して扱っておきたい。通行自由権説として分類した裁判例（前注を参照）は、岡本説が説くほどに、相隣紛争という事実の特色を重視していないと考えられるからである。また、利用権説に与する学説としては、「慣習法による地役権」という構成を示唆する石田喜久夫「判批」判タ三一四号一三四頁（昭五〇）も参照。

(16)　学説には不法行為説を唱える見解は少ないが、たとえば沢井裕『隣地通行権』一九三頁（一粒社、増補、昭五八）は、「侵害行為の態様の強調のなかに違法性の説得性をもたせようとするならば」、不法行為的構成も妥当というべしと解している（但し、絶対権侵害の場合には人格権的構成がベターとする）。

(17) 内田勝一「判批」判タ八七一号五六頁（一九九五）。

(18) 差止請求を認めるための法的構成について主張されてきた諸説にあっては、その何れの説であれ、利益衡量が排斥されるものではないことは一般に承認されているところである（詳しくは、前出注(11)に掲げられた文献を参照）。また、私道所有者に対する妨害排除請求の可否についても、裁判実務は私道所有者側と通行人側の事情を利益衡量して結論を導いている。たとえば、近時に現れた最判平成九年一二月一八日民集五一巻一〇号一五二頁は、道路位置指定を受けた私道の上に設置された障害物の除去を巡る争いにおいて、「現実に開設されている道路を通行することについて日常生活上不可欠の利益を有する者は、右道路の通行をその敷地の所有者によって妨害され、又は妨害されるおそれがあるときは、敷地所有者が右通行を受認することによって通行人の通行利益を上回る著しい損害を被るなどの特段の事情がない限り、敷地所有者に対して右妨害行為の排除及び将来の妨害行為の禁止を求める権利（人格権的権利）を有するものというべきである。」と述べて、私道所有者が通行利用されることで被る不利益と、それから通行人による通行利益との比較考量で決する立場を明らかにしている。

(19) 不法行為説に属する公刊の裁判例によれば、侵害態様の継続性、その重大性、通行の必要性、地理的関係（大阪高判昭和四九年三月二八日高民二七巻一号六二頁、東京地判昭和六〇年五月九日判時一二〇一号一〇〇頁、東京地判昭和六二年一月一二日判時一二六四号七〇頁など）、また公刊裁判例の多数を占める人格権説によれば、通行するに至った経緯、通行による私道の利用形態、侵害の重大性と継続性（東京地八王子支判平成四年一月二七日判時一四五一号一三〇頁、東京地判平成五年六月一日判時一五〇三号八七頁など）、などの諸事情が総合的に判断されている。

(20) 利益衡量を行うことに異論を唱えるものは少ないが（差し当たり、野山宏「判批」ジュリ一一三七号一〇一頁（一九九八）。なお、猫塚信勝「通行の自由権」塩崎勤＝安藤一郎編『裁判実務大系24相隣関係訴訟法』二六五、二六六頁（青林書院、一九九五）も参照。但し、多田利隆「判批」リマークス一八号二二頁（一九九九）は、当事者双方の利益衡量に傾斜した立場に対して批判的である）、利益衡量される諸事情について学説は必ずしも統一的でない。道路の開設に関する事実の存否を考慮することに疑問視する大塚直「判批」ジュリ一〇四六号七七頁、私道通行に至った経緯への考慮に批判的な田中康博「判批」判評四七四号二〇二頁（平一〇）など参照。なお、樋口直「判批」判タ七三五号二三頁（一九九〇）は右の違いを簡潔に整理している。

(21)　道路の自由使用をめぐる裁判例および学説の詳細について、差し当たり畑山武道＝土居正典「道路自由指導権の性格と利用者保護(1)」立教三一号一六〇頁以下（昭六三）を参照。

(22)　裁判例の中には原則として通行人に通行の権利を認めているものがあるが（横浜地決平成三年七月五日判時一四〇四号一〇三頁。なお、浦和地判昭和六三年九月九日判タ六九五号二一一頁も参照）、圧倒的に多くの裁判例はいわゆる私法上の権利であることまで認めてはいない。

(23)　たとえば前注に引用した浦和地昭和六三年判決は、単なる私道である道路を約四〇年に亘って利用してきた通行人が、当該私道の上に設置された通行障害物の排除請求をしたという事案において、この通行人が右の私道は、実質上、二項道路と同一視できると主張したにもかかわらず、法四二条二項に基づく指定を受けた道路でない限り「通行の自由権を認める前提を欠く」、と判示して右の請求を認めなかった。同判決に対しては疑問とすべき点が皆無なわけではないが、この判決が単なる私道を建基法上の私道と区別する立場から妨害排除請求の可否を論じている判断は、公的規制とか集団規制の有無が右の請求いかんという問題に与える影響を少なからず暗示しているように思われる。

(24)　池田恒男「判批」判タ九八三号六九頁（一九九八）。

(25)　池田・前注七〇頁以下。

(26)　たとえば私道所有者が私道上に強固な工作物を設置したという場合と、私道内に比較的移動が可能である植木箱を置いているにすぎない場合とでは、（自動車通行か徒歩通行かなどにもより）通行状態への影響には相違が生じてくると考えられる。前者の場合が、たとえば火災時に緊急車両の侵入による消火・救助の活動に支障を来す状態であれば、建基法の目的を全うできない可能性は高いと一般に言うことができる。一方、後者の場合は必ずもそうではないと言うのであれば、こうした相違は、（他の諸事情によっても異なること勿論ではあるが）妨害排除請求の可否に関する判断に差異をもたらし得ると想定できるところ、公序説は、右の相違を認めないならば格別、そうでないときは、こうした判断上の違いを正当化できるほどに具体的である、とは俄に断定できないように思われる。そうであれば、本文にも述べたように、公序説に従うかどうかに拘わらず、問題は、建基法の目的、ひいては集団規制の趣旨から具体的な基準がどう設定されることになるかにあると言えよう。なお、公序説については後記**三**(1)および(2)で詳しく紹介する。

(27)　岡本・前出注(15)一一頁。

二　私道の所有権と通行利用との関係

(1)　裁判例の状況

私道上に設置された工作物等の除去いかんを巡って私人間で争われた事案に関する裁判例のうち、最高裁判決としては、①最判平成三年四月一九日（裁判集民事一六二号四八九頁）、②最判平成五年一一月二六日（判時一五〇二号八九頁）、③最判平成九年一二月一八日（民集五一巻一〇号四二四一頁）の三つを挙げることができるので、これらを手掛かりにまず最高裁判所の立場を位置づけておくこととし、その後で判例集に掲載された下級審裁判例の状況を纏めることとする。

なお、裁判例の冒頭に付した○印は通行者の妨害排除請求が認容されたことを、反対に×印は否定されたことを示す。また、〈　〉内は法四二条所定の道路のうち当該事件で対象となった私道の種類を意味している。

(a)　最高裁判例の状況

前記三つの最高裁判決には妨害排除請求を認めたものと認めなかったものとがある。これらの判決を通して最高裁の立場を的確に把握する必要から、いささか長くなるが、その〔事実〕と〔判旨〕を次に引用しておこう。

×【1】最判平成三年四月一九日裁判集民事一六二号四八九頁〔工作物撤去請求事件〈五号道路〉、後出【15】【18】の上告審判決〕

〔事実〕Xの所有する土地の一部およびAの所有地の一部に各幅員一、一二五メートル（計二、二五メートル）、長さ一六、三〇メートルの土地をもって公道に通ずる本件私道が設置されている。この私道に、Y所有の土地およびBの所有地の一部である各幅員〇、八七五メートル、長さ一六、三〇メートルの土地を併せて、昭和三〇年四月七日、五号道路として道路位置指定処分がなされ、同月二五日にその告示がされているが、Yらは、昭和五七年三月二〇日頃、本件私道とYの土地との境界線上に従前から存在した竹垣および柾木の生垣を除去して、これと同一の位置にブロック塀を築造したので、Xらはその撤去を請求した。第一審、原審とも、前記の道路位置指定処分を受けた土地は、私人の日常生活上必要な通行利益であって、民法上保護に値する自由権（人格権）として保護されるべきであり、私人が右自由権を侵害された場合において、その侵害態様が重大かつ継続的なものであるときは、右権利に基づいて妨害を排除することができる旨を説示して、Xらの請求を認容した。

〔判旨〕破棄自判「特定の土地につき道路位置指定処分がされ、当該土地が現実に道路として開設されている場合においては、当該土地所有者以外の者も右土地を自由に通行することができると解するべきところ、前示事実関係によれば、本件道路位置指定土地のうち、Y所有土地の部分は、既存の本件私道との境界上（本件ブロック塀築造位置）に従前から存在した竹垣及び柾木の生垣の内側に位置して、現実に道路部分として開設されていなかったというのであるから、Xがその部分を自由に通行することができるものではない。」

×【2】最判平成五年一一月二六日判時一五〇二号八九頁（工作物収去等請求事件〈二項道路〉、後出【20】【21】の上告審判決）

〔事実〕X所有地、Y所有地およびAらの共有地の各々に跨って法四二条二項により「みなし道路」の指定がされている。Xが自己の所有地上に建物を建築所有した当時、既にYの所有地上にはY所有の旧建物があり、道路位置指定がなされた土地の中心線からブロック二枚分の幅ほど外側に塀が設けられていた。Yは旧建物を取り壊して、昭和六二年二月頃までに現在の建物を新築したが、その際、従前の塀を取り壊し、区役所建築課の職員による通告や、区長の停止命令に反して、本件道路位置指定土地の中心線にほぼ沿った位置にブロック塀を新設したため、XはYに対して通行の自由権に基づきブロック塀の撤去等を求めた。

〔判旨〕破棄自判「Yは、建築基準法四二条二項に規定する指定がされた本件道路指定土地内に同法四四条一項に違反する建築物である本件ブロック塀を設置したものであるが、このことから直ちに、本件道路指定土地に隣接する土地の地上建物の所有者であるXに、本件ブロック塀の収去を求める私法上の権利があるということはできない。原審は、これを肯定する理由として、Xの人格権としての自由権が侵害されたとするが、前示事実関係によれば、本件ブロック塀の内側に位置するYの所有地のうち、Yが従前設置していた塀の内側の部分は、現実に道路として開設されておらず、Xが通行していたわけではないから、右部分については、自由に通行し得るという反射的利益自体が生じていないというべきである」として前出【1】を引用し、続いて「本件ブロック塀の設置により既存の通路の幅員が狭められた範囲はブロック二枚分の幅の程度にとどまり、本件ブロック塀の外側（南側）には公道に通ずる通路があるというのであるから、Xの日常生活に支障が生じたとはいえないことが明らかであり、本件ブロック塀が設置されたことによりXの人格的利益が侵害されたものとは解し難い。」と判示してXの前記撤去請求を認めなかった。

○【3】最判平成九年一二月一八日民集五一巻一〇号四二四一頁（通行妨害排除請求事件〈五号道路〉）

〔事実〕　本件土地は、昭和三三年頃、本件土地周辺が大規模な分譲住宅団地として開発された際、各分譲地に至る通路として開設された幅員四メートルの道路であり、同年一月に道路位置指定を受け、この指定以後、三〇年以上にわたり、Xらを含む近隣住民等の徒歩および自動車による通行の用に供されている。Xらがその居住地から自動車で公道に出るには、公道に通じる他の道路が階段状であって自動車による通行ができないため、本件土地を道路として利用することが不可欠である。Yらは、昭和六一年一二月、本件土地の所有権を取得し、平成三年九月頃、Xらを含む本件土地近辺の住民に対し、同年一二月末日までにYらと本件土地の通行に関する契約を締結しない車両等の本件土地の通行を禁止するという趣旨のビラをまき、これと前後して、専らXらの自動車通行を止めさせる意図の下に本件土地に簡易ゲート等を設置した。その結果、Xらは、自動車で本件土地を通行するたびに、一旦、下車してこの簡易ゲートを取り除かなければならなくなり、通行を妨害されている。また、Yらは、平成四年二月、Xらの所属する自治体に対し、同年一二月末日をもって本件土地の通行を不可能にする工事を施工することがある旨を通知した。Xらがした妨害排除、妨害予防の請求を第一審・原審はともに認容した。

〔判旨〕　棄却　「建築基準法四二条一項五号の規定による位置の指定（以下「道路位置指定」という。）を受け現実に開設されている道路を通行することについて日常生活上不可欠の利益を有する者は、右道路の通行をその敷地の所有者によって妨害され、又は妨害されるおそれがあるときは、敷地所有者が右通行を受忍することによって通行者の通行利益を上回る著しい損害を被るなどの特段の事情のない限り、敷地所有者に対して右妨害行為の排除及び将来の妨害行為の禁止を求める権利（人格権的権利）を有するものというべきである。」「けだし、道路位置指定を受け現実に開設されている道路を公衆が通行することができるのは、本来は道路位置指定に伴う反射的利益にすぎず、その通行が妨害された者であっても道路敷地所有者に対する妨害排除等の請求権を有しないのが原則であるが、生活の本拠と外部との交通は人間の基本的生活利益に属するものであって、これが阻害された場合の不利益には甚だしいものがあるから、外部との交通についての代替手段を欠くなどの理由により日常生活上不可欠なものとなった通行に関する利益は私法上も保護に値するというべきであり、他方、道路位置指定に伴い建築基準法上の建築制限などの規制を受けるに至った道路敷地所有者は、少なくとも道路の通行について日常生活上不可欠の利益を有する者がいる場合においては、右の通行利益を上回る著しい損害を被るなどの特段の事情のない限り、右の者の通行を禁止ないし制限することについて保護に値する正当な利益を有するとはいえず、私法上の通行受忍義務を負うこととなってもやむを得ないものと考えられるからである。」との一般論を展開したうえで、①Xらは本件土地を長年にわたり自動車で通行し、自動車の通行が可能な公道に通じる道路は他に存在しないことから、Xらは本件土地を自動車で通行することについて「日常生活上不可欠の利益」を有しており、また②Yらは Xらの通行を妨害し、かつ、将来もこれを妨害するおそれがあり、他方、③YらにはXらの通行利益を上回る著しい損害を被るなどの特段の事情がない、と判示してXらの請求を認容した。

前出【1】が妨害排除請求を認めなかった理由は、道路位置指定として処分を受けた土地が道路として開設されていなかった、という事実の存在にあることは判決文から明らかであり、これを反対解釈し、もしも右の土地が道路として既に開設されていた事実（以下、「道路の既開設」という）が存するときは、前述した妨害排除の請求は認容される可能性があることになる。一方、【2】の判決も、この請求が認められない理由として、右の【1】を引用しつつ、「道路の既開設」という事実の不存在を挙げている。もっとも、かかる事実の存否がなぜ重視されているかというと、それは、この事実が存在しない限り、当初からXの「人格的利益」は「侵害」されたとは解し得ない、との立論に右の判決が立っているからである。つまり、【2】が道路の未開設という事実に言及しているのは、「人格的利益が侵害された」わけではないことを言いたかったからであり、そうであれば、Xによる妨害排除請求の可否は、Xの人格的利益に対する侵害の事実いかんに係っているということになろう。[1]やや補足すると、本件における当該土地には既に竹垣等があり、以前からXは道路としてこの土地を利用してきたといった既得利益がなかったから、妨害排除請求が否定されたところで、これまでの「日常生活に支障が生じた」とは言えず、したがってXに対する「人格的利益」の侵害はない、との主旨にあると考えられるのである。そうだとすると、【1】が重視していた「道路の既開設」という事実の存否は、妨害行為をした私道所有者が排除義務を負うことになるかどうかが、通行人の既得利益という個人的な利益との関係で論じられていることになる。また、【2】は、「道路の既開設」という事実の不存在という理由に加えて、通行が妨げられた範囲がブロック塀二枚分の幅の程度にすぎなかったという事実(以下、「通行支障の狭隘」という)と、それから公道に通ずる道路が存在したという事実(以下、「代替道路の存在」という)をも摘示しており、これらの事実の存在も「Xの日常生活に支障が生じたとはいえない」、という判断を正当化するための根拠となっている。(2) 要するに、右の二判決を総合的に捉えると、これらは、当該妨害行為が通行人の日常生活に支障を来すことになるかどうか(つまり、人格的利益の侵害いかん)、という観点から妨害排除請求の可否を問題にしており、この「支障を来すかどうか」の判断要素として、「道路の既開設」「通行支障の狭隘」「代替道路の存在」というX側の事情が考慮されている、と纏めることができる。

一方、【1】についてはどうかと言うと、この判決も、「道路の既開設」という事実の存在を前提に、本件道路を使用してきたXの既得利益という個人的な利益に着目して、「代替道路の存在」などの事実がない限り、右道路の通行はXの「日常生活上不可欠なものとなった通行に関する利益」であると判示した。この限りにおいては【1】と【2】に関して前述してきた立論と共通しているのであるが、(3) その一方で、【1】は、私道の所有者Yが「右の通行利益を上回る著しい損害を被るなどの特段の事情のない限り」、この者に「私法上の通行受忍義務」を課している点において、前記【1】【2】の判決には見られない新たな判断が示されている。つまり、この二判決については、前述したように、「道路の既開設」「通行支障の狭隘」「代替道路の存在」というX側の事情を考慮していると纏めることができたのであるが、【3】によれば、かかる事情だけを考慮することでは妨害排除請求の可否は依然として確定せず、この判決はY側の事情をX側の事情以上に尊重した前提に立ち、その上で例外的な事情が存するかという観点から双方の事情を比較衡量して決している、という点において右の二判決には見られなかった特色を含んでいる。[4] とはいえ、【3】が【1】【2】とは異なった視座に立っていると解すべきではなく、先行する二判決の延長線上に位置するものと捉えるのが妥当であろう。もっとも、通行妨害を被った通行人には原則として「人格権的権利」があるとしながらも、しかし通行人による妨害排除請求は容易に認められ得る旨の結論を【3】が承認したわけではないこと、殊さら言及するまでもあるまい。妨害排除請求が認められるために要する通行人側の事情としては、通行人には「日常生活上不可欠の利益」の存在が必要であり、これは「必要以上に妨害排除請求が認められることを防ぐ機能を果たす[5]」、と考えられるからである。[6]

(b)　下級審裁判例の状況

次に、下級審裁判例についてであるが、下級審は前述した最高裁判決の立場と同様の理論構成を採ってきたかと言うと、厳密に言えば両者は必ずしも軌を一にしていないように思われる。下級審裁判例の状況については かなりの裁判例を対象に既に整理かつ考察されているが、ここでは、下級審裁判例がどのような法律構成の下で妨害排除の可否を決しているか、という視角からの分類と分析を試みることとしたい。なお、以下で取り上げる下級審裁判例は判例集に掲載された三一件であり、これを判決年月日の順に並べると次のようになる(同一事件であっても第一審と控訴審が判例集に掲載されている場合には、各々の判断を尊重するため、同一事件である旨が分かるようにして別個に取り上げてある。また、△印は妨害排除の請求が一部認容されたことを示す)。

×【4】東京高判昭和四〇年五月三一日下民一六巻五号九五六頁(通行権確認控訴並びに付帯控訴事件〈五号道

路〉）

×【5】東京地判昭和四四年一〇月一五日判時五八五号五七頁（通行権確認等請求事件〈五号道路〉）

×【6】東京地判昭和四七年五月三〇日判時六八七号六五頁（通行権確認等請求事件〈二項道路〉）

○【7】大阪地判昭和四八年一月三〇日判時七二一号七〇頁（妨害排除等請求事件〈三号道路〉、【8】の第一審判決）

○【8】大阪高判昭和四九年三月二八日高民二七巻一号六二頁（【7】の控訴審判決）

×【9】東京高判昭和四九年一一月二六日東高民報二五巻一一号一八四頁（妨害排除等請求控訴、同附帯控訴事件〈五号道路〉）

○【10】岡山地倉敷支判昭和五〇年二月二八日判時七九四号九九頁（道路通行障害物撤去通行妨害禁止仮処分申請事件〈五号道路〉）

△【11】東京地判昭和五七年一月二九日下民三三巻一～四号六九頁（通行権確認請求事件〈二項道路〉）

×【12】東京地判昭和五八年四月二五日判時一〇九七号五五頁（ブロック塀撤去請求、工作物撤去請求、工作物収去請求事件〈二項道路〉、【14】の第一審判決）

○【13】長崎地佐世保支判昭和五八年五月二五日判タ五〇三号一二三頁（通行妨害排除、損害賠償請求事件、反訴〈道路使用禁止請求〉事件〈五号道路〉）

×【14】東京高判昭和五九年一二月一八日判時一一四一号八三頁（【12】の控訴審判決）

○【15】東京地判昭和六〇年五月九日判時一二〇一号一〇〇頁（工作物撤去請求事件〈五号道路〉、【1】【18】の第一審判決）

×【16】東京地判昭和六一年八月二六日判時一二二四号二六頁（通行権確認等請求事件〈五号道路〉）

○【17】東京地判昭和六二年一月一二日判時一二六四号七〇頁（通行妨害予防請求、妨害排除請求、工作物収去等請求事件〈五号道路〉）

○【18】東京高判昭和六二年二月二六日東高民報三八巻一～三号五頁（【1】【15】の控訴審判決）

×【19】東京地判平成元年二月一七日判時一三三六号一〇八頁（建物収去土地明渡請求事件〈五号道路〉、【22】の第一審判決）

×【20】東京地判平成元年二月二八日判タ七一二号一四二頁（【2】【21】の第一審判決）

○【21】東京高判平成元年九月二七日判時一三二六号一二〇頁（【2】【20】の控訴審判決）

×【22】東京高判平成元年一二月二五日判時一三四〇号一〇四頁（【19】の控訴審判決）

×【23】仙台高判平成二年一月二九日判タ七四四号一一四頁（通行権確認等請求控訴事件〈五号道路〉）

×【24】東京地判平成二年三月三〇日判時一三八〇号一一三頁（工作物収去等請求事件〈五号道路〉、【25】の第一審判決）

×【25】東京地判平成二年八月三〇日東高民報四一巻五～八号七六頁（【24】の控訴審判決）

×【26】東京地判平成二年一〇月二九日判タ七四四号一一七頁（損害賠償請求事件、私道使用禁止事件、私道使用禁止請求反訴事件〈二項道路〉）

○【27】横浜地決平成三年七月五日判時一四〇四号一〇三頁（通行妨害禁止仮処分申立事件〈二号道路〉）(7)

×【28】東京高決平成三年一一月二六日判タ七九二号一六三頁（仮処分申請却下決定に対する抗告事件〈二項道路〉）

×【29】東京地八王子支判平成四年一月二七日判時一四五一号一三〇頁（妨害物収去等請求事件〈二項道路〉）
○【30】東京地判平成五年六月一日判時一五〇三号八七頁（通行権確認等請求事件、工作物収去土地明渡等請求事件〈二項道路〉）
○【31】東京地判平成五年九月三〇日判タ八七五号一五六頁（通行妨害排除等請求事件〈二項道路〉）
×【32】東京地判平成六年一一月七日判タ八七五号一五二頁（妨害排除請求事件〈二項道路〉）
○【33】東京地判平成七年一一月九日判タ九一六号一四九頁（道路妨害予防等請求、道路使用禁止反訴請求事件〈五号道路〉）
○【34】東京高判平成八年二月二九日判時一五六四号二四頁（車止め撤去請求控訴事件〈二項道路〉）

まず、【27】は原則として当該通行人に私道通行の権利を認めたと受け取れる判決であるが、(8) この判決に見られるような判断は他の公刊裁判例には見受けられない。すなわち、他の下級審裁判例は、通行を妨げられた通行人に何らかの具体的な権利の有無を論ずる権利説に従うものと、この権利を認めない構成を採る非権利説に属するものとに大別できる。この非権利説の中にも二とおりの法律構成があり、一つは通行人が私法上の権利を取得できる立場にないことを前提とする構成である。この構成によれば、通行を妨げられた通行人としては、単に妨害の排除につき行政庁の職権の発動を促したり、司法官憲に違反行為の処罰を求め得ることは格別、直接に所有者を相手に権利を主張して妨害の排除を求めることはできない旨が説かれている（【4】【6】【20】。なお、【5】もこの構成に属するものか）。もう一つの構成は、通行人には私法上の権利はないとする限りでは最初の構成と共通した立論にありながら、しかし建基法上の規制により通行人には反射的利益があり、これを侵害する行為について、その侵害態様が重大かつ継続のものであるなどの事情が認められる場合には、通行人の右利益は私法上も保護されるべき法的利益となる結果、この利益が侵害されたときの当該侵害行為は不法行為になると説いて、右の通行人はその効果として侵害行為の排除を求めることができる、と解する前述した不法行為説である（【8】【10】【15】【17】【23】）。もっとも、囲繞地通行権による妨害排除請求を認容した【7】は、不法行為の効果が金銭賠償を原則とし、金銭賠償以外の方法による原状回復は特に定めがある場合に限られること、したがって妨害物等により具体的に権利等が侵害されている場合の妨害物除去は、その権利等を根拠とした妨害物除去請求によるのが本則である旨を摘示して不法行為説を否定している。また、私道所有者による当該通行妨害が所有権の濫用行為に該当するかどうかが争われた事案もあるが（【12】【14】【16】）、これを肯定した公刊裁判例は見当たらない。(9)

しかし、多くの公刊裁判例は権利説（そのほとんどが人格権説または通行自由権説）の構成を採っており、(10)ただ、そこで存否の対象となっている権利の内容、法的性質、その輪郭等を、当該裁判例から汲み取ることはなかなか困難である。もっとも、厳密に言えば、このような裁判例の中には、右の権利が認められるための要件に関して差異が見られなくはない。その差異は単に形式上の違いに留まっているかもしれず、また当該裁判所が妨害排除を求めた通行人の請求原因に応じて判断したにすぎないのであるならば、必ずしも対立した立場に由来するものとして捉えるべきではないと解し得なくもないが、ここでは判決文に示された形式的・表現上の違いを重視し、便宜上の観点から整理を試みたならば、右の構成を採っていると考えられる裁判例は次のように分類することができる（もっとも、【19】【22】【24】は通行自由権説に属する。なお、【28】は同説か、それとも前述した非権利説の前者であるかの判断が難しい）。すなわち、①通行人の反射的利益が、同時に民法上保護に値する人格権を構成するかのように判示しているもの（【9】【13】【21】）、②反射的利益は直ちに私法上の権利を取得させせない、として両者を一おう区別することを前提としたうえで、私道上の通行が通行人の日常生活に必須であるときは、通行人に自由権（または人格権）を認めてその保護いかんを判断するもの（【11】【18】【19】【22】【24】【25】【29】～【31】【33】【34】）、③私道利用が日常生活に必須であるだけでなく、通行妨害が重大かつ継続的な場合に、人格権による保護を与えようとするもの（【16】）、などがある。以上とは異なり、④裁判例の中には、通行人に対して「慣行上の通行権」を論ずるもの（【10】）も少数ながら存在する。(11)

もっとも、実際の裁判では、建基法上の私道における通行妨害の排除請求を正当化するための法的根拠として、通行人である原告は複数の権原を請求原因に掲げて争うのが通常である。これには、囲繞地通行権、通行地役権、明示または黙示の合意に基づく債権的通行権、慣習上の通行権、通行の自由権（人格権）など様々な権利を挙げ得るのであるが、しかし囲繞地通行権の発生は法定の場合に限定されるため弾力的な解決には限界があり、また合意等を根拠とする利用権についても、かかる合意等の存在自体が否定されることは少なくない。通行地役権の時効取得にあっては周知のとおり裁判例は厳しい要件を課してきているので、妨害排除請求の法的根拠として認定される場合はあまり多くない。このことは慣習上の通行権に関しても同様であり、裁判官としては、私道所有者の権利行使を制限し、また通行地役権の取得時効に関する厳格な要件を骨抜きにしかねない慣行上の通行権を、現段階において肯定することには相当に抵抗があるように受け取れる。(12)
また、裁判上では、妨害排除を求める通行人の請求原因として前述した諸権利の存在に加えて、妨害行為が不法行為である旨の主張も掲げられる場合が稀ではない。こうした事情を背景に前出の裁判例が現れていることを十分に自覚しつつも、ここで下級審裁判例を既に考察してきた三つの最高裁判決と敢えて比較したならば、前出した下級審裁判例からは最高裁判決とは異なる種々の立場を汲み取ることができる。とはいえ、公刊された下級審裁判例に限って言えば、多数を占めている前記②の立場が最高裁判所の見解と共通していると考えられる。

(2)　解決の方向性

以上に述べてきたことを纏めると、最高裁判所に代表される裁判実務はもとより学説にあっても、権利説(中でも人格権説)が法律構成として主流であると言うことができる。こうした構成は、既に指摘してきたように、私道所有者を相手に妨害排除請求をした当該通行人に対して個人的な権利が認められようか、ということを前提問題としていること言うまでもなく、具体的事案において通行人に権利が認められることで(換言すれば、妨害排除請求を認めるのが妥当であると考えられる場合に当該権利を通行人に承認することで)、そこでの結論が導かれるという法律構成を採るものであろう。なるほど、権利説にあっては、通行を妨害されている通行人が複数存在すれば、その各々について妨害排除請求が容認される可能性を含んでおり、その限りにおいては、右の請求が許される者は私道と場所的に近接した複数の者であることが考えられるが、しかし私道との場所的関係から複数の者に妨害排除請求が認容されたところで、これは副次的な結果なのであって、右の説は、あくまで私道所有者と通行人との間での私的紛争という形態を採る限り、当該請求者に妨害排除を請求できる個人的な権利があるかどうかを専ら問題視する立場のはずである。この点、不法行為説を前提としながら、しかし結論においては妨害排除請求を通行人に認めた前述の裁判例にあっても、そこでは、やはり単に私道所有者と通行人という、対立した二当事者の置かれた状況のみが着目されるにすぎない点において変わりがない。けだし、当該通行人が被る侵害利益との関係で妨害行為が不法行為となろうか、という点を問題にするものだからである。

しかし、本稿の冒頭にも掲げたように、建基法は「建築物の敷地、構造、設備及び用途に関する最低の基準を定めて、国民の生命、健康及び財産の保護を図り、もって公共の福祉の増進に資する」という目的にあり（法一条）、同法がこうした目的の下に接道要件を課していることの具体的な意味は、建築物の形態・用途規定、敷地規定等のいわゆる集団規制と相俟って、日照・採光、通風の確保等の衛生、建築物を利用する際の交通手段の確保と、それから非常時における防火、消火、避難路の確保といった側面を特に重視することで、結局のところ、健康で安全な生活環境としての最低基準を設定したものである。このような側面への配慮が、私道所有者と通行人との民事紛争で展開された判断の中には、より優先的、より重大な扱いとなっていないことは、独り権利説に止まらず不法行為説にあっても同様である。しかし、健康で安全な生活環境の確保という要請は、私道所有者と通行人との間に存する事情を相対的に比較考察することで実現できるものではあるまい。むしろ、当事者の個人的な利益を離れた、より客観的な視角からの判断が求められなければならない性質のものであろう。なるほど、二律背反という形態を採っている民事訴訟の中で、前述した建基法の目的に言及し、これをも配慮しつつ総合的に判断している裁判例は少なくないが（たとえば【11】【16】【30】など）、しかし右の目的に応えるという要請は、これ以外で判断の対象とされた当事者双方の諸事情とは異質な性質のものであって、裁判例の中ではこれらの諸事情が混在したままに一緒くたに扱われていると言えないだろうか。その上、私道所有者と通行人をもって当事者とする紛争形態は、実のところ、純然たる私道を利用してきた通行人について通行妨害となる行為が生じた場合で、この通行人が私道所有者を相手に妨害行為の排除を争うときと解決姿勢が全く異なっていない。しかし、建基法上の私道については公的制約を受けているという重大な特色があり、右に述べてきた解決姿勢にはこの特色が十分に反映されて結論が導かれているとは思われないのである。すなわち、いわゆる消極的生活妨害の場合における差止請求の可否という問題に関する議論の中でも、権利説と不法行為説との対立が存することを前記一(3)において確認してきたのであるが[13]、ここでは、単に、土地所有者の（権利行使による）利益と被害者側の被った損害という対立した私人間の民事紛争に止まったところで強ち不自然なことではなく、したがって右の問題は、純然たる私道上に生じた妨害行為の排除を巡る紛争と同レベルで扱われてよいと考えられるのに対し、本稿が対象としている建基法上の私道を巡る妨害行為の排除という問題は、前述した生活妨害に関する問題状況とは性質を異にしている、という点に関して十分な注意が必要である。[14]

このように、私道所有者と通行人という対立した二当事者を捉えて相互の利益調整を行うことでは、健康で安全な生活環境の確保という法の趣旨に対して正面から対応することはできそうにない。かといって、法が規制を加えていることで私道所有権に制約を課し、また右の趣旨を十分に尊重せんとするならば、一つに、建基法上の規制に服すること自体、私道所有者は通行人との間でも権利行使できる範囲が縮減させられる、ということを意味していないか（これを肯定し得るならば、縮減された私道所有権との関係で通行人による妨害排除請求の可否を判断することが求められる）、もう一つに、右の規制は通行人に対して直接にどのような法的立場を保障することになるのか、といった疑問が生じてこよう。かくして、ここに、①公的制約は私道所有権に対してどう枠づけることになろうか（公的制約と私道所有権との関係）、また②かかる規制により通行人による通行利益はどこまで法的に保護されてよいものか（公的制約と私道利用との関係）、という考察が必要となってくるのである。こうした一連の考察を行った結果、仮に通行人を相手とした私道所有権の行使が縮減され得ると解することができたにせよ、その縮減される範囲が具体的に判断できないなどの事情が認められ、したがって前述した妨害排除請求の可否を決することが難しく、かといって建基法上の規制が存在することから、通行人は右の請求を可能にするまでの法的保護を受ける、という解釈を導き出すことも現状では困難であると考えられるときは、翻って、建基法上の私道における通行妨害を巡る問題に対し、現実的な解決とそれを正当化するための法的構成が改めて追究されなければならないことになる。

（1）【1】は道路位置指定の処分により通行の自由権が認められる前提条件として「道路の既開設」の有無を論じている、と捉えている安藤一郎「建築基準法上の私道と通行の自由権およびその範囲」NBL四八一号一五頁以下（一九九一）、および、道路の未開設という事実と、通行の自由という私法上の利益をXに認めなかった【1】の判断との関連性を推測している中井美雄「判批」民商一〇六巻三号四一二頁（平四）も共通の理解にあると思われる。

（2）池田・前出■注(24)六八頁も【1】と【2】の二判決を同旨のものと捉えている。

（3）【3】では「通行支障の狭隘」という事実についての判断が触れられてはいないが、「日常生活上不可欠なものとなった通行に関する利益」の有無を左右する「代替道路の存在」という事実は、判決文では例示的に掲げられているにすぎないから、この「通行支障の狭隘」という事実を右の判決は一般論として不問と解しているわけではあるまい。

（4）野山・前出■注(20)一〇二頁も、【3】によれば、「通行者側の事情と私道敷地所有者側の事情の比較考量をすることになろう」、と述べている。

（5）野山・前出■注(20)一〇二頁。

（6）【3】がXとYの置かれた状況を利益衡量した結果、Xに「敷地所有者に対して右妨害行為の排除及び将来の妨害行為の禁止を求める権利（人格権的権利）」を認めた、という点をどう捉えるべきかについて若干触れておくと、「人格権的権利」という曖昧な表現に止まっている点については、「人格権については実定法上の規定がなく、最高裁判例においてもその定義がされていない（最大判昭和六一・六・一一民集四〇巻四号八七二頁参照）ことから、人格権的権利という表現にとどめられたもの」と解するものと（野山・前出**一**注(20)一〇一頁）、「『人格権的権利』と、やや不明確な語を用いてはいるものの、通行の妨害に対し人格権に基づき排除請求できることを認めたものと評することができよう」と受け取るものもあるなど（斎藤博「判批」法教二一六号九五頁（一九九八））、右の「人格権的権利」という言葉については微妙に異なった評価が見られる。無難を願う裁判実務のあり方としては、右のような曖昧な姿勢に止まることも分からなくはないが、ここでは【3】が広く権利説の立場を明らかにしたものとして受け取っておきたい。

(7)　本件道路は都市計画法一一条一項一号に基づく、開発許可に係る道路として敷設された私道であり、本判決では明示されていないが、こうした道路は法四二条一項二号所定の道路に該当するものである。

(8)　【27】は、都市計画法一一条一項一号所定の道路として設置された、いわゆる二号道路に該当する私道に面した隣地の所有者が同地を駐車場にしようとしたため、右私道の所有者が駐車場予定地から私道への出入口に当たる場所にバリケード等を設けたので、隣地所有者がその撤去等の仮処分を求めた事案において、「都市計画法による道路は、たとえ私人の所有するものであっても、一般公衆の通行が妨げられることのない道路であり、ただ、その所有者は、その所有権に基づき、道路の維持管理のため合理的に必要な限度で、一般公衆の通行を制限することができるというべきである。」とし、「道路設置の経緯がどうであろうと、いったんそれが都市計画法による道路とされた以上は、一般公衆の通行を妨げることができないことは前述のとおりであり、このような道路の性質からすると、これを通行しようとする者の通行の目的が何であったとしても、その目的が明白に違法であるなど特別の事情がない限り、その通行を制限する理由とはなしえないというべきであり」、右の隣地所有者は「本件道路を通路として使用する権利があるものというべきであ（る）」、と判示したものである。

(9) なお、前出一注(12)を参照。

(10) この点については前出一注(13)(14)を参照。

(11) 前出した【7】は、「生活権」の一種としての「日常生活上の使用通行権」についても言及しており、かかる権利の具体的な性質、内容や、この権利と「現行法上認められている通行権ないし地役権」との関係が明らかでなく、物権としての性格を有するとすれば物権法定主義の原則との関係からも認め難い、と判示して右の権利を否定している。また、【26】は、私道沿いの住民が当該私道の利用を制限すべく二輪車を置き、原告を相手に、三台以上の車の出入り制限を求めて通行停止を請求したのに対し、原告が自動車の通行自由を主張して使用妨害禁止の請求をしたという事案において、当該私道における通行上の安全性に問題があることを認めて右の出入り制限を認容し、原告の自動車通行を含む自由な利用を前提とする妨害禁止請求を棄却した。また、【32】も、「道路の既開設」と原告による通行利用という事実の不存在を摘示し、【1】および【2】を用して妨害排除請求を否定している。しかし、これらの裁判例からは妨害排除請求の可否に関する判断を十分に汲み取ることができない。

(12) 那須・前出一注(9)九頁参照。

(13) この対立状況については差し当たり前出一注(11)に引用した大塚論文を参照。

(14) 日照・通風の妨害という消極的生活妨害の場合であれば、健康で快適な生活に対する侵害について、複数の隣人者を対象に、各人による個人的な不利益の集合体として把握したところでさほど不合理ではなく、そこでの差止請求が許されようかの判断に関しては、行為者と侵害者とが対立した二律背反的な関係として捉えることが許されてよい。これに対し、公的制約を受けた私道の上に生じている通行妨害は、これがたとえば火災等の緊急時に消火活動を困難にする程度の状態であれば、私道の近隣地帯を危険に晒すこととなるが、かような危険性を被る不利益は、単に沿道者個人に帰属する不利益の集束として観念されるべき性質のものではない。けだし、そこでは私道付近一帯の安全性が対象となっているからであり、そうであれば、右の妨害排除請求いかんの問題は、消極的生活妨害の場合における差止請求の可否という問題と同レベルでは論じきれない。

三　公的制約と私道所有権および私道利用との関係

これまでの考察においては、私道所有者と通行人という、私的紛争における当事者間で生じた権利（または利益）の対立・衝突という局面（いわゆる「私人間の法律関係」）に焦点を当てて、これに対する裁判実務の立場と学説の状況を整理かつ分析してきた。そこでは私的に対立した利害の調整が対象とされていたのであるが、建基法上の私道は各種の公的制約に服しているため、かような考察の結果として、純然たる私道の上に生じた通行妨害におけるとは異なった取扱いがなされるべきである、と改めて指摘してきた。こうした指摘を正当視できるならば、その結果として次のような疑問が生起してくると考えられる。すなわち、(1)本来、土地所有権はどのような制約を受けているのか（とりわけ建基法に設けられた、いわゆる公的制約は私道所有権に対してどう拘束づけることになろうかであり、これは「公的制約と私道所有権との関係」を意味している）、また(2)右の制約（すなわち建基法上の規制）が私道の利用に対して果たす役割いかん（これは「公的制約と通行利用の関係」を意味する）、という疑問である。

(1)　公的制約による私道所有権の拘束──公的制約と私道所有権との関係

(イ)　憲法二九条二項にいう、「財産権の内容は、公共の福祉に適合するやうに、法律でこれを定める」との文言に照らしたならば、所有権の内容は「法律によって外から制限されているのではなく、法律によってははじめから公共の福祉に適合するように組み立てられている」[(1)]、ということになる。もっとも、民法二〇七条（および二〇六条）は「法令ノ制限内」において所有権の行使を許しており、こうした書き方からすれば、本条は、何か絶対的に自由な所有権という実体が存在し、法令がそれを外から制限するものとして把握できなくはないのであるが、これに対しては、「所有権は、決してそのようなものではなく、法律が規制している具体的な関係そのものを含む多くの諸関係の束にほかならない」のであって、「絶対的な所有権が存在しそれが法律や判例によって制限されていくのではない」(2)、とこれまで説かれてきた。こうした理解は殊さら土地所有権について妥当し、その制限は「むしろその性質上必然的なもの」(3)であって、要するに、この所有権は、その性質上、前述した「法令」による制限を待つまでもなく、社会生活上、当然に制約が内在すると説く内在的制約論が強く主張されてきたこと周知のとおりである。この内在的制約論は、財産権（特に土地所有権）の社会性や社会的義務性を強調する、いわば社会的所有権という法思想を基調とするものであるが、その淵源を辿れば、公法と私法の区別が明らかでなく、したがって所有権も単純な私法上の支配権に止まらないゲルマン法系の所有権概念と結び付き易い考えであって、ここでの「公法的義務は所有權の内容に導入せられて、著しく義務思想が明瞭になってゐる」(4)、とさえ言われている。

一方、中世ヨーロッパにおける封建的権力から市民生活を解放した市民革命は、自然権的基本権としての所有権思想に支えられて、右の解放は所有権の保障をも必然的に伴うこと、したがって所有権の不可侵性と自由性を内容とする絶対的所有権の概念を謳いあげることとなったが(5)、こうした所有権思想の下にあっても公共の利益のために所有権の制限は当然のこととされていた(6)。ただ、所有権の絶対性という法思想が強かったため、これに対する制約は必要にして最小限度に止まる、いわば外部的な制約として認める傾向をもたらしたのであるが、本来、こうした外部的な制約による所有権の取扱いは、ローマ法下における権利の絶対性に支えられた所有権概念と共通した性質をそこに見出すことができる。すなわち、「個人主義の結晶たる無制限、義務なき権利」[7]という内容上の特色を前提としており、この権利に対して「法令」により外部から制約する、という構成が採られたものであること言うを待たないであろう。もっとも、所有権が唯一絶対の支配を内容とする権利であると観念されたにしても、それは、本来、社会的共同生活における個人と個人との関係を規律するために認められるものであるから、かかる観念の下であれ、社会的共同生活を営むこととの関係から所有権の行使は当然に制約を伴うこと当然であり、この制約は一般に権利濫用禁止の法理といった民法上の一般規定を適用する中で具現化してきたのであった。[8]

(ロ)　ところで、前述した市民革命が掲げた所有権思想は、その後の資本主義的経済の発展、とりわけ市場の独占と資本の集中が誕生した段階に至ると自ずと修正を迫られることとなり、[9]土地所有権の社会性が説かれることとなった一方で、外部的な視点からの夥しい制約をも産むこととなった。ところが、「一方では、土地所有権に異常な価格が出てきたために、これを擁護し、これに対して法律上の制限が加えられることに反対する大地主層の利益と、他方では、零細な土地所有者（農地、住宅用土地）の零細なゆえに土地所有にしがみつこうとする強い願望とが奇妙に結びついて、『所有権の絶対性』がスローガンとして唱えられることが多い」[10]との指摘からも窺えるように、わが国では、絶対性を求める所有権思想が広く、そして根強く支配してきたため、「法令」を根拠に土地所有権を外部的に制約するという姿勢が、土地所有権の性質と制限との関係を示す伝統的な捉え方であった、と言うことができる。[11]もっとも、土地所有権については、それ以外の所有権とは本質的に区別されるべき特殊性が、いわゆる近代的土地所有権を唱える論者によって明らかにされ、また土地所有権から土地利用権原が分離されて、土地所有権と土地利用権とが別個に帰属することとなった場合における両者の関係についても、前者は後者に従属すると考えるべき必要性が説かれてきたのであって、もはや学理上は所有権の絶対性が完全に否定される形で克服されるに至っている。(12) それにも拘わらず、これまでわが国では、土地所有権に対する制限が専ら行政法上の規制によって実現されてきている状況を前にすると、「現代の行政が様々の行政需要をみたすために法的規制をする場合に問題となることの一つは、私人の既得の権利との調整である」(13) と指摘されているように、実際上は土地所有権に対して外部的な側面からの制約が主流となっている。だから、前述した学説の状況に対しては、いかに所有権の社会性が説かれたにせよ、それは概して「抽象的な御題目の感」があり、したがって「具体的な所有権理論と有機的に結合していない」(14) といった厳しい批判もなされてきたのであるが、しかし右の制約論に対しては、何を基準に、どこまで(内在的)制約を認めることになろうかが必ずしも自明なことではなく、(15) また社会的利益とか公共的利益という名の下に、幾多に亘って「人権無媒介の支配利益肯認の結果」を経験してきており、かかる「結果」をもたらす傾向を払拭できない状況の下で、権利濫用概念、公共の福祉概念の運用、私権の社会性または公共性を強調することに強い不信が生じたところで由なしとしないのである。(16) とはいえ、ここで社会的実態に眼を向けたならば、いわゆる社会性とか公共性という要請から、土地所有権を制約しなければならない事情にあることを否定できない。その際には、仮に土地所有権という私権の制約を公共性という観念に求めたにせよ、私権と公共性とが「相互制約的な構造を有するとみなすことは誤り」である、と今日では考えられるに至っているのであるが、(17) しかし土地所有権の行使が許されてよいであろうかという問題は、右の要請(または観念)が不明瞭であることの故に、具体的に検討して決せられなければならないはずのものであろう。(18) だから、たとえば建基法の目的が直ちに私人間における私道所有権の行使を制約するかどうかに関しても、かかる要請(または観念）からア・プリオリに結論が導き出され得るものではないのである。

そこで、土地所有権を制限する行政法上の具体的な制限に着目したならば、建基法上の規制は土地所有権との間でどう調整を迫るものと言えようか、である。この点、伝統的な理解としては、公法と私法の峻別を前提としたうえで、民法典と建基法の法的性質、規制対象としての主体を異なるものとして扱うとともに、その目的・保護利益も同じではないとの理由から、両法の適用領域にそれぞれ独自性を認めるのが建て前であった。たとえば、建基法上の規制と囲繞地通行権の通路の幅員との関係について、学説の中には、右の峻別を前提に、公的制約を私的所有権の内容に反映させることに根強い躊躇が見られるのも、前述した伝統的な理解の顕れであると言うことができる。(19) しかし、その反面、学説および裁判実務の中には、公的制約による拘束を、具体的事案における私的所有権の行使に少なからず斟酌して決しようとする姿勢が見られなくもない。たとえば、右に挙げた、通路の幅員を巡る解釈では建基法の規制目的を考慮して決する立場が学説上の多数説であるとされ、(20) また民法二三四条一項と建基法六五条との関係に関しても、後者を前者の特則と捉える、いわゆる特則説がかなりの支持者を得てきたこと、(21) そして裁判実務上も特則説を採った最高裁判決によって決着が付けられていること、(22) などからである。同説によるならば、これら二つの条項の間には独自性が希薄となり、したがって建基法六五条も私人間の相隣関係を規律した規定であることを意味しているため、その限りでは、公的制約による土地所有権の制限は私人間に多分に影響を与えていると考えられるのである。(23)

このように、公法・私法の峻別論を前提としたならば、公的制約による法的効果と私人間の法律関係との関係は、終始、別異な形で扱われることになりそうであるにも拘わらず、前述したように、実際の解釈では、こうした別異な取扱いが必ずしも常には貫徹されていない事情も見受けられるため、公的制約を受けた土地所有権の扱いは確固として定まっている状況にあるわけではない。

(ハ) もっとも、公的制約によって定められた価値(または政策)は、土地所有権の範囲にどう影響を与える(または作用する)ことになろうかと言うと、学説の中には、公法と私法の差異を前提としたうえで、「公法的制限というものは、土地所有者が所有土地に対してもっている使用・収益・処分の権限に対する直接的な制限という形をとる」と解し、たとえば相隣関係規定が定める建築物の距離制限は隣地所有者との関係に着目された制限であるから(民二三四条一項参照)、「これに反した建築に対しては隣地所有者からの建築廃止・変更もしくは損害賠償の請求権を生ぜしめる」のに対し、建基法が規定する距離制限は「公法上の制限であるから、これに反した建築に対しては行政庁の施工停止命令などによる規制が加えられる」とも解して、結局、「公法上の制限は、土地所有権内容をいわば直接的に制限するのに対して、私法上の制限は他人の権利を通じて間接に働くにすぎない」[24]、とする見解が存する。この見解が、公的制約を受けた土地所有権はもはや私人間においても縮減された行使が許されるにすぎない、とまで認めるものかどうかは不明であるが[25]、解釈上、こうした私人間においても所有権行使の範囲に変更を迫り得るものであること、つまり私人間においても当該所有権の行使は制約を受ける可能性を含んでいる、と解することが許されるかもしれない[26]。進んで、建基法の目的に照らして、同法による私道所有権の一般的な制限については補償を不要とする見解、すなわち形式的には私有財産権に対する制限であっても、「その犠牲が、居住その他の生活条件をめぐり、その条件をひとしくする社会一般の人々の福祉を維持し、増進する見地から、財産権の内容実現の態容であってそれに害をおよぼすおそれのあるものを事前に抑制することによりもたらされるものであり」、したがって「そのような生活条件をひとしくする社会一般の人々が、同様の犠牲を忍び合うことにより、お互いに、生活条件上の利益をもたらそうとする場合の犠牲にほかならないものであれば」、「その犠牲は、その者が、そのような生活条件をひとしくする社会一般の人々と同様の立場においてひとしく受け、しかも、そのことによって、それらの人々がひとしく受ける犠牲の反面として得られることになる社会生活上の利益をその者にももたらすことになるものであるから、実質的には特別の犠牲というにあたらず、それについて憲法上の保障を必要とするかぎりではない」[27]、という主張には右に述べた可能性が内在していると思量できるのである。しかし、仮に、右の見解は建基法が所有権の内容を制限し、その結果として、私人間における土地所有者の所有権行使が縮減されることを認めるものであったにせよ、私道所有者による当該行為が通行人の排除請求に応じなければならない、として扱われるほどに私道所有権の内容が縮減されているかどうかの具体的な判断は、かかる見解からは未だ明らかになってこないこと多言を要しまい。そうであれば、こうした見解の下でも、通行人による妨害排除請求の可否という問題は依然として解決されないままである、と言うほかはない。

この点、私道所有権が縮減される範囲を具体的に明示する解釈として、建基法の目的を私法の分野へ融合的に取り込もうとする、前記一(3)に掲げてきた公序説が注目されてよいであろう。既に触れてきたように、土地所有権は民法一条一項にいう「公共ノ福祉ニ遵フ」という視点からも制約が論じられてきたところである。ここでは、いわゆる公共の福祉による所有権の制限という議論に深入りすることはできないが、同項の意味、とりわけ「公共ノ福祉」による私権の制限が同条二項、三項の関係いかんに関連して大いに注目されてきたところであり[28]、右の条文が戦後に導入された当初から、その一項は、(有力な批判を受けながらも)社会国家的規定であると解する立場が通説的な理解である、と捉えられてきた[29]。この点、公序説の論者は、民法一条各項の制定史を含む学説史を詳細に論じた論稿の中で、同条の各項には「発生史的矛盾」があったことを論証し、このことが各項の体系的かつ整合的な説明づけを困難にしていると解するとともに、公法・私法の峻別論と「浄化」理論とが共有し得る限り、右の矛盾は温存され続けることになる旨の鋭い分析を行っている。[30] 同説は、いま問われるべき問題は「財産権がいかなる内容の『公共の福祉』に領導されるべきかである」とし、前記【3】を例示して、この判決は「伝統的な公法・私法峻別論に立って私道に沿接する建物居住者の通行利益を基本的には反射的利益として構成する問題点を残しているが、いずれは地域社会における『公序』を考え直す方向に進むであろう[31]」、とも結論づけている。こうした一連の主張は、単に「公的制約と私道所有権との関係」のみを対象としたものではなく、次の考察対象である「公的制約と通行利用の関係」という局面をも含めた主張（より厳密に言えば、建基法上の規制を受けた私道所有権のあり方、この規制によって保護された通行人の利益、私道所有権に対する通行利益の保護、という三局面を融合的に捉えた立場からの主張）となっているところに特色がある。けだし、かかる融合的な解釈の特色は、右の論者が次のように述べているところから顕著に窺えるからである。すなわち、「適法に成立した建築法規は原則として土地利用に関する地域（近隣者間ないしコミュニティーを指す）的公序を形成し、民事法秩序の要素をなすことになる。建築法規が警察規制すなわち『公共の福祉』のための私権制限である以上、そこで形成される公序は公共（したがって対近隣者も含む）のための土地利用の規制として最低限基準としての性格を持つから（建築基準法一条参照）、それより強い基準が民事法関係ですでに認められる場合は、地域的土地利用の公序が建築法規に揃えられる（すなわち緩和される）ことは原則としてないと考えられる。同様に、建築基準法上の一定の規制が行われないからといって、この公序がなくなることは背理であり、その場合には当該地域の都市計画上の位置を参酌しながら当該地片の土地所有者と近隣者との民事法的な関係を民事法的に考察すべきである。[32]」、と。このように建基法上の規制は「地域的公序」の形成という点に着目する立場から、私道上の通行妨害に対する排除請求という私的紛争の解決にあっても、公法・私法の峻別という論理より、必然かつ直ちに、私道所有者と通行人間の私的紛争に限局された解決を施すのみでは問題の本質を捉えたことにならず、そこには、各法の分野を別問題とする法的扱いに終始してきた伝統的な理解を克服せんとする考えも窺える。その際、こうして形成された「地域的公序」が「公的制約による私道所有権の拘束」という局面でどう機能するかと言うと、それは、(前記【3】の事案における私道所有権に関しての言及ではあるが)私道所有権は「団地居住者(分譲区画地所有者)との関係では限りなく零に近い権利である」[33]、と述べられているところに結実することになる。こうして公序説は建基法上の規制を受けた私道所有権が縮減されている結論を導くのであるが、しかし「零に近い」という解釈は、それ自体、通行人による妨害排除請求の可否という問題の解決を依然として残している、と言えないだろうか。たとえば、建基法上の私道をその所有者が舗装するといった管理行為は許されたところで何ら支障がないと考えられ、公序説もこの行為さえも禁止するものではないと思われる。同説自体、「零の権利」と断定せずに「零に近い権利」というに止まっているからでもある。そうであれば、私道所有者にとって許される管理行為と許されない管理行為との判断を巡り、相変わらず紛争が生じ得ると予想されるのであって、これは、結局のところ、右にいう妨害排除請求の可否という問題自体を論ずることと変わりがないのではないか、と考えられるからである[34]。

(二) 以上に述べてきたことを纏めると、土地所有権に対する制約は当然のごとく認められてきたにも拘わらず、その制約による結果としてこの所有権を行使できる範囲は、単に内在的制約の観点からに止まらず、外部的制約という面から建基法上の規制を捉えたところで具体的に定まっているわけではなく、このことは、たとえば私道所有者による所有権行使が通行人という私人との関係で許されようか、という点についても等しく妥当するということである。これに加え、右に関する限りでは、建基法上の規制を受けた私道所有権は「零に近い権利」である、と解していた公序説にあっても本質的に異なるものではなかったということも忘れてはならない。結局、建基法上の規制を受けた私道所有権の行使が私人間においてはどこまで許されようか、という点について具体的に提示できていない限り、通行人による妨害排除請求の可否を決するための判断基準については、さらに見方を代えて考察を試みる必要性がここに生じてくるものと考えられる。それは、建基法上の規制は通行人に対して直接にどんな法的保護を与えるであろうかであり、これが次の考察対象である「公的制約と通行人の関係」である。

(2) 私道所有権に対する公的制約と通行人の私道利用——公的制約と通行利用の関係

(イ) これまで裁判実務は、公道の通行利用に関してはもちろん、建基法上の私道についても、通行人による私道利用は反射的利益にすぎないという、いわゆる反射的利益論を繰り返すことで、公的制約から直ちに通行人に権利が付与されることを否認してきた（裁判例としては差し当たり【3】参照）。すなわち、右の理論は、特定の法規が一般公共の利益を保護する結果として、間接に関係者にもたらされる事実上の利益であると定義づけられており[35]、建基法上の私道を巡る通行妨害の排除請求に関しては、この反射的利益論は圧倒的に裁判実務の支持するところとなっているのが現状である。もとより、公物の自由使用によって享受し得る利益は一種の反射的利益であるとして扱われるのが通常であり[36]、かつての最高裁判決には、公道の自由使用による通行人の使用利益は右にいう反射的利益にすぎない、と解したものがある[37]。したがって、この限りにおいては、建基法上の私道に対する通行利用も公道から享受する使用利益と同等に扱われているのであるが、その理由は右の私道には建基法上の規制が加えられているからに他ならない。

もっとも、このように建基法がある命令、制限、禁止等の定めをしていることの反射として、通行人に事実上の利益を認めるにすぎないとする右の反射的利益論に対しては、本来、行政法規から生ずる利益も法律上保護されるべき権利として、少なからず裁判上の保護が認められなければならないとする反論が有力に主張されてきたところであり[38]、学説上、もはや右の反射的利益論は克服されているとさえ言われている[39]。それにも拘わらず、裁判実務がこうした主張に与することなく反射的利益論を支持してきている背景には、その根源として、行政観そのものに対する違いが潜んでいることに注意しなければならない。それは、自由国家型における法治行政と、福祉国家型の福祉行政・環境保全行政といった異なった行政観の対立である[40]。これまで伝統的には、行政法は、公益の担い手である行政と、それから私益の保護を求める市民との間の二極対立的な権利義務関係を中心に組み立てられてきたため、その結果として、この権利義務関係の枠外に存する国民の利益はいわゆる公益に包摂されることとなり、かかる国民の保護は行政の判断に委ねられていると観念されがちであったが、その後に福祉国家思想の定着、国民の行政に対する依存の高まり、国民の中における権利意識の普及に伴い、行政上の規制や取締りによって守られる国民の利益は、権利または法律上の利益として端的に受け入れられるべしと説く見解が唱えられるようになるなど、国民による行政への介入請求を承認する考えは次第に強くなった。要するに、従前の行政観は消極的行政・警察行政へと繋がっていたのに対し、後者のそれにあっては、従前におけるとは対立した関係にある積極的行政へと連動していると言うことができるのであって、両者のこうした違いが、具体的には、行政権限の不行使につき行政庁を相手に当該権限の行使を義務づけたり、権限行使の義務について確認を求める抗告訴訟も許されるべしとする「義務づけ訴訟（義務確認訴訟）論[41]、あるいは、抗告訴訟の原告に対して要求される「法律上の利益」（行訴九条、三条参照）は、原則として国民の個別具体的な権利を意味するという伝統的な解釈とは異なり、従来では反射的利益を受けるにすぎないとされてきた者にも、当事者適格が認められる余地を承認しようとする「訴えの利益の拡大論[42]」、さらには公益管理者である行政庁の権限不行使は論理必然的に違法となるのではなく、その裁量権行使は具体的な状況との関連で相対的に判断されるべきものと捉え、緊要度が強まるに伴って裁量の範囲が漸次収縮すると解することで、行政権限の発動に対する行政庁の自由裁量（行政便宜主義）に異論を唱えた裁量権収縮論[43]、といった種々の論争を産むこととなったと考えられる。

あまつさえ、右に述べてきた裁判実務の立論は、単に前述した行政観に由来して生じた相違に止まらず、進んで、特定の国家思想に支えられているようにさえ思われる。すなわち、行政法が対象とする規制領域を、私人間を規律した私法秩序とは区別された独自のものと捉えて各々の自足的な法体系を承認するか、それとも両者の混合した法領域とその関連性を認め、私法によって規律されていた領域への公法の進出と、かつて公法だけによって規律されていた関係に対する私法の補充を認めよう、という考え方とが大きく存在すること周知のとおりであり、各々の領域を独自のものと捉える前者の立場は、既に触れてきた公法・私法の峻別論を意味していると考えられるところ、この峻別論は、本来的には、いわゆる「官僚主義的絶對國家」の思想が支配していた時代を背景とする考え方であるのに対し、公法と私法の独自な体系的領域を否定し、各々の共通したところを認めようとする「自由主義的法治國家」を基盤として支えられた考え方、さらには、これに代えて両法の融合統一を説き、新しく国家的、団体的見地からの法原理を立てるとともに、これを解釈上の基準として主張しようとする、「社會民主主義的理想乃至共同體的國家理念」に仕えられた考え方も早く

から現れている。(44)

もっとも、今日、前述した峻別論はもはや厳格に維持されている状況にはなく、公法と私法の差異を前提として両者の関連を論じ、両者の適用を同様に扱おうとする傾向にあると指摘されているのであるが、(45)しかし建基法上の私道における通行妨害に関しては、前記二で纏めてきたように、多くの公刊裁判例は(そして学説上の多数説も)、建基法上の規制が通行人に対して反射的利益としての通行利益を認める前提にあり、たとい通行人に妨害排除請求を認めたにせよ、そこでの法律構成としては、私道所有者との関係で、通行人の個人的な権利(または利益)の保護いかんが決せられる立場を採ってきたのであって、右の規制をもって私人間も規律されるといった形で論じてきてはいないというものであった。要するに、通行人が享受できる反射的利益はあくまで公的制約による恩恵に止まり、私人間において権利として扱われる前提が採られてこなかったのである。私人の自由と平等を保障して私人の自主自律に委ねられてよい対等な私人相互間の関係とは異なり、行政権の主体と私人との間の関係が、公共の福祉を実現するという行政目的の視点からの特殊性を否定し得ないと解する限りにおいては、(46)公法・私法の峻別論に影響を受けた前述の立論も全く根拠を欠くとは言い得ないのであるが、しかし通行人の私道利用について反射的利益論に固執してきた前述の裁判実務の状況を鑑みたとき、「社會民主主義的理想乃至共同體的國家理念」はもとより、「自由主義的法治國家」の思想をそこから汲み取ることは非常に困難であろう。

しかし、時代的推移を背景に誕生することとなった国家思想の下では、もはや二極対立的な権利義務関係としてではなく、「取締行政は本来、取り締られる者と取締りによって守られる者との利害の調整作用」ということになり、ここに、「取締りにあたる行政庁」「取り締られる者」「取締りによる利益を受ける者」、という三面関係として認識されるべしとの主張が現れたところで、[47]これは決して由なしとしないのである。かような主張は前記(1)における公序説との間に類似した特色を看取することができる。けだし、同説は、前述してきたように、単に「公的制約と通行利用の関係」をも取り込んだ前提に立っているのであって、「建築基準法が、都市計画法とともに、わが国の長年の都市計画のあり方に対する反省に立ち、地盤の形質変更に拘わる都市計画法と相俟って衛生と防災及びアメニティーなど良好な都市生活を確保することを目的とする法律であれば、それは単に所轄行政庁と被規制客体たる私人との関係を規律するばかりではなく、都市という公共空間に居住しこれを諸活動の舞台とする人々の間を規律する秩序を国会制定法として表現したものでなければならず、所轄行政庁は、市民社会(＝政治社会civil society)の共同事務を遂行する国家機関として、法律によって設定された義務を果たすために法定権限を付与されたに過ぎず、その意味では警察規制そのものが背後の私人同士の関係の設定を含んでいるという意味で常にいわゆる三面関係であると考えるべきなのである」、と述べているからである。進んで、建築法規が、原則として、都市における「地域的公序」を形成して民事法関係の要素となることを認める同説は、結局のところ、「公道についてはもちろんのこと、私道についても、建築基準法上の道路である限りは、関係地域の住民が享有する自由通行権は単なる反射的権利ではない、という重要な帰結を導く」[48]という主張となって結実する。こうした公序説の主張は法治国家としての今後のあり方を言い当てているのであるが、現時点においては、未だ前述した国家思想の違いが立ちはだかっていることを忘れるわけにはいかないのである。

(ロ) 以上に述べてきたことを纏めると、福祉国家型の福祉行政・環境保全行政という行政観は、生命・身体・健康という絶対的な価値に対して直接かつ重大な侵害が認められる状況の下では、比較的容易に受け入れられるであろうが、反対に、被害程度が（主観または客観の視点から）さほど直接かつ重大とは認められない場合には、現実には前述した反射的利益論などに阻まれ続けることとなり、したがって二極対立的な権利義務関係に終始する行政観の下では、往々にして被害者の救済は行政による保護から切り離されて、単に私人間による民事訴訟の中でのみ解決が図られるようになる、といった結論に落ち着くことが十分に予想される。こうした結論を根本的に是正するためには、その根源に横たわっている、これまでの行政観から新たな行政観へと基軸を転換しなければならないと考えられるのであるが、これは頗る困難な障壁であること多言を要しまい。仮にこうした転換が早期の段階で容易に実現でき、たとえば義務づけ訴訟が積極的に許容されたところで、なお通行人各個の健康で安全な生活環境が完全に実現されるとは考え難いであろう。けだし、通行妨害を被った通行人がその排除措置を行政庁に促す行動に出たものの、行政庁の懈怠があって十分に改善されないという事情の下でも、(49) かかる処遇を受けた通行人が、特定行政庁を相手に、常に訴えをもって是正措置の発動を義務づけようとの行動に出なければならないとすると、それは何とも煩に耐えないことであると考えられるからである。(50) だから、たとい積極行政という行政観の確立が実現したところで、現実には、通行人が、私道所有者を直接の相手方として、自己の健康で安全な生活環境を確保できなければならない可能性は依然として残っている、という実情を真摯に受け止める必要がある。また、「自由主義的法治國家」の思想とか「社會民主主義的理想乃至共同體的國家理念」を基盤とする考え方を唱えたところで、実際の裁判では、依然として公法・私法の峻別論による影響が少なくない、という実情をも十分に認識しておく必要がある。けだし、建基法上の私道における妨害排除請求の可否を論ずるに際し、建基法と民法の融合的な解決こそが適切であると解することができたにせよ、右の影響を受けている状況が常に足枷となって付きまとうであろう、と予想されるからである。

(1) 稲本洋之助『民法II（物権）』二六六頁（青林書院新社、昭五八）。

(2) 野村好弘『注釈民法(7)』二三二頁（有斐閣、昭四三）。さらに、末川博『占有と所有』一七〇頁（法律文化社、一九六二）も参照。なお、野村・前掲書二三一頁は、「本条（民法二〇六条を指す。筆者注）の書き方は、ややミスリーディングであるように思われる」とさえ述べている。しかし「ミスリーディング」というのはいささか言い過ぎであろう。すべての権利は法律の規律を受けること当然であるから、同条が、特に所有権について、この権利を「絶対な自然の権利」、すなわち「国法以上の、そして国法以前の権利」とする理論に対して、「国法による制限の可能と必要とを言明することが必要だと考えた時代の思想の痕跡である」（我妻栄〔有泉亨補訂〕『新訂物権法（民法講義II）』二七一頁（岩波書店、一九八三））、と捉えるのが妥当であると思われる。なお、民法二〇六条と憲法二九条二項との違いを認め、「民法二〇六条を近代的な所有権制限の規定であるとすれば、憲法二九条二項は現代的な所有権制限の特徴をよく示している」（稲本・前注二六六頁）、と解するものもある。

(3) 稲本・前出注(1)二六六頁。

(4) 原田慶吉『日本民法典の史的素描』一〇三頁（創文社、昭二九）。なお、我妻・前出注(2)三頁以下も参照。

(5) 詳細は、差し当たり渡辺洋三『現代法の構造』一〇二頁以下（岩波書店、一九七五）を参照。

(6) 渡辺・前出注一一二頁参照。

(7) 原田・前出注(4)一〇三頁。その背景にある事情としては、「公法と私法を截然區別した羅馬法學者は、唯私法問題に沒頭する結果、所有權の義務としては、唯相隣地關係を除いては殆ど說く所なく、幾多存した公法上の義務に付いては何等觸れざる爲、所有權の義務負擔は表面に現れてゐない」にすぎなかった（原田・同

頁)、とされている(なお、我妻・前出注(2)三頁以下も参照)。
(8) 以上につき、末川・前出注(2)一七七頁以下、吉田久「所有権の制限概念に就て」新報四五巻一一号七頁以下(昭一〇)などを参照。
(9) 詳細は、渡辺・前出注(5)一〇二頁以下を参照。
(10) 星野英一『民法概論II(物権・担保物権)』一一二頁(良書普及会、昭五一)。
(11) 外部的制約説を唱えたかつての学説と、その後に主張された内在的制約説の学説については、永田菊四郎「所有権の制限について(一)」日法一八巻一号一七頁以下(昭二七)が要領よく纏めている。
(12) 土地所有権の絶対性という法思想を克服すべく土地所有権論争が登場し、したがってこの論争に関する文献は夥しい数に及ぶ。ここでは逐一引用することはできないが、比較的近時の研究で有益な整理と分析が試みられているものとして、渡辺洋三＝稲本洋之助編『現代土地法の研究上』(岩波書店、一九八二)所収の渡辺論文、稲本論文、利谷論文、東海林邦彦「いわゆる『土地所有権近代化論争』の批判的検討」北法三六巻三号(昭六〇)、乾昭三編『土地法の理論的展開』所収の戒能論文、池田論文、などを挙げておくに止める。
なお、本稿では一般的な土地所有権を対象とする右の論争に関する考察には立ち入らず、建基法上の規制を受けた私道所有権の位置づけに限定した考察を試みたい。
(13) 遠藤博也「権利の内在的制約」時法九四六号三九頁(昭五一)。
(14) 楠本安雄「土地所有権と環境権の接点」不研一九巻二号一六頁(一九七七)。なお、遠藤博也「土地所有権の社会的制約」ジュリ臨増四七六号九五頁以下(一九七一)も参照。
(15) この点については、渡辺・前出注(5)一一四頁、金沢良雄ほか編『住宅関係法I』(水本浩執筆)三〇頁(有斐閣、発行年不明)、遠藤・前出注(13)四一頁以下など参照。
(16) 以上につき、渡辺・前出注(5)一一三頁以下、金沢・前注三〇頁を参照。
(17) 差し当たり、見上崇洋「土地利用規制と公共性」上田勝美ほか『効果的な権利保護と憲法秩序』五〇頁以下（法律文化社、一九九〇）を参照。
(18) この点につき渡辺・前出注(5)一三二頁参照。
(19) たとえば我妻・前出注(2)二八七頁は、接道要件を備えていない土地の所有者が、袋地の通行権を理由にこの要件を充たすための通路の開設を隣地所有者に請求できるか、という問題について消極的な立場を採っている。その理由としては、通行権を否定すると袋地に建物新築等ができない土地を生むため、これを肯定することは通行権という範疇をはみ出すこととなって、民法の予想しない結果となるという点にあり、かような理由づけは公法・私法峻別の論理を貫徹したものと受け取られている（沢井裕「隣地通行権と建築基準法」判評四七六号一八二頁〔平一〇〕参照）。建基法の趣旨を考慮することに否定的な他の学説に関する状況については、安藤一郎『〔実務〕新建築基準法』一三二、一三三頁（三省堂、一九九三）に纏められている。
なお、下級審裁判例の中には、建基法上の規制目的が、囲繞地通行権の存否、および、その範囲に反映されることを明白に否定するものがあるが（たとえば【12】など参照）、最高裁判所の立場については捉え方が分かれている（詳細は安藤・前掲書一三四、一三五頁を参照）。
(20) 野村好弘『注釈民法(7)』二四二頁（有斐閣、昭四三）、沢井・前出一注(16)六九頁、広中俊雄『物権法』三八一頁（青林書院、第二版増補、一九八二）などが代表的である。一方、坂本・前出一注(13)二二頁は、公法・私法の峻別論に立ちつつも、両法が「少なくとも一部共通し関連し合う生活関係を規制しているものであり、両者を完全に分離し殊更無関係なものとして扱うことは法秩序の分裂状態をもたらしかねないともいえる」と述べて、公法上の規制がされている事実を私法法規の解釈に斟酌しようとするが、その結果として歯切れの悪い議論となっているように思われる。なお、右の問題に関する学説状況の詳細は安藤・前出注(19)一二九頁以下を参照。
(21) 学説も特則説が多数説であると言われてきたが、非特則説に従うものも少なくなかった。その具体的な対立状況については差し当たり安藤・前出注(19)一三頁以下を参照。

(22) 最判平成元年九月一九日民集四三巻八号九五五頁（但し、非特則説による反対意見がある）。

(23) この点に関しては岡本・前出一注(15)二八頁参照。

(24) 甲斐道太郎『不動産法の現代的展開』一〇〇、一〇二頁（法律文化社、一九八六）。

(25) この点につき甲斐・前注一〇六頁は、「所有権に関する規定が民法上のものであり、所有権が民法上の権利であるからというだけの理由で、土地所有権の公法的制限におけるさまざまな問題の解決の規準を民法学に求めるのは誤りであり、また、公法上の諸制限が直ちに民法（学）上の所有権概念の内容に変革を生じると考えることも正しくない。現在、必要とされるのは、公法・私法というような法分野別をはなれた視角において土地所有権の社会的実態を明確に分析することであり、その結果えられる正しい現状認識の上に立って、公法的制限における政策的立場が決定されるべきであろう。」と述べるに止まる。

(26) 我妻・前出注(2)二七二頁は、土地所有権の内容は、「これらの制限（現行法上の所有権制限を指す。筆者注）によって認められた範囲内における全面的支配権に過ぎないと考えるべきである」、と述べているところは縮減された所有権の内容を私人間においてまで認める前提にあろうか。

(27) 高辻正巳「財産権についての一考察」自研三八巻四号一〇頁（昭三七）。なお、田中浩一「私道に対する公法的規制」民商四六巻四号五八五頁（昭三七）も同旨。

(28) 元来、所有権の制約に関して引用される「公共性」という概念の拠り所を、民法一項一項にいう「公共ノ福祉」に求め得るものかについては必ずしも自明なことではないが、一応、その根拠条文を同項に求めたところで、私道所有者の通行妨害に対する排除請求の問題を論ずるに際しては、右の概念は次の二つの意味で用いられている点に注意する必要があろう。その一つは、当該妨害行為それ自体について公共性の有無が主張される場合である。こうした主張は、とりわけ公害など積極的生活妨害における差止請求訴訟の中で見受けられるところであるが（一例を挙げると、川井健「民事紛争と『公共性』について」判時七九七号三頁以下〔昭五一〕は、この観点から生活妨害としての公共性を論じている）、私道上の通行妨害に対する妨害排除請求訴訟の場合であっても、右のような主張がなされることは想定するに難くないであろう。もう一つは、一般公衆が享受できる通行利益について公共性の存在が主張される場合であるが(この公共性を扱ったものとして、遠藤博也「交通の『公共』性と『環境権』」ジュリ増刊総合特集二号二五六頁以下(一九七五)を参照)、私道所有権の制約として本文で論じられるべき公共性は右のうち後者の方であること言うまでもない。

(29) 差し当たり(民法一条各項の制定史を含む)学説史の詳細については、池田恒男「日本民法の展開(1)民法典の改正——前三編(戦後改正による「私権」規定挿入の意義の検討を中心として)」広中俊雄＝星野英一編『民法典の百年Ⅰ』所収(有斐閣、一九九八)、および、同論文に掲げられた文献を参照。

(30) 池田・前注一〇九頁参照。

(31) 池田・前出注(29)一一〇、一一一頁。

(32) 池田・前出一注(24)六九頁。

(33) 池田・前出一注(24)七一頁。

(34) 公序説に対する疑問については前出一注(26)も参照。

(35) 和田英夫『行政法講義上』五八頁(学陽書房、改訂版、昭六一)参照。

(36) 詳細は、原龍之助『公物営造物法』二五三頁以下(有斐閣、新版、昭五七)、田中二郎『土地法』六七頁以下(有斐閣、昭三五)などに譲る。

(37) 前出一注(10)に引用した昭和三九年判決である。

(38) 差し当たり、田村悦一『行政訴訟における国民の権利保護』二〇五、二〇六頁(有斐閣、昭五〇)のほか、原田尚彦『行政責任と国民の権利』(弘文堂、昭五四)四三頁以下も参照。

(39) 原田尚彦「公害訴訟と環境権」ジュリ臨時増刊四九二号二三六頁(一九七一)参照。

(40) 詳しくは、原田尚彦『行政法要論』九一頁以下(学陽書房、全訂第四版増補版、二〇〇〇)を参照。

(41) 詳しくは、原田尚彦『訴えの利益』六一頁以下(弘文堂、昭四八)、阿部泰隆「義務づけ訴訟論」田中二郎

先生古稀記念『公法の理論下II』（有斐閣、昭五二）、村上義弘「不作為に対する抗告訴訟」雄川一郎＝塩野宏＝園部逸夫編『現代行政法大系4行政争訟I』三〇七頁以下（有斐閣、昭五八）などを参照。
(42)　詳しくは、渡部吉隆「行政訴訟の現代的課題」曹時二三巻七号一四五一頁以下（昭四六）のほか、大阪弁護士会環境権研究会『環境権』（川村俊雄執筆）九二頁以下（日本評論社、昭四八）も参照。
(43)　詳細は、原野翹「行政権限の不行使と行政救済」杉村敏正編『行政救済法2』一九九頁以下（有斐閣、一九九一）、原田・前出注(40)九六、九七頁。
(44)　田中二郎『公法と私法』四頁以下（有斐閣、昭三〇）、同「公法と私法」法セミ八号三頁以下（一九五八）を参照。
(45)　詳細は、山田卓生「公法と私法」星野英一ほか編『民法講座1民法総則』一頁以下（特に三五頁以下）に譲る。
(46)　田中・前出注(44)法セミ四、五頁参照。
(47)　以上につき原田・前出注(40)九三頁を参照。
(48)　池田・前出一注(24)六九、七〇頁。
(49)　たとえば、行政庁が代執行による妨害排除措置を施す行為に出なかったからといって、これが直ちに違法となるものではない(広島高岡山支判昭和五五年九月一六日訟月二七巻一号一六〇頁参照)。なお、法九条の二は建築監視員の制度を定めているが、不適格建築物に関する監視は頗る困難であるのが現実のようである。
(50)　原田・前出注(39)二三八頁参照。

四　妨害排除請求の可否に関する一試論

(1)　問題の本質と妨害排除請求が認められる場合の構成

これまでの分析ないし考察を纏めると次のように表すことができる。すなわち、①建基法上の私道につき生じた通行妨害に対する排除請求の可否を巡る私的争訟では、私道所有者と通行人という対立した二当事者の個人的利益が着目され、通行人に妨害排除請求を認めてこの者の通行利益を保護することが妥当であろうか、という観点からの論争が主として展開されてきたため、建基法の目的がそこでの議論には十分に反映されてきてはいない(そこでは、私道所有権が公的制約を受けているとともに、この規制によって通行人の健康で安全な生活環境が最低限度で確保されなければならない、という固有の要請が十分に認識されていない)、という限界を指摘することができた(前記二)。そこで、眼を転じ、一つに、②建基法上の規制を受けた私道所有権の制約を分析かつ考察したところで、その制約による結果として私道所有権の行使が許される範囲は不明瞭なままであり、したがって私道所有者に対する通行人の妨害排除請求いかんという問題を、かかる分析かつ考察のみから決することは困難であるというものであった。もう一つの考察として、③建基法上の規制によって通行人の私道利用はどのような法的保護を受けるのかを問題にしてきたが、結局、現下の裁判実務には依然として古い行政観や国家思想が根強く存在しており、したがって一方では消極行政から積極行政へと基軸の転換が生じない限り、現状における裁判実務の対応としては自ずと限界があると考えられ、また他方では建基法上の規制はあくまで公法の領域でのみ通用するにすぎない、という呪縛から裁判実務を解き放つ必要性も確認できたのであるが、これらは何れも早期の段階で実現され得る性質のものではないということであった

（右の②③につき前記三）。

こうした分析ないし考察の結果から導き出すことが許されるべき結論としては、私道の通行妨害を巡る争いにあっては、単に私道所有者と通行人のみに焦点を当てて、これらの者の利害関係を調整するという視点に立ったところで解決は不十分であるが、かといって私道所有権と公的制約との関係、さらには公的制約と通行人の利益との関係にも眼を転じたところで、各々における解釈は交錯した（または行き詰まった）状況にある、ということである。このことは、現行の法体系が私道における通行妨害を論ずるに際して限界を来していることの顕れであると言えようが、その反面、私道所有権、通行人の利益、公的制約からなる三つの組み合わせの何れかに偏った形で解決を図ろうとしたところで、それは、本稿が対象としてきた問題（すなわち、建基法上の私道につき生じた妨害行為の排除請求いかんという問題）の本質を見失っていることを意味していよう。そうであれば、かような問題は、今日まで維持されてきた法秩序（または法体系）によっては直接にカバーしきれない部類のものであって、いわば抜け落ちた（または行き詰まった）結果として引き起こっている性質のものである。こうした問題状況を率直に認識したならば、右の問題はどう解決されるべきであろうか。もっとも、裁判実務および学説は通行人による妨害排除請求が認められる可能性を承認してきたのであって、かかる可能性に対する価値判断は十分に尊重されてよいであろう。そうだとすると、一方で右の妨害排除請求を認めるべき必要性が否定されず、かといって、これを受け入れるための法的受け皿が欠けている（いわば法的処遇が行き詰まっている）状況の下で、現行の法体系を意識しつつ、しかも従来の解釈論をも尊重したうえで解決を図ろうとするためには、私道所有者に対する通行人の妨害排除請求にはそれ自体に一種の自衛手段という性格がある、ということを法律構成として端的に認めるべきではないだろうか。

もとより、通行人が妨害排除の請求に出る場合としては種々のケースが存すること言うまでもないのであるが、その中にあって、たとえば火災等の非常事態が発生した際に緊急車両が通行できない、といった危険性が私道所有者の妨害行為によって発生した場合には、この危険性を事前に排除して安全な生活環境を確保しておく必要から、当該私道の付近に居住してこれを利用してきた通行人には、私道所有者を相手とする前述の妨害排除請求は認められてよいと言うべきであって、かような場合において導かれる妨害排除請求の認容という結論は、本来、私道所有者と通行人の置かれた状況とが利益衡量して決せられるべきものでは断じてない、と言うべきであろう。その際、こうした結論を根拠づける法律構成としては、かような妨害排除請求が認められるという結論を、私道所有権の制約という側面だけでなく、公的制約から通行権の付与という効果を導くことは、解釈上、いささか困難であるという現在の置かれた状況を確認してきた。そうであれば、もはや前述した問題の解決は従来の法的解決からは見放されたところに位置している、と言わざるを得まい。その際、前記一(1)で示してきたように、右の危険性に晒された通行人には、特定行政庁に対して、かかる危険性が除去されるための是正措置を求める法的手段が認められているのであるから、かような是正措置が的確に実行される保証が存するならばよいが、実際上は特定行政庁によるこうした是正措置の発動が十分に期待できるとは限らないようである。[1] だから、通行人の保護を図る要請が完全に担保されていない限り、通行人による妨害排除請求が認められて然るべき事情の下では、正面からこの請求を認めて通行人の保護が貫徹できるよう、法的処遇を欠いている現行の法秩序を潜り抜けるための非常手段が必要である、と考えたい。もっとも、この非常手段は、あくまで限定された条件の下でのみ例外的に許されるものであることを本質とするから、前述した自衛手段としての処遇をいかなる条件の下で通行人に認めるべきか、という問題が次に克服されなければならない。

(2) 妨害排除請求が許される条件

本稿の冒頭でも示してきたように、建基法は建築物の敷地、構造、設備および用途に関する最低限の基準を定めて、国民の生命、健康および財産の保護を図り、もって公共の福祉の増進に資することを目的としている（法一条）。具体的には、防災・避難等への対処から設けられた最低限の基準として、敷地の接道要件（法四三条）、建築物の建築・擁壁築造の禁止（法四四条一項）、接道要件を満たさなくなる道路廃止・道路変更の禁止や制限（法四五条一項）がある。これらは、防災・避難、救助活動等の支障なきを期するために課せられた最低限の基準であるから、この制限は最優先で全うされなければならないはずである。つまり、この基準を満たすことで国民の健康で安全な生活環境を確保せん、とする意図の下に特定行政庁の是正措置が認められているのであるから（法九条、四五条）、そうだとすると、かかる生活環境の実現に向けられた右の措置が採られて然るべき範囲内では、最低基準としての生活環境が危惧される近隣の通行人（以下、隣地通行人という）[2]に対しては、自衛手段としての妨害排除請求が許されてよいと言わねばなるまい。この自衛手段が例外的に許される場合としては、隣地通行人の生活が私道所有者の通行妨害行為によって脅かされている場合（または脅かされる可能性が生じている場合）であることが重要となる。これは、たとえば疾病・火災等の非常事態が発生した場合を想定したとき、隣地通行人のところに危険発生の蓋然性が現実に予見できるほどに具体的な危険性が認められることを要し、たとえば当該私道が狭隘であるため自動車通行を広く許容すると事故が生ずる恐れがあるなど、右に掲げたような、非常事態における危険性と直接には関係しない危険性であるときはもとより[3]、かかる非常事態に対処できるための道路が他にきちんと確保できているなどの事情が存するような、(4)隣地通行人にとって低いレベルでの危険性に止まっているところでは、前述してきた危険性の存在という観点から妨害排除請求を認めるための論拠としては一般に不十分であろう。要するに、私道所有者の当該行為における具体的危険性いかんという事情を独自の判断要素として切り離し、かかる判断要素を重視する解釈姿勢の下で固有の妨害排除請求を隣地通行人に認めるのが、建基法の目的、ひいては集団規制の趣旨に適合すると考えるのである。

進んで、具体的危険性の存否を決するための判断基準についていささか敷衍しておくと、建基法が原則として四メートル以上の道路幅を必要としたのは、火災時において緊急車両の出入りを可能にすることと、それから家屋の延焼を防止するという点が最も重要視されたからであった。(5)そうであれば、この幅員を狭めるような妨害行為が私道所有者によってなされたために、こうした状態の下で非常事態が発生すると、緊急車両の侵入による消火・救助等の速やかな対処が相当程度に困難となる場合には、隣地通行人の生活には右にいう具体的危険性が発生していると言うことができ、かような場合には自衛手段としての妨害排除請求が認められてよいと解すべきである。たとえば、ブロック塀や鉄製車止めなどを私道内に設置することは、一般的には右の危険性が認められてよいであろうが、単に苗木が植えられていたり簡単な花壇・植木箱が設けられている程度の状況では、これらについて速やかに伐採ないし撤去が可能である限り、抽象的な危険性に止まっていると一般に言うことができる。もっとも、右の場合には、隣地通行人が享受してきた通行利益そのものを問題にしているわけではなく、緊急時における、緊急車両等による事実上の通行可能性こそが客観的な視野の下で考慮されているのであるが、かといって、妨害排除請求の可否について右の通行人そのものによる通行の可能性が全く考慮の対象外とされることにはならない。たとえば、隣地通行人が緊急時に避難するに際し、この者にとって、当該妨害行為の存続により支障を来すような事態が現出しているのであれば、やはり具体的な危険性があると言えようから、かかる避難の可能性という観点を通して隣地通行人による通行利益が確保されることとなる。(6)このように解するならば、たとえば私道所有者の権利行使との関係で通行人の通行利益を衡量している人格権説との間に、立論上の違いは顕著となる。けだし、同説は、妨害排除請求の可否を巡る私道所有者と、それから通行人の利益との調整を総合的に判断する立場にあり、隣地通行人そのものの生活が具体的に脅かされる恐れのある場合を殊さら特別視していないばかりか、通行人に見られる他の諸事情と同レベルに扱うことで、隣地通行人の妨害排除請求いかんを決しているからである。(7)

もっとも、以上に述べてきた試論はあくまで一般論に止まり、具体的危険性の判断については、私道の種類に応じて多少とも補足が必要である。けだし、右の試論は決して建基法上の私道すべてに亘って画一的に扱う主旨にはないからである。すなわち、現に道路として存在している私道であれば、隣地通行人の生活が非常事態の発生によって具体的な危険に晒されているかどうかの判断が可能となり、したがって前述したことはそのまま妥当すると考えられるのに対し、未だ道路としての形態を（一部であれ全部であれ）備わっていない、いわゆる「みなし道路」(8)については状況によって異なった配慮を必要としよう。けだし、このような道路にあっては、仮に部分的に道路としての形態が形成されていたところで、私道所有者の妨害行為の前後を通して具体的危険性の程度に変更が生じない場合もある、と考えられるからである。このような場合を放置しておくことは将来的には決して望ましいものではないが、かといって、前記一(2)で指摘してきたように建基法が私道所有者に対して既得権を認めている限り（法三条二項参照）、ここで、隣地通行人は自衛手段として妨害排除できる、と直ちに解することには無理があるように思われる。だからこそ、最高裁判決に代表される裁判実務によれば、「道路の既開設」という事実の存在いかんが、妨害排除請求の可否を決するための重要なファクターとして扱われていたと思量される。しかし、前述してきた試論との関係に照らしてみると、裁判実務で確立されてきた右のファクターは無留保のままに承認されてよいとは思われない。けだし、たとえば「現に建築物が立ち並んでいる」二項道路としての場所であっても（法四二条二項参照）、厳密に言えば、道路の出入口付近と奥まった場所とでは具体的な危険性の程度に違いが生ずる、と考えられるからである。(9)

なお、隣地通行人が妨害排除請求をなし得ると解される場合には、特定行政庁が是正措置を取ることができる範囲によっても影響を受けることになろうから、この範囲との関係で右に述べてきた試論を確認しておこう。もとより、是正措置を取り得る場合として建基法は二つの場合を定めており、その一つは法九条に基づいて許される場合である。この場合における是正措置は、法四四条に違反する建築物の建築と（敷地造成のための）擁壁の築造に対してなされる。この建築物には建物のほか門・塀などの工作物や建築設備等も含まれ（法二条一号）、また敷地造成のためにする擁壁の築造についても、造成工事が着手された以降は違反工作物として扱われるべきであるから、(10)法四四条に違反する建築物または擁壁に対しては、接道要件を課している建基法の趣旨を全うする限り、基本的には妨害排除請求が認められてよいであろう。(11)一方、もう一つの是正措置としては法四五条に規定された場合を挙げることができるが、この是正措置に関しても法九条に関して右に述べてきたことが同様に妥当するものと思われる。すなわち、法四五条に基づく是正措置は接道要件を定めた法四三条に抵触する場合に許されるのであるが、防災・避難等の観点から、この要件を満たさなくなるすべての道路変更行為・道路廃止行為に対しては、自衛手段として妨害排除請求が認められてよいと考えたい。つまり、法四四条以外の方法により私道としての構造・形態・機能が事実上妨げられ、したがって接道要件が満たされない結果が生じているときは、法四五条により是正措置が可能であろうから[12]、その限りで妨害排除請求も可能になると考えるのである。その結果、たとえば私道内の巨木や動産であっても容易に移動できない材木であるなどの場合には、防災・避難等の面で支障となる場合があり、そのときはこれらの妨害排除は隣地通行人の非常手段として許されてよいことになろう[13]。

(3)　他の構成との関係

建基法が国民の生命、健康および財産の保護を図るという目的から最低基準を定め、とりわけ防災・避難等の観点から、法四三条〜四五条において各種の制約を設けている趣旨に照らしたならば、通行人による妨害排除請求の可否という問題は、この最低基準の確保という要請を固有の重要な判断基準とすることで解決されるべし、との立場に立ってこれまで考察を試みてきた。こうした考察を基に展開された試論は、なるほど人格権説などに内在する不合理性を前提としていたが、しかし人格権説などの法的構成を全面的に排斥する意図にあるものでは決してない。けだし、私道所有者と通行人の相互における個人的利益の比較衡量によって右の請求いかんを決することは、それ自体、前述した試論と何ら抵触するものではないのであって、本稿の立場は単に右の説と視角を異にしているにすぎないからである。つまり、本稿は、これまでいささか軽視されてきたと思われる、建基法の趣旨を重視すべき危険性の回避という観点から、隣地通行人に対して固有に認められる妨害排除請求の可能性を論じてきたにすぎない。やや補足すると、健康で安全な生活環境の最低限度を確保するという建基法の趣旨の下に、衛生・防災等の危険性が最低限度で回避されることを図り、原則として四メートル以上の道路に接することを要すると定められた価値判断が、これまで多少とも軽視されすぎてきたのではないかとの認識に基づいている。つまり、かかる価値判断から導かれる具体的な要請を貫徹するためには、この四メートル以上の道路に接していなければならない、という要件を何よりも優先的・画一的に扱うことが肝要ではないか。そこで、隣地通行人に対して健康で安全な最低限度の生活環境を確立する、という集団規制に基づいた右の要請に応えられる解釈を、本稿は、私的紛争である妨害排除請求の可否という問題の解決において努めたまでである。その際、この請求が認められる場合の法律構成を現行法体系の枠内で構築しようと試み、結局のところ、具体的な事案における解決として、右の幅員を現実に確保して、安全で健康な生活環境を確保できるほどに危険性が回避できているかどうか、という事情を固有の重要なファクターとして扱ってきた。そうであれば、こうした試論は前述したように他の構成を排斥するものではなく、併存して妨害排除請求の可否が論じられてよいことが承認されてよいはずである。

(1) その背景には、たとえば是正措置としての原状回復が許されるためには、相手方の不利益に優る公益上の必要がなければならないという比例原則があるため、特定行政庁としては慎重な対応を迫られることになる、といった事情が存するようである(広岡隆『判例・建築基準法』七九頁〔有斐閣、平二〕参照)。

(2) 実際、公刊裁判例に現れた事案は隣地通行人に関する場合であり、その意味するところは沿道の居住者とほぼ一致すると考えられるが、権利説(特に人格権説)および不法行為説は、妨害排除の請求者について、殊さら沿道居住者の側に存する集団的な事情を重視してきていない。それは、これら二説が請求者に存する個人的な事情を専ら重視していることの証左であると言えよう。本稿は、右の集団的な事情を重視する前提にあるため、以下では、かかる事情を強く認識できる通行人を「隣地通行人」と呼称することとする。

(3) たとえば、**【26】**は当該私道が狭隘であるため自動車通行による危険性を論じているが(事案については前記**二**注(11)を参照)、かかる危険性に基づく妨害排除請求の可否は本文に述べてきた危険性による場合とは異なる意味内容である。

なお、「通行利用の狭隘」という事実は自動車の通行妨害を巡って問題になることが少なくない。もとより、通行人による自動車の通行という個人的な利益に対する配慮を否定するものではないが（これについては後述する）、本稿は、緊急車両による事実上の通行可能性という観点から論じられる具体的危険性いかんの判断を、かかる個人的利益から切り離して扱うべしとの立場にある。すなわち、たとえば緊急時における防災・避難等に支障があると認められる限りで車道としての通行確保が認められ得る、という視点を私見は強調するものである。

（4）【29】は、原告による、本件私道への車両の出入りを被告がポールを設置して妨げたため、その撤去を原告が求めたが、原告の土地は他の道路とも面していたという事案に関するものであった。かような事案のような場合には本文に述べた具体的危険性は一般に否定されてよい。

なお、前注において、自動車通行に関して述べた解釈は「代替道路の存在」という事実に関しても妥当し、たとえば代替道路が他に存する事情の下では、非常時などに対処できるとの判断が可能である限り、当該妨害行為の排除請求は否認される方向へと傾斜することになる。

（5）　建基法の前身であった市街地建築物法（大八制定）二六条一項では、道路幅は「九尺以上」であることを要すると定められていたところ、昭和一三年の法改正により、同法にいう道路は幅員が「四メートル以上ノモノヲ謂フ」と拡張されることとなった。この幅員は現行の建基法四二条一項に至るまでほぼ維持されてきているのであるが、右の法改正により幅員の最低が「四メートル以上」と拡張された趣旨は何処に求められたものか、また何を根拠にこの幅員が具体的に定まったのかについては、第七三回帝国議会貴族院特別委員会の場で、当時の内務省計画局長であった松村光麿が政府委員として詳細に説明しているところから明らかである。この説明は極めて重要であると考えられるため、いささか長文になってしまうが次に引用しておきたい（なお、衆議院でも松村委員は同様の主旨を述べているが、貴族院先決であったためか貴族院での説明の方がやや詳しい箇所が見られる）。

(イ)　まず、右の委員は道路拡張の法改正を要する趣旨について次のように述べている。すなわち、「第二十六條デアリマスガ、是ハ現在市街地建築物法ノ道路ハ幅員ガ九尺以上ニナッテ居リマスガ、此ノ九尺ノ道路ハ實際ノ事情ヲ申上ゲマスルト、大抵兩側ニ電柱等ガ立ッテ居リマシテ、自動車ガ一臺ヤット入ル位デゴザイマス、消防『ポンプ』ノ如キハ火事ガアリマスルト云フト、九尺ノ道路ニハ入リ兼ネルノデアリマス、是ハ實際ノ火事等ノ場合ニ長イ横町ニ自動車『ポンプ』ヲ入レルコトハ、自動車『ポンプ』自身ノ危險ガアルノミナラズ、ア、云フ非常ノ際ニサウ云フ狹イ道デハ到底操作ガ出來ナイノデアリマス、火事ト云フコトヲ考ヘレバ此ノ九尺ノ道路ト云フモノハ非常ニ危險ナノデアリマス、將來都市ノ空襲ト云フヤウナコトヲ考ヘマスル際ニ、殊ニ燒夷彈ヲ投ゼラレタト云フヤウナ時ヲ考ヘテ見マスルト云フト、此ノ狹イ幅員ノ道路ヲ將來トモ存續セシムルコトハ都市ノ危險ヲ增大スルノデアリマスルカラシテ、是ハ自動車喞筒ノ自由ニ入リ得ルヤウナ道路ニシタイト云フコトガ大體ノ考デアリマス」、と。

(ロ)　右に続いて、松村委員は、付加的に、一般自動車による交通と都市での過密防止という点についても言及している。すなわち、「尚交通上殊ニ自動車ガ最近非常ニ能ク利用セラル、現狀ニ於キマシテハ、尠クトモ四『メートル』ハ日常ノ生活上最モ極メテ必要デアラウト思ヒマス、又都市ガ段々過密ニナラヌヤウニ成ルベク空地ノ多イ都市ヲ作リマス上ニ於キマシテモ、此ノ四『メートル』ト云フコトヲ考ヘテ行ッタ方ガ宜イノデハナイカト考ヘテ居リマス」、と。

(ハ)　この後、松村委員は、ある実験結果を付け加えることで、道路幅が四メートルに拡張されるべき必要性を説いている。すなわち、「特ニ最近是ハ實驗セラレタコトデアリマスルガ、之ヲ一言御參考ニ申上ゲテ置キタイト存ジマス、ソレハ都市ノ防空的見地カラ致シマシテ、最近火災ノ情況ニ付キマシテ帝國大學、陸軍省、内務省ト協力致シマシテ、各種ノ實驗ヲ致シテ居リマス、其ノ實驗ノ結果ニ依リマスルト云フト、大體マア無風ナ情態ニ於キマシテ、家ガ一軒火事ニナリマスルト云フト、其ノ火事ノ時ニ飛火デナシニ燃エル火ノ輻射熱ニ依リマシテオ隣ノ家ニ火事ガ出來ルノデアリマスガ、其ノ際何『メートル』アケテ置ケバ其ノ輻射熱ニ依ル延燒ヲ防グコトガ出來ルカト云フ實險《ママ》ヲ致シマシタ結果カラ申上ゲマスルト云フト、大體五『メートル』離レテ居レバ一方ノ家ガ火事ニナリマシテモ其ノオ隣ノ家ニハ其ノ幅射熱ニ依ル延燒ハナイノデアリマス、デアリマスルカラ五『メートル』離レテ居レバ風ガ非常ニ強イ時ハ別デアリマセウガ、或程度ノ準備サヘアレバ五『メートル』離レテ居レバ火事ノ延燒ヲ防グコトガ出來ルト云フコトヲ此ノ實險《ママ》ノ結果我々ハ承知スルコトヲ得タノデアリマス、デ道路幅員ヲ四『メートル』ニ致シテ置キマスレバ直チニ道路ノ直グ傍ニ家ガ出來ナイモノデアリマスカラ、大體五『メートル』位ノ間隔ハ家ト家トノ間ニ出來ルノデハナイカ、サウスレバ事情ガ普通ノ情態デアレバ、オ隣ニ延燒シナクテ濟ムト云フ結論ガ得ラレタノデアリマス、サウ云フ點カラ考ヘマシテモ此ノ四『メートル』ノ幅員ノ道路ヲ維持スルト云フコトガ非常ニ必要デハナイカト云フコトヲ考ヘタ次第デアリマス」、と（以上の引用文は『帝國議會貴族院委員會速記録70昭和篇』五五、五六頁〔東京大学出版会、平八〕による）。

以上の(イ)〜(ハ)による政府委員の説明に鑑みると、本文に述べてきたように、四メートル以上の道路幅が必要とされた理由は専ら防災の観点にあった、と解して支障はあるまい。

(6)　見上崇洋「判批」民商一〇二巻二号二二三頁（一九九〇）も、民法二三四条一項と建基法六五条との関係に関する考察の中においてではあるが、後者の法における防火目的の意味を相対化すべきでないと警告している。

(7)　本文で人格権説について述べたことは不法行為説についても全く同様に妥当する。いささか注意を要するのは権利説の中でも利用権説に対してである。同説は要役地の利用権的側面を重視し、「土地を軸にした相隣紛争は可能なかぎり物的な相隣関係法の中へ取り込むべきであ（る）」（岡本・前出一注(15)一一頁）と解するから、妨害排除の請求権者という立場に立つことができる人的範囲は、隣地通行人という拡がりをもった意味で定まることとなる。本稿の立場も、隣地通行人の生活における危険性を重視しているため、保護の対象となる人的範囲は個々の隣地通行人に着目していない限りで共通するところが認められる。しかし、かような利用権説の出発点が土地利用の関係を前提としているため、そこには建基法の目的、ひいては集団規制の趣旨が全く反映されていない、と言うことができる。

(8) いわゆる二項道路のほか、建基法付則五項により法四二条一項五号にいう道路位置指定があったとみなされる観念的道路を指す。

(9) 【2】【28】【32】は、当該「みなし道路」につき原告には通行利用の事実がなかった、という事案に関するものである。これらの判決において右の事実の存在が重要視されている背景には、通行利用の事実が不存在である限り、妨害排除請求が否定されたところで通行人の現実生活に変化をもたらすものではない、との判断が存する(かかる判断を支持する学説に、田中康博「判批」法時六三巻七号九六頁〔平三〕がある。岡本・前出一注(15)二三頁も、通行人の自由通行を私的な管理処分行為の反面と捉えているため、右のような裁判例の判断に好意的であると考えられる。しかし、荒ほか・前出一注(2)三九一頁は反対)。もっとも、右のうち、【2】は、既存工作物が取り壊されて、新たに設置された工作物の排除請求に関するものである。このように観念的道路の上に新たに工作物が設置(または建築)された場合に、かかる工作物について妨害排除請求が認められないと、最低基準を定めた建基法の趣旨は貫徹され得ないと懸念する学説がある(大塚・前出一注(20)七七頁参照)。もとより、通行利用できる道路への接道を実現するという要請は、それ自体、重要視されなければならないこと言うまでもないが、隣地通行人の生活が具体的な危険に晒されているかどうか、という視点を独自の判断要素として妨害排除請求の可否を論ずる本稿での立場から言えば、工作物の新たな設置が具体的な危険性を引き起こすならば、それ自体を根拠に排除請求が認められてよいと解されるから、その限りにおいて本稿が示してきた試論は【2】と同様の結論となる。

(10) 荒ほか・前出一注(2)四〇六頁参照。

(11) したがって、法四四条は接道要件を満たすための道路を確保する意図から建築物の建築・擁壁の築造を制限した規定である、と解することになる。

(12)　島田信次＝関哲夫『建築基準法体系』二〇二頁（酒井書店、第五次全訂新版、一九九一）参照。なお、法九条と四五条との関係については同書二〇三頁以下、荒ほか・前出■注(2)四〇七頁、四二一頁を参照。

(13)　【15】【17】【21】などの判決は防災・避難等の支障に言及して妨害排除請求を認めているが、これらは何れも、私道所有者との関係で、通行人自身の通行という個人的な利益が保護されてよいものかを決するための総合判断に要する一事情として重視しているにすぎない。しかし、防災・避難等の重要性は単に隣地通行人の個人的な事情の視点から捉えるべきものではなく、具体的な危険性を排除できる人的範囲は当該私道を巡る沿道居住者にまで及ぶ拡がりのあるもの、としての認識が必要であろう。

五　おわりに

私道を巡る妨害排除請求の可否という私的紛争は、裁判上、私道所有者と隣地通行人とを関係当事者とする民事訴訟の中で繰り広げられるため、とりわけ手続法の分野に関連して次の二点について言及しておきたい。

その一つは、妨害排除請求訴訟における原告の当事者適格に関して問題がありはしまいか、という点である。すなわち、前述してきた権利説は原告自身を対象に当該権利の有無を論じているため、右の訴訟において、個人的な権利の存在を主張する通行人の当事者適格を特に問題視する必要はなく、また不法行為説にあっても、同説が私道所有者によって侵害された通行人自身の個人的な利益いかんを論じている限り、原告の当事者適格は殊さら問題にならないと考えられる。これに反し、隣地通行人という私道付近の居住者に対して、その個人的な権利を観念せずに非常手段としての妨害排除請求を認めようとする本稿での試論にあっては、この通行人に果たして当事者適格が認められようか疑問なしとしないであろう。けだし、いわゆる環境権訴訟に関しては、最高裁判所は、周知のように、「自己の固有の請求権」によらない差止訴訟であることを理由に、原告の当事者適格を否定してきているからである。(1) 本稿が明らかにしてきた試論も危険に晒されている私道付近の生活環境を重視しており、したがって妨害排除請求訴訟を提起できる隣地通行人についても、その人的範囲には集団的な拡がりが認められてくるのであれば、右の環境権訴訟に対して投げ掛けられた当事者適格に関する批判は、少なからず本稿における試論に対しても妥当すると言えなくはない。なるほど、環境権訴訟における訴訟物は環境権を主張する原告のみに帰属するとは言い得ない場合が少なくなく、環境権という権利が地域住民の全員に共同して帰属するものであれば、限られた者が原告となった右の訴訟において、これらの者のみに共同的に帰属する請求権と捉えることには問題がないわけではない。(2) しかし、本稿が対象としてきた妨害排除請求訴訟においては、たとい等しく具体的危険性に晒されている隣地通行人が複数存在し、したがって集団的な隣地通行人が問題となり得るにせよ、この危険性は決して隣地通行人の各人に対する個人的な立場とは無関係なものではなく、衛生・防災等の面から、最終的には、個々人の生命とか財産を含む生活環境を脅かす形で連結し合っていると言うべきである。むしろ、個々の生活に対する具体的な危険性の総合体を本稿は観念しているのであり、この限りにおいて環境権訴訟とはいささか画されるべき性質のものであって、妨害排除請求訴訟における訴訟物を隣地通行人の法的地位ごとに捉えたところで何ら支障はない、と考える。

もう一つは、当該隣地通行人を相手に、「妨害排除請求をなし得ない」旨の確認訴訟を提起することが許されようか、に関してである。隣地通行人に具体的な権利を観念しない本稿の立場によれば、右の問いに対しては、その論理的帰結として常に否定の立場を採ることとなる。この点、通行人につき具体的な権利を観念する権利説にあっては、右の確認訴訟が提起される可能性を完全には否定できそうにない。しかし、下級審裁判例の中には、建基法上の私道を通行する自由は、民法上保護すべき自由権（一種の人格権）の性質を有する私法上の権利であるとしつつも、「右自由権は、他者の利益や権利を侵害しない限り自由に行動することができるという包括的な内容を当然に有し、かつ、人間であろう以上当然に備わっている権利が現れたものであって、賃借権、通行地役権のように、具体的土地について当該具体的な権利ごとに異なった特定の支配内容を持ち、かつ、当事者の合意その他の事由（例えば時効）によって初めて発生する権利とは、その性質を異にするものである」と判示し、結局、「右自由権のこのような性質に鑑み、民事訴訟においてその不存在確認を求めることは許されないと解するのが相当である」(3)と解したものがある。このように、権利説に従ったところで右の確認訴訟が認められないならば、本稿との間に結論上の齟齬は認められないことになる。

（1）　最判昭和六〇年一二月二〇日判時一一八一号七七頁。
（2）　もっとも、環境権訴訟において当事者適格を認める見解が有力に主張されている。この学説状況については、福永有利「判批」ジュリ臨時増刊八八七号一一六頁以下、および、そこに引用された文献を参照。
（3）　東京高判昭六二年七月三〇日判タ六七八号二〇五頁。

【追記】　脱稿後、校正までの間に、東京高判平成一一年一二月一六日判時一七〇六号一五頁（工作物収去等請求控訴事件〈二項道路〉）と、最判平成一二年一月二七日判時一七〇三号一三一頁（車止め撤去請求事件〈二項道路〉）が出た。前者は原告が主張した「自動車で本件私道を通行する権利」の存在を否定しており、後者も、前出【3】を引用したうえで、本件事実関係の下では「日常生活上不可欠の利益を有しているとはいえない」、と判示して原告の撤去請求を認めなかったものであり、前記二で纏めてきた裁判実務の状況を補強するうえでこれらの判決は参考になるが、本稿で各々の分析を試みることは割愛せざるを得なかった。

4　ドイツ受領遅滞規定および引取義務規定と穂積・梅両博士の見解

奥冨　晃

一　序論

ドイツでは、債権者の受領遅滞責任を定める規定（ドイツ民法二九三条以下）とともに、売買における買主の、また、請負における注文者の引取義務を定める規定（同四三三条二項、六四〇条一項）が存在する。本稿の目的の第一は、ドイツ民法典におけるこのような受領遅滞規定と引取義務規定は、いかなる考慮ないし理由に基づき、どのような意味ないし内容のものとして、あるいは、いかなる機能を担うものとして形成されたのか、また、両者はいかなる関係に立つことになるのかを確認することにある。そのための方法として、本稿では、とりわけドイツの一九世紀における学説、および、これを意識し、あるいはこれに影響されつつ展開されたドイツ民法典制定過程時における受領遅滞および引取義務に関する議論を検証する。このように歴史的に議論をあとづけることによって、受領遅滞、引取義務、およびこれら両者の関係についてのドイツ法の考え方がよく理解できると思われる。従来、ドイツにおける受領遅滞規定と引取義務規定についてこのような観点から考察が行なわれたことはなかったと思われるので、この点においてすでにまず本稿には意義があると考える。

しかし、本稿の目的はこれに尽きるものではない。すなわち、わが民法の起草委員の一人、穂積陳重博士の法典調査会における現行民法四一三条の原案（原案四一二条）の提案説明をみると、受領遅滞については諸外国の法典等を参考として規定を一箇条興した旨述べられているが、(1) さらにその説明内容からは、この際には、諸外国の法典等のうちでもとりわけドイツ民法第一草案およびその理由書が参考とされていることが明らかである。ところで、現行ドイツ法では、受領遅滞は債権者の受領義務不履行の制度とは考えられていない。この点は、結論のみについていえば、本稿の考察を待つまでもなく、すでに周知のところであろう。そして、ドイツではこれと並んで、売買および請負の場合に買主および注文者に引取義務があるわけである。(2) このようなドイツ法の考え方ないし構造は、のちに明らかにするように、穂積博士たち起草委員が参考としたところの第一草案においてすでに形成されたのであった。ところが、法典調査会における穂積博士の説明（考え方）はこれとは異なり、引取義務ないし受領義務を認めることを前提として、この義務の不履行を受領遅滞と考えるというものであった。そしてこれは、もう一人の起草委員、梅謙次郎博士においても同様であった。そうだとすれば、これら両起草委員の考え方がこのようなものとなったことには、どのような事情が考えられるであろうか。この点について検討し、これを一定程度明らかにし、さらに、かかる事情から受領遅滞を構想し、これを規定化することとした両起草委員の態度ないし両起草委員の考えた受領遅滞の意味内容に対して、われわれなりの評価を加えておくことは必要であり、かつ重要であると考える。なぜなら、これによって、穂積博士および梅博士の考え方に高い評価を与えるべきではないということになれば、わが国において、受領遅滞について（穂積博士および梅博士の見解という意味における）起草者の意思にとらわれずに解釈していく方向に対し有利な論拠を提示することとなるであろうし、逆に末弘説や我妻説など、起草者の意思(3)（その実質は穂積博士や梅博士の見解）を論拠の一つとして債務不履行説を主張する立場(4)にとっては不利に作用することとなるであろうなど、受領遅滞に関する従来の議論にはなかった新たな視点を提供できることとなると思われるからである。

そこで本稿は、かかる作業をさらに行なおうとするものである。すなわち、これが本稿における第二の目的であり、かつ、最終の目的である。そして、このことのために本稿にとっては、右の第一の目的で設定した作業が不可欠の前提となる。すなわち、本稿ではまず、第一の目的で設定した作業を行ない（**二**ないし**四**）、次いで、これによって得られた成果と、わが国における穂積博士の説明および梅博士の見解とを比較し検討することとする（**五**および**六**）。これによって、穂積・梅両博士が受領遅滞を構想し、これを規定化することとした事情ないし理由（原因）を一定程度明らかにすることができると考える。そして最後に、両博士の考えた受領遅滞の意味内容に対して、本稿なりの評価を加えることとする(5)（**七**）。

それでは、以下さっそく本論に移ることとする。

(1) 法典調査会民法議事速記録四(商事法務研究会、昭五九)九二頁以下。詳しくは、本稿**五**参照。

(2) このような現行ドイツ法について、今日、体系書ないし注釈書レベルで詳しく紹介するものに、たとえば、奥田昌道『債権総論〔増補版〕』(悠々社、平四)二二〇頁以下(同書の初版は『債権総論(上)』〔筑摩書房、昭五七〕二二〇頁以下)、同『注釈民法⑽』(有斐閣、昭六二)二三五頁以下、前田達明『口述債権総論第三版』(成文堂、平五)二八九頁以下(同書の初版は『口述債権総論』〔成文堂、六二〕二六五頁)がある。

(3) これらの説によれば、これは、「民法が第四一二条に於て債務者遅滞の成立要件を規定して其効果を規定せず、次に第四一三条に於て債権者遅滞の成立要件を規定しつつ而かも同じく其効果を規定することなく、而して第四一四条以下に於て現実的履行の請求・損害賠償請求等債務者履行遅滞の諸効果を規定していること」(末弘厳太郎『債権総論』〔日本評論社、昭一三〕一七七頁)、あるいは、「受領遅滞を提供とは別個に規定し、しかもこれを債務不履行の規定の中に挿入して、その効果について何も規定をしていない民法の構成」(我妻栄『新訂債権総論』〔岩波書店、昭三九〕二三八頁)から推論することによって明らかとなるものとされる。すなわち、これらの説はこのような形で起草者意思に言及するものである。

(4) 末弘説、我妻説についての内容については、さしあたり、奥冨晃「受領義務論と受領遅滞責任論との関係は今後どう解すべきか(三)——両者の議論の峻別の提唱」南山法学二〇巻三・四合併号(平九)三四八頁以下、参照。

(5) なお、もう一人の起草委員である富井博士も受領遅滞規定起草当時において穂積博士および梅博士と同一の立場であったかは必ずしも明確ではない。むしろ、これら両博士とは別の立場であった可能性も否定しえない。このことについてはかつて指摘したところである(奥冨晃「受領義務論と受領遅滞責任論との関係は今後どう解すべきか(二)——両者の議論の峻別の提唱」南山法学二〇巻二号(平八)一八三頁以下)。そこで、本稿では受領遅滞規定起草当時における起草委員の見解として、その当時における立場が資料から明白である穂積・梅両博士の見解について検討の対象として取り上げ、富井博士については言及することはしないが、本文で述べたような本稿の問題意識・課題からは、当面これで十分であると考える。

二　ドイツ民法典における受領遅滞制度

ドイツ民法二九三条は「債権者は、自己に提供された給付を受領しないときは、遅滞に陥る。」と規定しているが、[1]このような現行ドイツ民法の受領遅滞規定の内容は、受領遅滞（債権者遅滞）の要件・本質についての一九世紀における諸学説の展開・対立、そして、背後にこうした諸学説が存在する中で、これらに大きな影響を受けつつ進められた受領遅滞規定編纂の過程を確認することによって、その意味内容をよく理解することができる。そこで、本章では、以下、受領遅滞の問題について通常かかる確認が行なわれる場合にそうであるように、まず、フォン・マーダイの見解から始めて、現行ドイツ民法の受領遅滞規定の内容が確立するまでの諸議論・過程を、必要な限度であとづけることとする。

1　一九世紀の学説

(一)　カール・オットー・フォン・マーダイの見解

マーダイは、債権者遅滞は債務者遅滞と本質的に同じ現象であり、前者は後者の鏡像（Spiegelbild）である、という見解を主張した。[2]彼は、給付をもたらすべき債務者の義務に対応するのが、義務の履行の際に協力すべき、とりわけ、決められたとおりに提供された給付を受領すべき債権者の義務である、とする。債務者の給付義務と債権者の受領義務とは同等である、というのである。[3]それゆえ、彼は、債権者遅滞も債務の履行の懈怠（遅滞）であるとみなす。[4]「債権者は、受け取ること（受領）に関しては債務者でもある」[5]というのである。そこで、彼によれば、すべての義務違反のところで原則がそうであるように、債権者遅滞でも、債権者に義務違反の責任を負わせるために、債権者の故意・過失（Verschulden）が必要である。[6]

マーダイは、以上の見解を、債務者は解放請求権（Liberationsanspruch）を有するという考え方で基礎づけた。それは、以下のようなものである。すなわち、債権者がそうであるのと同様に、債務者も債務の履行に利益を有している。前者すなわち債権者の有する利益は、請求する権利があるものを受け取るということであるのに対し、後者すなわち債務者の有する利益は、債務関係の終了によってかつての自由を再び得るということである。互いに相手方の利益を侵害してはならない。しかし、債務者は、債権者に給付の履行を要求されるや否や、これを有責的に遅らせる場合、債権者の利益を侵害している。この場合、債務者は履行遅滞の責に帰せられる。同じように、遅滞する債権者もまた、責に帰せられうる。すなわち、債権者は次の場合、債務者の利益を侵害している。債務者によって意図された債務関係の終了を、債務者にはその債務を履行する用意があるのに、彼（債権者）の責任（Schuld）だけによって不履行の結果を招来することで妨げる場合である。この、彼に根ざす履行の遅延は、それが彼の責任とみなされうる場合、債権者遅滞（受領遅滞）になる。債務者の有責的な懈怠が債務者遅滞（履行遅滞）であるように。[7]

なお、マーダイと同様の見解は、ヴォルフによっても唱えられた。それは、債権者の遅滞も債務者の遅滞も、債務の実現に関連しているとし、債権者は債務者に義務の履行を請求する権利があるように、債務者も、債権者に、債務の対象の受領による債務関係の拘束からの解放を求める権利がある、と述べるものであった。[8]

㈡　フリードリッヒ・モムゼンの見解

マーダイやヴォルフが債権者遅滞（受領遅滞）と債務者遅滞（履行遅滞）とは本質において同一であるとしたのに対し、このような見解とは一線を画する立場が登場する。その嚆矢がモムゼンの議論であった。モムゼンは、債権者遅滞と債務者遅滞とは本質において異なる制度であるとしたのである。彼の立場は次のようなものであった。すなわち、――

故意・過失という観点は、権利侵害が問題となる場面において重要な関心事となるものである。そこで、債権者遅滞の成立には債権者の故意・過失を要するとする（マーダイやヴォルフの）見解[9]も、債権者による受領拒絶によって債務者の権利が侵害されるということを前提とするものである。つまり、債権者遅滞には故意・過失が必要であるというためには、債務者には債権者に目的物の受領を求める権利が帰属していなければならず、右の見解はこれを承認するものである。しかし、私見によればこのような権利は一般には承認されえない。債権者は、債務関係によって、債務者が履行を義務づけられるのと同じように受領を義務づけられるというものではない。債務関係によって、債権者には「支配権」（Herrschaft）が認められているのであり、むしろ、彼がこれを行使するかしないかは彼の自由である。債権者遅滞は支配権の不行使に属するものというべきものであり、したがって、債権者遅滞の成立に故意・過失を要するとすることはできない[10]。

もっとも、以上のように考えたモムゼンも、主観的要素を自己の見解からまったく捨て去ったわけではなかった。彼は、不受領が「債権者の意思（Willen）に起因する場合」に、それは遅滞を基礎づけることとなるとしたのであった[11]。ここでモムゼンが債権者の意思と対比したのは偶然（Casus）である。彼によれば、偶発的な受領障害の場合には、債権者遅滞とはならない[12]。債権者遅滞の成立場面をこの限りで限定したのである。

(三)　ヨゼフ・コーラーの見解

以上のように、モムゼンが、債権者遅滞と債務者遅滞とは本質上異なる制度であると考えつつも、債権者遅滞の成立要件としてなお主観的要素を完全には払拭することはなかったのに対し、「債権者には受領義務はない」とする点でモムゼンの見解を支持したコーラーは、しかしモムゼンが「この基本的な真実」からすべての（論理的）帰結を引き出しているわけではないとして、[13]以下のように自身の受領遅滞論を展開した。

まず、コーラーは、「かの、債権者の協力義務という見解は、債務法理論におけるきわめて基本的な誤りの一つである」と断ずる。債権者には、給付を受領する義務はない。受領は権利である。まさに権利にほかならないのであって、義務ではない。受領は、財産を他の方法で利用するのと同レベルの問題である。[14]そこで彼は、このように不受領については債権者による義務違反ということは問題とならないので、受領遅滞（債権者遅滞）には故意・過失（dolus oder culpa）とか、自分の責任（Verschuldung）で引き起こすといった尺度を導入することは誤りであるとする。[15]すなわち、故意・過失（Verschulden）は義務（Verpflichtung）の分野でのみ問題となりうるものであるが、受領遅滞は義務の分野外のことなのである。[16]どのようなものを責任（Verschuldung）と考えるのであれ、それは受領遅滞とは関係づけられるべきではない[17]とした彼にとって、受領遅滞とは単純に次のことを意味するものであった。それは、正しく提供された給付を受領しないこと（Nichtannahme）、または、債務者による履行にとって必要な協力行為を行わないこと（Nichtvornahme）、というだけのことである。[18]そこで、彼によれば、債権者が何らかの理由で、すなわち、恣意、気まぐれ、勘違い、軽率、経験不足、病気、捕虜の境遇などから協力せず、または受領せず、あるいは受領できない場合には、このことは彼の問題であり、そして彼の損害であって、チャンスは利用されずに彼のかたわらを通り過ぎたという結果を引き受けなければならない。つまり、受領遅滞については、そもそも、債務者遅滞についてのような意味では語りえないのである。[19]

では、このような場合には債務者はどうなるのか。コーラーの述べるところはこうである。法律は、債務者に、債務関係から彼の力で解放されるための手段（「履行の代用」）を認めなければならない。さもなければ、債務関係は永続させられ、これに与えられて当然の内容を越えて伸張されてしまうであろう。[20] 債務に精神的に縛られた状態を際限のないものへと延長することは、債権者の意のままではありえない。[21] こうしてコーラーは、債務者に認められるべき手段は原則上、供託であるとするのである。[22]

それでは、コーラーは、供託に関してさらにどのように述べているのであろうか。それは、こうであった。履行の代用、とりわけ供託は、しばしば面倒であり、かつ、供託までにはしばしば多くの時間が浪費される。その結果、債務者は、直ちには供託に訴えることができないことがありうる。そこで法は、債権者の遅滞とあとに続く履行の代用または履行との間の期間（Zwischenzeit）に対して手当てをしなければならない。さもなければ、この期間は、債務者にとって不幸な結果を招くものとなるかもしれないからである。すなわち、債務者がこの期間中に物の保存のために出費をしたときには、債務者には善良な人の判断に基づいて（ex arbitrio boni viri）償還請求権が与えられなければならない。というのは、彼は債権者のためにそうしたのだからである。[23] また、債務者は、違約罰を請求されることや解除約款によって解除されるということはなく、担保権を実行されることもない。[24] そして、双務的債務関係の場合には、債務者は、債権者に反対給付の履行を自由に求めることができることとなり、[25] 危険は債権者に移転する。[26]

さて、コーラーは、さらに供託と関連させて、受領遅滞の成立要件の問題に再び言及する。すなわち、彼によれば、故意・過失が受領遅滞の要件とはなりえないことは、次のことからも帰結される。それは、供託は、克服しえない障害によって債権者が受領を妨げられているところですら許されるということ、[27] そしてまた、供託とそれによって導かれる債務者の解放は、単純に受領遅滞である場合、すなわち、債権者に受領遅滞はあっても債務者による供託はなされていない状態（そこでの効果は債務者の軽減）と比べて、債権者にとってはより不利なものである、[28]ということからである。[29]

㈣　ヨゼフ・フォン・シャイおよびベルンハルト・ヴィントシャイトの見解

以上のようなコーラーの見解に対しては、シャイが反論を展開した。まず、シャイも、債権者には、債務者によって給付がもたらされることに協力する義務はないと解する限りでは、コーラーに賛成している。シャイも、以下のようにいうのである。債務者は、給付の受領を請求する権利、より詳しくいえば、自らの債務を履行する際に債権者の協力を請求する権利、あるいは、債権者が債務者の給付を請求する権利を有しているのと同じ意味での権利は有していない。単一の債務関係の内容は、債権者の権利と債務者の義務が成すところのもので尽きている。給付を受け取らない債権者は、債務関係から生ずる自己の権利を行使していないということであって、債務関係から生ずる義務に違反しているものではない。[30]

しかし、シャイは、誰にも害を与えないという、いずれの者にも課せられている一般的な義務が債権者にもあるとし、[31]さらに次のように論を展開したのであった。すなわち、彼によれば、たとえば、給付が約定の性状（合意された性質）と合致しないとか、あるいは、提供の時期や場所が誤っているとかのために、債権者が債務者の給付を拒む場合には、債権者は自己の権利を存分に行使しているにすぎない（「自分の権利を行使する者は、誰も害しない（qui iure suo utitur neminem laedit）」）。しかし、彼が、提供された給付の受領を正当な理由なく（sine justa causa）拒絶する場合には、彼は、「人を害してはいけない」（neminem laedere）という命令（Gebot）下にある。このような場合には、債権者は、「人を害してはいけない」という命令に対する違反[32]が、故意や過失によって（schuldhaft）なされるとき、遅滞になる。要するに、シャイは、債権者が債務者に対して協力を怠るときには、確かに債務者の権利を侵害してはいないが、そこでは、「人を害してはいけない」という命令から生ずる一般的な法的義務に対する違反がありうるので、債権者の故意・過失を要件として債権者遅滞（右の一般的な法的義務違反）が成立するとしたのであった。

以上のようなシャイの見解と類似の立場は、ヴィントシャイトもこれを唱えている。一方において彼は、債権者に対して受領を求める権利を債務者に認めず、他方において、受領遅滞の要件として、給付の不受領が違法（widerrechtlich）であることを要求した。ヴィントシャイトによれば、受領が債権者にとって可能であった場合で、かつ、彼において責任阻却事由（Entschuldigungsgrund）を挙げることができない場合に、不受領（受領しなかったこと）は違法である。以上のように考える理由を、ヴィントシャイトは、債権者遅滞には、債務者の保護のために（債権者の）不利益がつきものであるが、それは、債権者が非難される場合にのみ彼に正当にも課せられてよいはずである、ということに求めている。[33]

（1）　条文の訳は、椿寿夫＝右近健男編『ドイツ債権法総論』（日本評論社、昭六三）一六七頁（大内和直担当部分）による。

（2）　Vgl. C. Müller-Foell, Die Mitwirkung des Bestellers beim Werkvertrag, 1982, S. 17; U. Hüffer, Leistungsstörungen durch Gläubigerhandeln, 1976, S. 9.

（3）　Vgl. Hüffer, a.a.O., S. 9.

（4）　Vgl. Müller-Foell, a.a.O., S. 17.

（5）　C.O.v. Madai, Die Lehre von der Mora, Dargestellt nach Grundsatzen des Romischen Rechts, 1837, S. 10.

（6）　Vgl. Hüffer, a.a.O., S. 9.

(7) Madai, a.a.O., S. 227f.

(8) 以上のヴォルフの見解（C.W. Wolff, Zur Lehre von der Mora, 1841, S. 406）については、直接これを参照することができなかったため、Müller—Foell, a.a.O., S. 18の叙述による。

(9) Vgl. F. Mommsen, Die Lehre von Mora nebst Beiträgen zur Lehre von der Culpa, Beitrage zum Obligationenrecht, 3. Abt., 1855, S. 134 Fn. 2.

(10) Mommsen, a.a.O., S. 134.

(11) Mommsen, a.a.O., S. 135, 161.

(12) Mommsen, a.a.O., S. 161.

(13) J. Kohler, Annahme und Annahmeverzug, IherJb. 17 (1879), S. 267.

(14) Kohler, a.a.O., S. 267.

(15) Kohler, a.a.O., S. 268f.

(16) Kohler, a.a.O., S. 409; vgl. auch W. Schubert, Die Vorlagen der Redaktoren für die erste Kommission zur Ausarbeitung des Entwurfs eines Bürgerlichen Gesetzbuches, Unverändert photomechanischer Nachdruck der als Manuskript vervielfältigen Ausgabe aus den Jahren 1876 bis 1883, Recht der Schuldverhältnisse, Teil 1, 1980（以下、Schubert, Vorlagen, SchuldR T 1として引用する）, S. 907.

(17) Vgl. Schubert, Vorlagen, SchuldR T 1, S. 906.

(18) Kohler, a.a.O., S. 400. Vgl. Hüffer, a.a.O., S. 11.

(19) Kohler, a.a.O., S. 268, 409. Vgl. Schubert, Vorlagen, SchuldR T 1, S. 907.

(20) Kohler, a.a.O., S. 281f.

(21) Kohler, a.a.O., S. 271f. Vgl. Schubert, Vorlagen, SchuldR T 1, S. 907.

(22) Vgl. Kohler, a.a.O., S. 337ff.

(23)　Kohler, a.a.O., S. 375f.
(24)　Kohler, a.a.O., S. 380f.
(25)　Kohler, a.a.O., S. 384.
(26)　Kohler, a.a.O., S. 387f.
(27)　Kohler, a.a.O., S. 416. コーラーは、供託は債権者に故意・過失がなくても許され、それは債務者を解放させる。受領遅滞は債務者を軽減させるものであるが、解放が認められる場合に、軽減は認められないということはありえない、と述べる。
(28)　Kohler, a.a.O., S. 416. コーラーは、解放は、債権者にとって、単なる軽減よりも大きな不利益となる。法が、責められるべき事由のない（schuldlos）債権者の不利益となるように解放を生じさせるのであれば、論理的に筋を通して、責められるべき事由のない債権者にとって不利益となるように、Minus（より小さい効果、すなわち軽減）も生じさせなければならない、と述べる。
(29)　なお、以上のコーラーの見解については、Vgl. Schubert, Vorlagen, SchuldR T 1, S. 906ff.
(30)　J. v. Schey, Begriff und Wesen der Mora Creditoris im österreichischen und im gemeinen Rechte, 1884, S. 27.
(31)　Schey, a.a.O., S. 102, 105.
(32)　Schey, a.a.O., S. 104ff., 111.
(33)　B. Windscheid/T. Kipp, Lehrbuch des Pandektenrechts, Bd. II, 9. Aufl., 1906, S. 446, 447 Fn. 10.

2　受領遅滞規定の起草

さて、ドイツでは、民法典編纂作業の時代を迎える。受領遅滞も、学説における以上のような見解の展開・対立がある中で、ドイツ民法典の中に一つの制度として組み入れられるべく、その立法化が図られていくことなる。

㈠　フランツ・フィリップ・フォン・キューベルの部分草案

周知のとおり、受領遅滞規定もその中に属するところの債務法の起草は、キューベルの部分草案に始まるが、[1]この草案の中で彼は、債務法第一部第一章（総則）第三節（債務関係の効力）第三款（義務の不履行の効果）の下で、1総則（一条ないし一三条）、2遅滞の効果a債務者の遅滞（一四条ないし二八条）に次いで、b債権者の遅滞として、受領遅滞を起草した（二九条ないし三六条）。[2]このうち本稿にとって関心があるのは、とりわけ二九条であり、そのほかでは三五条である。というのは、これらが、受領遅滞の意味内容（債権者の受領義務の問題）に触れ、あるいはこれに関連する事柄を問題にしている草案だからである。

(1)　まず、二九条は次のように起草されている。

「債権者または給付の受領権限を債権者によって与えられた者に対して、債務者または債務者の名において給付してよい第三者によって給付が債務に従って提供され、けれども、受領が拒絶されたときは、拒絶が正当な理由によって許されるのでない限り、債権者は遅滞に陥る。」[3]

キューベルにおけるこの草案の起草理由は、以下のとおりであるが、そこでは多分にコーラーの見解を意識して議論が展開されている。すなわち、キューベルによれば、――

この草案は、ある意味において、債務者に対する債権者の受領義務は存在するということから出発している。したがって、受領を、それが結局は債権者のためになることを考慮して、法律によって彼の義務にすることもあるいは考えうるかもしれないが――そして、コーラーはこのような考え方に抵抗するのであるが――、草案の立場は、そのような意味で債権者に受領義務があるというのではない。このようなことは、法律の許されざる干渉である。また、債務者は受領（Annahme oder Empfangnahme）を求める訴権を有するということにもおいそれとはならない。ただし、債務関係を基礎づけるときに、特に双務契約において、明示または黙示の取決めによって、債権者に、債務者の給付を引き取る義務を課することはできる。この場合には引取は、この具体的な債務関係が債権者に義務づける一つの給付である。つまり、この場合には、契約上の取決めによって、債権者は引取について債務者となるのである。債権者には受領について単に権利があるのみであって義務はないとして、債務（Schuld）という概念につきそれを受領遅滞から遠ざける（コーラーの）見解は、債権者に受領の義務があるという場合の義務の意味を債務の意味に取り違えるものである。そうではなく、債権者には債務ではない、ある意味での受領義務があるというべきものである。(4)

キューベルは、右に続けていわく、当該の債務関係が債権者に与えている支配権（Herrschaft）を行使しようとするかどうかは、なるほど債権者の自由ではある。しかし、このことに対峙するのは、どの債務関係にもその性質および目的によって自らの内に一定の時間的限界というものがあり、それぞれの債務関係は、これを越えて、債務者の意思に反して債権者によって延長されるべきではないということである。コーラーも、債権者の不受領（Nichtannahme）によって、債務関係はその目的に反し、それにふさわしい内容を越えて伸長されてしまうということは認めざるをえないでいる。すなわち、このように債権者が債務関係を引き伸ばすときには、その限りで、彼は債務者に対して不当なことをしている。債権者は債務関係の内容に違反し、債務関係の中で彼によっても遵守されるべき信義誠実（bona fides）に違反し、そして、彼の支配権を、限度を越えて濫用している。このことそれ自体で、責任（Verschuldung）があるとされうるのである。もちろん債務者は、遅滞の効果を求める権利があるということを理由づけるために、債権者に何らかの特別な有責的態度があるということを主張する必要はない。[5]

そこで、キューベルによれば、次のようだというのである。すなわち、このように受領遅滞は、債権者によって遵守されるべき信義誠実に対する違反を根拠とするものであると考えられる以上、まず、債権者に責められるべき事由の全くない受領不能について顧慮すべきことは当然である。つまり、この場合には、債権者は免責され、受領遅滞とはならない。ではこのほか、さらにいかなる場合に債権者は免責されるというべきか。たとえば、債務の本旨に従った提供をそうではないと勘違いしたなどの錯誤による受領拒絶の場合にも、免責されることがありうるか。結局、個々の免責事由を法律で列挙することは回避されるべきである。この問題は、個々の事例において裁判官の判断に任される事柄というべきであり、その際には、裁判官には的確な裁量が要求されるのであるが、この趣旨を法律で適切に表現することはむずかしい。草案で選択された表現方法で、意図（Gedanke）はおそらく伝わるはずである、と。[6]

さらに、キューベルいわく、債務者の供託権限は債権者の故意・過失（Verschulden）には関係がないので債権者遅滞も故意・過失とは無関係であると結論を出すことは、誤りである。供託権は、むろん、債権者の故意・過失が問題となりえない他の諸場合においても債務者に認められなければならない。このことから明らかとなるのは、債務者が債務関係の目的や限度を越えてそこにしばられることがないように債務者に配慮する必要をいかに法律がいたく感じているかということだけである。このことに反して、供託は債権者遅滞の場合には、けっしてその効果の中で最も強いものではない。それどころか、債権者遅滞によって債務者が故意または重過失に対してのみ責任を負うべきものとなる場合、目的物は、供託がされなければ非常に危険にさらされうるのに、供託されることによって少なくとも債権者のために保全されることになるのである、と。キューベルは続ける。債権者がなぜ受領しないのか、または、なぜ受領できないのかをまったく顧慮することなく債権者遅滞が成立するとすれば、結果に鑑みれば、目的物を放棄する権限、または、これは今日の経済観念にはもはや合わないので、目的物を供託する権限もしくは必要とあればこれを売却する権限を債務者に、どのような場合にも与えることになるだけである。しかし、このことによって債務者は、しばしば、債権者にとってきわめて危険なひとつの方策（Auskunftsmittel）（目的物の放棄）を、ケースの特性を何ひとつ顧慮することなく迫られることになってしまうのではないか。目的物は、その性質によれば供託または売却には適さないこともよくあることだからである。加えて、いかにかの諸方策（放棄、供託、売却）にはそれらが直ちに使えるわけではないという一面はあるにしても、債務者がこれらの方策にすぐには着手しないときには、彼はけっして非難されるべきではなく、多くの場合にはむしろ非常に誠実（loyal）に振る舞うものであることが、おそらく一般に承認されるであろう、と。(7)

そして、さらにキューベルによれば、プロイセンのものをはじめとして、いくつかの供託法では、供託所が供託を理由不十分として却下することや、申請書に記された理由を書類によって証明することを要求することができる。そしてまた、売却というものにも、常に相当な時間がかかる。そこで、コーラーのように、債権者遅滞の発生と、債務者において供託などを利用できた、または、利用すべきであった時点との間の期間に対してのみ、債務関係によって課せられる厳格な責任を解くというのであれば、これによって債務者に（供託などの方策を利用せずに目的物を保持するか、それとも、それらを利用するかの）つらい選択を迫るか、あるいは、またしても彼に、――放棄についてまでとは言わないものの――供託または売却にできるだけ早く取りかかるように強いるものである。というのは、彼がこれらの手段を利用することで、いわば自らは遅滞していないという限りでのみ、責任の軽減が持続することになるからである。目的物を保持するか、それとも、債務を免れるために方策を用いるかを債務者に自由に選択させる場合にのみ、債務者の正当な利益にかなう。そして、債務者が前者を選択する場合には、彼は少なくとも、債務関係に必然的に伴う厳格な責任(Haftung)を軽減されなければならない。なぜなら、彼はこの選択を、債務関係の責任(Last)を完全に免れようとするためにではなく、常に単にやむをえず、債権者のためにするのだからである。債権者の正当な利益に反して、というのではけっしてないのである。しかも、とりわけ、まさに債権者遅滞であるかどうかがはっきりしない場合において、目的物の保持は、債務者にとって大きな価値を持つことがある。なぜなら、彼は将来、債権者遅滞であることが疑いもなくはっきりしたときになって初めて、保持(してきたこと)の、彼に有利な法律効果を主張できるからである。(8)

(2) さて、今度は、キューベルの草案三五条である。それは、こうであった。

「遅れた債権者は、彼の遅滞によって債務者に生ぜしめられた損害、とりわけ債務の目的の保管および保存のために支出された費用を賠償しなければならない。(9)」

この草案について、キューベルは、受領の遅滞によって債務者に生ぜしめられた損害も、債権者は債務者に賠償しなければならないが、債権者の義務が、債務者が目的物の保管および保存のために支出した費用に限定されるならばそれは狭すぎる、とする。では、どのようなものも、対象に含まれるというのか。その出費が、結局たいていの場合には現象的には正当な事務管理(negotiorum gestio)ということになるような費用だけではなく、別の損害も考慮されるのだという。たとえば、場合によっては些細とはいえない、提供に要した費用であるとか、受領の拒絶によって債務者がほかで働き稼ぐ機会を逃したことに対する賠償とかがそれにあたる、というのである。(10) この最後のものまでもが賠償の対象として考えられているのは、債権者にはある意味において受領義務があるとするキューベルの考え方の反映といってよいであろうか。

(二) 第一委員会での審議

(1) 部分草案二九条に対する審議

第一委員会の一八八二年一〇月二〇日第一三一回会議では、キューベルの部分草案をたたき台として審議がなされたが、彼の草案二九条に対しては、二人の委員から提案がなされた。一人はヴィントシャイトであり、他の一人はプランクである。まず、ヴィントシャイトの提案は、同条を、「債権者は、債務者によって自己に提供された給付を受領しないときは、遅滞に陥る。」と表現すること、そして、場合によっては、第二項として、「債務者の代わりに給付してよい者の提供は、債務者の提供と同等である。債権者に対する代わりにその者に対して債務者が給付してよい者への提供は、債権者への提供と同等である。」と付け加えるというものであった。(11) また、プランクは次のように二つを提案した。まず第一の提案は、草案二九条において、「または給付の受領権限を債権者によって与えられた者に対して」という言葉を削除し、かつ、「けれども、受領が拒絶されたときは、拒絶が正当な理由によって許されるのでない限り」という言葉の代わりに、「けれども、受領が行なわれないときは」という表現に置き換えるというものであった。そして、この第一の提案に関連させてなされた第二の提案は、次のようなものであった。すなわち、彼は、第一の提案により削除されるべき二九条の二つ目の箇所(「けれども、受領が拒絶されたときは、拒絶が正当な理由によって許されるのでない限り」)の代わりとして、「債権者は、二九条ないし三二条により彼に課せられている諸行為を怠るときに、故意・過失が彼に面倒をかけない（nicht zur Last fallen）〔故意・過失があるからといって、彼が責任を問われることにはならない」場合には、遅滞に陥らない。ただし、債務関係によれば、かの諸行為を行うことに責任を持たなければならない場合は別である。」という規定を三二条のあとに置くことを提案した。そして、これについては、審議の過程で、「故意・過失」に代えて「過失」とし、また、「ただし、債務関係によれば、かの諸行為を行うことに責任を持たなければならない場合は別である。」という言葉は取り去るという形に、プランク自身によって修正された(12)。

以上に対し、以下の四点が多数意見によって決議された。すなわち、第一に、部分草案二九条では給付の提供が債務に従ってなされたのでなければならないことになっているが、これを表明する必要はない。第二に、債権者の代理人側が受領しない場合、ならびに、債務者の名において第三者によってなされる提供を受領しないの場合については、法律においてこれに言及する必要はない。第三に、受領遅滞の成立要件については、受領の拒絶ではなく、要するに受領されないことであることを規定すべきである。表現は、ヴィントシャイトの提案(「受領しない」)およびプランクの第一の提案(「受領が行なわれない」)を顧慮して、編集の際に検討する。第四に、不受領に「正当な理由」があるときには債権者は受領遅滞にはならないとする考え方はとるべきではない。かくして、「正当な理由」についての定めを取り除くヴィントシャイトの提案を採用する。これに対し、確かにこれを取り除くが、しかし、その埋め合わせを考えるプランクの第一・第二提案は否決する(13)。

ところで、右の第四について、ヴィントシャイトの提案が採用され、これに反し、プランクの提案が否決されたのはいかなる理由からであったか。以下、これについて紹介すれば、こうであった(14)。すなわち、――考え方としては、二通りありうる。第一には次のように考えることができる。債務者には、給付の実効性

（Wirksamkeit）のために必要な債権者の受領行為を引き起こさなければならないというまでの義務はない。債務者は、自己の側で、給付をもたらすためにしなければならないすべてのことを行なった場合には、たとえ債権者の消極的な態度が給付結果を挫折させたとしても、自分の責務を果たしたのである。つまり、法的な論理的帰結は、自己のすべてのことを行なったが、その履行の試みが債権者の消極的な態度によって挫折した債務者は、給付の目的物を単純に放棄すれば義務から解放されるということにまで至る。この厳密な帰結は、今やもちろん貫くことはできないが、この帰結をはずすところの法の諸規定が、（債権者がこの帰結に直面することはないという意味で）債権者を優遇することをめざす建設的な法規範であることを人々は承認しなければならない。この法規範では、債権者の一身上に生ずる予期せぬ出来事（Zufall）に対して債務者が責任をとるものとなることになってはならないのである。これが第一の考え方であるが、これに対しては、部分草案やプランクの第二提案の基礎をなす考え方であるところの第二の見解が対立する。それは、受領遅滞によって債務者の債務は一般的な諸原則によればまだ修正されたり緩和されたりはしないのであって、法律が別のことを規定すれば、そこに、債務者の利益のために発せられた建設的な諸指図（Anordnungen）を見出すことができる。これらの指図は、受領を過失なく妨げられた債権者に対してまでも及ぶというものであってはならない、とするものである。多数意見はまずこう述べて、さらに次のように続ける。

このような状況の下で、とりわけ注目されてしかるべきは実際的見地であり、この見地に立って考えてみた場合、ヴィントシャイトによって提案された規定を支持すべきである。すなわち、予期せぬ出来事のために受領できない債権者、あるいは、自己に過失がなくて受領を妨げられる債権者は受領遅滞にならないとすれば、債務者は供託をするようにせき立てられるが、このように債務者を供託にせき立てる規定が債権者の利益になるのかは、甚だ疑問である。(15) さらに、債権者が予期せぬ出来事によって受領できず、あるいは、受領できないことに過失がない場合にも、債務者には供託権は生ずるのに、この同じ状況について、債務者は債権者の受領遅滞を問うことはできないというのは甚だ整合性に欠けるであろう。そして最後に、対置される規定（部分草案やプランクによって提案された規定）からは多くの激しい論争がもたらされる(16)のみならず、その規定には、債権者は、彼自身、まさしく受領の義務を負っているという考え、すなわち、無視しがたい結果をもたらすゆゆしき見解が無意識のうちに表れている。

さて、以上のような結果、第一草案二五四条は、ヴィントシャイトの提案どおりに次のようなものとなった。

「債権者は、自己に対して債務者によって提供された給付を受領しないときは、遅滞に陥る。」

この規定について『第一草案理由書』は、まず以下のように述べている。すなわち、債権者遅滞の本質については、いくつかの見解が存在する。債権者遅滞は、履行遅滞が債務者の故意・過失を伴うように、債権者が有責的に（schuldhaft）適時の給付を挫折させることに本質があるのか、それとも、債権者遅滞には、少なくとも、適切に提供された給付の不受領の原因が、ただ債権者の意思だけにあるというのでなければならないという限りにおいて、債権者側に主観的要素が内在しており、その結果、債権者の受領障害が外部からの偶然（äußere Zufälle）によるものである場合にのみ債権者遅滞にはならないとみなされるべきかが争われている。しかし、さらに別の見解によれば、債権者側におけるあらゆる主観的要素は、債権者遅滞の構成要件上のメルクマールとして否定されている。三番目に言及した見解は、自己の側ですべてのことを行なったが、債権者遅滞の法律効果の形態にも影響を及ぼす。三番目に言及した見解は、その履行の試みが債権者の消極的な態度によって不成功に終わるところの債務者は、給付の目的物を単純に放棄すれば解放されるという結論において頂点に達する。最初に言及した見解は、多かれ少なかれ、債権者には給付を受領すべき、あるいは債務者を解放すべき、債務関係に基づく一般的な義務があるという想定に基づくものである。(17)

以上のような叙述に続いて、『第一草案理由書』は、草案では債権者に故意・過失があるということを受領遅滞の要件として考えることはしない、したがって、債権者は、自己に故意・過失がないこと、特に、受領が偶発的に妨げられたのだということを証明しても遅滞の効果を免れることはできない、と述べ、さらに、受領遅滞の効果も、このことを基準にして決めている――給付すべき目的物を債務者が放棄して債務を免れうるという権利までは草案では承認していないにせよ――、と述べる。そしてその上で、草案がこのような立場をとった理由を、第一委員会での審議の際に考慮された諸理由に依拠しつつ、以下のように説明する。すなわち理由書は、右のような立場をとった理由には、まず、債務者がその義務を果たすことができないのは債権者の一身上に予期せぬ出来事が生じたためであるにもかかわらず、債務者がその義務の果たされていないことの責任を負わされるのでは不当であるとの考慮があるとした上で、さらに、供託をするように債務者をせき立てる規定は債権者の利益にはならないこと、債務者に供託権は生ずる場合に受領遅滞責任はこれを問えない結果となることの不整合性、対置される規定は多くの激しい論争もたらし、またそれは、債権者には受領義務があるとの支持しがたい見解を無意識のうちに表すものであること、を理由として挙げている。かくして、理由書によれば、「以上によって、債権者側での受領の拒絶、すなわち、拒否を内容として含む債権者の明示的または黙示的な意思表示は債権者遅滞の要件ではない。債権者側での提供された給付の不受領という裸の事実で十分である」。草案は、債務者遅滞と債権者遅滞とは、けっして共通の類概念の下位概念を形成するものではないと理解し、もしくは、債務者と債権者とは、履行によって債務関係が終了する際に彼らによって展開されるべき活動に鑑みると、まったく異なる視点下にあると理解するものである、と[18]。

以上のような、第一委員会での審議および『第一草案理由書』の説明をみて気付くことは、第一委員会の審議(多数意見)および理由書の説明内容には、コーラーが述べていたところと重なる部分が少なくない、ということである。このことから、第一委員会の多数意見はその主張のかなりの部分をコーラーの見解に依拠して展開したものと評することが可能であると思われる。換言すれば、第一草案二五四条という受領遅滞規定は、コーラーの理論から出発して起草されたものであると評して誤りはないと思われる[19]。

(2) 部分草案三五条に対する審議

第一委員会は、ここにおいて、債権者には受領義務があるかどうかという問題に再び関係することになる。すなわち、一八八二年一〇月三〇日の第一三四回会議において審議の対象とされた部分草案三五条に対しては、これを次のように表現すべきであるとの提案がなされた。まず、クルルバオムは、「債務者は、債権者の遅滞によって自己の義務から解放されない。しかし、債権者は、給付の提供が無益であったことによって、または、給付の目的の保管および保存によって債務者に生ずる増加費用を彼に償還する義務がある。……〔略〕……」と表現すべきことを提案し、次いで、シュミットは、「前もって別のことが取り決められているのでない限り、債務者は債権者の遅滞によって自己の義務から解放されない。／けれども、債務者は、のちに履行する際に、適時に受領される場合よりも全体としては多くを出費しなければならないならば、その限りで自己の給付を縮減し、または、償還を得るまで差し控えることができる。これはとりわけ、給付の提供が無益であったことによって、または、給付の目的の保管および保存によって債務者に生ずる増加費用についてあてはまる。」とすべきであるとした。

これに関して、委員会は以下のようなことを決議したのであった。それは、①両者の提案にある「債務者は受領遅滞によって自己の義務から解放されない」という規定は、採択されるべきではないこと、②（第一）草案では、遅滞に陥った債権者は遅滞によって生ぜしめられた損害を賠償しなければならないということは規定すべきではないこと、③両者の提案どおりに、受領遅滞に陥った債権者は、受領されなかった提供ならびに給付の目的の保管および保存によって債務者に生じた増加費用を償還する義務がある、ということは規定されるべきこと、④以上から生ずる債権者の責任は、単に債務者の抗弁権や留置権を基礎づけるだけではなく、完全な（vollkommen）償還請求権をも発生させるべきであること、であった。

まず、①については、債務者の義務が継続することは、逆のことが規定されていないこと、および、債務関係の消滅についての章から十分に明らかであるので、提案された規定は不要であるというのがその理由であった。②③④についての理由は、こうであった。すなわち、債権者には債務者に対して全損害を賠償する義務があると言明することは、債権者は受領をする義務はないという原則と相容れないし、また、債権者に故意・過失がない場合においては、正当化しがたい非常な過酷さを債権者に対してもたらす。債権者には、両者の提案において示されている費用の責任を負わせることで十分である。しかし、債権者は、これらの費用には、債務者が抗弁権や留置権に限定されてはならないほどに責任を持たなければならない。債務者は、債権者の利益になるように、法律上、いわば債権者の事務管理者として振る舞ったのだからである。ちなみに、債権者に受領の義務がある諸場合がある。これらの場合は、受領遅滞が同時に履行遅滞でもある限りで

(insofern sich die mora accipiendi zugleich als mora solvendi gestaltet)、疑いもなく、債権者は全損害を賠償しなければならないという結果になるケースであるが、理由を探すまでもない(債務不履行になるケースであるから、全損害を賠償しなければならないことになるのは当たり前である)[20]。

さて、以上のような審議の過程を経た結果として起草された第一草案二六一条は、次のようなものとなった。

「債務者は、遅滞に陥った債権者に対して、受領されなかった提供ならびに給付の目的の保管および保存により生じた増加費用の償還請求権を有する。」

『第一草案理由書』では、上述の理由を盛り込みつつ、この第一草案二六一条を説明して以下のように述べる。すなわち、(第一)草案は、債権者には、受領遅滞によって生ぜしめられた損害を債務者に賠償すべき義務があるとは認めない。この義務をもくろむ規定は、債権者それ自身は受領をする義務はないという原則と相容れないであろうし、債権者に故意・過失がない場合において、正当化しがたい非常な過酷さをもたらす。したがって、受領されなかった提供ならびに給付の目的の保管および保存によって生じた増加費用のために、独立の、訴求可能な償還請求権を債務者に与えることで十分である。ただし、債権者が例外的に受領をする義務があるところの諸場合においては、受領遅滞が同時に履行遅滞でもある限りで(insofern sich seine mora accipiendi zugleich als mora solvendi darstellt)、債権者は全損害を賠償すべきものとなる[21]。

㈢ 第二委員会

⑴ 委員会における第一草案二五四条の審議

第二委員会では、第一草案二五四条に対しては、「債務者によって」という言葉を削除すべきことが修正案として提案されただけであった(提案者はシュトルクマン)。[22] 委員会は、この提案を採用した。こうして、規定は、第二草案二四九条、修正第二草案二八七条となり、現行ドイツ民法二九三条となったのである。[23]

(2)　委員会における第一草案二六一条の審議

第一草案二六一条についても、もはや内容について具体的に議論されることはなかった。表現上の提案がなされたのみである。この増加費用償還についての規定は、現行法三〇四条となった表現を、第二草案二五八条において獲得している。[24]

(3)　第二委員会と現行二九九条

なお、以上のようなことから、第二委員会の審議については債権者遅滞の解釈についてとりたてて着目すべき問題はなく、同委員会における作業として注目に値するのは、その後現行ドイツ民法二九九条となる条文を挿入したことだけであるとの評価がなされるのが、[26] 通常である。これは、より正確には、帝国司法庁準備委員会において、ヤクベツキィが、「債務者が給付のために定められた時期以前に給付してもよいときには、債務者が債権者に対して、給付が間近いことについてあらかじめ相当な時期に通知したのでない限り、債権者は、受領について一時的に障害があることによって遅滞に陥ることはない。」という規定を挿入すべきであると提案していたのに対して、帝国司法庁準備委員会の一八九一年九月八日の第四三回会議が、現行二九九条の原形をなす条文を準備委員会決議草案二二五条bとして挿入すべきことを決議した。この規定が第二委員会にそのまま提案され、内容にではなく、表現について若干の修正提案はあったものの、これについては編集委員会に委ねることとして、かかる規定を挿入するという主たる提案は承認された、ということであった。[27]

以上は、第二委員会が、債権者は自己に過失がない場合にも給付の不受領によって遅滞に陥るという、第一委員会が決議した原則はあくまで堅持した上で、右決議草案にあるような場合にのみは、信義則に照らして原則を修正することが妥当であるとの判断に基づいて挿入を決議したものである。[28] あくまで受領遅滞の成立要件についての原則は動かされておらず、この原則に立脚した上での例外的修正である点に注意すべきである。[29]

(1) W. Schubert, Materialien zur Entstehungsgeschichte des BGB. —Einführung, Biographien, Materialien— (以下、Schubert, Materialienとして引用する), 1978, S. 41, 43ff. なお、石部雅亮「ドイツ民法典編纂史概説」石部雅亮編『ドイツ民法典の編纂と法学』(九州大学出版会、平一一) 二三頁参照。
(2) Schubert, Schubert, Vorlagen, SchuldR T1, S. 854f.
(3) Schubert, Vorlagen, SchuldR T1, S. 854.
(4) Schubert, Vorlagen, SchuldR T1, S. 910.
(5) Schubert, Vorlagen, SchuldR T1, S. 910.
(6) Schubert, Vorlagen, SchuldR T1, S. 912f.
(7) Schubert, Vorlagen, SchuldR T1, S. 911.
(8) Schubert, Vorlagen, SchuldR T1, S. 911f.
(9) Schubert, Vorlagen, SchuldR T1, S. 855.
(10) Schubert, Vorlagen, SchuldR T1, S. 921.
(11) このヴィントシャイトの提案内容は、すでに本文で紹介した、彼のかねての見解とは異なる。プランクは、ヴィントシャイトを高く評価する言葉の中で、ヴィントシャイトは「自説を頑固に主張せず、それが不当であると確信すれば、躊躇せずに放棄した」としているが(石部編・前掲書二五頁)、本文で紹介した提案はその具体例の一つであろうか。

(12)　H. H. Jakobs＝W. Schubert, Die Beratung des Bürgerlichen Gesetzbuchs in systematischer Zusammenstellung der unveröffentlichten Quellen, Recht der Schuldverhältnisse I, §§241-432（以下、Beratung, SchuldR Iとして引用する), 1978., S. 331f.

ちなみに、キューベルの部分草案三〇条ないし三二条は以下のようなものであった。

三〇条「債務者またはその代理人が義務に応じた給付をすることができる状態にあり、かつ、その準備ができているならば、有効な提供のためには、準備の意思表示で足りる。けれども、債務者が動産を届け、または、ある行為に一定の場所で着手しなければならないときは、債権者が予め、給付を受領しないことを明確に意思表示したのでもない限り、そのほかに、義務に即した現実の提供が必要である。」

三一条「債権者は、債務者の給付が債権者の協力にかかっている諸場合において、債務者の催告があるのに、正当な理由によって説明しうるということなく、必要な諸行為にとりかからないときは、提供が必要であるということなく、遅滞に陥る。債務者が給付できるようにしてやるために、債権者によって債務者の給付を明確にする必要がある諸場合において、債務者の催告があるのに、正当な理由によって説明しうるということなく、かの明確化を遅らせるときも、同様である。」

三二条「双方の義務が引換に履行されるべき場合に、一方当事者がその給付を、反対給付を要求しつつ他方当事者に提供したときには、他方当事者は、提供された給付を受け取る用意はあるが、反対給付を正当な理由によって説明しうるということなく拒絶するときにも、受領遅滞に陥る。」

(13)　Jakobs＝Schubert, Beratung, SchuldR I, S. 332.

(14)　Jakobs＝Schubert, Beratung, SchuldR I, S. 333f.

(15)　この趣旨は、次のようなことであろう。すなわち、過失がない場合には受領遅滞にならないとしようとすることは、債権者のためを思ってのことであろうが、このように考えようとすることは、一見、債権者にとって有利であるようにみえても、実はそうではない。なぜなら、このように考えるときには、債務者は債権者に故意・過失がない場合には受領遅滞責任を追及することはできないから、債権者に故意・過失がなくても認められる制度である供託（Vgl. Jakobs=Schubert, Beratung, SchuldR I, S. 333）に向かわざるをえなくなる（すなわち、受領遅滞以外の供託理由に根拠を求めて供託に向かって動く）であろうからである。このことを考えれば、実際問題としては債権者にとってかえって不利となるのではないか。——以上のような趣旨だと思われる。

(16) この意味は、拒絶が正当であったかどうか、あるいは、過失があったといえるかどうかについて、さらに争いを招くおそれがあるということであろうか。

(17) Motive zu dem Entwurfe eines Bürgerlichen Gesetzbuches für das Deutsche Reich, Amtlich Ausgabe, Bd. II（以下、Motive, Bd. IIとして引用する）, Recht der Schuldverhältnisse, 1888, S. 68=B. Mugdan, Die gesamten Materialien zum Bürgerlichen Gesetzbuch für das Deutsche Reich, Bd. II（以下、Mugdan, Bd. IIとして引用する）, Recht der Schuldverhältnisse, 1899, S. 37.

(18) Motive, Bd. II, S. 68f. =Mugdan, Bd. II, S. 38.

(19) Vgl. Hüffer, Leistungsstörungen durch Gläubigerhandeln, S. 16.

(20) Jakobs=Schubert, Beratung, SchuldR I, S. 358f. なお、当該箇所は原文では第1委員会での決議理由を伝えるための記述方法として接続法が用いられているが、かかる原文につき本文の「ちなみに」以下の部分を正確に示せば、次のとおりである。Es gäbe übrigens Fälle, in denen der Gläubiger zur Annahme verpflichtet erscheine. Diese Fälle, in welchen die mora accipiendi, insofern sie sich zugleich als mora solvendi gestalte, ohne Zweifel dahin führe, daß der Gläubiger das volle Interesse zu leisten habe, müßten vorliegend auf sich beruhen.

(21)　Motive, Bd. II, S. 76＝Mugdan, Bd. II, S. 42. なお、以上についてはさらに、後の本文、Ⅲの2⑵参照。

(22)　なお、実は同じ提案はすでに帝国司法庁準備委員会においてヤクベッキィが行なっており、同委員会は、一八九一年九月八日の第四三回会議でこれを承認している。理由は、給付が第三者によって債権者に対して提供される場合にも債権者は遅滞に陥るであろうから、というものであった。

(23)　Protokolle der Kommission für die zweite Lesung des Entwurfs des Bürgerlichen Gesetzbuches, Bd. I（以下、Protokolle, Bd. Iとして引用する）, 1897, S. 328f.＝Mugdan, Bd. II, S. 538; Jakobs＝Schubert, Beratung, SchuldR I, S. 334.

(24)　Jakobs＝Schubert, Beratung, SchuldR I, S. 361. ただし、この段階では「Aufbewahrung」（保管）の前に、現行法にはある「die」という冠詞はなかった。これが付けられたのは、修正第二草案二九八条においてである。なお、現行三〇四条とは以下の規定である。「債権者遅滞の場合には、債務者は、受領されなかった提供並びに債務の目的の保管及び保存のために支出することを要した増加費用の償還を請求することができる。」訳は、椿＝右近編『ドイツ債権法総論』一七六頁（大内和直担当部分）による。

(25)　現行ドイツ民法二九九条とは、次のような規定である。「給付時期の定めがなく、又は債務者が一定の時期以前に給付する権利を有する場合において、債権者に提供された給付の受領について一時的に障害があるときは、債権者は、遅滞に陥らない。ただし、債務者が債権者に対して給付についてあらかじめ相当な時期に通知をしたときは、この限りでない。」訳は、椿＝右近編『ドイツ債権法総論』一七三頁（大内和直担当部分）による。

(26)　Hüffer, Leistungsstörungen durch Gläubigerhandeln, S. 15; Müller-Foell, Die Mitwirkung des Bestellers beim Werkvertrag, S. 24.

(27)　Jakobs＝Schubert, Beratung, SchuldR I, S. 348f.; Protokolle, Bd. I, S. 329f.

（28） Vgl. Protokolle, Bd. I, S. 320 = Mugdan, Bd. II, S. 539f.

（29） Vgl. Hüffer, a.a.O., S. 15; Müller-Foell, a.a.O., S. 24. なお、これに対し、ドイツ法におけるかかる条文の挿入の意味を重視するものに、北居功「債権者遅滞論の再構成序説」法学政治学論究第二号（平元）一八三頁がある。すなわち、北居助教授は同箇所において、「重要なのは、この条文が付加されたことによって、債権者の過失を要しないというドイツ法上の受領遅滞の原則が緩和されたことであり、過失を要件とする部分草案とその例外を設けていない第一草案との間隙が一部埋められたことである。ところが日本民法の起草時に第一草案のみが参照されたのであれば、この例外措置は顧慮されなかったこととなるのであって、ドイツ民法の事情を考慮するとき果たして要件論に関する〔わが国の〕起草者の立場はそのままの形で解釈論に反映され得るのであろうか。」（〔 〕内は引用者）とされている。

しかし、本文で紹介したようなこの条文挿入の経緯およびこの条文の内容（前注(25)参照）に照らすとき、私には、北居説においてはこの条文挿入の意味が若干過大視されすぎているように思われる。

三　ドイツ民法典における引取義務規定

本章では、売買契約および請負契約に関する規定の審議に目を向けることとする。すなわち、ドイツでは、売買契約における買主について、また、請負契約における注文者について、それぞれ目的物引取義務が承認されることとなり、この義務は明文で規定されることとなった。以下では、この点についてみていくこととする。なお、請負契約に関する審議の中ではさらに、請負人における仕事開始時やその完成までの段階で、すでに注文者の協力（たとえば、材料の供給）が必要な場合において、これが行なわれないというとき、請負人に対していかなる救済策を考えるべきかについて特に議論がなされている。本稿にとってはこの議論を確認しておくことも重要であるので、これについても併せてみておくこととする。

1　売買契約における買主の引取義務

(一)　キューベルの部分草案

キューベルの部分草案では、買主の引取義務は規定されていなかった。(1) この義務に関するキューベルの立場は、売買に関する彼の部分草案一一条についての部分草案理由書における彼の叙述の中で知ることができる。(2) キューベルは、買主の引取義務について、多数の立法では、買主の受領ないし受取義務が規定されているが、これによって、売主には、売買目的物の受領を求める独立の訴権、すなわち、買主に受け取ってもらうについて特別の利益があることを具体的に理由づけて立証することを必要としない訴権があらゆる場合に対して認められているとするものであるのかどうかにつき、直ちに疑問が生ずるとし、そして、この疑問に対するこれら多数の立法の姿勢はあいまいであるとした上で、次のような見解に立ち、引取義務を規定することはしなかったのである。それはこうであった。――

売買目的物の受領または受取について買主を特別に義務づけることを無条件に表明する場合には、これは、売主は常に売買目的物の引取を求めて訴えることができることになるというのと別様に理解されることはまずないのではあるまいか。ところで、売主は、彼が自己の側でなすべきことをしたときには、売買代金の支払を求める訴えを提起することができ、これと並んで、彼のためには、同時履行の抗弁権や債権者遅滞の効果、さらには公的な供託ないし公的な売却に関する一般的諸規定が存在する。これらによって、売主の利益は多くの場合には完全に護られている。さらに、売主は、しかるべき特別の利益がある場合には、事情に応じて、物の引取のみならず、買主の引取義務の確認を求めて訴えることができることは、今後とも疑いない。

そうであれば、さらに、売買目的物の引取を求めて訴えることができるということまで一般的に売主に認める必要はない。したがって、引取義務を規定することはしなかったのである。(3)

㈡ 第一委員会での審議

第一委員会の一八八三年三月一二日の第八三回会議において、売買に関するキューベルの部分草案が審議されることとなる。ところで、その一条は次のように起草されていた。

「売買契約によって、売主は、物が売買の対象であるときには買主に所有権およびその物の享受(Genus)を、売買の対象が権利であるときにはこの権利を、買主に取得させることを義務づけられ、それに対して、買主は売主に、約定の売買代金を支払うことを義務づけられる。(4)」

この部分草案に対して、「それに対して」以下の文を、「買主は、売主に約定の代金を支払い、かつ、売却された物を引き取ること〔を義務づけられる〕」と表現することが提案された(提案者はヴェーバー)。これは、先に紹介した、部分草案理由書における部分草案一一条についてのキューベルの叙述に対して向けられたものであった。(5)

委員会は、買主には目的物を引き取る義務があると表明されることになるこの提案を承認した。この際に重視したのは、以下の諸点であった。すなわち、それらは、①キューベルの理由書も認めているように、多くの場合において引取義務は受け入れられているにちがいないということ、②法律が沈黙するならば、別段の定めがなければ普通に出てくるルール(naturale negotii)としての引取義務は否定されているようにみえてしまうであろうし、かつ、それは、明示的に約定された場合、または黙示的に取り決められたとみなされうる場合にだけ承認されうるものとなってしまうこと、③今日の諸法典編纂は大体、この義務に賛意を示していると思われること、④このことからは、この義務を承認すべき実際上の必要を推し量ることができ、かつ、物権法の草案（一一二一条）[6]でもこの義務が前提とされていること、であった。[7]

引取義務を認めるという決議に従った草案をどのように表現するかは編集委員会に委ねられることとなり、[8]その結果、第一草案は次のような規定となった。

第一草案四五九条

「売買契約により、売主は買主に、物が売買の対象であるときには、売却された物を引き渡し、かつ、これについての所有権を取得させることを義務づけられ、権利が売買の対象であるときには、この権利を取得させることを義務づけられる。その行使のために物の所持が必要であるところの、物に関係がある権利を売却する場合には、その物を引き渡すことを義務づけられる。

買主は、売買契約により、売主に約定の売買代金を支払い、かつ、売却された物を引き取ることを義務づけられる。」

この規定の起草理由について、『第一草案理由書』では、買主の引取義務について、まず、それが一般的なものとして学説や実務においておしなべて承認されているわけではないことは容認しつつも、続けて、委員会で重視された理由をそのまま盛り込んで、次のように説明している。大概の場合には、引取義務は、契約から生ずる、独立に訴求可能なものとして、疑いなく基礎づけられている。法律が沈黙するならば、すなわち、法律で引取義務を規定しないとすれば、別段の定めがなければ普通に出てくるルールとしての引取義務は否定されているようにみえてしまうであろうし、かつ、それは、明示的に約定された場合、または黙示的に取り決められたものであることが立証されうる場合に承認されるだけということになってしまう危険が生ずる。今日の諸法典編纂が大体、この義務に賛成の意を表していることからは、これを承認すべき実際上の必要も、確実に推断できる。(9)

㈢ ラーバントの意見表明と第二委員会の対応

(1) ラーバントの反対意見

以上の第一草案に対しては、とりわけラーバントが反対意見を表明した。買主に引取義務があるとする部分は削除すべきであるとしたのである。彼によれば、こうである。——

草案の四五九条二項における「引き取るabnehmen」ということばの内容は、明確ではない。察するに、同条項において「引き取るabnehmen」ということばは、「受領するannehmen」と同じ意味である（二五四条、三八六条参照）。もしそうであるなら、「かつ、売却された物を引き取る」という最後の言葉は削除されるべきである。場合によっては、少なくとも、誤解を引き起こす「引き取るabnehmen」という言葉は、「受領するannehmen」に変更されるべきである。引取義務を承認することは、物の不受領の場合において買主に遅滞の効果が帰せられるという意味においてのみ、正当化される。そして、その限りでは、引取義務は、けっして売買に特有のことではない。しかしながら、それ以上のことを草案はもくろんでいる。買主の引取義務を、支払義務との関連から離された、独立に訴求可能な義務として承認するつもりだからである。しかし、このことによって、引取義務には、懸念すべき、かつ、必要を越えた射程距離が付与される。通常、売主にとっては受領遅滞の効果で十分だと思われる。もっとも、例外的にのみ、売主は引取に特別な利益を有しうる（取壊し目的で家屋を売る場合、転居するので家具を売る場合、汚水だめの中身を売る場合など。1. 9D. 19, 1参照)。しかし、このような場合には、まさしく買主の一定の行動が、彼によって引き受けられる給付の本質的な部分なのであり、それゆえ、引取義務を法律で承認することは余計なことである。すなわち、そこでは引取義務は契約の内容から導き出されうるのである。[10]

(2)　第二委員会

第二委員会では、以上のラーバントの主張にならって、以下のようなことが主張・提案された（提案者はヤクベツキィ）[11]。受領遅滞に関する一般的諸規定のほかに、売買のために特別規定を置き、そこにおいて、それだけを独立させて訴求および執行することができる引取義務を規定する必要はない。売主が売買の目的物を運び去ってもらうことに特別な利益を有するいくつかの場合（1. 9D. 19, 1：石の運び去り、森林からの木材の売却、など）には、売主は契約の意味によれば、運び去りを求める権利をも有しているであろうということ、それのみが認めうることである。そして、これは、法律行為による権利の移転が目指される他の有償、無償の諸契約にあっても存在することである（たとえば、伐採された木材の贈与、間断なく営まれ続けなければならないレストラン兼ホテル〔ガストホフ〕の用益賃貸借）。それゆえ、「かつ、売却された物を引き取る」という言葉は、次のような意味において削除したほうがよい。それは、売買にとっての特殊性が問題なのではなく、本来の引取義務は他の諸契約にあっても同様に生じうるものであり、かつ、この義務が認められるところでは、個々の特殊な場合において確認しうる権利者の利益がその根拠である、ということである[12]。

しかし、委員会の多数意見は以下のような考えの下に、これを採用しなかった。すなわち、引取義務の問題は、しばしば紛争になり訴訟となってきたものであり、それゆえ、法典における決断が必要な非常に実際的な問題であるが、これはまさに売買において問題となる。売買を越えて規定（Regel）を拡張する必要は、浮かび上がってこなかった。しかし、売買にとっては、（第一）草案が定めるような買主の引取義務は、スイスの法典やプロイセン普通法(ALR)によって承認されており、これらの立法に従うことが適切であると思われる、と。そしてさらに多数意見は、次のように述べている。売買にあっては、法典が引取義務をnaturale negotiiとして承認する場合、それは当事者の意図と思われることや、取引が要求するところと合致するであろう。ラーバントが挙げた諸例は、かかる引取義務は不当であると思わせるためには、けっして適したものではない。他方、売主の利益のためになるのは、いつも決まって引取義務だけであろう。すなわち、ラーバントが指摘する受領遅滞についての諸規定では十分とは思われない。また、売買目的物の供託は、多くの場合において、法律上の、または、実際上の理由から、可能ではない。すなわち、売主にとっては常に費用がかかるであろう。自助売却も、同様に、成行きが面倒であり苦労を要するし、費用がかかる。そのうえ、自助売却は、もし仮にその要件が存在していなかったのだとしたら、売主に責任を負わせる。そして、自助売却は、目的物(たとえば、売却された石)に対する第二の買主が現われない場合、または、第二の買主も間もなく引き取るということはない場合、成功に至らない、と。

そして、多数意見は最後にこう述べる。すなわち、引取がないために、売主に多大な損害が生ずることは珍しくない。特に、森林からの木材の売却の場合にそうである。しばしば、このような場合には、木材は買主が集積場に取りに行くべきことや、どのくらいの期間内にそうすべきかが売買契約の中で決められているが、かかる取決めがなされていないことも稀ではない。その場合、売主は、特別な取決めがないので、木材が放置されていることから自己に生じている損害の賠償を請求しうるかは疑わしいと思われる。引取義務を民事法上承認しておくことは、いかなる事情の下でも、売主に十分な保護を提供するのである。[13]

(3) ドイツ民法四三三条二項

以上のような結果、第二草案（三七五条）は「売買契約により、物の売主は、買主にその物を引き渡し、かつ、その物の所有権を取得させることを義務づけられる。権利の売主は、買主にその権利を取得させ、かつ、その権利が物を占有する権利を含むときは、その物を引き渡さなければならない。

買主は、売買契約により、売主に約定の売買代金を支払い、かつ、買い受けた物を引き取ることを義務づけられる」。

となった。そして、ここでの表現をわずかばかり修正した修正第二草案（四二七条）が第三草案（四二七条）となり、さらに現行ドイツ民法四三三条となったのである[14]。すなわち、「売買契約により、物の売主は、買主にその物を引き渡し、かつ、その物の所有権を取得させる義務を負う。権利の売主は、買主にその権利を取得させ、かつ、その権利が物を占有する権利を含むときは、その物を引き渡す義務を負う。

買主は、売買契約により、売主に約定の売買代金を支払い、かつ、買い受けた物を引き取る義務を負う[15]。」

（1） すぐ次の㈡の冒頭で紹介する、売買に関するキューベルの部分草案一条参照。

（2） この一一条という規定自体は、「何か別のことが約定されておらず、または、慣例でない限り、売買された権利の移転費用、ならびに物の引渡費用、特に〔長さや量や重さなどの〕計量費用は売主が負担し、引取の費用および、履行地とは異なる場所への輸送費用は、買主が負担する。」というものであった。W. Schubert, Die Vorlagen der Redaktoren für die erste Kommission zur Ausarbeitung des Entwurfs eines Bürgerlichen Gesetzbuches, Unverändert photomechanischer Nachdruck der als Manuskript vervielfältigen Ausgabe aus den Jahren 1876 bis 1883, Recht der Schuldverhältnisse, Teil 2, 1980（以下、Schubert, Vorlagen, SchuldR T 2として引用する）, S. 3.

（3） Schubert, Vorlagen, SchuldR T2, S. 38f.
（4） Schubert, Vorlagen, SchuldR T2, S. 1.
（5） H. Jakobs=W. Schubert, Die Beratung des Bürgerlichen Gesetzbuchs in systematischer Zusammenstellung der unveröffentlichten Quellen, Recht der Schuldverhältnisse II, §§433-651〔以下、Beratung, SchuldR IIとして引用する〕, 1980, S. 5.
（6） 物権法の草案一二二条とは「譲渡人または取得者が、彼の側でアオフラッスングに必要な意思表示をすべき確定力ある判決を受けたときには、取得者の登記は、判決の相手方がそれを、執行文を付した判決の正本に基づいて土地登記所で口頭で申請するとき、なされる。」という草案である。Vgl. Jakobs=Schubert, Beratung, SchuldR II, S. 7 Fn. 7.
（7） Jakobs=Schubert, Beratung, SchuldR II, S. 7.
（8） Jakobs=Schubert, Beratung, SchuldR II, S. 7.
（9） Motive, Bd. II, S. 318=Mugdan, Bd. II, S. 176.
（10） P. Laband, Zum zweiten Buch des Entwurfes eines bürgerlichen Gesetzbuches für das Deutsche Reich, AcP74 (1889), 304ff., 312; vgl. Zusammenstellung der gutachtlichen Aeuserungen zu dem Entwurf eines Bürgerlichen Gesetzbuchs. gefertigt im Reichs=Justizamt. Bd. II, 1890, S. 226f.
（11） Jakobs=Schubert, Beratung, SchuldR II, S. 14.
（12） Protokolle der Kommission für die zweite Lesung des Entwurfs des Bürgerlichen Gesetzbuches, Bd. II, 1898, S. 52f.（以下、Protokolle, Bd. IIとして引用する）=Mugdan, Bd. II, S. 766.
（13） Protokolle, Bd. II, S. 53=Mugdan, Bd. II, S. 766.
（14） Jakobs=Schubert, Beratung, SchuldR II, S. 15. なお、ドイツにおける買主の引取義務規定に関する以上までの経緯をごく簡潔に紹介したわが国の先行業績に、北居功「売買における買主の引取遅滞制度の意義と機能」法学政治学論究第四号（平二）一六六頁以下がある。

(15)　現行ドイツ民法四三三条の訳は、基本的に、右近健男編『注釈ドイツ契約法』（三省堂、平七）三頁以下（田中克志担当部分）による。

2　請負契約における注文者の引取義務、および、仕事完成前にすでに協力が必要なときに、これがなされない場合への対処

(一)　引取義務

請負に関する部分のキューベルの部分草案は彼の病気のために完成しておらず、そのため、第一委員会（一八八三年六月一一日の第二一九回会議）において請負に関して審議のたたき台とされたのはドレスデン草案であった。(1) 同草案では、仕事の承認または是認の法律効果を規定していた。それは、請負人が瑕疵の存在を悪意で黙秘していたという場合を除いて、注文者は是認によって同時に、入念に検査をすれば発見できたであろう瑕疵を主張する権利を失うというものであり、さらに、留保なしの受領、報酬の支払、および、承認についての意思表示を留保した場合には、一四日間の沈黙（一四日以内に意思表示しない場合）は承認とみなされる、というものであった（同六四一条、六四二条、六四三条）。しかし、同草案では、注文者に引取義務のあることは言明されてはいなかった。(2)

このようなドレスデン草案に対し、第一委員会では、以上の規定に代えて、「注文者は、契約に従って完成された仕事を引き取る義務を負う。価値、または、仕事の適格性の些細な減少を理由に、引取は拒まれてはならない。注文者は、引取がなされた後も、存在する瑕疵の除去を請求することができる。……」という規定を置くべきことが提案された（提案者はクルルバオム）。多数意見は、この提案に賛成したが、それは、買主

の引取義務を表明する規定と同じように、注文者のこの義務を言明することは必要であると考えたこと、また、ここでの引取とは、売買における買主の引取と同様に、単に目的物を取り去ることを意味すべきであって、ドレスデン草案のような内容では、注文者にとって重荷になる、すなわち、「なぜ注文者が、譲渡の場合において物の取得者が置かれるのと比べて、それよりも一般的に不利な立場に置かれなければならないのかは、まったくわからない」などの考慮によるものであった(3)。

以上を要するに、請負の場合における注文者の引取義務については、売買における買主の引取義務のところでのようには、この義務を規定すべき理由や意義について、もはや問題は提示されず、むしろ、これを規定すべきことは当然に妥当であると認識された上で、関心はその先の、「引取」の内容に向けられていたということができるであろう。

こうした結果、第一草案五七二条は、「注文者は、契約に従って完成された仕事を引き取る義務を負う。価値または適格性を些細な範囲で減少させる瑕疵を理由に、注文者は引取を拒むことはできない。注文者が、瑕疵ある仕事を、その瑕疵を知っていたにもかかわらず引き取ったときは、彼には、第五六九条一項ないし三項において示されている諸権利は、引取の際に瑕疵を理由に自己の権利を留保したときにのみ帰属する。」と規定されることとなった(4)。

この規定について、『第一草案理由書』は次のように説明している。草案は、物が契約どおりであるか、あるいは、受け取ることが可能かどうかを物の引渡の際または引渡後にあれこれと検査するよう強いることを譲渡の諸場合に対して度外視したのと同じ理由から、ここでも、注文者の検査義務を定めることを放棄した。注文者を譲渡の場合における物の取得者よりも不利な地位に立たせる理由はないからである。それゆえ、五七二条は、買主の受領(引取)義務を表明する四五九条二項の類推により、注文者には契約に従って完成された仕事を引き取る義務があると言明すること、および、注文者が引取の際に瑕疵を理由に自己の権利を留保したというのでない限り、注文者が引取の際に瑕疵を知っていたということを顧慮して、責問権の喪失のみを引取自体に結び付けること、に限定される。(5)

「注文者の引取義務を定めた理由」としては、このように単に、売買における買主の引取義務規定を類推したものと説明されただけであった。

ちなみに、その後、第二委員会において、草案五七二条の第二文(「価値または……拒むことはできない。」)が削除されることとなり、(6) また、同条、および請負の節に置かれたその他の規定の中に出てくる「引取」とは、売買における買主の引取とは異なり、「履行としての受領」を意味するものであることが多数意見によって了解されるなどの過程を経て、(7) 現行法では六四〇条が(8) 注文者の引取義務を定めるに至っているのである。

(二)　仕事完成前において協力が必要なときにこれが欠如する場合への対処

これは具体的には、注文者が、請負人が仕事を開始する際に、あるいは、仕事の製作中に、材料を供給するなどして協力すべきときに、主観的に、すなわち、彼のみに関する都合ないし事情によってかかる協力をすることができない場合、すなわち、要するに注文者がこのような形で受領遅滞に陥った場合に関する問題である。ドイツでは、このような場合に対処するために、特別に規定をおくべきことが承認され、現行ドイツ民法六四二条、六四三条として結実した。(9) 以下ではこの間の審議過程をみておくことにする。すなわち、

―　第一委員会では請負契約に関する審議が続けられ、やがて、ドレスデン草案六四六条が審議の対象に取り

上げられることとなった（一八八三年六月一五日の第二二一回会議）。同草案は次のようなものであった。

「仕事が注文者の責任（Verschuldung）によって、または、彼の一身上に生じた予期せぬ出来事のために完成されなかったときには、請負人は、完成の用意ができていた場合には、すでに給付された仕事に相応する分の報酬、および、すでには報酬に含まれてはいない〔注文者のために支出した〕経費の補償、および、仕事の完成から引き出しえたであろう利益の補償を請求することができる。[10]」


この草案に対しては、次のような三つの提案がなされた。すなわち、まず、ヴィントシャイトは、この規定に代えて次のように定めることを提案した。

「請負人は、注文者の一身上に生じた原因によって仕事の完成を妨げられたときは、仕事の用意ができていた期間に相応する分の報酬を請求する権利を有する。しかし、出費を免れた分の金銭価値、および、自己の労働力を他で利用したことによって得た利益分の金銭価値を控除しなければならない。障害の原因が注文者の責任であるときには、注文者には損害を賠償する義務がある。」


次いで、プランクは、ドレスデン草案の条文を次のように置き換えるべきであると提案した。

「注文者が、仕事の開始に際して、または、仕事の実行中に、二〇二条[11]に従って受領の遅滞に陥るときには、請負人は、遅滞中に〔本来であれば〕仕事が完成されえたときには、後の仕事の完成を義務づけられることなく、契約どおりの報酬を請求する権利を有する。仕事が、遅滞中に完成可能でなかったときには、請負人は、遅滞の期間対仕事完成のために必要な期間の割合で決められるべき分の反対給付を請求する権利を有する。使用賃貸借についての編集委員会宛て編集原案（Redaktionsvorlage）一三条二文および三文の規定……〔略〕……は、両方の場合において準用される。／その上、請負人には、将来に向けて契約を解除する権利がある。ただし、注文者の遅滞が解除の意思表示前に終了した場合にはこの限りではない。／仕事の完成が注文者の責に帰すべき事由によって、または、注文者が受領の遅滞に陥った後に不能となったときには、一八九条の最後の文、および、二〇四条二項の規定のほか、雇傭契約についての一三条二文の規定が準用される。」

さらに、クルルバオムは、次のように規定すべきであると提案した。

「注文者が仕事の開始に際して、または、仕事の実行中に受領の遅滞に陥るときには、請負人は、後の仕事の完成を義務づけられることなく、反対給付、または、すでに給付されたものに応ずる分の反対給付、および、遅滞中仕事の完成のために給付できたであろうものに応ずる分の反対給付を請求することができる。（三七三条二文および三文）の規定は準用される。／注文者の遅滞がその責に帰すべき事由に基づくときには、請負人は損害賠償請求権をも有する。[12]」

さて、以上につき第一委員会では、まず、プランク提案の最後の部分でも、またドレスデン草案でも言及されていたケースであるところの、仕事の完成が注文者の責に帰すべき事由によって不能となった場合について検討し、次いで、ドレスデン草案において触れられていたところの、注文者の一身上の予期せぬ出来事のために仕事が完成されない場合について検討を行ない、これらはいずれも法律に取り込むべきではないと裁決した。[13]かくして、残ったのは、注文者の受領遅滞の場合についてであった。そして、審議の結果として出来上がったのが、やがては現行ドイツ民法六四二条となるところの第一草案五七五条であった。同草案は次のような規定である。

「注文者が仕事の開始に際して、または、仕事の製作中に受領の遅滞に陥るときは、請負人は相当の報酬を請求する権利を有する。報酬は、一方において遅滞の期間及び合意した反対給付の程度に応じ、他方において遅滞により請負人が節約した費用、および、自己の労働能力を他に用いることによって取得したところのものにより定まる。」

ところで、第一委員会における審議や『第一草案理由書』によると、この草案は、注文者が目的物を引き取ることができないという場合については請負契約の規定の中に特別に規定をおく必要はないが[14]、材料を供給するといった形で注文者がすでに仕事の完成前に協力すべきときにはこれが必要であるとして出来上がったのであるが[15]、その理由はこうであった。すなわち、まず、議論の中で特に問題とすべきであるとされたのは、受領遅滞について注文者に帰責事由（故意・過失）がない場合のことであった。そして、このような場合、注文者が請負人において仕事を製作する際に協力する必要がない（すなわち、注文者の協力が仕事完成後に引取という形で問題となる）場合では、法律関係は売買契約における買主による（故意・過失なき）受領遅滞のときと同様に単純で、かつこれと同じに展開するから、別にこれについては特別に規定を考える必要はなく、受領遅滞の一般規範で十分である、とされた[16]。

これに対し、注文者が、材料の供給その他の方法によって、請負人において仕事を製作する場面で協力しなければならないときには、かかる一般的諸原則では不十分であり、満足な結果を生じさせることはできない、とされたのであった。すなわち、もしこれにとどまるならば、このような協力について注文者が受領遅滞に陥る場合において請負人の権利は、受領されなかった提供ならびに増加費用の償還請求権に限定されてしまう。しかし、かかる場合、これでは不当である、と判断された[17]。こうして、第一草案五七五条の規定によって、両当事者の利益がしかるべき方法によって守られるようにすべきだとされたのであった。すなわち、注文者が右のような協力に関して受領遅滞に陥った場合、請負人はしかるべき報酬を請求することができる、これに対しては、注文者はいつでも契約を解除できるのであるから（第一草案五七八条・現行ドイツ民法六四九条）[18]、協力できないという状態がかなり長く続くことが予想されるときには、それゆえ、五七五条によって彼に対して受領遅滞と結び付けられる不利益が、契約を解除する場合に五七八条によれば彼に負わされる不利益よりも大きいという危険にさらされるときには、彼は五七八条に従って契約を解除することによって、五七五条により遅滞中に自己に負わされる不利益から身を守ることができるのである[19]、と。

なお、第一委員会では、請負契約が定期行為というには疑問があり、また、受領遅滞が債権者の故意・過失を要件としていないことを考慮して、請負人に対し、契約解除権ないし告知権までをも認めることは、注文者にとって酷に過ぎると判断された[20]。しかし、この点については、その後、請負人が注文者による協力がいつ得られるのかわからない不安定な状態に拘束され続け、この間いつでも給付の準備を整えていなければならないということがないように、請負人にとって契約の解除を可能にさせる規定を追加して彼を保護すべきであると判断されることとなり、その結果、準備委員会決議草案（EI-RJA）五七五条二項において請負人の解除権が規定される[21]。こうして、やがて、以上の規定は、現行ドイツ民法六四二条、六四三条へと結実していくのである。

ところで、以上について、第一委員会では受領遅滞に故意・過失がない場合が特に議論の対象にされたと述べたが、それでは、受領遅滞に債権者の故意・過失がある場合については、なぜ取り立てて議論しなくてもよいということだったのであろうか。それは、「受領遅滞に債権者の故意・過失があるときには、故意・過失およびその効果に関する一般原則が適用できるからである」ということであった。そして、この判断については、第一委員会が以前、部分草案三五条を対象として審議した箇所を参照すべきであるとされたのであった。[22] 具体的にはこれは、先に二の2(二)(2)において紹介したところの「受領遅滞が同時に履行遅滞でもある限りで（insofern sich die mora accipiendi zugleich als mora solvendi gestaltet）……」という表現で述べられていた箇所のことである。では、これらは具体的にはいったいどういうことなのであろうか。これについては、『第一草案理由書』における第一草案五七五条についての説明の中で明らかとなる。すなわち、これによれば、「受領遅滞が故意・過失あるものである場合において、注文者が、契約の内容によれば請負人に対して、必要な仕方において仕事の実行の際に協力することを（債務者として）義務づけられているときには、受領遅滞と注文者の履行遅滞とが競合する。このようなケースでは、受領遅滞に関する規定のほかに、履行遅滞の効果に関する一般的諸原則（三六九条二項参照）が適用可能となる。それゆえ、このケースは、五七五条の規定のところで特には考慮される必要はない。」と明快に説明されている。[23] 第一委員会における、「受領遅滞に債権者の故意・過失があるときには、故意・過失およびその効果に関する一般原則が適用できるからである」との判断は、具体的にはこのことを意味しているのである。

そして、このことから逆に、参照すべき箇所として第一委員会において挙げられた部分に述べられていること、つまり、債権者に例外的に受領の義務があるときに、彼が（故意・過失によって）この義務に違反すれば「受領遅滞が同時に履行遅滞でもある」ということの意味も、ここで正確に判明するわけである。すなわち、「受領遅滞が同時に履行遅滞でもある」ということの意味は、受領遅滞そのものが履行遅滞すなわち債務者遅滞となる（受領遅滞責任そのものが債務不履行責任となる）という意味ではなく、債権者には、一方において、まさに債権者として負うべき受領遅滞責任が、しかし他方において、彼が受領に関して義務者（債務者）であることに鑑み、この点に着目した場合の責任、すなわち、履行遅滞（債務者遅滞）責任が生ずるということである。つまり、ここでは受領遅滞と履行遅滞（債務者遅滞）とが競合する関係となるという意味だといわなければならない。そしてまた、そうであれば、第一委員会における審議内容を反映させて、第一草案二六一条について『第一草案理由書』が述べるところの「ただし、債権者が例外的に受領をする義務があるところの諸場合においては、受領遅滞が同時に履行遅滞でもある限りで、……」[24]ということの意味内容も、まさにこれであるといわなければならない。

㈢　注文者の責に帰すべき事由による引取義務違反の場合

さて、以上との関連で、再び引取義務の問題に目を移す。故意・過失によって引取義務に違反した場合、注文者はどのような責任を負うことになるのか。私の理解では、『第一草案理由書』がこれにも答えている（したがって、第一委員会における「受領遅滞に債権者の故意・過失があるときには、故意・過失およびその効果に関する一般原則が適用できるからである」との判断は、注文者の引取義務違反の場合をも射程に入れてのものである）。すなわち、同理由書は以上㈡に紹介した議論を展開した後、そのすぐあとに続く、第一草案五七五条（現行六四二条）に関する解説の最後に当たる部分において、「同様に、注文者が仕事の完成の後に受領遅滞に陥る場合にとっては、一般的諸原則で十分である。そこでは、法律関係は買主の受領遅滞の場合と同様に単純かつこれと同じように展開することとなるからである。」と叙述しているが[25]、これは、「（注文者に、契約によれば、請負人が仕事を実行するに際して協力義務がある場合、受領遅滞に故意・過失がなければ受領遅滞だけが問題となるが、受領遅滞に故意・過失があるときには、履行遅滞に関する一般的諸原則も適用されることによって受領遅滞と履行遅滞とが競合することとなるのと）同様に、注文者が仕事の完成の後に受領遅滞に陥る場合にとっては、……」というように、（　）の部分を補って解釈することがすなおだと考える。

もっとも、この叙述は注文者に故意・過失のない場合のことのみについて述べており、したがって、この中で言われている「一般的諸原則」とは受領遅滞の一般原則（規定）のことのみを指すのであって、履行遅滞の一般原則のことまでは含んでいないと解する場合[26]のみならず、仮に右の叙述がそもそも存在しなかったという場合であっても、ドイツ法上、故意・過失ある引取遅滞の場合の法律関係がやはり右のものとなることは、契約によって注文者に協力義務が約定されていた場合に関する先の考え方に鑑みれば、いずれにせよ、論理上もはや明らかといえるであろう。すなわち、引取義務は先に本章の1(二)で紹介した理由から、法律が買主における義務として明文で規定したものであり、これを請負契約における注文者についても類推したものなのであるから（2(一)参照）、買主や注文者が故意・過失に基づいて引取義務に違反すれば、当然彼らには、一方、受領遅滞責任が生ずるとともに、他方、自己の債務（引取義務）に違反した債務者として、履行遅滞（債務者遅滞）責任が課されることとなる。[27]

（1） Vgl. Schubert, Materialien, S. 43, 45. なお、石部編『ドイツ民法典の編纂と法学』二四頁も参照。

（2） 以上のしだいで、請負における注文者の引取義務に関するキューベルの考え方は、直接にこれを知ることはできないが、先に本文で紹介した売買契約における買主の引取義務についての彼の対応や、彼がその作成に重要な役割を果したドレスデン草案（Vgl. Schubert, Materialien, S. 37. 石部編・前掲書二三頁も参照）にも、本文で述べたように、注文者の引取義務を言明する規定はなかったことからすれば、彼における、注文者の引取義務に対する考え方は否定的なものであったと推測できよう。なお、ドレスデン草案六四一条、六四二条、六四三条の原文については、Vgl. Neudrucke privatrechtlicher Kodifikationen und Entwurfe des 19. Jahrhunderts, Bd.2, Dresdener Entwürf eines allgemeinen deutschen Gesetzes über Schuldverhältnisse, 1973, S. 127.

(3) Jakobs=Schubert, Beratung, SchuldR II, S. 870f.

(4) Jakobs=Schubert, Beratung, SchuldR II, S. 871f.

ちなみに、(第一草案) 五六九条一項ないし三項とは、次のような規定であった。

「請負人は、仕事が保証された性質を有し、かつ、その価値または通常の使用もしくは契約によって予定された使用に対する適性を消滅または減少させるような瑕疵がないように、仕事を完成させる義務を負う。仕事がこの性状を備えていないときは、注文者は請負人に、注文者が請負人に対して指定する適切な期間内での瑕疵の除去を請求できる。請負人は、除去が過分の出費を招くときは、瑕疵を除去する義務を負わない。

瑕疵の除去が不能であり、または、過分な費用のために請負人によって拒絶され、もしくは、注文者によって指定された適切な期間内になされないときは、注文者はその選択により、契約を解除し、または、反対給付の減額を請求することができる。解除権および減額権には、三八九条ないし三九四条、四二六条ないし四三一条、四三三条を準用する。瑕疵によって減少させられる仕事の価値または適性がごく些細であるときは、解除することはできない。

瑕疵が請負人の責に帰すべき事由によるものであるときは、注文者はさらに不履行に基づく損害賠償請求権を有する。」

(5) Motive, Bd. II, S. 490=Mugdan, Bd. II, S. 273f.

(6) Protokolle, Bd. II, S. 315=Mugdan, Bd. II, S. 924; Jakobs=Schubert, Beratung, SchuldR II, S. 873.

(7) Protokolle, Bd. II, S. 317=Mugdan, Bd. II, S. 925.

(8) 現行六四〇条は、以下のように規定している。「(1) 注文者は、仕事の性質上引取を必要としないものでない限り、契約に従って完成された仕事を引き取る義務を負う。(2) 注文者は、瑕疵を知りながら瑕疵ある仕事を引き取った場合においては、引取に際し瑕疵に基づく権利を留保するときにのみ、第六三三条および第六三四条に規定する請求権を有する。」訳は、基本的に、右近編・前掲書四二六頁以下（青野博之担当部分）による。

（9）現行六四二条、六四三条は、それぞれ次のような規定である。訳は、基本的に、右近編・前掲書四三〇頁、四三二頁（青野博之担当部分）による。

六四二条「⑴仕事の完成につき注文者の行為を要する場合において、注文者がその行為をしないことにより受領遅滞に陥るときは、請負人は、相当の補償を請求することができる。⑵補償額は、一方において遅滞の期間及び合意した報酬額に応じ、他方において遅滞により請負人が節約した費用、または、自己の労働力を他に用いることによって取得することができるものにより定まる。」

六四三条「請負人は、第六四二条の場合において、注文者に対し行為の追完のために相当の期間を指定して、その期間が経過するまでに行為がないときは契約を告知する旨の表示をすることができる。その期間が経過するまでに追完がないときは、契約は、消滅したものとみなす。」

（10）Neudrucke privatrechtlicher Kodifikationen und Entwurfe des 19. Jahrhunderts, Bd. 2, Dresdener Entwurf eines allgemeinen deutschen Gesetzes über Schuldverhältnisse, S. 128.

（11）編集委員会決議暫定集成（債務法編）(ZustOR) 二〇二条を指すものと思われる。これは、要するに、債権者を遅滞に付するために、債務者において口頭の提供で足りる場合を規定したものであって、その場合の一つに、債務者が給付を開始しうるために事前に債権者の行為が要求されるとき、が挙げられている。Vgl. Jakobs＝Schubert, Bratung I, S. 342f.

（12）以上につき、Jakobs＝Schubert, Beratung, SchuldR II, S. 886f.

（13）その理由は、前者については、編集委員会決議暫定集成（債務法編）一八九条・第一草案三六八条二項がそのケースを完全にカバーするからということであり（一八九条は第一委員会議事録での、また三六八条二項は『第一草案理由書』での条文の挙げ方。なお、第一草案三六八条二項の内容については後注(18)参照）、後者については、注文者の一身上に生じた予期せぬ出来事によって仕事が完成されないという場合も、予期せぬ出来事がまず第一に注文者の一身上を見舞ったという理由によって客観的不能の性質を失うことはありえない（したがって、請負人は報酬を請求することはできない）ので、この場合を注文者のみの（主観的）不能ないし注文者の責任による客観的不能と同様に評価することには賛成できないということであった。Jakobs=Schubert, Beratung, SchuldR II, S. 887f.; Motive, Bd. II, S. 494f. = Mugdan, Bd. II, S. 276.

（14） Jakobs=Schubert, Beratung, SchuldR II, S. 889.

（15） Jakobs=Schubert, Beratung, SchuldR II, S. 889; Motive, Bd. II, S. 495=Mugdan, Bd. II, S. 277.

（16） Jakobs=Schubert, Beratung, SchuldR II, S. 889.

（17） Jakobs=Schubert, Beratung, SchuldR II, S.889; Motive, Bd. II, S. 495f. = Mugdan, Bd. II, S. 277.

（18） 第一草案五七八条は、次のようなものであった。「注文者は、仕事が完了するまではいつでも契約を解除することができる。ただし、請負人は、三六八条二項に準じて反対給付を請求することができる。」

ちなみに、ここに出てくる三六八条二項とは以下のような規定である。「給付が債権者の責に帰すべき事由により、または、債権者が遅滞に陥った後に不能となったときには、債務者は反対給付を求める権利を保持する。ただし、債権者は、債務者が不給付によって節約した費用の金銭価値、および、不給付のおかげで債務者が自己の労働能力を他に用いることができたときには、債務者が自己の労働能力を他に用いたことによって得た、もしくは、悪意で得ることを怠った金銭価値をも控除する権利がある。」

現行六四九条は、以下のように規定する。「注文者は、仕事が完了するまではいつでも契約を告知することができる。注文者が告知するときは、請負人は、合意した報酬を請求することができる。；ただし、請負人は、契約の解消により節約した費用、または、その労働力を他に用いることによって取得したもの、もしくは、悪意で取得しなかったものを差し引かなければならない。」訳は、基本的に、右近編・前掲書四四二頁（青野博之担当部分）による。

（19） Motive, Bd. II, S. 496=Mugdan, Bd. II, S. 277.

(20) Jakobs=Schubert, Beratung, SchuldR II, S. 889; Motive, Bd. II, S. 496=Mugdan, Bd. II, S. 277.
(21) Jakobs=Schubert, Beratung, SchuldR II, S. 891f.
(22) Jakobs=Schubert, Beratung , SchuldR II, S. 889.
(23) Motive, Bd. II, S. 496f. =Mugdan, Bd. II, S. 277.
(24) 二の2(二)(2)末尾部分参照。
(25) Motive, Bd. II, S. 497=Mugdan, Bd. II, S. 277.
(26) かかる解釈もこれを全面的に否定することはできないであろう。なぜなら、本文の(二)でも紹介したように、第一委員会においては、注文者の協力が仕事完成後に引取という形で問題となる場合についても触れられており、しかもそれは、注文者に故意・過失のない場合を想定としてのものであったからである。すなわち、このことをより正確にいえば、第一委員会での審議を記録した議事録の中に同様の叙述があり、しかもそこでは、受領遅滞につき故意・過失のない場合であることが明記されている(s. Jakobs=Schubert, Beratung SchuldR II, S. 889)ということである。けれども、『第一草案理由書』におけるこの(三)の本文に紹介した叙述は、議事録とは叙述の順序が異なり、説明の最後に出てくるものである。すなわち、『第一草案理由書』では、まず、注文者が請負人の仕事開始時または仕事製作時に彼に協力すべきときに受領遅滞に陥った場合のことについて説明し、次いで、かかる協力が契約によって注文者の義務とされていたときに故意・過失によってこの義務に違反した場合のことにつき説明をした後に、これらに続けて、かつ、故意・過失がある場合かそうでない場合かには言及せずにこの(三)の本文に引用した叙述を行なっている。したがって、私は本文で述べたように、これは故意・過失ある場合のことも含む議論であると解するのがすなおだと考えるものである。
(27) もちろん、ドイツでは今日でもかかる理解で一貫している。この点については、奥富晃「受領遅滞論と受領遅滞責任論との関係は今後どう解すべきか(二)——両者の議論の峻別の提唱——」南山法学二〇巻二号(平八)一六八頁、一八九頁注(25)参照。

四　ドイツ法についての総括

ドイツでは一九世紀に受領遅滞（債権者遅滞）の本質をめぐって議論があり、見解の両極はマーダイに代表されるそれとコーラーに代表されるそれであった。マーダイは、債権者遅滞は債務者遅滞の鏡像であるとした。要するに、両種の遅滞は本質においてまったく同一であり、ともに債務不履行であると考えた。マーダイは、債権者の受領義務を認め、債権者遅滞の成立要件に過失を要求したのであった。したがって、この見解においては、たとえば買主が引取を故意・過失に基づいて怠れば、買主は債権者遅滞という債務不履行責任を負うべきことになるというわけである（債務者遅滞ではなく、あくまで債権者遅滞という債務不履行であるという考え方である）。これに対し、コーラーは、受領遅滞（債権者遅滞）と債務者遅滞とは性質上まったく別のものであるとし、債権者の受領義務を一切認めず、受領遅滞の成立要件に過失を不要とした。

第一委員会は、受領義務および受領遅滞の成立要件についてのコーラーの考え方に出発して、一般的・原則的には債権者の受領義務を認めず、受領遅滞の成立要件に過失を不要と判断し、この考え方の下で受領遅滞についての第一草案が成立した。そして、ここでの考え方がそのまま現行ドイツ民法典に引き継がれている。しかし、第一委員会・第一草案は、受領義務について重大な例外を認め、買主の引取義務はnaturale negotiiであるとする、かの考え方に出発して、売買および請負における個別規定の中で明文をもって引取義務に対応した。つまり、この点においてコーラーの見解から離れている。(1) 買主および注文者の引取義務に関するかかる第一委員会・第一草案の考え方も、（請負についてはその後「引取」ということの意味についての解釈は変化したが）現行ドイツ民法典にそのまま引き継がれている。

ところで、以上のように、第一委員会・第一草案が、引取義務については受領遅滞責任とは別個に、売買および請負に関する個別規定において対応するという立場をとったということは、買主および注文者の引取義務違反は、これが受領遅滞と結び付いて、受領遅滞がこの限りで債務不履行責任となり、買主ないし注文者は債務不履行としての受領遅滞責任を負うことになる、と考えるものではなく、買主ないし注文者はその債務者としての義務に違反した、すなわち、履行遅滞・債務者遅滞となると考えるものであった。つまり、買主ないし注文者が故意•過失によって引取義務に違反すれば、一方、彼らは債権者として、（無過失の場合にすら成立するところの）受領遅滞責任を負うべきことになるのは当然であるが、他方、これとは別個に、彼らは引取義務に関する債務者として、債務不履行責任、すなわち、債務者遅滞の責任を負うべきことになる、ということである。

以上を言い換えれば、一九世紀における議論が、受領義務を債務として認めればこの義務の違反は受領遅滞という、本質において債務者遅滞と同一の債務不履行となると考え、他方、受領義務を債務として認めなければ、受領遅滞の本質はそのようにはならないという前提に立つものであったのに対し、第一委員会・第一草案（したがって、現行ドイツ法）は、まず受領遅滞制度については、（受領義務（債務）の認否と受領遅滞の本質とを結び付ける発想ないし前提においては一九世紀の他の論者と共通であったところの）コーラーの見解に出発してこれを整備したが、受領義務の問題については、買主および注文者に引取義務という形での受領義務（債務）を認め、しかしその場合でも、この義務の違反を受領遅滞責任と結び付けるのではなく、これとは切り離す立場をとったということである。そこで、以上の立場については、第一委員会•第一草案（現行ドイツ法）は、一九世紀の学説において受領遅滞制度の理解をめぐって激しく議論されていた事柄を二つに分けた上でこれを処理した、という評価ができるであろう。すなわち、一方、受領遅滞については、これを、義務違反とは無関係のレベルで債権者が負担すべき不利益を意味するものとして、言い換えると、債権者による無過失の不受領の際にも債務者を保護するための制度として構成した。他方、受領義務の問題については、買主と注文者のみについて、引取義務という形でこれを認め、かつこれを売買および請負契約に関する条文の中で個別に規定して、この義務の違反については債務者遅滞に結び付けたのである。(2)

かくしてドイツでは、第一委員会・第一草案（現行ドイツ法）によって、受領義務を債務として認めるべきか否かの問題と受領遅滞の本質論とは結局のところ切り離されたといえるのであり、受領遅滞制度と引取義務制度とは、各々が自身の領域をカバーするものとして機能するという構造をとるものとなった。かかるドイツ法の構造は、これを客観的にみるとき、法体系上、両制度の役割分担ないし位置づけが明確であり、二つの制度の関係は整合的であるということができるであろう。

（1）すなわち、受領遅滞規定と引取義務規定の両方の制定経緯を総合して眺めてみると、ドイツの立法者は、受領は権利であって義務ではないというコーラーの理論については、必ずしもそれはすべての場合に貫き通すことができる理論ではないと考えたことが明らかである。Vgl. Hüffer, Leistungsstörungen durch Gläubigerhandeln, S. 16.

（2）Vgl. Hüffer, a.a.O., S. 18.

五　穂積博士および梅博士における受領遅滞

わが国における受領遅滞規定（原案四一二条・現行民法四一三条）は、当初起草委員の案にはなく、第八七回法典調査会（明治二八年五月二二日）に、起草委員からの修正案として提出されたものである。本章では右法典調査会における審議――この条文に関する穂積博士による提案説明およびこれに続く質疑応答――、および、注釈書や著書の中でかかる説明と同趣旨の解説を行なっている梅博士の見解を紹介し、穂積・梅両博士はわが国の受領遅滞規定をなぜ、どのような意味内容のものとして構想・規定化したのかについて確認しておくこととする。(1)

1　原案四一二条・現行民法四一三条の法典調査会における審議――穂積博士による提案説明と質疑応答――

(一)　原案四一二条の提案説明、およびかかる説明から明らかとなる事柄

第八七回法典調査会は、売買に関する原案五七五条（現行民法五七四条）の審議を終えたところで、現行四一三条となる原案四一二条の審議に入っていく。議長の箕作麟祥が「本条〔原案五七五条のこと―引用者注〕モ別ニ御発議ガナイヤウデアリマスカラ次ニ移リマス次ハ……〔略〕……四百十二条ニ移ルガ適当ト思ヒマス之ハ新規ニ這入ルノデスカ」と問い、これに穂積博士が「然ウデス事柄ハ恰度此処ラニ之ヲ入レル必要ヲ感ジマシタ」と応ずる。こうして、ここにおいて、「債権者カ債務ノ履行ヲ受領スルコトヲ拒ミ又ハ之ヲ受領スルコト能ハサルトキハ其債権者ハ履行ノ提供アリタル時ヨリ遅滞ノ責ニ任ス」という原案四一二条が修正案として起草委員から提出されるのである。(2)穂積博士は説明する。この原案をここで提出したのには次の訳がある。それは、売買の目的物の引渡に関して起草委員の中で初め起草をしたときに、目的物を引き取る義務が買主の側にあるということを規定しておかないと不都合であると認めて、初めは売買の規定の中に買主の引取義務に関する規定が入っていた。(3)買主側にこの義務を認めるべきだと考えたのは、売主には引渡の義務があり、この義務は一定の時、一定の場所で履行すべきものであり、これについては準備も要ることであるし、引き

渡す物を置いている場所を引渡後には自分で使用するという希望を持つことも、売主の義務からして当然であり、保護に値するものである。もしもこの時に買主の方で受け取ることを拒みまたは受け取ることができないとかいうような場合には、売主すなわち債務者の方は損失を被り、あるいは無駄な手数がかかるということがある。ゆえに、一方について法律が引渡をある時ある場所において命じた以上は、他方にはこれを引き取る義務がなければならない。このような理由から、売買だけにこのことを規定して、かつ売買のところの総則に於いてこれを有償契約一般に適用することにしようと初め起草委員間では考えていたのである。

このような考えがあったので、債務の履行のところでは、このいわゆる受領の遅滞とか債権者の遅滞という規定は殊更に省いておいたのであり、かつ、債権者が遅滞にあるときには供託の規定(4)によって供託ができるから、おそらくこれを債権編の総則に置かなくても不都合はないであろうと考えていた。しかし、のちになお、右の立案について起草者間で相談してみると、これは売買に限った規則ではないし、また売買の規則をすべての有償契約に適用するとしても、まだどうも債権者の遅滞の規定を通則として置く場合とまったく同じことになるとはいえない。それは、有償契約でなくても、たとえば贈与のようなものであっても、引渡の準備をし手数をかけても受贈者側が受け取らないというような場合には、贈与者が迷惑を被らなければならないことになる点を考えれば明らかである。そこで、新しい諸国の法典等にあるように(5)、これはやはり、一般の債務の履行の通則の中に掲げておいて、債権者の遅滞の規則としておく方が適当であろうと考えたので、ここで一箇条を加えようと決したしだいである(6)。

穂積博士はまず、受領遅滞の規定を提案するに至った経緯・理由をこのように説明しているのである。

以上までの穂積博士の説明によりすでに明らかなことは、まず、穂積博士たち起草委員は売買における買主の引取義務を認める点では問題なくこれを肯定する立場であった。そして、穂積博士は、この引取義務の考え方は、有償契約一般はおろか、贈与などの無償契約の場合にも妥当させることが適切であると最終的に認識した結果、債務の履行の通則の中に受領遅滞の規定を一箇条興すこととした、と説明する。すなわち、穂積博士の説明によれば、「受領遅滞の規定化」は、買主の引取義務（違反）の考え方を「受領遅滞」という形で一般化した（買主の引取義務の考え方を一般化する受け皿として「受領遅滞」を規定した）というものである。売買において買主に引取義務を認め、ひいては贈与などの無償契約の場合にまでもこれを認める認識に至ったというのは、これらいずれの場合においても債権者が引き取らない場合における債務者の損害を債権者に賠償させるべきことが適切であり、そのための手段・理論的前提としてはこれらいずれの契約の場合にも引取義務を観念しておく必要がある、立法政策としてこのような処理が妥当である、と起草委員（穂積博士）は考えたことを意味するであろう。

なお、ここでまた当然に言えることは、穂積博士の説明からする限り、起草委員（穂積博士）にとって、債権者の引取義務の違反という債務不履行責任と受領遅滞責任とは同義であるということである。博士は右のように、債権者の引取義務の考え方を一般化する手段として受領遅滞を規定化したと説明するが、その意味するものは、起草委員としては、債権者には受領義務があることを当然の前提として、受領遅滞を、債権者がこの義務に違反した場合の責任を定める規定として条文化したということのはずだからである。

㈡　要件その他

さて、次いで穂積博士は、受領遅滞の成立要件についての説明に移る。債権者の過失の要否の点である。博士は述べる。債権者遅滞については、近時これを規定している諸国の法典も、また諸国の学説もその要件については見解が分かれており、一致していない。しかし、これらは要するに三説に帰する。まず第一は、債権者において過失がある場合にだけ遅滞の責に任じさせるものであり、第二は、過失というには及ばないが、とにかく債権者において意思がなければならない（「受領セサルトキ」でなければならない）とするものである。したがって、この第二の立場では、債権者が「受領スルコト能ハザルトキ」、たとえば病気の時に正当に提供された履行を受けることができなかったというような場合には、この場合にまで遅滞の責任を負わせるのは酷であるということで、債権者は遅滞の責には問われない。

そして第三は、本案（原案四一二条）が採った立場であって、とにかく受領しないという事実があればよい、過失なり、また意思を以て殊更受領することを拒んだ場合はもちろんのこと、病気のような場合、あるいはその他天災のような場合であってもよいというものである。(7)

債権者が「受領スルコトノ出来ナイト云フ事実サヘアリマスレバ兎ニ角此遅滞ノ責ニ任ゼナケレバナラヌ」というこの第三の立場を採用した理由について、穂積博士の説明はこうである。すなわち、債権者に過失があり、または（不受領の）意思があって受けるべきものを受けないという場合に遅滞の責に任ずべきことは説明の要のないことである。(8) 問題は、病気の場合のように意思もない場合であるが、ここでも受領遅滞の責を債権者に負わせることにしたのは、ちょうど危険負担についての考え方（現行民法五三四条においてなぜ債権者に危険を負わせることにしたかというその理由）と同じように考えたからである。すなわち、引き渡すことができないために債務者に迷惑が生じ損害が生ずるとしたならば、その損害はどちらかがかぶらなければならない。ここでは双方ともに過失もない。この点において双方ともに平等の立場にある。このように「一方ハ法律ニ従ヒ債務ノ本旨ニ従ツテ悉ク此履行ノ手続ヲ了ツテ居ル。夫レデ尚ホ其目的物ト云フモノハ終局ニハ債権者ニ帰スベキモノデアツテ双方平等ノ位置ニ在ル」場合には、結局、次の問題に帰する。それは、「悉ク自分ノ為スベキトキニ為シ了ツタ者ガ矢張リ迷惑ヲ負ハナケレバナラヌカ、或ハ、売買ノ目的物ト云フモノハ或ハ目的タル権利デモ宜シウゴザイマス買主ニ帰スベキモノデアル。其時ノ即チ債権者ノ方ガ其迷惑ト云フモノヲ負フベキモノデアルカ」である。「既ニ外ノ理由モアリマスケレドモ、彼ノ危険ノ規定抔ニ於テモ危険ハ其物ノ終局スル所ノ者ガ負フト云フコトニ為ツテ居リマス。此場合ニ於テモ一方ハ悉ク之ヲ為スベキ事ハ為シ了ツテ居ツタ。一方ガスルコトノ出来ナイ事情ガ起ツタノハ其不幸ハ天災デモ何ンデモ受取ル方ガ妨ゲラレタ。天災ノ為メデアラウトモ、其他病気ノ為メデアラウトモ、妨ゲラレタ者ハドチラカト云フト債権者ノ方ガ妨ゲラレタノデアリマスカラ、其不幸ノ結果ドチラガ損失ヲ受ケナケレバナラヌカト云ヘバ債権者ガ受ケルノガ当然ノコトデアルト思ヒマス。[9]」（句読点は引用者）

以上に続けて穂積博士いわく、「夫故ニ瑞西債務法抔ニ於テハ『其受取リヲ拒ムトキハ』トカ或ハ索遜抔ニ於テハ『不法ニ拒ム』トカ云フヤウニ書テアリマスガ、澳太利ハ何時モ言葉ガ簡単デ能ク分リマセヌガ言葉丈ケデ見ルト『受取ヲ遅延シタルトキハ』ト書テアリマス。独逸抔デハ説明デ分ツテ居リマスガ単ニ『受取ラサルトキハ』トアリマス。之デモ言葉丈ケデハ分リマセヌガ其理由書抔ヲ見マスルト『受取ラサル事実アリタルトキハ』ト云フ風ニ説明シテアリマス。又独逸民法ノ売買ノ所ニモ矢張リ二重ニ規定ガアリマシテ、『買主ハ之ヲ受取ルヘキ義務ヲ有スル』ト云フコトガ書テアリマス。[10]」（句読点は引用者）

こうして博士によれば、「何ウモ此受領スルコト能ハザルトキニ其責任ヲ負ハヌ〔負ハス〕ノハ甚ダ気ノ毒デハアリマスガ、去レバト言ツテ之ヲ債務者ニ負ハスノハ尚更気ノ毒デアリマスカラ、即チ其売買ノ目的物タルモノガ其終局ニ帰スル所ノ人ニ此責任ヲ帰スルノガ至当デアラウト思ヒマシテ、夫故ニ四百十二条トシテ即チ債務者ノ遅滞ノ後ニ此一箇条ヲ加ヘテ債権者ノ方ノ規定ヲ此處ニ置キタイト存ジマス。」[11]（句読点および〔　〕内は引用者）

以上、受領遅滞の要件（債権者の過失の要否）についての穂積博士の説明によれば、受領遅滞の成立には債権者の過失の存在を要しない。

なお穂積博士は、提案説明の最後の部分となるが、右に続けて、「或ハ之ヲ四百十一条ノ三項トシテ条数ヲ変ヘズニ此修正ヲ加ヘヤウカトモ考ヘマシタガ〔ここで四一一条とは、やがて現行民法四一二条となる条文のこと―引用者注〕整理ノ時ニ当ツテ四百二十四条四百二十五条等ハ之ヲ併セテ一箇条ニスルコトヲ請求シヤウト思ヒマス。其處ラハ甚ダ不完全デアリマスカラ一箇条ニ併セル積リデ」あります。したがって、「此處ニ此一箇条〔四一三条という債権者遅滞の規定〕ヲ挿入スル為メニ悉ク他ノ箇条ノ条数ヲいぢツて来ルト云フ不便モアリマセヌ。然ウシテ見ルト債務者ノ遅滞債権者ノ遅滞ト云フモノヲ一箇所ニ置クノガ宜シイト思ツテ提出シタ訳デアリマス」（句点および〔　〕内は引用者）と、受領遅滞の規定を債務者の履行遅滞の規定のすぐ後に置く理由を説明している。[12]

この説明も、穂積博士が債権者の受領遅滞と債務者の履行遅滞（＝債務者遅滞）とは共に「債務の遅滞」（債務不履行）であって法的性質において同列であると捉えていたことを如実に示すものとして興味深い。

㈢　質疑応答

さて、穂積博士による右のような提案説明に続いて、質疑応答に入る。まず、議長の箕作が、債務者の履行遅滞の場合のように、ここでも期限の定めがある時とかない時とかの区別は要らないのかと質問し、これに穂積博士がそれは要らないと答えたのち、長谷川喬委員が「私ニハ分リマセヌカラ伺ヒマスガ本条ハ詰リ危険問題、重モニ」と問うのに対し、穂積博士の答えは「損害賠償又ハ利息ノ附クベキトキハ遅滞利息トカ其問題ニ帰シマス夫レカラ『遅滞ノ責ニ任ス』ト云フト勿論……」。「此四百九十五条四百九十七条デハ足リマセヌカ」と長谷川委員。「供託デハ何ウモ足リマセヌ供託デハ物ガ……居リマス之〔原案四一二条のこと―引用者注〕ハ労力デモ何ンデモ這入ル積リデアリマスカラ」（穂積）。「提供ハ何ウデゴザイマセウカ四百九十五条〔現行四九二条にあたる。この時点では四九五条となっていた―引用者注〕ハ提供ノ……一切ノ責任ヲ免レル」（長谷川）。「夫レハ債務者ガ免レル」（穂積）。「債務者ガ免レルト云フト詰リ債権者ニ帰スルト云フコトニ為リハシマセヌカ」（長谷川）。「イヤ債務者ガ履行ニ付テノ責任ヲ免レルト云フコトハ必ズ債権者ガ夫レニ付テ責任ヲ負フト云フコトニハ為ラヌ、為ラヌ所デナイ少シモ関係ガナイコトガアリマス此時ヨリ危険ガ移ルトカ何ントカ云フヤウナ事ガ書テアレバ何ンダガ」（穂積）。ここで議長箕作が「四百九十五条ノ『弁済ノ提供』ト云フコト丈ケデハ意味ガ狭マ過ギテ往ケナイト云フノデスカ」と質問をはさみ、これに対しては、梅博士が「夫レデモ狭マ過ギテ往ケマセヌ」と答え、続いて穂積博士が、「労力デモ何ンデモ這入ル積リデアリマスカラ之ヲシテヤラウト言ツテヤツテ来タ所ガ夫レハ出来ル」と答えたところで、箕作が四一二条に付いて別に発議がなければ本条は修正通りに決すると宣して、原案四一二条は審議を通過したのである。(13)

2 梅博士の見解

ところで、以上のような受領遅滞をめぐる穂積博士の説明には、梅謙次郎博士の考え方が強く反映されているといってよいと思われる。それは、梅博士が現行民法典の条文の注釈書である『民法要義』や著書『民法原理』の中で受領遅滞、ならびに弁済提供の効果について示している見解をみると、これが法典調査会の場で穂積博士によってなされた提案説明や応答にほぼ一致しているからである。そして、これら梅博士の著書では、博士自身の受領遅滞についての考え方や弁済提供の効果についての考え方が詳しく示されている。そこで、穂積博士の説明内容を補充する意味で、ここでさらに梅博士の見解を見ておくこととする。

㈠　受領遅滞（四一三条）についての梅博士の見解

梅博士によれば、四一三条は債権者に遅滞の責のある場合を規定したものである。すなわち、債務者が履行しようとするに当たって債権者がこれを受け取らないときには、①これによって債権者のために生じた損害は債権者みずから負担しなければならないのはもちろん、②もしこれによって債務者に損害を与えたときは、債権者はその賠償の責任を負わなければならない。すなわち、①についていえば、たとえば、債務者が適時に履行の提供をしたにもかかわらず債権者がこれを受けず、そのために債務者がやむを得ずその目的物を保存していたところ、その物が天災によって滅失したときは、これによって生ずる損害は債権者がみずから負担しなければならないということであり、②についていえば、もし債務者が債権の目的物を債権者の許に運搬したのに債権者がこれを受け取らないために、やむを得ずこれをさらに自宅に運搬するために要した費用や、その他これを保存するために要した費用、あるいは、店舗、倉庫などの場所を塞いだために債務者が損害を被った場合におけるその損害については債権者がこれを賠償しなければならないということである。

これは債務者が正当な履行をしようとしているのに債権者が不当にこれを拒み、または債権者の都合によってこれを受けることができない場合においてのみいえることであり、もし債務者の履行が債務の本旨に適せず、したがって真の履行とはいえない場合において債権者がそれを理由にその履行を受けることを拒むようなときには、その責は固より債務者にあるのであって債権者にはないのだから、債権者は受領遅滞の責任を負うことはない。そこではむしろ、債務者に不履行の責任があることは当然である。

債務者に過失がなくて債権者が履行を受けることを拒む場合は、債権者が故意にそのようにする場合を除けば、債務者が正当に履行を提供しているのに自分はこれを不当であると信じてこの受取を拒む場合であろう。また、債権者が受領することができない場合とは、天災、地異もしくは病気などのために債権者が履行地に赴くことができず、その結果、債務者の履行の提供を受けることができない場合が最も多いであろう(14)。

以上のように債権者の「遅滞ノ責タルヤ畢竟之ニ因リテ債務者ニ生セシメタル損害ヲ賠償スルニ在リ(15)」。これはあたかも、債務者が不履行によって債権者に被らせた損害を賠償するのと同じであって、法律は債権者に履行を受ける義務ありと認めるがゆえに、この観点よりみれば、債権者はかえって債務者の地位にあるのである。したがって、その債務を履行しないことによって相手方に損害を生じさせたときはその賠償をすべきは当然のことである。そして履行を受ける義務は財産上の義務であることは当然であるから一種の債務であって等しく第四一五条の適用を受けるべきものだと考える。債権者が履行を受けることができない場合にも債権者が常に責に任じなければならないのは、債務者の不履行の場合と同じく、自己の不幸を他人に転嫁してはならないからである(16)。

㈡　弁済提供の効果（四九二条）についての梅博士の見解

では次に、梅博士は弁済の提供の効果についてどのように説いているであろうか。まず『民法要義』での解説をみてみよう。博士によれば、債務者が履行の提供をしようとするのに債権者がこれを受けないときは、まだ履行があったとはいえないが、だからといって債務者にその結果を負担させることは不当である。債務者はその履行について自己の行為に属すべきものを完了したのだからである。そこで、四九二条では債務者がひとたび弁済の提供をしたときはその提供の時から不履行によって生ずべき一切の責任を免れるべきもの

としたのである。(17)

弁済の提供をすると具体的にはどのようなことになるのか。博士は次のように説く。たとえば、①債務の目的物の滅失、毀損に関する危険が弁済の時より債権者に移転すべき場合においては、その危険は弁済の提供の時より直ちに債権者に移転することになるし、②債務者は弁済の提供の時から遅延利息を支払う義務はないことになる。③「豈ニ唯是ノミナランヤ。此場合ニ於テ債権者カ弁済ヲ受ケサルトキハ債権者即チ怠慢者ナルカ故ニ、若シ是ニ因リテ債務者ニ損害ヲ被ラシメタルトキハ債権者之ヲ賠償セサルコトヲ得ス（四一三）。例ヘハ債権者カ債務者ノ店頭ニ来リテ其商品ヲ受取ルヘキ場合ニ於テ債務者ヨリ催告ヲ為スニ拘ハラス来リテ之ヲ受取ルコトヲ為ササルトキハ、其商品カ債務者ノ店頭ニ在ル為メ大ニ債務者ノ商業ヲ妨クルコトナシトセス。此場合ニ於テハ債権者ハ其妨害ニ付キ賠償ノ責ニ任セサルコトヲ得ス。(18)」（句読点は引用者）

次に、『民法原理』における「提供ノ効力」についての解説はこうである。債務者が弁済の提供をした場合でも債権者がまだその履行を受けない限りは、履行を終えたのと同一に扱うことはできない。しかしそうはいっても、債務者の履行にはそのほとんどの場合に債権者の協力行為を必要とするものである。それなのに、債権者がその行うべき協力行為をしないために債務者が債務の履行を終えることができないにかかわらず、債務者をして不履行より生ずる負担を免れさせないとしたらどうか。その不当なことは明らかである。それゆえに、第四一三条の規定を設けて、履行の提供があった時から債権者に遅滞の責を負わせて、債務者をして第四一五条による損害賠償その他債務の目的物の滅失・毀損に関する一切の責任を免れさせることにしたのみならず、債務者がこれによって損害を被ったときは債権者にその賠償を請求することができるようにしたのである。「例ヘハ債権者カ債務者ノ店頭ニ来リテ或商品ノ引渡ヲ受クヘキ場合ニ於テ債務者ヨリ履行ノ提供ヲ為シタルニ拘ラス債権者カ其商品ヲ引取ラサルカ為メニ債務者ノ商業上ニ妨害ヲ為シタル場合ノ如キ是ナリ(19)」。そして、博士は、「右〔以上のこと—引用者注〕ハ民法第四百九十二条ニ規定セル所ナリ同条ニ曰ク／弁済ノ提供ハ其提供ノ時ヨリ不履行ニ因リテ生スヘキ一切ノ責任ヲ免レシム／以上ヲ以テ履行ノ提供ニ関スル説明ヲ了レリ(20)」として弁済提供の効力についての解説を結ぶのである。

(1) 私はすでにかつて、受領遅滞についてのわが国の民法起草者の立場を詳しく紹介・検討したことがある。奥冨・南山法学二〇巻二号一五四頁以下。本章における叙述は、本稿においても不可欠のものであるが、これについては上掲論文一五八～一六四頁、一六九～一七二頁（注については、一八八頁～一九一頁）におけるものとほぼ重なることをおことわりしておきたい。もっとも、上掲論文では、現行民法四一三条の原案を「四一二条（修正案）」と、また、穂積博士の法典委員会における説明を「起草説明」とそれぞれ表現したが、本稿ではこれらをそれぞれ、「原案四一二条」、「提案説明」と表現することに改めた。なお、すぐ後に紹介する原案四一二条・現行四一三条の審議過程については、すでに次のような研究もこれを紹介している。五十嵐清「受領遅滞と契約解除」森島昭夫編『判例と学説3・民法II（債権）』（日本評論社、昭五二）四二頁以下、鄭鍾休「〈史料〉債権総則（九）」民商法雑誌八二巻五号（昭五五）一二七頁以下。また、早川眞一郎「民法四九二条（弁済の提供）」広中俊雄＝星野英一編『民法典の百年III』（有斐閣、平一〇）二二三頁以下も、現行四一三条の審議に触れている。

(2) 法典調査会民法議事速記録四・九二頁。

(3) これは、梅博士によって起草されていたものであると推定できる。福島正夫編『明治民法の制定と穂積文書』（有斐閣、昭三二）二八頁、五五頁参照。

(4) なお、議事速記録によれば、ここでの記載は、「債権者ガ遅滞ニアリマスルトキニハ四百五十七条ノ規定ニ依テ之ヲ供託スルコトモ出来マスカラ」となっているが、（法典調査会民法議事速記録四・九二頁）、後に㈢質疑応答のところで紹介する穂積博士と長谷川委員とのやりとりに照らすと、ここに記されている四百五十七条は「四百九十七条」の誤りではないかと推察しうる（これは全くの憶測であるが、「ヨンヒャククジュウナナジョウ」と発音されたものが「ヨンヒャクゴジュウナナジョウ」と聞き間違えられたための誤記かもしれない）。

（5）これは、とりわけドイツ民法第一草案の立場のことだということができる。後の本文六の冒頭部分参照。

（6）法典調査会民法議事速記録四・九二頁以下。

（7）法典調査会民法議事速記録四・九三頁。

（8）法典調査会民法議事速記録四・九三頁には、「債権者ガ過失ナク又ハ意思ガアツテ受クベキモノヲ受ケナイト云フ場合ニ於テ遅滞ノ責ニ任ズベキコトハ之ハモウ前ニ説明ヲ俟タナイコトデアリマス」とあるが、「債権者ニ過失ガアリ」の誤りであろう。

（9）法典調査会民法議事速記録四・九三頁。

（10）法典調査会民法議事速記録四・九三頁以下。

（11）法典調査会民法議事速記録四・九四頁。

（12）法典調査会民法議事速記録四・九四頁。

（13）法典調査会民法議事速記録四・九四頁。

（14）梅謙次郎『初版民法要義巻之三債権篇』（明法堂・明三〇、信山社・平四（復刻版））四六頁以下、同『民法要義巻之三債権編』（有斐閣書房・大元、有斐閣・昭五九（復刻版））四七頁以下、同『民法原理債権総則完』（巌松堂書店・明三五、信山社・平四（復刻版））二九〇頁。

（15）梅『民法原理債権総則完』二八九頁。

（16）梅『民法原理債権総則完』二八九頁以下。なお、同『初版民法要義巻之三債権篇』二七四頁、同『民法要義巻之三債権編』二八一頁以下も参照。

梅博士は、以上本文に紹介した解説に先んじて、債務者が、不履行によって債権者に被らせた損害を賠償するという場合に関して次のように述べている（句読点は引用者による）。「尚ホ賠償ノ責任ニ付キ過失アル場合ニ於テ始メテ其責任ヲ生スルモノナリトセリ。例ヘハ金銭債務ニ付キ本年三月一日ヲ期限ト定メタル場合ニ於テ、其期日又ハ期日ノ前日ニ至リ債務者カ重症ニ罹リ人事不省ト為リシ為メ其履行ヲ為ササリシトセンニ、債務者ニ毫モ尤ムヘキ過失ナキヲ以テ賠償ノ責ニ任スルコトヲ要セスト云フニ在リ。然レトモ予ハ此説ヲ取ラス。此場合ニ於テモ尚ホ債務者ニ賠償ノ責アリト信ス。何トナレハ不幸ハ何人モ遭遇スルコトアルモノニシテ是レ固ヨリ之ニ遭遇シタル人ノ不幸ナルカ故ニ、其不幸ヲ故ナク他人ニ嫁スルコトヲ得ス。而シテ債務者ハ一定ノ時期ニ一定ノ事ヲ為スヘキ義務ヲ負フモノニシテ、債権者ハ之ヲ為サシムルノ権利ヲ有ス。然ルニ偶々債務者カ疾病ニ罹リ之ヲ果ササル為メ債権者カ損害ヲ被リタルニ拘ラス債務者カ之ヲ賠償スルコトヲ要セストセハ、是レ自己ノ不幸ヲ他人ニ嫁スルモノニシテ法律上認ムヘキコトニアラス。蓋シ此場合ニ於テハ其債務ハ敢テ履行ノ不能ナルニアラスシテ、唯不幸ノ為メ之ヲ果ササリシニ過キス、其不履行タルニ於テハ一ナレハナリ。故ニ普通ノ場合ニ於テハ不履行ノ責ハ債務者ノ過失ニ出ツルモノナリト雖モ、常ニ過失カ賠償ノ要件ナリト云フハ其当ヲ得ス。唯履行不能ノ場合ニハ其不能カ天災ニ出テタルトキハ法律ハ不能ヲ責ムルコトヲ得サルカ故ニ、債権ハ消滅ニ帰シ債務者ハ不履行ニ因ル賠償ノ責ヲ負ハサルナリ。」（『民法原理債権総則完』二八八頁以下）

以上に対し、梅博士によれば、債権者は以上債務者について述べたのと同様に自己の不幸を他人に嫁してはならないので常にその責に任じなければならないのであるが、「殊ニ債権者ニ付テハ其履行ヲ受クルニ付キ絶対不能ノ場合アルコトナキヲ以テ全然例外ヲ見ルコトナキナリ。例ヘハ債務者カ履行ヲ為サントスルニ当リ債権者不在ノ為メ若クハ事実上債権者ノ何人ナルカヲ知ルコトヲ得サル為メ債権者カ履行ヲ受クルコト能ハサル場合ニ於テモ、之カ為メニ債務者ニ損害ヲ生シタルトキハ賠償ノ責ヲ免ルルコトヲ得ス。又其目的物ノ容積巨大ニシテ債権者カ直チニ受取ルコト能ハサル為メ債務者ノ店舗又ハ倉庫ヲ塞キタル場合モ亦同一ナリ。此ノ

如キノ事例ハ類ヲ推シテ之ヲ想像スルニ難カラス。」（句読点は引用者）（上掲書二九〇頁）

(17)　梅『初版民法要義巻之三債権篇』二七二頁、同『民法要義巻之三債権編』二七九頁。
(18)　梅『初版民法要義巻之三債権篇』二七二頁以下、同『民法要義巻之三債権編』二七九頁以下。
(19)　梅『民法原理債権総則完』二五七頁以下。
(20)　梅『民法原理債権総則完』二五八頁。

六　穂積・梅両博士において受領遅滞を債務不履行制度として構想した事情

五において紹介した穂積博士の法典調査会での説明や梅博士の見解から、両博士はわが国において受領遅滞をなぜ、どのようなものとして構想し、これを規定化することとしたのかが明らかとなった。すなわち、穂積博士の説明によれば、わが国においては、初めは買主の引取義務に関する規定が売買の規定の中に入れられていたが、引取義務の考え方は売買およびその他の有償契約の場合以外でも認められるべきだと判断されることとなり、その結果、手段として選択されたのが受領遅滞規定の創設であった。すなわち、受領遅滞はこのように、わが国おいて引取義務（受領義務）を広く債権法一般の問題として肯定する前提の下で、かかる義務の不履行一般に対する受け皿の制度として創設されたものだというのである。つまり、債権者には引取義務（受領義務）があるが、この義務の不履行が受領遅滞（債権者遅滞）という債務不履行にほかならない、というわけである。

ところで、穂積博士の説明からは、博士たち起草委員は受領遅滞規定の創設に当たり、外国の法制としてとりわけドイツ民法草案およびその理由書を参考とし、これを重視していたことが窺われる。そしてこれは、その説明内容を、本稿がすでにドイツ法についてあとづけたところと照らし合せるとき、ドイツ民法第一草案および『第一草案理由書』のことであることが明らかである。しかし、この場合、われわれは今やただちに次のことに気づく。それは、穂積博士および梅博士によって考えられた受領遅滞の意味内容は、ドイツ民法第一草案における受領遅滞規定のそれとは明らかに異なるということである。それは、要件として故意・過失を要しないとする点を除けば、結果的にはちょうど、ドイツにおける一九世紀の、債権者遅滞に関するマーダイの見解に等しい。

それでは、穂積博士および梅博士がドイツ民法第一草案やその理由書を参考として考えた受領遅滞が右のような意味内容のものとなったことには、どのような事情が考えられるであろうか。結論をいえば私は、これについては、両博士においてドイツ民法第一草案の考え方に関する誤解ないし誤った推論があった、これによって両博士は、右のような意味内容を持つものとしてのわが国の受領遅滞を考えることとなったのではないかとみる。すなわち、ドイツ民法第一草案やその理由書に述べられている意味内容について本稿が**二**ないし**四**で明らかにしたところと穂積博士による原案四一二条の提案説明および梅博士の見解とを比較して、私は具体的には次のように考えるものである。

1 「誤解」についての第一の可能性

五1(二)において、受領遅滞の成立要件(過失の要否)に関する部分についての穂積博士の説明を紹介した中に、次のような文章があった。すなわち、「夫故ニ瑞西債務法抔ニ於テハ『其受取リヲ拒ムトキハ』トカ或ハ索遜抔ニ於テハ『不法ニ拒ム』トカ云フヤウニ書テアリマスガ、澳太利ハ何時モ言葉ガ簡単デ能ク分リマセヌガ、言葉丈ケデ見ルト『受取ヲ遅延シタルトキハ』ト書テアリマス。独逸抔デハ説明デ分ツテ居リマスガ、単ニ『受取ラサルトキハ』トアリマス。之デモ言葉丈ケデハ分リマセヌガ、其理由書抔ヲ見マスルト、『受取ラサル事実アリタルトキハ』ト云フ風ニ説明シテアリマス。又独逸民法ノ売買ノ所ニモ矢張リ二重ニ規定ガアリマシテ、『買主ハ之ヲ受取ルヘキ義務ヲ有スル』ト云フコトガ書テアリマス。」（傍線は引用者）。

以上の点から推測すると、穂積・梅両博士は、ドイツにおける受領遅滞は受領義務の不履行という債務不履行制度であると誤解した、そこで、わが国でもこれと同じように受領遅滞制度を創設しようと考えた、という可能性がまず第一として思い浮かぶ。この推測は、ドイツにおける買主の引取義務の規定は「二重の規定である」という、右の引用文中にある穂積博士の発言に基づくものである。すなわち、穂積博士は、ドイツにおける受領遅滞は受領義務の不履行という債務不履行責任であると誤解していたのではないか、そこで、穂積博士は、受領義務を一般的に認めてこの義務不履行を受領遅滞としているドイツでは、本来もはや重ねて規定すべき必要のないはずの買主の引取義務について売買のところにさらに規定をしているとして、ドイツでは引取義務について「二重ニ規定ガアリマシテ」と表現することになったのではないか、ということである。

けれども、かかる意味での「誤解」を想定することは、実はおそらく正しくはないであろう。両博士がドイツの受領遅滞全般を以上のように債務不履行の制度だと誤解した可能性は薄いといわざるをえまい。なぜなら、穂積博士の説明からは、博士たち起草委員は受領遅滞についてのドイツ民法『第一草案理由書』にも十分に目を通していたことが明らかである。そして、本稿でもすでにあとづけしたように、そこには、債権者に受領義務があるとする見解は支持しないことが明確に表されている。そうであれば、両博士において、この点はすでに十分把握していたと考えられるからである。

2 第二の可能性

そこで私は、穂積博士および梅博士が引取義務（受領義務）不履行に受領遅滞の意味内容を結び付けたことには、結局以下のような事情があったのではないかと推測するものである。それはこうである。すなわち、穂積・梅両博士は『第一草案理由書』を参考としたのであるから、その際には第一草案二六一条（現行三〇四条）について説明した部分にも触れたはずであり、そうであれば、その中にあるかの叙述、すなわち、「ただし、債権者が例外的に受領をする義務があるところの諸場合においては、受領遅滞が同時に履行遅滞でもある限りで、債権者は全損害を賠償すべきものとなる。」という叙述[1]にも触れたはずである[2]。ところで、すでに本稿で明らかにしたように[3]、「債権者に例外的に受領の義務があるときに、彼がこの義務に違反する場合」について、第一委員会ないし第一草案が考えていた効果は、文字どおり履行遅滞すなわち債務者遅滞ということであった。しかし、『第一草案理由書』の第一草案二六一条説明部分で右の叙述に触れた穂積博士および梅博士は、これによって、「債権者は、自己に受領の義務があるときに、これに故意または過失によって、すなわち有責的に違反すると、履行遅滞の性格を持つ受領遅滞となる。すなわち、ドイツでは受領義務違反と受領遅滞とはこのような関係に立つ。債権者に例外的に受領義務があるときに彼がこれに有責的に違反するときに限って、受領遅滞は履行遅滞の性質を有する債務不履行責任となる。」と理解してしまったのではあるまいか[4]。

ところで、こうして、『第一草案理由書』における第一草案二六一条説明部分から、受領義務がある場合におけるその違反と受領遅滞との関係につきこれを右のように理解した穂積博士および梅博士は、さらにこのことに、ドイツでは第一草案において買主の引取義務が規定されているとの事実（およびこの規定に関する『第一草案理由書』における解説内容）を照らし合わせ、次のように考えたのではあるまいか。すなわち、債権者に例外的に受領の義務がある場合とは、ドイツでは具体的には、売買の場合における買主の立場がこれに当たる。すなわち、ドイツでは売買の場合に買主に引取義務が課せられているのであるから、これが、債権者に受領義務がある場合の具体例にほかならない。そうであれば、ドイツでは、目的物の引渡について債権者であると同時に引取について債務者である買主がこの義務、すなわち、引取義務（受領義務）に有責的に違反する場合には、買主は「受領遅滞（債権者遅滞）」という債務不履行となる。(5) つまり、この場合においてドイツでは、受領遅滞は引取義務（受領義務）違反という債務不履行責任となるのである、と。

かくして、穂積博士および梅博士はさらに、こう考えたのではなかろうか。ドイツでは売買における買主が引取義務に有責的に違反する場合に受領遅滞は債務不履行責任となるのであるが、(6) わが国では、引取義務ないし受領義務の問題に関しては、売買の場合や他の有償契約の場合にのみこれを問題とすべきではなく、贈与などの無償契約の場合も含めて広く問題とすべき事柄としてこれを受け止めるべきであり、そうであれば、わが国では、債権者による引取義務ないし受領義務の不履行は売買などの場合に限らず広く一般的に問題となりうるはずである。したがって、わが国では、ドイツに倣って受領遅滞という制度を考えるのであれば、ドイツの考え方をさらに推し進めて、これを広く一般的に債務不履行責任と構成しうるはずである、と。そこで、穂積博士および梅博士は受領遅滞をかかる意味内容を有するものとして構想していったのではあるまいか。すなわち、両博士はこのようにして、受領義務（の不履行）の問題と受領遅滞責任とを結び付けたのではあるまいか。(7)

そして次に、受領遅滞の成立要件（過失の要否）の点では、両博士は、ドイツ民法第一草案二五四条に関する『第一草案理由書』の叙述を参考としつつ、債務者としては自己の側でなすべきことはすべて行なっているという点を重視して、その構想したわが国の受領遅滞について債権者の過失を要しないとの立場をとることを考えたのではなかろうか。すなわち、『第一草案理由書』を参考とした結果が、穂積博士の説明や梅博士の見解の中で示されているところの、受領遅滞成立にとって過失を不要とするについての考慮ないし理由となって現われていると評してよいと思われる(もっとも、穂積博士が、わが国の危険負担における債権者主義の根拠を引き合いに出している点は博士たち起草委員のオリジナルだといえよう)。

換言すれば、債務不履行責任の成立要件には、今日では、帰責事由の点につき明文に規定のある履行不能の場合(四一五条後段)のほか、遅滞責任についても解釈論上、過失の存在が要求されるわけであるが——ただし、債務者は不可抗力をもって抗弁となしえないとの明文(四一九条二項後段)のある金銭債務の場合についてはもちろん別である——、債務不履行責任の成立要件に過失を要求すべきかどうかについての決断にとって結局の決め手は価値判断のはずであり、そうであれば、穂積博士および梅博士は、債務者は自己の側でなすべきことはすべて行なっている点を『第一草案理由書』の叙述を参考としつつ重視して、その考えるところの受領遅滞、すなわち、債務不履行責任としてのそれの成立には過失不要との価値判断に立ったと評すべきものであろう。そして、このことは、債務者の履行遅滞責任についても、その成立に過失の存在を不要と考えていた梅博士にとっては、これと同列に判断すべき事柄として位置づけられたということであろう。(8)

なお、以上のような推測によれば、法典調査会の場で穂積博士が、「又独逸民法ノ売買ノ所ニモ矢張リ二重ニ規定ガアリマシテ、『買主ハ之ヲ受取ルヘキ義務ヲ有スル』ト云フコトガ書テアリマス。」(傍線は引用者)と表現しつつ説明したことは、同博士においてはごく自然な説明であった、と評すべきものとなる。(9)(10)(11)

（1）　二の2(二)(2)参照。
（2）　当該箇所について、司法省『独逸民法草案理由書第二編巻二』（沢井要一訳）（明二二）一三八頁は、「将タ債権者カ諾受ノ義務ヲ有スル場合ニ於テハ其債権者ハ『モラ、アクチピエンヂ』〔受領遅滞〕カ同時ニ『モラ、ソルウェンヂ』〔履行遅滞〕タルトキニ限リ全部ノ利益ヲ賠償スルノ義務アリ」（〔　〕は引用者）と訳出していた。穂積・梅両博士は、その原文とともに、この訳文にも当然目を通していたはずである。
（3）　三の2(二)および(三)、および四参照。
（4）　司法省『独逸民法草案第二巻』（今村研介訳）（明二二）一一頁（第一草案二四六条）、司法省『独逸民法草案理由書第二編巻一』（沢井要一訳）一〇七頁（第一草案二四六条についての理由書解説）などからも、梅博士たちはドイツでは履行遅滞には過失の存在が要求されることを当然認識していたと思われる。
（5）　穂積・梅両博士は、ドイツでは請負における注文者にも引取義務があることをも認識していたと思われるから（後注(10)参照）、ドイツにおける請負の際の注文者の引取義務（違反）についても同様にこのように考えたのではないかと思われる。
（6）　および、請負における注文者の引取義務違反の場合。前注(5)および後注(10)参照。
（7）　なお、奥冨晃「受領義務論と受領遅滞責任論との関係は今後どう解すべきか（五・完）——両者の議論の峻別の提唱」南山法学二一巻四号五六頁以下も参照。
（8）　この点については、五の注(16)参照。
（9）　すなわち、穂積博士はこれを、「受領遅滞に関しては売買のところにも二重に規定がある」との意味で言っていると理解するのがすなおであり、妥当であると考える（奥冨・前掲論文五七頁参照）。
　なお、穂積・梅両博士において受領遅滞を債務不履行責任として構想したことの事情としては、第三に、次のような可能性も一応考えられなくはない。それはこうである。すなわち、両博士は、ドイツ民法第一草案の受領遅滞は債務不履行責任を意味する制度ではなく、また、同草案における買主の引取義務の規定と受領遅滞責任とは別個のものであることをも認識していた。しかし、両博士は、受領義務を広く一般的に認めようと考えるわが国では、ドイツ民法第一草案にある受領遅滞という制度につき、これをわが国においてアレンジし、受領義務の不履行と結び付けて、受領遅滞をかかる意味での債務不履行の制度と構成していくことが適切であると敢えて意識的に考えて、そのように組み立てたという可能性である。

この第三の可能性の場合には、両博士における受領遅滞の意味内容は、もはやドイツ法に対する誤解に基づくものと評すべきものではなく、両博士の独創であったと評価すべきものとなろう。しかし、両博士において受領遅滞が債務不履行の制度として構想されたことの事情をこのように理解することには、穂積博士の発言と照らし合せるとき、やはり私は賛成できない。すなわち、両博士についての事情を右のように理解するなら、穂積博士がドイツにおける買主の引取義務規定をなぜ「二重」の規定と評価したのかについてこれを整合的に説明することはむずかしいのではあるまいか。もしもこれを敢えて説明しようとすれば、「受領遅滞に関する穂積博士の見解に引き付けて言えば、ドイツ民法第一草案の中に存在する買主の引取義務の規定は『二重』の規定である」(買主が引取義務に違反する場合には、穂積博士の見解からすれば受領義務不履行としての受領遅滞となるのは当然である。したがって、穂積博士の立場からすれば、ドイツ法における引取義務の規定は不要な、すなわち、「二重の」規定である)との意味である、とでもすべきものとなろう。つまり、穂積博士の発言は、受領遅滞についての博士の見解（自己の立場）を基準にしてドイツ法を評価してのものであった、とするわけである。

しかし、穂積博士は、受領遅滞の要件に関する問題のところでドイツ民法草案に言及するという脈絡の中でドイツにおける買主の引取義務規定の存在にさらに言及し、これについて、「二重に規定がある」と解説しているのだから、右のような説明にはやはり無理があると思われる。

(10) なお、穂積博士による原案四一二条の提案説明の中では、ドイツ民法第一草案における引取義務についでは「売買における買主」のそれを挙げるのみである。そうだとすると、ドイツ民法の請負における注文者の引取義務に関しては穂積博士そしてさらに梅博士には知られていなかったのであろうか。そうではないであろう。買主の引取義務についてのみ穂積博士の説明の中で挙げられたのは、私の推測では、わが国の受領遅滞制度創設の構想が売買における買主の引取義務問題を契機として浮上したものであること――かかる事情をそのまま映して、原案四一二条・現行四一三条は、起草委員の当初の案では売買の規定中に置くべきものとして考えられていたところの「買主の引取義務」規定を基に起草委員間でさらに問題を検討した結果を提示するという形で、売買に関する規定の審議の際に提出されている（五の1参照）――、および、注文者の引取義務についての『第一草案理由書』の記述が、売買における買主の引取義務の規定を類推したものと述べるのみであった（三2㈠参照）こと、に関係があるように思われる。いずれにせよ私は、穂積・梅両博士はドイツにおける注文者の引取義務についてもこれを認識していたとみるのが適切であると考える。というのは、法典調査会民法議事速記録四・五二五頁から五八二頁にかけて、明治二八年七月五日の第一〇〇回法典調査会および明治二八年七月九日の第一〇一回法典調査会における請負契約の問題に関する審議内容が記されているが、この中で請負契約に関する各条文の草案につき、参照した外国法として挙げられたものの中には、いずれの草案に対しても、他の外国法に混じってドイツ民法第一草案の条文も挙げられている。このように、請負契約の場合にも、ドイツ民法第一草案の諸条文をも起草委員は参照していることが明らかであることから、穂積・梅両博士は、ドイツにおける注文者の引取義務規定の存在も当然すでに認識していたと考えることが自然だと思われるのである。そして、この際には、司法省『独逸民法草案第二巻』（今村研介訳）一〇七頁以下（請負契約の規定部分。訳では「作功契約」となっている）や、司法省『独逸民法草案理由書第二編巻二』（沢井要一訳）三〇二頁以下（請負契約部分についての理由書の訳。ここでも「作功契約」と訳されている）も大いに利用されたはずである。

ただし、各草案の下で挙げられる参照外国法としてのドイツ民法第一草案の中に、引取義務についての規定である第一草案五七二条の文字はない。けれどもこれは、第一草案のこの条文に直接対応する請負契約に関する条文が穂積博士や梅博士たち起草者の草案には存在しなかったのであるからむしろ当然である、とみるのがすなおな理解であろう。そして、請負契約について注文者の引取義務の規定を草案に入れなかったのは、これについても穂積・梅両博士においては、わが国では「受領遅滞」の問題として対応しうる、と考えたためと推測しうる。

そして、『第一草案理由書』における第一草案五七五条についての説明に対する穂積・梅両博士の態度も以上と同様であったと推測してよいと考える（第一草案五七二条と同じく、第一草案五七五条についても参照条文には挙げられていない）。すなわち、両博士は理由書における第一草案五七五条についての説明内容も当然認識していたとみるのが自然であろうが、そこで述べられている内容についても、わが国では「受領義務不履行としての受領遅滞」によって対応しうると帰結したことが推測される。

すなわち、結局、穂積・梅両博士においては、『第一草案理由書』における第一草案五七五条についての説明から、『第一草案理由書』における第一草案二六一条に関する説明中のかの叙述（「ただし、債権者が例外的に受領をする義務があるところの諸場合においては、……」）の正確な意味を引き出すことはきわめて困難であったと思われる。なぜなら、これは、『第1草案理由書』（Motive, Bd. II, S. 76, 496f. = Mugdan, Bd. II, S. 42, 277）のほかに、第1委員会における議事録を含む審議資料（Jakobs = Schubert, Beratung, SchuldR I, S. 359; ders., Beratung, SchuldR II, S. 889）があってはじめて可能となる事柄だと思われるのであるが（三の2㈠および㈢参照）、後者の資料は近時ようやく公刊されたものであり、両博士が受領遅滞を構想した当時には参照すべくもなかったのだからである。それゆえ、両博士は本文に述べたような理解・発想に基づいてわが国の受領遅滞を構想し、したがって、ドイツ民法第一草案五七二条の規定する注文者の引取義務の問題についても、またこれのみならず、仕事完成前に注文者の協力が必要な場合において生じうる問題をめぐって『第一草案理由書』（第一草案五七五条説明部分）の中で説明されている議論についても、むしろ、わが国では「受領遅滞」によって対応すると考えたであろうことが推測されるのである。

(11)　以上の本文2における考察によって、以前私が行なった同種の分析・検討（奥冨・前掲論文五六頁以下）を大幅に補充しておきたい。

七　穂積・梅両博士の考えた受領遅滞に対する評価

ところで、穂積・梅両博士の考えた受領遅滞の基礎には、ドイツ民法第一草案に対する以上のような形での誤解が存在していたのだとしても、かかる事実を根拠として、「両博士の考えた受領遅滞」には問題があったと直ちに結論づけるとすれば、これには論理の飛躍があり、早計であるといわなければならないであろう。なぜなら、構想の事情はどうであったにせよ、両博士の考えた受領遅滞は、結果として、わが国において理論的には問題がなく、この意味で瑕疵のない理論的構成物であったと評価できるのであれば、少なくともこの限りでは、両博士の考えた受領遅滞には問題はないはずだからである。

そこで、ここにおいて、われわれはさらに、この点について検討しておかなければならない。

さて、私は、構想の事情とその結果とは一応別だとしても、後者、すなわち、「両博士の考えた受領遅滞」は結局適切ではなかったと評価するものである。その理由は次のとおりである。すなわち、両博士は受領義務の不履行を受領遅滞と考えたわけであるが、この場合、受領遅滞責任、言い換えると、受領遅滞の諸効果の根拠ないし根元は、究極的にはすべて、債務不履行にあることになる。けれども、受領遅滞が成立するためには、債務者（弁済者）による「弁済の提供」の存在が必要である。そうだとすれば、弁済の提供がなされたにもかかわらず、これを債権者が受領せず、あるいは受領できない場合に成立する受領遅滞の効果には、通常の場合、当然、受領遅滞の成立要件である「弁済の提供」の効果も含まれると考えることが自然のはずである。そして、この点については、すでに**五**において紹介した梅博士の見解を敷衍すれば明らかなように、梅博士自身も承認していたところである。

しかし、そうであれば、ここに理論上の問題が浮かび上がる。それは、弁済提供の効果は、果たして債務不履行の効果なのかということである。そして、これについては、もちろんこれを否定しなければならない。両博士においても、弁済提供の効果を債務不履行の効果であると考えることはしなかったはずである。(1)

こうして、「両博士の考えた受領遅滞」には、制度の本質と効果とを対比する場合に顕在化する内在的瑕疵があったといわざるをえない。

以上を、両博士が受領遅滞制度を構想したねらいという面に視点をおいて、この観点から整理していえば、両博士が受領遅滞の規定を興すにあたって念頭においていた効果は、債務者に損害賠償請求権を認めることと危険の移転であったことが、**五**に紹介した穂積博士の提案説明およびこれに続く質疑応答や梅博士の見解から明らかであるが、このようなねらいのためであれば、引取義務ないし受領義務の不履行を意味するものとしての受領遅滞制度の創設を考えたことは適切ではなかった、ということである。これによって、受領遅滞の効果には弁済提供の効果という異質の効果も同時に含まれるものとなるのみならず、「危険移転の効果」についても、これが債務不履行の効果とは異質であることは明らかのはずだからである。

もっとも、受領遅滞を債務不履行の制度であると構成する場合、弁済提供の効果と受領遅滞の効果との関係については、我妻博士の見解があることは周知のとおりである。けれども、私は、我妻博士の議論に賛成することはできない。すなわち、我妻博士の見解は、「多くの学説においては、提供の効果と債権者遅滞の効果とを同視し、債権者についての増加費用の負担、債務者についての注意義務の軽減などをも提供の効果とする。然し、私は、債権者遅滞とは、提供があるに拘わらず債権者が受領しないことがその責に帰すべき事由に基づく場合に限るものと解し、提供自体の効果と債権者遅滞の効果とを区別すべきものと思う。然るときは、提供自体の効果は右の(イ)〔債務者において債務不履行責任を免れること〕(ロ)〔約定利息の発生の停止〕(ハ)〔双務契約において同時履行抗弁権を失わせること〕三つの消極的なものに限る。そして、債権者の不受領がその責に帰すべき場合には、債権者遅滞として、債権者は債務不履行の責任を負うに至るのであるから、多数説が右の提供すなわち債権者遅滞の効果とするものの他になお損害賠償の請求権と契約の解除権とを生ずることになる」[2]（〔　〕内は引用者）というものである。

これを要するに、我妻博士の見解は、受領遅滞は受領義務の不履行という債務不履行であるから、この成立には帰責事由を要し、したがって、この基準によって受領遅滞の効果と考えうるもののほかは、受領遅滞の効果とは区別「すべき」である（受領遅滞の効果と「すべきではない」）という議論であり、いわゆる演繹的な議論（まず受領遅滞の効果はこれであるという結論があり、これからはずれるものは受領遅滞の効果からはずすという論法）であるということができるであろう。したがって、ここには、弁済提供の効果はなぜ受領遅滞の効果でないと「しうる」のかの根拠は示されていない[3]。しかし、重要なのは実はまさにこの点、すなわち、なぜ、そもそもこのように演繹的に考えてよいのかのはずであり、したがって、この点についての説明を欠く我妻説は、弁済提供の効果が受領遅滞の効果ではないという点に対する論拠として、必ずしも説得力を有するものではないと考える。私は、虚心に考えた場合、上述のとおり、「弁済の提供」は受領遅滞の成立要件のひとつなのであるから、弁済提供の効果は通常の場合、受領遅滞の効果となると考えるのがごく自然ではないかと思うのである[4]。

かくして、やはり「穂積・梅両博士の考えた受領遅滞」は必ずしも適切なものではなかったといわざるをえない。

以上を別の言葉でいえば、両博士において、引取義務ないし受領義務の不履行と受領遅滞とを結び付けたことに問題があったということになろう。以上に指摘した問題が生ずる根本の原因は、ここにあったと評価しうるはずだからである。(5) 要するに、両博士においては、ドイツとは異なり「弁済提供の効果」の規定のあるわが国で、「弁済の提供」をその成立要件とする受領遅滞を、これもドイツとは異なり、債務不履行の制度として構想したことに問題があった。(6) そして、両博士にこのような方向をとらせた契機となったものが、ドイツ法の存在（その誤解）であった、ということである。

（1） 奥冨・南山法学二一巻四号五五頁参照。

（2） 我妻栄『新訂債権総論』（岩波書店、昭三九）二三四頁以下。

（3） 奥冨・前掲論文七六頁も参照。

（4） このことを奥田教授の的確な表現（奥田『注釈民法⑽』二五四頁）で言い換えれば次のようになる。「弁済提供の効果として捉えられるものを強いて受領遅滞の効果から除外し、両者は相互に排除関係に立つとまでいう必要はあるまいと考える。なぜなら、弁済の提供に対して然るべき債権者の協力（受領）がなされておれば、そもそも弁済提供の効果（＝不履行責任の免除）を問題とする余地はないのであって、これが問題となるのは、受領がなされないがゆえにほかならない。したがって、提供の不受領が直ちに受領遅滞を生ぜしめる通常の場合は、提供の効果を受領遅滞の効果の中へ吸収して妨げなきものと考える。」私も、このような奥田教授の考え方に与するものである。

（5） なお、「穂積・梅両博士の考えた受領遅滞」の構想事情が、もしも仮に、私が六の注（8）で第三の可能性として（私自身はこれに否定的であるものとして）挙げたようなものであったとしても、「穂積・梅両博士の考えた受領遅滞」に対する本稿の「評価」には変わりはない。

　本文の以上の「評価」については、奥冨・前掲論文五四頁以下も参照。

（6）　すでに、奥冨・南山法学二〇巻二号一六七頁以下も参照。なお、弁済提供の効果に関する規定（現行民法四九二条）の立法過程については、すでに次のような研究がこれを紹介している。前田達明「債権者遅滞について」判例タイムズ六〇四号（昭六一）三頁（本論考は後に、同教授の『民法随筆』（成文堂、平元）一八二頁以下に収められている）、同『口述債権総論第三版』二九二頁以下（初版＝『口述債権総論』二六八頁以下）、奥田『注釈民法⑽』二三二頁以下、窪田充見「〈史料〉債権総則（四八）」民商法雑誌九六巻四号（昭六二）一一四頁以下、北居功「民法四九二条の発展的沿革」慶應義塾大学大学院法学研究科論文集二五号（昭六二）三一九頁以下。また、最近では、早川『民法典の百年Ⅲ』二一一頁以下が、現行四九二条の成立史を詳しく紹介する。なお、奥冨・上掲論文一五六頁以下も参照。

八　結　語

本稿では、ドイツ民法における受領遅滞規定と引取義務規定についてその有する意味内容や機能、および両者の相互関係を確認することができ、また、穂積・梅両博士の考え方をこれと照らし合せることによって、両博士がわが国において受領遅滞を構想し、これを規定化することとした事情を一定程度明らかにすることができたと思う。そして、「両博士の考えた受領遅滞」に対しては批判的な評価を加えた。

受領遅滞に関しては、穂積博士や梅博士の見解より後のわが国の議論でも、本稿の視点からは問題であると思われる点、すなわち、受領義務を認めれば受領遅滞は債務不履行責任となるとの理解については疑われることがなく、むしろこれは当然の前提とされて論争が展開されてきたように思われる。しかし、この理解・前提そのものに実は問題があると思われる以上、従来の議論は、実際には根本的な問題を内包しつづけてきたのではないかと私は考える。したがって、私は、今後わが国では、従来の議論が抱えてきたこの問題点を直視し、従来とは異なる前提の下に受領遅滞および受領義務ないし引取義務の問題について考えていくべきものと思う。具体的には、今後わが国では、ドイツ法と同じように、この二つの問題は別個のものとしてこれを分けて考えていくことが妥当であると思われる。(1) そうだとすれば、現に存在するわが国の受領遅滞規定については、穂積博士や梅博士の考え方からは離れ、受領義務ないし引取義務の不履行という問題とは無関係のものとして、すなわち、受領を拒み、または受領することができない債権者は債権者として一定の不利益を負担すべきことを定める規定として解釈すること（本稿のような考察の結果を根拠として、いわゆる法定責任説の帰結を基本的に支持すること）が妥当のように思われる。(2)

(1)　受領遅滞と引取義務（違反）とが、かのように機能分担されているドイツ法（四参照）と対比していえば、弁済提供の効果の条文（四九二条）も存在するわが国では、弁済提供の効果と受領遅滞の効果とはほぼ表裏一体のものと考え、また、受領義務ないし引取義務の問題については、かかる義務をいかなる場合ないし範囲において認めるにせよ、かかる義務の不履行は受領遅滞の問題とはもはや切り離し、債務者遅滞（四一二条）の問題として考えていくことが妥当だと思う。

なお、すでに私は、奥冨晃「受領義務論と受領遅滞責任論との関係は今後どう解すべきか（一）～（五・完）——両者の議論の峻別の提唱」南山法学一九巻三号（平七）一二三頁以下、同二〇巻二号（平八）一五三頁以下、同二〇巻三・四合併号（平九）三二七頁以下、同二一巻三号（平九）一頁以下、同二一巻四号（平一〇）四三頁以下において、わが国における従来の議論を対象として、今後わが国では受領義務論と受領遅滞責任論とは峻別すべきであり、二つは別個に論じていくべきことを主張している。また、奥冨晃「買主および注文者の引取義務問題に関する若干の考察——ドイツにおける近時の一議論の紹介を兼ねて」南山法学二二巻三号(平一〇)二三頁以下において、受領義務ないし引取義務の問題に関し、わが国ではかかる義務をいかなる場合ないし範囲において認めるべきかを論じている。

私のかかる一連の研究の中では本稿は、今後わが国では受領義務論と受領遅滞責任論とは峻別すべきであり、二つは別個に論じていくべきであるという右のことを、穂積博士や梅博士たち起草委員が参考としたドイツ法の考え方を確認し、これと穂積・梅両博士の考え方とを比較し検討することによって得られる結論の観点から根拠づけるものとして位置づけられる。

(2)　もっとも、かかる場合も、さらに具体的に、いかなるものを受領遅滞のみの効果として考えるべきか、逆にいかなるものは受領遅滞の効果と敢えて考えなくてもよいかといった点を考察していく必要があると思われ、かかる考察は、結局、わが国における受領遅滞制度の存在意義の問題に連なるものと考える。これについては、今後の課題としたい。

5　「契約上の地位の引受」の経済分析

斉藤充弘

一　はじめに

「契約上の地位の引受」とは、契約関係の一方当事者たる地位を包括的に第三者に移転する法律行為であるといわれている。(1) この法律行為が経済取引社会において重要な役割を演じていることがかねてより指摘されてきたが、(2) どのような具体的な経済取引状態で有用なのかは、必ずしも明らかではない。

このような学説の趨勢の中で、過去もっとも詳細に契約上の地位の引受の経済的機能に関して論述したものに神田論文がある。(3) それによれば、契約上の地位の引受が経済的機能を発揮するのは、まず「一連の理由から(契約の一方当事者が)債権の行使をなし得ず、あるいは債権行使について何ら利益をもたない場合」(カッコ内筆者)であるという。具体的な例として、この論文では、「賃借人が賃借物を自ら使用し得ない事由が生じた場合、あるいは営業主が営業譲渡の後、営業に伴う雇傭契約についても何ら利益を有しなくなった場合など」があげられている。そして、このような場合に契約上の地位の引受が経済的機能を発揮する理由として、「賃借人は期間満了前は解約し得ず、また解約権を留保したときも解約申し入れ後なお一定期間は賃料を支払わなければならない(民法六一七・六一八条)。同様に、使用者は労務者の労務給付を必要としないにもかかわらず解約できず、また解約できてもなお一定期間賃金を支払わなければならない(民法六二六条・六二七条、労基法一九・二〇条)」ので、これらの経済的不利益を回避する法的手段として、契約上の地位の引受が行われるという。また、「義務の履行が予定したよりも困難であったり、または当事者が自らの責めに帰すべき事由により義務を履行し得なくなる場合」にも契約上の地位の引受が導かれる。具体的な例として、「製品を供給すべき義務を負った工場経営者が履行源(Erfüllungsquelle)ないし履行財産(Erfüllungsgut)であるところのその工場を第三者に譲渡するような場合」があげられ、「この場合、彼がおなじ製品を他から調達して相手に供給することは必ずしも可能でない」ので、単なる債務引受をするよりは、工場の譲受人に契約を引き受けてもらったほうが経済的に「望ましい状態」になるという。

この神田博士の契約上の地位の引受の経済的機能の分析は、たいへん示唆に富むものがある。まず、契約の一方当事者が契約上の地位を第三者に引き渡そうと欲する動機は、神田博士の指摘するように、何らかの個人的事情によって、その当事者にとって契約を維持することが経済的利益をもたらさなくなった場合である。当事者の合意にもとづいて成立した契約は、原則として、一方的に取り消したり、解除したりすることはできない。このような契約の強い当事者拘束性は、時として事後的に自ら締結した契約に経済的利益を見いだすことができなくなった当事者にとって、[4]経済的損失をもたらす足かせになる場合があり得る。そこで、契約の継続性は維持しつつ、その当事者を契約関係から離脱させることができれば、経済合理性という観点からしても、より望ましい状態が実現する。このような経済的要請にもとづいた法理論として発展してきたのが、契約上の地位の引受論なのである。したがって、契約上の地位の引受の経済的機能は、契約関係から離脱しようとする当事者が負わなければならない経済的リスクを回避するという点に求められなければならない。[5]

しかし、契約当事者に与えられた経済的リスク回避の法的手段は、なにも契約上の地位の引受にとどまるわけではない。たとえば、神田博士も指摘するように、債権を譲渡することによって得られる利得を反対給付という不利益の引き当てとしたり、解除や転売という法的手段をとることも可能である。そうであるとするならば、これらの法的手段の選択と契約上の地位の引受という法的手段の選択との間に経済的な優劣関係がどのように存在するのかを分析・検討しなければ、契約上の地位の引受の経済的機能を真に解明したことにはならない。確かに神田博士は、契約上の地位の引受と債権譲渡や債務引受を活用したリスク回避の方法を比較検討したうえで、前者が後者よりも優れていることを論証している。しかし、解除と転売という法的手段との相互関係については、必ずしも明確な分析がなされているとはいえない。(6) たとえば、神田博士は、解除がまったくできない場合に、契約の一方当事者が契約に拘束されるという経済的リスクを回避するために、契約上の地位の引受が経済的機能を発揮するとしている。(7) もちろんこのような場合は、解除という法的手段を選択することはできないので、契約上の地位の引受との相互関係を考察する必要性は必ずしもない。しかし、解除が認められる場合には、相対的に契約上の地位の引受がもっとも優れたリスク回避手段であるとは直ちに結論づけることはできない。なぜなら、契約上の地位を第三者に引き渡す際にも、その第三者の選定・交渉・手続き等にかかる費用――いわゆる取引費用――のような経済的不利益が発生するからである。また、契約上の地位そのものが、その引受に際して譲渡される所有権の価格や営業権の価格自体を引き下げるという経済的不利益をもたらすかもしれない。したがって、契約上の地位を第三者に引き渡すことによって生ずる経済的リスク――もちろんそれによって得られる利益はそこから控除される――が、解除によって生ずる経済的リスクを上回る場合には、むしろ契約上の地位の引受よりも解除を選択した方が経済的に有利であるということになる。つまり、契約上の地位の引受が経済的機能を発揮するのは、契約の解除がまったくできないか、あるいはその行使が経済的不利益を伴う場合で、しかも契約上の地位の引受にかかる取引費用が、その不利益を下回る場合であると解することができる。

ところが、ここまで詳細に理論を展開してみると、さらにいくつかの疑問が生ずる。たとえば、神田博士によれば、契約上の地位の引受が経済的に機能する例として、解除がまったく認められないか、あるいは解除を選択することによって経済的リスクが生ずる場合があげられている。そうなると、たとえば解除にまったく経済的リスクが伴わない場合は、解除が選択されることになるので、契約上の地位の引受は経済的に機能しないということになる。しかし、解除にまったくの経済的リスクが伴わない場合でも、契約上の地位そのものに経済的プレミアムが存在し、それが契約上の地位の引受に伴う取引費用を上回る場合には、むしろ解除よりも契約上の地位の引受を選択した方が経済的である場合もある。(8) また、神田論文では、契約上の地位の引受と転売との相互関係については、なんら記述されていない。これは、契約上の地位の引受の経済的機能を考察するに際して、対象とする契約を継続的サービス供給契約に限定したことに起因しているものと思われる。確かに、これらの契約においては、転売という法的手段を選択する余地はないが、契約上の地位の引受がこれらの契約に限定されない以上、(9) 他の一般的なモデル契約を例示して契約上の地位の引受と転売との相互関係を明確にする必要があったように思われる。

このように神田論文は、契約上の地位の引受の経済的機能を初めて検討の対象とした点で評価されるが、その分析が不完全であるため、理論の進展を将来の課題として残す結果となった。本稿は、その課題を引き継ぎ、契約上の地位の引受のより詳細な経済分析を試みることによって、他の法的手段との経済的優劣関係を明確化し、契約上の地位の引受の経済的機能に影響を与える諸要因について考察することを目的とする。

そのためにはまず、モデル契約を動産（不特定物）の売買契約とし、必要に応じて不動産および特定動産の売買契約についても検討する。(10) 次に、それらの契約の買主の地位の引受と売主の地位の引受を分類して、契約上の地位の引受と解除・転売の相互関係を考察する。その際には、市場価格の変動をも考慮の対象とする。(11)

二　動産（不特定物）売買の買主の地位の引受

買主が何らかの個人的事情によって、その目的物を取得する必要性がなくなった場合、以下のような法的手段が選択されることが予想される。まず、買主は、契約を解除することによって契約の履行を回避することが考えられる。次に、買主は、その契約当事者たる地位を第三者に引き渡すことにより契約の履行を回避することが考えられる。最後に、買主は、いったん契約を履行したうえで取得した動産を第三者に転売することが考えられる。ここではこれら三つのモデルを想定し、その優劣関係を検討する。まず、「契約上の地位の引受」と「違約金等の支払いによる契約解除」選択の優劣関係を考察したうえで、「契約上の地位の引受」と「転売」選択の優劣関係に論を進める。とくに前者については、より議論を詳細にするために、契約目的物である不特定物の市場価格が不変・騰貴・下落した場合に分類する。[12] これにより、具体的にどのような場面で契約上の地位の引受の経済的機能が相対的に高くなるかが明確になるものと思われる。

1　「契約上の地位の引受」と「違約金等の支払いによる契約解除」選択の優劣関係

(1)　目的物の市場価格が不変の場合

買主が契約の解除を選択した場合の損益状態を明確にするために、それによって消滅する不特定物の引渡請求権――プラス資産――と代金支払債務――マイナス資産――を検討の対象に含めることにする。[13] もちろん、これらの債権・債務は、本来解除権の行使によって消滅する運命にあるが、買主が契約上の地位の引受との優劣関係を明確化させるために、便宜上債権・債務を存続させた状態にしておく。また、この場合、違約金等の定めがあるときは、[14] その支払が費用として加算される点に注意すべきである（B－B'－I）。

他方、買主が契約上の地位の引受を選択した場合の損益状態を明確にするために、それによって引き渡される動産（不特定物）の引渡請求権と代金支払債務を検討の対象に含めることにする。もちろん、これらの債権・債務も本来契約上の地位の引受によって第三者に移転するものであるが、買主が契約の解除を選択した場合と比較するために、あえて便宜上買主の下に留めた状態で検討する。また、この場合、契約上の地位を第三者に引き渡す際に生ずる取引費用が費用として加算される点に注意すべきである（$K - B' - R$）(15)。

目的物の市場価格が契約価格と同一の場合、解除によって何ら経済的な不利益を受けないならば、買主は目的物購入の必要性がなくなった段階で契約を解除するであろうから、契約上の地位の引受は起こらない（$I > 0$）。買主は、違約金の支払いや損害賠償の支払い等の経済的リスクを回避するために、契約上の地位を第三者に引き渡たそうとするわけであるが、この場合でも契約の解除を選択することによってもたらされる総体的価値よりも契約上の地位を引き渡したことによって得られる総体的価値の方が高いという条件を満たさなければならない。前者の価値が後者の価値よりも高い場合、買主は契約上の地位の引受よりも契約解除を選択するからである（$B - B' - I < K - K' - R$）。

そして、契約上の地位を第三者に引き渡す場合、買主はなるべく契約上の地位に含まれている債権の価格を高く見積もろうとするが、その価値は目的物の現在の市場価格を超えることはできない。もし債権価格が市場価格を超えてしまうと、第三者は買主たる地位を引き受けるよりも、直接市場から目的物を購入しようと考えるからである。結果として、現在の市場価格と契約上の地位に含まれる債権の価格は一致することになる。ここでは、市場価格が不変であるということが条件であるから、解除によって消滅する債権――引き渡される契約の締結当時の市場価格を反映している――と引き渡される契約上の地位に含まれる債権の価値も一致することになる（$B = K$）。

これらの諸条件を公式化すると、以下のようになる。

B－B′－I＜K－K′－R　（I＞0、B＝K、B′＝K′）[16]

（B：解除によって消滅する債権　B′：解除によって消滅する債務　I：違約金等の額　K：契約上の地位の引受によって移転する債権　K′：契約上の地位の引受によって移転する債務　R：取引費用）

公式を数的に処理してみると、買主は、違約金等の額よりも契約上の地位を引き渡す際に生ずる取引費用の方が低い場合に、契約上の地位の引受という法的手段を選択した方が経済的に優位であるということが理解できる（I＞R）。これによれば、契約上の地位の引受の経済的優位性は、まず違約金等の額（I）に影響を受ける。この値が高ければ、それだけ契約上の地位の引受に際して取引費用を費やすことができるようになるので、契約上の地位の引受の経済的優位性が比例的に増加することになる。次に取引費用の額（R）に影響を受ける。この値が違約金等の額を上回ることが予想されると契約上の地位の引受は選択されない[17]。しかも、このコストは売主が目的物を販売するときよりも相対的に高くなるので、このことが契約上の地位の引受の選択を阻害する要因となっている[18]。

ところで、買主と第三者との間で締結される契約上の地位の引受契約に言及しておくと、買主はその地位を第三者に引き渡すわけであるが、それによって債権と同額の債務を同時に引き渡すことになり、しかも債権の価値は不変であるから、両者は対等額で相殺される。したがって、買主は、第三者との間で特約のない限り、その地位を第三者に引き渡すことによって反対給付を得ることもないし、特別な出損を支払うこともない。

(2)　目的物の市場価格が騰貴した場合

動産（不特定物）の市場価格が騰貴した場合、買主は契約を解除すると価格騰貴分の儲けを失うことになるので、解除によって何ら経済的リスクを負わない場合でも契約上の地位の引受という手段を選択する余地がある（I≧0）。この点が、前述の市場価格が不変の場合や、後述する市場価格が下落した場合と大きく異なるところである。もちろん違約金等の定めがある場合は、なおさら契約を解除するよりもその地位を第三者に引き渡した方がよい。

契約上の地位の引受が成立するために必要な条件としては、まず契約上の地位を引き渡すことによって得られる価値が契約解除によって得られる価値よりも高くなければならない（B－B′－I＜K－K′－R）。そうでなければ、買主は契約の解除を選択するからである。また、契約上の地位を引き渡すことによって得られる価値は、騰貴後の目的物の市場価格の額よりも低くなければならない。それが逆のときは、第三者にとって契約上の地位を引き受けるより直接市場から目的物を購入した方が有利となるからである。しかも、買主は、現在の市場価格ぎりぎりまで取得する価値を高めようとするから、結果として契約上の地位の引受によって移転する債権の額と騰貴後の目的物の市場価格は一致する（K＝B＋T）。

以上のことを公式によって示せば、以下のようになる。

$$B-B'-I<K-K'-R \quad (I \geqq 0,\ T>0,\ K=B+T,\ B'=K')$$

（B：解除によって消滅する債権　B′：解除によって消滅する債務　I：違約金等の額　K：契約上の地位の引受によって移転する債権　K′：契約上の地位の引受によって移転する債務　R：取引費用　T：市場価格の騰貴分）

この公式を数的に処理してみると（Ｉ＞Ｒ－Ｔ）という結論を得ることができる。まず違約金等の額（Ｉ）が、契約上の地位の引受の成立に影響を与える要因として考えられる。この額が高ければそれだけ契約上の地位の引受の経済的優位性が高くなる。次に取引費用（Ｒ）の存在が影響を与える。この額は上述したように売主のそれと比べて相対的に高くなる傾向にあるが、この値が高ければそれだけ契約上の地位の引受の経済的優位性が低くなる。ところが、不特定物の市場価格が不変であったときと異なるのは、契約上の地位の引受の経済的優位性を阻害する取引費用の存在に対して、市場価格の騰貴分がマイナス要因として働くということである。これにより、（Ｉ）の値と（Ｒ）の値を所与とした場合、市場価格が不変のときよりも契約上の地位の引受が経済的優位性が（Ｔ）の値の分だけ相対的に高くなるということになる。

ところで、この価格騰貴分は、特約のない限り、通常は買主がその地位を第三者に引き渡す際に反対給付として買主——契約上の地位の引渡人——に交付される。この第三者から交付された利得が買主の取引費用に充当され、それだけ契約上の地位の引受の経済的優位性を高めることになる。

(3)　目的物の市場価格が下落した場合

市場価格が下落した場合、解除によって何ら経済的リスクを伴わないとすれば、買主は目的物購入の必要性がなくなった段階で契約を解除するであろうから、契約上の地位の引受は起こらない（Ｉ＞０）。しかも、目的物の市場価格が下落している場合、契約を履行することは市場価格の下落分だけの損失を被ることになるので、なおさら契約解除への誘意性は強くなる。それに対して、解除に違約金等の支払いが課されている場合、契約上の地位の引受が選択されるためには、違約金等の支払いによる契約解除によって得られる総体的価値よりも契約上の地位を引き渡したときに得られる総体的価値が高くなければならない（Ｂ－Ｂ'－Ｉ＜

K－K′－R)。それ以下では、買主は違約金等の支払いによる契約解除を選択するからである。次に、契約上の地位に含まれる債権の価格が現在の市場価格よりも低くなければならない。もしそうでなければ、第三者はわざわざ契約上の地位を引き受けなくとも市場から直接安い価格で目的物を手に入れることができるからである。しかも、買主は、現在の市場価格ぎりぎりまで取得する価値を高めようとするから、結果として契約上の地位の引受によって移転する債権の価格と下落後の目的物の市場価格は一致する（K＝B－G)。

　これらを公式化すると、以下のようになる。

B－B′－I＜K－K′－R　（I＞0、G＞0、K＝B－G、B′＝K′）

（B：解除によって消滅する債権　B′：解除によって消滅する債務　I：違約金等の額　K：契約上の地位の引受によって移転する債権　K′：契約上の地位の引受によって移転する債務　R：取引費用　G：市場価格の下落分）

上記の公式を数的に処理すると（I＞R＋G）という結果を得ることができる。契約上の地位の引受は、これに伴う取引費用が違約金等の額を下回ると予想される場合に選択されることになるが、ここでは市場価格の下落分が契約上の地位の引受の経済的優位性の阻害要因として機能している。この結果、（I）の値と（R）の値を所与とした場合、市場価格が不変のときや騰貴したときに比べて、契約上の地位の引受の経済的優位性が（G）の値の分だけ相対的に低くなるということになる。[19]

　ところで、この価格下落分は、特約のない限り、通常は買主がその地位を第三者に引き渡す際に出損として第三者――契約上の地位の引受人――に交付される。この費用が買主の取引費用に加算され、それだけ契約上の地位の引受の経済的優位性を低めることになる。

2 「契約上の地位の引受」と「転売」選択の優劣関係

買主の個人的事情で契約目的物を購入する必要性が契約締結後消滅した場合、買主としては、その地位を第三者に引き渡すという手段をとることもできるが、他方で契約目的物の引渡を受けたうえで直ちに第三者に転売するという方法をとることもできる。これらの法的手段の経済的優劣関係は、どのような要因によって決定されているのであろうか。

この課題を考察するうえで注意しなければならないのは、市場価格の変動である。前述の「契約上の地位の引受」と「違約金等の支払による契約解除」の選択の優劣関係については、市場価格が不変・騰貴・下落した場合に分類整理したうえで考察した。これは、契約上の地位を引き渡すか、あるいは契約自体を解除するかを決定する時点で、現在の市場価格の変動を買主が認識することができるからである。それに対して、「契約上の地位の引受」と「転売」選択の優劣関係については、契約上の地位の引受を選択するか、あるいは転売を選択するかを決定する時点で転売時の契約目的物の市場価格の水準を買主が予想することは——契約上の地位の引受に伴う取引費用の予想等などに比べても——はるかに困難である。予想が困難であるときは、理論の複雑性を回避するために、あえて予想が不可能であると仮定し、市場価格は転売時まで不変であるということを便宜上前提としたいと思う。

次に、買主の代金支払能力にも注意すべきである。なぜなら、原則として転売という法的手段を選択するためには、買主による代金の支払が必要だからである。買主に支払能力がない場合は、必然的に契約上の地位の引受あるいは違約金等の支払による契約解除が選択されることになる。また、法理論上、転売という法的構成がとれないような場合にも、必然的に契約上の地位の引受あるいは違約金等の支払による契約解除が選択されることになる。本稿の場合、買主は、契約上の地位の引受と転売のいずれの法的手段も選択可能であることを前提としているので、転売選択に関するそれらの障害はないものと仮定して論を進める。

それでは、これらの前提の下で、「契約上の地位の引受」と「転売」選択の優劣関係を決定する諸要因を検討する。ここでは理論をより明確にするために、取引費用（R）を契約交渉等にかかる費用（N）と現実の履行にかかる費用（M）に分解する。まず、転売の場合、売主と買主との間で、契約交渉等と現実の履行が行われるわけであるから（N_1+M_1）の費用がかかり、さらに買主（転売人）と転買人との間で契約交渉等と現実の履行が行われるわけであるから、やはり（N_2+M_2）の費用がかかる。ただし、契約交渉過程で生ずる費用は別としても、履行費用については契約締結段階で契約当事者の合意の下に負担者が定められるはずである。ここでは便宜上履行費用については、売主が負担するとの合意が行われたと仮定する。したがって、転売を選択した場合、買主が最終的に負担しなければならない現実の履行費用は、ここでは（M_2）のみであると仮定する。また、買主が転売の手段を選択した場合、契約上の地位の引受を選択した場合と異なり、商品価値の低下がその選択の総体的価値を押し下げることを考慮しなければならない。たとえば、それが食料品であれば鮮度の低下となって現れるであろうし、機械部品であれば品質の低下となって現れる。転売の場合、このような商品価値の低下が生じないように商品を保存するための費用——保存費用——が必要となるのである。

次に、契約上の地位の引受の場合、売主と買主との間で契約が締結されるが、両者の間で現実の履行は行われないので、まず当初かかる費用は契約交渉等にかかる費用（N_1）のみである。また、買主——契約上の地位の引渡人——と第三者——契約上の地位の引受人——との間でも契約上の地位の引受の契約の交渉等は行われるが現実の履行は行われないので、かかる費用はやはり契約上の地位の引受契約の交渉等にかかる費用（N_2'）のみである。したがって、契約上の地位の引受を選択した方が、転売を選択したときにかかる現実の履行費用（M_2）分の費用を節約することができる。ただし、転売の契約交渉等にかかる費用（N_2）と、契約上の地位の引受の契約交渉等にかかる費用（N_2'）とでは、後者が前者を上回る蓋然性が高い（$N_2 < N_2'$）。なぜならば、契約上の地位を第三者に引き渡すことができるのは、契約締結から現実の履行が行われるまでの間という非常に限定された期間だからである。そのような短期間に契約相手を選定・交渉し、契約締結に至るためには、契約交渉等の短期化に伴う費用を要する。それに対して、転売の場合には、とりあえずいったん現実の履行を受けてしまうわけであるから、その後の転売契約に費やすことができる期間は原則として無制限である。したがって、公式を簡略化するために事前に両者を相殺して（$N_2' - N_2 = F$）、導かれた値（F）を「契約上の地位の引受の契約交渉等の短期化に伴う費用」とする。

　これらの諸要素を考慮したうえで、転売を選択した場合の総体的価値よりも契約上の地位の引受を選択した場合の総体的価値の方が高くなければ、買主は後者の法律構成を選択することはない。

　以上の理論を公式化すると、以下のようになる。

$$H - H' - (N_1 + M_2) - V < K - K' - (N_1 + F) \quad (H = K,\ H' = K')$$

（K：契約上の地位の引受によって移転する債権　K′：契約上の地位の引受によって移転する債務　H：転売人の代金請求権　H′：転売される所有権の価値　N_1：はじめにかかる契約交渉等の費用　M_2：転売にかかる現実の

履行費用　F：契約上の地位の引受の契約交渉等の短期化に伴う費用　V：保存費用）

この公式を数的に処理すると（M_2＋V＞F）を得ることができる。つまり、転売に伴う現実の履行費用と目的物の保存費用が契約上の地位の引受の契約交渉等の短期化に伴う費用を上回る場合、転売という法的手段を選択するよりも契約上の地位の引受という法的手段を選択した方が経済的に優位であるといえる。また、この転売に伴う現実の履行費用（M_2）は、法律構成を工夫すれば節約が可能である。たとえば、契約目的物の引渡を簡易の引渡とすれば、現実の引渡よりも費用を節約することができる。したがって、契約上の地位の引受が転売に対して経済的に優位となるためには、V＞Fという要件を満たすことが最終的に必要となる。保存費用や契約上の地位の引受の契約交渉の短期化に伴う費用は、契約目的物の物質的特性に左右されるわけであるから、その状況によって転売よりも契約上の地位の引受が優位になったり、その逆になったりする。

このことから、契約目的物が動産（不特定物）ではなく不動産であった場合、契約上の地位の引受よりも転売の方が経済的に優位となる可能性が高い。なぜなら、不動産売買契約の場合も動産（不特定物）売買の場合と同様に商品価値の低下額等の保存費用が生ずるが、不動産にはそれに見合うだけの使用収益に伴う利得が得られるという物質的特性があるからである。[20] しかも、契約上の地位の引受契約が成立する可能性があるのは、何らかの事情で家屋の使用収益が不要となった時から履行期までの間である。如何に家屋の建設やその引き渡しに時間がかかるとしても、契約交渉等の短期化に伴う費用の支出を避けることはできない。この点は、動産（不動産）売買の場合と何ら異なるところはない。また、現実の履行費用が動産のときに比べて高くなることはあるであろうが、これも中間省略登記等を検討すれば節約が可能な費用である。このように考えると、不動産売買契約については、動産（不特定物）売買契約に比べ、転売等が法律等によって認められない場合を除き、[21] 相対的に契約上の地位の引受という法的手段よりも転売という法的手段の方が経済的に優位であるということになるのである。

三　動産（不特定物）売買の売主の地位の引受

——「売主の地位の引受」と「違約金等の支払いによる契約解除」選択の優劣関係——

次に、売主の地位が第三者に引き受けられる場合を検討する。この場合も買主の地位の引受の場合と同様に、何らかの理由で売主に契約継続の誘意性がなくなることがその要因となる。ただし、買主の場合と異なり、その主たる理由は、売主に債務を履行することが困難になったということである。[22] なぜなら、交換契約でもない限り、売主が債権の受け取りに誘意性を喪失することは考えにくいからである。また、売主が契約継続の誘意性を喪失したとしても、買主の地位の引受の場合のように転売という手段を選択することはできないので、売主は契約そのものを解除するか、あるいはその地位を第三者に引き受けさせるかのいずれかの法的手段を選択しなければならない。そして、売主の地位を引き受ける第三者は、売主の債務——契約目的物引渡債務——をも引き受けることになるので、この債務を履行することができなければならない。[23] 上記のような特質にもとづいて、売主の地位の引受についても法的手段選択の優劣をより明確化するために、その目的物の市場価格が不変・騰貴・下落した場合にわけて論を進めることとする。

(1)　目的物の市場価格が不変の場合

解除の対象となる売主の地位は、債権——代金請求権——と債務——目的物引渡債務——および違約金等によって構成され（B－B′－I）、契約上の地位の引受の対象となる売主の地位は、引き渡される債権・債務および契約上の地位を引き渡すに際して生ずる取引費用によって構成されている（K－K′－R）。

　目的物の市場価格が不変の場合、解除について何ら経済的リスクを伴わなければ、売主は目的物を売却する必要性がなくなった段階で契約を解除するであろうから、契約上の地位の引受は起こらない（I＞0）。違約金等が課され、しかも契約解除によってもたらされる価値よりも契約上の地位を引き渡した場合に得られる価値が高いことが第一の条件となる。前者の価値が後者の価値よりも高い場合、売主は契約上の地位の引受よりも契約解除を選択するからである(B－B′－I＜K－K′－R)。また、売主の地位を第三者に引き渡すということは、その地位を引き受ける第三者が売主が買主に引き渡さなければならない契約目的物と同様の物を引き渡すことができるという条件を満たさなければならない。

　売主の地位の引受の場合、買主のそれとは異なり、契約に含まれる債権――代金支払請求権――の価格は不特定物の市場価格に影響されないので、契約を解除することによって消滅する債権の価格と契約上の地位の引受によって移転する債権の価格は常に一致する（B＝K）。それに対して、動産（不特定物）の引渡債務は、その時々の市場価格によって影響を受けることになるが、市場価格が不変の場合は債務の価格も一致する（B′＝K′）。

　これらの諸条件を公式化すると、以下のようになる。


B－B′－I＜K－K′－R　（I＞0、B＝K、B′＝K′）

（B：解除によって消滅する債権　B′：解除によって消滅する債務　I：違約金等の額　K：契約上の地位の引受によって移転する債権　K′：契約上の地位の引受によって移転する債務　R：取引費用）

この式を数的に処理すれば、（I＞R）という結論を得ることができる。つまり、契約上の地位の引受にかかる取引費用が違約金等の額を下回る場合、売主は違約金等の支払による解除よりも、契約上の地位を第三者に引き渡す法的手段を選択するということになる。また、違約金等の額が高ければ――つまり、（I）の値が大きければ――、契約上の地位の引受契約を第三者との間で締結するために必要な取引費用をそれだけ費やすことができるので、それだけ契約上の地位の引受の経済的優位性が高くなる。

(2)　目的物の市場価格が騰貴している場合

動産（不特定物）の価格が騰貴しているということは、売主が契約を履行すれば価格の騰貴分（T）だけ損をすることになる。したがって、解除が何ら経済的リスクを伴わなければ、売主は当然契約を解除するであろうから、契約上の地位の引受は起こらない（I＞0）。逆に、解除が違約金の支払い等の経済的リスクを伴う場合、売主はその支払を回避するために契約上の地位を第三者に引き渡そうとする。しかし、売主たる地位を引き受ける第三者にとっては、売主が買主との間で締結した契約において決定された価格で動産(不特定物)を売却しなければならないという拘束を受ける。このことは、契約上の地位の引受によって移転する債務の増加を意味している。そこで、第三者は、引渡人である売主が設定した契約上の価格――つまり代金請求権の額――が現在の市場価格を下回る場合は、その分を補填する出損を引渡人に請求することになる。もしこれがないとすれば、第三者は動産（不特定物）を直接市場で販売する方を選択するからである。したがって、この出損は、取引費用の増加として計算される。

これらの諸条件を公式化すると、以下のようになる。

$B-B'-I<K-K'-R$　（$I>0$、$B=K$、$K'=B'+T$）

（B：解除によって消滅する債権　B′：解除によって消滅する債務　I：違約金等の額　K：契約上の地位の引受によって移転する債権　K′：契約上の地位の引受によって移転する債務　T：市場価格の騰貴分）

この式を数的に処理すると（I＞R＋T）という結論を得ることができる。つまり、動産（不特定物）の価格の騰貴は、売主にとって債務の増加を意味し、その地位を第三者に引き渡すときに、取引費用の増加となって現れる。このため、市場価格が不変のときに比べて、相対的に（T）の値だけ契約上の地位の引受の経済的優位性が減少することになる。

(3)　目的物の市場価格が下落している場合

動産（不特定物）の市場価格が下落するということは、それだけ売主の債務が減少したことを意味するから、たとえ売主が何らかの理由で動産（不特定物）を買主に引き渡すことができなくなっても契約を解除することは市場価格の下落分の利得を失うことになる。したがって、解除が何ら経済的リスクを伴わなくても契約上の地位の引受という手段を選択する余地がある（I≧0）。このように動産（不特定物）の価格が下落した場合、解除が何ら経済的リスクを伴わなくても市場価格の下落分（G）があるために、契約上の地位の引受の経済的な有用性がゼロになることはない。この点が前二者と異なるところである。もちろん契約解除が違約金の支払い等の経済的リスクを伴う場合は、なおさら契約上の地位を引き渡した方が有利である。

ただし、契約上の地位の引受が選択されるためには、契約上の地位を引き渡すことによって得られる価値が、違約金等の支払による契約解除によって得られる価値よりも高くなければならない（B－B′－I＜K－K′－R）。そうでなければ、売主は違約金等の支払による契約の解除の方を選択するからである。

上記のことを公式にすると、以下のようになる。

$B-B'-I<K-K'-R\quad(I\geqq 0,\ B=K,\ K'=B'-G)$

（B：解除によって消滅する債権　B′：解除によって消滅する債務　I：違約金等の額　K：契約上の地位の引受によって移転する債権　K′：契約上の地位の引受によって移転する債務　G：市場価格の下落分）

この公式を数的に処理すると（I＞R－G）という結論を得ることができる。つまり、不特定物の市場価格の下落分が取引費用と負の関係にあるので、その分だけ契約上の地位の引受の経済的優位性を高くする。以上のように、売主の地位の引受においては、目的物の市場価格が不変•騰貴•下落したときのそれぞれの（I）の値と（R）の値を所与とした場合、目的物の市場価格が下落したときに最も契約上の地位の引受の経済的優位性が相対的に高くなるということが理解できる。

四　おわりに

契約上の地位の引受の経済的分析を終えるにあたって、本稿で得られたいくつかの結論を要約したいと思う。

第一に、動産（不特定物）売買の地位の引受に関して、「契約上の地位の引受」と「違約金等の支払いによる契約解除」選択の優劣について、市場価格が不変・騰貴・下落した場合に分類して検討を行った。これにもとづいて、契約上の地位の引受が成立する可能性が相対的に高くなるパターンを確定し、その法的特性を考察した。そこで明確になったことは、違約金等の額（I）と契約上の地位の引受に伴う取引費用（R）が、これらの優劣を決定する重要な要因として作用していたということである。まず、違約金等の額が高ければ、それだけ契約上の地位の引受を選択することによる経済的優位性を高める。これは、継続的契約において契約上の地位の引受が合意されやすいという傾向に符合する。なぜなら、契約目的物が同一物であると仮定した場合、一回的給付契約の解除にかかる違約金等の支払額と、継続的供給契約の解約にかかる違約金等の支払額では、後者が前者を上回る可能性が高いからである。これは、後者の解除が基本契約の解除をも含んでいることに起因する。

また、契約上の地位の引受に伴う取引費用が低ければ、それだけ契約上の地位の選択の経済的優位性を高める。この取引費用で問題となるのは、契約上の地位の引受人の選定や交渉に伴う機会費用の喪失である。とくに履行期間が短い契約においては、その間に引受人を見つけ出さなければならないという高いリスクを伴うため、契約上の地位の引受の経済的優位性を低める主たる原因となっている。もしそうであるとするならば、営業権の譲渡の場合、譲渡人は営業権を第三者に譲渡することを決定した結果として契約継続の誘意性を喪失したわけであるから、その時点ですでに営業権の譲受人が有力な契約上の地位の引受人の候補者として存在しているということになる。したがって、一般の契約上の地位の引受に比べ、その選定や交渉に伴う取引費用がその分少なくなるという特質がある。営業権の譲渡に際して契約上の地位の引受が合意されやすいのは、このような経済的要因が作用しているからであると考えられる。

第二に、「契約上の地位の引受」と「転売」選択の優劣関係については、転売に伴う保存費用（V）と履行費用（M_2）および契約上の地位の引受の契約交渉等の短期化に伴う費用（F）にも影響を受ける。そして、契約目的物が不動産の場合には、一般に保存費用が不要であること、中間省略登記等によって履行費用が軽減できること等から、相対的に転売という法的手段の方が契約上の地位の引受という法的手段よりも経済的に優位になるということが明らかとなった。

最後に、契約目的物の市場価格が、契約上の地位の引受の選択の優劣に影響を与えているということも明らかとなった。まず、買主の地位の引受であるが、解除に違約金の支払い等の経済的リスクが伴わなければ、市場価格が不変の場合と市場価格が下落した場合は、契約上の地位の引受よりもむしろ契約を解除する手段が選択されるのに対して、市場価格が騰貴した場合は、契約上の地位の引受が成立する可能性がゼロにならなかった点に注目すべきである。これは、市場価格の騰貴分（T）が取引費用を減少させる効果をもっていたためである。次に、解除に違約金の支払い等の経済的リスクを伴う場合、市場価格が不変であれば、契約上の地位の引受の経済的優位性は、違約金等の額（I）と取引費用（R）にのみ影響を受ける。また、市場価格が騰貴した場合は、違約金等の額ばかりでなく市場価格の騰貴分（T）にも影響を受け、しかも両者は正の関係にあるから、相互に補完し合いながら契約上の地位の引受の経済的優位性を高める効果をもっている。これに対して、市場価格が下落した場合は、違約金等の額ばかりでなく市場価格の下落分（G）にも影響を受けるが、両者の関係は負の関係であり相互に契約上の地位の引受の経済的優位性を相殺する効果をもっている。

このように、買主たる地位の引受が成立する可能性が最も高いのは、市場価格が騰貴した場合であると解することができるのであるが、ここで注目すべきは、価格の騰貴の度合いが大きいだけ、比例的に売主側の債務不履行の可能性とそれに対応する買主側の法定解除権行使の可能性——違約金等の支払いによる解除ではない——が高くなるということである。つまり、動産（不特定物）の売買契約における買主の地位の引受は、経済的観点から見ても買主の地位の引受人による法定解除権の行使と密接な関係があるということが理解できる。

このことは、売主の地位の引受においてもいえることである。目的物の市場価格が不変・騰貴・下落したときのそれぞれの（I）の値と（R）の値を所与とした場合、目的物の市場価格が下落したときに契約上の地位の引受の経済的優位性が相対的にもっとも高くなる。これは、動産（不特定物）の市場価格の下落分が取引費用と負の関係にあるので、その分だけ売主の地位の引受の経済的優位性を高めているためである。そして、ここでも注目すべきは、市場価格の下落分が大きいだけ、比例的に買主側の債務不履行の可能性とそれに対応する売主側の法的解除権行使の可能性が高くなるということである。売主の地位の引受についても、買主のそれと同じように、法定解除権の行使との密接な関係が存在するのである。[24]

（1）我妻栄『民法講義（債権総論）』（一九六四年、岩波書店）五八〇頁。契約上の地位の引受に関するドイツの学説の検討とわが国の解釈論への応用をはかるものとして、神田博司「契約譲渡論（一）」『法学新報』第六八巻第六号（一九六一年）、椿寿夫「債務引受・契約引受」西村信雄編『注釈民法（一一）』（有斐閣、一九六五年）、拙稿「契約上の地位の譲渡に関する一考察」『帝京法学』第一七巻第二号（一九九〇年）、大窪誠「ドイツにおける契約引受論」『法学』第五五巻第三号（平成三年）、「BGBにおける法定契約引受――二つの範例としてのBGB五七一条とBGB六一三a条」『法経論叢』第一三号（平成四年）等がある。契約上の地位の引受に関するわが国の学説・判例およびフランスの学説・判例を詳細に検討したものに、野澤正充「『契約当事者の地位の移転』の再構成（一）～（三・完）」『立教法学』第三九号、四〇号（一九九四年）、四一号（一九九五年）（以下、野澤・前掲立教法学論文と記す）がある。その他、契約上の地位の引受に関連した解釈論を展開するものとして、須藤正彦「売買契約上の地位の譲渡はどう考えるべきか――契約上の地位の譲渡の理論構築へ向けて」椿寿夫編『現代契約と現代債権の展望①債権総論（1）』（一九九〇年、日本評論社）、大窪誠「契約引受についての原契約相手方の同意拒絶」『法経論叢』第一四号(平成五年)、野澤正充「契約当事者の地位の移転」日本私法学会『私法』(有斐閣、一九九五年)(以下、野澤前掲私法論文と記す)、大窪誠「契約引受と相手方の同意——買主の地位の譲渡を中心として」日本私法学会『私法』(有斐閣、一九九五年)(以下、大窪・前掲私法論文と記す)等がある。

(2) 我妻栄「敷金の附従性」『民法研究VI(債権各論)』(昭和四四年、岩波書店)一五九頁。

(3) 神田・前掲論文二九頁以下。ここでは、契約上の地位の引受のことを「契約譲渡」という概念で表している。内容的には、同義であると考えてよいものと思われる。なお、契約上の地位の引受概念の統一化の必要性を指摘するものとして、拙稿「比較法制研究方法論に関する一試論——契約上の地位の引受(Vertragsübernahme)および契約加入(Vertragsbeitritt)概念の統一化にむけて」石田喜久夫/村井正/河上倫逸編『国際比較法制研究III』(ミネルヴァ書房、一九九三年)。

(4) すでに契約締結以前から、その契約の実現にまったく興味がない場合もある。たとえば、いわゆるブローカーと呼ばれる者たちの締結する契約は、事後的に契約当事者の変更を前提としている。

(5) 契約上の地位の引受の経済的機能を「継続的契約の安定性の維持」であると解するものに、野澤・前掲立教法学論文(三・完)一〇七頁以下がある。

(6) なお、契約上の地位の引受と転売との関係を記述した文献として、野澤・前掲立教法学論文(三・完)一〇六頁以下、須藤・前掲論文二一七頁がある。

(7) 神田論文では、継続的契約関係を例としているので「解約」という概念を用いているが、ここでは一般的に「解除」の概念を使用する。

(8) たとえば、営業権の譲渡の場合でも、被用者の業務上のノウハウに経済的プレミアムが存在するのであれば、使用者たる地位はむしろ営業権の価値を引き上げる。

(9) 最近、契約上の地位の引受の対象となる契約を継続的契約に限定する学説が見られる(野澤前掲立教法学論文（三・完）一〇九頁）が、疑問なしとしない。確かに、継続的供給契約に関して契約上の地位の引受が合意される可能性が高いことはかねてより指摘されてきたが、契約が継続的であることそれ自体が契約上の地位の引受の合意を左右しているわけではない。いかに長期間の供給契約であったとしても、まったくコストをかけずにそれを解約できるのであれば、当事者は解約の手段を選ぶであろうから、契約上の地位の引受は合意されないのである。つまり、契約が継続的であるか否かは、二次的な要因にしかすぎないと解することができる。

（10）　売買契約をモデル契約とすることの妥当性については、須藤・前掲論文一九七頁に詳しい。

（11）　須藤・前掲論文二〇二頁以下も、契約上の地位は、「貨幣価値の変動ないしは目的物価格の変動により、経済的等価性の均衡が崩れ、取引の対象となる」としている。もちろん後述するように、この要因だけが契約上の地位の引受の経済的優位性を左右しているわけではないが、一つの重要なファクターとして市場価格の変動を考察の対象とする。なお、前述の買主たる地位に経済的プレミアムが生じた場合は、市場価格が騰貴した場合に準じて考えればよい。

（12）　ここで市場価格の変動を考慮するのは、それが契約上の地位の引受の選択の優劣に影響を与える要因の一つである可能性があるからである。市場価格が変動するということは、契約当事者が契約で定めた購入価格と現在の市場価格が乖離するということを意味する。ただし、この乖離が生ずるためには、契約で購入価格を設定した後、実際に契約目的物が引き渡されるまでの間に時間的な間隔がなければならない（須藤・前掲論文二〇二頁参照）。たとえば、継続的契約の基本契約で商品の数量や価格があらかじめ決定され、長期に渡ってその基本契約にもとづいた個別契約が締結・履行されるような場合には、この乖離が起こりやすい。ただし、一回的給付契約でも履行が長期に及ぶ場合であればこのような乖離が生ずるであろうから、考察の対象を継続的契約に限定する必要はないであろう。

（13）　違約金等と取引費用との相互関係を明示するため、解除権の行使によって遡及的に消滅することになる債権（B）・債務（B′）もここでは作為的に記述した。解除権が行使されれば、債権・債務は遡及的に消滅し、違約金等が残存することになる。

(14) この「違約金等」の概念の中には、解除に際して支払わなければならない損害賠償も広く含まれる。

(15) 本来、契約上の地位の引受を選択するに際して生ずる取引費用の中には、契約相手方に契約上の地位の引受を承諾してもらうために要する費用も含まれる。ただし、契約上の地位の引受に対する契約相手方の承諾が得られない場合には、契約加入という法理論で契約上の地位の引受と類似の効果を創出することができるという議論もあり、反対説も相まって未だ結論が出ていない。本稿は、この問題の解決を直接の目的とはしていないので、とりあえず議論の混乱を避けるため、契約上の地位の引受について契約相手方の承諾があることを前提とする。

(16) （B－B′－I）とは、違約金等の支払いによる解除を選択したとしても買主が取得できる価値のことである。したがって、違約金等が契約上の販売価格そのものを押し下げるという意味ではない。

(17) たとえば、違約金等が少額であるときは、それ応じて契約を解除しようと考えていた買主が、違約金等が高額であるときはその支払を避けるために他の法的手段を検討しようとする。これは違約金が高額なので、その支払を回避するために費用を費やしたとしても、違約金の額を超えることはないだろうと期待するからである。そして、他の法的手段の実現が、違約金等の額より十分少ない費用で可能であると買主が確信するときは、解除が選択されることはない。ここで注目すべきは、買主は、違約金等の額を具体的な数値として事前に把握しているのに対して、他の法的手段を選択した場合の取引費用の額については主観的な見込みであるということである。そういう意味で、買主の法的手段の選択は、主観的な期待可能性判断の影響を受けることになる。

(18) これは、情報の偏在によってもたらされる。たとえば、正月にふるさとに帰省しようとした人が航空券を購入したとする。ところが仕事の都合で帰省できなくなった場合に彼（彼女）はどのような法的手段を選択するであろうか。まず、考えられるのは契約を解除することである。航空券は、特殊なものでない限り、通常は低額の手数料で解約できるので、彼（彼女）は間違いなくこの手段を選択するであろう。ところが、購入した航空券が特殊な割引航空券で、その解約には購入金額の約半額の解約料がかかるとしたらどうするか。彼（彼女）は、このチケットを第三者に引き渡したいと考えるに違いない――つまり契約上の地位の引受を一応は考慮してみる――。しかし、同じ日時に同じ場所に帰省し、しかも年末に未だ帰省のためのチケットを購入していない第三者を発見することは、たいへん困難である。もし彼（彼女）がそれをあえてしようとすれば、その第三者を発見するために年末の大切な時間を犠牲にしなければならないリスク――機会費用――を負うことになる。それに対して、航空会社は、彼（彼女）の購入したチケットをキャンセル待ちしている顧客リストをもっているのであるから、圧倒的に少ない費用でチケットの購入を希望する第三者を発見することができる。このように、両者の取引費用の差は歴然としているのである。

このことから、営業権の譲渡や保険の目的物の譲渡等に関して契約上の地位の引受が合意される蓋然性が高いことが理解できる。なぜなら、これらの場合、譲渡人は、営業権や保険の目的物を譲渡した結果として契約継続の誘意性を喪失したわけであるから、契約上の地位の引受を選択する時点で、すでに契約上の地位の引受人となる可能性のある対象者が存在しているからである。つまり、引受人を選定するという取引費用がここではかからないのである。

(19)　買主が解除の際に支払うべき違約金等が損害賠償で、しかもその賠償額が売主の得べかりし利益である市場価格の下落分である場合、違約金等の支払いによる契約解除という法的手段の方が経済的に優位になる。たとえば、目的物の市場価格が一〇〇円であったのに、それが八〇円に下落した場合を公式に当てはめてみる。まず、解除を選択した場合の相対的価値は、100−100−20＝−20である。そして、契約上の地位の引受を選択した場合の相対的価値は、（100−20）−100−R＝−（20＋R）である。結果として、20＞20＋Rとなり、契約上の地位の引受が経済的に優位になる可能性がなくなる。これは、売主が市場価格の下落分を損害賠償として買主に請求することによって、買主が現在受けている債務を履行しないことによって受けている利益――買主は履行をしないことによって価格下落分の利得を受けていると解することができる――を相殺するという経済的効果が、損害賠償請求に備わっていることを意味している。この効果が解除以外の法的手段の選択を許さない状況をつくりだしているとも考えられる。

(20) 経験則にもとづいても、この命題は正当であることがわかる。たとえば、契約上の地位の引受の経済的有用性を説明するためによく引き合いに出される事例として、「建売住宅ないしは分譲住宅の購入者が、手付金や中間金を支払ったのち、転勤、海外出張等の事情により自己に引渡しを受ける前（したがって残代金を決済する前）に買主の地位を譲渡していくというケースがある」という。（須藤・前掲論文二〇四頁）しかし、建売住宅ないしは分譲住宅を一旦購入したうえで、その家屋を転勤や海外出張の期間の終了まで第三者に賃貸したり、あるいは転売するというケースもある。いずれが選択されるかは、再びUターン転勤があるかなどの期待可能性等にも影響されるが、それを所与とした場合、本文の公式にもとづいて法的手段の経済的優位性が決定される。

(21) たとえば、契約目的物が農地の場合、許可申請手続前に農地を転売したと法律構成すると、売主が直接転買人のために許可申請手続をする旨の合意があったとしても、その合意は無効となってしまう。このような場合に、直接許可申請手続をするためには、「農地の買受人の地位の譲渡」という法律構成が必要となる（須藤・前掲論文二〇七頁以下）。ただし、契約加入概念の有用性に関連して、「農地買主の地位の引受人による履行請求は売主の同意がなければ否定されるが、これは農地法の趣旨と関連する問題であり、ここから契約加入概念の必要性を導くことはできないと考えられる」（大窪・前掲私法論文一八四頁）という指摘もある。

(22) 契約目的物が特定物の場合、売主による契約目的物の引渡が困難となり、しかも第三者によってその引渡が可能となるのは、売主が特定物を第三者に二重譲渡したときである。売主が自らの自由意思にもとづいて二重譲渡を選択し、買主からの損害賠償請求という経済的危難を招来したにもかかわらず、その一方で、そのリスクを回避するために契約上の地位の引受を選択するというのは、明らかに矛盾した行為である。したがって、このような場合は、契約上の地位の引受を考慮する必要はなく、通常の二重譲渡の例にもとづいて法的に処理すればよい。

(23) 売主の地位を引き受けることができる第三者は、通常売主と同様の不特定物を生産している同業者であるとか、あるいは売主の工場等を譲り受けた者等が考えられる。

(24) 野澤説は、契約上の地位の引受という制度のメリットを取消権や解除権の移転に求めている近時の学説を批判し、「取消権や解除権は、契約のノーマル状態ではない、いわば病理現象に際して生ずるものである。そうとすれば、かかる形成権の移転は、制度の積極的なメリットとはならない」と主張している(野澤・前掲私法論文一七四頁)。しかし、契約上の地位の引受の経済的優越性が最も発揮されるパターンが、前述のように「病理現象」を招来しやすいとするならば、かかる形成権の移転を制度の重要な効果ないしメリットとすることも、あながち誤りであるとはいえない。

6 『代理店・特約店契約』に関する信頼関係について
――商品供給者の解除に関する(裁)判例を中心として――

清水千尋

一 問題関心と問題の所在

本稿は、「代理店・特約店」契約における「信頼関係」をとくに商品供給者からの解除[1]の問題を通じて(裁)

判例[2]を中心に分析・検討するものである。[3]

（1） 対象の限定

1 特約店契約・継続的売買契約・フランチャイズ契約

代理店・特約店契約とは、流通システムで採用される取引形態であり、商品の製造業者またはその支配下にある商品供給者たる事業者と流通業者たる販売業者（代理店・特約店）との間で締結される契約をいう（本稿では、商品を代理店・特約店に供給する者を商品供給者〈Y〉、代理店・特約店を販売業者〈X〉と呼ぶ）。[4] 商品が最終の需要者まで流通する過程では、種々の取引が行われるが、「代理店・特約店」契約は、商品供給者が合理的な計画に基づいて効率的に商品の製造・販売を行うためには、商品の流通に自ら一定の統制を加える必要があることから、利用される。したがって、この契約は、基本的には、商品の供給に関する規定と販売業者に販売上の義務・拘束を課する規定から構成されている。[5] その点で単純な継続的供給契約・[6]継続的売買契約[7][8]とは異なる。さらに「代理店・特約店」は経済的には商品供給者に従属しているが、法的には商品供給者から独立し、しかも特約店は自己のために活動し、販売業者が商品供給者から商品を買い入れ、これを自己の名と計算において他に再販売する。しかし、商品再販売にあたっては、その危険を負担し、営業のための相当の投資が当然視され、独立業者としての地位が強い（経営は、事業者からの商品購入額と第三者への商品販売額との売買差益に依存する）。[9] したがって、「代理店・特約店」契約は、商品の継続的売買が契約の要素になっている点で継続的売買契約に類似し、[10] 商品供給者から販売戦略に必要な拘束や義務を課せられる点でフランチャイズ契約に類似している。[11] この点を契約内容に即してみておこう。

商品供給者と特約店との間では、継続的に商品を供給する契約が締結され、一定の期間、一定の期間又は不定の期間、一定の種類・品質のものを一定の代金または一定の基準で定められる代金を継続的に供給することを約する契約関係が成立し、[12]そこでは、基本契約とそれに基づいてなされる個別契約に区別されるが、全体として統一的な一個の合意に基づく単一の売買契約である。[13]したがって、「代理店・特約店」契約は商品を継続的に供給・売買する契約に特殊の契約条項を有した契約であるともいえる。基本的には、商品の継続的供給義務と買取義務、特約店の投資、特約店の営業・財産状態の通知・検査があげられる。しかし、流通系列化がシステマティックなものになると、商品供給者は宣伝、店舗の整備、器財の管理、スタッフの育成、マーケット・リサーチなどの技術的援助を約し、金銭や器財の貸与なども行い、特約店の活動を常時監督する義務を負うこともある。これに対して、販売業者は、「代理店・特約店」、商品供給者以外から納入しない義務すなわち排他的供給条項（排他的供給条項に対して排他的受入条項があり、これは専売店に一手販売権を与える）[14]を付与され、最低納入量（販売割当）を約することが多い。そして、特約店は商品供給者の営業政策および商品供給者の定めた規則に従う義務を負い、アフターサービスとしてメーカーの商標がついた製品の保守、修理の義務を負うとともに、メーカーに対して出資金を支払う義務を負うこともある。このような流通の系列化された特約店を、単なる特約店に対して、専売店を呼ぶ。専売店は商品供給者の関係がより緊密になっており、その点でフランチャイズ契約に類似している。[15]

フランチャイズ契約を利用した業種は、「代理店・特約店」契約と比較すると、[16]多岐に及んでいる。[17]日本フランチャイズ協会の定義によれば、[18]「フランチャイズ」を、事業者（以下、「フランチャイザー」と呼ぶ。）が他の事業者（以下、「フランチャイジー」と呼ぶ。）との間に契約を結び、自己の商標、サービス・マーク、トレード・ネームその他の営業の象徴となる標識、および経営ノウハウを用いて、同一のイメージのもとに商品の販売その他の事業を行う権利を与え、一方、フランチャイジーはその見返りとして一定の対価を支払い、事業に必要な資金を投下してフランチャイザーの指導および援助のもとに事業を行う関係である。フランチャイズ契約は、「代理店・特約店」契約とは異なり、商品の売買の許可というよりも、経営ノウハウに重点をおいており、「代理店・特約店」契約のように商品供給者のマーケッティング・プランに販売業者が協力する程度に止まらず、より徹底してフランチャイジーが経営等の伝授を受けることに特質がある。「代理店・特約店」契約と比較すると、両契約も販売業者・フランチャイジーに投資をする内容となっているが、フランチャイズの場合、商品に限らずサービスも含み、さらに経営のノウハウや経営のための指導・援助をも提供する点である。「代理店・特約店」契約とフランチャイズ契約は、商品提供者・フランチャイザーの計画・戦略に沿った拘束・義務を受ける点で共通するが、(19) それが「代理店・特約店」契約では商品を販売するために課せられるのに対して、フランチャイズ契約では経営を売り、経営に即した商品を提供する点で異なる。「代理店・特約店」契約においては、商品供給者は商品を売りたいのであり、「代理店・特約店」は商品を購入し、商売をやりたいのである。フランチャイズ契約では、フランチャイザーは経営を売りたいのであり、フランチャイジーは経営を買って商売をやりたいのである。したがって、フランチャイジーは契約においてフランチャイザーが提供するノウハウや経営に関する指示に従う義務を負うので、「代理店・特約店」契約より問題は深刻化する傾向にある。

以上が「代理店・特約店」契約とそれに類似する継続的売買契約・フランチャイズ契約の概要である。「代理店・特約店」契約に関していえば、実際には、継続的供給契約、代理店、特約店、専売店等という名称がはっきり区別されて使用されているわけではないし、[20] フランチャイズという用語それ自体も具体的な法律はないから、これといった定義がない。名称の多様さは、その契約内容の多様をも意味する。[21]（裁）判例に挙げられている契約文をみると、販売店、特約店、代理店、営業店、排他的特約店、一手販売権付特約店等の名称が使われており、（裁）判例でのそれらの区別は明確ではない。[22] そこで、本稿では、一方では（裁）判例でとくにそれらの名称を使用している場合、他方では商品の供給が継続的になされ、商品販売に伴い何らかの拘束がある場合を、「代理店・特約店」と捉えたうえで、商品供給者からの解除に関する（裁）判例における信頼関係の機能について分析・検討を行うことにする。

2　紛争の限定[23]

「代理店・特約店」契約は長期にわたって継続することが予定されているのであるから、契約当事者がお互いの利益を尊重して協力しなければならず、それが確保されている場合には、問題は生じない。ところが、販売業者が契約の義務や拘束に不満を持ったり、商品供給者が経営状況や市場の状況から考えて流通方法を再編成する必要に迫られる場合があったりして、当事者の利益が対立し、契約の解消という紛争が生じる。「代理店・特約店」契約の解消に関わる問題は、事案に即して分類すると、商品供給者解消・請求型、商品販売業者解消・請求型（契約当事者のどちらか一方が解除・解約し、残金や損害賠償などを請求する場合）、商品供給者解消・販売業者請求型（商品供給者が契約を解消したのに対し、販売業者が履行請求、損害賠償などを請求する場合）、販売業者解消・供給者請求型（販売業者が契約を解消したのに対し、商人供給者が損害賠償などを請求する場合）に分類され、議論されている。[24] 本稿のテーマである「代理店・特約店」契約における商品供給者からの解除の問題は、「代理店・特約店」契約の問題の一局面であるにすぎない。そして、その場合における「代理店・

特約店」契約の信頼関係の問題は、互いの契約がまだ続いている、続く可能性がある段階で解除する場合、直接的には解除はいかなる要件によって認められるかという問題が中心問題である。しかし、本稿では、商品供給者の解除の認否について基準となる信頼関係の内容・要素を検討するのであるから、「代理店・特約店」契約に任意解約条項をおいている場合や、商品供給契約が問題となる事例も視野に入れる。さらに、商品供給者の解除といっても、契約途中で解除する場合、具体的には期間の定めがない場合の契約申入れ、期間の定めがある場合の期間内の解除が問題となるし、期間満了による解消も更新拒絶も、さらには出荷停止の問題も解除の前提としているので、それらの（裁）判例も射程に入れて分析・検討する。[25]

(2) 問題関心

「代理店・特約店」契約も、広くとらえると、継続的契約の一種であるが、販売業者の債務不履行によらないで商品供給者から解除することができるか、できるとすれば、いかなる場合に解除することができるか。この問題に関しては、継続的契約関係の法理から考えると（賃貸借、雇用、委任、寄託、組合など）、契約期間の定めがない場合には、当事者は何時においても解除を申し入れることができ、契約期間の定めがある場合には、その期間中已むこと得ざる事由が発生すれば、解除をすることができる。しかし、「代理店・特約店」契約に関しては、明文の規定がないので、専ら解釈によるとされている。そして、それらの問題を解決するための（裁）判例・学説において種々の考え方が主張されている。しかし、それらは互いに排他的でなく、あるものが他のものの一要因となり得ることから、解除原因の概念が曖昧で漠然としているという印象は否めないが、それらの考え方は、契約の信頼関係を解除の要件のなかに導入している点で共通性を有している。

そこで、この信頼関係とは何かを（裁）判例を通じて分析・検討してみようと考えたのである。

そのことは、一方では理論的な側面から、他方では具体的側面からの問題関心から発している。理論的な側面からは、「代理店・特約店」契約論からみると、継続的債権関係論[26]から、継続的供給契約論[27]から、継続的取引契約論[28]から、さらに「代理店・特約店」契約・フランチャイズ契約論[29]から、伝統的な契約論を超え、さらに関係契約論[30]にいたるまでの議論の進展がみられる。そこでの議論のなかでは、信頼関係肯定論と否定論の対立もある。そこで、「代理店・特約店」契約の信頼関係とは何か、解除の認否を行う場合、どのような判断要素が考慮されているのか。さらに、このことは法定解除論の最近の問題提起とも関連する。すなわち、伝統的には、不履行者に損害賠償と同様に制裁を与えるための制度であるから、法定解除権の成立ためには帰責事由が必要であるとされてきた。これに対して、法定解除は専ら契約の清算をもたらす制度として把握し、法定解除には帰責事由は不要であるとの立場が主張されている[31]。この立場によると、債務不履行が生じてもなお契約の拘束を受けるとすると、当事者にとって反対給付のための準備をし続けなければならず、また別の者から目的物の調達をすることができないという負担を強いられることになるので、契約を締結した目的の不到達が明らかになるとき、あるいは契約を維持する利益が脱落するときには、契約の拘束を期待することはできないから、法定解除が認められるという。この立場からすれば、法定解除が正当化されるのは、契約の締結によって予定されていた利益または目的が失われるからであり、それは結局「代理店・特約店」契約においては信頼関係の喪失と結びつくのではないか、と考えたからである。

さらに、具体的側面からみると、「代理店・特約店」契約における商品供給者からの解除の問題を考えるときは、一方では契約に基づいて資本投下した販売業者の保護、他方では商品供給者の離脱の自由の保護をいかに調整するかが問題の核心となる。すなわち、「代理店・特約店」契約が締結され、これに基づいて特約店が資本と労力を投下して事業を行っている以上、契約の終了を安易に認めてはその者に対して大変な損害を与えることになるが、自由競争社会にあっては、半永久的に契約から離脱できないということはあり得ず、「代理店・特約店」契約関係といえども、契約自由の原則に基づき、本来終了すべき時に終了しなければならない。そこで、経済的弱者保護の視点と自由競争理念の対立の調整をいかに図るかが問題となる。(裁)判例をみると、そのための基準として「信頼関係」が機能している。しかし、「代理店・特約店」契約における「信頼関係」の内容については、賃貸借の信頼関係の分析と比較して従来ほとんど明らかにされてはいない。商人間の契約である「代理店・特約店」契約に適用する場合、賃貸借関係と比較して「信頼関係」はどのように機能しているか、その「信頼関係」はほかの継続的債権関係と同じであるのか、異なるものであるのか、継続的供給契約・継続的取引契約には、様々な契約の類型があり、態様があり、それぞれの契約類型において個別性、特殊性があるから、「代理店・特約店」契約における「信頼関係」の捉え方も異なるのではないか。

すなわち、企業間における基本的な取引活動では、仕入先、得意先との取引は継続、反覆して行われ、取引の相手方の特定、取引内容の定型化が生ずる。商人間で継続的な取引において得意先関係が生ずれば、単なる売買に止まらず、当事者が取引継続を前提とした資本投下を行ったり、一手販売取引等を取り決めたりする。商人間においては一般の消費者との取引とは異なり、関係がより密接になると、当事者間の取引継続の期待から、同一の当事者により同種の商品が繰り返し給付され、その決済も一定の期日を決めてなされ、一定の継続した関係が形成され、民法上の継続的契約関係とは異なる取り扱いが要請されることとなる。とくに、当事者がメーカーと販売店（代理店・特約店）といった関係であるような、両者の関係が系列化、組織化されてより緊密であること、「代理店・特約店」契約[38]においては、取引の当事者の立場、取引状況、目的物、契約形態等が多様であることから、継続的取引契約の解除に際しての判断基準である「信頼関係」の内容の検討には、契約の終了においても、それぞれの個別性、特殊性が考慮されるべきではないだろうか。すなわち、単なる商人間の得意先関係であるのと、代理店・特約店のように、系列化、組織化された関係では、両者間の「信頼関係」も異なってくるのではないだろうか。このような問題関心から、本稿は、「代理店・特約店」契約において商品供給者が販売業者に対して解除をした場合の事例について、解除の可否がどのような要素により判断されているのかを抽出し[39]、「代理店・特約店」契約に関する「信頼関係」の意味するところを明らかにする。

（1）継続的債権関係においては、学術上は解約（告知）として遡及効のある解除と区別しているが、本稿ではこのような区別をせず単に解除という。告知については、飯島紀昭・文献II(1)一二三頁以下に詳しい。

（2）（裁）判例には独禁法の問題を取り上げるものもあるが、ここでは私法上の効果という側面から検討する。

（3）本稿において（裁）判例・文献を引用する場合には、「代理店・特約店」契約とそれに関連する（裁）判例・文献を後掲の参考（裁）判例リスト・文献リストの番号を付して挙げ、それ以外の（裁）判例・文献については、本文または註に直接挙げることにする。

（4）代理店と称される形態には、①商品供給者から提供された商品を買い入れ、これを自己の計算で転売する、②商法上の問屋に該当する委託販売契約（商法五五一条）、③商法上の締約代理商（商法四六条）、④商法上の媒介代理商（商法四六条）がある（神崎克郎『商行為法I』（有斐閣・一九七三）三七六頁参照）が、本稿で取り扱うのは、基本的には①である。

（5） 岩城謙二・文献III(9)六頁以下、高田淳・文献III(10)―(1)一二七頁。

（6） 継続的供給契約の曖昧性については、中田裕康・文献II（14）四三頁、土佐和生・文献IV(40)六九三頁参照。

（7） ガス・水道・電気の供給契約、新聞・牛乳・雑誌の配給を受ける契約、夏期の間、毎日一定量の、或いは買主の需要に応じた量の水・ビールを供給する契約、製造業者への原材料供給契約、製造業者と販売業者との契約、一手販売契約などが具体例である（中田裕康・文献II(14)二九頁以下）。基本契約の上に繰り返し締結される個別契約は注文品の品名、数量、価格、納期、納入場所がその都度決定されるので、単一の契約であるとみることはできないとされ、継続的供給契約とは区別されている（来栖三郎『契約法』（有斐閣・一九八六）一三三頁以下）、特約店に関しては、橋本恭宏・私法判例リマークス一九九五〈上〉（日本評論社・一九九五）三五頁以下参照）。従来継続的売買契約を継続的供給契約と呼んでいたが、その典型例として、学説は電気やガス等の供給契約をあげられていた。それは回帰的契約として本稿では対象としない。これらに関しては、土田哲也・文献I(5)、飯島紀昭・文献II(1)一五七頁以下参照。なお、中田裕康・文献II(14)一〇五頁では継続的供給契約の概念は紛争処理の基準としては、明確性に欠け、十分機能を果たしていないという。

（8） 「代理店・特約店」契約は委託販売形式もある。大塚能児・文献I(6)参照。リスク負担をどちらが負うかで異なる。売買形式では、リスクは販売業者たる代理店・特約店が負担するが、委託販売形式の場合、商品供給者が負担する。

（9） 川越憲治・文献II(10)六頁では、チャネルリーダーが販売促進戦略をたててシステム設計を行い、これを多数の販売店に実施させ、販売店もこれを受け入れて事業活動を行う構造を持っているという。

（10） 継続的売買契約の類型に関しては、中田裕康・文献II(14)二頁以下参照。それによれば、基本契約に基づき、個別の契約が行われるが、この契約から生ずる効果については一様ではない。①基本契約から直接に供給義務が発生する、②具体的な供給義務は個別契約によって発生する。被供給者の一方的な意思―予約完結権を持つタイプと申込と承諾によって成立するタイプがある。申込と承諾によって成立するタイプは、さらにa承諾は形骸化し、被供給者の意思表示のみにより契約は成立する、b供給者が特段の事情のない限り、承諾義務を負う、c供給者の承諾が必要だが、供給者は承諾義務を負わず、単に誠実に交渉する義務を負うに過ぎない場合が、挙げられる。このうちどれに該当するかは、目的物・取引の性質から定まるが、基本的には当事者の意思によって定まる。

(11) 川越憲治・文献II(10)五頁以下では、販売店契約として「代理店・特約店」契約とフランチャイズ契約を包摂する契約として販売店契約を用いる。なお、高田淳・文献III(10)参照。

(12) 三島宗彦・文献I(1)二七四頁。中田裕康・文献II(14)―(1)四〇九頁以下に継続的供給契約の概念の整理がなされている。

(13) 基本契約と個別契約については、橋本恭宏・文献I(7)、(11)、文献II(9)参照。

(14) 一手販売権は、テリトリー制や一店一帳合制により行われる。

(15) 岩城謙二・文献III(9)四頁は「フランチャイズシステムは…新しいタイプの代理店・特約店取引と言え」るとする。代理店・特約店との区別について、小塚荘一郎「フランチャイズ契約論(1)」法学協会雑誌一一二巻八号一二〇五頁、川越憲治「フランチャイズ契約と代理店契約」NBL二五号三四頁、二六号二八頁が試みている。

(16) 高田淳・文献III(10)―(1)一二八頁

(17) わが国に初めてフランチャイズ・システムが導入されたのは、一九六三（昭和三八）年のことであるが、それ以来フランチャイズ・システムは目覚ましい発展を遂げ、一九九三年三月末においては、七〇八のフランチャイズ・チェーンが確認されている。加盟店および直営店を合計した店舗数は実に一三万店を数えており、フランチャイズ・ビジネスは、若者をはじめとする現代人の生活になくてはならないものになっている。小塚荘一郎・前掲論文一一二巻八号一二〇七頁、日本フランチャイズチェーン協会・フランチャイズエイジ二五三号（日本フランチャイズチェーン協会、一九九三年特別号、一九九四年一月二〇日）一頁。

(18) 昭和四七年五月策定、昭和五四年改訂。日本フランチャイズ協会編・フランチャイズ・ハンドブック七一頁。この他にフランチャイズ契約の定義に関して詳細な検討を行っているものとして、川越憲治「フランチャイズの定義」NBL（上）三〇〇号七一頁、（中）三〇四号三六頁、（下）三〇七号三六頁。

(19) 高田淳・文献Ⅲ⑽―⑴。

(20) 代理店・特約店概念の不明確さについて、中田裕康・文献Ⅱ⒁―⑴四二八頁、川越憲治・文献Ⅱ⑽六頁、岩城謙二・文献Ⅲ⑼二頁が指摘する。

(21) 伊藤安彦・文献Ⅲ⑴、波光巖・文献Ⅲ⑵、野村晃・文献Ⅲ⑶、松永宏之・文献Ⅲ⑷の各取引分野における契約書例参照。

(22) 川越憲治・文献Ⅱ⑽四頁以下では、代理店は、メーカーの系列化された販売店を指していたが、それ以外の販売店にも広く用いられ、特約店は、製造業者の立場から特に選んだ卸売業者と小売業者に所有権を譲渡しつつ、地域独占権を与える場合をいうとされるが、必ずしも地域独占取扱権を与える場合だけには限定されていない。したがって、俗称的であるという。

(23)「代理店・特約店」契約の問題は、単に民法上の問題だけではなく、独禁法上の問題もあるが、ここでは民法の解除の側面からのみ分析・検討する。

(24) 中田裕康・文献Ⅱ⒁五七頁以下、加藤新太郎・文献Ⅱ㉔九頁以下。

(25) 高田淳・文献Ⅲ⑽では、「代理店・特約店」契約解消の問題を種々の側面から検討している。

(26) 代表的な論文として、飯島紀昭・文献Ⅱ⑶参照。なお、継続的債権関係概念に関する従来の議論については、橋本恭宏・文献Ⅰ⑻、森島昭夫・文献Ⅱ⒄参照。

(27) 代表的な論文として、飯島紀昭・文献Ⅱ⑴参照。

(28) 代表的な論文として、中田裕康・文献Ⅱ⒁参照。

(29) 代表的な論文として、高田淳・文献Ⅲ⑽参照。

(30) 内田貴「現代契約法の新たな展開と一般条項」NBL五一四号六頁以下、五一六号二四頁以下、五一七号三三頁以下。
(31) 好美清光「契約の解除の効力」現代契約法体系第二巻(有斐閣・一九八〇)一八〇頁、辰巳直彦「契約解除と帰責事由」谷口知平先生追悼論集文第二巻(信山社・一九九三)三三九頁参照。
(32) 川越憲治・文献II⑽一〇頁。
(33) 中田裕康・文献II⒁―⑴三八四頁は、継続的売買の実態の多様性を指摘する。
(34) 森本滋・文献I⑶、川越憲治・文献II⑽一四頁、橋本恭宏・文献I⑺二頁、同⑺六九頁。
(35) 一般消費者における契約の拘束に関しては、山田卓生・文献II⑹、長尾治助・文献II⑾参照。
(36) 飯村佳夫・文献II⑷(上)八頁、内田貴「現代契約法の新たな展開と一般条項」NBL―(1)五一四号六頁、(2)五一五号一三頁、(3)五一六号二二頁、(4)五一七号三三頁(一九九三)。
(37) 継続的債権関係に関しては、三島宗彦・文献I⑴、森孝三・文献I⑵、田中整爾・文献I⑷、飯島紀昭・文献II⑴等に詳しい。また、中田裕康・文献II⒁―⑴、注⒀に、関係する論稿の整理がある。
(38) 石田喜久夫・文献III⑸、星野英一・谷川久・文献III⑹、米津稜威雄・文献III⑺、岩城謙二・文献III(9)参照。
(39) 飯村佳夫・文献II(4)―(下)では、取引の中止・解除を制約する要素を抽出した「信頼のメルクマール」が整理されている。代理店・特約店等においては、一手販売権の付与、投資、取引量の定め、営業地域の設定、排他的受入、役員や従業員の派遣等の要素が考慮され、その他の継続的取引においては、専属性、投資、商品の代替性、取引量の予定、販売ルートの系列化が考慮される要素であるとする。

二　従来の(裁)判例・学説の問題点

(1)　(裁)判例・学説の概観

「代理店・特約店」契約の終了形態は様々である。販売業者の意思にかかわらず契約が終了する事由は、期間の定めがあるか否かにより、次のようになる。

期間の定めがある契約の終了原因には、まず期間満了がある。満了によって契約は終了する。つぎに期間中の解除がある。これには法定解除と約定解除がある。法定解除とは、契約に解除事由が約定されない場合、民法五四〇条により解除する場合であり、主要な例として債務不履行(同五四一条以下)がある。約定解除とは、契約に解約事由に該当するとき解除できる規定(解除条項)を定めておき、それに基づいて解除する場合である(当事者に何らの理由もなく任意に契約を終了させるものを特に解除権留保と呼ぶことがある。(同六一八条参照)。契約に期間の定めがない場合、解約申入れがある。期間の定めがないから、解約の申入れによって終了するのが原則である。解約申し入れが期間の定めがある期間満了に相当する。契約に特に定めがなくても当然に認められる。つぎに期間途中で解除する場合がある。この解除にも法定解除と約定解除がある。

解除が紛争となって現れるのは、期間の定めがある場合には、①期間満了後の契約の効力の存続について更新拒絶として、期間の定めがない場合には、解約申入れの効力をめぐって、②期間の定めがあるか否かにかかわらず、途中で、販売業者が行ったため義務の不履行として、あるいは出荷停止として、紛争となって現れる。いずれの局面でも、契約の解消を認める立場と解消を抑制・制限する立場が対立の場面である狭間の中で「信頼関係」「信頼を裏切らない」という用語が見え隠れする。そこで、本稿三での検討の材料として、(裁)判例をまず期間の定めがあるかないかに分け、期間の定めがある場合の途中解除、期間満了による終了に関わる更新拒絶について、最後に解除を抑制・制限する構成が集約されている法定解除について(裁)判例を概観する。

1　解除自由論と解除抑制・制限論

ア　契約に期間の定めがない場合　　期間の定めがない契約したからといって永続的に当事者が拘束されるわけではない。[2]（東京地判昭和一四年一〇月三一日法律新聞四五〇七号八頁）では、当事者は特に期間の定めがない以上、いつでも一方的に将来に向かって契約の効力を消滅させる趣旨の解除をすることができる。なぜなら、期間の定めがない以上、当事者の一方において当然に予期すべきであり、解除を防止するならば、期間を定めるべきものである。したがって、この解除で相手方が損害を被ったとしても、それは債務不履行とはいえない。「代理店・特約店」契約事例では、[5]（大阪地判昭和三六年一〇月一二日下民集一二巻一〇号二四三四頁）は、一手販売権及び地域割当制限条項を付した肥料の特約店契約を締結したが、販売業者が販売不振なので、売り上げ増加を要請したが、販売業者が消極的であったので、販売割当地域内にある他の販売業者と特約店契約を締結し、契約を解消した事案で、「契約締結後諸種の事情変更により相手方に対し、一手販売権を許与し続けることは、自己に対する経済活動の自由に対する圧迫と感じるに至った一方の当事者は、他にかかわる拘束を正当化し、あるいはやむを得ないとする合理的根拠のない限り、本件の期間の定めのない一手販売件つき特約店契約を解約することができる」と解している。

〔5〕　大阪地判昭和三六年一〇月一二日下民集一二巻一〇号二六七〇頁(40)

【事実の概要】　肥料類販売業者XとYは、有効期間一年の一手販売権付特約店契約を締結した。XはYからの売捌量の増加の要請にも一袋も注文せず、Yは新たに訴外A、B社と交渉を開始した。Xは、商品の販売停止により損害を被ったとして損害賠償を請求した。

【判旨】　請求棄却　判決は、特約店契約関係では契約目的・効果の点において契約当事者間の信頼関係の存在が重要な前提をなすが、一手販売権を許与した契約の解除の当否は(信頼関係の観点よりも)、主として一手販売権許与の債権債務自体がもつ性格を明らかにすることより解決すべきとし、「期間の定めのない場合、契約の当事者は、他にかかる拘束を正当としあるいはやむを得ないとする合理的根拠のない限り、いつでも本件の如き特約店契約を解約する権利を有する。ただし、解約権を行使するには、事前に相手方と十分に協議したり、期間をおいたりして損害を最小限度に抑えるよう努力しなければならない。」「YがXとのみ一手販売を継続することに満足せず、X以外の業者とも取引すべく決意するに至ったことに関し、特にYを責めるべき理由はなく、それにも関わらずなおXに対する一手販売権の許与を強制するのが正当であるとする合理的根拠は見あたらないから、YはXに対する一方的告知により本件契約を解約しこれが債務を免れうる立場にあった、と解するのが相当である。」とした。

解除抑制するための要件を付加して商品供給者の解除の自由を認める(裁)判例がある。これには、いくつかのパターンがある。まず予告期間をおくか、それをおかない場合、申し入れがあった日から相当期間を経過して契約が終了する〔23〕(相手方に著しい不信行為等、契約の継続を期待しがたい特段の事由がある場合には、即時解約できることを認める)。次に、解除は認めるが、〔9〕「両当事者の間には相互の信頼関係を基礎とする継続的法律関係が存在するのであるから」、〔11〕〔20〕「相当な予告期間を設けるとか、相手方にとって不利でない時期」であることが必要であり、予告期間を設けず、相手方にとって不利な時期に解除する場合には、解除により相手方に生じた損害の賠償をしなければならないという。しかし、[20]「やむを得ない事由ある場合」には、損害賠償をする必要はないが、[9] 損害を賠償（損失を補償）しない限り、「著しい不信行為、販売成績不良等の取引関係を継続しがたい重大な事由（換言すれば已むを得ない事由）が」なければならない。そして、（裁）判例[13]では、[9][11][12]を超えて、「公平の原則上、契約の存続を著しく困難ならしめる特段の事情ない限り、」一方的に解約の申し入れをなして契約の拘束を免れることはできないという。

学説には、「継続的契約」の解除の根拠をどこに求めるかについて基本的な対立がある。継続的債権関係の特殊性ゆえに修正されるべきであるとしても、原則として民法五四一条が適用されるとする見解[41]と、民法六一七条一項、六二七条一項、六五一条一項、六六三条一項六七八条一項の趣旨を類推すべきあるとする見解である。「代理店・特約店」契約に関する限り、「継続的供給契約」が期間の定めのない場合には、当事者が何時にても解約できると解する見解が多い。この理由については、委任・雇傭契約等の継続的債権関係の解除の規定を継続的供給契約にも妥当するものであるとして、継続的供給契約にも類推する[42]。そう考えないと、期間を定めたときと、ないときに何の違いもなくなるからであるという[43]。これに対して、解除を制限する規定ない以上、解除に制約を課することはできないが、相手方の契約関係の将来に向かっての契約の存続に対する信頼を保護しなければならないから、期間の定めがないといっても、相手方の契約関係存続に対する期待を突如奪い去り、不測の不利益を及ぼすことはできない。そこから、相当な予告期間を保証し、または損害賠償請求権（損失補償）を認めることにより、当事者間の利害の調整を図る見解が主張されている[44]。しかし、解約申し入れに、（裁）判例と同様に、やむを得ない事由、著しい不信行為、販売成績不良等の取引関係を継続しがたい重大な事由、契約の存続を著しく困難ならしめる事情の存在を付加すべきであるとする見解もある(45)。そして、それは、解除の抑制・制限を意味し、解除が認められる程度を意味すると理解する見解(46)と即時解除の要件を定めたと理解する見解(47)がある。特に、即時解除については、解除に予告期間を設けるべきことと併わせて、商品供給者が相当の損害賠償（損失補償）をすることにより、即時解約を有効とみる見解もある(48)。

［23］ 東京高判昭和五九年一二月二四日判例時報一一四四号八八頁 ［18］の二審

【事実の概要】 X会社は、Yの下請け工事を行うと共に、その工事に必要な建材として、Yが製造する化学建築材を購入する契約を締結、Y会社は、Xの注文に応じて化学建築材（以下本件商品）を一般価格よりも廉価で継続的に供給（販売）していた。XY間では、順調な取引が行われていたが、二年後、Yは自ら直接工事を受注し、売上増加を図り、その後、Xに対し、一方的に本件商品の販売中止を申し入れた。出荷停止をされたXは、訴外Aからの右工事を受注できなくなったため、原審において、YのXに対する販売中止は、債務不履行責任であり、また、Aとの取引妨害だとして不法行為責任であるとして損害賠償請求、Xの要求は一部認容された。そこでYは控訴、Xは本件商品の販売中止による債務不履行によりAから受注ができなくなったとして請求変更し、Aとの工事請負による得べかりし利益を請求した。

【判旨】 変更（確定）認容　XY間で期間の定めのない継続的売買契約が成立。「期間の定めのない継続的売買契約においては、当事者間にその旨の合意がなくとも、原則として、当事者の一方は、いつでも右契約を将来に向かって解除（解約申し入れ）しうるものと解するのが相当であるが、前記のような本件契約の内容、契約締結後の状況等に徴すれば、右解約申し入れをするためには、相当の予告期間を設けるか、これを設けなかった場合には、右解約申し入れがあってから相当の期間を経過した後はじめて本件契約が終了するものと解すべきであり、また、相手方に著しい不信行為等、契約の継続を期待しがたい特段の事由の存する場合には、直ちに解約申し入れができるものというべきである」とした。そして本件の場合、相当の予告期間を認める証拠はなく、供給停止につき説明もなく、X側の不信行為等もないとして、Xの請求を認容した。

〔20〕　水戸地判昭和五八年九月五日判例時報一一〇七号一二〇頁

【事実の概要】　XとYはクロレラライト原液の継続的供給契約を締結していたが、Xは滞納気味であり、Yは支払わない場合供給を停止する旨通告するなどしたうえ、供給を停止したことによって生じた逸失利益の損害賠償を請求した。

【判旨】　本訴一部認容一部棄却・反訴棄却　XY間の取引は、期間の定めのない継続的供給契約が成立するとした。YのXに対する供給停止は、将来に向かって、黙示的に解除（告知）したものである。

本件継続的供給契約を解除するにつき、やむを得ない事由があったか否かについては、「期間の定めのない継続的供給契約においては、原則として、当事者の一方は、いつでも契約を将来に向かって解除（告知）しうるものというべきであるが、その契約の種類、性質に応じて、相手の予告期間を設けるとか、相手方にとって不利でない時期に、これをなすべきものであって、予告期間を設けず、あるいは相手方にとって不利な時期に解除をした当事者は、右解除により相手方に生じた損害の賠償をなすべきものであることは、契約の性質上当然」とし、「やむを得ない事由がある場合は、たとえ前記予告期間を置かず、また、相手方にとって不利な期間において解除をした当事者は、これにより相手方に生じた損害の賠償義務を負わない」と前提し、本件の場合、解除にあたり、相当の予告期間を設けていないが、オイル・ショック後の価格および支払状況などのXY間の交渉の経緯から鑑み、「決して不意打ち的なものではなく、むしろ、Xにとって当然予想されたもの」というべきとし、また、右解除が「Xにとって、不利な時期にされたとしても、これはやむを得ない事由があ」り、解除は有効であり、Xに損害賠償義務はないとした。

［11］　東京地判昭和四九年九月一二日判例時報七七二号七一頁

【事実の概要】　スチール製家具類の卸売業者Xが同家具類の製造販売業者Yとの間に継続的売買契約を締結し、継続的に売買を行ってきたところ、Xは、Yが何らの理由がないのに右契約を解約したと主張してそれによる損害賠償を請求した。

【判旨】　請求棄却　　判決は、XY間の契約を期間の定めのない継続的売買契約と認め、基本契約書が存在しないことについては、ある取引が継続的売買契約であるか否かはその取引の種類、態様、支払い手段、契約当事者の意思等によって定まるもので、契約書の存否によって左右されるものではないというべきとし、「期間の定めのない継続的売買契約においては、原則として当事者の一方はいつでも右契約を将来に向かって解除しうるものと言うべきであるが、当該契約の種類、性質に応じて、相当の予告期間を設けるとか、相手方にとって不利でない時期にこれをなすべきものであって、予告期間を設けずあるいは相手方にとって不利な時期に解除をした当事者は右解除により相手方に生じた損害の賠償をすべきものである。しかし、やむを得ない事由がある場合は、たとえ前記予告期間をおかず、又、相手方にとって不利な時期において解除をしても、解除をした当事者は、右解除により相手方に生じた損害の賠償義務を負わないものと言うべきである。」とし、本件解除は予告期間こそ設けなかったが不意打ち的なものでなく、Xにとり不利な時期になされたとしてもやむを得ない事由があったとした。

［9］　名古屋高判昭和四六年三月二九日判例時報六三四号五〇頁(49)

【事実の概要】　海苔・茶類の販売業者Xと海苔製造販売業者YはY製品の継続的供給・販売契約（期間の定めなし）を締結しXは名古屋地区の一手販売権を持ったがYが取引中止を申入れたのでXは解約は債務不履行又は不法行為にあたるとして損害賠償を請求した。

【判旨】　原判決変更・本訴棄却　　「特定商品の一手販売供給契約にして、受給者が相当の金銭的出捐をしたときには、期間の定めのないものといえども供給者は相当の予告期間を設けるか相当の損失補償をしない限り、受給者に著しい不信行為、販売成績の不良等の取引関係の継続を期待しがたい重大な事由が存するのでなければ、供給者は一方的に解約をすることができないものと解するべきである。右の如き契約はその性質上相当長期間にわたり、かつ当事者双方の利益に資するために受給者が人的物的の投資をなすべきことが予期されるものであり、しかも右投資が現実になされるにおいては契約の安定性が要請せられ、供給者において自由に解約をすることのできる権利を抑制し相当の制限を加えるべきものであることは公平の原則ないし信義誠実の原則に照らしてこれを相当とするからである。」としたうえで、Yの解約申入れは本件取引の継続を期待しがたい重大な事由を欠き、しかも相当な予告期間を与えずなされたから不当解除であるとした。

〔13〕 東京地判昭和五二年二月二二日判例時報八六五号七一頁(50)

【事実の概要】 ドライアイス販売業者Xと卸売業者YはXを塩釜地区における代理店とする代理店契約を締結したが、Yは本件契約の解約を申入れた。Xは解約は不法行為にあたるとして損害賠償を請求した。

【判旨】 本訴棄却・反訴棄却 「継続的取引契約においては、代理店が商品の販路を拡大して卸売業者のためにも相当の貢献をなし、卸売業者はいわば代理店の経済活動によって利益を取得してきたものというべきであるから、公平の原則上、契約の存続を著しく困難ならしめる特段の事情のない限り、一方的に解約申入れをなして契約の拘束を免れることはできないものと解するのが相当である。かかる特段の事情がないにも関わらず、卸売業者が自己の利益のみのため解約申し入れおよび出荷停止の措置をとって代理店を事実上倒産させた場合には、右解約申し入れは信義誠実の原則および公序良俗に反した違法性を帯びるものと判断することができる」としたうえで、本件解約申入は、XがYの役員派遣の要請を拒絶したことに端を発しているものであるが、Yの要請は経済的見地から是認さるべきもので相当の理由があるものといわねばならず、Xはこれを拒絶し、YがXを乗取ろうとしていると周囲に流布するなどしたから、これにより本件契約の存続は著しく困難になったものと認められ、解約申入はやむを得なかったとした。

イ　期間の定めがある場合　期間の定めがある場合については、それにより当然に終了するかが問題となる。期間中に販売業者が信用不安に陥ったり、販売業者が債務不履行、契約条項違反したりしたことを理由に解除でき〔12〕〔19〕〔21〕〔22〕、それによって契約は終了する。

〔12〕　大阪地判昭和五二年一月二七日判例時報八六二号八七頁

【事実の概要】　工業用薬品類販売業者Xは、YとA社製造のクロノスチタン、マビコ酸化鉄について継続的売買契約を締結した。右契約にはXはA社製造のクロノスチタンのみを販売する、特約違反があれば無催告で契約解除できる旨の特約があったが、XはYの警告を無視してB社製酸化チタンを仕入れて販売したので、Yは契約を解除し、Xは解除は不当であるとしてYに債務不履行に基づく損害賠償を請求した。

【判旨】　請求棄却　Xがクロノスチタンに関する特約違反の行為をしたこと、特に、Yから特約違反の行為を中止するよう催告を受けたにもかかわらず、これを無視して、B社製品を他から仕入れて販売していたことは、XY間においてクロノスチタンの取引とともになされていたマビコ酸化鉄の継続的な取引におけるYの信頼を破壊する不信行為というべきであるとし、Yの解除の意思表示を有効とした。

〔19〕　東京高判昭和五七年八月二五日判例時報一〇五四号九二頁(51)

【事実の概要】　Y（被控訴人）とAは、YがAに対して商品を継続的に供給し、販売した商品の保守修理等を継続的に依頼する内容の契約を締結した。契約は期間一年で更新されていたがYが解約したため、Aは損害を蒙ったとしてX（控訴人）が債権者代位権を行使して訴訟を提起した。

【判旨】　控訴棄却　「本件販売契約を含む本件代理店契約は、いわゆる継続的供給契約の側面に加え継続的な準委任契約の側面を有するが、このような契約は相手方に著しい信用不安があり、契約継続により損害を生ずるおそれがあるなどやむを得ない事由があれば直ちに契約を解除しうると解すべきところ、信用の乏しいAとの取引の継続を期待することは全く酷であって、Yの本件代理店契約解除の意思表示はまことにやむを得ない事由に基づくものであったというべきである。

〔21〕 東京地判昭和五八年九月八日判例時報一一〇五号七〇頁

【事実の概要】 化粧品製造販売会社YはXと代理店契約を結んでいたがYがこれを解約したためXは損害賠償を請求した。YはXに、外部にXY間の取引条件を告知した、Y化粧品には不純物が混入しているとか水で薄められているのではないかとか経営が危機に瀕しているとかと特約店に告知した、特約店に他社商品を強力に勧め特約店からの注文に対して供給しなかった、キャンペーン不参加、という諸事実は契約違反であり、そのような場合には解約できる旨の約定があったとして、解約権の正当性を主張した。

【判旨】 請求棄却 「本件代理店契約には、YはXが本件代理店契約において定める事項に一つでも違反したときは何らの通知、催告を要しないで同契約を解除することができる旨の定めがあった」ことを認め、「XはA製品を売るため、傘下の各特約店に対しYおよびY商品について虚構の事実を述べるなどしてY商品にかえてA製品を買うよう強力に勧め、他方Y商品については傘下の各特約店からの注文にもかかわらず円滑な供給をせず、YがXに対し三回にわたり事態の是正を求めたにもかかわらずXがこれに応じなかったことから、YにはXとの本件代理店契約による取引を継続しがたいやむを得ない事情があったというべきである。」とした。

〔22〕 東京地判昭和五九年三月二九日判例時報一一一〇号一三頁(52)

【事実の概要】 レコード小売業者Xは、大手レコードメーカーY_1Y_2および大手卸売業者Y_3と特約店契約を締結していたが、Y_1Y_3はXが再三の停止の要請にもかかわらず貸レコード業者にレコードを販売していること等を理由に契約を解除した。Xは、貸レコード店に対する販売は特約店契約上の義務不履行となるものではなく、解除事由にはならないとして、レコードの引渡を求める仮処分を申請した。

【判旨】 申請却下 本件特約店契約はいわゆる継続的契約であって、その継続はXの営業の継続にとって重大な意味を持つものであるから、解除にはXに契約の継続を期待しがたい重大な債務不履行があることを要するとしたが、Xが少なくともY_1らの意思に反しかつY_1らの利益を害するような程度、態様で貸レコード業者にレコードを供給した場合には信義則上債務不履行責任を負うこともありうるとし、Xが貸レコード業者に供給したレコードの数量、XとY_1らとの折衝の経過などから見て、Xの行為は決して軽微な債務不履行とはいえず、XとY_1らの特約店契約の基礎となる信頼関係を破壊し契約の存続を期待できなくするような債務不履行として解除原因となりうるものであって、Y_1らのした契約解除は適法有効であるとした。

期間満了によって契約は当然に終了するし、当然には更新されない（東京地判昭和五五年五月一九日判時九八一号八七頁）と解する立場がある。[53] しかし、期間が終了した場合に、当然に終了するかどうかに関して、（裁）判例はわかれる。［**26**］の原審（札幌地決昭和六二年九月四日判時一二五八号八二頁）は、一年の期間の定めがある場合「も、契約当事者双方とも右期間を超えて契約が継続されることを期待し、あるいは予定するのが通常であり、実際に長期にわたって契約が継続される例が多い」、しかし、「直ちに、契約期間に関する明文の条項が法的効力を持たないと解するのは相当でない」。「相手方が解約に同意する場合及び相手方に明白な債務不履行がある場合のほかには契約関係を終了させることができないとするのが契約当事者の意思に合致するとは考え難く、むしろ、相手方に対して契約関係を維持し難いような不信の念を抱いた場合や、より有利な条件で第三者と同種の契約を結ぼうとするなど、自己の意思のみで契約を終了させる余地を残しておくことが当事者の意思に合致する上に、条理にかなうもの」であるとする。

これに対して、［**26**］は、一年の期間の定めがあり、「期間満了の三ヶ月前までに当事者の一方から契約の内容の変更又は契約を継続しない旨の申し出のないときは、この問題は同一の条件でさらに一年継続するものとし、その後もこの例による」という有効期間条項があるが、これは自動継続に主眼をおいた契約条件見直し期間を定めたものとして、期間満了によって契約が終了するかは、契約締結の経緯、その性質、終了によって受ける当事者の利害得失等、事案の特質に即して考察しなければならないという。同様に一年の期間の定めがあり、自動更新条項が契約されていた［34］では、終了時の商品供給者の更新拒絶について、「継続的契約関係に関する民法六二八条、六六三条二項、六七八条二項等の趣旨に照らしても、信頼関係の破壊等のやむをえない事由がない限り、これを解約したり更新を拒絶したりすることはできない」とした。［38］では、更新拒絶の正当事由の有無を問題としている。しかし、更新された場合には、その更新後の期間がどうなるかに関しては、（裁）判例も、前の期間と同じ期間となる［19］、期間の定めのない契約となる［15］に分かれる。

学説では、継続的債権関係に関する解除の規定を類推することから、期間の定めがある場合には、期間が経過するまでは、やむこと得ない事由がない限り、一方的な解約はできないと解している[54]。しかし、期間の定めがある場合にはついては、ほとんど論じられていない[55]。期間の定めがない場合と期間の定めがある場合とを（裁）判例が区別しているかどうかが問題とされており、期間の定めがあるか否かは決め手にならないとする見解[56]もあるが、期間の定めがある場合のその満了前（途中解約）と満了後（更新時）を区別し、途中解約の場合と期間の定めがない場合とは区別すべきであるとの見解[57]、期間途中解約と期間満了時の解約は区別すべきとの見解もある[58]。

［26］　札幌高決昭和六二年九月三〇日判例時報一二五八号七六頁[59]

【事実の概要】　XはYとY製造の田植機の北海道内における独占的販売総代理店契約を締結し、期間一年で期間満了三ヶ月前の申出のない限り更に一年延長する旨の定めがなされたが、Yは自ら直接販売に乗り出すべく期間満了三ヶ月前にXに対し解約の意思表示をなしたが、Xは右解約により契約が終了したと考えるべきではないとして、北海道地域においてY製造の田植機をX以外の者に販売してはならない旨の仮処分申請をした。原判決は前記解約条項を有効としXの申請を却下した。Xが抗告した。

【判旨】　一部変更　「独占的販売総代理店契約においては、解約条項があるからといって期間満了、当事者の一方的告知により当然契約が終了するものと解することは相当ではなく、契約が終了するかどうかは契約締結の経緯、その性質、終了によって受ける当事者の利害得失等、事案の特質に即して考えなければならない。本件解約条項は、契約を存続させることが当事者にとって酷であり、契約を終了させてもやむを得ない事情がある場合には、契約を告知しうる旨を定めたものと解するのが相当であり、Yの主張する合理化の必要性その他の事由はこれにあたらない。」

［34］　大阪高判平成八年一〇月二五日判例時報一五九五号七〇頁

【事実の概要】　X及びYは、化学薬品等の取引を業とする会社であり、YからXに対して、継続的にシリカゲル等を供給、販売する継続的商品供給契約を締結していたが、Yが契約更新拒絶をしたため、Xに逸失利益等の損害が生じたとして、XがYに対し訴えを提起した。

【判旨】　一部取消・請求棄却　「XY間の契約関係が繰り返し自動的に更新され、二七年間の長きにわたって中断することなく存続してきたこと…その間、YからXに対し反復的継続的に商品が供給されてきたものであるから、本件契約に基づく当事者間の法律関係は、継続的売買取引契約関係にほかならないというべきところ、このような継続的契約関係にあっては、継続的契約関係に関する民法六二八条、六六三条二項、六七八条二項等の趣旨に照らしても、信頼関係等のやむを得ない事由がない限り、これを解約したり更新を拒絶したりすることはできないものと解するのが相当である。」「XとYとは、永年にわたってシリカゲル等の売買取引を継続し、代理店とメーカーという関係で商品の販売拡大のために協力するとともに、外国産の安価な商品に対しても共同して対応してきたものであって、その間に厚い信頼関係があったことが認められる。したがって、Xまたはその関連会社が外国産の安価な商品を購入すること自体はなんら本件契約に違反するものでないとはいうものの、本件契約上の報告義務に違反してそのような事実を秘匿し、それがYの知るところとなった後もその理由なり事情なりを釈明しようとせず、なおこれを継続するような意向さえ示したことは、右信頼関係を著しく損なうものと言わざるを得ない。」としてYの契約更新拒絶にはやむを得ない事由があったとした。

〔**15**〕 神戸地判昭和五四年一二月一一日金融・商事判例五九一号四三頁

【事実の概要】 化粧品の販売と美容方法の宣伝普及を行うYは、直轄営業所を設ける一方小売店と営業所契約を締結していた。営業所契約は同種他店商品の取扱禁止、販売価格維持、店頭販売の禁止等を定めていた。XはYと営業所契約を締結していたが、Yから供給を停止され損害を蒙ったとして損害賠償請求を提起した。YはXに契約違反の事実があったので契約を解除したものであると主張した。

【判旨】 本訴請求認容・反訴棄却 「期間の定めのない継続的供給契約においては、受給者に著しい不信行為、あるいは販売成績の著しい不良等取引関係の継続を期待しがたい重大な事由の存する場合には供給者は一方的に解除できるものと解すべきところ、Xの支払状況が悪い点、Xには営業店契約違反が多々あり、殊に他店商品であるA化粧品を取扱っていた点を考えると、XY間の信頼関係が破壊されたものというべく本件取引関係を継続しがたい重大な事由があることが認められ、これに即時解除の特約をあわせ考えると、本件解除は有効というべきである。」とした。

〔**38**〕 東京地判平成一一年二月五日判例時報一六九〇号八七頁

【事実の概要】 Xは、カミソリ製品等の販売業者であり、Yの輸入する製品等を販売する卸売業者である。X

は、Yとの間で口頭にて継続的供給契約を締結し、継続的に購入してきたが、後に、XY間で、期間一年、対象製品・仕切価格・支払日等の取引条件を定めた契約書を以後毎年、取り交わすようになった。しかし、Yは、二五年間継続してきた販売契約に付き、更新拒絶の意思表示をし、製品供給を停止した。そこで、XはYに対して、正当理由ない契約解除であると主張、本件契約の存在の確認を請求するとともに、不法行為、または債務不履行に基づく逸失利益、信用毀損などの損害賠償請求をした。

【判旨】　棄却　本件契約が有効期間一年間とする契約である。更新拒絶の正当事由については、「継続的な取引契約が長期間にわたって更新が繰り返されて継続し、それに基づき、製品の供給関係も相当長期間続いてきたような場合において、製品の供給を受ける者が、契約の存在を前提として製品販売のための人的・物的な投資をしているときには、その者の投資等を保護するため契約の継続性が要請されるから、公平の原則に照らして、製品を供給する者の契約の更新拒絶について一定の制限を加え、継続的契約を期間満了によって解消させることについて合理的な理由を必要とすると解すべき」と前提に立ち、XY間の取引経過、XのYの製品の販売状況、Xの市場占拠率、売上高、本件契約解消によるXに対する影響などの事情を詳細に認定し、XY間の関係が一方的な支配関係ではなく、対等な関係であり、Xへの影響も多大であるとは認められない、取引関係が二五年間継続していること、競合会社と比較しXにY製品の積極的な販売意欲が認められない等の理由を考慮し、Yの更新拒絶には、一応の合理性があるとし、本件契約の終了は認められ、Yの信義則違反、違法は無く判断するまでもないとしXの請求を棄却した。

期間の定めがあっても、一方の当事者は任意の意思表示によって契約を終了する条項があった場合、契約の解消に影響を与えるか。（裁）判例では、化粧品（資生堂・花王）特約店の一連の地裁、高裁判決のなかに、考え方の違いを見いだすことができる。〔**31**〕は、権利濫用・信義則違反の場合には、無効とした。〔**36**〕は一般条項による制約はあるが、解約権の行使には、契約関係を継続しがたいような不信行為の存在などやむを得ない事由を必要とする見解は採用しないと明言した。これに対して、任意解約条項は有効であるが、[**30**]は、やむをえない事由が認められない限り、任意に一方的な解除をすることはできないとし、[**32**]は、「相当の期間にわたって存続することが予定されている」等の事情があるので、「解除権の行使が全く自由であるとは解しがたく、右解除権の行使には、取引を継続しがたいような不信行為の存在等やむを得ない事由が必要である」としている。この点[**18**]がその理由とするところに明快に説示している。

すなわち、田植機販売事業は長期間にわたる継続的営業活動が必要とされ、単年度の営業を前提として事業をすることは不可能であること、販売店側Xは多大な資本と労力を投入しており、それによって今日の販売成績があがっていること、田植機販売については販売網が系列化されており、Xが新規に参入することは事実上不可能であること、契約が解除されるとXにとり企業の存立に重大な影響を与えかねず、莫大な損害を被るのに対し、相手方は何らの犠牲を払うこともなく、Xがこれまでに開拓した販売権益を手中にでき、極めて不合理であること等を認め、「独占的販売総代理店契約においては、解約条項があるからといって期間満了、当事者の一方的告知により当然契約が終了するものと解することは相当ではなく、契約が終了するかどうかは契約締結の経緯、その性質、終了によって受ける当事者の利害得失等事案の特質に即して考えなければならない。」「本件解約条項は、契約を存続させることが当事者にとって酷であり、契約を終了させてもやむを得ない事情がある場合には、契約を告知しうる旨を定めたものと解するのが相当であり、Yの主張する合理化の必要性その他の事由はこれにあたらない。」とした。そして、出荷停止の事態が生じても、同様であると解している[**33**][**35**]。

［18］　東京地判昭和五六年五月二六日判例時報一〇二〇号六四頁(60)

【事実の概要】　XとYは、XはYの関東以北地区の販売代理店としてY製造の工場床材を一手に販売する、Yは Xの販売活動に協力し本件商品を廉価で継続して供給する、という特約店契約とみられる販売代理店契約を締結したが、YはXをさしおいて直接工事を受注して売上増大を図ろうと画策し、Xに対し本件商品の販売中止を申入れた。Xは本件商品の販売中止は債務不履行であるとして損害賠償を請求した。

【判旨】　一部認容　「特約店契約の性質を有する販売代理店契約においては、代理店は多額の投資を行い、あるいは犠牲を払い、相当の営業努力をもって販路の維持拡大につとめ、商品供給者の利益のためにも貢献をしているのであって、期間の定めのない場合においても公平の原則ないし信義則上、代理店に著しい不信行為、販売成績の不良等契約の継続を期待しがたい特段の事情が存しない限り、商品供給者は一方的に解約を申入れて商品の供給を停止することはできないものと解すべきである。」とし、Yの解約申入れには何ら正当な理由がなく本件取引の継続を期待しがたい特段の事情は認められないとした。

［30］　東京地判平成五年九月二七日判例時報一四七四号二五頁(61)

【事実の概要】　化粧品小売店XはYと資生堂化粧品販売特約店契約を締結していたが、Yから契約を解除され、出荷を停止されたためXはYに対し化粧品の引渡しを請求した。Yは、本件特約店契約は単なる継続的商品売買契約とは異なり、対面販売など資生堂の販売理念を具体化するための義務が課せられているにもかかわらず、これを遵守せず職域販売を行うXについて特約店契約を解除したことには正当な理由があると反論した。

【判旨】　一部認容・一部却下　「本件契約は二八年間継続されてきたものでありXの取引継続の期待は合理的なもので法的保護に値し、解約により深刻な経営的打撃を受けるから特段の事情のない限りYは注文に応じる義務がある。」「継続的供給契約においては一方的解約を許容する約定があっても信義則上著しい事情の変更や相手方の甚だしい不信行為等やむを得ない事由がないかぎり一方的解約は許されない。」「販売方法に関する約定は、その合理的理由が認められず、販売方法より小売店の販売価格、販売地域、取引先等を制限している場合には、それを理由に契約を解消することはできない。」「Yは基本理念より対面販売が不可欠である旨主張するが、化粧品が使用方法如何により危険を生じたり効用を失うものでない以上、それを遵守しない小売店との取引拒絶を正当化するほどの重要な理念とは解されない。」「対面販売および顧客台帳作成に関する約定は、その実施により販売価格の増大を招き、通信販売等の販売手段を奪い、一括大量販売を困難にさせ結果的に小売価格の維持になるから、合理的理由なしに販売方法を制限し価格維持を図るものとして、独禁法の法意にもとる可能性もある。従って、Yのした解除の意思表示は効力を生じない。」

〔**31**〕 東京地判平成六年七月一八日判例時報一五〇〇号三頁(62)

【事実の概要】 化粧小売店XはYと花王化粧品販売特約店契約を締結していたがYから右契約を解約されたため、Xは化粧品の引渡請求をした。XはYの解約の意図は値引販売をやめさせるもので権利濫用であると主張した。Yは、本件契約では解約には何らの正当事由は必要とされていないこと、仮に、解約にあたり正当事由が必要であるとしても、Xは卸売販売・職域販売を行い、対面販売を行わないという契約違反があると反論し、権利の濫用にはならないと主張した。

【判旨】 一部認容・一部棄却　判決は、本件契約は契約条項からすると解約には正当事由等は必要ではないとし、解約の主たる理由はXの職域販売における値引販売と、安売業者への卸売販売の疑いにあったもので、対面販売違反というのは解約の従たる理由にすぎず、本件解約は再販売価格維持目的であるから、独占禁止法上許されず違法性は重大であること、本件契約は対面販売を義務づけたものではなくXに契約違反の事実はないこと等を考慮して、解約は権利の濫用にあたるとした。

〔**32**〕 東京高判平成六年九月一四日判例時報一五〇七号四三頁(63)〔**30**〕の控訴審

【判旨】 原判決取消・請求棄却　「本件契約は約定により解除権を留保できるが、本件契約内容からすれば約定解除権の行使には取引関係を継続しがたいような不信行為等の存在等やむを得ない事由が必要である。」「販売方法に関する約定は、合理的な理由が認められ、強行法規に違反するようなものでない限り当然許され、対面販売方法もそれなりに合理的なものであるから対面販売方法の不履行は債務不履行となる。」「Xの職域販売は、対面販売を定めた本件特約店契約の債務不履行を構成する。」「解除に至る過程をみても、Yの再三にわたる約束の実行要求を拒否し販売方法を変える意思を持たなかったことからすれば、Xの販売方法の不履行は継続的供給契約上の信頼関係を著しく破壊するものであり、契約を解除するにつきやむを得ない事由がある。」「二八年間にわたり続いた継続的供給契約を解消するものであるうえ、それがXに与える影響は多大なものであるとしても、本件特約店契約解消の経緯、殊に信頼関係の破壊についてはXの不履行も大きな原因となっていたことなどからすれば、契約解消が不当であるとか契約関係上の信義則に反するとはいえない。」

［**33**］　大阪地判平成七年一一月七日判時一五六六号八五頁　［**35**］の一審

【事実の概要】　X会社（化粧品の販売事業）は、Y会社（化粧品の製造販売を目的とする）の製造した商品を購入し販売する事を約する継続的売買契約を締結し、Yの販売代理店（専売店）として卸売りを行っていた。Xは、従来Yからの仕入れ価格で訴外Aに対し販売していたが、値下げ申し入れを受けたためYに伝えたところ、Yは小売価格を別に指示したがXは認めず、Aの申し入れに従った。本件取引については、システム上、A以外の他社卸業者にもその価格が影響することになっており、知らぬ間に価格引き下げを受けた他社は、製造会社であるYに抗議と損害賠償を請求。結局当該卸業者に対してYが補償を行った。そこで、Yは、Xが当該卸業者との調整を拒否したことを理由として、XY間の継続的売買契約を解除し、商品供給を拒絶した。また、Yは、さらにXの代金支払遅延、預かり金記載金額の誤記載につき訂正の謝罪拒否等も理由として主張した。

【判旨】　一部認容　「販売代理店契約においては、信義則上代理店に著しい不信行為がある等契約の継続をし難い特別の事情が存しない限り解除して商品供給を停止することはできない」と前提し、「特別の事情」の存否について判断している。

Yの解約理由について、「本件はXがYの意向に反して低価による商品卸売りをしたことに対して、Yにおいて、他の販社との調整の名目でXに従来卸売り価格と今回の低価格との差額分についてXに補償あるいはそのための交渉を求め、これにより間接的に再販売価格維持を目的としたものと認めざるをえず、独占禁止法が禁止している再販売価格の拘束に該当し、違法なものであると解され」、Yの調整要求をXが拒絶した事を解除原因とすることは許されるものではないとした。Xの行為はYに重要な事情であるとは認められず当該理由は正当な理由とはなり得ないとして、本件解除及び商品供給停止は不当であり、YはXに対し取引中止によりXが被った損害、停止から一年間の得べかりし利益を賠償すべき責任があるとした。

〔**35**〕 大阪高判平成九年三月二八日判例時報一六一二号六二頁 〔**33**〕の二審

【事実の概要】 Xはいわゆる Yの販売代理店として卸売り販売をしていたが、Yは継続的商品供給契約を解除し商品供給を拒絶した。XはYの解除は、XがYの意向に反した価格で販売したことに対する再販売価格維持を目的とされたとの主張を行い、債務不履行および不法行為責任あるとし、得べかりし利益の賠償、営業保証金の返還等を請求。一審で、Xの請求が一部認容されたためYが控訴した。

【判旨】 原判決を一部変更 「本件契約解除が再販価格の維持を目的として再販価格の自由な決定を拘束しようとしたものであるとまでは認められず、これが独禁法一九条の不公正な取引に当たるとまではいえない」。しかし、「本件契約が専属的な販売会社に対する継続的商品供給契約に当たること」、契約書上契約期間は、事実上長期間続くことが予定されていたものと解され、現実に十年以上も継続されていたことが認められ、契約書上解約権の留保がなされていたとしても、「一方的に解除するには、信義則上、取引関係を継続し難いような不信行為等やむを得ない事由の存することが必要である」とし、本件ではそのような事由はなく、本件解除及び商品供給拒絶は債務不履行に当たるとした。そして、YはXに対し、債務不履行と相当因果関係にある損害として商品供給停止から五ヶ月分に相当する損害賠償を認めた。

［**36**］　東京高判平成九年七月三一日判例時報一六二四号五五頁　［**31**］の二審

【事実の概要】　化粧小売店Xは Yと花王化粧品販売特約店契約を締結していたがYから右契約を解約された。Xは化粧品の引渡請求をし、Yの解約の意図は値引販売をやめさせるもので権利濫用であると主張した。Yは、本件契約では解約には何らの正当事由は必要とされていないこと、仮に、解約にあたり正当事由が必要であるとしても、Xは卸売販売・職域販売を行い、対面販売を行わないという契約違反があると反論し、権利の濫用にはならないと主張した。一審では一部認容されたため、Yが控訴するとともに、Xが特約店契約上の地位にないことの確認を求める訴えを行った。

【判旨】　原判決のY敗訴部分を取り消した上、Xの請求棄却・Yの反訴請求認容　本件特約店契約は、化粧品の継続的供給契約であるが、解約権の留保については、予告期間以外は解約事由の制限はなされていないため、行使については信義則違反、権利濫用等一般条項による制約以外はない。約定解除権の行使について、取引関係を継続しがたいような不信行為の存在など、やむを得ない事由が必要かが判断された。

本件解約におけるYの解約の意図ないし動機については、Yは、カウンセリング販売、卸売り販売禁止の約定をしたXが、Yからの供給品の大部分を義務違反して販売している疑いが生じたため、それにつき指摘をしたが、合理的説明もないため本件代理店契約を解消するほかないと考え解約したとし、他方Xは、本件解約は、Xの行っている値引販売を停止させるのが目的でなされたものであると主張。しかし、「Yが本件解約当時、Xが店頭において本社製品を値引き販売していたとの認識を持っていたと認められない」、また、「Xの繰り返し主張する職域販売での値引きなるものは、Xの行為としては架空のものであり」、Yの担当者も疑念から販売方法を明らかにするように申し入れただけで、特約店契約の解消とか出荷停止の措置などとられていないことから、Xの主張は認められないとした。

「本件解約の意図ないし動機がXに卸売り販売の疑いがあったのに、それを解消しないどころか増幅したことにあって、X主張のようなXの値引販売を阻止するためのものとは認められない」、「本件特約店契約は、花王化粧品の再販売価格を維持するためのものとは認められない」、Xが違反して販売している違反事実の継続性、大量性に加え、Yからの度重なる質問を明らかにしない、また、販売方法の約定の効力を争っていて、「Yとの信頼関係は既に破壊されているといえることなど」から、Yのした本件解約は「不当な目的をもってなされてされた」などないのは明らかであり、Xの主張する事情を考慮しても、本件解約が、信義則に反し、権利の濫用にあたることはないと判断された。

2　どのような場合に法定解除をすることができるか

（裁）判例からみると、以上みてきたように、商品供給者の解除を制限する事例が多い。従来種々の構成が主張されているようにみえるが、結局は、a一般の解除と同じく、民法五四一条を根拠にする場合、b「代理店・特約店」契約を継続的債権関係に含まれ、民法六二八条等を根拠にする場合、c民法一条の信義則から導かれる信頼関係破壊の法理を根拠とする場合に分けられよう。[64]

ア　債務不履行的構成　　遡及効の否定などの修正をし、民法五四〇条以下の規定の適用を当然と考える（裁）判例[65]もあるが、代理店・特約店契約に関する（裁）判例としては、債務の本旨に反する不履行をさし、軽微な債務不履行や付随的な債務の不履行は除外し、「特約店契約の基礎となる信頼関係を破壊し、契約の継続を期待できなくするような」債務不履行の場合に、解除原因となるとしている。**[22]**（東京地判昭和五九年三月二九日判例時報一一一〇号一三頁）は、レコード小売業者Xが貸レコード業者にレコードを供給したことを再三再四やめるように要請したが、受け入れられなかったのでレコードメーカーYが解除をなした事例で

ある。(66)

イ　債務不履行以外の構成　債務不履行による場合の長所は、その要件論が十分な説得力を持っていること、法律要件が明らかなこと、実定法上で明確な根拠を有することである。しかし、何が債務の本旨であって、何が軽微であるか、何が付随的なものであるかとは一概に論じ得ないし、信用不安や背信的行為がある場合など解除を認めることが妥当である場合に債務不履行という法的構成で対応しきれるか、履行遅滞でも即時解除を認めるべき場合があること、そして遡及効を否定せざるをえないといった問題がある。(67)そこで、民法五四一条以下の適用を否定し、解除理由として債務不履行を採らない見解が主張されている。

①　信頼関係の破壊がある場合　民法一条二項の信義則(68)を根拠とし、継続的契約に関する民法六二八条、六六三条二項、六七八条二項等の趣旨を類推して、契約関係の存続を債権者に強要することが不相当であるような信頼関係の破壊がある場合であるとか、それぞれの契約類型においてその基礎をなす信頼関係が破壊された場合に解除権が発生するとする見解がある。［**7**］（最判昭和三七年一二月一三日判例タイムズ一四〇号一二七頁）は「継続的供給契約は、契約の性質に鑑み、当事者相互の信頼関係に基づいて成立し、かつ実行されるべきものである」とし、信頼関係の破壊があった場合には、解除を認める。［**7**］のほか、［**12**］（大阪地判昭和五二年一月二七日判例時報八六二号八七頁）、［**14**］（札幌地決昭和五二年八月三〇日判例時報八八一号一三四頁）、［**32**］（東京高判平成六年九月一四日判例時報一五〇七号四三頁）、［**34**］（大阪高判平成八年一〇月二五日判例時報一五九五号七〇頁）が同様に解している。

［**7**］　最判昭和三七年一二月一三日判例タイムズ一四〇号一二七頁

【事実の概要】 XとYは継続的供給契約を締結していたが、Xの代金支払義務に関し、Xは取引関係のない銀行を支払場所とする等支払方法としては使用するに価しない約束手形を振りだして交付した。Yは再三手形の交換又は現金払いの交渉をしたが、Xはこれに応じなかったので納品を拒否したことにつき、この効力について争われた。

【判旨】 上告棄却　「本件のような継続的供給契約は、契約の性質に鑑み、当事者相互の信頼関係に基づいて成立し、かつ実行されるべきものであるから、取引の実行にあっては、互いに相手方の信頼を裏切らないことが要請されるところ、Xは支払方法として自己振出の約束手形を交付する約定であったにせよ、期日に不渡りとなる危険が予想されるような、又支払方法として使用するに適しないような取引関係のない銀行を支払場所とする約束手形を交付し、Xの代金支払能力に不安を抱いたYから、再三割引容易な手形との交換又は現金払いの交渉を受けながら、誠実をもって右交渉に応じる態度を示さず、右の如き不信性は決して些細なことではないのであるから、このような場合Yは適法に納品を拒否しうる。」

〔**14**〕　札幌地決昭和五二年八月三〇日判例時報八八一号一三四頁

【事実の概要】 販売店XはY新聞社と新聞販売店契約を締結し、一地域において独占的にYの発行する新聞を販売していたが、賭博開帳図利罪で検挙され、懲役八月、四年間執行猶予の刑に処せられた。Yは右販売店契約を約二ヶ月の猶予を付して解除する旨通知し、Xは新聞の販売・送付の続行を求める地位保全の仮処分申請を申し立てた。

【判旨】 申請却下　「本件非行はかなり大規模で社会的影響も大きい態様の賭博開帳図利の犯罪行為であり、…右各非行は、地域においてYと同一視されがちなXの新聞販売店主としての立場上、Yの名誉に与える影響は深刻」であり、「本件非行により契約を継続するに足る信頼関係は破壊され、その修復は困難な事情にあるというべきであって、信頼関係破壊による無催告の解除権の行使としての本件解除もやむを得ないものといえ、又本件販売契約解消まで約2ヶ月の猶予期間をおいたことも考慮すれば、本件解除は解除権の行使が権利の濫用にあたるものともいえない。」

[7]は、代金の支払方法について再三の交渉を受けながら、相手方に対し誠実な対応をしなかったという点に着目し、信頼関係の破壊があることを認めた事例である。[12]は、工業用薬品類の継続的売買において、Xが排他的特約条項に違反したうえ再三の注意催告を無視して違反行為を続けたことが、Yの信頼を破壊する不信行為であるとした。[14]は、新聞販売店主が賭博開帳図利罪を犯したことが、新聞社の名誉に与える影響は深刻であることから、「本件非行により契約を継続するに足る信頼関係は破壊された」とした。[32][69]は、化粧品販売における販売方法の不履行があり、再三の改善要求に応じなかったことは信頼関係を破壊する行為であるとした。[34]は、Xが化学薬品の継続的契約上の報告義務に違反し、Yに違反が知れた後も釈明しようとしなかったこと等により信頼関係は著しく損なわれたとした。

これに対して、信頼関係の破壊がないとした[10](大阪地判昭和四七年一二月八日判例時報七一三号一〇四頁)は、Xの支払遅滞はYの商品納入債務の履行を牽制し、それが履行されない場合の損害賠償債権を担保せしめるためのものであって、Xに信頼関係破壊行為はないとした事例である。しかし、信頼関係を破壊する行為とはいかなることで、どの程度のものなのか、明らかにされていない。[70]両者の関係を破壊する行為が行われたり、そのような状態を引き起こした場合は解除されてもやむを得ないということができるが、(裁)判例からみた背信的行為の内容としては、出荷の不履行や代金不払等もその一場合になる。裁判例[8](横浜地判昭和四〇年四月六日判例タイムズ一八〇号一二三頁)は、継続的売買契約の当事者Xが代金支払および売買に関する約旨に反し、このような態度はYに対する背信行為というを妨げないとした。また、背信的行為には、上記の履行遅滞の場合と区別された、不法行為的なものが存する。それは、非定型的で反倫理的な色彩の強いものであり、これには種々の態様がありうるから、それぞれが契約関係の破綻をもたらすものであるかどうかの判断が必要となってこよう。(71)［16］（東京地判昭和五五年九月二六日判例タイムズ四三七号一三九頁）は、食品関係香料の買主が売主のラベルを他社の製品に貼付して販売したことはYに対する重大な背信行為であるとした事例である。

［8］　横浜地判昭和四〇年四月六日判例タイムズ一八〇号一二三頁

【事実の概要】　XとYは、継続的取引関係に基づく売買契約を締結したが、Xが取引代金の支払いに関してとった処置は代金支払いの約旨に反し、売買についても右約旨に反する措置をとろうとしたためYは催告をすることなく契約解除の意思表示をしたため、この効力について争われた。

【判旨】　一部認容　　Xの態度はYに対する背信行為というを妨げないからYがこれを理由に将来の取引を断ち切ることができることはいうまでもないとしたうえで、しかしYが双務契約たる本件契約を解除するためには、まず自己の債務につき履行の提供をすることが必要で、同時にXに相当の期間を定めて催告すべきものであるから、しかるにYは、かような手段を尽くすこともなく直ちに前金払いの要求を持ちだしてこれに固執し、Xが前金払いの要求に応ずる旨答えたにもかかわらず、本件契約解除の措置に出たのであるから、Yの解除の意思表示は無効とすべきであるとした。

［10］　大阪地判昭和四七年一二月八日判例時報七一三号一〇四頁(72)

【事実の概要】　流し台等の製造販売業者Xは、シンク部分を継続的に買受ける契約をYと締結し供給を受けていたが、YはXに代金支払いの遅滞があったとして三ヶ月にわたり出荷制限をした後、取引を停止したので、Xは債務不履行を理由に損害賠償を請求した。

【判旨】　請求棄却　　判決は、本件のような商品の継続的取引関係においては、買主から注文を受けた後に買主の側において取引関係上要求される信頼関係を破壊する事情が生じた場合には売主が注文を受けた商品の出荷をそれ相当の範囲において停止したとしても、その出荷停止には相当の理由があるから違法性はないといわなければならないが、本件においては信頼関係の破壊があったことを認めることができないとした。すなわち、Yの出荷制限・取引停止について、出荷制限以前の時点でのXの代金支払遅滞は、Yによる納品が一部納期に遅れ、しかも一部に不完全履行があったために代金の一部を未払いとしたもので違法性がなく、右未払い代金もYによる完全履行後出荷制限前に決済されたので右出荷制限は違法であり、Xが右出荷制限後に履行期の到来した代金の全てを未払いにしたのは、Yの出荷制限という違法な債務不履行によって損害を被ったので、その賠償の担保を得ようとの目的に出たものであって違法性がないとした。

〔16〕　東京地判昭和五五年九月二六日判例タイムズ四三七号一三九頁

【事実の概要】　XとYとは、食品関係の各種香料の継続的販売契約を締結していたが、YはXに対し取引関係の解消をする旨の通知をなしたので、Xは債務不履行を理由に損害賠償を請求した。

【判旨】　請求棄却　　Xのなした、Yのラベルを他社製品に貼付し、これを得意先に販売したということはYに対する重大な背信行為であるといわなければならないとして、YのなしたXとの取引関係解消の措置は相当であるとした。

②　「やむことを得ざる事由（正当事由）」がある場合　　これは、雇用（民法六二八条）、委任（同六五一条二項）、寄託（同六六三条二項）、組合（同六七八条一項）の規定内容が、継続的債権関係の性質上、共通に妥当するものであるというところから、それらの規定の類推を行おうとするものである。その内容は、（裁）判例

上、単なる債務不履行よりも重大とされる一方、必ずしも債務不履行を要件とはせず、有責性をも要件としていない。（裁）判例をみてみると、債務不履行（〔21〕東京地判昭和五八年九月八日判例時報一一〇五号七〇頁、〔30〕東京地判平成五年九月二七日判例時報一四七四号二五頁）、信頼関係破壊（前掲〔32〕〔34〕）、信用不安（〔11〕東京地判昭和四九年九月一二日判例時報七七二号七一頁、〔19〕東京高判五七年八月二五日判例時報一〇五四号九二頁）、背後事情の変化（〔20〕水戸地判昭和五八年九月五日判例時報一一〇七号一二〇頁）等の事由があった場合にやむを得ない事由があったとされており、種々の解除原因を包括する概念でもある。

裁判例〔5〕（大阪地判昭和三六年一〇月一二日下民集一二巻一〇号二六七〇頁）は、肥料の継続的取引について「YがXとのみ一手販売を継続することに満足せず、X以外の業者とも取引すべく決意するに至ったことに関し、特にYを責めるべき理由はなく、それにも関わらずなおXに対する一手販売権の許与を強制するのが正当であるとする合理的根拠は見あたらない」としてYの解除をやむを得ないとした。〔11〕は、Xの信用度が低落したので、Yは物的担保の設定を要求したが、Xがこれを拒否する等の事実があったためになしたYの解除はやむを得ない事由があったとした。〔21〕は、化粧品の代理店に契約違反の諸事実や、メーカーについて虚構の事実を流布したりするなどの行為があったことから、取引を継続しがたいやむを得ない事由があったとした事例である。これに反して、やむを得ない事由なしとして解除を認めなかったのは、〔26〕（札幌高決昭和六二年九月三〇日判例時報一二五八号七六頁）、〔30〕である。〔26〕は、本件のような独占的販売総代理店契約における解除にはやむを得ない事由を要するとし、Yの合理化の必要性等はこれにあたらないとした。また、〔31〕〔30〕は、化粧品販売における販売方法の不履行には取引を拒絶しうるほどの正当性はないとした。〔31〕（東京地判平成六年七月一八日判例時報一五〇〇号三頁）は、本件契約条項からすると、解約に正当事由は必要ではないとした事例である。やむを得ない事由の構成をとる長所は、有責性を要件としない点、遡及効を否定する点、また法解釈上の根拠が明確であるといった点にある。

③「重大なる事由」・「契約の継続を期待しがたい特段の事情」がある場合　この見解は、法的な根拠として、民法六二八条、六六三条二項、六七八条二項等を援用する。[3]（大判昭和一七年二月二一日法学一一巻一一八三頁、継続的供給契約当事者の一方が商品全般の価格の値下げ要求したのに他方が拒絶した事例、）では「右ノ如キハ被上告人ノ責メニ帰スヘカラサル事由ニヨリ右契約関係ヲ円満ニ継続スルニ付困難ノ事情発生シタルモノト解スヘク斯カル事情ノ下ニ在リテ本件ノ如キ期間ノ定メナキ継続的供給契約ハ被上告人ノ一方的意思表示ニ因リ将来ニ向ッテ之ヲ解除シ得ルモノト解」している。[9]（名古屋高判昭和四六年三月二九日判例時報六三四号五〇頁）、[6]（東京地判昭和三六年一二月一三日判時二八六号二五頁）は、「特定商品の一手販売供給契約にして、受給者が相当の金銭的出捐をしたときには、期間の定めのないものといえども供給者は相当の予告期間を設けるか相当の損失補償をしない限り、受給者に著しい不信行為、販売成績の不良等の取引関係の継続を期待しがたい重大な事由が存するのでなければ、供給者は一方的に解約をすることができない」としている。[15]（神戸地判昭和五四年一二月一一日金融・商事判例五九一号四三頁）も同様に「受給者に著しい不信行為、販売成績の不良等の取引関係の継続を期待しがたい重大な事由」があったときに解除ができるとしている。[13]（東京地判昭和五二年二月二二日判例時報八六五号七一頁）は、ドライアイスの代理店契約において、Xの信用不安からYが役員派遣の要請をしたところXが拒絶したうえ虚偽の事実を周囲に流布する等したことにより、「契約の継続が著しく困難になった」とした事例である。[18]（東京地判昭和五六年五月二六日判例時報一〇二〇号六四頁）は、Yが自己の利益のために契約を解除したもので、重大なる事由なしとされた事例

である。この見解は、やむを得ない事由と同様に、法解釈上の根拠を有するという長所はあるが、「重大なる事由」や「契約の継続を期待しがたい特段の事情」という概念が抽象的で曖昧であるという点が問題であろう。

〔**6**〕 東京地判昭和三六年一二月一三日判例時報二八六号二五頁

【事案の概要】 Yは自社製のゴルフ靴パーシューズの九〇%を継続してXに売り渡し、被告は総販売元として自己の費用で宣伝流布につとめ、利益をあげていたが、Xも同時期他店を通じ自己製造のゴルフ靴オーナーシューズを販売しており、この小売価格をYのゴルフ靴と同価額に値下げしたため、Yもゴルフ靴の値下げを余儀なくされた。そこでYは、Xの値下げ行為をYに対する不信行為としてXに対する卸売りを取りやめ、Yから提出させていた得意先名簿に基づいて新たに他に一手販売させることにした。

【判旨】 Yのなした右卸し売り停止の措置は本件取引契約が有効に解除せられたことに基づくものとは認め難い、けだし本件のごとき継続的取引契約にあったは契約の存続を著しく困難ならしめる不信行為なき限り、一方的な解除をなしえないと解すべきであり特に本件取引契約に基づく双方の利益を増大させるについて宣伝費の負担等Xの寄与した寄与した点が大きいことを考えるとXのために契約の安定を確保することがYに対して信義則上要請せられるからである。Xが自己製品をYの製品と同価額に値下げしたことは自由競争の範囲として是認せられるべきである。

④ 事情の変更がある場合 事情変更(73)についての明文の規定はないが、継続的取引契約は、ある程度の長期間にわたって継続するものであるから、事情の変更はこの特質に親しみやすく、例えば契約存続期間中の経済状況の変化による商品の価格変動などの事由が解除理由として解除を認める見解がある。〔**20**〕では、

オイルショックの影響により商品の値上げがされた事例である。［20］は、取引代金の支払について、XはYが毎月電話で代金の送付を要求してもこれに応じないことが多く、支払わなければ原液の供給を停止する旨警告すると滞っていた代金の一部を支払うという状況で、販売先からは納品した翌月に代金を回収した。それにもかかわらず、Yへの支払いは約束に反して五、六ヶ月先満期の手形を交付してなしていたこと、また、オイルショックの影響でYはXを含む取引先に対し、原液の値上げと手形の支払期日を二ヶ月に短縮することと、これに応じない場合は供給を停止する旨通告したが、X以外の取引先はYの申し入れを受諾したがXはこれを拒絶し、Y代表者がX方を訪ねたところX代表者は裏口から逃げて会うのをさけたり、その後の値上げ要求にも応じず、原液の代金相当分の手形の交付要求にも応じないことから、やむを得ない事由があったとした。さらに、［17］（東京地判昭和五六年一月三〇日判例時報一〇〇七号六七頁）は、当事者の一方に資力不足等の信用不安が発生する等、継続的契約関係の存続を認め難いほどの著しい事情の変更があれば、契約の存続により不利益を受ける相手方は、契約を解除できることを認めている。

［17］　東京地判昭和五六年一月三〇日判例時報一〇〇七号六七頁

【事実の概要】　XのとYとの間で、YがXに時計を継続的に売り渡す旨の契約が成立したが、YはXの再三の注文に対して、債権確保の点で不安があるので、現金決済をするか、信用取引をするのであれば、担保の提供がなければ、取引はできないとの理由で応じなかった。

【判旨】　継続的供給契約において、契約締結後、当事者の一方に資力不足等の信用不安が発生する等、継続的契約関係の存続を認め難いほどの著しい事情の変更があれば、契約の存続により不利益を受ける相手方は、契約を解除できる。解除しないまでも、かかる事情の変更ないし相当の理由がある場合、新たに担保の提供を求める等有利な取引条件の改訂を求め、之に応じないときは、以後取引を拒絶しても、債務不履行の責任は負わない。これに対して前記の事情の変更ないし相当の事由がないのに、右条件の改訂に応じないとして、取引を拒絶した場合には、債務不履行の責任を負うと解するのが信義則上相当である。しかし、そのような資料はない。

(2)（裁）判例からみた問題点

1 （裁）判例からみた解除の認否の基準

「代理店・特約店」契約に関する解除の法理を、債務不履行以外にどのように考えるかに関しては、明文の規定もないこともあって（裁）判例・学説上争いがあるようにみえる。しかし、解除を制限・抑制する法理として、債務不履行と考える見解も修正原理として信義則を持ち出し、さらにやむを得ない事由による構成も、重大な事由による構成も、結局は、信義則を根拠とする信頼関係論に包括することができるのではないか。（裁）判例からみると、「代理店・特約店」契約における解除の法的構成は様々である。しかし、実際の事案の解決に際しては、それらは互いに排他的でなく、あるものが他のものの一要因として捉えられている点に注目する必要があろう。

[22]は、「Xの行為は決して軽微な債務不履行とはいえず、XとY_1らの特約店契約の基礎となる信頼関係を破壊し契約の存続を期待できなくするような債務不履行」であるとして債務不履行の程度から信頼関係破壊の有無を判断している。[15]は、化粧品の営業所契約において、販売店Xに代金不払や営業所契約違反があったことから、「XY間の信頼関係が破壊されたものというべく本件取引関係を継続しがたい重大な事由がある」としている。[32]は、化粧品販売特約店がメーカーの要求する販売方法をとらなかった場合に「Yの

再三にわたる約束の実行要求を拒否し販売方法を変える意思を持たなかったことからすれば、Xの販売方法の不履行は継続的供給契約上の信頼関係を著しく破壊するものであり、契約を解除するにつきやむを得ない事由がある」として、やむを得ない事由もしくは重大な事由の有無を信頼関係破壊の有無で判断している。[**34**]も同様である。このように、信頼関係は単独で信頼関係の破壊が解除事由となり、または重大事由ややむを得ない事由の一要因ともなっていることから、重大な債務不履行、またはやむを得ない事由、重大なる事由等による解除の可否の判断は、信頼関係の破壊があったか否かという点においてなされているのではないか。そのため、(裁)判例においては「重大なる事由」や「やむを得ない事由」等と判示している場合で、それが不可抗力によるものではない場合、それらは結局のところ信頼関係の破壊であると考えられている。

継続的取引契約の全体に通ずる解除原因の構成を考えるとすれば、代理店・特約店契約のシステムがその実体を形式論理的に明快に分析できないことを考えると、概念としてある程度抽象的にならざるを得ず、ある種の調整的な包括的な調整原理が必要となろう。しかし、それが信頼関係理論であるとしたところで、結局は「信頼関係」とは何を意味するのか、それが破壊されるということはどのようなことか、という問題に帰着する。「代理店・特約店」契約は、継続的供給契約と比べると、契約類型自体から派生する特質と、個々の契約の内容(条項)等による特質があるといえる。したがって、契約の解除が問題とされたときに、「代理店・特約店」契約と継続的供給契約では考慮される事由は異なるのではないだろうか。

すなわち、信頼関係を供給者と販売業者との間の経済的な関係として捉えたうえで、販売業者の資本投下による供給者側解除の抑制・制限と供給者側の契約上の拘束からの離脱の自由の保護の二つの要素を取り入れ、帰責事由を必要とする債務不履行だけではなく、帰責事由を必要としない事情を含めて、契約の維持・

継続を考慮に入れながら、解除抑制・制限の原理として信頼関係を機能させることができよう。

2 (裁) 判例からみた解除制限・抑制のための理由について

(裁) 判例は解除の制限・抑制のための理由づけとして、「代理店・特約店」契約においては、継続的供給契約・継続的売買契約・継続的取引契約の名称のもとで、それを前提とした継続性という性質があることを認め(〔**11**〕〔**9**〕〔**18**〕〔**35**〕〔**30**〕〔**34**〕)、そこから、〔**7**〕「契約の性質に鑑み、当事者相互の信頼関係に基づいて成立し、かつ実行されるべきものである」であるという。そして、それらの契約の場合には、すでに長期間継続することが予定されており(〔**35**〕)、長期間の取引の継続がある場合、販売業者の契約継続についての期待が生ずること(〔**30**〕〔**28**〕)を理由としつつ、他方では、販売業者が出捐した費用が無駄になること、販売業者の販売活動から商品供給者は販売権益・固定客を得ていることが挙げられている。〔**18**〕では、販売業者は多額の投資を行い、あるいは犠牲を払い、相当の営業努力をもって販路の維持拡大につとめ、商品供給者の利益のためにも貢献をしていること、〔**26**〕では、販売業者が商品供給者のソフト面の研究開発に多大の投資と労力を投入し、契約を終了させると長年にわたって形成したきた販売権益を失うことの販売業者の解除によってを理由に挙げている。販売業者が投資したことが無価値になった損害を賠償請求する事例もあること[74]を考慮すると、(裁) 判例では、販売業者の保護の理由づけは、継続性という形式的理由及びは商品供給者からの解除によって販売業者が大きな損失を被るという実質的理由からのみなされているが、それだけで解除を制限・抑制することは正当化することはでない。「代理店・特約店」契約の構造・特徴と関連づけなければならないだろう。[75]しかし、「代理店・特約店」契約の信頼関係を考える場合、(裁) 判例の示した理由づけは極めて重要な要素を含んでいる。

3　解除自由の立場と解除抑制・制限の立場の取引認識の差異[76]

学説をみると、期限の定めのない場合、途中解除の場合、期間満了時の場合のいずれも解除を容認する方向で処理する立場（解除自由論）[77]と解除抑制・制限する立場（解除制限論）[78]の対立があり、両立場には取引をどう捉えるかの認識の差異がある。解除自由論は、販売業者は独立の事業者であり、自らの経営判断に基づいて取引に参加したのではないか。取引条件に問題があっても、取引上の知識もあり、自らを守ることもできる。しかも、自らも利益を得たのではないか。民法やお互いが合意した取引のルールに従って解消されたからといって競争秩序や弱者保護を持ち出すのは疑問である。これに対して解除抑制・制限論は、なるほどは販売業者は自由な意思で取り引きしたが、実質的な自由が少ないところに問題がある。業界が寡占状態にある場合、どの商品供給者と取り引きしようとしても、その業界にいる限り、契約条件はほぼ同一となり、同一の業界にいる限り、契約内容について実質的な自由はない。しかも、交渉力が圧倒的に違う状態で相手方の作成した契約書に調印する契約は自由といえるのか。仮に取引時に自由な意思で取り引きしたとしても、取引を始めた以上、契約の継続を前提として投資し、労力を投入する、そうであるが故に、販売業者の経営もその取引の依存性が高くなり、契約を解消されると、多大な損害を被ることになることから、取引を行っているうちに取引条件に不都合が生じたり、取引条件が時の流れによって変化して不相当な条件になっても、条件の是正ができないのではないか。

この認識の違いは契約の自由を重視する立場[79]と契約の自由を相対的考える立場[80]の対立にある。①事業者間の取引において契約の自由があるのか、②契約締結時の事実ではなく、それ以後に生じた事実をもって法的処理を考えていいのか。理論的には、この対立は、契約観に根ざしているといえよう。最近、従来の契約論の枠を超えて、注目すべき新たな「関係契約論」が提唱されている[81]。

契約の更新拒絶や解約あるいは解除に際して、あくまで契約の継続を尊重し、正当な理由なく契約関係を解消することを認めないのは、関係契約論の立場からのみ説明できるとする。（裁）判例の理由づけは、当事者の意思ではなく、当事者の形成した「関係」そのものを根拠に探り出された内在的規範「継続性の原理」[82]、すなわち一定の契約関係のもとで強力な継続性の原理が認められることを意味している[83]。そして、とくに信義則は内在的規範の実定法への吸い上げとして理解でき、このようにして獲得された新たな契約規範を「関係契約規範」として性格づけられる。戦後の信義則論においては、契約法における信義則の機能を（裁）判例の実態に即した形で論ずるための理論構成を欠けていた。信義則の活用を積極的に位置づけるには、古典的モデルから離れる必要がある。信義則を巡る（裁）判例のなかで契約責任の拡大を挙げ、その一類型としてこの問題をあげている[84]。

(40) 評釈として、谷川久・文献Ⅳ⑵。
(41) 我妻栄・債権各論中Ⅰ四五一頁。橋本恭宏「名古屋地判昭和五九年二月二一日金商七〇四号二三頁　判批」（委託販売事例）金融・商事判例七一八号四六頁。
(42) 期限の定めがない場合には、やむを得ない事由はいらないとする（柚木・高木注釈民法⒁五一頁、谷川久・文献Ⅳ⑵三九四頁、椎原国隆・文献Ⅳ⑶一二一頁、青竹正一・文献Ⅳ⑸一三四頁参照）。
(43) 椎原国隆・文献Ⅳ⑶一二一頁。
(44) 北村実・文献Ⅳ⑸一八四頁、谷川久・文献Ⅳ⑵七八頁、長坂純・文献Ⅳ⒀一二六頁。
(45) 森孝三・文献Ⅰ⑵一〇〇頁、三島宗彦・文献Ⅰ⑴二五八頁、飯島紀昭・文献Ⅱ⑴一五三頁、田中実「いわゆる継続的債権（契約）関係の一考察」法学研究二六号一二一頁以下。

(46) 川越憲治・文献Ⅱ⑽二四頁以下。
(47) 青竹正一・文献Ⅳ⑹一三四頁。
(48) 椎原国隆・文献Ⅳ⑶一二一頁、飯島紀昭・文献Ⅱ⑴一五三頁一三八頁。なお、中田裕康・文献Ⅳ⑻一三〇頁では、契約の終了が認められやすい順として、期間の定めがありそれが満了する場合（更新時）、期間の定めのない場合、期間の定めがありその満了前を挙げている。
(49) 評釈として、椎原国隆・文献Ⅳ⑶。
(50) 評釈として、北村実・文献Ⅳ⑸、青竹正一・文献Ⅳ⑹。
(51) 評釈として、中田裕康・文献Ⅳ⑻。
(52) 評釈として、飯島紀昭・文献Ⅳ⑼、下森定・文献Ⅳ⑽、中山信弘・文献Ⅳ⑾、中田裕康・文献Ⅳ⑿。
(53) 川越憲治・文献Ⅱ⑽二一頁。契約で定めた期間が満了した場合には、契約は原則として終了する。「終了しないとすると、経済政策的にも、マクロ的な効率を低下させる」からであるという。しかし、契約の全体解釈から例外を認め、**[26]** の条項が契約終了を意味するのではない。
(54) 柚木・高木・注釈民法⒁五一一頁及び前掲注（3）文献参照。
(55) 問題点を指摘するものとして、北村実・文献Ⅳ⑸一八四頁、飯村佳夫・文献Ⅱ⑷（中）五〇頁がある。
(56) 笠井修・文献Ⅳ⒃九一六頁。
(57) 中田裕康・文献Ⅳ⑻一二八頁。
(58) 高畑順子・文献Ⅳ⒄七〇頁。
(59) 評釈として、笠井修・文献Ⅳ⒃、高畑順子・文献Ⅳ⒄。
(60) 評釈として、野口恵三・文献Ⅳ⑺。
(61) 評釈として、川井克倭・文献Ⅳ(27)、後藤巻則・文献Ⅳ(28)、山部俊文・文献Ⅳ(29)、橋本恭宏・文献Ⅳ(30)、川越憲治・文献Ⅳ(26)(31)。

(62) 評釈として、谷原修身・文献IV(32)、土田和博・文献IV(33)、鈴木深雪・文献IV(34)、実方謙二・文献IV(35)、小塚荘一郎・文献IV(36)、中津晴弘・文献IV(37)。
(63) 評釈として、山部俊文・文献IV(30)、土佐和生・文献IV(40)、川越憲治・文献IV(38)、大村須賀男・文献IV(41)、宮川博史・文献IV(42)、田村次朗・文献IV(43)、大塚誠・文献IV(44)。
(64) 橋本恭宏「名古屋地判昭和五九年二月二一日金商七〇四号判批」(委託販売事例)金融・商事判例七一八号五〇頁出は、本文の分類のほか、債務不履行がないか、あっても軽微な不履行の場合の商品供給者の履行拒絶権をあげ、それらの組み合わせにより、取引形態、取引条項の有無、当事者の主張の内容等を考慮して、妥当な解決を図ることが望ましいという。
(65) フランチャイズ契約の事例で東京地判昭和四七年五月三〇日判例タイムズ二八三号二七四頁。
(66) その他、債務不履行の構成をとった(裁)判例としては、東京高判昭和四二年五月二五日判例時報四九〇号五一頁、名古屋地判昭和五九年二月二一日判時一一三二号一五二頁などがある。
(67) 川越憲治・文献II(10)四八頁参照。
(68) 信義則について、宮川澄「契約と信義誠実の原則」契約法大系一巻一六頁(有斐閣・一九六二)、好美清光「信義則の機能について」一橋論集四七巻二号一八七頁(一九六二)。
(69) [**30**]の控訴審判決。
(70) 川越憲治・文献II(10)四九頁参照。
(71) 川越憲治・文献II(10)八〇頁参照。
(72) 評釈として、石外克喜・文献IV(4)。
(73) 五十嵐清「契約と事情変更の原則」契約法大系一巻二九頁(有斐閣・一九六二)。
(74) [**11**]を参照。なお、フランチャイズ契約の事例では、京都地判平成三年一〇月一日判例時報一四一三号一〇二頁、千葉地判平成六年一二月一二日判例タイムズ八七七号二二九頁、名古屋地判平成一〇年三月一八日判タ九七六号一八二頁がある。
(75) 高田淳・文献Ⅲ⑽―(二)一九三頁。
(76) 中田裕康・文献Ⅰ⒆一四四頁以下では、解消の意図を契約論に立ち入って分析している。
(77) 川越憲治・文献Ⅱ⑽、土佐和生・文献Ⅳ⒇。
(78) 森孝三・文献Ⅰ⑵、飯島紀昭・文献Ⅱ⑴。
(79) 行澤一人・文献Ⅱ⒀及びそこに挙げられている文献参照。
(80) 椿寿夫「取引法における二極化と思考と志向」法律時報六〇巻二号（一九九八）二頁及びそこに挙げられている文献参照。
(81) 内田貴「現代契約法の新たな展開と一般条項」ＮＢＬ五一五号。この批判については、川角由和「現代民法学における〈関係的契約理論〉の存在意義」島大法学三七巻四号（一九九四）九五頁以下。
(82) 内田貴・前掲ＮＢＬ五一五号一八頁以下。
(83) 内田貴・前掲ＮＢＬ五一五号二三頁以下。
(84) 内田貴・前掲ＮＢＬ五一五号二六頁以下。

三 「代理店・特約店」契約における信頼関係

(1) 「代理店・特約店」契約における信頼関係の特質

1 人的信頼関係から物的（経済的）信頼関係へ

ア 物的な経済的関係としての信頼関係　解除の制限・抑制の法理である信頼関係理論は、賃貸借に始まる。(85) 判例は賃借人を保護するための理論として、いわゆる一般条項である信義誠実とか権利濫用の法理、(86)

そして信頼関係法理を用いるようになり、最高裁判決（昭和二六年四月二四日、[87] 昭和二七年四月二五日、[88] 昭和二八年九月二五日）[89] によって、賃貸借契約においる判断基準である信頼関係が認められたのである。信頼関係は「賃貸借関係を支配する信義誠実の原則の具体的表現」であり、「賃貸借の社会的機能を十分に考慮し、具体的事情に即して社会的見地から社会的標準に従って」、「社会通念と信義則によってこれを客観的なものとして具体的に位置づけ」[90]、債権法一般を支配する信義誠実の原則を賃貸借の性格に従って具体化し、個別化したものが賃貸借における信頼関係の内容となっている。

信頼関係といっても質の異なる二種のものが存する。[91] 具体的には、近代契約の下での商品交換関係を支えるものは、当事者の自由な意思であり、その結果交換される給付の内容も物質性に徹するから、信頼関係はもっぱら市場価格の法則によって社会的・客観的に決定される。[92] これに対し、人的な信頼関係であるとする見解があるが、[93] 信頼関係を考える場合、前近代的な信頼をはっきり区別することであり、その上で社会の様々の実情に対応する基準としての信頼が求められる。近代法的な信頼にも、純粋に物質的経済的な信頼と人的要素を持った信頼（契約の継続に影響を及ぼす契約当事者の人格・行為に対する信頼）とが存するが、その両方を視野に入れて考えることが必要であろう。[94][95] 賃貸借契約と「代理店・特約店」契約の信頼関係はその重点がどちらに置かれているかの違いにすぎない。「代理店・特約店」契約は商人間の契約であるから、信頼関係の力点は経済的関係に置かれることになる。学説には、「代理店・特約店」契約における解消について、委任・雇用等の規定の類推適用を主張する見解があるが、委任等の規定の想定している信頼関係は人的な信頼関係を考慮したものである。契約期間中の解除の自由もそこから導かれる。しかし、「代理店・特約店」契約の信頼関係は「事業を中心」とした信頼関係[96]である。

イ　組織型契約としての「代理店・特約店」契約と信頼関係

①　契約理論と信頼関係論　伝統的な契約理論は、契約自由の原則から、契約当事者の意思を尊重し、それに基づいて判断する。契約の締結・相手方選択の自由があり、契約した以上、それは守られねばならず、商人の取引においては、契約関係の安定性・計算可能性が強く要請される。それが否定されると、経済活動は萎縮し、契約制度自体に対する信頼が失われる。社会的弱者の保護という政策的判断は、裁判所の役割ではない。政策的判断は、立法行政の判断である。それが十分に機能していないのは、立法の怠慢の結果であり、それを裁判所が本来の任務から離れて、それを根拠に事件を処理することは疑問であるという。(97)

しかし、商人間の契約であるからといって契約自由の原則を至上命題とみるのは、古典的な考え方である。(98)法規であれ、契約条項であれ、それを形式的に適用したら、個別具体的な事情において不当な結果となることがある場合、これを是正し、妥当な結果への導くのは、伝統的契約論と矛盾するものではない。(99)問題は実質的な契約自由の回復に求められる。実質的な契約の自由という法の内部にある価値から導かれる判断であり、それが経済的弱者保護になるとしても、法の外部の価値から求められる政策的判断とは異なる。(100)当事者の意思を尊重しつつ、個別具体的な事情を考慮し、解除を制限する、そして制限した結果は社会的弱者の保護につながるが、それは政策的な判断ではない。(101)問題は、個別具体的な事情に契約締結後の事情が含まれるかである。意思を重視すれば、契約締結時の事情こそが基準である。しかし、契約途中で当事者の一方に・双方に多大な損害を生じさせることになる場合、本来なら当事者の再交渉によって契約の維持・存続を図るべきである。(102)しかし、契約の時点で適法かつ合理的であったと評価される契約条件も、時の流れによってその適法性・合理性に疑いが生ずる。その場合、契約の再交渉ができない困難な関係が生ずる。

「代理店・特約店」契約の場合、取引開始後は商品供給者への依存性が高くなり、販売業者は契約内容の変更を申し入れることはできない[103]。そこで、契約条項の意味内容を確定する契約の規範的解釈、さらに当事者の意思が存在しない場合に取引慣行や任意法規を参考にして契約を補充する補充的解釈が必要となる。当事者の行為が社会的行為である以上、また当事者が全てを事前に決定できない以上、伝統的契約においても当然の前提であり、それは異質なものではない[104]。その際、信義則が、法の機械的、形式的な適用をゆるめ、当事者間に実質的な考量によって、利益を配分し、結局等価交換の実現を保障しようしたり、本来の民法とは異質な社会政策的配慮が作用することになる[105]。「代理店・特約店」契約においては、その基準が信頼関係論である。［9］相互の信頼関係を基礎とする継続的法律関係であるから、「事前に相手方と十分に協議して円満に解決するよう努め」なければならないのである。

② 「代理店・特約店」契約の特質と信頼関係　当事者の一方の不利益の防止を図ることは、人的な、あるいは主観的なものではない。「代理店・特約店」契約関係の終了において信義則によって解除が制限されるのは、「代理店・特約店」契約関係の特殊性から生ずるものであり、当事者の主観的な信頼利益の保護を目的としているわけではない。「代理店・特約店」契約関係は相互に計算された経済的利益の実現、つまり資本主義的商品の交換関係の確保という性格に基づくものである。長年継続してきた契約関係が客観的な事由なくして終了し、これまでの経済的利益が失われることは望ましくないから、信義則を通じて事実関係に基づいて相互的な経済的不利益の発生を信頼関係によって解決しようとするのである[106]。「代理店・特約店」契約は商人間の取引関係であり、資本主義的商品の交換関係ということができるから、そこでは経済的利益の確保が重要になるであろうし、そこで機能する信頼関係もそれを内容としたものであるはずである。（裁）判例をみ

ると、商品供給者の解除を抑制・制限することが問題となった事例では、商人間の継続的な取引という性質だけではなく、商品供給者が一手販売権を与え［**5**］［**9**］［**18**］［**21**］、営業権を認め（東京地判昭和五六年二月二六日判例時報一〇〇〇号八七頁）、総販売元に指定し［**6**］［**26**］、さらに販売区域も指定した［**13**］特約店、商品供給者の商品をもっぱら取り扱う特約店［**22**］［**19**］［**32**］［**36**］だからである。「代理店・特約店」契約において考慮される基本事情は、投資と労力投入費用等の回収という利益の確保の必要性である。すなわち、販売業者は商品供給者のために常時一定量の在庫を保持し、特定期間内で一定の数量の販売を達成義務を負担し、多くの場合、競争関係にある他ブランド商品の取扱を制限される。販売業者は商品供給者の販売政策に従わなければならないし、商品供給者との関係が悪化すれば、商品の取扱ができなくなる関係にある。これに対して、商品供給者は販売業者に自社商品の販売に有利な地位を保障し、自己ブランドの利用をみとめる。このような販売形態の下では、販売業者の収益は、もっぱら商品のブランドの価値に依存し、その市場競争力によって決定される。したがって、「代理店・特約店」契約が終了すると、商品供給者の販売組織から排除され、自らの企業を他の目的に転換しなければならなくなり、ブランドに定着した顧客をほとんど失うことになる。(107)

従来、信頼関係をいう場合、継続的供給契約から生ずる継続的債権関係に求め、賃貸借人の地位を保護するために発展してきた信頼関係論は継続的供給契約にも浸透すると理解している。(108) しかし、継続的な債権関係という媒介項を用いて一律な構成をすることには、各継続的契約や各継続的供給契約の個別的な差異を看過してしまうおそれもある。(110) その点で最近「代理店・特約店」契約の特質について大きな示唆を与える注目すべき研究が公にされている。(111) それによれば、取引特殊性のある財が取引の対象であるときは、合理的契約当事者は合理的計算の結果として継続性のある契約を選択する。そして、契約において取引の継続が予定される場合、その間生じうるあらゆる変動を予想してリスクの負担方法について契約条項として合意しておく必要があるけれども、それでは取引費用の増大を招くことになる。そこで、この取引費用を節約する方法として、市場化と組織化の二つの方法がある。市場化とは、単発的な取引の場としての純粋型の市場にすることであり、組織化とは、指揮命令関係に立つ組織を作ることである。しかしながら、組織化には組織化費用がかかり、市場化には「取引の特殊性」を低めるための投資費用がかかる。契約当事者は、これらの費用と取引費用との比較計算をして選択することになる。その結果、「代理店・特約店」契約は市場と組織の中間に属することになるが、「代理店・特約店」契約は、継続的供給（売買）契約のように市場型契約ではなく、組織型契約として捉えられる。[112]そして、「代理店・特約店」契約は組織型契約であるが、契約当事者双方が何らかの出資をして共に収益をあげる事業を営むための契約（共同事業型契約）であるという。この理論から信頼関係を考えるならば、組織化が事業を営むため継続性を要求し、[113]継続性が信頼関係を生みだし、共同事業が信頼関係の内容を、そして組織化のなかでの依存性＝従属性が信頼関係の機能を規定すると解することができる。[114]

「代理店・特約店」契約は組織型契約であるため、組織化する場合、性質上継続性が前提となる。組織化による継続性を維持するために、「代理店・特約店」の「基本契約」が締結されて、その適用としての個別契約がなされる。[115]商品供給者は販売戦略にしたがって、販売に際しての組織化ための特殊な契約条項を規定した「代理店・特約店」契約を販売業者と締結する。組織化のためには、商品供給、代金の支払い、信用に関する営業、財産調査・報告義務を超えて、商標使用の許諾、競業避止義務等、さらには販売業者が商品供給者の商品のみを取り扱い、商品供給者と競業関係にある他の事業者の商品を取り扱わない排他的供給条項・排他的受入条項（これは専売店に一手販売権を与える）[116]を契約内容に取り込むことになる。この排他的条項が契約に付与されると、商品供給者は販売業者以外への供給を禁止され、販売業者も商品供給者以外からの納入を禁じられ、販売業者は商品供給者の定めた営業政策により、同一の条件で同一の商品を販売することになる。このように代理店・特約店が組織化されると、従属性がつよくなる。問題はこの依存性＝従属性と法的な独立性を解除抑制・制限のために解釈論にどのように取り込んでいくかである。「代理店・特約店」の販売業者は経済的には商品供給者に従属しているが、法的には商品供給者から独立し、しかも、販売業者は自己のために活動している点に特色がある。しかし、「代理店・特約店」の法的な地位は独立性を有するが、組織化のための条項が強く規定されればされるほど販売業者の意思決定は自由ではなくなるのであるから、意思決定という側面からみて不対等な関係として捉えることができる。したがって、「代理店・特約店」契約の信頼関係を考える場合、「代理店・特約店」契約の特質である「組織性」に求めるべきであり、そこから信頼関係の根拠・内容・機能が導き出されるべきである。企業の販売活動に組み込まれた販売業者を保護する要請は、企業内活動に組み込まれた労働者と同様に把握できることになる。[38]では、商品供給者と販売業者との関係が、一方的な支配関係にあるか、対等関係にあるかを吟味し、[39]での関係は対等関係にあり、解除（更新拒絶）による販売業者への影響も多大とはいえないことから、解除（更新拒絶）を否定している点が注目される。

③　信頼関係否定論からみた信頼関係　本稿の立場に対して、「代理店・特約店」契約に信頼関係を適用すべきでないという見解が主張されている。[117]これによれば、信頼関係は不動産賃貸借契約の信頼関係に大き

なイメージをおきながら形成されてきた。そこではもっぱら個人の居住用住宅の契約の維持が問題となっており、そのような状況のもとでは、個人的、情緒的な面を多分に含んだ、つまりザッハリッヒではない信頼関係の存在が強く要請される。これに対して、「代理店・特約店」契約の場合には、個別的・心理的な面に依存するウエイトは低いし、多数の同種の契約を斉一的に働かせるため、機能性、統一性、客観性が重視されざるをえない。したがって、個人的な信頼性に依存するウエイトの強い契約類型と「代理店・特約店」契約とを一括して信頼関係を議論するのは疑問であるという。そして、「代理店・特約店」契約に内在する固有の性質から解除の基準を引き出す必要があるという。そして、「代理店・特約店」契約の性質とは、「代理店・特約店」契約は多数の条項が結合して一つの流通システムを形成する構造になっていることである。このシステムが的確に動かなければ、「代理店・特約店」契約の目的は達成できない。そして、この目的のためにシステムが有効に機能しなくなることが、解除原因であるという。

しかし、賃貸借においても、そこで問題となる信頼関係は物的・ザッハリッヒな信頼関係であると主張する見解もあり、組織化されたなかでの信頼関係こそは、「共同事業」の維持と考えれば、信頼関係否定論者の提唱する「契約関係破綻論」そのものである。契約関係破綻論は単に組織型契約の信頼関係を置き換えて説明したに過ぎない。組織型契約である「代理店・特約店」契約の信頼関係とは、ザッハリッヒな関係であり、まさに組織(共同事業)の維持のための信頼関係として捉えるべきであろう。そして、そのように捉えることができれば、「代理店・特約店」契約の信頼関係は、自己の経営・販売戦略のために流通組織を利用しようとする商品供給者に不利に働く信頼関係として、反対に商品供給者に有利に働く信頼関係、すなわち無催告解除が認められる信頼関係として、解釈の基準となる。そして、信頼関係は、新しい紛争を解決する法理を形成してきた信義則を根拠として、帰責事由がなくても解除ができることのみならず、従来損害賠償の問題として論じられてきた契約締結上の過失、積極的債権侵害、安全配慮義務、情報開示義務に基づく解除の問題、すなわち「代理店・特約店」契約における背信行為は積極的債権侵害、不法行為的性質を有するから、積極的債権侵害による解除の認否の問題や、フランチャイズ契約における説明義務違反として契約準備段階の過失に基づく解除の問題へと連なる契機を提供するといえよう。信義則を通じて地位の互換性のない、不対等な契約当事者間の紛争を解決するために、法の欠缺・不備を補う法理として信頼関係が展開されることになる。

2 「代理店・特約店」契約における信頼関係を考えるについての前提問題

ア　期間の定めがある場合と期間の定めがない場合とで捉え方に違いがあるか　期間の定めのない場合の事例として［**9**］［**15**］［**18**］［**22**］がある。期間の定めがある場合の事例として、［**12**］［**31**］［**30**］［**32**］がある。［**5**］［**13**］は契約期間一年の経過後に期間の定めのないものとなったとした事例である。［**26**］は契約期間一年であるが、自動更新条項がおかれていた事例である。このような場合、期間経過後に期間の定めがないとされた場合［**5**］は、商品供給者はいつでも解約できるとする。これに対して、相当の予告期間を設けたり、相当の損失補償をしたり、またはやむをえない事由を必要とする［**9**］、さらにやむを得ない事由がないかぎり解除できないとした［**13**］［**15**］［**18**］［**22**］がある。期間の定めある場合には、期間満了により解消するとした［**12**］［**31**］、期間満了のほかにやむを得ない事由を必要とした［**26**］［**30**］［**32**］がある。

期間の定めがある場合と期間の定めがない場合とでは、契約の存続・解消について（信頼関係を）判断する場合に、違いが生ずるのか。（裁）判例からみると、期間の定めがない場合に、予告期間・損失補償で販売者の利益の調整を図る問題を除けば、途中解約の場合、期間終了時の各事例では個別具体的な事情を「やむを得ない事由」・「契約の存続を困難ならしめる事情」＝信頼関係の維持が困難かどうかという判断のなかに持ち込み、事例ごとの特殊性に即した結論を導いている。しかし、期間の定めがない場合、取引の相手方の選択の自由を認める必要があり、拘束からいつでも免れる可能性を残しておく黙示の意図が含まれているから、[118]期間の定めの有無は契約の存続・解消に影響を与えると考えることもできる。その立場に立てば、期間の満了による解除と、期間の途中で解約するいわゆる中途解除との両方にやむをえない事由を必要とするのではなく、何らかの差異を設けるべきとも考えられる。[119]そう解しないと、期間を定めた意味が失われるし、[120]やむを得ない事由が発生しない限り契約に拘束されることになる。[121]これらの立場に立てば、期間の定めがある場合には、その期間が経過するまでは、契約を継続しがたい重大な事由（換言すれば、やむを得ない事由）が発生しない限り、一方的な解除はできず、期間の定めのない解除の場合には、いつでも契約を一方的に解除できることになる。[122]

しかし、問題は、組織化された「代理店・特約店」契約の特質を見極め、具体的な契約事実を確定し、その契約事実をそれぞれの関係に適合する規範を見いだすことである。たとえば、「代理店・特約店」契約の特質から、契約期間が定めがない場合でも相当長期の期間存続することが予定されることはあっても（〔**9**〕）、それが比較的短期の（一年と定めた）場合、期間満了はそのまま契約の解消を意味しない（例えば、何度も更新されてきた場合〔**38**〕、あるいは自動更新条項が有効期間条項に付され、更新が何度もなされていた場合〔**34**〕）。契約の内容や取引の実態等に鑑み、期間の設定が当事者の真意に反していたり（〔**30**〕）、何らかの期間の設定をしても法律上の効力は否認されたり、更新義務が発生したりするなどということから、販売業者に取引継続の期待

［30］が生じ、実際には、期間の定めというものが形骸化しているケース（期間の定めがあるにもかかわらず、［38］二五年、［30］二八年）もみられるから、一応期間の定めを認めた上で、それが当該契約の実情にあった設定であるかどうかという判断が必要になってくる。(123) 結局は、「代理店・特約店」契約においては、期間の定めの有無だけが契約関係の存続、解消について決め手とはならず、期間の定めの有無は、商品供給者からの契約解消の正当性を論じるにつき、もはや重要性を失ったといえる。(124)「代理店・特約店」契約でありながら、解除を抑制・制限したり、促したりする要素を分析し、信頼関係の破綻事由＝やむを得ない事由の許否を考えるべきである。(125)

イ　「代理店・特約店」契約に約定解除条項を規定した場合、信頼関係の判断に影響を与えるか　「代理店・特約店」契約を締結する場合、商品供給者は将来の問題に備え、契約関係からいつでも離脱できるように、解約について契約に定める場合がある。商品供給者は問題が生じた場合、販売業者に一方的に通知することによって契約を断ち切る条項（任意解約条項）を定める場合があるし、解除原因を予め契約に明確にしておく場合がある。

①　任意解約条項を定めた場合　この場合、契約の解消の認否の判断に影響を与えるか。化粧品（資生堂・花王）特約店の一連の地裁、高裁判決のなかに、考え方の違いが現れている。［31］は、権利濫用・信義則違反の場合には、無効、［36］は、契約関係を継続しがたいような不信行為の存在などやむを得ない事由を必要としないという。これに対して、任意解約条項は有効であるが、［30］は、やむをえない事由が認められない限り、任意に一方的な解除をすることはできないとし、［32］は、「相当の期間にわたって存続することが予定されている」等の事情があるので、「解除権の行使が全く自由であるとは解しがたく、右解除権の行使に

は、取引を継続しがたいような不信行為の存在等やむを得ない事由が必要である」としている。この点に関しは、[18] が判示するように、「代理店・特約店」契約の特質を考えるべきである。「代理店・特約店」販売事業は長期間にわたる継続的営業活動が必要とされ、単年度の営業を前提としない、販売業者の多大な資本と労力を投入によって販売成績があがっていること、販売網が系列化されている場合、新規に参入することは事実上不可能であること、契約が解除されると企業の存立に重大な影響を与えかねず、販売業者は莫大な損害を被る。これに対して商品供給者は何らの犠牲を払うこともなく、販売業者の開拓した販売権益を手中にでき、極めて不合理である。したがって、任意解約条項があるからといって当事者の一方的告知により当然契約が終了するものではないだろう。契約が終了するかどうかは契約締結の経緯、「代理店・特約店」契約の性質、終了によって受ける当事者の利害得失等事案の特質に即して考えなければならない。

任意解約条項の有効性を認めるならば、やむを得ない事由を解除要件として付加するのは一般的には問題はある（横浜地判昭和五〇年五月二八日判例タイムズ三二七号三一三頁参照）。契約自由を重視する立場からすれば、任意の解約権は当事者双方を無限の契約拘束から免れさせる意味を持つから、商品供給者の申し入れだけを制限するならば、せいぜい一般条項による制限に限られる。[126] 当事者が自ら決めた取引のルールは尊重されるべきであるという。[127] しかし、「代理店・特約店」契約の特質（商品供給者の解除による特約店の深刻な損害、商品供給者に対する依存性・従属性による意思決定の制約）から考え、商品供給者からの任意解除の場合には、解約要件にやむを得ない事由が付加されるべきであろう。さらに、期間満了の場合の商品供給者の解除を抑制・制限するのであれば、任意解約条項による解除を抑制・解約制限をすることは可能である。期間満了により本来契約は終了するのに商品供給者の解除を抑制・制限するのに対し、任意解約はまだ効力があるうちに「期間内」で解約するのであるから、解除を抑制・制限するのはより困難はない(128)。任意解約せずに期間満了を主張したら、契約を解消しやすくなったり、任意解約条項をおいたら、期間満了よりも契約を解消しやすくなるのは妥当ではない。商品供給者からの解除の問題を解決するに際しては、期間満了と任意解約の差異に意味を持たせるべきでない。

それでは、期間の定めのある(裁)判例にみられるように、予告相当期間を付した条項をおいた場合にはどうであろうか。化粧品特約店事件では三〇日の予告期間をおいていた。契約当事者が自主的に合意したルールなのになぜ裁判所が解除の抑制・制限の限定をつけることができるのか。条項を尊重するならば、公序良俗・権利濫用あたるとか、制約的解釈する特別事情がない限り、この条項に基づく解約は有効であるはずである。しかし、やむを得ない事由を付加することによって、当事者によって自主的に設定された条項を無益なものにする結果になっている。

しかし、予告期間三〇日で解消することが当事者の意思に基づくと認定されているか、いないなら、予告期間三〇日で解消するためにはやむを得ない事由があると付加する否かは、それは解釈の問題でもある(129)。それを理由づけるのは、結局は「代理店・特約店」契約の特質であろう。期間の定めのない場合の問題処理と同様に、予告期間と損失補償との関係を分析・検討していく必要があるが、一応は信頼関係論をかぶせながら、任意解約条項がおかれているときは、それを考慮しつつ判断すべきである。

② 約定解除原因は法定解除原因に優先するか　契約に約定解除原因を規定している場合[**15**][**22**]がある。このような約定解除原因が有効であることは問題はない。この場合、約定解除原因と法定解除原因との関係をどう考えるかである。約定解除原因を優先した事例(商品委託販売事例であるが、東京地判昭和五五年

六月二六日判時九九四号六一頁）もある。契約自由の原則を重視すれば、約定解除原因が優先するとも考えられる。しかし、[**15**][**22**]では、約定解除原因が契約書に規定されているにもかかわらず、法定の解除原因に該当するかを判断している。学説は、「代理店・特約店」契約においては、軽微な債務不履行で解除されるのは不都合であるし、逆に債務不履行がなくも解除を認めなければならない場合もあるから、重大な債務不履行や信頼関係の破壊といった契約関係の継続を期待しがたい重大な事由ある場合、（即時）解除することができると解している。(130)「代理店・特約店」契約の特質から考えて、商品供給者の解除は抑制・制限されるのは妥当である。しかし、約定解除原因と法定解除原因との間で、要件・効果を巡り差異が生ずる場合には、双方を並列的に適用できるかが問題であり、最終的には意思解釈の問題ではあるが、商品供給者が選択的に利用できると解するのではなく、(131)「代理店・特約店」契約の特質から販売業者に有利な条項の適用を考えるべきであろう。

（2）「代理店・特約店」契約における信頼関係破壊・破綻の有無の判断要素

1 「代理店・特約店」契約における人的要素を考慮すべきか

雇用契約、委任契約などの継続的契約においては人的信頼関係というものが強く要請され、賃貸借契約においては人的要素は考慮されるものの、雇用契約、委任契約よりは要請度は希薄で、経済的信頼関係が考慮されるが、人的要素から全く切り離しては考えられてはいない。これに対して、「代理店・特約店」契約における信頼関係においては、商人間の契約であるとしても人的要素は考慮されることはないのであろうか。

ア 「代理店・特約店」契約の場合　「代理店・特約店」契約においては、予定された当事者の資格が定められる場合がある。例えば、医薬品のチェーンにおける薬剤師の資格、酒類のチェーンにおける酒販店の免許、供給業者における種々のライセンスや特定のシステムの保有等である。このような資格が契約発生後に喪失した場合は、両当事者が契約をする際に当然の前提として予定していることがあり、そもそもその資格の保有がなければ営業できない場合もあるから、解約が認められるであろう。この資格の内容については、両当事者が契約の「共同事業」の前提として予定しているものならば、その種類を問わず、また、その資格は、積極的に有しているものだけでなく、消極的にある種の行為をしないこととか、ある種の状態に陥らないことという形態においても存在しうるだろう。その類型の一場合として、イメージ、名誉、信用の保持がある。

[14] から考えると、販売業者が犯罪を犯した場合、商品のブランドのイメージ・名誉にあたえる影響は深刻であるから、信頼関係を破壊するとして解除が認められる。取引の実態からみれば、「代理店・特約店」契約をするに際しては、対象となる店が目的に十分合致するものかどうか、経営者の人格、経営手腕、会社の経歴と将来性、資産状態性、採算性、金融状態、販売能力を財務諸表や信用調査によって検討し、適否を決定する。(132) **[14]** の判旨に従えば、しばしば刑事事件を犯す者、経理上の観念が希薄な者、飲食店なのにいつも不潔な服装をしている者とか、要するに「代理店・特約店」契約締結時に予定されていた資格を有しない者に変化し、当事者が予定する資格の喪失が生じた場合、契約の趣旨から考え、「代理店・特約店」契約の目的を達成できない場合に解除が認められることになる。したがって、地位の譲渡(133)や、合併、営業譲渡、株式譲渡、役員交代等が行われ、当事者の性格が変わってしまった場合、同一性は維持されていることから、原則的には解約原因にならないが、その変化が契約の前提となる事情の変更をもたらすものであるときは、例外

として解除原因となる場合もあるのではないか。それは、企業やチェーンのイメージの変化が甚だしい場合等が例として考えられる。そのような場合は、契約時において両当事者が契約を締結するための共通の前提としていた事項があり、それなくしては契約を締結しなかったというケースにおいて、後にこの前提が失われ、経済的信頼関係が破綻してしまうならば、解約原因として認めるべきであろう。

イ　フランチャイズ契約の場合　　フランチャイジーがそのフランチャイズ権を第三者に売却したり、譲渡したりできるかどうかは重要な問題である。[134] 社団法人日本フランチャイズ・チェーン協会による「フランチャイズ契約書作成の指針[135]中のフランチャイズ契約の指針―一四(2)においては、「フランチャイズ契約は、フランチャイジーの人物、経験、能力その他の要素を考慮し、フランチャイジーを信頼して締結されるものであり、かつフランチャイジーはフランチャイザーの指導や援助のもとに営業するのであるから、フランチャイジーが契約上の地位を第三者に移転するのを制限しなければならない。フランチャイザーは、また、フランチャイジーに営業に専念させるとともに、フランチャイズ・システム全体の統制を維持するため、サブフランチャイズないしサブライセンスも制限しなければならない。」としている。これをうけて、フランチャイズ契約書ではフランチャイジーの地位の譲渡を禁止するものが多い。[136] また、フランチャイジーがフランチャイズ権を売却するとき、フランチャイザーがこれを買い戻す場合の優先選択権の有無の規定、加盟店がフランチャイズ権を売却または譲渡を希望した時の本部の援助の有無についての規定もある。[137] 学説では、「指針一四(2)」からみて、フランチャイズ契約は、フランチャイジーの人物や能力を重視し、人的な強い信頼関係に基礎づけられるとして、譲渡を制限ないし禁止することが少なくない。[138] フランチャイザーとフランチャイジーの関係は、強度の信頼関係をバックにして成立っており、フランチャイズ契約の信頼関係は、「代理店・

特約店」契約よりも濃厚である。(139)

2　信頼関係破綻の判断要素

商品供給者供給者からの解除を認める「信頼関係を破壊する」要素は、商品供給者側の事情と販売店側の事情を考慮に入れなければならない。結局は、商品供給者の離脱の要請の正当性と販売業者の取引の維持・存続の利益との考量ということになる。

ア　販売業者の従属性は信頼関係の判断要素になるか　［9］は従属性を強調し、［38］は、商品供給者と販売業者が対等関係にあったから、解除による影響はそれほど大きくないという。商品供給者と販売業者といっても、商品供給者に依存した関係にある場合とそうでない関係にある場合を区別することが必要である。契約においても、その内容上、単なる売買契約が継続しているのではなく、販売業者に販売上の何らかの拘束・義務が課されている場合に着目すべきである。(140)［11］特別な約束はなかったが、販売業者は商品供給者からのみ商品供給を受け、その関係が存続してきた、さらに、［5］一手販売権・厳密な地域制限、［9］一手販売権・特約店による宣伝活動義務・商品供給者の商標表示義務、［18］一手販売権・競業避止義務・保守クレーム処理義務、宣伝活動協力義務、［33］商品供給者のブランド商品の卸業務の専属、［35］専属的商品供給、［13］厳格な地域制限・専売店、［15］専売店・商品供給者の名称使用・経営管理・会議への出席・店頭販売の禁止・販売価格維持、［21］販売拠点・守秘義務・共同事業参加義務・販売目標の設定、在庫管理・一手販売権、［34］市場動向等の報告義務・販売拡大のための協力義務等が課せられている場合である。このような関係がある場合には、商品供給者の解除を抑制・制限する要素となろう。

イ　契約期間の長短は信頼関係の判断の要素となるか　期間の定めがある場合、商品供給者は契約を維持・存続しなければならないから、期間は販売業者の利益保護に作用する。したがって、契約期間があまりにも短期間の場合、販売業者が投資・労力投入の費用等の回収ができないから、あまりにも短い契約期間は、その定めた期間に意味はない。[141] したがって、短期の期間そのものが解除の抑制・制限要素となる。それでは、長期間継続している時には、解除の抑制・制限要素となるのか（〔26〕〔12〕〔32〕〔34〕は長期間継続した）。期間の定めがないか、あるか、あるとしても更新されたかということは、期間と販売業者が投資・労力投入の費用等の回収との相関関係で決定されよう。期間の長短のみが契約解除の認否に影響を与えるとはいえない。投資・労力の投入により販売業者が作り上げてきた販売権益の保護が問題なのである。長期間存続していても、その保護の必要性がなければ、解除を促す要素になり、長期間の存続がありそこに販売業者の保護の必要性が高く認められるなら、解除を抑制・制限する要素となる。

必要なことは、短期間での取引打ち切りや恣意的な契約の解消の意図を見極めることであり、期間の定めがあり、自動更新があるか、あるいは更新され続けてきた場合、販売業者に予期せぬ不利益を負わせることになるか否かを判断することである。

ウ　商品供給者がどのような意図を持っていたか[142]　信頼関係が商品供給者からの不当な解除を抑制する理論であるとすれば、商品供給者がどのような意図を持って解除したかを考える必要がある。短期間での取引打ち切りや恣意的な契約の解除は販売業者に予期せぬ不利益を負わせるから、商品供給者の解除の意図は信頼関係が破綻したか否かを判断する要素となる。商品供給者の正当な意図は解除を肯定する方向に、不当な意図は解除を否定する方向に作用する。商品供給者の意図が、販売業者の契約の趣旨に反する行為・状態に対する是正要求、信用不安に対する担保要求、販売業者の義務の履行を困難にする状況の変化に対応する誠実な交渉等は、商品供給者の解除の正当性を裏付け、商品供給者の解除を肯定する方向で作用する。［11］では、商品供給者は、大手会社との取引を始め、取引量が全製造商品の六五％にもなっていたので、従来の販売業者のうち信用不安のある販売業者との取引額を絞っていき、将来はそれらとの流通を解消する方針を決定し、信用不安が生じた販売業者に取引量を削減し、担保の要求をした。［18］では、商品供給者は販売業者をさしおえて直接工事を受注して売り上げ増大を画策するためであった。これらの事例からは商品供給者の解除の意図の正当性は認められない。商品供給者が経営不振となり、販売網を縮小するために解除する場合は意図としては、正当なものであろう。しかし、［10］のように、販売業者が販売不振だから、他店と特約するために解除することは、商品供給者の意図としては、正当といえるかは疑問である。

これに対して、［12］顧客を奪うため、［31］［36］値引き販売をやめさせるため、［35］再販売価格の維持のためであるように、商品供給者の不当な意図は解除を抑制・制限する方向に働くことになる。［11］では、売り上げを伸ばしているのに、マージンの引き下げに応じないからも同様である。［14］［15］では、自由競争の範囲内と考えられる販売業者の値下げ行為が、商品供給者の販売に影響を与えるためであったが、商品供給者の隠れた意図まで読みとることが必要であろう。［30］［32］のように、形式的には販売方法義務違反によるが、真の意図は値引き販売の規制にある場合、販売戦略が合理的理由（自由競争の範囲内）に基づくかを客観的に判断する必要がある。しかし、結果として価格維持の効果があったか、価格維持の効果を意図していたかを判断するのは微妙である。[143] 販売方法違反（対面販売義務）をどのように位置づけるか。商標イメージを維持するための当然の販売戦略か、対面販売のための美容員は値引きの監視役か、そのことを考えると、再販売価格維持にあたるかが問題となる。結局は、商品供給者の意図がどこにあったかを探求することが必要である。

エ　投資・労力の投入費用等の投下があったか　「代理店・特約店」契約においては、取引に際して、特約店側で経営のためのある程度の資本投下、たとえば商品の販売にあたって店舗や設備、または宣伝広告をした場合に、商品供給者に契約を解除されると、販売店は投下した資本は回収できなくなり損害を蒙ることになる。あるいは、解除により取引先を失い、その後の経営が困難になる場合もある。このような特約店側の契約存続の期待と、供給者側の契約からの離脱の要請が対立するにあたり、特約店側の努力・投資や解除による影響はどのように考慮されるのであろうか。（裁）判例では、資本の投下の事実と、解除がなされた場合の販売業者の影響は、解除を抑制する方向に作用するものとみられている。(144)

販売業者の投資があった場合、解除の影響が考慮された事例は、［9］［26］［30］［31］［9］［26］［30］［31］である。これに対して、［5］はめだった資本投下がなかったとされたが、解除が認められ、［14］［22］［32］では、解除の影響が考慮されながらも解除が認められた事例である。解除が認められた事例で考慮されているのは、販売業者の不利益だけでなく、商品供給者の不利益も考慮されているということである。すなわち、［14］では、新聞販売店主の非行による新聞社側が蒙る影響、［22］では、貸レコード業者へのレコード供給がレコードメーカーに与える影響が考慮され、［5］では、販売店の売り上げ不振により、契約に拘束されると商品供給者が不利益を蒙る等の事情があげられ、販売業者の不利益と比較考量されている。資本投下があったからといって、必ず販売業者が保護されることはない。(145)

オ　販売業者に信用不安があるか　「代理店・特約店」契約も、一面継続的供給契約であり、売買である以上、販売業者は代金を支払わねばならず、しかも継続的に支払続けなければならない。支払不能の危険可能性が高ければ、不安の抗弁権に基づいて商品の供給を停止できるし、解約もできる。

[19] では、「継続的取引契約は相手方に著しい信用不安があり、契約を継続することにより損害を生ずる虞れがあるなどやむを得ない事由があれば直ちに契約を告知しうる」としていたうえで、販売業者の代金支払債務不履行、多額の債務を負っていること等の事情から、「取引の継続を期待することは全く酷であって、Yの本件代理店契約解除の意思表示はまことにやむを得ない事由に基づくものであったというべきである」という。**[11]**では、商品供給者が信用状態低落と判断し、販売業者に物的担保の要求をしたが、それを拒否した販売業者が他の債権者には抵当権を設定し、その登記を経由した場合、やむを得ない事由があるとして解約を認めている。しかし、信用不安といっても、それ自体から解約は認められてはいない。**[11]**では、供給者の物的担保の要求を拒絶したにもかかわらず、他の債権者のためには抵当権を設定し登記をも経由した点を重くみている。信用不安を理由に事案を処理する場合、その信用不安が当事者の責めに帰すべき事由により生じたのであれば、当事者に帰責がない事情の変更の場合に適用が考えられる「事情変更の原則」からは処理できない。信用不安が販売業者の責めに帰すべき事由により生じた場合には、事情の変更の一場合とは言いきれない。「事情の変更の原則」は主観的な事情の変更を対象としないが、信用不安が客観的な事情と主観的な事情が混在したものであるときについては、主観的な事情が若干含まれる場合でも、ただちに事情の変更の適用を否定すべきではない(146)。

そうだとすれば、信用不安が販売業者の責めに帰すべき事由により生じた場合、信頼関係の破綻の要素としてみることができる。**[20]**の事例では、信用不安は当事者の責めには帰せない事情の変更の原則の適用として解除原因になりうるが、**[20]**では、信用不安の事実に加え、商品供給者からの事前措置の申し入れ等の働きかけに対して、販売業者が誠実な対応をせず、供給者の不信感が募るような態度を販売業者がとっていることである。そのことを重視すれば、事情の変更が問題となる場合でも、代金不払や客観的な信用不安がある場合や、販売業者の背信性が認められる場合に、信頼関係の破綻があったと判断することができる。

カ　商品供給者は契約を維持すべく、誠実に交渉をし、それに対して販売業者がどのような対応をしたか(裁)判例をみると、商品供給者からの申し出に販売業者が誠実に対応し、誠意を見せているか否かを問題とする(裁)判例がある。不意打ちにならないためでもある。その意味では、期間の定めがない場合の相当期間の予告や、期限の定めがある場合の債務不履行の催告は、解消段階での商品供給者の採るべき処置としての最低措置ともいえる。「代理店・特約店」契約の信頼関係が経済的関係であるとしても、契約関係を維持・存続させるためには、互いの協力が必要なのであるから、問題が発生した場合、商品供給者がどのような行動をし、それに対して販売業者がどのような対応したかを販売業者の背信性を認定する要素として勘案するのは当然のことである。

［**7**］では、信用不安の生じた販売業者に対して「期日に不渡りとなる危険が予想されるような、又、手形本来の経済的作用である流通性や換金性に乏しいため支払方法として使用するに適しないような取引関係のない銀行を支払い場所とする約束手形を振りだし、交付し、あまつさえXの代金支払い能力に不安を抱いたYから、再三割引容易な手形とそれとの交換又は現金払いの交渉を受けながら、これを回避して、誠実をもって右交渉に応じる態度を示さ」ない場合、［**12**］は、特約違反の行為をしたうえ、商品供給者からの特約違反の行為を中止の申し入れを無視し、他から製品を仕入れて販売した場合、［**22**］は、再三の要請を無視して違反行為を続けた場合、［**20**］は、取引代金の支払について、YはXが毎月電話で代金の送付を要求し、支払

わなければ原液の供給を停止する旨警告したが、滞納代金の一部を支払うだけで、販売先から回収していた代金があるにもかかわらず、五、六ヶ月先満期の手形を交付したにすぎず、原液の値上げと手形の支払期日を二ヶ月に短縮すること、これに応じない場合は供給を停止する旨通告したが、Y以外の取引先はXの申し入れを受諾したにもかかわらずYはこれを拒絶し、X代表者がYを訪ねたところ裏口から逃げて会うのをさけたり、その後の値上げ要求にも応じず、原液の代金相当分の手形の交付要求にも応じないような行動をとった場合、[**32**]は、販売方法の不履行に加え、改善勧告、折衝による約束後も違反を継続し、Yの再三にわたる約束の実行要求を拒否し、従前の販売方法を変える意思を持たなかった場合、[**34**]は、契約上の報告義務に違反して事実を秘匿し、それがYの知るところとなった後もその理由なり事情なりを釈明しようとせず、なおこれを継続するような意向さえ示した場合、[**30**]は、違反行為の改善勧告、折衝による合意成立後、採算中止要請したのに違反行為を行った場合のように、商品供給者の契約を維持・存続しようとする行動を信頼関係を保持する行為と捉える、逆に言えば、販売業者の背信性を裏付ける要素となる。

キ　販売業者が「代理店・特約店」契約の特約条項に違反したか　「代理店・特約店」契約には、商品供給者は一定数以上代理店を増やせない、反面販売業者は商品供給者以外の者との取引を制限されるが、ブランド間競争に専念できるという、強い経済利益的結合がある。そのような両者の関係を維持するために、特約条項を設けるのである。これらの条項は、違反時に解約事由となったり、あるいは解約条項として存在する。解除に際し、これら特約条項の有無と内容、その違反の事実はどのように影響するか。

①　排他的条項違反　排他的供給条項とは、商品を他の業者から仕入れて販売することを禁止する条項であり、販売業者に課される。排他的受入条項とは、いわゆる一手販売権を販売店に与えることであり、メ

ーカーは一定地域において、販売店を増やさない義務を負うことである。これらの条項が問題となったのは、〔5〕〔9〕〔12〕〔13〕〔14〕〔15〕〔18〕〔21〕〔26〕である。排他的供給条項、排他的受入条項があることを解除の判断に際しどのように考慮すべきか。

〔5〕は、特約店契約関係では契約目的・効果の点において契約当事者間の信頼関係の存在が重要な前提をなすが、一手販売権を許与した契約の解除の当否は、信頼関係の観点よりも、主として一手販売権許与の債権債務自体が持つ性格を明らかにすることより解決すべきであると判示した例外的な裁判例である。これに対して、〔9〕は、「特定商品の一手販売供給契約にして、受給者が相当の金銭的出捐をしたときには、期間の定めのないものといえども供給者は相当の予告期間を設けるか相当の損失補償をしないかぎり、受給者に著しい不信行為、販売成績の不良等の取引関係の継続を期待しがたい重大な事由が存するのでなければ、供給者は一方的に解約をすることができないものと解するべきである。右の如き契約はその性質上相当長期間にわたり、かつ当事者双方の利益に資するために受給者が人的物的の投資をなすべきことが予期されるものであり、しかも右投資が現実になされるにおいては契約の安定性が要請せられ、供給者においてて自由に解約をすることのできる権利を抑制し相当の制限を加えるべきものであることは公平の原則ないし信義誠実の原則に照らしてこれを相当とするからである」とし、一手販売供給契約は商品供給者からの契約解消を抑制する要素となることを判示している。〔13〕は、「本件の如く、商品の供給を受ける代理店が、商品の供給をなす卸売業者の指定する商品のみを、その指定する地域のみにおいて販売すべきことが義務づけられた期間の定めのない継続的取引契約においては、代理店が、その商品の販路を拡大して卸売業者のためにも相当の貢献をなし、卸売業者は、いわば代理店の経済活動によって利益を取得してきたものというべきであるから、

公平の原則上、契約の存続を著しく困難ならしめる特段の事情のない限り、一方的に解約申し入れをなして契約の拘束を免れることはできないものと解するのが相当である」としている。[18]は、「特約店契約の性質を有する販売代理店契約においては、代理店は多額の投資を行い、あるいは犠牲を払い、相当の営業努力をもって販路の維持拡大につとめ、商品供給者の利益のためにも貢献しているのであって、期間の定めのない場合においても公平の原則ないし信義則上、代理店に著しい不信行為、販売成績の不良等契約の継続を期待しがたい特段の事情が存しない限り、商品供給者は一方的に解約を申し入れて商品の供給を停止することはできないものと解すべきである」という。このように、(裁)判例においては、販売業者が資本投入して営業努力をしている場合には、商品供給者からする契約の解消は抑制されるという傾向がある。

これらに対して、商品供給者の契約解消を認めた事例は、[12][14][15][21]である。[12]は、排他的特約店契約において、特約店側が排他的特約条項を遵守せず、他の業者からも仕入れていて、供給者から当該行為を中止するよう催告をうけたにもかかわらず無視した、[14]は、新聞販売店主が賭博開帳図利罪を犯したことで、新聞社の名誉に与える影響は深刻であるから、[15]は、専売店の性質を有する化粧品の営業店に、代金支払状況が悪い、営業店契約違反が多々あること、特に他店商品を取り扱っていたことから、[21]は、代理店が、メーカーについて虚構の事実を述べるなどして他商品を傘下の各特約店に勧め、円滑な供給をせず、メーカーが事態の是正を求めたにもかかわらずこれに応じなかったことで、即時解除の特約による解除を認めている。

(裁)判例からみると、排他的特約違反である[12][15]、また営業店契約違反[21]の事例において、即時解除が認められる違反の内容というのは、契約の目的が達せられないような違反である。また、解除される販売業者でも商品供給者との契約継続を望んでいないような場合もみうけられる。〔12〕〔14〕〔15〕〔21〕には、販売店側に不信行為であると認められるような言動があることからも、契約関係の修復がもはや困難で、契約を継続しても意味がない場合であろう。

契約違反や不信行為がなく、あるいは契約違反や不信行為があっても、当事者特に販売業者に投資があったり、なお契約継続の期待があるときは、商品供給者は販売店の活動により利益を得ているのであり、商品供給者からの契約の解消は抑制される。この点で、継続的供給契約とは異なる。「代理店・特約店」契約においては、経済的弱者保護という観点から、販売店側の立場はフランチャイジーに近似し、経済的弱者性・従属性から解除が抑制される傾向にある。

② その他の契約条項反の場合　約定解除原因に該当するか否かで判断した事例は、〔12〕〔32〕であり、これらは特約条項違反を理由に解除が認められたものである。〔12〕は、排他的特約店契約における排他的条項に違反して他店商品を販売した事例、〔32〕は、資生堂化粧品の特約店契約において、その販売方法が資生堂の販売理念に反してカタログ販売を行ったという事例である。これに対して、約定解除原因のほか、法定解除原因をも要するとした事例は〔26〕〔30〕である。〔26〕〔30〕は、三〇日前の予告等の一方的解約を許容する解約条項による一方的告知により契約が当然に終了する、とすることは相当でないとする。

(裁) 判例を分析してみると、特約条項違反があったとしても、当該特約条項が、その契約の目的に照らして重要なものであるかどうか、すなわち、特約の内容がその契約の趣旨を徹底するもので、その違反が有る場合には当該契約の目的を達成することがかなわなくなるような条項違反であるか否かにより、解除の可否が決定されている。「代理店・特約店」契約においては、販売業者の排他的条項等の履行が「代理店・特約店」

契約の根幹を揺るがすような条項違反でなければならない。［12］［32］におけるような排他的条項や販売方法の違反は契約の維持・存続の意味を失わせるものである。さらに［22］の流通チャネルの侵害も同様である。しかし、期間の定めや［26］［16］のような予告期間の設定の条項などは、それが実質的に契約の重要な要素となるものではないし、任意解約条項が行使されるとかえって当事者に不利益がおよぶこともあるから、そのような場合、その条項のみでは解約事由とはならない。

ク　販売業者の背信行為があったか　「代理店・特約店」契約では、当事者は契約の目的を実現するために、互いに協力し合う義務がある。この関係を破壊する行為が行われたり、そのような状態を引き起した場合、解除されてもやむを得ない。［8］は、継続的売買契約の当事者Yが代金支払および売買に関する約旨に反するな態度を、［16］は、食品関係香料の買主が売主のラベルを他社の製品に貼付して販売したことを、［11］は、「Xと倒産したA社との関係および業界や取引銀行におけるXに関する評価からして、Xの信用度が低落したとの判断があったので、そのままXが倒産に落ち込んだ場合に蒙るであろう損害を未然に防止しようとするため……、Xは Yの物的担保設定の要求を拒否し、…B社に対しては根抵当権を設定し登記を経由し」た行為を、［21］は、XがA製品を売りさばくため、傘下の各特約店に対してY商品について虚構の事実を述べるなどしてY販売の化粧品にかえてAの製品を買うよう強力に勧誘した行為を、［14］は、非行がかなり大規模で社会的影響も大きい犯罪行為により商品供給者の名誉を侵害する行為を、［13］は、Xは、本来提供すべき保証金を準備できないにもかかわらず、Yの役員派遣の要請を拒絶したうえ、YがXを乗取ろうとしていると周囲に流布したことを、背信行為であるとしている。

背信的行為には、上記の履行遅滞の場合と区別された、不法行為的なものが存する。それは、非定型的で反倫理的な色彩の強いものであり、これには種々の態様がありうるから、「代理店・特約店」契約の趣旨から考えて、それが契約関係の破綻をもたらすものであるかどうかの判断が必要となろう。(147)

ケ　状況の変化　状況の変化は信頼関係にどのような影響を与えるのか。状況の変化は当事者に直接関わりのない原因（等価関係の破壊、市場性の喪失、法的状況の変化）で生ずる。しかし、状況の変化が「代理店・特約店」契約の基盤に影響を与え、契約が維持・存続できない場合には、信頼関係そのものが役割を終えたことになる。「代理店・特約店」契約における信頼関係は、契約の存続・維持ができる状況にあって、商品供給者の不当な意図に基づく解除を抑制・制限するための機能なのである。状況の変化は、信頼関係ではなく、別の法理（事情変更の原則、失効、不能）によって、別の法的手段（損害賠償請求、危険負担）によって、法的な処理がなされることになる。

2　「代理店・特約店」契約における信頼関係

①　解除を認めた（裁）判例からみた信頼関係の維持・破綻の要素　商品供給者の解除を促す要素を契約の解消を認めた（裁）判例からみると、以下のように解することができよう。解除が認められるのは、まず、特約違反があり、それ自体が、あるいはそれに加えて販売業者に背信性が認められる場合である。[12]では、競合避止義務違反と違反中止催告を無視したことによる信頼を裏切る不信行為が、[14]では、経営が悪化したので商品供給者が経営管理の措置をした後、経営好転したので管理を解いたがその後再び経営が悪化したので、商品供給者の役員派遣を申し入れたが、それを拒絶したことが、[21]では、取引条件の外部への告知・代金不払・虚偽事実の流布・キャンペーン不参加等の契約違反に対してその是正にも応じないことが、[22]では、販売業者の流通チャネルを乱す行為について再三中止の警告したにもかかわらず、それを無

視したことが、「32」では、販売方法義務違反と再三の中止要請を無視したことが判断の重要な要素になっている。次に、信用不安に加えて販売業者に背信性が認められる場合である。［13］では、乱脈経理のための管理関係の解消交渉が挫折したことが、［19］では、相手方に著しい信用不安があり、契約を継続することにより損害を生ずる虞れがある、代金支払の債務不履行が、解除を促す要素となっている。最後に、信用不安に加えて特約違反がある場合である。［15］では、信用不安と競合避止義務違反があることが問題となっている。「代理店・特約店」契約においては、契約の根幹にかかわる重大な契約違反、あるいはそれ自体は解除原因にならない軽微な債務不履行原因が複数認められる場合、それを巡る販売業者の背信的対応が考慮されている。

（裁）判例から判断すると、期間の定めが形骸化している場合には、期間の満了により当然に解除事由にはならないこと、特約条項の違反等は、違反等により契約の目的が達せられない場合は解除事由になること、信用不安は販売業者の責任が問われるような場合には、解除事由になることである。そして、資本の投下や解除により販売業者者に不利益が生じるとしても、そのことが解除を抑制すると一概にはいえず、商品供給者の不利益と比較考量されていること、背信行為は、「代理店・特約店」契約目的を破壊するような場合には、解除事由になることがわかった。事情の変更があっても、代金不払や客観的な信用不安があっただけでは足りず、販売業者の背信性が認められるとき、信頼関係の破壊があったと判断している。

（裁販）判例から信頼関係の内容を探った結果、信頼関係が破壊されたとみなされるのは、「特約店・代理店」契約においては、契約の要素となる特約に違反し、あるいは信用不安があるうえに、販売業者に背信性が認められる場合、または特約違反と信用不安の両方が有る場合である。「代理店・特約店」契約においては、信頼関係の機能という点では、契約の特質による契約継続の要請、商品供給者への依存性から、商品供給者に経済的不利益が発生しても、商品供給者と販売業者の利益考量においては販売業者の不利益を防止する要請が働くのである。「代理店・特約店」の契約継続の要請、販売業者の経済的弱者性は、とくに排他的供給条項や一手販売権付の専売店契約類型に強く機能することになる。この専売店類型において解除が認められるのは、契約関係の修復がもはや困難で契約継続の目的を達せられないような場合や、両当事者とも契約継続をもはや望んでいない場合であった。しかし、販売業者の専売店に契約不履行等があっても、専売店が資本を投下していたり、解除されると被害が甚大であったり、なお契約継続の期待があるときは、解除は制限される。

② 終了の態様からみた信頼関係維持・破綻の要素　期間の定めがあるかないかにより、信頼関係から契約関係の解消を促す要素、解消を抑制・制限する要素はどのように判断されるべきか。

期間の定めがない場合、商品供給者は一方的に解除できる。但し、その際、予告期間を付した申し入れでなければならない。（裁）判例の多くは、そのほかにやむを得ない事由・信頼関係の破壊の要件を付加していないのだから、やむを得ない事由・信頼関係の破壊の基準は不要であるとも考えられる。(148) しかも、商品供給者からすれば、予告期間はその期間経過までの出荷を強いられ、回収困難な売掛金債権を増やすことにほかならないともいえる。(149) しかし、商品供給者からの申し入れには、契約を終了させようという商品供給者の意思表示であるから、解除の自由の立場に立つ〔**5**〕でさえ、解約をするには、事前に相手方と十分に協議したり、期間をおいたりして損害を最小限に押さえる努力をしなければならないという。〔**26**〕は、予告期間を設けなかった場合には、解約申し入れがあってから相当期間を経過した後はじめて契約が終了するという。[11]では、予告期間ことも受けなかったが、不意打ち的なものではないことを認めている。このことは、契約を解消する意図であれば、当然予めその旨を告げ解消に伴う処理を協議しながら進めていくことで、自ずと時間が経過し、予告期間が改めて問題となることはない(150)ことを前提としているのである。反対に、販売業者に信用不安がある、販売業者が不信行為をした等の販売業者に問題があって、契約を解消する意図でなされる場合には、予告期間をおく意味もない。したがって、予告期間の要否は、一方では、商品供給者の不意打ち解消・不当な意図に基づく解消、他方では、販売業者の契約の維持・継続を欲する利益の保護をどう勘案するかである。(裁)判例のなかに予告期間・やむを得ない事由・損失補償を考慮するのは、その点を考慮した結果ではないだろうか。予告の理由は問わないのであるから、契約の維持・存続を販売業者が望み、かつなお双方にとって契約の維持・存続をさせるべきかを決定するのが、やむを得ない事由・信頼関係の破壊という基準であろうし、販売業者が解消によって不利益を受けるならば、損失補償もあり得るということであろう。[20]では、解除にあたり、予告期間の有無が問われたが、予告期間がないとしつつも、決して「不意打ち的」なものではなく、事実認定からむしろ、Yにとって当然予測されたものと判断された。その点を考慮すると、予告は明示でなくても、黙示でもよいことになる。そうであるならば、予告期間は不意打ちを回避する意味もあるが、「代理店・特約店」契約の特質から考えて、契約解消のための要件ではあるけれども、それだけではなく警告の意味を有し、それに販売業者がどのように対応するかが問題となる。その意味では催告と同様な機能を持たせ、申し入れ前後の販売業者の対応を考慮に入れるべきである。その要素が「やむを得ない事由」の判断要素になろう。予告は再交渉のチャンスを与える機能があり再交渉をしても無駄か否かを判断するのが、「やむをえない事由」といえよう。そしてその際、①商品供給者がどのような意図で契約解消の申し入れをしたか、②予告に対応して販売業者が誠実に対応したか、③販売業者は投資・労力投入の費用等の回収したか、④販売業者に信用不安はないかが考慮されるべきことになる。

期間の定めがある場合には、期間途中の解除と期間満了による更新拒絶が問題となる。期間内の途中解除の場合には、期間の定めは販売業者の利益ために作用する。したがって、期間中途中解除ができるかどうかは、販売業者の行動によって決定されよう。「代理店・特約店」契約の期間は、販売業者の投資・労力投入費用等の回収のための期間であるから、商品供給者が期間途中で契約を解除するためには、契約の根幹を揺るがすような債務不履行や背信行為、信用不安がないかぎり、商品供給者は解除できないことになろう。期間中であっても予告期間をおけば解約できるとの任意解約条項(〔30〕では、三〇日前の予告で中途解約できる条項)が契約に規定される場合がある。〔30〕では、期間一年であるが、二八年間更新されたきたが、任意解約条項があっても、やむを得ない事由が必要であるという。したがって、期間の定めがない場合と同様に判断することができよう。

契約期間満了によって契約は終了する。それは当事者の合意によって成立したものであるから、基本的には定められた期間により契約は終了する。しかし、二つ問題がある。一つは、期間満了後も取引が継続していた場合、その継続をどう評価するかである。「代理店・特約店」契約は当然に更新されるものではないが、契約の特質から考えて、期間経過後も当事者間で異議なく取引が継続されている場合には、同一の条件によって更新され、(151) 期間の定めがない契約となろう。もう一つは契約期間の満了において更新拒絶が問題となった場合(〔26〕は期限の定めがあり、更新規定があった事例)である。〔26〕では、更新条項は契約条件見直し期間として、更新拒絶には「契約を終了させてもやむを得ない事由」が必要であるという。期間満了で契約は原則として終了するが、「代理店・特約店」契約の特質から（[**26**]でもこの点を強調する）、①販売業者の投資・労力投入費用等の回収がおわったか、②販売業者の信用・行動に問題はないかを勘案して判断すべきである。その結果、更新が認められた場合には、期間の定めのない契約として処理すべきである。

最後に、契約の終了に絡んで解除ではなく、出荷停止がなされる場合がある。これに関して、以上論じてきた解除と同様に解してよいかが問題となる。出荷停止が違法であれば、販売業者はそれによって被った損害を賠償請求できる。解除と出荷停止は法的には別問題である。しかし、[**10**]は「取引関係上要求される信頼関係を破壊する事情を生じた場合には」、出荷停止には相当な理由があり、出荷停止という債務不履行にはならないとしている。[152] この立場からすれば、解除要件のミニマムと出荷停止の要件が信頼関係の破壊という部分で一致する。したがって、商品供給者は、販売業者が信頼関係を破壊する場合には、いきなり解除できないが、少なくとも出荷停止はできるし、販売業者の債務不履行の程度に応じて対抗措置を段階的にとれることが認められることになる。[153] したがって、この限りでは、信頼関係の破綻の要素もほぼ同様に解してよいことになる。[154]

(85) 小田島真千枝「賃貸借における信頼関係の性格」法政研究二七巻一号六九頁、山田卓生・「背信行為、信頼関係の破壊の法理はなぜ必要とされるか」『民法学5』一六六頁（一九七六）、岡本詔治「信頼関係理論の生成」石外克喜編『現代民法講義5契約法』二三三頁（法律文化社・一九九一）、藤宗和香「信頼関係破壊の理論」ケーススタディ108民事研修四二四号六一頁（一九九二）を参考とする。

(86) 小田島真千枝・前掲論文八五頁、山田卓生・前掲論文一七六頁、参照。

(87) 民集五巻四号三〇一頁。借家人が、売買契約が存しないにもかかわらず、借家を自己が買い受けたので賃貸借関係は存在しないと主張した事例において、判決は賃借人に賃料不払いの事実があっても、即債務不履行であって解除が許されるという構成をとらず、賃料不払いについての賃借人の行為は著しく信頼関係を裏切るものであるとして、賃料不払いによる解除を認めなかった原判決を破棄した。

(88) 民集六巻四号四五一頁。賃借人が出征し、賃借家屋には妻と三人の男子が居住していたが、妻は昼間は不在で、三人の子は室内で野球をしたり、建具を殆どこわして燃料代わりにし、便所を使用不能にするや裏口マンホールで用をたし、塵芥が堆積して不潔きわまりないというので賃貸人が解除をした事例について、賃借人の所為は「家屋の賃借人としての義務に違反すること甚だしく、その契約関係の継続を著しく困難ならしめる不信行為である」として、その解除を認めた事例である

(89) 民集七巻九号九七九頁。宅地賃借人の建てた倉庫の賃借人が、倉庫焼失後、敷地賃借権を譲り受けて、従来の建物と別の場所に建物の建築を始めたので、賃貸人が無断転貸であるとして解除をした事例について、「元来民法六一二条は賃貸借が当事者の個人的信頼を基礎とする継続的法律関係であることに鑑み、賃借人は賃貸人の承諾がなければ第三者に賃借権を譲渡し又は転貸することを得ないものとすると同時に、賃借人がもし賃貸人の承諾なくして第三者をして賃借物の使用収益をなさしめたときは、賃貸借関係を継続するに耐えない背信的所為があったものとして、賃貸人において一方的に賃貸借関係を終止せしめうることを規定したものと解すべきである。したがって、賃借人が賃貸人の承諾なく第三者をして賃借物の使用収益をなさしめた場合においても、賃借人の当該行為が賃貸人に対する背信的行為と認めるに足らない特段の事情がある場合には、同条の解除権は発生しないものと解するを相当とする」として、賃借人の行為は背信的行為にあたらないとした。

(90) 東京地判昭和三四年六月二九日判例時報一九二号一二頁。

(91) 学説の動向についての整理は、小田島真千枝・前掲論文七三頁以下を参考とする。

(92) 広中俊雄「信頼関係において人的要素は法的にどのような意味を有するか」『民法の基礎知識(1)』一〇六頁

（有斐閣・一九六四）参照。
(93) 岡本詔治・前掲論文二三三頁。
(94) 家屋の賃借人が、家主に無断で部屋をアメリカ軍の軍属の愛人に転貸、居住させた事例について最判昭和三三年一月一四日民集一二巻一号四一頁は、解除を認めた。後藤清・民商法雑誌三八巻二号九四頁。山田卓生・前掲論文一七五頁、岡本詔治・前掲論文二三三頁。これに対し、広中俊雄・前掲論文は、人的要素を視野に入れず、物的なものとして捉えるべきであるとする。
(95) 解除に関する信頼関係に対して、賃貸借の場合、解約に関する一般条項として借家法一条ノ二の「正当の事由」がある。解除についての信頼関係の破壊の有無の判断の際には、対等に両当事者の立場が考慮され、両者の衡平が重んじられ、形式的に賃借人に何らかの義務違反がある場合、賃借人の行為態様に着目して解除に社会的妥当の判断を加えるという修正がなされたにすぎない。しかし、正当事由の判断は当事者の衡平よりも借家人の保護のための規定であり、情に着目することから、家主の権利を著しく抑制するものとなる。小田島真千枝・前掲論文八六頁、山田卓生・前掲論文一七三頁参照。
(96) 幾代通＝広中俊雄（中川高男）『新版注釈民法⒃』（有斐閣・一九八九）二二〇頁。
(97) 土佐和生・文献Ⅳ⑽六九八頁。
(98) 中田裕康・文献Ⅱ⒁一四六頁。
(99) 土佐和生・文献Ⅳ⑽六九七頁。
(100) 原島重義「約款と契約の自由」『現代契約法大系第一巻』（有斐閣・一九八三）四二頁、四四頁以下、五二頁以下。
(101) 中田裕康・文献Ⅱ⒁四三頁。
(102) 和田安夫「契約の調整について」谷口知平先生追悼論文集⑵林良平＝甲斐道太郎編集代表『契約法』（信山社・一九九三）一二三頁。

(103) 執行秀幸「いわゆる事業間契約では、契約自由の原則が無制限に妥当するか」椿寿夫編『現代契約と現代債権の展望第四巻』(日本評論社・一九九四) 二三五頁以下では、事業者間の契約においても契約の自由はないことを指摘している。
(104) 補充的解釈については、山本敬三「補充的契約解釈(四)」法学論叢一二〇巻二号(一九八六)二頁以下。
(105) 谷口他編(安永政昭)『注釈民法(1)総則(1)』(有斐閣・一九九三)七九頁以下。
(106) 宮川澄「契約と信義誠実の原則」『契約法大系一巻』(有斐閣・一九六二)二七頁参照。
(107) 保住昭一「特約店の企業法的意義」明大百周年記念論文(一九八〇)一四三頁以下。
(108) 森孝三文献I(2)九九頁、飯島紀昭・文献II(1)一〇一頁、椎原国隆・文献IV(3)一二一頁、橋本恭宏「名古屋地判昭和五九年二月二一日金融・商事判例七〇四号判批」(委託販売事例)金融・商事判例七一八号四六頁では、継続的供給契約の特徴として、①相互の信頼関係性、②事情変更の可能性、③同時履行関係の特殊性、④解約の告知をあげる(なお、田中整爾・文献I(4)一七六頁以下参照)。
(109) 判例は当初は逓次供給契約(大判大正八年七月八日民録二五輯一二七〇頁、大判年大正一四年二月一九日民集四巻二号六四頁等)と呼んでいたが、その後継続的供給契約と呼ぶようになった。
(110) 石外克喜・文献IV(4)一四一(判例評論一八三-一二七)頁。なお、継続的契約関係という契約の定型概念はギールケの提唱による(詳しくは、飯島紀昭・文献I(18)一一五頁以下)が、その有用性を認めながら、批判がなされている。これに関しては、田中実「いわゆる継続的債権(契約)関係の一考察」法学研究第二六巻一二号一頁以下参照。
(111) 中田裕康・文献II(14)、中田裕康・文献I(19)、平井宜雄「いわゆる継続的契約に関する一考察」『星野英一先生古稀祝賀 日本民法学の形成と課題(下)』(有斐閣・一九九六)、内田貴『契約の時代』(岩波書店・二〇〇〇)
(112) 平井宜雄・前掲論文七一二頁、内田貴・前掲論文二八八頁

(113) 後藤巻則「契約の締結・履行と協力義務」民商法雑誌一〇七巻一号（一九九二）三〇頁では、特約店契約における契約当事者の協力関係について、「それは当事者が社会的目的に向かって協力する契約機構であり、この理由から、軽々には解消させない」という。
(114) 田村善之「市場と組織と法をめぐる一考察」民商法雑誌一二一巻四＝五号六頁、六号一頁（二〇〇〇）は継続的契約の問題の本質は継続性にあるのではなく、取引の必要性にあることを指摘する。
(115) 基本契約と個別契約の関係については、新聞の配達付のように回帰的給付と異なる継続的取引は、契約それ自体が一個の統一的契約である（神田博司「継続的給付の特質『法学演習講座③』二三六頁」）、一個の売買契約によって目的物・代金が分割的に給付される（谷川久「商品の売買」二九三頁）、全体として統一的な単一契約（三島宗彦・文献Ⅰ(1)二七四頁）であると解されてきたが、最近枠契約概念によってこれを説明する試みがなされている（中田裕康・文献Ⅰ⒆三二頁以下参照）。
(116) 一手販売権は、テリトリー制や一店一帳合制により行われる。
(117) 川越憲治・文献Ⅱ⑽五一頁、高田淳・文献Ⅲ⑽―(一) 二一九頁以下。
(118) 飯島紀昭・文献Ⅱ(1)一三七頁。
(119) 笠井修・文献Ⅳ⒃一〇八頁。
(120) 椎原国隆・文献Ⅳ(3)一二一頁。
(121) 飯島紀昭・文献Ⅱ(1)一三七頁。
(122) この点明言するものとして、椎原国隆・文献Ⅳ(3)一二一頁。
(123) 中田裕康・文献Ⅱ⒁三九一頁は、実質と方形式のずれがあるという。すなわち、投資回収を予定すれば、契約は長期にして関係を安定させることを考える。
(124) 笠井修・文献Ⅳ⒃一〇八頁、高畑順子・文献Ⅳ⒄六七頁、後藤巻則・文献Ⅳ㉘一九〇頁、北村実・文献Ⅳ(5)一八二頁。

(125) 川越憲治・文献II(10)二三頁参照。

(126) 価格破壊、流通合理化を促進する、経済的弱者を保護するという政策的判断を入れて、やむを得ない事由の必要性を要件とすることは、古典的契約法の立場からは許されない。土佐和生・文献IV(40)六九六頁参照。

(127) 川越憲治・文献II(10)。

(128) 後藤巻則・文献IV(28)一九一頁。

(129) 土佐和生・文献IV(40)六九六頁。

(130) 椎原国隆・文献IV(3)一二一頁。

(131) 川越憲治・文献II(10)九七頁参照

(132) 松永宏之・文献III(4)参照。

(133) 地位の譲渡に関する民法の規定はなく、解釈論によってこれを定めるほかはないとされ、債務引受の場合は、学説は結局債権者の同意が有ればよいとしているが、継続的供給契約の場合は双務契約である以上、契約当事者と引受人計三人の合意が要件と解されている（三島宗彦・文献I(1)二八七頁参照）。

(134) 山口純夫「フランチャイズ契約」法律時報六二巻二号三六頁。

(135) 土井輝生「日本ＦＣ協会『フランチャイズ契約書作成の指針』発表」ＮＢＬ一〇八号二九頁参照。

(136) 例を挙げれば、第三者への賃貸・担保権設定等の処分の禁止、営業の委託や権限の代行の禁止、販売店契約から発生する各個の権利義務の処分の禁止、許諾されたライセンスを第三者に再許諾することの禁止等である。株式会社の場合、株主構成に重要な変更を生じたこと等を解約事由として実質的な契約の譲渡を禁ずる趣旨のものもみられる（もっとも、個人企業の場合には、経営者の死亡の場合、相続を認めるものが多い）。

(137) 山口純夫・前掲論文三六頁。

(138) 小塚荘一郎・前掲論文一一九四頁。なお、フランチャイズ権の譲渡について、一一九七頁注(14)において、フランチャイジーの側には投下資本回収の問題があるからフランチャイズ権の譲渡につき事前にフランチャイザーの承認を要求するとか、フランチャイザーが譲受人を指定する（または自ら買い取る）権利を留保すると定めることも考えられるとする。

(139) 川越憲治・前掲注(15)論文②三五頁。

(140) 高田淳・文献Ⅲ(10)一二六頁以下はこの点を強調する。

(141) 後藤巻則・文献Ⅳ(28)一九〇頁、川越憲治・文献Ⅱ(10)一七頁参照。

(142) 中田裕康・文献Ⅰ(19)一三一頁以下参照。

(143) 山部俊文・文献Ⅳ(29)四六頁。

(144) 飯村佳夫・文献Ⅱ(4)―(下)七〇頁は、信頼関係としてもっとも重視されるのは解約される側の販売拡大等のための投資やその他の貢献であるとする。

(145) 行澤一人・文献Ⅱ(13)―(1)一八九頁は、従来の議論は信頼関係要素を強調する反面、解除者側の経済的必要性に関する分析が希薄であるように思われると指摘する。そして、会社企業間の商取引では、その終了は経済的に正当な理由に基づく合理的な企業判断としてなされるものであるから、このような企業判断は、取引の相手方との関係においても原則として尊重されるべきであると解するとする。

(146) 川越憲治・文献Ⅱ(10)九七頁参照。

(147) 川越憲治・文献Ⅱ(10)八〇頁参照。

(148) 北村実・文献Ⅳ(5)一八四頁。

(149) 中田裕康・文献Ⅱ(14)七六頁。

(150) 中田裕康・文献Ⅱ(14)七六頁。

(151) 委託販売契約事例（福岡地判昭和三九年三月一九日下民集一五巻三号）反対の事情なき限り本文のように解し、更新された期間は、民法六一九、六一七条の類推により、期間の定めがないものとなると解している。

(152) 名古屋地判昭和五九年二月二二日判時一一三二号一五二頁は、出荷停止は「下位の販売店に致命的な打撃を与え得るものであるから、買主・販売店側の如何なる債務不履行も直ちに売主・供給者側に同時履行抗弁権の行使としての出荷停止を正当化するというわけでな」い、「正当化されるためには少なくとも買主側に契約の本質部分に関する債務不履行が存することが必要であ」るとしている。判決では、「継続的契約関係の破綻を招く程の重大な背信行為があるのでなければ」、「絶対に出荷停止をしてはならないとすることには疑問が存する」と判示している。「本質部分に関する債務不履行」が「取引関係上要求される信頼関係を破壊する事情を生じた場合」［**10**］と同一かどうかが問題となろう。

(153) 石外克喜・文献Ⅳ(4)一四〇頁、飯島紀昭「継続的供給契約における出荷停止理由の正当性（名古屋地判昭和五九年二月二二日判時一一三二号一五二頁）判批」ジュリスト八四三号一一三頁。橋本恭宏「名古屋地判昭和五九年二月二一日金融商事七〇四号二三頁　判批」・金商七一八号五〇頁。

(154) 本文のように解してもなお問題もある。出荷停止・解除双方とも販売業者の受けるダメージは同一であるが、法的には出荷停止は契約の存続を前提とし、解除は契約の予告は契約の解消を前提としていることからすれば、販売業者に対する制裁手段としては、解除より出荷停止の方が緩やかそうである。しかし、飯島紀昭「判批」ジュリスト八四三号一一三頁は、出荷停止・解除は形式的には異なるが、実質的な意味で同一であるから、要件を解除事由より緩和すべきではないと指摘する。本稿のように予告期間を捉え、契約の再交渉の余地があり、再契約すればよいとすれば、予告期間と出荷停止は同一の（警告）機能を持つことになるから、信頼関係破綻の要素も同一に捉えるべきであろう。

四　結びにかえて

本稿は、「代理店・特約店」契約の信頼関係だけを取り出し、問題対象を商品供給者からの解除の問題に限定したうえで、しかもそこで信頼関係がどのように機能しているのかを、問題提起の意味で検討したにすぎ

としても、今後の検討すべき課題は多い。[157]ない。したがって、「代理店・特約店」契約の性質決定等の理論的問題[155]はもちろん、本稿のテーマを巡る問題[156]

(1) 本稿のテーマと直接かかわる問題

第一に、商品供給者からの解除を認めるとしても、催告が常に必要か、継続的契約関係であるから、遡及効は常に生じないのか。催告に関しては、「代理店・特約店」契約の当事者で信頼関係が破壊・破綻する程度に至っているならば(信頼関係の破壊の程度からみて契約を維持できる関係の修復の余地が残っていない場合、交渉したもかかわらず事態が改善されず、修復の余地ない状態にいたっている場合[158])、催告は不要である。催告の要否やその内容、期間等の問題は、具体的な事実関係に即して決めるべきである。例えば、排他的条項や販売方法の義務違反などの場合には、違反行為が問題とされる時点で既に回復しがたい信頼関係の破壊を生じさせるに対し、代金不払の場合には、催告を受けてからの当事者の行為が具体的にどうであるかが、信頼関係を破壊するような背信的行為になるか、それとも破壊されかけた信頼関係を回復するかという判断が重要なポイントになる。[159]

民法六二八条(雇用)、同六五一条二項(委任)、同六七八条(組合)、商法五〇八条二項(代理商)、同五三九条二項(匿名組合)と同様に、「代理店・特約店」契約の解除の効力は、将来に向かって生ずるにすぎず、[160]遡及効は認めることはできないのか。遡及効を認めないとすると、[161]衡平の観念や信義則に反し非常識で不公平な結果に至る場合もある。[162]「代理店・特約店」契約の解除は、解除という側面では商品供給者の保護利益のための制度であるから、遡及効の要否も商品供給者の立場に立つことで足りるのではないか。[163]すなわち、「代理店・特約店」契約の場合、①基本契約の成立それ自体に問題があったり、成立の直後に問題が発生するなどして個別契約が行われなかったり、行われたとしても微々たる量であって、これを全面的に否定したとしてもさほどの影響を及ぼさない場合、②代金不払いや、商品の引き渡し未履行があるなど、それまでの債権債務が決済されていない場合[164]、そして③信頼関係の破壊を理由による解除は予告期間や補償をおいたりすることなく、一方的意思表示により即時解除の効果を生じ、既往の債権債務関係が円満に決済されないまま解除がなされる場合には、遡及効を認めてもさしつかえない[165]。

第二に、商品供給者からの解除の問題として、商品供給者の解除以外になお保護手段（損失保障手段）があるか。商品供給者の解除以外の方法としては、（裁）判例にみられるように、損失補償をすることが考えられる。信頼関係が共同事業の維持を内容とするのであれば、信頼関係の破壊の程度を低くする補完作用を営む、または独立の保障請求権を認める余地があるのではないかという問題である。「代理店・特約店」契約ではないが、保険代理店委託契約の解除についての（裁）判例がある（横浜地判昭和五〇年五月二八日判例タイムズ三二七号三一三頁）。保険代理店委託契約は、期間の定めのない代理商契約であるから、商法の規定により二ヶ月前に予告して解除することができ、この場合には、民法六五一条二項本文の規定は適用されないから、代理店は損害賠償請求をすることはできないとした。民法六五一条二項本文は解除が相手方にとって不利な時期であったことから生ずる損害に限られ、解除されたことから生ずる損害には及ばないからである。しかし、「代理店・特約店」の投資・労力の投入、それによって獲得された顧客は、解除によって失うことになる。「代理店・特約店」契約についてこれを是認する（裁）判例（大阪地判昭和五四年六月二九日金融・商事判例五八三号四八頁）もあり、この点に関して注目すべき研究も公にされている[166]。予告期間、契約期間が短いことによって生ずる場合の販売業者の利益（投資の回収が実現される利益、自分が獲得した固定客の利益、在庫を残存させない利益）の回収ために、補償請求権、在庫引取請求権を理論づけする試みがなされている。そして、解除が適法な場合にあっても、なお投資の回収が必要な場合、すなわち即時解除が認められるが、双方に帰責事由がない場合、解約期間・存続期間により初期投資の回収の機会は与えられているが、契約締結後に追加投資がなされている場合には、投資回収請求権が認められるべきであるという。販売業者の保護として解除の抑制・制限以外にどのような法的手段を認めることができるか。

第三に、商品供給者から解除する場合ではなく、販売業者が解除する場合(167)、信頼関係がどのように機能するか。本稿では、商品供給者の解除を問題としたが、販売業者からの解除の問題における信頼関係の分析・検討は行っていない。大阪高判昭和三七年六月一一日判例時報三〇四号二四頁は、商品供給者の履行遅滞あり、しかも重大な背信行為がある場合には、販売業者は催告なしで解除できることを認めている。これは信頼関係論が販売業者からの解除の場合にも認められると解することができる。しかし、商品供給者からの解除と販売業者からの解除は表裏の問題ともいえるが、「代理店・特約店」契約においては、ある程度パラレルに考察されうる面があるとしても、商品供給者からの解除の場合には、組織化された販売業者をどのように保護すべきかの視点を含んでいるから、両者は必ずしも同列には論じられないのではないか。例えば、「代理店・特約店」側が採算がとれず、解除した場合、それを抑制・制限するのか。

第四に、信頼関係といっても、「代理店・特約店」契約の委託販売形式による委託販売の類型について、さらには、継続的供給契約のうち、回帰的給付といわれる電気・ガス・水道等の供給契約については問題を残したままである。委託販売方式については、大阪高判昭和五九年二月一四日判例時報一一二六号四二頁においては、期限の定めのない継続的販売委託契約において、受託者に自由競争において許される範囲を逸脱して委託者に損害を与える行為は、契約を継続しがたい重大な事由があるとして解除を認めている。受託者たる販売業者が委託者たる商品供給者と販売委託契約を締結している他の者に、倒産のおそれがある虚偽の事実を述べたり、商品供給者の競争商品の販売代理店の会に加盟したり、商品供給者の社員の引き抜き等から信頼関係が破壊したとして、予告なしの解除を認めている。さらに、東京地判平成一〇年一〇月三〇判例時報一六九〇号一五三頁では、商法五〇条一項は、民法六五一条一項の特則であり、継続的な企業補助関係としての代理商関係の特質を考慮したものであり、委託契約に規定されている解除規定はそれに基づく以上、やむを得ない事由は必要はないという。しかし、売買形式と委託販売形式では、商品供給者からみて同じ機能を有するとしても、商品供給者と販売業者の関係をみると、リスクの負担についての差異があることから、その差異が信頼関係の議論に影響を与えるのではないか。

さらに、電気・ガス・水道等の供給契約についての問題がある。[168] すなわち、電気・ガス・水道等の供給契約は高度の公益性を有することから事業者に供給義務があり、供給停止が認められるか否かは、「正当の理由」の有無によって決まる。[169]「正当事由」はもっぱら公共目的にしたがって判断される。それは公益事業たることに由来するものであり、継続的供給契約の特殊性に基づくものではない。[170] これに対して、新聞、牛乳等の継続的な購買契約も回帰的給付であるが、私企業である新聞社・乳製品の製造業者との取引であり、電気・水道等の供給のような公益性があるとはいえない。したがって、新聞、牛乳等の購買契約は、その性質上継続的供給契約の事例として、信頼関係破壊理論の適用も考えられるのではないか。

第五に、本稿のテーマは、契約が維持・存続できる、あるいはその可能性がある環境にある場合における商品供給者からの解除の認否を問題にした。しかし、契約がもはや維持できなくなった、あるいは破綻し、しかもそれが商品供給者の言動に起因する場合、販売業者が損害賠償することができるか、(171)さらには解除することができるかが問題となる。(172)いわゆる情報開示義務違反、説明義務違反の問題である。フランチャイズ契約の場合、この問題がかなり論じられているが、「代理店・特約店」契約の場合にも同様な問題を検討する必要があろう。

第六に、本稿のテーマも問題に直接関係するフランチャイズ契約の本質は、商標やノウハウを与える役務の供給であるから、それに関連して、商人間のコンサルティング契約(173)や下請契約(174)等の役務供給契約において解除が問題となった場合、(175)信頼関係の適用が考えられるのか。コンサルティング契約や下請契約等は、サービスや役務を提供するという点で共通する。しかし、フランチャイズ契約はフランチャイザーとフランチャイジーという当事者が組織的、経済的な強い結合関係を有する点で差異がある。しかし、下請契約の法律関係が売買・請負・準委任という要素を有することから、親事業者と下請事業者の関係は強固であるとしても、人的な信頼関係が重要視されるのではないだろうか。(176)

(2) フランチャイズ契約における信頼関係について

(1)では、本稿のテーマと直接かかわる問題点を指摘したが、最後に、「代理店・特約店」契約との比較においてフランチャイズ契約の問題点を簡単に指摘しておきたい。

フランチャイズ契約は「代理店・特約店」契約と同様に組織型契約であり、共同事業型契約であるが、経営という側面から考えると高度に組織化されるため、フランチャイザーに対する依存性、従属性の程度が高い。そこから、信頼関係の適用についても、差異が生じてくるのか。[177]

ア　組織型契約の共同事業型の特徴　　フランチャイズ契約とは、[178]事業者すなわちフランチャイザーが、他の事業者すなわちフランチャイジーと契約を締結し、自己の商標、サービス・マーク、トレード・ネームなどの営業の象徴となる標識および経営ノウハウを用いて、同一のイメージの下で事業を行う権利をあたえ、フランチャイジーはその見返りに対価（ロイヤリティー）を支払い、事業に必要な資本を投下して事業を行う契約である。例えば、ショーウインドーの配置から飲食物の給付に至るまで、営業活動を画一化することにより大量供給とコスト低減を図ることができる。フランチャイズ契約は、基本的には特約店契約に近い契約であるが、しかし、特質は、商標やノウハウの使用という役務にある。[179]すなわち、フランチャイズ契約は、「代理店・特約店」契約と同様に組織型契約であり、しかも共同事業型契約であるから、信頼関係の内容・機能は同一だともいえそうである。しかし、「代理店・特約店」契約が、商品の販売の許可・契約による商品の流通手段の形成に重点があり、組織化するといっても、商品に重点を置くのに対し、フランチャイズ契約では、商品よりも経営そのもの重点が置かれ、フランチャイザーが提供する標章・援助・ノウハウによってフランチャイジーの経営を成功させるに応じた組織化が図られている。[180]フランチャイジーのフランチャイザーに対する依存性の程度は極めて高い。企業内に組み込まれた労働者同様に、フランチャイザーは企業の販売活動に組み込まれている点で、従属性が強いのではないか。たとえば、脱サラに代表されるように、フランチャイザーは経営や経営に必要な法的な知識に乏しく、資金力や情報量、技術力等についてもほとんどないのである。[181]その不足をフランチャイザーが援助、指導してゆくのであるから、商品供給者の解除はこの限りで容易には認められないだろう。しかし、フランチャイズ契約においても、脱サラの人のみがフランチャイジーになるわけではなく、企業と企業で行われる場合もあるから、共同事業型契約のなかでも、対等型と従属型を観念できる。その区別にしたがって、信頼関係の内容と機能を考えていくことが必要である。

イ　フランチャイズ契約におけるフランチャイザーからの解除

フランチャイズ契約におけるフランチャイザーからの解除を巡る事例としては、［**24**］（高知地判昭和六〇年一一月二一日判例タイムズ六〇三号六五頁）[182]、［**25**］（大阪地判昭和六一年一〇月八日判例時報一二二三号九六頁）[183][184]、［**27**］（名古屋地判平成元年一〇月三一日判例時報一三七七号九〇頁）[185][186]、［**28**］（名古屋地判平成二年八月三一日判例時報一三七七号九〇頁）[187][188]、［**37**］（東京地判平成九年九月一二日判例タイムズ九七二号二一〇頁）がある。

フランチャイズ契約は期間の定めがあるときは、期間満了によって消滅するか。［**27**］［**28**］は同一事件を取り扱いながら、理由づけ・結論は反対である。[189]「代理店・特約店」契約と同様に解約自由、解約制限・抑制についての問題点を明示している。［**27**］では、有効期間が予め定められているフランチャイズ契約においては、契約の更新の制限等について当事者に特約がなく、更新を拒絶して契約を終了させることが公序良俗や信義則に反する等の特段の事情がない限り、期間満了とともに終了するという。そして、その理由として、そもそも契約の内容は原則として自由に定められるものであること、契約関係の維持が図られるべき要請の強い雇傭契約・賃貸借契約・代理商契約に関しても当然契約が終了することが前提となっていること、更新拒絶の制限が認められると、フランチャイザーは更新拒絶の要件が満たされない限り、永久に契約に拘束され、その要件は債務不履行以上に厳しくなり、フランチャイジーに不当な利益を与えることになる。これに対して、［**28**］[190]では、フランチャイズ契約の内容は多様であること、フランチャイジーが営業権使用許諾を得るために支払った対価を回収する合理的な期待として保護されるべきであるから、期間経過の一時によって契約は終了しないことを認めている。そして、その理由を、フランチャイザーの勧めで事業を始めたこと、多大な宣伝費用を支出したこと、事業が順調であること、営業計画を提出させ、達成状況を検討し、営業努力を求めるなどの業務遂行に深く関与していたこと、他の加盟フランチャイジーの契約が期間満了によって終了したことはないことに求めている。このことは、フランチャイズ契約の信頼関係を考慮するに際して参考となる。〔27〕〔28〕からみると、期間の定めがフランチャイジーの投資・労力の投入費用を回収する必要十分な期間であったかどうか、フランチャイザーの勧誘をどのように評価するか、他の加盟フランチャイジーとの処理の比較等を勘案して検討しなければならないだろう。

しかし、〔28〕は、フランチャイジーの保護について、フランチャイジーは取引の継続を信じ、それを前提として客の獲得のため多額の支出その他の種々の営業努力をし、設備投資も行い、フランチャイザーの指導・支持を受けながら一体となって営業を行っている。フランチャイザーはそれにより多額の利益を上げていたから、予期せざる時期に解約あるいは更新拒絶になればフランチャイジーの自己の投資と長年の努力により築いた暖簾が無に帰するだけでなく、その暖簾をフランチャイザー等にただ乗りされるという不利益を蒙るうえ、フランチャイザーの有する商号、商標、サービス・マーク等の使用ができなくなる。反対に、フランチャイザーにとっては、解約あるいは更新拒絶によりサブフランチャイザーの開拓した暖簾と収入が自動的に入ってくることになる。そして、場合によっては、代わりのフランチャイズ契約を他のフランチャイジーと締結することによって、すでに築き上げられた暖簾の対価を請求できることになるから、蒙る不利益はフランチャイザーに比較して莫大であると斟酌されたのであろう。このフランチャイジーの投資・労力の投入費用の回収については、「代理店・特約店」契約の販売業者と同様に考えられるかを検討する必要がある。

他の事例をみると、［24］は特約違反について、［25］は約定解除が問題となっている。［24］では、Xの義務違反は右契約条項に照らし、契約当事者間の信頼関係を破壊するとみられる程度のものではなく、Xに義務違反があったとは認められないとした。そして、［25］では、フランチャイジーは本部の経営方針に不満を持ち、フランチャイザーの経営指導等を非難し、加盟店による共同組合設立を呼びかける内容の文書を作成、配布の上、その設立のための会合を主催したり、フランチャイザーの指定する業者以外の者から原材料を購入したり、契約で禁止されている販売方法とったり、定められたロイヤリティーの支払いをしなかったりしたため、複数の契約違反が解除原因となった。この事案は、約定解除が問題となったが、「代理店・特約店」契約からの分析を前提とすれば、たとえ約定解除原因の特約がなくても、信頼関係が破壊されたと判断される要素を含んでいるから、フランチャイザーからの解除は認められるであろう。

フランチャイズ契約といっても多種多様であり、依存性・従属性の程度が強い場合もあるので、期間の経過のみよって契約は終了すると考えるべきではない。契約の実情、契約成立の経緯内容をあわせ考えることによって個別に検討すべきである。フランチャイザーから解除・更新拒絶を認めるべきかは、両当事者の経済力・法的知識の差異、契約締結にいたる経緯、本契約の特質、契約期間の長短（特に投下資本回収に要する期間、営業活動をして効果の現れる期間、平均的契約期間等との関係）、契約更新に関する過去の経緯や業界の慣習（更新率）、フランチャイザー・フランチャイジーの権利・義務、契約締結後のフランチャイジーのした努力・人的物的投資、契約終了に伴い両当事者にあたえる利害得失等を充分検討した上で慎重に結論を出さなければならないだろう。今後なおこの問題について検討したい。

(155)「代理店・特約店」契約の法律的な性質決定の問題に関しては、従来あまり議論されてはいないが、委任あるいは準委任と解されているようである（高田淳・文献III(10)(1)二二五頁以下参照）。

(156) 継続的取引・契約の側面からの研究については、中田裕康・文献II(14)及び文献I(19)参照。なお、内田貴「現代契約法の新たな展開と一般条項」NBL五一七号三七頁以下では、意思を重視する伝統的契約理論が困難に直面している一つの例として、伝統的契約論の立場からすれば、解約や期間に関する契約条項の効力をそのまま認めることになるが、契約の更新拒絶や解約あるいは解除に際して、あくまで契約の継続を尊重し、正当な理由なく契約関係を解消することを認めないのは、関係契約論の立場から説明できるとする。

(157) 継続的契約に関する（裁）判例についての整理・分析・検討については、中田裕康・文献II(14)、高田淳・文献III(10)、加藤新一郎・文献II(24)参照。

(158) (社) 日本フランチャイズチェーン協会の倫理綱領九条二項は「フランチャイジーが契約に違反したときは、十分な期間の予告を与えて違反をなくすよう努力したのちでなければ、契約を解除しない。」と定め、催告等を行うことをフランチャイザーに求めていることが参考になろうか。

(159) 藤宗和香「信頼関係破壊の理論」ケーススタディ108民事研修四二四号六七二頁（一九九二）。

(160) 飯島紀昭・文献II(1)参照。

(161) 従来の（裁）判例、学説は、債務不履行を理由とする解除の場合に集中し、かつ遡及効の必要性も原状回復の可能性（意味あり）、不可能性（意味なし）をメルクマールとして議論されてきており、専ら債務不履行の効果としての原状回復の可否によって、継続的契約の解除の遡及効の要否が論じられている傾向にある。

大判大正一四年二月一九日民集四巻六四頁は、毛糸を四月から七月にかけて四回に分けて引き渡す旨の契約においい五月分以降については、買主が受領せず代金も支払わなかったので、売主は相当の期間を定めて催告した後、契約を解除した事例であるが、「商人間において商品の逓次供給契約を為したる場合にはその目的物は一部づつ一定の期間に履行することを契約の内容とするものなるに因りその契約上定まりたる時期において一定数量の給付行われたるときはその部分については契約の本旨に従いたる履行ありしものと為さざるべからず。従ってその後において為すべき履行を遅滞したるとき債権者はその遅滞に係る部分は勿論尚未だ履行期の到来せざる部分についても契約を解除し得べしと雖もその既に履行を終わりたる部分については此の一部分のみにては契約を為したる目的を達することを得ざる等の特別なる事情の存せざる限りこれを解除すること能わざるものと解するを妥当とす。」とした。

大阪高判昭和三七年六月一一日判例時報三〇四号二四頁の事例においては、契約の履行は全く行われておらず、催告を要しなかったので、遡及効を認めても支障のない場合であった。その点から考えれば、契約の履行の見通しが全くない場合にも買主が履行の提供をしなければならなかったり、信用不安が生じているにもかかわらず売主が未履行部分の商品を供給しなければならないとすることは酷に過ぎるから、遡及的に債権債務関係を消滅させる信義公平上の必要性がある。それは債務不履行が認められる場合や原状回復の可能な場合に限られた問題ではない。

(162) 田中整爾・文献I(4)一八六頁以下に告知と行為基礎消失の関係におけるハールマンの見解が紹介されている。特に、一八九頁に特別告知の個別的法律効果として、例外的に遡及効も認められるとしている。飯島紀昭・文献II(1)一三九頁以下、後藤徳司・文献II(16)でも特別告知の遡及効(解除)について論じている。

(163) 後藤徳司・文献II(16)三七頁参照。

(164) 期間の定めのない場合の予告期間や損失補償を付した解除は、期間の定めのある継続的契約の期間到来による終了と同様に意思表示によって期間を到来させるという意味で、一応予定された契約の終了の範疇であるということができ、未履行部分も予告期間や補償を通じて、既往の債権債務関係は円満に決済されることになろうから、遡及効を考える必要はない。

(165) 川越憲治・文献II(10)五二頁以下。

(166) 高田淳・文献III(10)―(3)一五八頁以下。

(167) 中田裕康・文献II(14)―(2)五七三頁。本稿の対象はすなわち「供給者解消・被供給者請求型」であるが、「被供給者解消・供給者請求型はその裏返しであるともいえ、ある程度パラレルに考察されうる面がある。しかし、両者は必ずしも同列には論じられない。」とし、「売主は『売る義務』を課せられても、代金さえきちんと払ってもらえれば、一応の満足は得られる。しかし、買主が『買う義務』を課せられた場合、目的物が自己にとって不要な物であるとき（特に転売できないとき）はそれを取得しても満足を得られない。そのような『買う義務』の存在が認められる場合は限定されるであろう。他方、売主としても、買いたくないと言っている者に無理に売っても、代金回収の困難など様々のトラブルを覚悟せざるを得なくなるから、『買う義務』の履行自体が求められることも限られてくるであろう。」と指摘する。

(168) 電気・ガス・水道等の供給契約は高度の公益性を有することから、供給を拒否するための「正当事由」は、もっぱら公共目的にしたがって判断される。継続的供給契約性に基づくものではないから、信頼関係理論はみられない（神田博司「公益事業における法律関係の一考察―いわゆる事実的契約関係」上智法学創刊号二九八頁（一九五七）、土田哲也・文献I(5)参照）。

(169) 正当の理由がある場合とは、具体的には、水道料金不払いによる供給停止、違法建築物に対する電気の供給停止である。学説は、料金未納者に対する給水停止についてはこれを支持するが、違法建築物に対する供給停止については意見が分かれている。正当の理由にあたらない場合とは、土地の不法占拠者への給水停止、ガス供給条例や指導要綱が正当理由の根拠とならない場合などである。これらの「正当な理由」とはどのようなものをいうのか。水道法一五条にいう「正当な事由」とは水道事業者がその事業経営上給水区域内からの需要者に対し給水しないことをやむを得ないものとされる事由、例えば申し込みにかかる場所には事業計画上配水管が未設置であるとか、特殊な地形であるため給水が技術的に著しく困難であるなどの事由がある場合などをいう。電気事業法一八条一項の「正当な理由」については、その有無を同法一条の趣旨、目的だけから解釈すべき必然性は必ずしも存しないとし、違法建築物に対する電気の供給それ自体が、一定の場合には、公序良俗に違反する色彩を帯びることとされ、かかる場合における違法建築物に対する電気供給の拒否を、正当な理由のある場合の供給拒否をすることは十分理由のあることというべきであるとしている。

(170) 三島宗彦・文献Ⅰ(1)二八七頁。

(171) (裁)判例としては、東京地判平成元年一一月六日判例時報一三六三号九に頁(イタリア料理店のフランチャイザーである被告Yに契約締結上の保護義務違反が存在するとして争われた事例)、千葉地判平成六年一二月一二日判例タイムズ八七七号二二九頁(フランチャイズ契約締結前に持ち帰り弁等店のフランチャイザーである被告Yが行った売上予測が客観性を欠き、正確な情報を提供すべき信義則上の義務に違反するとして争われた事例)等がある。

(172) この問題に関しては、立正大大学院清水研究室研究会にて検討した。栗田純一「フランチャイズ契約準備段階におけるフランチャイザー側の情報開示義務違反に関する一考察―特に解除の問題を中心として(研究会報告)」立正大学法制研究所研究年報四号一一九頁(一九九九)。契約締結上の過失による解除についての(裁)判例は少ない。東京高判平成二年一月二五日金融・商事判例八四五号一九頁(宅建業者の説明義務を信義則から生じる付随義務と位置づけ、その付随義務違反による解除を認容した事例。釧路簡判平成四年一月二三日NBL四九四号四八頁(架空のクレジット契約につき、クレジット会社に契約締結上の過失があることを理由とする契約の解除が認められた事例)。この問題を取り扱っている文献としては、北川善太郎『契約責任の研究』(有斐閣・一九六三)二八七頁、北川善太郎「契約締結上の過失」契約法大系刊行委員会『契約法大系Ⅰ』(有斐閣・一九六二年)二八六頁、本田純一「『契約締結上の過失』理論について」現代契約法大系刊行委員会『現代契約法大系第1巻』(有斐閣、一九八三)二〇七頁、宮本健蔵『安全配慮義務と契約責任の拡張』(信山社・一九九三)七三頁、金井高志「フランチャイズ契約準備段階における情報開示義務―独占禁止法、中小小売商業振興法及び『契約締結上の過失』を中心として」判例タイムズ八五一号四四頁(一九九四年)。

(173) コンサルティング契約の事例として、東京地判平成三年七月一六日判例時報一四一八号九七頁。評釈に、山下友信・ジュリスト一〇六一号一六六頁。

(174) 下請け契約の事例として、[2](東京地判昭和一四年一〇月三一日法律新聞四五〇七号八頁)、名古屋地判昭和四六年一一月一一日判例タイムズ二七四号二八〇頁、東京地判昭和五七年一〇月一九日判時一〇七六号七二頁、仙台地判平成六年九月三〇日判時一五五三号一二六頁。

(175) 北村実・文献II(8)参照。

(176) 川越憲治・文献II(10)七頁。中田裕康・文献II(14)―(2)五七八頁は、裁判例においては、依存関係が生じやすいことなどの請負の特徴を背景に、弱小な下請人保護という社会的見地からの問題も争点になっているとする。

(177) フランチャイズ契約と「代理店・特約店」契約を同じレベルの問題として捉える立場として、高田淳・文献III(10)がある。

(178) フランチャイズの定義については、川越憲治・前掲注(18)論文参照。

(179) 山口純夫・前掲論文三〇頁参照。

(180) 小塚荘一郎・前掲論文(二)一一八〇頁以下参照。

(181) 山口純夫・前掲論文三一頁。「フランチャイザーには、いわゆる脱サラのほか、中小企業の経営多角型・事業転換型、主婦等の副業型など様々なタイプのものが見受けられるが、一般的に法律知識がないものが多く、フランチャイズ契約は、対等な事業者間の合意であるとはいえ、フランチャイザーにとって一方的に有利な契約となったり、フランチャイジーの営業活動に不当な制限を加える契約となりやすい。」と指摘する。

(182) [**24**] 高知地判昭和六〇年一一月二一日判例タイムズ六〇三号六五頁

【事実の概要】 Xは弁当販売業のフランチャイザーで、Yはそのフランチャイジーであるが、Yは昭和五七年七月分以降の本件契約に基づく約定のロイヤリティーを支払わず、本件契約条項に違反し、Xと同一、同種の業者で対立競合関係にあるAと加盟契約を締結したので、XはYに対し右行為を撤回するよう通知したがYは前記行為を改めなかったので、本件契約解除の意思表示をし、損害賠償を請求した。

【判旨】 一部認容　判決は、Xの本件契約解除の意思表示は有効であり、本件契約は終了したとしたうえで、Xの義務については、フランチャイズシステム加盟店であるYらの義務は明確に記載されているものの、Xの義務は抽象的に規定されているものが殆どであって、Xのいかなる所為が右契約に違反するかは、契約上明確なXの義務に違反した場合の他はXがなした具体的な作為、不作為が契約条項に照らし、契約当事者間の信頼関係を破壊するとみられる程度のものである場合であって、Xに右の如き義務違反があったとは認められないとした。

(183)　[**25**]　大阪地判昭和六一年一〇月八日判例時報一二二三号九六頁

【判旨】 請求認容　判決は、Yらが作成した本件文書の内容からすれば、Yらが本件文書を作成・配布し、協同組合設立のための会合を開催したことは、少なくとも本契約九条一項四号及び九号に該当するもので、契約の解除事由になるとし、そのほかの違反行為も契約の解除事由になるとした。

(184)　評釈として、神作裕之・文献Ⅳ(14)、川越憲治・文献Ⅳ(15)。

(185)　[**27**]　名古屋地判平成元年一〇月三一日判例時報一三七七号九〇頁

【事実の概要】 Xは持ち帰り弁当のフランチャイズチェーンであるYとの間で地区本部契約を締結し、Yから愛知県と岐阜県下のフランチャイズ実施権を付与され、加盟店との間でフランチャイズ契約を締結している。XY間の契約期間は五年と定められていたため、Yは五年の経過を待ってXに更新拒絶の通知をしたが、Xは更新拒絶は無効であるとして地区本部であることの仮の地位を定める仮処分を申請した。Yは更新拒絶にはやむをえざる事由は不要であり、仮に必要だとしてもXには本件契約につき義務違反があり、またXは別の名称でチェーンからの独立を画策したりしたので更新拒絶は理由があると主張した。

【判旨】 取消、請求却下　「本件契約のように有効期間があらかじめ定められているフランチャイズ契約においては、特に契約の更新の制限等について当事者の特約がなく、または更新を拒絶して契約を終了させることが公序良俗や信義則に反する等の特段の事情がない限り期間の満了とともに終了するものと解するのが相当である」とした。

(186) 評釈として、庄政志・文献IV(18)、川越憲治・文献IV(19)、井上健一・文献IV(20)。

(187) 〔**28**〕 名古屋地判平成二年八月三一日判例時報一三七七号九〇頁

＊〔**27**〕と同一事件

【判旨】 認容 「一般に契約の存続期間の定めがなされた場合には、契約は右期間の満了をもって終了するのが原則であり、フランチャイズ契約といえども直ちにこの例外とすべき法律的根拠はない。しかしながら、一方フランチャイズ契約は様々の営業領域において利用され、かつ契約内容も多種多様であって一定の標準が存在するとはいえない契約形態であり、期間の定めのある場合には、その間にフランチャイジーが営業権使用許諾を得るためにフランチャイザーに支払った対価を回収しようとすることは合理的期待として保護されるべきである。従って期間の満了によって契約終了と主張される場合にも、期間の経過の一事によって契約は終了するものではなく、前記フランチャイズ契約の実情、フランチャイジーの保護の見地から期間の長短も含めて特約の内容を各契約の成立の経緯、内容もあわせ考えることによって検討するのが相当である」とした。そして、「右に認定した本件契約成立の経緯、内容を総合して判断すると、本件契約においてはフランチャイジーたるXは単にYの有する商標等を対価を支払って使用するフランチャイジーにとどまらず、テリトリー内のフランチャイズ権を授与されることによって、システムを拡大するというサブ・フランチャイザーとしての責務を負うといういわばフランチャイザーたるYと一体となって活動することを互いに承認しあった関係と認められる。従って、本件契約の終了に関する特約もこの点から考察すると自動更新に重点を置いた規定と解すべく、五年の期間は契約の継続を含めその内容を再検討すべき期間と解するのが相当である。よって特約によって自動更新しないで契約を終了させるには当事者双方の公平の見地から判断してこれを継続しがたいやむをえざる事由が必要であると解すべきであり、かく解したとしても更新後の期間の解釈次第で契約関係を不当に永続させるような結果は十分避けることができる。」とし、やむを得ざる事由の有無については、加盟店の経営主体の変更に関する報告義務の懈怠の件数、ノウハウ使用料の支払いを遅滞した額とその件数は軽微なものとはいえないのみでなく独立に関する行動もなかったとはいえないが、Yとしては年間Xから振り込まれるロイヤリティの額に比すれば右使用料は微々たる額であり経営主体の変更について適式な報告のないことを発見した段階で申請人にこれを促すなどの働きかけさえすれば、前記の如き義務の懈怠は発生しなかったと認められるにかかわらず、突如としてこれを盾に更新を拒絶するに及んだことは信頼関係の強く妥当する継続的契約たる本件契約の性質に照らせば必ずしも当を得たものとは言い難く、やむを得ない事由が未だ存するものとは認め難く、Xの行為は信頼関係を破壊する行為とも認められないとした。

(188) 評釈として、庄政志・文献Ⅳ(21)、川越憲治・文献Ⅳ(23)、井上健一・文献Ⅳ(23)。

(189) Xは、[**27**] 判決に付された期限経過後に再度同じ内容の仮処分を申請し、これを認める決定がなされたが、Yもこれに対し異議を申し立てたのが [**28**] である。

(190) 庄政志・文献Ⅳ(21)、小塚荘一郎・前掲論文(1)一一八四頁注(一一)。「チェーンがある程度大きくなると、サブ・フランチャイザー（地域本部）を介在させた二層構造がとられることがある。フランチャイザーとサブ・フランチャイザーの契約により、一定の地域についてフランチャイズ契約を締結する権利がサブ・フランチャイザーに与えられ、サブ・フランチャイザーはその権利に対して対価を支払う。フランチャイジーに対するフランチャイズ・パッケージの提供と実施、フランチャイズ・フィーの徴収なども、サブ・フランチャイザーに委ねられることが少なくないであろう。この場合、サブ・フランチャイザーに与えられた権限いかんではチェーンの一体性維持との間に緊張を生じ得る。」と指摘する。

6 『代理店・特約店契約』に関する信頼関係について〔清水千尋〕

(45)	正田　彬	大阪地判平成7年11月7日判批	ジュリスト	1110号165頁		
(46)	伊従　寛	東京高判平成9年7月31日判批(上)(下)	NBL	626号17頁、627号48頁		
(47)	野口恵三	東京高判平成11年12月15日判批	NBL	685号72頁		

(25)	川越憲治	東京地判平成５年５月31日判批	別冊NBL	29号159頁		
(26)	川越憲治	東京地判平成５年９月27日判批	NBL	532号６頁(上) 533号12頁(中) 534号19頁(下)		
(27)	川井克倭	東京地判平成５年９月27日判批	ジュリスト	1035号122頁		
(28)	後藤巻則	東京地判平成５年９月27日判批	判例評論	426号185頁		
(29)	山部俊文	東京地判平成５年９月27日判批	金融・商事判例	950号42頁		
(30)	橋本恭宏	東京地判平成５年９月27日判批	別冊法律時報	10号34頁		
(31)	川越憲治	東京地判平成５年９月27日判批	別冊NBL	29号167頁		
(32)	谷原修身	東京地判平成６年７月18日判批	金融・商事判例	958号45頁		
(33)	土田和博	東京地判平成６年７月18日判批	ジュリスト	1063号122頁		
(34)	鈴木深雪	東京地判平成６年７月18日判批	ジュリスト臨時増刊号	1068号224頁		
(35)	実方謙二	東京地判平成６年７月18日判批	別冊ジュリスト	135号194頁		
(36)	小塚荘一郎	東京地判平成６年７月18日判批	別冊ジュリスト	141号250頁		
(37)	中津晴弘	東京地判平成６年７月18日判批	NBL	554号６頁19頁		
(38)	川越憲治	東京高判平成６年９月14日判批	NBL	554号６頁、555号17頁		
(39)	山部俊文	東京高判平成６年９月14日判批	金融・商事判例	976号41頁		
(40)	土佐和生	東京高判平成６年９月14日判批	香川法学	15巻４号689頁		
(41)	大村須賀男	東京高判平成６年９月14日判批	別冊法律時報	11号125頁		
(42)	宮川博史	東京高判平成６年９月14日判批	判例タイムズ	882号74頁		
(43)	田村次朗	東京高判平成６年９月14日判批	ジュリスト	1069号141頁		
(44)	大塚　誠	東京高判平成６年９月14日判批	ジュリスト	1143号132頁		

(5)	北村　実	東京地判昭和52年2月22日判批	法律時報	51巻1号181頁		
(6)	青竹正一	東京地判昭和52年2月22日判批	ジュリスト	717号131頁		
(7)	野口恵三	東京地判昭和56年5月26日判批	NBL	251号44頁		
(8)	中田裕康	東京高判57年8月25日判批	ジュリスト	858号127頁		
(9)	飯島紀昭	東京地判昭和59年3月29日判批	判例評論	309号48頁		
(10)	下森　定	東京地判昭和59年3月29日判批	法学志林	87巻2号38頁		
(11)	中山信弘	東京地判昭和59年3月29日判批	別冊ジュリスト	85号198頁		
(12)	中田裕康	東京地判昭和59年3月29日判批	別冊ジュリスト	129号196頁		
(13)	長坂　純	東京高判昭和59年12月24日判批	法律時報	58巻10号124頁		
(14)	神作裕之	大阪地判昭和61年10月8日 判批	ジュリスト	975号110頁		
(15)	川越憲治	大阪地判昭和61年10月8日 判批	別冊NBL	29号94頁		
(16)	笠井　修	札幌高決昭和62年9月30日判批	ジュリスト	916号105頁		
(17)	高畑順子	札幌高決昭和62年9月30日判批	法律時報	60巻8号67頁		
(18)	庄　政志	名古屋地判平成1年10月31日判批	判例評論	394号42頁		
(19)	川越憲治	名古屋地判平成1年10月31日判批	NBL	513号48頁		
(20)	井上健一	名古屋地判平成1年10月31日判批	ジュリスト	1042号130頁		
(21)	庄　政志	名古屋地判平成2年8月31日判批	判例評論	394号42頁		
(22)	川越憲治	名古屋地判平成2年8月31日判批	NBL	513号48頁		
(23)	井上健一	名古屋地判平成2年8月31日判批	ジュリスト	1042号130頁		
(24)	笹本幸祐	名古屋地判平成2年8月31日・東京地判平成5年9月27日判批	関西大学大学院法学ジャーナル	62号74頁		

(8)	秋田量正 神部正孝 森井英雄 岩城謙二	「代理店・特約店取引の実情を語る―継続的取引の研究」	NBL	(上)242号6頁、(中)244号16頁、(下完)245号18頁		1981年
(9)	岩城謙二	「代理店・特約店契約」	『現代契約法大系』	4巻1頁	有斐閣	1985年
(10)	高田　淳	特約店契約およびフランチャイズ契約の特徴とその解消について(1)(2)(3)完〈研究〉	法学新報（中央大学）	105巻8・9号125頁、105巻10・11号37頁、105巻12号107頁		1999年
(11)	川越憲治	最新販売店契約ハンドブック――代理店・特約店・フランチャイズシステム〈増補版〉			ビジネス社	1994年
(12)	影山光太郎	売買の契約(2)――代理店・特約店契約、委託販売契約、フランチャイズ契約（企画開発部員の法律実務2――販売の段階での法務的問題	経営法務	158号34頁		1989年
(13)	若松　亮	「信託代理店制度の概要と代理店契約」	旬刊金融法務事情	1361号111頁		1993年
(14)	滝井朋子	「代理店契約」	『現代契約法大系(8)―国際取引契約(1)』	347頁	有斐閣	1983年
(15)	米津稜威雄 長嶋憲一	「自動車流通における特約店の私法上の地位」	NBL	246号6頁		
(16)	竹濱　修	「代理店と代理商(昭和15.3.12大審五民判)」	『商法（総則・商行為）判例百選〈第3版〉(別冊ジュリスト129)』所収	70頁		1994年

IV　判例評釈

(1)	三ツ木正次	奈良地判昭和26年2月6日	ジュリスト	209号91頁		
(2)	谷川　久	大阪地判昭和36年10月12日判批	ジュリスト	305号76頁		
(3)	椎原国隆	名古屋高判昭和46年3月29日判批	ジュリスト	581号119頁		
(4)	石外克喜	大阪地判昭和47年12月8日判批	判例評論	183号25頁		

(22)	荒木新五	継続的取引関係の態様とその解消(1)〜(3完)――特に「事実上の継続的取引関係」の解消とその法的責任	月刊債権管理	27号10頁、29号20頁、32号4頁		1990年
(23)	渡部　晃	継続的供給契約は、どのような場合に解約することができるのか(難問・疑問　顧問弁護士にきく7)	NBL	395号47頁		1988年
(24)	加藤新太郎	『継続的契約の解除・解約』			新日本法規出版社	2001年
(25)	森田　修	「解除の行使方法と債務転形論―履行請求権の存在意義再論―」	法学協会雑誌	116巻7号1頁 116巻8号1頁 116巻9号89頁		1999年
(26)	飯島紀昭	「継続的債権関係と告知」	『民法の争点(2)―債権総論・債権各論（法律学の争点シリーズ3―2）』所収	104頁		1985年

III 「代理店・特約店」契約に関する文献

(1)	伊藤安彦	「文具業界の流通システムと代理店契約」	NBL	44号16頁		1973年
(2)	波光　巌	「家電商品の流通システムと特約店契約書」	NBL	37号25頁		1973年
(3)	野村　晃	「トイレタリー商品の流通システムと代理店契約」	NBL	45号11頁		1973年
(4)	松永宏之	「石油の流通システム特約店契約」	NBL	39号25頁		1973年
(5)	石田喜久夫	「取引条件―代理店・特約店契約」	北川善太郎編『現代契約法入門』	96頁	有斐閣	1974年
(6)	星野英一 谷川　久	「代理店・特約店契約の研究」	NBL	138〜144号 147〜151号 155〜156号 158号、161号 163号		1977年
(7)	米津稜威雄	「特約店・専売店の法律上の地位―主として私法的視点から」	NBL	(上)242号13頁 (下)244号26頁		1981年

⑽	川越憲治	「継続的取引契約の終了―販売店契約・下請契約・継続的供給契約をめぐって」	別冊NBL	19号		1988年
⑾	長尾治助	「契約の継続的拘束からの離脱―消費者契約の場合―」	ジュリスト	916号100頁		1988年
⑿	吉田光碩	「継続的供給契約の更新拒絶と契約を継続しがたい重大な事由の要否」	法律時報	60巻7号90頁		1988年
⒀	行澤一人	「継続的取引契約の終了に関する法的考察―アメリカ法を中心として」	神戸法学雑誌	(1)41巻1号169頁、(2)41巻2号527頁、(3)41巻3号809頁、(4)42巻1号、(5)42巻3号521頁、(6)43巻1号211頁		1991～93年
⒁	中田裕康	「継続的売買の解消」	『継続的売買の解消』(法学協会雑誌)	(1)108巻3号382頁、(2)108巻4号561頁、(4)108巻11号1820頁、(6完)109巻1号1頁)	有斐閣	1994年
⒂	中田裕康	「継続的売買契約の解消者の意図」	NBL	(上)569号6頁 (下)571号16頁		1995年
⒃	後藤徳司	「継続的契約(債権関係)の解除と遡及効」	判例タイムズ	779号36頁		1992年
⒄	森島昭夫	「継続的契約の解除」(契約法講義10)	月刊法学教室	153号90頁		1993年
⒅	上山　徹	「継続的売買契約の解消に関する一考察」	北大法学研究科ジュニア・リサーチ・ジャーナル	5号1頁		1998年
⒆	松本恒雄	継続的契約の維持と解消（マルチラテラル民法24)	月刊法学教室	199号95頁		1997年
⒇	川越憲治	継続的取引契約の終了に伴う諸問題	『現代法律実務の諸問題(上)〈平成5年版〉(日弁連研修叢書)』	247頁		1994年
(21)	潮見佳男	中田裕康「継続的売買の解消(1)～(6)」〈民法学のあゆみ〉(BOOK & ARTICLE REVIEW)	法律時報	66巻10号109頁		1994年

(20)	田中整爾	継続的法律関係とその特性	『現代契約法大系(1)―現代契約の法理(1)』所収	176頁	有斐閣	1983年
(21)	森　孝三	最近のある継続的債権関係論について	『個人法と団体法―西村信雄先生傘寿・浅井清信先生喜寿記念論文集』所収	95頁	法律文化社	1983年

II　継続的契約の解除に関する文献

(1)	飯島紀昭	「継続的供給契約の解除の性質」	東京都立大学法学会雑誌	15巻1号101頁		1974年
(2)	釘沢一郎	「商品の売買・販売委託における継続的取引契約の解除をめぐって」	NBL	94号6頁		1975年
(3)	飯島紀昭	「継続的債権関係と告知について―告知理論の体系化のための序説」	成蹊法学	15号、16号49頁、18号25頁		1980〜81年
(4)	飯村佳夫	「継続的取引の中止・解除をめぐる諸問題―売買を中心として」	NBL	(上)260号8頁 (中)261号48頁 (下)264号62頁		1982年
(5)	福永政彦	「継続的取引契約の解除と損害賠償」展望判例法　民法15	判例タイムズ	496号32頁		1983年
(6)	山田卓生	「契約からの脱退」	『現代契約法大系』	2巻220頁	有斐閣	1984年
(7)	川越憲治	「継続的契約関係の終了―販売店契約を中心に」	NBL	(1)342号6頁 (2)345号26頁 (3)350号40頁 (4)353号20頁 (5)355号29頁 (6)363号30頁 (7)367号40頁 (8)381号42頁 (9完)382号44頁		1985〜87年
(8)	北村　実	「継続的取引契約の『解約』について(1)―下請契約の事例を中心に」	大阪経大論集	172号37頁		1986年
(9)	橋本恭宏	「継続的契約関係における基本契約と個別契約―継続的取引契約の解除判例を基礎として」	ジュリスト	894号128頁		1987年

(5)	土田哲也	「電気・ガス供給契約」	『現代契約法大系』	7巻291頁	有斐閣	1984年
(6)	大塚能児	「委託販売契約」	『現代契約法大系』	4巻25頁	有斐閣	1985年
(7)	橋本恭宏	「長期間契約の法構造序説」	明治大学短期大学紀要	42号1頁		1988年
(8)	橋本恭宏	「継続的契約・継続的債権関係という概念は、有用ないし必要か」	椿編『講座現代契約と現代債権の展望』	第5巻55頁	日本評論社	1990年
(9)	星野雅紀	「継続的契約関係の特質」	佐藤歳二編・『現代民事裁判の課題④〔動産取引〕』	484頁	新日本法規出版株式会社	1990年
(10)	和田安夫	「長期契約の調整と契約の再交渉義務」	姫路法学	13号1頁		1993年
(11)	橋本恭宏	「現代型（複合型）長期間契約論へのプロローグ―継続的債権(契約)関係論より長期間契約論への理論展開」	明治大学短期大学紀要	57号1頁		1994年
(12)	橋本恭宏	「現代型長期間契約の一断面－基本契約・個別契約の意義と両者の関係を中心として－」	法律論叢	67巻 4・5・6号339頁		1995年
(13)	升田　純	現代型取引をめぐる裁判例(20)～(25)――第三　継続的契約をめぐる裁判例	法律時報	(20)1683号32頁 (21)1684号18頁 (22)1686号17頁 (23)1687号15頁 (24)1689号31頁 (25)1690号16頁		1999年
(14)	橋本恭宏	「長期間（継続的）債権（契約）関係論の過去・現在・将来」	明治大学社会科学研究所紀要	37巻2号273頁		1999年
(15)	橋本恭宏	「現代型長期間契約論・序説――基本契約と個別契約による契約〈研究報告〉」	私法	57号184頁		1995年
(16)	岩城謙二 柏木　昇 川越憲治 新堂幸司	「価格破壊」現象下の継続的取引(上)(下)――最近の事例と理論をふまえて〈座談会〉	NBL	560号4頁、561号29頁		1995年
(17)	飯島紀昭	「継続的取引契約の現代的課題」	NBL	146号36頁		
(18)	飯島紀昭	「継続的債権関係論の新たな展開」	成蹊法学	25号6頁		
(19)	中田裕康	『継続的取引の研究』			有斐閣	2000年
(20)a	橋本恭宏	『長期間契約の研究』			信山社	2000年

[24]	高知地判	昭和60年11月21日	判タ603号65頁	フランチャイズ	*
[25]	大阪地判	昭和61年10月8日	判時1223号96頁	フランチャイズ	*
[26]	札幌高決	昭和62年9月30日	判時1258号76頁	継続的供給	×
[27]	名古屋地判	平成1年10月31日	判時1377号90頁	フランチャイズ	*
[28]	名古屋地判	平成2年8月31日	判時1377号90頁	フランチャイズ	*
[29]	東京地判	平成5年5月31日	判時1484号82頁	フランチャイズ	*
[30]	東京地判	平成5年9月27日	判時1474号25頁	特約店	×
[31]	東京地判	平成6年7月18日	判時1500号3頁	特約店	×
[32]	東京高判	平成6年9月14日	判時1507号43頁	特約店	○
[33]	大阪地判	平成7年11月7日	判時1566号85頁	販売代理店	×
[34]	大阪高判	平成8年10月25日	判時1595号70頁	継続的供給	○
[35]	大阪高判	平成9年3月28日	判時1612号62頁	専属的販売店	×
[36]	東京高判	平成9年7月31日	判時1624号55頁	特約店	×
[37]	東京地判	平成9年9月12日	判タ972号210頁	フランチャイズ	*
[38]	東京地判	平成11年2月5日	判時1690号87頁	継続的売買	○
[39]	東京地判	平成11年5月11日	判タ1026号211頁	フランチャイズ	*
[40]	東京高判	平成11年12月15日	金融商事1085号3頁	フランチャイズ	*

〈文献リスト〉

文献番号	著　者	論文名（タイトル）	出　典	号巻頁	発行所	発行年

Ⅰ　継続的契約に関する文献

(1)	三島宗彦	「継続的供給契約」	『契約法大系』	2巻274頁	有斐閣	1962年
(2)	森　孝三	「一時的債権契約と継続的債権契約」	『契約法大系』	1巻88頁	有斐閣	1962年
(3)	森本　滋	「契約の履行(3)―継続的商品取引契約」	北川善太郎編『現代契約法入門』	123頁	有斐閣	1974年
(4)	田中整爾	「継続的法律関係とその特性」	『現代契約法大系』	2巻176頁	有斐閣	1983年

〈(裁)判例リスト〉

裁判例番号	裁判所	判決年月日	出典	契約形態	解除の認否
[1]	大判	昭和11年9月19日	法学6巻1号86頁	継続的供給	○
[2]	東京地判	昭和14年10月31日	新聞4507号8頁	継続的供給	○
[3]	大判	昭和17年2月21日	法学11巻1183頁	継続的供給	○
[4]	奈良地判	昭和26年2月6日	下民集2巻2号146頁	一手販売	○
[5]	大阪地判	昭和36年10月12日	下民集12巻10号2434頁	特約店・一手販売	○
[6]	東京地判	昭和36年12月13日	判時286号25頁	継続的供給・総販売元	×
[7]	最判	昭和37年12月13日	判タ140号127頁	継続的供給	○
[8]	横浜地判	昭和40年4月6日	判タ180号123頁	継続的売買	×
[9]	名古屋高判	昭和46年3月29日	判時634号50頁	継続的売買	×
[10]	大阪地判	昭和47年12月8日	判時713号104頁	継続的売買	×
[11]	東京地判	昭和49年9月12日	判時772号71頁	継続的売買	○
[12]	大阪地判	昭和52年1月27日	判時862号87頁	排他的特約店	○
[13]	東京地判	昭和52年2月22日	判時865号71頁	代理店契約	○
[14]	札幌地決	昭和52年8月30日	判時881号134頁	販売店	○
[15]	神戸地判	昭和54年12月11日	金商591号43頁	継続的供給(営業所契約)	○
[16]	東京地判	昭和55年9月26日	判タ437号139頁	継続的販売	○
[17]	東京地判	昭和56年1月30日	判時1007号67頁	継続的供給	×
[18]	東京地判	昭和56年5月26日	判時1020号64頁	販売代理店	×
[19]	東京高判	昭和57年8月25日	判時1054号92頁	特約代理店	○
[20]	水戸地判	昭和58年9月5日	判時1107号120頁	継続的供給	○
[21]	東京地判	昭和58年9月8日	判時1105号70頁	販売代理店	○
[22]	東京地判	昭和59年3月29日	判時1110号13頁	特約店	○
[23]	東京高判	昭和59年12月24日	判時1144号88頁	継続的供給	×

7　被用者健康情報の処理過程と私法的側面

中嶋士元也

はじめに

(1)　わが国においては現在、高度情報通信社会の進展に伴う個人情報の保護を目的とした「個人情報の保護に関する法律」案が国会に上程され、法制化が実現しつつある(二〇〇一年一〇月現在)。すでに、わが国には「行政機関の保有する電子計算機処理に係る個人情報の保護に関する法律」(一九八八年)が存在し、政府部門を対象とした個人情報保護法として機能している。しかし、民間部門をも含めた個人情報の保護については、これまで各行政所管省庁がガイドラインを示し、各種事業者による自主的な保護措置を推進してきたに過ぎなかった。このたびの個人情報保護法案は、民間部門をも含めた包括的な「個人情報の適正な取扱いに関し基本となる事項を定めることにより、個人情報の有用性に配慮しつつ、個人の権利利益を保護することを目的とするもの」(法案一条参照)であるとともに、今後は、各産業分野において右保護法の趣旨との調整の下に、「当該法律の観点から特別の取扱い」を定めた「個別法」とでもいうべき規整立法ならびに各事業者団体・事業者(情報取扱い者)の「自主的な取組」(マニュアル作り)が期待されているということができる(政府「個人情報保護基本法制に関する大綱」二〇〇〇年一〇月一一日)。

(2)　被用者の雇用される事業場にも、被用者を情報主体とする種々の個人情報が発生し、主として事業者(使用者)によって処理(収集、保管、利用、提供)されている。そして、それらの被用者情報が当該事業場外の種々の経済的活動主体によってもアクセスの対象とされる可能性があり、現に対象となっていることは知られるところである。

そのため、(厚生)労働省は一九九八年、「労働者の個人情報保護に関する研究会報告書」(以下、「報告書」

という）を発表し、被用者情報の保護の方向を模索した。そこでは、被用者の個人情報として、資産、債務、賃金、人事、処分歴、身体・健康、家族、私生活等が挙げられている。

右「報告書」によれば、調査対象企業・労働者へのアンケート、ヒアリングの結果、被用者の個人情報に係る平均電算化率は約四〇パーセントであるとされ、企業が個人情報を収集する際被用者（労働者）個人の事前同意を得る割合はきわめて少なく、また保管についても被用者保護のための情報管理規程を定めているの企業は約三〇パーセント、さらに情報の目的外利用の禁止規定を置いているのは情報規程を有する企業の約半数、苦情処理手続を定めているのは一〇パーセント未満とされている。これらのことは、被用者の個人情報保護のための企業内規程の整備がいかに進んでいないかを如実に示すものである。

右「報告書」において、注目すべきは、上記個人情報項目のうち、九〇パーセント以上の企業が、身体・健康情報は他の個人情報から分離して保管していると分析されている反面、「我が国においては、健康・医療情報以外については、原則として、収集・利用を制限すべきである」と述べて、わが国企業社会においては、健康・医療情報は他の被用者の個人情報とは別異の取扱いを受けるべきことを指摘している点である。

この背後には、わが国労働安全衛生法令（安衛法）が、むしろ事業者に対し被用者の健康保持増進策を積極的に推進することを要請する法政策を採用している事情がある。このことは他面、わが国企業社会においては、「健康・医療情報」が企業内外に広汎に流布される危険性をも予知させることになる。したがって、「健康・医療情報」の処理こそは、実体的かつ手続的に適正な個人情報保護への対応策の確立を喫緊の課題として登場させることを余儀なくさせるものである。

(4)　このような、喫緊の課題に対処すべく、（厚生）労働省は、一九九九年三月「労働者の健康情報に係るプライバシーの保護に関する検討会」を発足させ、特に健康情報処理とプライバシーとの関係について、企業実務家、労働組合代表者、産業医等の医学者及び法学者等による検討を重ね、二〇〇〇年七月「労働者の健康情報に係るプライバシーの保護に関する検討会・中間取りまとめ」（以下、「中間取りまとめ」という）として、検討結果を発表した。筆者も、この検討過程に参加した一員であった。

(5) かようにして、職場の内外における被用者の健康情報の取扱い（処理）に関しては、所轄官庁が積極的な取組みの必要性を明らかにしていると同時に、今後は成立・施行が現実的な日程に上っている上記個人情報保護法（案）との整合を図りつつ施策を展開することになるであろう。

しかし、他方、今次の個人情報保護法制が民事紛争に際して実際にいかなる（裁判）規範を示すことになるのかが法律家の関心を集めているのと同様に、[1]（厚生）労働省「中間取りまとめ」が提示した後述（一㈠）のごとくの行政的要請あるいは施策に対応する私法的側面（当事者の権利義務関係）の検討が現実的な課題ともなりうるにもかかわらず、特に後者の側面からの吟味はこれまでほとんどなされてきてはおらず、わずかに、安西愈弁護士の論説がこれを取り上げ、また上記「中間取りまとめ」に参画した関係者による座談会が若干触れているのみである。[2]

本稿は、安西氏の上記による問題提起に触発されて、健康情報の流れ（処理過程）がもたらす民事法的諸課題を考察しようとするものである。

そして、ここでいう民事法的諸課題とは、次の三点である。

第一に、健康情報の発生に係る被用者―事業者―医療機関・医師（以下、医療側ともいう）の三面的関係は法律的にいかなる権利義務をもって規整されているか。

第二に、健康情報はこの三面的関係においていかに流れていき、健康情報の処理をめぐる各過程（段階）において各当事者にどのような権利義務関係を生ぜしめ、そこでの諸行為にいかなる法的制限が付されているか。

第三に、健康情報の処理過程は、情報の性質上他方で被用者の人格的利益（特にプライバシー権）としばしば相克状況を生みだすことは予想されるところであり、逆にこの相克を回避すべく事業者が健康情報の処理に逡巡すれば、被用者への健康把握に懈怠を生じる結果、事業者に負担せしめられている、かの安全配慮義務（以下、健康把握・配慮義務ともいう）の履行が疎かとなり問責される可能性が強くなる。とするならば、安衛法及び約定に基づく事業者・医療側の健康情報の処理、被用者のプライバシー、事業者の被用者に対する健康把握義務の履行は、その相互関係において法的均衡を保つ形でそれぞれの要請が達成されなければならない。

本稿の目的とするところは、右法的均衡点の「骨格」（相克の場を浮彫りにすること及び解決の方向を示すこと）をさしあたり明らかにすることである。したがって、本稿は、プライバシー権論や安全配慮義務論そのものを深化させようとする意図に基づくものではない。

(6)　なお、本稿は、前記「中間取りまとめ」の「検討会」の検討過程で、労働省（当時）事務当局から提出された膨大な検討資料を随所において〔厚労省資料〕として引用していること、ならびに、健康情報の処理事例ならびに同情報とプライバシーとの関係や同情報と安全配慮義務との関連等の把握につき、安西氏の上記論説（注（2））を大いに参照していることを付記しておきたい。

一　内外における健康情報の処理基準

本項では、被用者の健康情報の処理過程（収集、保管、利用、提供）に関し、わが国及び諸外国において、いかに取り扱われるのが適正であると解されているかについて、［厚労省資料］が示すところの内外の諸機関ないし専門家集団の指針（ガイドライン）の概要を示し、本稿の健康情報処理過程の私法的側面を考察するための一助としたい。

(一)「中間取りまとめ」の骨子

「労働省（当時）では、労働者（被用者）の健康情報に係るプライバシーの保護に関する対策について検討を行うため、平成一一年三月より『労働者の健康情報に係るプライバシーの保護に関する検討会』（座長　保原喜志夫　天使大学教授）を開催してきたが、今般、別添のとおり中間取りまとめを行った。同時に発表された「概要」は次のとおりである」（以下「概要」を引用する）。

1　検討の背景

平成八年一月の中央労働基準審議会建議「労働者の健康確保対策の充実強化について」において、健康診断の実施、再検査の実施、結果の活用、メンタルヘルス相談に当たって、労働者の健康情報に係るプライバシーの保護等の問題に十分配慮すること等が指摘されている。

この建議等を踏まえ、本検討会は、労働者の健康情報に係るプライバシーの保護に関する問題点を整理するとともに、どのように対応する必要があるのか等について検討を行ってきた。労働者の個人情報の保護に関しては、個人情報保護に係る政府全体の取組みの情況等を踏まえ、さらなる検討を行う必要もあることから、今般、現時点における検討結果を中間的に取りまとめることとしたものである。

2　労働者の健康情報の範囲

労働者の健康情報の範囲としては、以下のものが挙げられる。

・労働安全衛生法及びじん肺法に基づく健康診断の結果
・保健指導や健康相談の記録
・こころと体の健康づくり（トータル・ヘルス・プロモーション・プラン：THP）に関する情報（健康測定結果、健康指導内容等）
・健康保険組合が実施する保健事業（人間ドック等）に関する情報
・療養の給付に関する情報（受診記録、診断名等）
・医療機関からの診療に関する情報（診断書等）
・有害因子への個人のばく露歴等

3　労働者の健康情報に関する当面の対応について

(1)　健康情報の処理

事業者は、法令により、その実施が事業者に義務付けられている健康診断については、法令等に基づくプライバシーの保護に一定の対応を行っているが、それ以外の健康情報については、労働者のプライバシーの保護や健康情報の処理についての認識が必ずしも高いものとはいえない。一方、労働者も、自己の健康情報の処理について関心が低い傾向にある。また、個々の事業場における健康情報の処理に関するルール化の現状は明らかではない。

このため、

① 労働者は、事業場内で自己の健康情報がどのように処理されているのかに関心を持ち、健康情報の保護の必要性について認識を持つべきであると考えられる。また、事業者も、事業場で処理している健康情報すべてが、労働者の個人情報であることに留意し、その保護の必要性を認識する必要がある。

② 各事業場においては、健康情報の処理の各段階における管理体制等について衛生委員会等で審議し、産業医、その他労働者の健康管理等を行う医師（以下「産業医等」という。）や衛生管理者等の参画のもと、ルール化することが必要である。その中では、健康情報を使用する際の使用目的の明確化や、健康情報の管理責任者の明記等が盛り込まれることが望ましく、産業医等や衛生管理者等の役割を明確化する必要がある。

③ 事業者は、事業場で処理している健康情報の保護の必要性や、事業者が必要とする健康情報は必ずしも検査値や病名そのものではなく、就業上の措置や適正配置の観点から必要最小限の情報であることを認識し、これらを踏まえ、健康情報の処理に関するルール化を率先して行う必要がある。

④ 行政は、労働者の健康情報に関わる関係者の認識向上のために健康情報保護の必要性についての啓発を行うことが重要である。

(2) 健康情報の開示

事業者が保管している労働者の健康情報は、労働者本人の求めに応じて原則的には開示されるべきものと考えられる。事業者は、健康情報の収集、保管状況について、労働者本人が知り得るように配慮しなければならない。

(3)　小規模事業場における固有の問題

小規模事業場は、必ずしも労働衛生活動が活発とはいえないといった状況にあり、また、人的資源等が十分でないことも多く、事業場内において健康情報の処理体制を整備することが困難であると考えられる。事業場内に健康管理を行う医師や衛生管理者がいない場合には、健康情報の処理は衛生推進者等がその職務を果たすべきであると考えられる。

(4)　その他（メンタルヘルス等に関する健康情報の処理について）

労働者のメンタルヘルス、ＨＩＶ（Human Immunodeficiency Virus：ヒト免疫不全ウイルス）感染症やウイルス性肝炎等の感染症及び色覚検査等の遺伝に関する健康情報は、社会的差別につながる可能性が大きい情報であり、その処理に当たっては、特別な配慮が必要である。

〈用語の定義〉

本中間取りまとめにおいては、労働者の健康情報に関する用語を以下のように定義する。

(1)　健康情報の処理

健康情報の「処理」とは、当該事業場における事業に関連して行われる健康情報の収集、保管（開示を含む。）、使用をいう。

(2)　健康情報の収集

健康情報の「収集」とは、事業者及び担当者が、健康情報を当該事業場における事業に関連して集めることをいう。

(3) 健康情報の保管

健康情報の「保管」とは、事業者及び担当者が、収集した健康情報を保存・管理し、その健康情報を廃棄することをいう。

(4) 健康情報の開示

健康情報の「開示」とは、当該事業場における事業に関連して収集、保管された健康情報を、本人の請求に応じて、労働者本人にその内容等を示すことをいう。なお、開示については、新しい概念であり固有の問題もあることから、本中間取りまとめでは、健康情報の処理とは別項に分け記載することとする。

(5) 健康情報の使用、利用及び提供

健康情報の「使用」とは、収集された健康情報が利用及び提供されることをいう。健康情報の「利用」とは、当該事業場における事業に関連して使われることをいい、健康情報の「提供」とは当該事業場における事業に関連しない活動等に供することをいう。

(二) 内外諸機関・各国における処理基準

〔厚労省資料〕によれば、国際機関・外国機関・わが国専門機関が示した、健康情報保護のための指令やガイドラインは次のごとくである。

1 健康情報処理に関するガイドラインの要旨

(1) ＥＵデータ保護指令（一九八一年・一九九五年）〈抜粋〉

①加盟各国は、人種的または民族的出身、政治的意見…健康または性生活に関するデータ処理を禁止しなくてはならない。

②右①は、データ処理が予防医学、医療診療、介護もしくは施設の提供、ヘルスケアサービス機関の管理の目的のために要請され、かつ国内の権限ある機関によって制定された国内法令下にある健康の専門家が、専門家としての守秘義務に服しつつデータ処理が行われる場合または同等の守秘義務に服する他の者によってデータ処理が行われる場合には適用しない。

(2)　ＣＥ（欧州評議会）雇用データ保護勧告（一九八九年）〈抜粋〉

雇用分野に特化した初めての国際基準である。公的部門・私的部門を問わず、またデータ処理（自動処理システム）及びマニュアル処理（手作業処理）にも適用される。この勧告は、個人データの処理に関して従業員代表の関与（集団的関与）を認めている。

(3)　ＩＬＯコード（一九九六年）〈抜粋〉

①医学上の個人データは、国内法令、医学上の秘密保持、職業安全衛生の一般原則に従った場合（特定雇用の適性判断のため、職業安全衛生の要件充足のため、社会保険給付の受給資格決定のため）を除いて収集されるべきではない。

②医学上の秘密である個人データは、医学上の秘密保持規則の拘束を受ける職員だけが保管し、他のすべての個人データとは別個に保管すべきである。

③健康診断結果には、医学上の情報を含めてはならず、使用者（事業者）は特定の雇用上の決定に関する結果（加工情報＝筆者）のみを通知されるべきである。すなわち、健診（検診）結果としては、必要性に従って、

被用者の指示された業務に対する適合性や医学上の禁忌に触れる業務の種類・労働条件が明示される。
④被用者は、自ら選んだ医学専門家を通じ、自己に関する医学データにアクセスする権利を有すべきである。
(4) ICOH（職業保健国際委員会）「産業保健専門家の国際倫理規定」（一九九二年）〈抜粋〉
①医療機関は、事業者に対して医学的立場からの加工情報のみを伝えるべきである。
②一般的な健康情報は、被用者本人の同意を得た場合にのみ事業者に提供することができる。
③健康情報については、職業保健医、看護婦が極秘医療ファイルとして保管しなければならない。
(5) 英国王室医学協会産業医学部会「産業医の倫理ガイダンス」（一九九三年）〈抜粋〉
①第三者からの健康情報は、医学専門家に直接手渡し、そこで保管すべきである。
②健康情報の収集については、書面によるインフォームドコンサントを行う。
③健康情報の事業者への伝達に際しては、加工情報（業務の遂行が可能か制限されるべきか）に限るべきである。
(6) 日本産業衛生学会「産業保健専門職の倫理指針」（一九九八年）〈抜粋〉
①健康情報を事業者が利用する場合には、産業保健専門職の意見を求めるべきである。
②医療側から事業者に通知する内容は、加工情報に限定されるべきである。
③健康情報の保管は、産業保健専門職が守秘義務に従って行うべきである。
④外部医療機関との関係においては、産業保健専門職は、被用者の同意を得、利用目的を明らかにしたうえで健康情報を求めることができる。

(7)　健康開発研究会「産業医の倫理綱領」（日本）（二〇〇〇年）〈抜粋〉

①健康管理情報は、産業医に伝達されるべきであって、事業者側の労務人事担当者が直接受け取らないこと。

②医療側から事業者への医療情報は、被用者の合意の下に、加工情報（適正配置、就業制限等の是非）に限り通知されるべきである。

③健康管理情報は、第三者に閲覧可能な状態で保存されてはならず、守秘義務の課せられる医療関係者、衛生管理者等の産業保健スタッフが保管すべきである。

④健康情報の管理システムは独立システムにすべきである。

2　各国実定的制度の概要

(1)　健康情報の保護状況

〔フランス〕

(a)　使用者は検査の実施に関して労働法典上の規制を受ける。

①　職務に直接関係する能力や職業適正を把握するための情報のみを収集すること。

②　医学的な検査を行う権限は使用者ではなく産業医にあること。

③　労働者に対しても求職者に対しても、人種、思想・信条などのセンシティブデータに基づく差別的要素があってはならないこと。また産業医が仕事に支障があると証明しない限り、健康または障害を理由に差別してはならないこと。

(b)　労働法典では産業医が行う医学的な検査の結果は使用者には知らされず、労働者等が特定の職務に就くことが適当かどうかのみが知らされることとなっている。

(c) 産業医自身の検査結果に対する守秘義務は、労働法典、刑法典、医療倫理法に規定されている。

（イギリス）（産業医制はない）

(a) 医療データ保護については、コンピュータ処理データを規制するデータ保護法のほか、文書データを規制する診療報告アクセス法及び保健記録アクセス法がある。

(b) 労働者は、保健衛生の専門家が保管するすべての医療データ、または保健衛生の専門家から使用者に提供されたすべての医療データに対してアクセス権を有する。ただし、保健衛生の専門家は、患者に関して法的にも倫理的にも守秘義務を負っているので、原則として、検査結果が労働者の同意なしに雇用主に知らされることはない。

(c) あらゆる医療データの保管者は使用者ではなく、保健衛生の専門家である。

（ドイツ）

(a) 労働法では、求職者及び労働者に対するあらゆる質問調査は事業所委員会の承認が必要である。

(b) 連邦または州のデータ保護法では、原則として検査結果は本人の同意がある場合にのみ第三者に伝達できるものとしており、また、医療関係職員の職業上の守秘義務について規定している。

(c) 医療データを管理するのは産業医であって、原則として、使用者はもちろん、事業所委員会も該当データにはアクセスできない。

(2) 被用者に対する健診制度

（フランス）

フランス労働法典（国務院経由政令）に定める健診〜使用者責任

(a) 採用時健診は適性配置を目的に採用の前に行われる。健診内容はポストにより異なるが、心肺機能、筋力、平衡感覚、視力、聴力等が中心になる。

(b) 定期健診は現在のポストへの適正の維持、確保を目的とし、一年に一回行われる。健診内容は、問診、聴打診に加え産業医の判断で補完的な検査（血液検査、X線検査等）を加える。検査の費用は、使用者負担。

(c) 特殊健診とは、危険有害作業従事者、一八歳未満の労働者、妊婦および二歳未満の子供のいる母親、業種または事業場を変更した労働者、身障労働者に対する健診である。

(d) 労働再開時健診

(e) その他、労働者または使用者の請求による健診、産業医の指示による検査等が義務付けられている。

（ドイツ）

職業組合が発布する災害防止規則（UVV）において規定されている危険有害業務に従事する労働者に対する健診のみ義務付られている。それ以外の業務では、労働者の個別同意がある場合にのみ健診がなされる。

（アメリカ）

(a) 労働安全衛生局は、使用者に対し、鉛、アスベスト、繊維性粉じんといった有害と見なされる二四の物質を取扱う労働者への定期的な健診を義務付けるとともに、三八六の化学薬品を取扱う労働者についても健診の実施を推奨している。

(b) 義務付けがされていなくても、企業により何らかの産業医学的な健康診断を実施している企業も多い。

（イギリス）

(a)　労働者が特定の有害物質を扱う作業に従事する場合にのみ、使用者に健康診断を実施する義務が課せられる。
(b)　この時の健康診断は、所管官庁である雇用省の下に位置付けられる機関である安全衛生執行委員会（HSE）に所属する医師（EMA）、あるいはHSEによって任命された医師の監督下で実施されなければならない。
(c)　イギリスでは、健康診断を含む予防からリハビリまでの包括的な医療サービスを、全国民に原則無料で提供するよう医療保障制度があり、一般的健康保持増進施策等は、保健省の管轄であるとされている。
（以上、〔厚労省資料〕）

二　健康情報の流れとその帰属等

(一)　被用者の健康情報の流れ（〔図1〕）

〔厚労省資料〕（筆者が部分的に補正）によれば、被用者の各種健康情報は、事業者、医療機関・医師及びそれ以外の第三者との関係において次のように流れていくことが予定され、あるいはその可能性がある。

(二)　健康情報の種類と帰属者

1　健康情報の種類

令次の「個人情報の保護に関する法律」案によれば、「個人情報とは、「生存する個人に関する情報であって、当該情報に含まれる氏名、生年月日その他の記述等により特定の個人を識別することができるもの」（二条）であり、「個人の身体、財産、社会的地位等に関する事実、さらには勤務評定のような評価を表す情報」もこれに該当する（注（1）菊池論文）。そして、（厚生）労働省の「中間取りまとめ」は、「健康情報」を、次のように分類する（一部につき筆者が補正）。

a 法定健診結果

安衛法等の実定法に基づいて、その実施が事業者に義務づけられた健康診断。これには、次のような種類がある。

ⓐ 安衛法上の一般健康診断（同法六六条一項）―雇入時、定期、特定業務従事者、海外派遣労働者、結核健診等ならびに給食従業員の検便。

ⓑ 安衛法上の特殊健康診断（同法六六条二～四項）―高気圧作業、鉛、四アルキル鉛、有機溶剤、特定化学物質等に関する健診規定が各省令中に存在する。

ⓒ 行政的指示による健康診断（同法六六条四

図１　被用者の健康情報の流れ

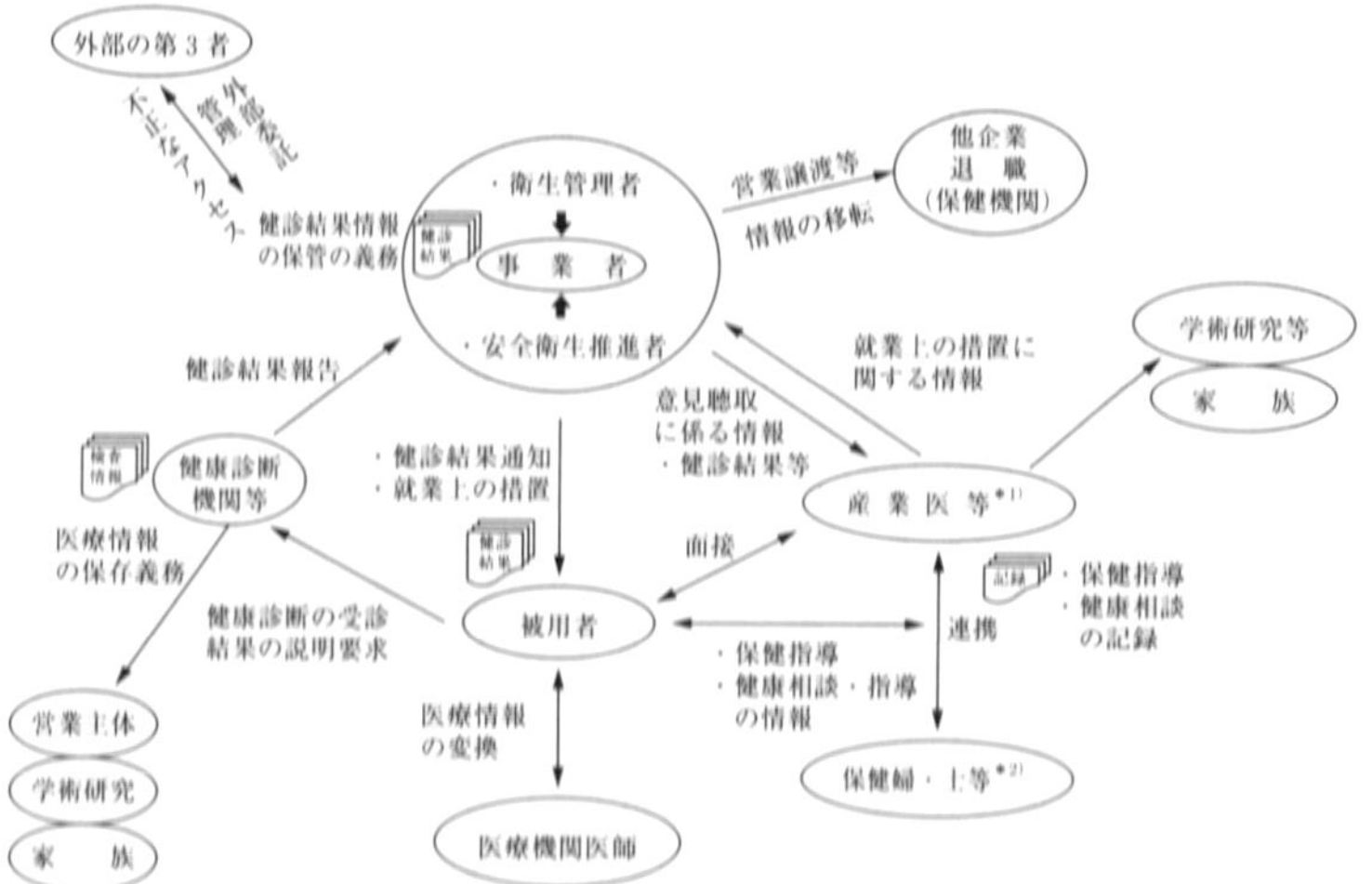

＊１）産業医等とは、50人未満の事業場における健康管理を行う医師（地域産業保健センターの医師等）を含む。

＊２）保健婦・士等とは、看護婦・士、栄養士、THPスタッフを含む。

項)

ⓓ　じん肺法七条以下に基づく健康診断

b　努力義務に係る健康情報（安衛法六六条の七、六九条、七〇条の二関係）

法定一般健診に基づいて事業者が被用者（労働者）に対して行う保健指導としての再検査・精密検査の受診の勧奨や医療機関での治療の勧奨の結果得られた健康情報、ならびに、安衛法等及びこれらに関連する指針等（昭六三・九・一労働省公示一号、平九・二・三改正）により、事業者の努力義務に係る「健康保持増進事業」（トータル・ヘルス・プロモーション・プラン＝ＴＨＰ）の実施に伴う、健康教育、健康相談、健康測定（問診、診察、医学的検査、生活状況調査、運動機能検査。法定健診とは別個にないしは同時に行われる）及び健康測定の結果に基づく健康指導（運動指導、メンタルヘルスケア、栄養指導、保健指導等）を通じて得られる健康情報である。

c　第二次健康診断・特定保健指導（同法六六条の五）

法定の定期健康診断などの第一次健康診断によって、血圧、血中脂質、血糖、肥満度のいずれにも異常が認められた被用者が、脳血管及び心臓の状態を把握するため再度精密な検査を受けあるいは医師、保健婦、保健士による特定保健指導（栄養指導、運動指導、生活指導）を受けることによって発生した健康情報である（平八・一〇・一同公示一号、平一二・三・三一改正）。二〇〇一年四月からの改正労災保険法等の施行により、実施される施策（二次健康診断等給付制度）に伴うものである。

d　任意の健康情報

事業者が実施したａ及びｂ以外の健康診断、保健指導等に関する情報であり、しかも事業場内の健康情報といえるものである。しかし、さほどに多くの事例が想定されるとは思われない。

e　事業場外からの健康情報

a～d以外の、事業場外から発せられる健康情報であり、健康保険組合が実施する保険事業（人間ドック）、療養の給付に関する情報（受診記録、診断名等）、医療機関からの診療情報（病欠の際の診断書等）、有害因子への暴露歴等に関する医療機関からの情報などが主なものである。

f　作業環境測定結果（安衛法六五条、同六五条の二関係）

安衛法六五条一項は、事業者に対し、粉じん職場、放射線業務作業場、有機溶剤製造作業場等「有害業務を行う屋内作業場その他の作業場」（該当する作業場ついては、施行例二一条参照）において、必要な作業環境測定の実施及びその結果の記録を義務づけている。作業環境測定結果は、「場」の測定であって、被用者「個人」がただちに他から「識別可能」な状態に置かれるわけではないので、それ自体で健康情報であるとはいい難い。しかし、特定の被用者が所定の作業環境下で従事していることが明らかになれば、作業環境測定結果が識別可能な個人名とリンクされることとなり、個人情報たりうる。なぜなら、「作業環境測定のデータが非常に悪ければ、そこに所属している部署の労働者はかなりのばく露状態であることが分かる」[3]こととなるからである。健康情報に準ずるものとして、その処理について、可能範囲を明確にしておく必要があるゆえんである。

g　上司・同僚の個人的に把握した健康情報

ある被用者が、職場の上司・同僚等に個人的に吐露した自己の健康状態・治療状況等に関する内容は、それ自体個人情報として保護に値する健康情報とはいえない。しかし、それら上司・同僚が、業務運営上の必要性から（例えば、彼らが労務管理部門の所属者であった場合）書面に記録し保管した場合には、健康情報たりうる。

2　健康情報の帰属者

被用者を主体とする健康情報は、そもそも誰に帰属するのか。この点、（厚生）労働省「中間取りまとめ」は、「事業場で処理している健康情報すべてが、労働者の個人情報である」ことを明らかにしている。すなわち、健康情報の本来的帰属者は、被用者（労働者）である。

一般的にいえば、個人情報をめぐる法律問題は、一方で「個人情報の適正な取扱いに関わる個人の権利利益というものが法益足り得る」(4)との要請と、個人情報は「その有用性の観点から、他の（社会的・経済的）活動主体にとっても一定の範囲で取扱いが認められるべきものである」（政府「大綱」）との要請との相克を調整する場面において生ずることとなろう。しかし、個人情報の中でも、少なくとも「健康情報」の中核的部分は、労働安全衛生法令という実定法上に明確な位置づけを与えられているところに、法的にも特異な様相を呈することとなるから、この点をまず確認しておかなければならない。

(1)　法定健診結果に関する健康情報

(a)　まず、法定健診に関する健康情報（1a）は、健康情報の主体である被用者と同健診の実施者たる事業者とに「分属」すると解されないではない。

なぜなら、事業者は、安衛法上、法定健診の実施義務（安衛法六六条一～四項）のみならず、これらの健診結果を記録する義務（同法六六条の三）及び一般健診の結果を労働者に対して通知する義務（同法六六条の六）につき、罰則付きで（同法一二〇条一号）それぞれの公法上の実施義務を負い、診断結果につき医師の意見を勘案しつつ適切な就業上の措置を講ずべき義務(同法六六条の四及び六六条の五第一項。ただし、罰則は付かない)が課せられている反面、労働者は、法定健診を受診しなければならず(同法六六条五項本文)、自己が選択した医師の法定健診を受けた際にも、健診結果を証明する書面を事業者に提出しなければならない(同ただし書)と定められているからである。

これらの実定法規に鑑みると、少なくとも法定健康診断における健康情報に関しては、事業者は、情報主体(被用者)に対峙する一般の「他の活動主体」とは異なり、単なる「(社会・経済的)有用性の観点」からの「情報利用者」ではなく、健康情報の「帰属者」たる地位が予定されているともいえないではない。けだし、事業者は、こと法定健診に係る被用者の健康情報の収集(取得)・管理・利用に関しては、被用者の同意や承認を得る必要はなく、安衛法が許容するかぎりで独自の判断でそれらの諸行為ができると捉えることも一概に間違いであるとはいえないからである。

もちろん、この場合でも、あくまで健康情報の主たる帰属者は被用者であることには疑いがなく、事業者は、主たる帰属者たる被用者の地位・権限に劣後する従たる帰属者に過ぎないと理解することになろう。しかし、このような「分属」構成は、少なくとも私法的側面においては、やはり適当とは思われない。その理由は、以下のとおりである。

(b)　法定健診に関する健康情報については、仮に被用者と事業者に、主従の違いこそあれ、分属すると解するとすると、その法的実益はどのようなものであるかが問題とされる。

ⓐ　「個人情報」の「帰属者」たる地位が、いかなる法的地位を意味するかについては、これまでのところ必ずしも明らかではない。

おもうに、現代社会における個人情報の「権利利益」(法益)の保護の私法的要請は、財産利益・営業利益、不法行為法上における「人格的利益」(生命、身体、名誉、プライバシー、自由、氏名権、肖像権等)と同等の地位にまで高められるべきものであろう。これらのうち、被用者の健康情報に係る権利利益(法益)はほとんどプライバシー権に尽きるであろう(ただし、健診・診療項目によっては、名誉感情の保護や職場の共同絶交からの防御の利益もありえないではない)。(厚生)労働省「中間取りまとめ」の政策的焦点は健康情報に係るプライバシーの保護にあり、政府「大綱」中の「基本原則」においても「個人情報は、いわゆるプライバシー又は個人の諸自由に関わる情報」であることが、個人情報保護法制定の出発点であることが明らかにされている。

これに対し、プライバシー権が、私生活の公開に対する防御権の容認に止まらず自己に関する情報を制御できる権利(情報コントロール権)を含み、むしろ後者がプライバシー権の中核をなすに至りつつあることにおいて、近時の学説・判例に異論をみない[5]。すなわち、「憲法上保護された基本権として、個人情報については、情報主体である個人が排他的に支配し管理できる権利が認められていると考え、私人間関係レベルにおいても、かかる情報コントロール権としてのプライバシー権が不法行為法の保護対象となることを正当化する。そして、その侵害に対しては、損害賠償のみならず、場合によっては、情報開示請求権、訂正・削除請求権まで認められる[6]」。

ⓑ さらに、判例理論においては、すでに、名誉権について、「人格権としての名誉権は、物権の場合と同様に排他性を有する権利」であって、したがって「加害者に対し、現に行われている侵害行為を排除し、又は将来生ずべき侵害を予防するため、侵害行為の差止めを求めることができる」(最大判昭六一・六・一一民集

四〇巻四号八七二頁）と説示され、また「生命、身体又は名誉といった人格的利益以外の人格的利益を内実とする人格権についてもその人格権の内実をなす人格的利益が生命、身体及び名誉と同様に極めて重大な保護法益であり、その人格権が物権の場合と同様に排他的権利を有すると言える場合には、その人格権に対する侵害又は侵害のおそれがあることを理由に被害者は加害者に対し侵害行為の差止めを求めることができる」（東京地決平一一・一一・一二労働判例〈労判〉七八一号七二頁）と一歩進めた判示を行う例がある。学説の中にも、差止めなど特定的救済の一例として、氏名権、肖像権、名誉と並んでプライバシーの被侵害法益を挙げるものがある。(7)

ⓒ　まず、実定安衛法令を根拠に、健康情報の「分属」構成をとるとしても、プライバシー権侵害を根拠に侵害者に対し実際に損害賠償を求めうるのは、情報主体たる被用者のみであり、事業者にこれを容認することは困難であろう。

つぎに、健康情報への侵害行為（事業者保管情報への外部からの不正なアクセス、事業者の情報保管機関からの社内的流出、医療・健診機関からの他の営業主体等への情報流出、医療・健診機関従事者の学会報告・執筆等）が、継続的にないしは繰り返し行われあるいはそのおそれが濃厚である場合の法的処理に関してである。プライバシー侵害行為は、一回性の性質を有することが圧倒的に多いであろうが、上記のように、継続・反復的侵害に対しては、プライバシー権のうちの情報コントロール権（積極的機能）に基づいて、妨害排除・差止めの訴えも容認されてしかるべきである。しかし、その場合でも、「プライバシー権」を法的根拠にするかぎり、訴えの利益のあるのは、情報主体たる被用者に限定されると解する他ないであろう。これに対して事業者は、公法上の実定法令（安衛法令）により健康情報に関する保管義務を負い（法六六条の三、規則五一条）、法定健診従事者は守秘義務を負担する(法八四条)。これらの法令の趣旨に鑑みて、雇用契約上も、事業者の被用者に対する保管義務・守秘義務が発生すると捉えるのが妥当である。他方で被用者以外の第三者（健診・診療・健康相談を担当した医師は除く)に対しては、事業者も一定の程度で、何らかの健康情報の保有に関する排他的権利(法益)を取得するのでなければ、安衛法令の趣旨は貫徹できない。だが、ここでもやはり、情報主体ではない事業者に健康情報に係るプライバシー権をその法的根拠とすることは適当ではない。とすれば、事業者に対しては、別個の根拠を措定しなければならない。

そしてその法的根拠は、安衛法令上事業者に課せられた健康情報の保管義務の適正な遂行に不可欠な法的武器たる「情報保管権限」に求めるのが適当であろう。すなわち、事業者は、右権限に基づいて独自にまたは被用者と共同して、法定の健診情報への侵害者に対して、損害賠償を請求する権利及び場合によって妨害排除・差止め請求を行使する権利を有する。

かくして、法定健診結果に係る健康情報は当該被用者と事業者に「分属」するとの構成は、一見理解し易い構成とはいえるものの、私法上その法的実益はなく、かえって混乱の原因ともなるから、採用しえないものといわなければならない。

(2) 法定健診結果以外の健康情報

これに対し、法定健診結果以外の健康情報（1b～g）は、当該被用者のみに帰属することは明らかであり、事業者がこれらについて、収集・保管・利用、提供等の権限や義務及び被用者に対する開示の義務を有するかどうかは、当事者間の契約（情報の取扱いに関する約定や就業規則）の問題となる。そして、事業者に収集保管された健康情報に対する侵害行為に対する損害賠償請求や特定的救済は、プライバシー権の保有者たる被用者については一定の要件の下に可能であること前述のとおりである。

事業者が、法定健診結果以外の健診・診療・健康相談情報の保管を被用者より委託された場合あるいは委託がなく事実上保管している場合（事務管理）、事業者が第三者からの健康情報に対する侵害行為に対していかなる法的措置を取りうるかは、必ずしも明らかではない。しかし、特定的救済を肯定すべきである。なぜなら、被用者の人格権は物権的性格を示すと同時に侵害行為は、事業者の利益でもある「占有状態」を侵すからである。

3　健康情報の処理過程と私法的様相

健康情報の処理とは、当該事業場における事業に関連して行われる健康情報の収集、保管、開示、利用、提供をいう（「中間取りまとめ」）。

(1)　収集（取得）

健康情報の発信源は、医療機関及びそこに所属する医療・衛生関係者（医療側）である。すなわち情報主体たる被用者に対する法定内・法定外健診、保健指導、健康相談等を通じて医療側の下で発生する。

そして、健康情報の「収集（取得）」とは、事業者及び事業場の所属担当者が、当該事業場における事業に関連して健康情報を集めることをいう。この場面で登場する健康情報の処理の当事者は、医療側と事業者側であり、私法的側面としては、収集の手段・方法、内容（医療項目）が被用者の人格的利益（特にプライバシー権）との関係において制限を受けるかどうか、雇用契約上課せられる事業者（使用者）の健康把握義務（安全配慮義務、健康配慮義務）にいかなる影響を及ぼすか、医療側が事業者に対し契約上適正な健康情報を伝達したかどうか、ならびに健康情報の収集に携わった事業場所属関係者の守秘義務の履行等が問題となる。

とをいう。

(2) 保管

健康情報の「保管」とは、事業者及び所属担当者が、収集した健康情報を保存・管理しまたは廃棄することをいう。

健康情報の保管は安衛法(公法)上の事業者の保管義務の履行の適法性のほか、私法的側面としては、事業者や衛生担当者ならびに人事管理担当者が当該被用者に対する適正な保管義務を履行したかどうか、例えば、産業医が一般診療をも行っている場合に、産業医の資格で発生させた健康情報と一般診療上発生させた事業場外からの健康情報とが事業者の手元で区別されずに保管されるときには、後者の無断利用につき被用者へのプライバシー権の侵害を構成するかどうかが問題となる。すなわちそこでは、事業場で生じた健康情報である法定健診結果、努力義務に基づく健康情報ならびに任意の健康情報と事業場外で生じた医療機関等からの一般健康情報を分別して保管する必要がある。また外部的第三者の保管情報への侵害行為に対する被用者、事業者双方の防御権(その内容をも含めて)の行使が課題となる。

(3) 開示

健康情報の「開示」とは、当該事業に関連して収集、保管された健康情報を、本人の請求に応じて、被用者本人にその内容等を示すことをいう。ここでの当事者は主として被用者と事業者であり、前者の後者に対する健康情報の開示請求権の発生と行使の問題、ならびに事業者が医療側に対して、健康情報を被用者へ開示することの禁止措置・要請を行った場合の事業者の行為の適法性等が問題となる。

事業者によって、収集・保管された健康情報は原則として被用者の開示請求権に服すると思われるが、HIV、B・C型肝炎等のそもそも収集を禁じられている感染症情報について(三㈣1参照)、被用者の請求があってもこれを開示すべきかどうかは大いに疑問である。また、精神疾患に関しても、事業者側からこれを被用者本人に示すことには問題がある。これらの「特に機微な健康情報」は、被用者—事業者—医療側等による衛生管理委員会等においてあるいは特別の約定をもって、医療側から開示する旨定めておくことが実務上最も望ましい。

なお、これとは別個に、被用者（患者）の医療側への医療情報開示請求権の課題が、医療・診療契約一般の法理の中で提起される。

(4)　利　用

健康情報の「利用」とは、収集された（保管されている）健康情報が当該事業場における事業に関連して使われることをいう。

ここでの基本原則は、被用者の健康情報は、「被用者の健康を保持することを目的に、事業者が行う被用者についての就業上の措置の実施に利用されるべきもの」との要請である。

例えば、健康情報が「就業上の措置」と係りなくただちに解雇に利用されることなどは「目的外利用」として、解雇権の濫用を構成するのみならず、プライバシー権の侵害となる可能性が強い。

(5)　提　供

健康情報の「提供」とは、同情報当該事業場における事業に関連しない活動主体等に供することをいう。登場する当事者は、事業者及び被用者以外の第三者である。その態様には様々なものがある。

(ア)　雇用契約の承継者への提供

合併（包括承継）、会社分割（部分的包括承継）により雇用契約が企業外の他の使用者（事業者）に承継された場合には、契約に付随して当該被用者の健康情報も原則として承継者に移転し、営業譲渡がなされた場合には、健康情報の承継が特に排除されていない限り、黙示の合意によって新事業者に承継されたものと解すべきである（その意味では、承継者は純粋に「事業に関連しない」とはいえない）。

ただし、被用者の人格的利益保護の観点から、情報の提供・移転が制限されることとなろう。例えば、旧事業場でのX線の暴露歴や有害業務に従事していたことを示す特殊健康診断（安衛法六六条二項）に係る健康情報は、承継された新作業場においても同様の職務に従事する際には「就業上の適正な措置」に関する有益な情報であるから原則どおりでよかろうが、新事業場では異職種に従事するときなどには、「利用目的の達成に必要な範囲」を逸脱することになるから、被用者の明確な同意がない限り、違法な健康情報の提供・移転であるといわなければならない。また、旧事業場において違法に収集され（被用者の同意を得ていないなど）、保管されていた（法定健診情報と任意的健康情報が混在して記載された健康記録等）場合などには、旧事業者は承継時に適正な廃棄処分をなすべきであって、これを怠ると善管注意義務違反ないしプライバシー権侵害の違法を侵す可能性がある。

(イ)　離職時の他の事業者・医療機関への提供

離職時の健康情報の提供について、（厚生）労働省「中間取りまとめ」は、「事業者は、労働者本人に健康情報の写しを交付し、新しい事業者や地域保健機関等へ健康情報を提供するかどうかの判断は本人が行うことが望ましい」と述べている。したがって、私法的にも、これらへの健康情報の提供・移転には被用者の同意が必要であり、無断の提供は保管情報の違法な処理（破棄）となり、民事責任に曝されると解すべきである。

(ウ)　利用目的外提供

事業者の保管情報を、生命保険加入時の審査の代用に供するような場合には、明確な被用者の合意が必要であり、また医療・保健従事者の学術研究、講演等に供する場合にも同様である。合意を経ない情報提供は、プライバシーの侵害で違法である。ただし、被用者の同意を得ても、医療・保健従事者がこれを駆使するときには、情報主体たる「個人が認識できる状態」で引用してはならないこと当然である。

三 健康情報の処理をめぐる三面的関係

(一) 処理過程の前提となる基本的三面関係

被用者の健康情報の処理（流れ）の前提となる同情報の発生する仕組みは、そもそもいかなるものであるか。そこに登場するとみられる被用者―事業者―医療側との間のそれぞれにおいて、いかなる権利義務が発生し、どのような法的関係が展開していくか。本項ではこれを画定しようとする（図2参照）。

図2 三面関係（権利と義務）

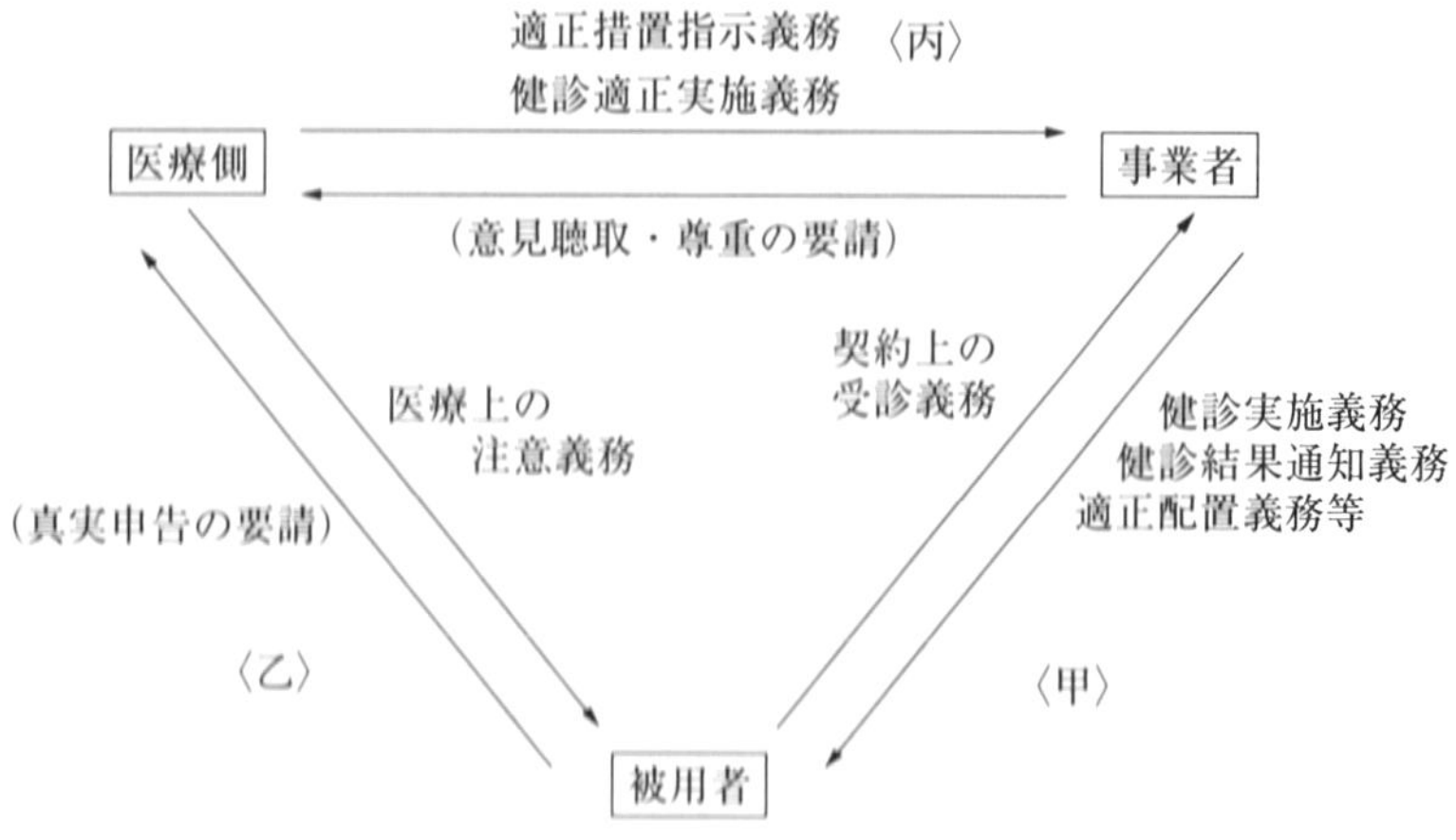

（ ）内は、信義則上の要請であって、必ずしも直接的権利義務関係とはいえないもの。

(二) 健診・診療等と三面関係

1 法定健診をめぐる三面関係

(1) 事業者の公法上の義務と私法上の義務

事業者は、安衛法上、法定健診の実施義務(法六六条一～三項)、診断結果の医師からの意見聴取義務(同六六条の四)及び就業上の措置義務(同六六条の五第一項)、一般健康診断(同六六条一項の健診)結果の被用者への通知義務(同六六条の六)を負う。

(a) それでは、これらの公法上の義務は、一方でただちに、事業者の被用者に対する私法上の義務を発生させ、他方被用者に対しそれに対応した一定の私法的権利を付与することになるか。膨大な付属法規をも含めた公法的規定たる安衛法令が雇用契約においていかなる効力を示すかは、早くから議論されてきたところである。

筆者は、この問題につき、いわゆる安全配慮義務論の中において、安衛法令をただちに民事的基準としても妥当させることへの否定的見解を提示してきた。そこでは、次のように述べている。すなわち、「〔私法的効力を否定する理由は〕わが国の安全衛生法令というものの『(公法的)義務・措置の多様性、拘束性の濃淡』にある。これをそのまま契約当事者間の権利義務として設定させるにはあまりに漠然としていて不適切な規定も中核的な規定の中にさえ少なくない(例えば、同法三条、五八条、六二条等)。〔かつて〕筆者は、『使用者の裁量などの入り込む余地のない明確な基準』であることを高度の契約義務として取り入れる要件としたのであったが、そうすると今度は、付属政省令の膨大な措置内容のすべてをそのまま実現するのでなければ常に安全配慮義務違反に陥るということになり、それは使用者に不可能を強いるに等しい。それらの中には行政的取締を通じて時間をかけて行わざるをえない類いの事項も少なくないからである。逆に、安衛法令のみを遵守していたのでは使用者の義務としては足らない場面も多々あろう。つまり、安衛法令以上の私法的義務を使用者に課すことが適当な事案についても留保しておくべき必要がある」と。結局、「安全配慮義務違反に基づく損害賠償請求訴訟において、安衛法令が、被告（使用者・事業者）に同義務が課せられる」との立場よりも、「直接的に具体的な契約内容とはならなくても、安衛法令は、被告（使用者・事業者）に同義務を課す場合の『斟酌すべき基準』となりうる」に過ぎないとの立場が民事法上の基準としてはより妥当であると考えたのであった。(8)

①　この立場よりすれば、法定健康診断に関する上記諸規定に関しても、当事者間における権利義務の設定は、安衛法令上の位置づけを斟酌しつつ、独自の観点から決せられるべきと思われる。その際には、安全配慮義務の理念・目的が肝要である。安全配慮義務は、要するに、「労務（公務）を提供する過程における労働者の生命・身体等の危険から保護するよう配慮する使用者の義務」（最三小判昭五〇・二・二五民集二九巻二号一四三頁、最三小判昭五九・四・一〇民集四八巻六号五五七頁）である。安衛法上罰則規定の付せられた法的健診実施義務と健診結果通知義務は、民事法上（雇用契約あるいは不法行為法）の安全配慮義務（健康配慮義務・健康把握義務）ないしは類似の義務を形成するに十分であり、その違反は事業者の民事賠償責任の対象となりうる。また、医師からの意見聴取義務及び就業上の措置義務は、かねてより職業性・作業関連疾病に対する安全配慮義務ないし注意義務の中核的部分として裁判例においても十分に成熟してきている（注(8)参照）。このように解すると、被用者には、私法上、事業者の公法的健診実施義務等に対応する直接的な履行請求権は生じないが、わが国では、安衛法令が罰則付きで法定健診を義務づけているため、被用者は健診の実施につき

その反射的利益を受けているほか、安全配慮義務ないしは不法行為法上の類似の義務の存在に疑いがもたれていない結果、私法上も法定健診は遂行されざるをえない。これらがあいまって、安衛法令の趣旨は、一応貫徹される法構造とはなっている。

② しかし、健診の不実施、医師の意見の不聴取、就業上の措置の不実施、健診結果の不通知のために生じた疾病・死亡という結果に対する安全配慮義務違反による責任構成は、あくまでもそれらの懈怠がもたらした〃不幸な結果〃を事後的に救済するためのものであって、疾病の早期発見と増悪防止を趣旨とする健康診断制度の趣旨を貫徹するゆえんのものではない。

ただし、少なくとも、特定業務従事者健診（安衛則四五条）及び特殊健康診断（安衛法六六条二項、同施行令二二条）は、事業者にさらに高度の配慮・注意義務を課すに足る危険有害作業に従事する被用者に特化した健診であるから、ここでは「安全配慮（健康把握）義務履行請求権」の一内容として「健診義務の履行請求」を容認できないかどうかは今後検討されなければならぬであろう。

(b) ともあれ、法定健診をめぐる権利義務関係を明確にするためには、被用者と事業者の約定ないしは就業規則（健診規程）によることが最も簡明であることには疑いがない。逆にいえば、約定なくして、被用者は事業者に対して、法定検診を受けることを請求する権利は与えられない。そのため、実態としては、定期健康診断、特定業務従事者の健康診断に関し労働基準監督署への結果報告書が義務づけられていない五〇人未満の労働者を使用する「かなりの」事業場ではこれらの法定健診が実施されていないとの指摘がある。(9) このようなところでは、行政的監督と罰則をもって、公法的規制を実施していく他ないことになる。ただし、「当社においては、法定健診を行わない」旨の約定や就業規則は、公序良俗違反として無効である。

(2)　被用者の公法上の義務と私法上の義務

つぎに、安衛法は、労働者（被用者）は法定健診を受ける義務のあることを明らかにする（同法六六条五項本文）。この規定によって、事業者には被用者に対する健診受診命令権（業務命令権）が発生し、従わない被用者には何らかの懲戒的処分を行うことができるであろうか。

これにつき、ある裁判例は、次のような経過をたどった。市立中学校教員Xが過去に相当量のX線暴露歴があることを理由に定期健診における胸部X線検査を受けず、受検（受診）を命じた校長の職務命令を拒否したことを理由にY県教委が地公法二九条一項に基づく減給処分を行った事案につき、名古屋地裁は、安衛法六六条五項本文（一般職地方公務員には安衛法が適用される）、結核予防法七条一項は、「労働者（業務従事者）に対して、その健康診断による利益を享受する立場からこれに協力すべき責務を課するという観点から、これを受診すべき義務を定めたものと解され、それ以上に、労働者（業務従事者）の職務遂行上の義務として右の受診義務を定めたものとはいえない」と判示して、X線受検拒否も職務命令違反とはいえないと述べ、X教員に対する減給処分を取り消した（名古屋地判平八・五・二九判タ九四一号一七二頁）。

県教委側が控訴したところ、名古屋高裁は、次のような判旨の下に原審判決を取り消した（名古屋高判平九・七・二五労判七二九号八〇頁）。すなわち、①Xは、X線検査の受検義務を定めた結核予防法七条一項、労働者の定期健診受診義務を定めた安衛法六六条五項により「職務上の（受診）義務」を負う。②したがって、XがX線検査を受けなかった事実は、地公法二九条一項一号（法令遵守義務違反）に該当する。③同検査は、肺結核患者の早期発見のためになお医学的有用性があること、検査による放射線暴露量は非常にわずかであること、Xは教員として、感染可能性の高い生徒に接するという職務的環境にあったこと、X自ら行った喀痰検査の信頼性はさほど高くはないことなどの事情に鑑みれば、④Xが、校長の職務命令を拒否した事実は、地公法二九条一項一号及び二号（職務上の義務違反）に該当する、と説いて、本件処分を適法とした。

Xは上告したが、最高裁は「上記命令は適法」と判示して上告を棄却した（最一小判平一三・四・二六労判八〇四号一五頁）。

控訴審・上告審判旨は、地方公務員であって、多くの生徒と接する教員が、肺結核のチェックのためのX線検査の受診を拒絶した事案に関し、単に安衛法所定の義務違反を犯したのみならず、公益性のきわめて高度な結核予防法上の受診義務違反をも犯し、しかも再三にわたる校長の適法な職務命令に違背したことを前提にした説示であるので、本件高裁・最高裁が、広く私企業も含めて、安衛法上の定期健診項目のすべてにつき労働者に私法上の受診義務を肯定するのかにはなお、疑いが残る。

したがって、事業者が、適法な受検に関する職務命令権を獲得し、その違反に対して懲戒処分権を適法に行使しうるためには、原則的に被用者の「受検義務」に関する約定・就業規則が別個に必要であると解したい。ただし、法定健診の場合、その定期性、項目の定型性、公益性（特に行政的指示による健診＝安衛法六六条四項）の故に、被用者による特段の反対意思の表明のない限り、被用者の受診に関する「黙示の合意」を導きだすことに合理性を求め、受診義務を発生させることは容易であろう。

(ア)　また、法定健診項目の健診であり、被用者の受検義務を定めた約定・就業規則が存在したとしても、被用者の人格的利益（プライバシー、名誉感情、職場における共同絶交の禁止＝自由な人間関係の形成の利益等）との関係において、特に配慮を要するのは「既往歴」（安衛則四三条、四四条）である。この問題は後述する（三3）。

(イ) 法定健診をめぐり、健診結果の判定及び医療側の事業者への医学的意見（知見）に過誤があったため、その後の事業者の就業上の措置に齟齬を来したことによる疾病発生や増悪招来の法的責任は、医療側にあるか、事業者側にあるか。双方にあるか。

(a) ここではまず、健康診断をめぐる事業者—医療側とはいかなる契約関係にあるかが問題とされる。事業者（企業）が経営する会社内診療所の医師、専属産業医、看護婦、保健婦（士）は被用者であり（民法六二三条）、事業者と嘱託産業医、外部健診機関との関係は準委任（民法六五六条）であると解することが一応妥当であろう。したがって、前者（雇用）にあっては、それら健診業務従事者は事業者に対して健診業務履行に関しての誠実義務（民法一条二項）を負い、後者（委任）にあっては、いわゆる善管注意義務（民法六四四条）を負う。そのいずれであっても、適正な健診及び適正な医学的見解の具申を行わずに、事業者の就業上の適正な措置を誤らしめ被用者の心身への損害を生ぜしめた健診業務従事者たる医師及び健診受任機関（医師）は、事業者に対する契約責任を免れない。

(b) つぎに、健診対象たる被用者は、医療側の健診行為それ自体から発生した過誤（採血の際に空気を注入して症状を生じたなど。ただし、一般健診項目に関するこのような過誤はほとんど考えられない）について、医療側の注意義務違反を追及することができる（民法七〇九条・七一五条）。ここでは、事業者の責任問題は生じない。

(c) それでは、例えば、法定健診項目たる「胸部エックス線検査」に異常陰影があったにもかかわらず、フィルム読影を誤り、「異常なし」と事業者に報告したため、就業禁止等の措置が取られることもないまま、被用者が肺ガンで死亡した場合の法的責任はどうか。この点につき、被用者の遺族から、事業者（使用者責任）

ならびに健診機関及び担当医師三人（使用者責任及び不法行為責任）に対し、損害賠償請求がなされた事案がある。判旨は、「定期健康診断は…精密検査とは異なり、企業等に所属する多数の者を対象にして異常の有無を確認するために実施されるものであり、したがって、そこにおいて撮影された大量のレントゲン写真を短時間に読影するものであることを考慮すれば、その中から異常の有無を識別するために医師に課せられる注意義務の程度にはおのずと限界がある」と述べ、一部の医師については読影の過失を否定し、一部の医師については「精密検査を指示しなかったこと」の過失は認めつつ、肺ガン死との因果関係（延命の確率）は否定した（東京地判平七・一一・三〇労判六八七号二七頁）。ただし、右判決に連なる諸判例に対しては、学説の側から強い批判が浴びせられている。[10]

(d)　右事例において、仮に医師・医療機関の読影ミス及び死亡との因果関係が肯定された場合、被害者（遺族）は、医師・医療機関のみならず、事業者の民事責任をも問いうるか。上記判決においては、医療機関の責任自体が否定されたので、その際の医療機関・医師の医学的判定上の過誤が事業者の法的責任の帰趨にいかなる影響を及ぼすかに関する判断には進まなかった。

事業者—医療機関・医師の健診に関する契約が、一応は、事業者と担当医師間の雇用契約（専属産業医等）であるか準委任契約（嘱託産業医、外部健診機関の場合）のいずれかであると捉えられることは前述した。そして、これらのいずれにあっても、医師・医療機関の医療上の判定ミスが、事業者の被用者に対する責任をもたらすメカニズムとしては、いわゆる履行補助者論と使用者責任論（民法七一五条）が考えられる。

①　履行補助者論（事業者の手足、履行代行者概念の駆使）をもって、事業者への帰責を説くことは、さほど容易ではない。なぜなら、健診の実施（健診の委嘱）→医学的判定→医学的知見の具申→適正な就業上の措置

と続く一連の法定健診過程のうち、事業者の被用者に対する「債務」は医療側への委嘱と就業上の措置のみであって、医学的判定、医学的知見の具申は、事業者から独立した医師独自の「裁量的医療行為」であって、必ずしも医師・医療機関は事業者の「補助者、代行者」とはいえないからである。このことは、「履行補助者」を「被用者的補助者」（雇用されているとみる場合）あるいは「独立的補助者」（委任を受けている場合）といい換えても、同断である。[11]また、履行補助者構成を採用する実益は、使用者責任構成の場合と異なり、債務者（事業者）に補助者（医師）の選任・監督上の過失を問うことなく帰責する点にあるが、「医学的判定・知見」という医療側の完全な裁量行為を、事業者の免責証明を許すことなく事業者に帰責せしめるのは、妥当とはいい難い。

②　これに対し、使用者責任論の中で、事業者の法的帰責を説くことは、容易とはいえないが、不可能ともいえない。前掲平成七年東京地裁判決においては、原告たる遺族による、医師のレントゲン写真の読影ミスの事業者（使用者）への帰責の主張に対し、被告企業は「（自己と）別個の法人格をもつ診療所の医療行為につき容喙する立場にはなく、両者の間には支配従属関係はない」と反論していた。東京地裁は、この争点には触れることなく、被告企業（事業者）が医療機関とは無関係に固有に負担する安全配慮義務違反の有無についてのみ触れ、これを否定していた。裁判例中には、開業医が外部検査機関に検査を依頼したところ血液型を誤判した結果、出生児に核黄疸・脳性麻痺を生じた事案において、医療機関が「本来自ら或はその指導監督のもとでなすべき血液型の判定」を依頼された外部検査機関はいわば医療機関の「補助者」であるとして、「医療機関はその判定結果から生じた危険につきその責任を免れることはできない」と判示した例がある（札幌高判昭六〇・二・二七判タ五五五号二七九頁）。この判決の趣旨に従えば、医療機関が自らなしうる行為を、同

様の業務を遂行する外部の「補助者」に代行させたことに由来する危険責任が問われたものと解しうる。この伝によれば、事業者が「自らはなしえない」専門的判定行為を「医療機関になさしめる」という形の法定健診上の懈怠行為につきその責任のみを事業者に負わせるのが適当かどうか、やはり疑問なしとはしない。

にもかかわらず、安衛法上の堅牢な法定健診制度は、被用者の健康把握の利益は事業者にとっても「業務運営上の中核的な利益」(営業上の利益)をもたらすものとして、私法的側面においても事業者の報償責任・危険責任の枠内にあり、使用関係(被用者たる医師はもちろん、受任者たる医師・医療機関にも事業者の実質的な指揮監督関係が及ぶとみる)、事業の執行性(事業者の支配領域内の危険行為とみる)、免責証明の可能性の否定(医療機関・医師の選任・監督につき不可抗力があったとはみない)等の使用者責任要件を充足するものとして取り扱うべきであると考える。[12] ただし、事業者から医療側への求償関係は、医療機関・医師の「業務内容の特異性」や「過失」の存否・程度等とも関連して難問を生じよう。

(e) なお、法定健診上の過誤をめぐる使用者の固有の責任たる安全配慮(健康把握)義務においては、「(被用者―事業者間における)信義則上、一般医療水準に照らし相当と認められる程度の健康診断を実施し、あるいはこれを行い得る医療機関に委嘱すれば足りるのであって、右診断が明白に右水準を下回り、かつ、企業側がそれを知り又は知り得たというような事情がない限り、安全配慮義務違反は認められない」(前掲東京地判平七・一一・三〇)とせざるを得ない。なぜなら、使用者責任は医師の不法行為に対する使用者の代位責任(実質的無過失責任)であるに反し、使用者の安全配慮義務は(仮に医師を被用者とみなすとしても)、「物的・人的環境を整備する」という「配慮」を行う義務(手段債務)であって、「他人の生命・身体に対する『防止債務』を設定する場合、そこでの債務内容は、債務の履行につき、債務者(使用者)が自ら危険防止措置を講じることが実質的に可能であり、第三者（被用者）を使用して履行せしめる場合には、その履行行為に関し現実的な干渉可能性を有する場合」として設置された判例法上の概念であるとみるべきだからである。(13) ここに、例えば、運転資格を有する運転手（最二小判昭五八・五・二七民集三七巻四号四七七頁）、操縦資格を有する操縦士（最二小判昭五八・一二・九集民一四〇号六四三頁）の過失行為ならびに医師免許を有する医師等による法定健診過程での医学的判定上の過失については、使用者は安全配慮義務違反の責任（結果責任）を免れることになり、その場合の帰責を容認する使用者責任論と整合せず（前者が救済範囲が狭く、むしろ後者が広い）、判例法上安全配慮義務概念を設定する独自の法的意義は存在しないないしはかえって不適切であるとの批判が生まれるゆえんでもあり、(14) 確かに今後の検討課題となるであろう。

2　法定外健診・診療をめぐる三面関係

法定健康診断以外に生ずる健診・治療・健康相談等（二(一)1b〜g）による健康情報の処理（収集・保管・開示・提供）は、法定健診よりも一層強く契約関係の展開として把握されなければならない。すなわち、事業者には、被用者に対し、法律上、法定外健診・治療を命ずる権利も義務もなく、したがって健康情報を処理する（健康情報を取得する）法的権利も義務もない。被用者にも、法律上、事業者に対して健診・治療を要求すべき権利もなく、健診・治療命令に従うべき義務もない。そのため、「法定健診以外の健診はこれを行わない」と約定し、就業規則で同旨を定めることも、もちろん自由である（ただし、安衛法の精神及び行政的視点からいうと好ましくない）。

(1)　法定外の任意健診及び健康測定・メンタルヘルスケア・事業者の健康保持増進事業の実施（THP）ならびに一般健康診断後の被用者への再検査・精密検査・治療受診等の勧奨及び二次健康診断（行政指針＝平八・

一〇・一公示一号、改正指針＝平一二・三・三一公示二号）に基づく事業者の「講ずべき措置」として行われる検査・治療及びそこで生じた健康情報、二次健康診断・特定保健指導に関して生じた健康情報（安衛法六六条の五関係）等の処理が、いかなる法的仕組みの下で理解されるべきかは必ずしも明らかない。

(2)　まず、被用者―事業者―医療側（産業医、健診機関等）の三者がいかなる法的関係にあるかが問題となる。ここでは、二つ考えられる。①まず、右三者を、「第三者のためにする契約」（民法五三七条）の仕組みの中で捉えるもので、事業者を要約者、医療側を諾約者、当該被用者を受益者として構成する。事業者と医療側の間に、第三者たる被用者に健診・治療という医学的役務を提供するという準委任契約が成立し、被用者は右役務を享受する意思表示を行うことによって、被用者は医療側に対して受検・受診請求権を取得する、という契約であるという構成である。②つぎに、事業者と医療機関の間に後者が健診・診療を行う準委任ないしは雇用契約（個人たる会社専属医師の場合）が成立し、医療機関は健診・医療行為につき事業者に対してのみ義務を負い、被用者には医療側に対する受検・受診請求権はない。他方、事業者との間で健診・治療項目に同意した被用者（健康情報の主体たる被用者の同意は必要）からみれば、医療側はあくまで健診の履行機関であって、受検・受診請求権は事業者に対してのみ主張できる、との構成を取ることである

(3)　この両者の違いは、ⓐ右①においては、医療側からの結果通知は被用者に対して行うべきこととなり（結果通知を受ける利益）、②においては、医療側は被用者に対して結果通知義務を負わず、事業者に対して通知すれば足りる。ただし、右①において、医療側が事業者にも結果通知を行うべきかどうかは、右両者の契約次第である。ⓑつぎに、上記①においては、結果通知を受けた被用者が自ら事業者に対して就業上の措置を講ずべきことを請求しなければならない。ただしこの請求は、必ずしも事業者を拘束せず、事業者が民事

上健康把握（安全配慮）義務による措置義務を果たす際に、ひとつの有力な依拠基準となるに過ぎない。

(4) しかし、前記①②の契約のいずれかであるか明確でない場合には、②の契約が事業者と医療機関との間に締結されたものと推定すべきである。なぜなら、わが国安衛法は、法定健診のみならず、法定外健診・診療にあっても、一貫して「労働者の健康を確保することが事業者の責務の一つ」（「中間取りまとめ」）であるとの法思想によって組み立てられており、健診結果の把握と適正な就業上の措置はその責務の中核をなしている。健診・治療に関する私法的関係もできるだけ右法思想と整合する形で組み立てられなければならない。その意味で、①構成は、被用者自身が健診結果通知を受け、自ら就業上の措置を請求する権利を取得するとの法的構成を基本とし、被用者自身に職場生活上の疾病防止ならびに増悪回避の責任を負わせる結果となる点において安衛法制との整合性を欠くといわざるを得ない。また、事業者による被用者の健康状態把握の責務は、すでに確立している事業者（使用者）の安全配慮義務ないし健康状態に関する注意義務論の前提でもある。すなわち、「一般の企業において、その従業員に対する定期健康診断（「法定健診」）の実施は、労働契約ないし雇用契約関係の付随義務である安全配慮義務の履行の一環として位置づけられる」（東京地判平七・一一・三〇労判六八七号二七頁）との説示は、法定健診の場合とでは義務内容の濃淡こそあれ、法定外健診・診療においても同様に妥当させるべきである。

ただし、上記②構成を採用する場合、法定外健診・診療項目の実施を医療側に委嘱するに際しては、被用者のプライバシーの観点から、被用者の同意を得る必要があるが、その必要性の充足には「健診・診療を希望しない者は、会社に申し出ること」との掲示または社内通達をもって足りると考える。

(5) なお、予め就業規則・健康管理規程等に被用者の法定外精密検査等に関しての受検・受診の義務規定が一般的に定めてありかつ被用者の業務遂行に支障を来しているような場合、事業者が業務命令として、医師を特定して精検受検を命ずることができるかどうかの問題には、一般的健康診断の場合とは異なる観点からの法的処理が必要とされよう（四㈠1(5)(b)参照）。

㈢ 三面的関係における健康情報処理基準

1 被用者—事業者間（甲関係）

(1) 雇用契約上の健診結果通知義務の存否

安衛法上は、同法六六条一項所定の一般健診すなわち雇入時の健診（安衛則四三条）、定期検診（同四四条）、特定業務従事者の健診（同四五条）、海外派遣労働者の健診（同四五条の二）については、事業者は被用者に対し、遅滞なく健診結果の通知をしなければならない（同五一条の四）。私法的側面においても、事業者が法定内外を問わず健診を実施した以上、雇用契約（健診に関する約定）における信義則上の付随義務として、健診結果を被用者に通知すべきであり、同時に個人情報たる健康情報の重要性に鑑みて、被用者は事業者に対して通知（開示）請求権を有すると解すべきである。

(2) 要再検査・精密検査の通告義務

事業者には、健診結果それ自体の通知義務のほかに、当該結果から要請される再検査ないし要精密検査の通告義務が発生するかどうかは必ずしも明らかではない。法定健診のうちでも、特殊健康診断（安衛法六六条二項、施行例二二条）にはその後の再検査または精密検査の実施が義務づけられている（平八・一〇・一告示一号）から、その当然の前提として要精検等の通告義務を課すべきである。一般健診については、行政指針として事業者に、被用者を受診・受検させるよう「勧奨」すべきことが指導されているに過ぎない。しかし、再検・精検の実施は事業者の義務とはいえなくても、右通告によって被用者の健康上の自覚を促すべく「通告」することは、法定内外の健診を問わず、信義則上の当然の義務といわなければならない。かねてより判例は、採用時健診（当時法定健診）について、「労働者の健康状態が不良か、またはその疑いがある場合は、採用後遅滞なく労働者に健康診断の結果を告知するすべき義務がある」にもかかわらず、「要精密検査の事実を告知していなかった」のは、注意（安全配慮）義務に反すると説いてきた（京都地判昭五七・一〇・七労判四〇四号七二頁）ところである。それに対応して、被用者はこれを開示するよう請求する権利があり、事業者はこれに応じる義務があると解するのが適当である。

(3)　採用時健診命令権・実施義務

事業主には採用時健診の命令権があるか、逆に、特殊な物質に曝されるような作業所業務に従事予定の被用者に対しこれを行う義務（情報収集の権利義務）はあるか。

(a)　ここでいう「採用時健診」とは、法定健診である「雇入時健診」（安衛則四三条）とは別個の、採用手続過程における法定外健診を指す。この点、（厚生）労働省の解釈は一貫性がなく、以前には「雇入時健診」にいう雇入れとは「雇入の直前又は直後という意味である」と解され（昭二三・一・一六基発八三号）、このことは「採用手続としての健診も、雇入時の法定健診に入るのだと取り扱われてきた」[15]ことを示していたが、その後「雇入後のみを言う」と変遷し、現在は「常時使用する労働者を雇い入れた際に行う健康診断であり、適正配置及び入職後の健康管理の基礎資料となるもの」[16]と説かれている。結局、採用選考手続過程における健康診断は雇入時健診には含まれないとの解釈に収束したものと思われる。

既述のように、法定外健診・診療をめぐる健康情報の処理（収集・保管・開示・移転）は、原則として当事者の合意に基づかなければならず、したがって約定・就業規則に等における根拠規定が必要である。しかし、入社（就労）前の採用時健診には、採用内定前にはもちろん採用内定後にも就業規則の適用がないから（採用内定通知によって通常解約権留保付効力始期付労働契約が成立するとされるので、就業規則の「効力」も就労開始時までは適用されないのが原則となる＝最二小判昭五五・五・三〇判時九六八号一一四頁参照）、事業者としては、原則として健診項目を示したうえで採用手続応募者ならびに採用内定者の同意を得なければならない。

他方、応募者・内定者の合意を得れば、いかなる項目の健診も許容されると解すべきではない。エイズ、B・C型肝炎等に関する健診は、置かれた状況からして応募者・内定者の自由な意思は事実上強度に制限されていることに鑑みれば、これを強行実施することは、プライバシー権を侵害するものであって、違法であるというべきである（後述㈣）。

(b)　問題は、例えば募集・採用対象者が化学物質等に曝される作業場の要員として予定されている場合に、採否の決定や職場配置に当たってアレルギー体質を見分ける必要があるために、既往歴調査や反応テストを行うようなときにも応募者・内定者の合意が不可欠であるのかどうかである。裁判例には、被災者を職場に配置するに際してアレルギー体質を把握せずにMDIという化学物質を取り扱う業務に就労させて症状が増悪し死に至った事案につき、使用者が安全配慮義務違反の責任を問われた事例がみられる（東京地判昭五八・一一・二〇労判四二〇号一九頁）。かような法構造をも考えあわせれば、事業者によって採否決定や職務上の配置に必要な調査・健診であることが応募者・内定者に告げられ、かつ、そのことに客観的合理性（特に産業医学的見地）が認められる場合には、採用時健診の実施に適法性を容認すべきである。したがって、それら最小限の調査・健診の実施は応募者のプライバシーに対する侵害行為とはみなされず、これへの拒絶は、内定者に対する使用者側の解約権行使の適法事由となろう。また、そこにおける、被用者側の健診拒否、虚偽の申告は就労後においても使用者の健康把握（注意）義務を縮減する方向に作用すると解される。

(4) 既往歴の調査による情報収集の適法性

事業者には、安衛法上法定健診たる雇入時健診及び定期検診において法定項目とされている「既往歴」に関する情報の収集が許されるか。

(a) 既往歴の開陳は、プライバシー、名誉感情等の人格的利益との衝突を生ずることがある。かといって、一般市民が通常医療機関において受診する場合、受診項目との直接間接の既往歴を問われるのは常識的事柄であり、健康診断においても同様である。被用者の適正配置と疾病の早期発見という法定健診制度の目的からすれば、そして雇用契約上事業者に課せられる健康把握義務（健康配慮義務）の実際的機能からしても、事業者にとって一定程度不可欠な情報取得である。

(b) ところで、わが国の場合、法定健診結果は、すべて事業者に通知され記録される建前であるので（安衛法六六条の三、安衛則五一条）、健診を行った医師・医療機関が健診情報を加工してすなわち就業上必要な措置に関してのみ医学的見解を事業者に伝達したり、医療従事者や企業内保健従事者のみ健康情報を把握するのではなく、広く非医療従事者たる人事担当者等も健康情報を把握しうる仕組みとなっている。（厚生）労働省「中間取りまとめ」が、「日本産業衛生学会、ＩＬＯ、職業保健国際委員会＝ＩＣＯＨの倫理規定や指針の検討と、国内外の…検討ではいずれも、労働者の保健情報は、正当な目的に従って収集されなければならず、医師その他の専門職が保管し、これらの者のみが使用すべきものとしている」ことに鑑み、わが国の事業者にあっても、「事業場で処理している健康情報の保護の必要性や、事業者が必要とする健康情報は必ずしも検査値や病名そのものではなく、就業上の措置や適正配置の観点から必要最小限の情報であることを認識し、これを踏まえ、健康情報の処理に関するルール化を行う必要がある」と述べているのも、この間の事情を物語っている。しかし、実は、行政庁は「事業者は…ルール化を行う必要がある」と述べて事業者にのみゲタを預けるのではなく、現行安衛法令に欠陥が存すると思うのであれば、自ら、被用者の健康情報の収集・管理は産業医等の医療側が一元的に担う方向を模索する方向での制度改正を考慮すべきであろう。もちろん、その際には、従来の裁判所における安全配慮（注意）義務論も変容を遂げざるを得ないであろう。効果的な健康情報の処理や安全配慮義務の機能の貫徹という要請も、被用者の人格的利益や高度情報社会における個人情報の適正な在り方との調和が不可欠であり、安衛法制のみが「企業による健康情報丸抱えの法思想」に固執したりするのは決して好ましいとは思えない。

(5) 代替健診等の際の情報処理

安衛法は、労働者の法定健診の受診義務を前提に、事業者の指定した医師・歯科医師の健康を診断を希望しない場合には、指定外の医師・歯科医師の健康診断を受け、その結果を証明する書面を事業者に提出すれば足りる旨定めている（六六条五項ただし書、安衛則五〇条。以下、代替健診ともいう）。

(a) 被用者が、事業者指定外医師・歯科医師による受診の方法を選択した場合には、事業者は法定健診実施義務（同法六六条一～四項）を免れることになり、「当該健康診断の受診に要した時間についての賃金の支払い及び費用については、事業者が当然負担すべきものとはならない」(17)。通常は、医療側→事業者→被用者と流れる健康情報は、この方式では、医療側→被用者→事業者と流れることになる。そして、後者では、いくつかの問題を生ずる。

①　事業者は、健診を受診しなかった被用者に懲戒処分等の不利益処分に付することができるか。また業務命令権としての診断書提出命令を発し、不提出については懲戒処分を行うことができるか（情報収集権の所在の問題）。両者間にその旨の約定・就業規則が存在すれば理論上それら処分も不可能ではないが、被用者自身の費用の支払いに委ねられる代替健診の不受診・不提出に懲戒権を行使することは、権利濫用の評価を受ける可能性が強い。不受診・不提出によって、事業者が就業上の措置を講ずる術がなく、そのため被用者に疾病の発症、病状増悪の結果が生じて法的紛争に発展したとしても、事業者の健康把握（安全配慮）義務の縮減をもって対処するのが適当であろう。

なお、右義務の「縮減」の法的結果は、事業者の義務自体の軽減化、違法性の阻却、帰責事由の否認、損害賠償額の減額等の諸手段のいずれかあるいは複数の組合せをもって導くことが可能であり、いずれの手法によるべきかは諸般の事情によるといわざるをえないが、ここでは、特に、事業者の健康把握（安全配慮）義務自体が軽度に設定（軽減化）されてもやむを得ない場合を想定している。

②　自己の費用で代替健診を受けた結果たる健康情報の取得権はもちろん基本的管理権限は、被用者自身にあるとせざるを得ない。とすれば、法定健診項目一一項目（安衛則四三〈色覚については削除〉、四四条）といえども、被用者は健診担当医師に依頼して項目の一部を削除した診断結果書面を作成させ、これを事業者に提出することも被用者の自由の領域に属することとなる。逆に、事業者の費用で行われた代替健診結果たる書面に同様に削除項目があったときには、事業者は被用者に対し再提出を求めることができるか。この場合にもやはり、再提出命令権はないが、健康把握義務の縮減をもって処理せざるを得ないと思われる。さらに、

削除された健診項目につき、事業者は担当医師への問い合わせをして、その結果を把握しあるいはしようとすることが考えられる。ここでは、被用者のプライバシー権侵害の可能性を生じ、それとの調和の問題が生じる。

(b) ⓐさらに、被用者が事業者に提出する診断書等の企業外医療機関からの健康情報(安衛法六六条の二に基づく診断書、病気休暇・休職願い・復職願い等添付の診断書など)については、「中間取りまとめ」は、次のように述べている。「例えば、『カゼをひいた』といった日常的で直接上司が取り扱っても問題がない場合と、『がん』や『ＨＩＶ感染症』、『精神分裂病』といった専門家の介在が望ましいものまで範囲が広いため、本人の意向を尊重し、その提出先(上司、人事担当者、衛生管理者等、産業医等)を選択できる等、その収集方法を考慮すべきである」と。

ここでは、事業場外から発生する任意的健康情報に関しては、企業内規定や約定をもって「健康情報収集のルール」を予め整備しておく実務上の必要性を説いたものと思われる。しかして民事法的問題は、右ルールの存しない場合、被用者は提出先(情報取得者)や保管者を指定し限定できるのか、ルールの存するときにそれとは異なる方法での提出をし保管を求めてきた際にはいかに取り扱われるべきか、ということである。例えば、ある被用者が日頃信頼している上司に自ら受診した医療機関での診断結果を告げ、「休職したい。しかし、病名は伏せてほしい」旨申し出ても、医師の診断書なくして上司の一存での休職処分が可能であるとは思われないし、かといって、医師の診断書が当該上司個人に宛てられることはまずないであろう。会社宛の診断書を上司個人が閲覧することも不可能である。少なくとも、人事権限を有する人事労務担当部署を経て産業医・嘱託医の意見を聴き、人事労務担当部署が一応上司にも意を通じたうえで休職処分願いの採否を決定し会社名で被用者に通知することになろう。いずれにしても、被用者の病名秘匿の希望が果たされる可能性は皆無に近い。だとするとここでは、情報主体たる被用者のプライバシー権（知られない自由、自己情報を管理する権利）が全うされる余地はほとんどない。

たしかに、企業部門の従業員に対して、健康情報に対する守秘義務（安衛法一〇四条）が課せられているが（しかし、その範囲はきわめてあいまいである。四(二)参照）、しかしそれは法定健診の場合の「健康診断結果を職制上当然に知りうる立場にある者」[18]のみであって、法定外・任意健康情報については特に規制がなされていない。もちろん、その場合でも、事業者からの受任に基づく善管注意義務や雇用契約上の忠実義務に違反した受任者ないしはその補助者（保健婦士、看護婦士）や被用者たる衛生管理者、安全衛生推進者、人事担当者、労務管理担当者に対し事業者内部で制裁を行い、被用者側もプライバシー権等を根拠に保健婦士、看護婦士ないし労務管理者等自身の不法行為責任や事業者の使用者責任を問うことも可能であろうが、「プライヴァシーの権利は、その性格上いったん侵害されてしまうと回復することが困難である」[19]ことに鑑みると、現行安衛法令が予定している仕組みならびに民事法的カバーは、誠に心もとない。そこでまず、事業者が医療側と協議し、衛生委員会（安衛法一八条）等で労使協議を行い、自主的に被用者の健康情報は医療側において一元的に収集管理する旨の企業内規定を整備することが実務的には望ましい。

ⓑ なぜなら、法定内外を問わず、被用者の健康情報は、刑法によって厳格な守秘義務の課せられている産業医、嘱託医師等（刑法一三四条の秘密漏示罪の適用。ただし、ここでは看護婦士、保健婦士は主体的構成要件から除外されている。この点、改正刑法草案三一七条一項の秘密漏示罪は、特に主体を限定せず、「人の秘密を知ることとなる業務に従事する者もしくはその補助者」と包括的に規程した適切な方向を示す）が、健康情報を一元的に管理

する諸外国の常識に従った事業者の健康管理規定の整備運用が望ましく、事業者の就業上の適切な措置のための健康情報は、医療側の医学的に「加工」された情報でも十分ではないかと考えられ、そこに、被用者の人格的利益（プライバシー）と事業者の情報利用の自由ないし権限との法的調和が保たれると思われるからである。

ⓒところが、ある大企業の産業医によって、次のような「ある会社」の例が報告されている。すなわち、「ある会社では、個人の健康診断記録は、医療職が管理することになっている。しかし、実際には、病気で会社を休む際に提出する診断書や復職を求める際の診断書は、職制や人事担当部署に提出されている。そこで、医療職側から、会社に送られてくるすべての健康情報は、一旦、医療職側に提出されるように仕組みを代えようとする提案があった。しかし、職制は、いちいち医療職を介すというのは、時間や手間がかかるし、休暇を与えるかどうかの判断は、人事権を有する人事担当部署の専権事項であるので、休む理由については、細部に関しても知る権利があるという」と（[厚労省資料]）。

右のことは、法定内外の健康情報に関する（安衛法関係）法制度を改正しなければ、すなわち事業者側の企業内制度の自主的な整備運用に委ねるだけでは、事業者側が自己の人事権能を過度に重視する結果、被用者の人格的利益との調和が図られないことを示している。

2　被用者―医療側間（乙関係）

(1)　医療側の通知義務

健診機関たる医師・医療機関は、法定健診のうちいわゆる代替健診を除いては、健診結果につき被用者に通知する義務を負わない。すなわち、被用者は医療側に対し自己情報の開示請求権（自己情報管理権）を主張できない。被用者は、事業者を通してのみ自己の健康情報を取得する。

(2)　被用者の開示請求権

事業者が医療側に委嘱した（被用者の合意をも得ている）法定外健診・保健指導等から発生する健康情報に関して、事業者と医療側との間に被用者にも通知すべき旨の約定のない限り被用者に通知する義務はないが、逆に、被用者は別個の法的根拠すなわち個人情報保護法理からの「開示＝透明性の確保の要請」（政府「大綱」）及び法案八条あるいは自己情報の管理権（プライバシー権の一内容）の要請を根拠に医療側に開示（告知）請求権を行使できるか。

この点に関しては、国際的基準によっても必ずしも鮮明とはいえず、例えば、ＩＬＯ「労働者の個人データ保護に関する実施コード」（一九九六年）では、「健康診断の場合には、使用者は特定の雇用上の決定に関係する結果だけを通知されるべきである」（一〇―八）「（健診）結果には、医学上の情報を含めてはならず…被用者が指示された業務に対する適合性を示したり、一時的または恒常的に医学上の禁忌に触れる業務の種類や労働条件を明示する［に止めるべきである］」（一〇―九）とする一方、「労働者は、自ら選択した医学専門家を通じ、自分に関する医学データにアクセス権利を有すべきである」（一一―六）との基準を示している。

この文脈を捉えて、「産業医がこの［医学専門家の］中に入るとするということになりますと、雇い主は生の情報はもらえないけれども、労働者は希望すればその情報にアクセスできる」との「矛盾」があると指摘する見解がある。(20) 医療側―事業者間の医療・健康情報の「加工」の問題は後述するが（本項3）、わが国安衛法制のように、事業者が法定外の各種健診・指導・健康保持事業を通じて、膨大な〝ナマ〟の健康情報を独占的に収集・保管し、しかもそれらは必ずしも企業内保健衛生管理者によってのみ処理されず、人事担当者等において処理されている現状に鑑みると、被用者が直接事業者や医療側に何らのアクセス権をも有しないと解することは、著しく彼我の均衡を欠くといわざるを得ない。もちろん、そのような現行法体制の故に、判例法理によって形成された安全（健康）配慮義務論が存分に機能する（事業者の多様な疾病予防・増悪回避措置の実施の要請）素地となっているが、しかし、安全配慮義務概念が機能するから使用者の独占的な健康情報収集・管理体制が望ましいと考えるのは、論理が逆転しているし、情報社会の在り方においてもふさわしいとはいえない。被用者の医師に対する法定外健診等に関する告知・開示請求権を肯定することは無理としても、むしろ使用者に対しての情報開示請求権を容認すべきであり、事業者としては、さしあたりその方向での社内規程の整備を急ぐべきである。

(3)　医療側情報の不告知

前述のように、法定外健診・診療結果は事業者に通知されるのが通常である。被用者の健康に一定の障害が存することが判明したにもかかわらず、事業者がそれを放置した結果、病状の悪化を招来した責任は主として事業者の被用者に対する健康配慮義務違反として民事責任の俎上に載る。それでは、医療側が、健診結果を当該被用者に告知しなかったため、後に病勢が悪化した場合、被用者は直接医療側の民事責任を追及しうるか。健診行為それ自体に過誤があった場合（採血ミス等）とは異なり、医療側の、情報処理方式の契約関係の存しない被用者に対して「健康情報の不告知」自体を理由とする注意義務違反は成立し得ないと解する。ただし、事業者からの依頼項目以外の健診を行った結果、そこに病気が判明した場合、医療側は、被用者自身に対して通知すべきである。これを懈怠した結果、後日病勢が悪化したときには、医師・医療機関としての注意義務違反の責任は免れないであろう。ただし、依頼外項目の病気発見を事業者に通知するのは、被用者のプライバシー権の側面からの制約を受けるであろう。また保健指導等においては、必ずしも事業者からの依頼項目が定まっていないのが通常と思われる。したがって、その場において被用者からの申告事項等についていかに取り扱うかは被用者—医療側との協議によるほかない。協議をせずに、告白内容等を事業者にそのまま通知することには、やはり人格的利益（プライバシー、名誉感情等）の侵害の色彩がある。

(4)　医療側の確認行為

法定外健診・診療・保健指導等は、医療側が事業者の依頼によって実施するのが通常であり、実施に当たっては事業者は被用者の合意を得る必要があることは前述した。したがって、依頼健診・診療項目の実施自体につき、医療側は、被用者の同意を得る必要はない。しかし、被用者の「同意」があったかどうかは医療側において確認すべきであるから、この確認を行わずに実は健診項目を知らされていなかった（同意を与えていなかった）被用者の健診結果を事業者に通知することは、場合によっては医療側の被用者に対するプライバシー侵害問題を生ずる。また、仮に依頼項目であっても、特に機微に触れる病名等を、被用者の同意を得ないまま事業者に通知することは適法性を欠くことが多いであろう（㈣）。

(5)　被用者の要請による不通知

採用時健診等にはしばしばみられ、保健指導等においてもありうる事態であるが、被用者が「これこれの既往歴・病状については会社に告げないでほしい」と懇願し、医師がこれを受け入れて事業者には真実を通知しなかった結果使用者が放置し、後日病勢が悪化した場合、使用者の健康把握（安全配慮）義務は軽減されると同時に、医療側の責任も軽減されるかどうかが問題となる（もちろん、事業者から医療側への善管注意義務違反の責任追及問題をも発生させる。次項3）。医療側が、今後医師の治療を受けることを当該被用者に強く勧めていたにもかかわらず、被用者自身が漫然と治療を放棄したための結果であれば、医療側も民事責任を免れると解すべきである。

3 事業者——医療側間（内関係）

(1) 医療側の善管注意義務違反

医療側は、法定健診結果の事業者への通知に際し、医学上過った意見を述べ（安衛法一三条、六六条の四参照）、そのため、事業者の被用者への就業上の措置を不適切ならしめた場合には、医療側の事業者に対する善管注意義務違反（民法六四四条）が生ずることは疑いがない。

(2) 既往歴調査の取扱い

法定健診たる雇入健診時に、被用者が「既往症」項目につき、プライバシーを理由に申告を拒んだため、あるいは、特定の既往歴に関し被用者から事業者への秘匿を依頼されて、医療側が既往歴調査を断念したり、事業者に秘匿したり、「異常なし」と記載した場合、それ自体で医療側の事業者に対する準委任契約違反は成立するか。法定健診における医療側の基本的な職務は、事業者が「当該労働者の健康を保持するに必要な措置」「就業上の適切な措置」ができるよう「健康診断個人票」に医学的意見を記載することである（安衛則五一条の二）。しかし、そこでの健康情報は、委任者たる事業者が右措置を適正に講ずる資料足りうる「意見」であれば、病名、検査値等の〃ナマ〃情報でなくてもよいと思われるので、明らかな怠慢や捏造でない限り、さほど細を穿った知見でなくとも、事業者への契約違反を容易には肯定できないと解すべきである。他方、積極的には既往歴等の調査に応じなかったあるいは医師に虚偽を申告した被用者が後日秘匿したないしは虚偽の申告に由来する疾病の増悪等を理由とする医師及び事業者の民事責任を追及しようとする場合には、前者の注意義務や後者の健康把握義務は縮減されると解すべきである。

(3) 加工情報の通告

事業者が、自己の費用で医療側に対し法定外健診を依頼したところ、医療側が判定ミスを犯したり、虚偽の健診結果を事業者に通告したときには善管注意義務違反である。ただし、医師が病名そのものやナマの検査値を厳格に通知することが常に善管注意義務の内容をなすと考えるべきではなく、「加工情報」であっても、事業者の講ずる就業上の措置の資料として適正なものであれば契約の本旨に従った履行があったものと解する。なお、法定外健診に関して、事業者が医療側に対して健診結果の開示を請求できるかどうかは、契約内容による。また、事業者が医師に対し、被用者に対しては結果を開示しないよう要求することがありうる。しかし、そもそも法定外健診は、事業者が自己の裁量でのみ実施できる事業ではなく、被用者の合意が前提とされる。したがって、健診結果だけは被用者が知り得ず、これを事業者が独占的に収集・管理できると解するのは適当ではない。

(4) 依頼項目以外の項目の通知義務

事業者が、医療側に法定健診あるいは法定外健診を依頼したところ、法定項目外あるいは依頼項目以外の項目につき病気を発見した場合、医療側は事業者にそのことを通告する義務があるか。この点は、医療側と事業者との契約内容によって決せられるべきである。ただし、この通知に際しては個別的に被用者の合意を得るべきものと思われる。合意なしの通知には、プライバシー権侵害の可能性がある。また、事業者―医療側間及び健診実施についての被用者の合意があったとしても、HIV、B・C型肝炎等特に機微な健康情報に関しては事業者に通知してはならない。被用者にのみ告知すべきである(後述(四))。ただし、外部健診機関医師が、このような特に機微な情報を専属・嘱託の産業医にこれを通知することも禁じられるのか否かは微妙な問題となる。しかし、やはり事業者の助言機関としての産業医にも通知すべきではなかろう。

(5) 実 例 等

(ア) なお、対事業者への通知を格別に慎重に行う姿勢を示しているのは健康保険組合が保険事業の一環として実施している健康診断の健康管理記録の取扱いである。［厚労省資料］では、この間の経緯が次のように報告されている。今日における健康情報の在り方の混乱ぶりと同時に今後の望ましい方向を指し示す意義深い一文であるので、ここに引用しておく。

「ある健康保険組合では、長年にわたり、参加の母体事業所（企業）の事業者が実施する法定の一般健康診断内容を代行して実施している（［法定外項目も含まれ、事業者側からの応分の費用負担あり］）。（以前は）個人の健康診断結果が被保険者本人に通知されるほか、コピーが各事業者にも送られていた。各事業者側では各職場の管理監督者が部下の個人票を見て健康状態を積極的に把握するように努め、『第二次検査』や『要治療』の者があれば業務時間扱いで指示通り受診するように、職制を通じて指導するようにしていた」ⓐ。「ところが、［ある年からは］健康保険組合側から、『被保険者のプライバシーに配慮するために、個人の結果は事業者には送付しない』という方針になった。そこで、事業者側では管理監督者が各労働者に健康診断結果を直接尋ねるようにしているが、労働者側で『要治療』を『異常なし』などと偽り、受診しないケースが出ている」ⓑ。「（事業者側担当者が）健康保険組合の健康診断担当医に尋ねると、『要治療の指示などといった保健指導は、健康診断の結果を受けて医師や保健婦が本人に対して実施するものである。特に、就業上の措置の必要がない事例について、保健指導内容まで事業者に伝達する義務はないはず。』と言われて断られてしまった」（ⓒ）。

(イ)　右ⓐは、現行安衛法令第七章の「事業者は単に健康障害を防止するという観点からではなく、さらに進んで心身両面にわたる積極的な健康の保持増進を目指して必要な措置を措置を講じる必要がある」との法思想に対応して、事業者が広く取ってきた従来の手法を端的に示した部分である。これに対し、ⓑはわが国法制が諸外国・諸機関との比較において孤立的状況にある（わが国では、事業者がナマの情報を得ることを禁止していない）ことへの医学側からの深刻な問題の提起を端的に示すとともに、被用者側も現在の企業社会における健康情報の取扱い実務を必ずしも歓迎していない一面を露呈したものである。ⓒは、事業者が健康情報を収集・保管するのは、かかって「就業上の措置の必要性」が存在するからであって、今後の事業者の健康情報の処理はその基準に添って設定されるべきではないのかという重大な問題提起をした部分であるということができる。

(四)　特に機微な健康情報の処理基準

そもそも「健康情報」自体、人種、民族、宗教、犯罪等に関する個人情報と並んで「特に機微な情報」（高度の配慮を要する情報）と捉えるのが一般的であるが（厚生）労働省〔報告書〕）、ただ健康情報は、一定の範囲で事業者の収集・保管・利用等が容認されているところが他の右諸情報とは異なっている。しかし、収集等が予定されている健康情報にあっても、特定のものは「特に機微な健康情報」として、特別に厳格な情報処理基準を用いるべきである。現在の医学水準により、一応次のように大別できる（〔厚労省資料〕）。

1　感染症や遺伝に関する健康情報

ＨＩＶ感染症（エイズ）ならびにＢ・Ｃ型肝炎等の感染症や色覚検査等の遺伝情報のような、世の誤解や偏見を招き易い健康情報は、事業者によって収集されるべきではないというのが、行政当局（厚生労働省）の立場である。なぜなら、現在の医学水準において、それらは、本人の努力（治療等）で改善できる健康情報ではなく、また事業者が就業上の配慮・措置を行うことは、しばしば困難であるからである。

(1)　ＨＩＶ感染症

(ア)　行政的取扱い基準

(a)　まず、「職場におけるエイズ問題に関するガイドラインについて」（平七・二・二〇基発七五号、職発九七号）は、「ＨＩＶ検査」（情報の収集）について、①職場におけるＨＩＶ感染検査は、労働衛生管理上の必要性に乏しく、また、エイズに対する理解が一般に未だ不十分である現状を踏まえると職場に不安を招くおそれがあることから、事業者は労働者に対してＨＩＶ検査を行わないこと、②事業者は、労働者の採用選考を行うに当たって、ＨＩＶ検査を行わないこと、③労働者が事業場の病院や診療所で本人の意思に基づいてＨＩＶ検査を受ける場合には、検査実施者は秘密の保持を徹底するとともに、検査前及び結果通知の際に十分な説明及びカウンセリングを行うこと、④事業者は、ＨＩＶ感染の有無に関する労働者の健康情報については、その秘密の保持を徹底すること、⑤ＨＩＶ感染者は他の健康な労働者と同様に扱い、エイズ関連症候群に罹患している労働者についても、それ以外の病気を有する労働者の場合と同様に扱うこと、⑥ＨＩＶに感染していることそれ自体によって、安衛法六八条の病者の就業禁止に該当することはないこと、⑦ＨＩＶに感染していることそれ自体は解雇の理由とならないこと、などを通達した。

(b)　また、同省「中間取りまとめ」もＨＩＶ情報の収集は行うべきでないとしつつ、「特定の国における就労に際して、渡航先からＨＩＶ感染症等の特定の感染症情報を要求される場合は、労働者本人が任意で処理すべきである」との取扱いを提言する。

(イ)　裁 判 例

ＨＩＶ感染症をめぐる事業者の対応の違法性が争われた裁判事例を整理すると、次のようになる(東京地判平七・三・三〇労判六六七号一四頁、千葉地判平一二・六・一二労判七八五号一〇頁。被用者をＸとし、雇用企業をＹ社とする)。これらの判旨は、エイズをめぐる健康情報の民事的処理基準としてはほぼ妥当なものと思われる。

ⓐ　事業者において、その従業員についてＨＩＶ感染の有無を知る必要は通常認められず、特段の必要性のない限り、ＨＩＶ抗体検査によりＨＩＶ感染に関する従業員個人の情報を取得し、あるいは取得しようとしてはならず、同検査はプライバシーの権利を侵害する

ⓑ　仮に、Ｙ社が事業遂行のための労働衛生上の理由からあるいは仕事に対する能力や適性判断のためにＨＩＶ抗体検査を必要とする場合であっても、右検査の必要性が合理的かつ客観的に認められなければならない。

ⓒ　ＨＩＶ検査の必要性が認められる場合であっても、予め被用者Ｘに告知し、その同意を得たうえ検査の依頼が行われるべきである。

ⓓ　Ｘが本社たるＹ社より海外の現地企業Ｂ社に派遣されたところ、現地の病院よりＸがＨＩＶ検査の陽性であることを知らされたＢ社代表者が、その旨Ｙ本社に通知したことはＸに対する人格権の侵害に該る。

ⓔ　一般に、Y社社長が被用者たるX自身に同人の疾病を告知することは「特段の事情のない限り」許されるし、このことはHIVに関しても早期治療や生活態勢の確立のために望ましいが、しかし「HIV感染者にHIVに感染していることを告知するにふさわしいのは、その者の治療に携わった医療者に限られるべきであり」、「右告知については、前述した使用者Yが被用者Xに対し告知してはならない特段の事情がある場合に該当する」。

ⓕ　HIV抗体検査をする医療機関においては、たとえ事業主からの依頼があったとしても、本人の意思を確認したうえでなければHIV抗体検査を行ってはならず、また、検査結果についても秘密を保持すべき義務を負っているものというべきであり、これに反して、本人の承諾を得ないままHIV抗体検査を行ったり、本人以外の者にその検査結果を知らせたりすることは、当該本人のプライバシーを侵害する違法な行為であると解すべきである。

(ウ)　かようにして、エイズをめぐっては、行政的基準及び私法的基準の双方において、そして健康情報の処理過程全般にわたって、そして医療側に対しても、人格的利益ないしプライバシーの観点からのきわめて厳格な制限が付されていることに留意しなければならない。

(2)　B・C型肝炎

B肝炎は、安衛法令上、一般健康診断（六六条一項）のうちの海外派遣労働者の健康診断（安衛則四五条の二）に際して、定期健診項目に加えて医師が必要と認めた場合に、派遣時と帰国時に実施される健診項目（「B型肝炎ウイルス抗体検査」）として取り扱われている（平元・労働省告示四七号）。これは、海外勤務中に発生するおそれのある疾患として健診を実施するとの趣旨である。告示発布当時はわが国にもB型肝炎ウイルス保有者がいる可能性やB型肝炎を発症すれば劇症化し易いと考えられていたことによるものである。しかし、(厚生)労働省「中間取りまとめ」は、「B型肝炎については、母子垂直感染によるキャリア化を防ぐ事業が実施される等、当時と比べ、B型肝炎ウイルス抗体検査の必要性は低くなっている。むしろ、B型肝炎だけでなくC型肝炎等も含め、日常生活で感染しないことが明らかである感染症については、日頃の注意事項(事故の際の血液取扱い等)に関する健康教育を実施すべきであり、個人情報の保護の観点からは健康診断項目からの削除を含め、その取り扱いを検討すべきである」との提言を行っている。

かようにして、B・C型肝炎検査に関しては、プライバシー権の保護の観点から、少なくとも被用者の明確な同意が必要であり、仮に同意があっても、そもそも事業者側に客観的かつ合理的に検査の必要性が認められる場合に限って(特段の事情の必要性)、検査の実施が許容されるべき(原則として事業者に情報収集権はない)こと、エイズにおける裁判事例判旨と同様の法的処理方法を用いるべきであると思われる。

2　メンタルヘルス

(1)　事業者の各種の健診、保健指導、健康相談等によって発生する特に機微な健康情報のうちでも、現今その労務管理ならびに法的処理をめぐって最も難問を提起しているのは、メンタルヘルスに関する事柄であろう。

「中間取りまとめ」も、「メンタルヘルスに関する健康情報は、他の健康情報と異なり、本人の自覚と病状との乖離、あるいは誤解や偏見を招きやすいといった側面もあり、周囲に理解されにくく、職場の協力が得られにくいといった問題がある」と、その対応の困難さを指摘している。

このような、職場健康管理の実務上の困難さばかりではなく、その私法的処理の困難さは、採用、試用、配置、昇進、治療・入院、復職、解雇等の雇用過程段階にわたって発生しあるいは発生する可能性があることは、つとに安西愈弁護士によって指摘されているところである。(21)

端的にいえば、メンタルヘルスケアこそ、行政的指針（THP＝昭六三・九・一公示一号、改正＝平九・二・三）によってのみならず事業者の被用者への高度な健康把握（安全配慮）義務の履行が裁判所によっても要請されている反面、他の疾病に比しても精神疾患罹患者への人格権的配慮（抑制度）は格段に高度に設定されるべきであるからである。つまり「高度の把握」と「高度の抑制」とのせめぎ合いが顕著に現れる事例であり、であればこそ、両者の法的均衡点の発見は困難であることになる。

例えば、うつ病に罹患しているのではないかと思われる被用者に上司が立ち入れば（休養の勧め、配置替え、治療・入院の勧め）、本人から「自分は正常だ。プライバシーの侵害である」と反撃され、放置しておいて悪化の経路をたどると裁判所からは「会社・上司として配慮が不足していた」と問責される。妻や家族に注意を喚起すると「これは本人の問題であるのに、なぜ家族に知らせるのか。人権侵害だ」と本人がいきりたつ。妻さえも、「ウチの主人を精神病扱いするのか」と憤ることもある。治療に当たった医師は本人から「会社には知らせないで欲しい」と懇願され、会社からは「契約どおり就業上の措置をアドバイスして欲しい」と懇願される、といったごとくである。事業者としては、いち早く健康（精神）状態に気づいて、本人や家族の感情に触れないように、「チームの同僚に気づかれないようにこれらから切り離して労働時間を抑制し、本人の性格をも考慮して業務量を調節する」という薄氷を踏むような方策を講じなければならない。しかし、たしかに被用者を雇用して業務活動を行い利益を得ようとすれば、事業者は〝薄氷〟を踏まなければならないのである。反面、事業者への過度の負担は、健康把握（安全配慮）義務ないし注意義務の縮減による操作的解釈をもって臨むほかない。

(2)　より具体的に、メンタルヘルスをめぐる法的問題のいったんを示せば、次のごとくである。

①　法定健診たる雇入時健診（安衛則四三条）における「既往歴調査」に「精神疾患歴」を含めることは適当か—適正配置、入職後の健康管理目的からは必要な調査も、プライバシー権侵害の観点から制限を受け、精神疾患歴調査はこれに該る。

②　試用期間中の職務遂行を通じて被用者が精神的弱者であると判断される場合、本採用後の適正配置のために医師による精神関連疾患としての受診を命じることができるか—約定（就業規則）によれば可能であるが、それらが存在しない場合、事業者が業務命令をもって受診を強制できるかは微妙である。しかし、おそらくは、この段階における命令権は否定されざるを得ないであろう。受診を拒否した被用者を解雇（最高裁によれば、留保解約権の行使）できるかどうかは、別個に「客観的に合理的な理由」があるか否かの問題となる（最大判昭四八・一二・一二民集二七巻一一号一五三六頁）。

③　被用者が自ら精神疾患の治療を受けているのが偶然判明した場合、昇進を見送ることにしたところ、被用者は会社規程上の昇進年限の要件を充足していることを理由に人事担当者に抗議を申し出た。その際に治療の事実が見送りの理由であることを告げることは、違法な健康情報の収集としてプライバシー権侵害ないし上司の守秘義務違反を成立せしめるか—偶然受診の事実が判明した場合であるので違法な情報収集とはいえないが、これを被用者に「確認」し「告知」したり就業上の措置の理由に据えた行為がプライバシーとの関係で問題となる。また人事担当者に「守秘義務」が機能する場面かどうかも難問である

④　職場内での挙動が異常であり、取引先からも異常行動について指摘されたので、カウンセリングや精

神科での受診を勧告したり、命じたりすることは可能か—就業規則等に根拠規程が存在すれば不可能ではない（業務命令権濫用の問題は生ずる）。しかし、根拠規程もなく、業務命令をもって命ずる際に、被用者の人格的利益との関係でより問題化しよう。被用者の職種、異常行動の機関・程度にもよることであるが、業務上に支障を生じている段階に至れば、カウンセリングはもちろん、受診の「勧告」程度は社会的に相当であって、人格権侵害の不法行為は成立しないと考える（大阪高判平七・九・二九労判六八八号四四頁）。

⑤　受診の業務命令権の行使（強制）—被用者の受診拒否→休業措置（有給）あるいは解雇権の行使というルートが可能かどうかは、事案の全体的な検討が必要であり、ただちには判定できない。ただし、事業者としては、入院治療が必要であると判定される段階（本人が受診を拒んでいる以上、日常の挙動を産業医・嘱託医との間で検討した結果によって決するほかない）においては、被用者に対し就労拒否宣言をすることが信義則上やむを得ざる措置として適法視される可能性はかなり大きいと思われる。けれども、そのような被用者については、同様の問題や派生的な問題が復職時に再燃しよう。予め約定（就業規則）を綿密化しておく実務上の必要性を痛感させる。

⑥　なお、病勢が進み、「精神障害のために、現に自身を傷つけまたは他人に害を及ぼすおそれのある者等で就業することが不可能なもの」については、医師の意見を聴取したうえで就業禁止の措置を取らなければならない（安衛則六一条、昭四七・九・一八基発六〇一号の一）。

四　健康情報の侵害の可能性と守秘義務

(一)　健康情報に対する侵害の可能性

1　事業者による侵害の可能性

(1)　健診・医療機関より伝達された健康情報は、どの範囲で誰が知るべきか。

(ア)　事業者側において、健診・医療機関から伝達された被用者の健康情報を誰が収受し、誰が保管すべきかは、健康情報の種類(二(二)1a〜g)ごとに、「健康情報の処理の各段階における管理体制について衛生委員会等で審議し、産業医等や衛生管理者等の参画のもと、ルール化すること」が望ましい(「中間取りまとめ」)。特に、平成八年の安衛法改正により「健康保持増進事業」(THP)が展開されることになり、職場全域に「就業上の措置の徹底」が要請されることになったため、それまで人事部の秘密文書として収集・保管されていた健康診断個人票(法定健診)その他の健診・保健指導記録等の一部が、有所見者である被用者につき各職制にも伝達される可能性が増大した。その結果、ある産業医からの指摘によれば、「(当該被用者の)上司は、少なくとも健康面で問題がある労働者かそうでない労働者かの区別ができることになり、また、隠しているから悪い病気ではないかと勘ぐる上司がおり、[医学的に加工した産業医からの意見についても]真の病名を知りたがる。加えて、職制によって部長の下にフラット化しているところと、部長―次長―課長―係長のラインがはっきりしているところがあり、どのレベルまで伝達するのかという判断が難しい。……このようなことから、上司に伝達されるということは、社内中に広がったようなものだと考えて心配する労働者もおり、上司側も扱いにくい情報であるとして敬遠する者も現れて足並みが揃わない」(「厚労省資料」)。

(イ) また、[厚労省資料]によれば、次のような、事業者側管理職と医療従事者との軋轢の例が報告されている。嘱託産業医による健康診断結果は、会社人事部健康相談室の看護職が保管している。某部長が、同相談室を訪れ、重要な顧客の長期プロジェクトの担当者を選考するに当たって、部下三名分の健康管理記録を参考にしたいので開示してほしいと申し出た。事業者は、安衛法上(六六条の三、安衛則五一条)健康管理記録を保管しているのであるから、職制上「みる権利がある」との主張であった。看護職は、事業者に伺いを立てようとしたところ、同部長は「(人事構想が)事前に漏れる可能性があるので」それもしないでほしいという。嘱託産業医の意見は、法令にいう記録の「保存」と医療情報の「管理」とは同一概念ではなく、後者は「(健康面での)就業上の措置」を講ずるためのものであるから、同部長の言い分は「目的外利用」で好ましくないとの意見であった。同部長は「プロジェクトに影響があったときには医療職の責任も発生する」と述べたうえ、同人は看護職の上司である人事部長にも申し入れを行った。

(ウ) 右二事例は、わが国安衛法令が、「健康保持増進政策」が被用者の保護に不可欠であるとの〝保護行政的思い入れ〟にのみ囚われ、健康情報の処理(収集、保管、開示、提供)の在り方及び守秘義務規定(同法一〇四条)の機能の限界を十分吟味せずに「被用者の健康保護」の名の下に諸規定を設置したために惹起された混乱であるといわざるを得ない。深刻なことは、現行法規の不十分さによって、被用者、医療側、事業者側の三者ともに納得的な処理基準を見いだしえないままにそれぞれが困惑していることである。善良なる企業の管理監督者は、「部下の安全と健康を確保し、しかも生産性を上げなくてはならないという指名がある。…嘱託産業医や…専属産業医、衛生管理者よりも、部下の健康状態を知っていなければならない。健康状態をある程度把握していれば、日々の残業も適切に指示できる」([厚労省資料])と考える。そして、たしかにこのような善良な労務管理者が配慮を示す限り被用者の健康保持も安泰であるともいえるが、健康情報の三面関係においてめざすべき法規範の要請は、被用者の健康増進や事業者の健全な労働力利用にのみ及ぶのではなく、被用者の人格的利益の保全や関係者の守秘義務の貫徹の要請にも及ぶのであるから、これらの諸規範の調和が不可欠である。

行政府は、「健康診断結果に基づき事業者が講ずべき措置に関する指針」(平八・一〇・一公示第一号)において、プライバシーの保護に「特に留意する必要」を説いているが、右の深刻な二事例は、この程度の「要請」では到底問題をクリアできないことを示している。現在(二〇〇一年一〇月現在)国会に上程されている個人情報保護法案が発効した暁には、同法と整合させつつ健康情報に特化した体系的な「健康情報保護法令」を早急に策定すべきである。政府「大綱」も、「公共の安全・秩序の維持又は公衆衛生等の公益上の必要性から特別の配慮が求められる場合が少なくなく、本基本法制の各規定の趣旨を勘案し、本基本法制の適用により上記のそれぞれの場合(各処理段階―筆者)においてどのような支障が生ずるかについて各規定ごとに具体的に検討した上で調整する必要がある」と結論づけている。

(エ)　この場面での民事法的側面においても、次のような解釈基準によるべきである。ただし、結核など伝染性の強い疾病の場合には、公益の観点から、別扱いとすることはやむを得ない。

(a)　被用者のプライバシーの保護(特に法定外健診)―①事業者側の「適正な就業上の措置」施策に必要最小限の範囲内での健康情報の利用に止まっているか。②原則として医療・保健職従事者(医師、看護婦士、保健婦士、衛生管理者)の収集・管理権限のみを容認し、情報の伝達は人事配置担当部署の最高責任者を名宛人とすること、③人事配置部署責任者の「適正な就業上の措置」のための情報伝達は担当医師の加工情報で足りること（例えば、「労災性狭心症」→「循環器系疾患」、「甲状腺機能更新症」→「内分泌系疾患」とするなど＝［厚労省資料］における産業医側の見解）、④例外的に、情報受領者を拡散し（職制・上司）あるいはより詳細なデータが必要なときには、実体的要件として「就業措置上の合理的理由」が必要であること、適正手続要件として、被用者の合意と事業・機関代表者の承認が必要であること。

もちろん、以上のすべての要件を具備しないときには、事業者の健康情報の処理はただちに違法となり、プライバシー侵害の不法行為を構成するというわけではなく、侵害行為の違法性の強弱と被侵害の法益との比較考量による総合判断ということになるであろう。

(b) 事業者の安全配慮義務の範囲―以上のごとくの健康情報の処理方式に関する民事的解釈基準は、判例法理によって培われてきた安全配慮義務論の在り方にも影響を与えるものと思われる（後述五）。結論的にいえば、特に情報収集や利用に人格的利益保護の観点からの制限が加えられざるを得ない以上、事業者の健康把握（健康配慮・安全配慮）義務は、従来の判例理論におけるよりも縮減される方向に再構成されるのはやむを得ない。

(2) 健保組合の実施した健診・人間ドック情報の伝達は適法か。

(a) 近時の企業においては、法定健診と法定外健診を合体して、例えば、健保組合の実施する健診・人間ドックを事業者の費用負担で被用者に受検させる方式が増加したことが報告されている（［厚労省資料］）。その際の最大の問題は、大企業の健康管理実務担当者によって、「本来なら法定項目だけを会社に報告すればよいのに、必要以上の項目の結果が会社に知られ、本人にとって不利益にならないだろうか」（［厚労省資料］）との懸念が告白されているところの、被用者の人格的利益への侵害の可能性を、どのように抑制するかということである。

すなわち、ここでは、法定外健診項目の情報収集の適法性と法定項目に関する「健康診断個人票」（安衛則五一条の二）と法定外健診・診療記録とが混同されて（同一の記録票に）保管されている場合の適法性の問題との双方を含んでいる。そもそも、法定外健診・診療の「実施」には被用者の合意（実際上は、右実施の社内公示についての黙示の合意で足りる）が必要であるが（前述三㈡2）、情報の「収集」に関する合意をもそれに包含させる（黙示の合意の推定）ことは無理である。なおさら「一括保管」については、右記録が実際上人事管理等に無用に拡散した形で濫用される危険性に鑑み、明確な被用者の合意が必要と思われる。合意を欠けば、プライバシー権侵害の可能性がある（ただし、違法性の強さにもよるから常に問責されるとは限らない）。しかし、より基本的な問題は、法定外健診・診療項目に関しては、事業者―医療側の間の準委任契約上後者から前者への通知義務がある旨定められていたとしても、ナマの情報の伝達はプライバシーの侵害であって許されないのではないかということである。

(b)　それでは、産業医が人間ドック実施機関の医師に問い合わせを行い、ナマの情報を得ることは差し支えないか。事業者がそのことにつき産業医を〝使嗾する〟可能性もあるから慎重に決すべきである。その適法違法は当該事業者・企業の情報処理の仕組みによるであろう。病名・検査値等を事業者に伝達する必要がないとか、医学的加工して事業者に伝達することになっている仕組みの下では許容されるであろうが、取得したナマ情報を事業者に伝えた際には、被用者の個別的合意がない限り、事業者と当該産業医とのプライバシー侵害の共同不法行為（民法七一九条）が成立する可能性を生ずるであろう（被用者の事前の包括的合意程度では足らない。なぜなら、当然ながら被用者は検査以前に患部・病名などは分からないからこそ受診するのであるから、未知の病名・検査値などについての事業者の収集・保管権限の容認を「事前の合意」にかからしめるなど無意味である)。

(3) 事業者が受診機関に被用者への結果開示を禁止することは許されるか。

事業者側には、法定外の自らの費用による健診・診療結果情報は当然事業者のみに帰属すると考え、加えて、被用者が直接健診・診療機関から健康情報を得た場合、「この所見は事業者に伝達しないでほしい」と医療機関・医師に陳情する被用者が存在するということを警戒して、医療側に「被用者には会社を通すことなく情報を開示しない」ことを要求する傾向があり、医療側は対応に苦慮していることが、保健衛生団体(全衛連)の報告で明らかになっている(「厚労省資料」)。

前述したように、法定外健診・診療実施の公示が企業(事業場)内でなされ、被用者がそれに異議を唱えない場合には、健診の実施・診療の実施自体は適法であるが、健診・診療結果が事業者のみに収集され保管されるためには相当程度明確な被用者の合意が必要であると解すべきである。事業者の費用負担による健診・診療は、社内の一種の福利厚生(サービス)の履行であるに過ぎず、費用負担によって健康主体の意思に係りなく健康情報を取得・管理する権限が事業者に付与されるとは思われない。被用者が事業者への情報帰属(事業者の情報取得)を拒絶することによって生ずる事業者の「就業上の措置」の不完全さは、事業者の健康把握義務(安全配慮義務ないし注意義務)の縮減の問題として捉えるべきである。

(4) 代替健診の場合の事業者の健康情報収集権は制限されるか。

主として、被用者が事業者の指定医師・医療機関以外の医師・医療機関を選択して健康診断を受けた場合(安衛法六六条の五項ただし書。代替健診)に生ずる事業者による情報侵害の可能性である。事業者の費用による代替健診(福利厚生制度の一環とみられる)であれ、被用者の自己の費用負担による場合であれ、被用者が医師に依頼して法定健診項目（一般健診の場合は一一項目、特殊健診の場合は鉛中毒予防規則五三条等当該省令所定の項目）のうち、一部項目の健診結果を削除して書面を作成させ、これを事業者に提出した場合、事業者が被用者の同意を得ることなく医療側に削除（未記載）項目の健診結果を問い合わせることは可能か。「問い合わせ」自体は事業者の自由な行為であり、むしろ問い合わせに答えて削除項目に関する健康情報を事業者に伝達した医療側の被用者に対する注意義務違反が問題となるに過ぎないとも解せられないではない。しかし、やはり事業者による違法な情報収集行為であるとみるのが適当であり、被用者のプライバシー権侵害の可能性があると思われる。ただし、健診結果不伝達のため事業者が後日の適正な就業上の措置を講ずることができずに、疾病の発症ないし増悪に至った際には、削除項目に関する使用者の健康把握（安全配慮）義務の縮減をもって均衡を保つべきである。法定健診につき、事業者としてこのような事態を防ぐためには、約定ないしは就業規則をもって、「事業者実施の健診」を受検・受診すべき旨の明確な規定を設定すべきである。

(5)　再検査・精密検査に関する情報収集は適法か。

(ア)　（厚生）労働省はかねてより、法定健診のうちの一般健康診断（安衛法六六条一項）、いわゆる代替健診（同六六条の五項ただし書）及び自発的健診結果に基づく事業者の「保健指導等」の必要性を規定し（同六六条の七）、特に「健康診断に基づく再検査もしくは精密検査、治療のための受診の勧奨等を行うこと」を指針をもって公示している（平八・一〇・一公示一号、改正＝平一二・三・三一公示二号）。そして、一方で「意見を聴く医師等に当該検査の結果を提出するよう働きかけることが適当」とし、他方で再検査または精密検査は「一般には事業者にはその実施が義務付けられているものではない」とも述べる。「義務付けられていない」被用者の受検結果につき、事業者が「（検査をした）医師等に検査結果を提出させるよう働きかける」のが適当であるという、奇妙な文脈である。

なぜなら、例えば、法定健診の結果「要再検査・要精密検査」(以下要精検という)の通告を受けた被用者が任意に自己の費用で産業医の下で受検した場合にも、事業者は当該産業医に対して「検査結果を知らせてほしい」と要請するのが就業上の措置を決定するうえで「適当」であるとの趣旨であるとするならば、事業者が労せずしてしかも被用者の同意を得ることなく、健康情報を取得することが奨励されていることになるからである。もっとも、右「指針」は、その際「(プライバシーの)保護に特に留意する必要がある」とも述べて事業者の注意を喚起してはいる。行政的指針がこのように一種あいまいな文脈となっているのは、要するに、実務上は医師等の意見聴取を含めて衛生委員会等(安衛法一八条)の労使協議で予め取扱いを定めておくよう指導することに主眼があるためである

(イ) そこで、これらの文脈が民事上どのように整理されるべきかが問題となる。

① まず、医療側より「要精検」が通告された場合、それを被用者に告知するのは事業者の義務である(安衛法六六条の六。信義則上事業者の私法的義務ともなる)が、同精検の実施は任意であるので、受検するかどうかは被用者本人の自由であり自己責任で処理すべきことが原則となる。(22)

② 要精検(法定外健診)の際に被用者に受検義務があるかどうかは、被用者—事業者間の約定ないし就業規則上の規定いかんである。検査項目は一般健診結果ゆえの精検であるから当該結果との関係が具体的に示されなければならない。

③ 受検については明示・黙示の合意(就業規則含む)があるとしても、精検受検機関(医師)まで事業者が指定できるかどうかには、当該被用者の医師選択の自由(人格的利益の表現である)との関係で問題を生ず

る。一般健診結果の被用者への通知は「労働者が自らの健康状態を把握し、自主的に健康管理が行える」ようにするためでもあるから（平八・一〇・一公示一号）、一般健診後の「要精検」通知も自主的健康管理への認識を促す目的のものであれば、被用者の医師選択の自由に委ねられるべきである。

④　しかし、精検自体が直接的に「適正な就業上の措置＝業務上の必要性」を判定する目的を有する場合であれば、医師選択の自由が一定程度制限されても、指定機関での受検を命じることは必ずしも医師選択の自由権ないしプライバシー権を侵害して違法であるとは解すべきではない。ただし、その際には、再検査・精検の実施だけではなく、それによる健康情報を事業者が取得する旨の約定・就業規則において明らかにしておかなければならない。

⑤　被用者が精検の実施は受け入れたが、事業者の情報取得を拒否したにもかかわらず、事業者が精検結果を医師から直接取得することはプライバシー権侵害の可能性を生ずる。反面、被用者が情報提供を拒否したときには、事業者側の雇用契約上の健康把握（安全配慮）義務は縮減される。

(ウ)　なお、右と関連して付言するに、業務命令一般としての精検受診命令権の存否に関しては、安衛法上の法定内及び法定外健診制度に係る私法的側面（事業者の健康把握義務の履行と被用者のプライバシー権との調和整合の問題）とは、別個の観点から考察しなければならない場合を生ずる。

(a)　この点に関し、頸肩腕症候群が三年以上経過しても軽快しない長期罹患者に対して命じた使用者の指定した病院での「総合精密検診」（整形外科、内科、精神科等）の受診命令の拒否は業務命令違反であって、それを理由とする懲戒処分は有効であると結論づけた裁判例がある（最一小判昭六一・三・一三労判四七〇号六頁）。そこにおいて最高裁は、被用者の受診の自由及び医師選択の自由は認めつつ、本件精検は具体的な「治療の方法」につき健康管理従事者の指示に従うべき義務を課するものではないことなどを理由に、「精密健診の内容・方法に合理性ないし相当性が認められる以上…診療を受けることの自由及び医師選択の自由を侵害することにはならない」と説示した。本件においては、使用者（事業者）の就業規則及び健康管理規程には、職員の自己の健康の保持増進に努める義務、健康管理従事者の指示を誠実に遵守する義務、健康回復に努める義務及び「健康回復を目的とする健康管理者の指示に従う義務」等が包括的に規定されているが、健康管理従事者の指示の具体的な内容は特定されていなかった。最高裁は、このような場合には、「健康管理従事者の指示できる事項を特に限定的に考える必要はなく」「要管理者（被用者）は、労働契約上、その内容の合理性ないし相当性が肯定できる限度において、健康回復を目的とする精密検診を受診すべき旨の健康管理者の指示に従うとともに、病院ないし担当医師の指定及び検診実施の時期に関する指示に従う義務を負担しているというべきである」と判示した。

ここでの問題を端的いえば、事業者の健康把握（安全配慮）義務、被用者自身の健康回復の努力義務（事業者の健康把握義務履行への協力義務）、被用者の医師選択の自由の法益の確保という三つの法的要請をいかに公平に調和させるかということである。この要請は、安衛法令に基づく一般健康診断後の（本来）任意の再検査・精検を指定医療機関で受診すべき旨を約定・就業規則をもって被用者に義務づける場合にも同様に発生する事態である。

しかし、人格的利益の保護にしても市民的自由の確保にしても、各自の利益の輻輳する現代社会にあって、それ自体絶対的に確保さるべき「永遠の聖域」にある自由は見いだし難く、例えば、プライバシー権の尊重も、具体的な「場」を考慮して「保護が希薄」になったり、「（個人の）受忍すべき範囲が広く」なったりすることは避けられない（最三小判昭六三・一二・二〇判時一三〇二号九四頁における伊藤正己裁判官の補足意見）のと同様に、健康情報の処理過程で生ずる被用者側の法益や自由も、単なる健康状態の把握、就業上の措置のための資料、現に業務阻害が生じているときの措置決定の必要性、解雇等の処遇の決定の必要性等事業者側の健康情報取得の目的の必要度、緊急度や健診（検診）項目いかん及び事業者として医師側情報へ依拠せざるを得ない度合い等が総合的に判定されなければならぬであろう。

(b)　本件裁判事案（昭六一年最一小判）における精密検診は、ⓐ「頸肩腕症候群」という特定された症状（病気）の精検であること、ⓑ罹患後三年以上経過しても症状が軽快しないまま原告被用者は本来の契約上の職務を履行せずに経過していること、ⓒこの間同原告は特定の整形外科医及びあんま、マッサージにおける治療のみを受けていたこと、ⓓ被告公社の管内の健康管理医の打ち合わせで、医学的解明の十分ではない頸肩腕症候群には総合的精検が必要とされ、同公社はその医学的知見を尊重して検診命令を発したこと、ⓔ使用者によって指定されたS病院は、約三年前に被用者から業務災害認定申請が提出された際に精検が行われ、「業務上」であるとして各種災害補償の給付（社内補償制度）が決定された医療機関であったこと、ⓕ原告の受検拒否理由は、「S病院は信頼できない」「業務災害認定解除のおそれがある」といったもので、症状解明と契約上の職務への復帰についての真摯な態度が感じられないこと（原告の症状解明・健康回復への協力的姿勢の欠如）等の諸点からすると、原告の「総合精検」は、本来被用者個人に委ねられるべき法定検診後の再検査・精密検査とは異なり、より高度に「被用者の受検義務」を措定できる段階に至っているということができる。これを使用者側の業務命令権の行使の適法性の観点からみれば、被用者の医師選択の自由や医療行為における患者の自己決定権等を斟酌して、使用者側に代替的手段を選択すべきことを要請することが著しく困難な

段階にあるというほかない。(23)

2 医療側による侵害の可能性

(1) 法定健診項目に関する侵害の可能性はあるか。

(a) 法定健診実施義務は事業者にあるが、医療側・医師は健診の履行代行機関としてこれを行う。法定健診項目に関しての検査・調査といえども、私法的には事業者・被用者間の合意（約定・就業規則等）が必要である。ただし、医療側には、自ら被用者の同意を得る必要はない。ただし、医療側が検査項目の実施（血液、X線等）、既往歴等の調査について、個別に被用者から拒絶された際の法的取扱いは微妙なものとなる。この場合には、忌避事項を隠蔽・強行して実施することは履行代行機関として被用者のプライバシー権侵害を犯す可能性があるといわねばならないであろう。ただし、被用者の検査拒否、既往歴申告の虚偽が後に事業者の適正な就業上の措置を妨げあるいは疾病の発見の遅れを導き、病状の増悪を招来しても、医療側の当該被用者に対する注意義務及び事業者の被用者に対する健康把握義務（安全配慮義務、健康配慮義務）は縮減されるものと解することによって、検査拒否、虚偽申告の責任の一端は被用者にも課すべきである。同時に、例えば血液検査の拒否による検査項目の空白に関する医療側の事業者に対する善管注意義務違反もほとんど成立しないであろう。なぜなら、被用者の受診を説得するのは、事業者であって医療側ではないからである。

(b) 法定検診の結果、再検査・精密検査が必要であるとの医療側の通知が事業者を通じて対象被用者に伝達されたところ、医療側が右被用者から「人はそれを他人に知られたくはないこともある」との抗議を受けたケースが報じられている（全衛連アンケート結果＝〔厚労省資料〕）。事業者は、保健指導として「再検査もしくは精密検査、治療のための受診の勧奨等を行うこと」が（厚生）労働省指針で定められていることもあり（平八・一〇・一公示一号、改正＝平一二・三・三一公示二号)、事業者としては「要精検」の情報取得を当然と捉え、また医師側からすれば、保健指導に不可欠な加工情報であるので、これを事業者に伝達することは法定健診制度の中核的な部分でもある。したがって、「要精検」の事業者への通知自体は被用者のプライバシーを侵害すると即断するのは私法上も適切ではない。「要精検の場合は、事業者を通じて各人に伝達する」との社内公示をし、異議の申立てがあれば被用者本人にのみ通知することとするのが適正手続であろう(異議を申し立てた被用者には、事業者の健康把握義務＝安全配慮義務は縮減される場合があることもやむを得ない)。そして、異議申立てがなければ医療側は事業者に通知しても差し支えないものと思われる。なお、被用者が実際に法定健診後の再検査・精密検査(法定外健診)を受ける義務があるかどうかは、約定(就業規則)次第である。

(2)　法定外健診・診療による健康情報

(a)　法定外健診・診療も、法定健診におけると同様事業者が被用者の同意を得て実施すべきであり、履行機関たる医療側は自ら被用者の同意を得る必要はない。しかし、法定健診に付加された法定外健診項目や事業者からの依頼により独自に実施される法定外健診・診療については、定型的な法定健診の場合とは異なり、医療側には事業者から依頼された検査・診療項目について被用者がその旨承知しているかどうかを確認する義務が課せられるべきである。確認せずに健診・治療を行っても、医療側はそれ自体で被用者に対するプライバシー権侵害の責めを問われることはないが、健診(検診)・診療結果たる健康情報を被用者に無断で(つまり確認義務を果たさずに)事業者に伝達することは、被用者へのプライバシー権侵害となる可能性がある。

(b)　一般に、人間ドックを定期健康診断としても実施している場合、医療側が、法定健診項目以外の項目についても一括して結果情報を事業者に通知することができるかどうかは、被用者・事業者間の約定(就業規則）による。たとえ、全健診項目についての事業者・医療側間に結果情報伝達の約定が存在したとしても、被用者の同意を得ていない法定外健診項目の通知を事業者に行うことは、医療側の被用者に対するプライバシー権の侵害に該る可能性がある（もちろん、事業者にも同様の可能性がある）。ただし、職場（公衆）衛生上放置できない伝染病等への罹患の結果の通知については、例外的に免責されるであろう。しかし、この場合には、被用者本人にもその旨伝達すべきである。

(c)　また、社内規程上あるいは約定の段階で、人間ドックでの法定外健診項目結果の事業者への通知に異議を唱えなかった被用者が、医療現場において医師に対し「この項目の結果については会社に告げないで欲しい」と要請し、他方で医療側と事業者間には全項目伝達の約定が存する場合、医療側が後者を優先して法定外健診項目をも事業者側に通知することにはプライバシー権侵害の契機はないのか。前記全衛連（「厚労省資料」）報告によれば、「人間ドックの結果報告時に梅毒反応要請者について、契約先の健康保険組合より、本人に通知は可、事業場への通知は不可の要請があったが、事業場からは人間ドックの結果すべての報告要請があり、報告範囲について困った」との医療側の告白が記されている。

(d)　さらに、健康診断の過程（人間ドック等）において、法定項目ないし法定外依頼項目以外の項目につき異常・疾病が発見された場合、これら依頼外項目に関する健康情報の処理方法が問題とされる。まず、医師は当該被用者には告知して自己管理を求めもしくは医学的処方を告げるべきである（医師の診療契約上の善管注意義務の履行）。しかし、これを事業者に通知することに関しては被用者本人の合意を得るべきである。合意を得ずに事業者に通知することには被用者のプライバシー権侵害の可能性がある。被用者が合意を与えなかった項目につき後日症状が悪化したなどの際には、事業者の健康把握（安全配慮）義務の縮減をもって対応しするほかにない。

(3) 家族への通知・家族からの問い合わせ

全衛連アンケート結果によれば(〔厚労省資料〕)、「家族からの問い合わせがあるが…どこまで説明してよいか苦慮する場合があった」と回答した例がある。また、「中間取りまとめ」は、重篤なメンタルヘルスに関しては、医療・衛生従事者は「本人の同意とは関係なく、本人の主治医から適切な情報を受ける必要がある場合もある。しかしながら、本人の利益を考えることが出来る家族等の同意を得るよう最大限努める必要はある」と説く。

このように、病気によっては、健康管理のために家族に知らせ家族の協力が是非必要な場合があり、他方で特に精神疾患にあっては被用者本人が過敏で、家族に病状を知られることすら嫌悪し、医療側及び事業者に対し、守秘義務違反やプライバシー権の侵害を追及する被用者が出現することは優に考えられる。

この点、民事賠償事案ではあるが、業務上の過重負荷に起因してうつ病罹患→自殺の経過をたどった被用者の遺族から使用者側への不法行為ないし安全配慮義務違反の民事責任追及訴訟において、使用者の帰責事由を認めつつ、他方で被災者本人のみならず身近な「家族」(妻、同居の両親)にもうつ病罹患や自殺という結果回避のための努力を要求して、「妻も本人をして専門医への診察を受けさせる等の適切な対応を怠ったこと」を理由に遺族側の賠償額の減額措置(過失相殺類推)を命じた事例がみられる(東京高判平九・九・二六労判七二四号一三頁、岡山地裁倉敷支判平一〇・二・二三労判七三三号一三頁)反面、「同居の両親」の〝対応義務〟の存在を否定した最高裁判決も存する(最二小判平一二・三・二四労判七七九号一三頁。前掲東京高裁判決の上告審)。

これら裁判例は、健診過程における健康情報の処理をめぐる法的紛争ではないが、健診や健康相談等の過程における情報処理の在り方についても、すなわち特にメンタルヘルスにおける医療側・事業者の責務（健康の増進策の推進、就業上の措置の実施）と「家族」の関与・協力関係を法的にいかに位置づけて把握していくべきかを考察するうえで深刻な資料を提供する事例である。

3　第三者による侵害の可能性

(1)　自動処理システムとマニュアル処理システム

(a)　政府「大綱」及び法案一条は、その「目的」の項において、今次の個人情報保護法制案は「高度情報通信社会の進展」（コンピュータシステム）に即応すべく立案されたものであることを明らかにしている。

この点、はじめて雇用・労働分野に特化した形で国際的基準を示した欧州評議会（ＣＥ）の「雇用の目的で利用される個人データ保護に関する勧告」（一九八九年）は、データの自動処理システムならびにマニュアル処理（手作業処理）にも所定基準が適用されるべきことを明らかにしている。[24]また、前掲（厚生）労働省「報告書」（一九八八年）は、被用者の個人情報（基本情報、賃金、資産、債務、家族、身体・健康、人事、私生活等）のうち、平均電算化率は約四〇パーセントであるとしつつ、身体・健康情報については九〇パーセント以上の企業が他の個人情報と分離して保管しているとしている。そして、「我が国においては、健康・医療情報以外については、原則として、収集・利用を制限すべきである」と述べ、「健康・医療情報については収集後の適正な管理」が最重要課題であると指摘している。

(b)　安衛法は、同法所定の「書類」の保存義務を事業者に課し（一〇三条）、このうち健康診断個人票（安衛則五一条）及び健診結果証明書等を電子データとして保存することにつき、漏えい防止の技術的対応があること及び関係者の情報保護の徹底を要件にこれを認めている（平七・四・二八基発二八二号、平一一・一〇・一八基発六〇六号）。

しかし、（厚生）労働省「中間取りまとめ」（二〇〇〇年）は、「外部から第三者が不正に健康情報にアクセスできる危険性」と「コンピュータシステムの管理従事者がすべての電子情報にアクセスすることが可能であるにもかかわらず、守秘義務に関するルールが明確になっていない」ことを指摘し、双方の事業場内管理体制の整備の必要性とコンピュータシステム管理の外部依託の場合の守秘義務の徹底を謳っている。

(2)　第三者侵害行為による責任関係

以上のほか、実際上、健康情報の処理過程においては、前記〔図1〕（二(一)）に明らかなごとく、特に健康情報は、①医療機関から、各営業主体（生命保険会社、健康食品業者等が考えられる）の業者への情報の流出、②同じく医療従事者による学術研究・学会報告等による流出、③家族・近親者への流出、④事業者の保管体制の不備による内外への流出、⑤組織変更（合併、営業譲渡、会社分割制度）の際の不要な健康情報の流出、⑥医療・保健衛生従事者以外の企業等従事者からの内外への流出等、営業活動上の有用性を理由とする第三者からの不正アクセスや内部からの情報流出による人格利益の侵害が深刻化することに特に警告が発せられるべきである。

これらの侵害行為に対しては、当該被用者は第三者の侵害行為に対する人格的利益（プライバシー権）に基づく損害賠償や特定的救済（差止め等）の手段を行使でき、また事業者ならびに医療機関に対しては善管注意義務違反による問責が可能である。同様に、事業者は健康情報保管権限に基づいて侵害者に対する損害賠償ないし特定的救済を主張できる可能性が大きく、さらに準委任関係の存する医療機関からの流出については、事業者は善管注意義務違反を問責できるであろう。

(二) 健康情報と守秘義務

(1) 実　態

(a) 通常、各種健康情報の処理（収集、保管、利用、提供）に携わる立場にいる者は、安衛法上の帰責者としての事業者のほか、産業医（専属、嘱託）、産業医に準ずる医師（法一三条の二）、看護婦（士）・保健婦（士）、衛生管理者（一二条）・衛生推進者（一二条の二）健康管理事務担当者、人事担当者、外部の医療・健診機関従事者である。

「職域における健康情報の収集・利用についての産業保健専門職の意識調査」（平成九年。代表研究者昭大学医学部衛生学教室中村健一＝〔厚労省資料〕）によれば、定期健康診断結果を知りうる職種として、次のような人々が析出されている（調査対象たる産業医及び産業看護職等五四九名へのアンケートの重複回答比率）。

衛生管理者	三七・六パーセント
人事・労務担当者	三一・七パーセント
医療職のみ	二四・二パーセント
直属の上司	二一・二パーセント
より上位の上司	一六・〇パーセント
その他	一〇・一パーセント
不　明	七・七パーセント

ここでの特徴は、わが国の場合、諸外国とは異なり、人事・労務担当者が定期健診結果を高率で知りうるシステムとなっていることである。

(b)　そのため、右「意識調査」はその「まとめ」として、①産業医や産業看護職は、大勢において受診者のインフォームド・コンサントを重視し、事業場内において人事・労務担当者や上司に伝える個人の健康情報を必要最小限のものに止めよう、という意識はかなり高い。②事業場の人事・労務担当者や上司に伝える個人の健康情報の必要最小限の範囲について検討が必要である、と指摘している。

この指摘からは、医療側従事者は、健診実施に当たって、まず対象被用者の意思・同意を尊重すること、つぎに健康情報は、なるべくナマのままではなく医学的加工を加えて事業者側に伝達する方法が今後望ましいと考えていることをうかがい知ることができる。

(2)　健康情報の秘密保護法制

(ア)　他方、健康情報の処理に係る秘密保持に関する規定にはつぎのようなものがある。

ⓐ　安衛法一〇四条（健康診断に関する秘密の保持）

法定健診の「第六五条の二第一項及び第六六条第一項から第四項までに規定する健康診断の実施の事務に従事した者は、その実施に関して知り得た労働者の心身の欠陥その他の秘密を漏らしてはならない」（罰則＝一一九条）。この規定に健康診断の「実施の事務に従事した者」とは、上記内容の健康診断結果を「職制上当然に知り得る立場にある者を意味する」と解されている（注(18)参照）。ここには、健診の実施に当たった看護婦等の医療職従事者、事業者側事務担当者のみならず、後日健診結果情報を取得し利用する会社代表者、職制、人事労務管理担当者も含まれることになる。

ⓑ　じん肺法三五条の三（じん肺健康診断に関する秘密の保持）

じん肺法所定の健康診断に関して、ⓐと同様の規定となっている。

ⓒ　刑法一三四条一項（秘密漏示）

「医師、薬剤師、医薬品販売業、助産婦、弁護士、弁護人、公証人又はこれらの職にあった者が、正当な理由がないのに、その業務上取り扱ったことについて知り得た人の秘密を漏らしたときは、六月以下の懲役又は一〇万円以下の罰金に処する」。

この規定にあっては、医療従事者ないし健康情報に係る可能性のある者のうち、看護婦（士）と保健婦（士）は構成要件的主体から除外されている。

以上の健康情報の保護関連規定は、看護婦及び保健婦には適用にならず、他方看護婦、保健婦については直接的な、実定法上の守秘義務規定が存在しない。

ⓓ　民事上の責任構成

民法六四四条は、（準）委任契約に基づく受任者の善良な管理者の注意義務（善管注意義務）を規定する。したがって、まず健康診断、保健指導、健康相談等を委ねられた医療機関・医師は委任した事業者に対し善管注意義務（情報の適正な管理を行う義務も含まれる）を負うと同時に、健康主体たる当該被用者に対しても自ら医療機関・医師として不法行為法上の守秘義務を負う。

また医療機関に使用される医師、保健婦、看護婦等が健康情報に関して秘密の漏えいを行った場合には、彼らの行為はそれ自体社会の倫理観念に背く行為によるプライバシー権の侵害であって被用者に対する不法行為となる。そして、医療機関・医師は、履行補助者ないしは被用者たる医師、看護婦、保健婦等の右秘密の漏えいの不法行為につき被害被用者に対してもほとんどの場合民事責任を負う（履行補助者論ないし使用者責任論による帰結）。

同様に、事業者に雇用される医師、保健婦、看護婦、従業員たる衛生管理者・衛生推進者、人事・労務担当者の健康情報に関する秘密の漏えいは、使用者に対する雇用契約上の誠実義務違反（民法一条二項）であって、懲戒処分、解雇等の対象となる。

また事業者は情報主体たる被用者に対して自ら信義則上ないし不法行為法上の守秘義務を負う。医療・保健従事者の右漏えい行為は、それ自体社会の倫理観念に背く行為による対象被用者のプライバシー権の侵害であり、不法行為となる。事業者はそれらの者のそのような行為につき、情報主体たる被用者に対して使用者としての代位責任を負うと解さなければならない。

(イ)　このように、健康情報の漏えいに関しては、事業者及びその従業員、医療機関及びその従業員の内部的責任関係、ならびにそれらの者が被害被用者に対して違法を犯したことに対する刑事、民事上の科刑・問責規定や理論が相当程度用意されてはいる。しかし、刑事責任規定は必ずしも明確ではなく、また十分とはいえない。

まず、刑法一三四条の秘密漏示罪の主体から、看護婦（士）、保健婦（士）が除外されていることである。この除外にはさしたる理由があるとは思われないのみならず、法定健診に際し、常に医師のかたわらで医療補助業務に従事しているはずの看護婦や専門的裁量をもっているこれらの者を除外しているのは、立法上の重大な欠陥であると云わなければならない。

つぎに、安衛法一〇四条による科罰規定は、科罰対象を「(法定健診）実施の事務に従事した者」と規定し、法定健康診断に限ってのこと（罪刑法定主義）であるので、法定外健診・診療、努力義務に係る保健指導、健康相談等を通じて収集された健康情報（THPによる情報）に関しては、情報処理に直接係わる関係者であっても同条は適用されない。もともと看護婦、保健婦は刑法一三四条の適用も免れているので、結局産業保健担当の看護婦、保健婦や事業者側の人事・労務担当者等のいずれもが法定外健康情報に関する秘密を曝露・吐露しても、これに対して科罰することができない（医師のみは、常に刑法一三四条によって罰せられる）。民事責任を問えるのみである。

法改正によりTHP施策等によって、法定健診以外にも健康情報の収集方を幅広く推進し（平成九年公示）、同時にプライバシーの保護の必要性を強調する（平成一二年公示二号）行政当局が、科罰ための構成要件規定（安衛法一〇四条）を旧態依然として法定健診にのみ固定しているのは、いかなる理由によるものであろうか。

(ウ) かようにして、安衛法上、法定外健診等にも秘密保持規定を拡大すること、そして刑法規定をより包括的にすなわち改正刑法草案三一七条一項のごとく「医療業務、法律業務、会計業務その他依頼者との信頼関係に基づいて人の秘密を知ることとなる業務に従事する者もしくはその補助者又はこれらの地位にあった者が、正当な理由がないのに、その業務に関し知ることができた人の秘密を漏らしたときは…」といったごとくに改めることが求められるであろう。

五　結びに代えて—安全配慮義務縮減の可否

(1) すでにみたように、わが国の被用者に対する事業者の健康管理に関する公法的規制（安衛法第七章）及びそれに基づく行政的指導（特にＴＨＰに基づく指針・公示等）によって事業者に課せられている被用者への健康保持増進施策の要請は、諸外国に類例をみない程に広汎かつ多様なものである。そこでの施策貫徹のための、事業者による被用者の健康情報の積極的な収集・保管・利用は、就業上の措置を通じて「被用者の利益」に資すると考えられてきたといってよい。そして、それに呼応する形で、私法的側面においても、判例法理が、最高裁判所によって確立された世に名高い使用者の「安全配慮義務」の構築とその後の膨大な判例による枠組み及び内容の解釈操作によって、これまた広汎かつ多様な事業者（使用者）の義務を肯定してきた（注(8)(10)(13)(14)参照）。

これらの行政的要請と事業者に課せられる私法上の措置義務（安全配慮義務ないし健康把握・配慮義務に基づく）の措定は、たしかに疾病の防止と増悪の回避を中核とした健康保持策として多大な効能を発揮してきたことには疑いがないものの、そこでは長い間、被用者の「健康」をめぐっては、職場外の第三者にはもちろん事業者や企業内の上司・同僚、ときには家族にさえ知られたくない高度に個人的な事柄や被用者自身の自己管理に委ねるのが適当である事柄が高度の人格的価値したがって法的価値（プライバシー権）としても存在するのだという視点が希薄なまま推移してきた。

（厚生）労働省「中間取りまとめ」（二〇〇〇年）は、被用者の種々の個人情報のうち、「健康情報」に特化して、公法たる安衛法に基づく事業者の「健康保持増進施策の推進」と、私法上の事業者の「安全配慮（健康把握）義務」そして被用者の「人格的利益＝プライバシー権の保護」の三つの要請が法的均衡を保った形で展開されなければならないことを本格的に認識した初めての報告書であり、これが世に出た意義はきわめて大きい。すなわち「安衛法等では一定の健康診断の実施、結果の記録及びその結果に基づく就業上の措置の実施等が事業者に義務付けられており、また、事業者は民事責任（安全配慮義務や注意義務＝筆者）を十分に果たす上で、幅広く健康情報を収集することが求められる場合もある。そのため、プライバシーの保護に対するより一層慎重な対応が求められ、また、事業者は労働者の健康を守る義務と労働者のプライバシーの保護のバランスについて配慮する必要がある」と。右文言は、実に、法学上に深刻な苦悩を強いるものである。

本稿は、上記の三つの要請の「法的均衡」を導きだすための解釈論の前提たる、三つの要請の「相克の場」を具体的に描き出す作業を、被用者の健康情報の処理段階（収集・保管・利用・提供）に従って行ってきた（課題の「骨格」を浮彫りにする作業）。右「法的均衡」の具体的な内容のより詳細な画定（肉付け）については、現在の筆者の能力を超えるものがあり、他日を期すほかにない。

(2)　事業場における法定内外健診・診療実施段階及びそこから発生した健康情報処理段階における企業実務的課題は、法定の衛生委員会（安衛法一八条）や類似の労使協議機関の協議を経て、予め就業規則あるいは健康情報管理規程をもって、右両段階についての被用者―事業者間の権利義務関係と踏むべき手続をできるだけ明確にしておくことである。その際には、医師の参与ないしは助言を得ることが不可欠と思われる。

(3)　所轄厚生労働省における課題は、基本的には安衛法が直接的にしかもナマのままの被用者健康情報を事業者が収集・管理できることとしている現行法の仕組みを改め、健康情報の収集・管理は可能な限りで医療側において一元的に行うこととし、医療側からの加工情報を厳格な守秘義務の下にのみ事業者に送付・通知する仕組みに改変すべきことである。さしあたりは、健診・診療行為実施段階及び情報処理段階において想定される問題点と具体的な留意点につき、特に被用者のプライバシーとの調和に重点をおいてガイドラインとして示すことを要望したい。

(4)　法解釈学的課題は、本稿において随所で指摘したとおり、ほとんどの場合、プライバシーあるいは他の理由で法定内外の健診・診療・健康相談等に同意を与えずあるいはその後の健康情報の処理段階に同意を与えずに、これらを忌避する被用者が出現した場合、健康情報を取得できない事業者の契約上ないしは不法行為上の健康把握（安全配慮）義務がどのように変容するのかあるいはしないのかということである。筆者は、そのような多くの場合、事業者の安全配慮義務の「縮減」という手法をもって法的均衡を保つほかないことを提示しようとした。

(5)　もっとも、健診・診療や情報処理等を忌避した原告たる被用者側が病状悪化・死亡の結果に至った場合につき、事業者の安全配慮義務違反を理由とする提訴に対する否定的ないし消極的判定を下した事案として、検診を受診しなかったことなど被災被用者側に存在する事情が安全配慮義務を軽減させることを理由に同義務違反の事実（因果関係）を否定した事例（千葉地判平八・七・一九労判七二五七八頁）、心筋梗塞死の被用者Hが体調不調を会社に訴えることもせず、上司・同僚はHの体調不良を知らず、上司からの健診（検診）の誘いも断っている事情などを捉えて、「安全配慮義務の不履行がある」と説示しつつも、帰責事由の不存在を理由に同義務違反を否定した事例（名古屋地判昭五六・九・三〇労判三七八号六四頁）、事業者の指示した精検不受検の事情を被用者の自己管理の不十分さと捉えて過失相殺（賠償額の五割減額措置）の要因とした事例（東京高判平一一・七・二八労判七七〇号五八頁）などがあり、〝義務軽減〟の手法は一様ではない。

これらをみてみても、安全（健康把握）義務の「縮減」が、本来の義務内容を縮減した結果義務違反の事実（因果関係）を否定する場合を作りだす趣旨か、帰責事由を操作する趣旨か、単に賠償額を減額する要因を意味するに過ぎないかはなお検討の余地がある。

(6)　事業者による健康情報の処理の目的は、したがって健康情報の処理をめぐる安全配慮義務の核心は「適正な就業上の措置」(疾病防止ならびに増悪回避措置)であり、これまでの裁判例によれば、そこから具体的に、軽作業転換義務・適正配置義務・加重業務抑制義務・就業禁止義務などを措定できる。しかして、適正な就業上の措置に関する右諸義務は、ほとんど使用者の健康情報の「収集」をもって可能となる。従来の判決例において、適正な就業上の措置の前提をなすものとして事業者に要求されている行為は、①各種健康診断の実施、②健診結果の被用者への告知、③医師の意見の聴取である。[25]特に、古くより下級審は、③を大いに重要視してきたといってよい(東京地判昭五二・一一・二八労働法律旬報九五一号七一頁等)。

しかし、被用者が、健診・診療・精検等の際の事業者による情報の取得に同意せず、事業者が医師から情報収集を行うことも容認せず、また同意してもプライバシー権保護の観点から、その収集・取得が許されざる場合には、事業者は、そもそも「適正な就業上の措置義務」を履行する前提を失うことになる。したがって、プライバシー権という俄然鮮明に姿を現した被用者の法益の故に情報収集手段を喪失した事業者に、適正かつ高度の就業上の措置の実施を迫るのは苛酷な事態が生まれる(もとより、常にそうだというわけではない)。ここではやはり、ある範囲内において、従来のような事業者の自由かつ広汎な情報収集を前提に構築してきた「安全配慮(健康把握)義務」の内容そのものを軽度にあるいは薄いものにして再構築せざるを得ないと思われる。その意味で、筆者は、措置義務不履行の事実の存在を否定をした前掲千葉地裁の構成に魅力を感ずるが、しかし免責の問題として把握する名古屋地裁の構成も捨て切れない。というのも、そもそも、安全配慮義務論における義務違反の事実(因果関係)と帰責事由(過失)の存在とは明確には区別するのが困難だからであり、このことについては、これまで筆者も繰り返し指摘してきた。[26]いずれにせよ、将来の課題となろう。

（1） 小早川光郎等座談会「個人情報保護基本法制大綱をめぐって」ジュリスト一一九〇号二〇頁以下（以下、情報保護座談会という）。なお、法案については、さしあたり、内閣官房個人情報保護担当室・菊池浩「個人情報の保護に関する法律案」経営法曹研究会報三五号五五頁以下参照。

（2） 安西愈「プライバシー等、労働衛生機関をめぐる法律問題」（全国衛生団体連合会・一九九七年）四頁以下。保原喜志夫・畠中信夫・堀江正知・平野良雄座談会「健康情報のプライバシー保護を巡る現状と課題（上）（中）（下）」労働安全衛生広報（二〇〇一年・労働調査会）七六二、七六四、七六六号（以下、健康情報座談会という）。なお、産業医制度におけるプライバシー問題に関しては、保原編著『産業医制度の研究』（一九九八年・北大図書刊行会）一三一頁以下も有益である。

（3） 前掲・健康情報座談会（中）（安衛広報七六四号）二二頁〈堀江医師〉。

（4） 前掲・情報保護座談会（ジュリ一一九〇号）九頁〈棟居快行〉。

（5） 公法上の観点からの、松井茂記「個人情報保護基本法とプライヴァシーの権利」ジュリスト一一九〇号四〇頁以下。

（6） 私法上の観点からの、潮見佳男『不法行為法』（一九九九年・信山社）七八頁以下参照。

（7） 幾代通＝徳本伸一『不法行為法』（一九九三年・有斐閣）三一五頁。

（8） 中嶋「職業性疾病・作業関連疾病と安全配慮義務」（花見忠古稀記念論集・二〇〇〇年・信山社）一二五～一二六頁。

（9） 前掲・健康情報座談会（中）二三頁（保原）。

（10） 渡辺章「健康配慮義務に関する一考察」（花見古稀）八四頁以下。

（11） 平井宜雄『債権総論』（一九八五年・弘文堂）六二頁参照。

（12） 帰責の枠組みについては、潮見・前掲書三五三頁以下。

(13) 中嶋『労働関係法の解釈基準(上)』(一九九一年・信山社)二七三頁。
(14) その代表的な見解に、新美育文「『安全配慮義務の存在意義』再論」法律論叢六〇巻四・五号五八三頁以下。
(15) 安西・前掲論文(全衛連)一五頁。
(16) 労働省安全衛生部編『労働安全衛生法の詳解』(一九九八年・労働調査会)六二九頁。
(17) 労働省・前掲書六八六頁。
(18) 労働省・前掲書八七四頁。
(19) 松井・前掲論文四一頁。
(20) 前掲・健康情報座談会(上)(安衛広報七六二号)八頁〈保原〉。
(21) 安西愈「メンタルヘルスをめぐる労務管理上の法律問題」経営法曹研究会報一六号一頁以下。
(22) 安西・前掲論文(全衛連)四一~四二頁。
(23) 本件に関する評釈として、例えば、諏訪康雄・判例評論三〇八号二一三頁以下。
(24) 同勧告のより詳細な内容については、砂押以久子「労働者のプライバシー権の保護について―フランスの現状と課題(二)」季刊労働法一八五号一八九頁参照。
(25) 中嶋・前掲論文(花見古稀)一四二頁。
(26) 中嶋・前掲論文(花見古稀)一四一頁。

8　民法八八四条の消滅時効と取得時効の関係

門広乃里子

一　はじめに

1　相続財産を構成する個々の不動産について、相続人は相続開始と同時にその所有権を取得するが（民八九六条）、共同相続の場合は、「共有」状態を経て（民八九八条）、遺産分割が行われて最終的に所有権の帰属が決まる。相続開始から遺産分割が適正に行われるまで、場合によってはかなりの日時を要することもあり、その間に、共同相続人の一人ないしは一部の者が、相続財産に属する不動産を、相続開始後又は相続開始前から引き続き単独で占有管理することも珍しくない。単独の占有管理が、他の共同相続人の明示若しくは黙示の委託に基づき、又は事務管理として行われる場合、この占有管理は全員のためにする占有管理である。このような全員のためにする占有管理が、意図的にあるいは意図しないで、専ら自己のためにする排他的な占有管理へとその性質を変更することがある。また、特殊な事情のもとで、相続開始当初から、自己のためにする排他的な占有管理の性質を帯びることもある。判例は、このような共同相続人の一人ないし一部の者による排他的な占有管理が一定期間継続した結果、共同相続人間の権利義務関係が変更し、ひいては遺産分割によらないで共有関係が解消することを認めることがある。民法八八四条所定の消滅時効と同一六二条以下所定の取得時効の二つの時効制度に拠るものである。

2　民法八八四条は、相続回復請求制度に関する規定である。相続回復請求制度とは、昭和五三年一二月二〇日の最高裁大法廷判決（以下では、大法廷判決という）によれば、[1]「いわゆる表見相続人が真正相続人の相続権を否定し相続の目的たる権利を侵害している場合に、真正相続人が自己の相続権を主張して表見相続人に対し侵害の排除を請求することにより、真正相続人に相続権を回復させようとするもの」であり、[2]同条は、相続回復請求権の行使期間につき、「相続人又は法定代理人が相続権を侵害された事実を知った時から五年間これを行わないときは、時効によって消滅する。相続開始の時から二十年を経過したときも、同様である。」と規定する。大法廷判決によれば、共同相続人の一人又は数人が、相続財産のうち自己の本来の相続持分をこえる部分について、当該部分についての他の共同相続人の相続権を否定し、その部分もまた自己の相続持分であると主張してこれを占有管理し、他の共同相続人の相続権を侵害している場合（本稿では、以下、表見共同相続人という）も、右の本来の相続持分をこえる部分に関する限り、共同相続人でない者が相続人であると主張して共同相続人の相続財産を占有管理している場合と理論上異なるところがなく、八八四条が適用される。

他方、共同相続人の一人が相続財産を単独で占有管理する場合、この者の占有が、他の共同相続人の相続分についても、「所有の意思」に基づいて占有するといえるかどうかについては、権原の性質上必ずしも明らかではないが、判例は、「所有の意思」を認め、ひいては時効取得を認めることがある。

3　ただ、公平な遺産分割という共同相続の理念からすると、排他的な占有が一定期間継続したからといって、共同相続人中一部の者のみが相続財産の分配を受け、場合によっては単独相続とほぼ同様の結果となることは必ずしも望ましいことではない。判例も、八八四条や取得時効の規定の適用にあたっては、慎重である。

八八四条の消滅時効に関して、大法廷判決は、「共同相続人のうちの一人若しくは数人が、他に共同相続人がいること、ひいて相続財産のうちの一人若しくは数人の本来の持分をこえる部分が他の共同相続人の持分に属するものであることを知りながらその部分もまた自己の持分に属するものであると称し、又はその部分についてもその者に相続による持分があるものと信ぜられるべき合理的な事由があるわけではないにもかかわらずその部分もまた自己の持分に属するものであると称し、これを占有管理している場合は、もともと相続回復請求制度が予定されている場合にあたらない」とする。従来、下級審において、共同相続人間に八八四条の適用を肯定する裁判例と否定する裁判例とに分かれていたところ[3]、大法廷判決は、基本的には適用肯定説に依りつつ、共同相続人間の公平を顧慮して、「他の部分が他の共同相続人に属することを知っている（悪意）者」又は「他の部分が自己の持分に属すると信ぜられるべき合理的事由のない者」は八八四条の消滅時効を援用することができないという新解釈―言い換えれば、他に共同相続人がいることを知らない「善意」で、かつ本来の持分を超える部分についても自己に持分があると信ぜられるべき「合理的事由」がある者にのみ時効の援用を認めるという解釈―を打ち出したのである。大法廷判決後は、「善意かつ合理的事由」の存否の

判断に重点がおかれるようになる。(4)

また、取得時効の要件の一つ「所有の意思」につき、昭和四七年九月八日の最高裁判決(以下では、昭和四七年判決という)は、(5)「共同相続人の一人が、単独に相続したものと信じて疑わず、相続開始とともに相続財産を現実に占有し、その管理、使用を専行してその収益を独占し、公租公課も自己の名でその負担において納付してきており、これについて他の相続人がなんら関心をもたず、もとより異議を述べた事実もなかったような場合には、前記相続人はその相続のときから自主占有を取得したものと解するのが相当である」とする。その後の裁判例では、昭和四七年判決の掲げる諸事情のうち、とりわけ、共同相続人の一人が単独に相続したと信じて疑わなかったという事情の存否が重要視されるようになる。昭和五四年四月一七日の最高裁判決(以下では、昭和五四年判決という)は、(6)この点につき、「数人の共同相続人の共有に属する相続財産たる不動産につきそのうちの一人による単独の自主占有が認められるためには、その一人が他に相続持分権を有する共同相続人のいることを知らないため単独で相続権を取得したと信じて当該不動産の占有を始めた場合など、その者に単独の所有権があると信ぜられるべき合理的な事由があることを要する」とする。

4 ところで、大審院の判例は、真正相続人と表見相続人との間では、特別時効を定める旧法九六六条・九九三条(民八八四条)が適用され、一般の取得時効の規定は適用されないと解していた。また、昭和三九年二月二七日の最高裁判決(以下では、昭和三九年判決という)は、(7)八八四条の適用が認められるためには、「表見相続人に相続権侵害の意思あること及び所有の意思を以って相続財産を占有することを要せず、現に相続財産を占有して客観的に相続権侵害の事実状態が存在すれば足りる」としていた。このように、判例上、かつて、両時効は、その適用領域においても、その要件においても、異なるものと解せられていたところ、近時、判例上、効果・要件が互いに近似する傾向にある。たとえば、効果について、相続回復請求権が時効消滅した結果、その反射的効果として相手方に権利の取得を認める考え方が、下級審の裁判例や大法廷判決の補足意見の中にみられる。また、昭和五四年判決のいう、単独所有の意思を認めるために必要な「単独の所有権があると信ぜられるべき合理的事由」と、大法廷判決のいう、八八四条の適用を認めるために必要な「他の部分も自己の持分に属すると信ぜられるべき合理的事由」との文言上の類似性にもそのような傾向が現れている。そこで、本稿では、判例を中心に、両時効制度の要件・効果を比較検討し、それぞれの適用領域の明確化を試み、八八四条の消滅時効の意義を、取得時効との関係において、再検討する。(8)

（1）　最（大）判昭和五三年一二月二〇日民集三二巻九号一六七四頁。

（2）　大法廷判決のこのような見解は、基本的には、家督相続と遺産相続とを問わず、大審院時代から判例の一貫してとるところである。大判明治三八年一二月七日民録一一輯一六六二頁、大判明治四四年七月一〇日民録一七輯四六八頁、大判大正五年二月八日民録二二輯二六七頁、大（連）判大正八年三月二八日二五輯五〇七頁他参照。

（3）　八八四条適用肯定裁判例として、東京高判昭和四五年一月二八日家月二三巻四号三一頁、大阪地判昭和四五年二月一四日下民集二一巻一～二号三三三頁、東京高判昭和四九年一二月二六日判時七七四号七二頁他。適用否定裁判例として、東京地判昭和三九年五月七日下民集一五巻五号一〇三五頁、東京高判昭和五二年一〇月一三日家月三一巻一号七七頁他。

（4）　最判昭和五四年四月一七日（昭五三（オ）六号）判時九二九号七三頁、最判昭和五四年四月一七日（昭五一（オ）九〇八号）判時九二九号七六頁、最判昭和五四年四月一七日（昭五二（オ）四五六号）判時九二九号七一頁、東京高判昭和五六年四月六日判タ四四六号一〇四頁、福岡地判昭和五八年六月二八日判タ五〇八号一八九頁、東京地判平成六年三月一八日判タ八六〇号二五五頁他。

（5）最判昭和四七年九月八日民集二六巻七号一三四八頁。
（6）最判昭和五四年四月一七日（昭五一（オ）六三九号）金判五七五号二四頁。
（7）最判昭和三九年二月二七日民集一八巻二号三八三頁。
（8）品川孝次教授は、大法廷判決を批評した「相続回復請求権」谷口知平ほか編『判例演習民法5親族・相続』一八三頁（昭五九）において、「相続回復請求権と相手方の取得時効との関係についても、従来からの議論がなおいっそう発展することが予想される」と述べておられる。このご指摘を受け、私は、かつて、共同相続人間の取得時効の成否について、単独所有の意思を中心に考察したことがある（拙稿「共同相続と取得時効」帝京一九巻二号一三一頁以下（平八））が、その後、さらに、相続回復請求制度に関する総合判例研究を行う機会を得た（拙著『相続回復請求権』叢書民法総合判例研究（平一二））。本稿は、両研究の成果をもとに、八八四条の消滅時効と取得時効との関係を考察したものである。

二　二つの時効の要件及び効果の比較検討

1　時効の効果

(1)　取得時効の効果　　取得時効の効果は、財産上の権利の取得である。

(2)　消滅時効の効果　　八八四条の消滅時効の効果については、従来より議論がある。五年又は二〇年の消滅時効が完成すると、相続回復請求権は消滅する。判例によれば、例えば、相続財産に属する特定の不動産につき、共同相続人の一人が単独名義の相続登記を経由した場合に、他の共同相続人の共有持分権に基づく更正登記手続請求権が時効により消滅することになる。問題は、その結果、他の共同相続人の持分権は単独占有者たる共同相続人、つまり表見共同相続人に帰属することになるのか、それとも、依然として他の共同相続人に帰属するのか、である。

真正相続人の相続回復請求に対し、表見相続人が消滅時効を防禦的に援用する場合、裁判所としては、通常、時効の完成を認めて、原告の請求を棄却すれば足り、あえて所有権の帰属を明確にする必要はない。昭和三九年判決の原審は、旧法下の遺産相続をめぐる共同相続人間の争いに関し、二〇年の消滅時効の完成を認めて、原告の建物収去土地明渡請求をしりぞけるが、その際、表見共同相続人たる「被告が本件土地全部の所有権を取得したかどうかは別として、相続回復請求権が時効消滅した以上、本訴請求は理由はない」と述べている。(9)

それに対し、表見共同相続人が消滅時効を攻撃的に援用する場合―消滅時効の場合には、このような攻撃的援用は許されないという学説もあるが(10)―所有権の帰属を明確にする必要がでてくる。例えば、昭和三八年三月二九日の下級審判決(11)は、旧法下の遺産相続に関し、相続財産を単独で占有する共同相続人の一人が、他の共同相続人に対し、消滅時効を援用して所有権確認の訴を提起（訴訟参加）した事案において、消滅時効の攻撃的援用を認めたうえ、「正当相続人が相続回復請求権を時効によって失う結果、僭称相続人は相続権を取得し被相続人の財産上の権利義務を承継する」と述べる。(12)

この点に関し、環裁判官は、大法廷判決の補足意見の中で、一般的に、表見相続人に権利取得を認める。すなわち、「相続回復請求の制度は真正相続人と表見相続人のいずれか一方に相続権を帰属させることによって争いを早期に収束させることを期するものと解すべきであるから、回復請求権が時効によって消滅したとされた後も、相続財産上の権利が依然として請求権者に属し、表見相続人は無権利者として事実上これを占有管理するにすぎないものと解することは、右にのべた制度本来の趣旨に沿うものとはいい難い。したがって相続回復請求権が時効によって消滅したことの反面として、表見相続人の事実上の占有管理が法的なそれとみとめられる結果となるものと解せられる。すなわち一つの事実状態の存在と一定の年月の経過の効果として、真正相続人の請求権（実質的には相続財産上の権利）が時効によって消滅し、いわばこれと連動して表見相続人が相続権を取得したのと同じ結果となるのであって、この消滅時効は一般の債権等の消滅時効のように相手方たる債務者に債務を免れさせるに止まるのとは趣を異にする。このように考えると右のような消滅時効を定めたことは、その実質・効果において表見相続人に相続権ないし相続財産上の権利の短期取得時効をみとめたのと、さしたる差異がないということができる」と述べており、藤崎裁判官もその補足意見の中で右の意見に賛同する。両裁判官の補足意見もあわせみると、消滅時効の趣旨を「相続権の帰属及びこれに伴う法律関係の早期かつ『終局的』確定」（二重括弧は筆者記）であるとする大法廷判決は、時効消滅の反射的効果として表見相続人に権利取得を認めることを示唆するものと理解することもできる。

2 時効の要件

(1) 単独（ないし排他的）占有と相続権の客観的侵害

(a) 取得時効と単独占有　共同相続人の一人が被相続人の有していた不動産につき単独所有権を時効取得するためには、単独占有（管理・使用の専行）の事実がなければならない。管理・使用の事実すらない場合はもちろんのこと、管理・使用の事実があっても、他の共同相続人もまた管理・使用を自ら行っているような場合には、単独占有があるとはいえない。

(b) 消滅時効と相続権の客観的侵害　昭和三九年判決によれば、表見共同相続人により相続権を侵害されたとして相続回復請求権を行使するには、右表見共同相続人において現に相続財産を占有して、客観的に相続権侵害の事実状態が存在しなければならない。昭和三九年判決は、共同相続人の一人が、相続不動産上に家屋を新築するなどして単独で管理占有したため、他の共同相続人が建物収去土地明渡を求めた事案において、右のように判示し、二〇年の消滅時効を認めたものである。

問題は、他の共同相続人もまた管理・使用を行っている場合、たとえば、被相続人が所有していた甲不動産を共同相続人XYともに占有していたが、Yが単独名義の相続登記を経由した場合、あるいはまた、共同相続人Xが事実上単独で占有管理する甲不動産につき、共同相続人Yが単独名義の相続登記を経由した場合にも、相続権の客観的侵害がY側に認められるか、である。下級審の裁判例の中には、単独占有の事実がなくても、単独名義の相続登記を経由した場合には、相続権の客観的侵害の事実を認めるものと解せられるものもある。(13)

また、逆に、単独占有の事実があっても、相続登記が経由されていない場合には、相続権の侵害はないとする裁判例も少なくない。(14)共同相続人は、自己の相続分の範囲では権利を有するのであるから、その占有管理が他の共同相続人の相続権（相続分）を侵害したことが客観的に明らかであるとは必ずしもいえないからである。昭和三九年判決が、相続登記が経由されていないにも拘らず、「相続権の侵害」ありとしたのは、家屋の新築行為があったからであろう。(15)

ところで、単独占有の事実がなくても、単独名義の相続登記がなされていれば、相続権の客観的侵害が認められるとすると、この点において、八八四条の消滅時効は、取得時効と異なる独自の適用領域を有することになる。ただし、単独占有を伴わない場合には、たとえ、相続登記を経由しても、「善意かつ合理的事由」（単独占有ないし単独名義の相続登記をもって「相続権の客観的侵害」と解することに対応して、ここでは、「善意かつ合理的事由」を「相続権の主観的侵害」と位置づける）を欠くことが多いであろう。

(2)　「所有の意思」と相続権の主観的侵害

(a)　取得時効と「所有の意思」　相続財産を単独占有する共同相続人の一人が取得時効により単独所有者となるためには、彼の単独占有が、単独所有の意思をもってする占有（自主占有）でなければならない。

共同相続人の一人による単独占有が、他の共同相続人の明示若しくは黙示の委託に基づき、あるいは事務管理として行われる場合、この単独占有は、自己を含む共同相続人全員のためにする占有であり、賃借人や管理者の占有などの典型的な他主占有と同様に、民法一八五条に基づいて共同相続人全員のためにする占有を単独所有の意思に基づく占有に転換するのでなければ、取得時効を基礎づけることはできない。

委託や事務管理等が認められない場合、共同相続人の一人による単独占有の性質は、権原の性質上―すなわち、共同相続という占有取得原因からは―必ずしも明らかでない。相続分は一の観念的分量にすぎないから、相続財産全部につき自主占有を有するともいえそうであるが、他の共同相続人との関係においては、権原の性質上その者のために占有するものというほかなく、その限りにおいてその占有は他主占有と認めざるをえないとも考えられるからである。(16)　そこで、昭和四七年判決は、前述したように、共同相続人の一人が、単独に相続したものと信じて疑わなかったこと、相続開始とともに相続財産を現実に占有し、その管理、使用を専行してその収益を独占し、公租公課も自己の名でその負担において納付してきたこと、これについて他の相続人がなんら関心をもたず、もとより異議を述べた事実もなかったこと等の事情がある場合には、その相続人は相続の時から自主占有を取得したものと解するのが相当であるとした。昭和四七年判決の掲げる諸事情のうちとりわけ、共同相続人の一人が単独に相続したと信じて疑わなかったという事情の存否が、その後の裁判例では重要視されるようになり、昭和五四年判決は、この点につき、「単独の所有権があると信ぜられるべき合理的な事由があることを要する」とする。

昭和四七年判決の基準に従い、自主占有が認められた例として、戸主が、共同相続の開始した家族の特有財産を単独相続したと誤信して、単独占有を始めた場合(17)、養子が、唯一の相続人として単独占有を始めたところ、すでに法律上解消していると思っていた他の養子と被相続人間の養子縁組が実際は解消していなかったことが、後日判明した場合(18)、養子が、唯一の相続人と信じて単独占有を始めたところ、被相続人が再婚であり、前婚の妻との間に子（孫が代襲相続）が存在することが、後日判明した場合(19)がある。それに対し、「合理的事由」に欠けるとして、自主占有が認められなかった例として、共同相続人の一人が、他の共同相続人のいることを知りながら、無断で相続放棄申述書や遺産分割協議書を作成し、単独名義の相続登記を経由した場合がある。(20)

(b)　消滅時効と相続権の主観的侵害　　大法廷判決によれば、単独占有ないし単独名義の相続登記をしても、「他の部分が他の共同相続人の持分に属することを知っている（悪意）者」又は「他の部分が自己の持分に属すると信ぜられるべき合理的事由がない者」は八八四条の予定している者ではなく、消滅時効を援用することはできない。大法廷判決以後、この「悪意」又は「合理的事由がない」として消滅時効の主張がしりぞけられた事例の多くは、不正な手段を用いて単独名義の相続登記を経由したものである。(21)

(c)　両時効における「合理的事由」　　(a)及び(b)において述べたように、最高裁は、不正手段を用いて単独名義の相続登記を経由した単独占有者たる共同相続人について、一方で、「単独の所有権があると信ぜられるべき合理的事由」がないとして、単独所有の意思を否定し、取得時効を認めることはできないとするとともに、他方で、「悪意」又は「他の部分も自己の持分であると信ぜられるべき合理的事由がない」として、八八四条の適用を否定する。つまり判例上、不正手段使用事例では、時効を認めないという結論を導き出す点で、単独所有の意思に関する「合理的事由」と、八八四条に関する「合理的事由」は同一の機能を果たす。それぞれの「合理的事由」が、不正手段使用事例以外の事例おいても同一の機能を有するのかということについては、今後の裁判例の集積をまって検討されるべきであるが、さしあたって、次のようなことがいえるであろう。

取得時効の場合は、「単独の所有権があると信ぜられるべき合理的事由」は所有の意思を認定するための「合理的事由」であって、「善意無過失」（一〇年の取得時効特有の要件）とは本来別のものである。「合理的事由」が認められて所有の意思があるとされる場合でも、なお過失があるとして一〇年の取得時効が認められないことはありうる。

そのような例として、昭和五二年二月二四日の下級審判決(22)をあげることができる。事実関係を述べれば、XはAB夫婦の養子Yと婿養子縁組をすることになったが、婚姻挙式当日Yが行方不明となったため、XA間に紛争が生じ、話合いの結果、AB夫婦がYと離縁してXと養子縁組をすることとなった。Xは縁組後直ちに本件建物に入居してAB夫婦と生活を共にし、本件不動産を家族の一員として占有・使用し、AB死亡後は専らXが妻子と共に本件不動産を生活の本拠として独占的にこれを使用収益し、かつ自己の出損と責任において管理し現在に至っている。他方、Yは、AB夫婦に勘当され、親子の共同生活を廃絶して別居し、婚姻費用や出産費用等にあてるため金員の贈与を懇請してXから手切金の趣旨で金員の交付をうけたことがあるが、その後は没交渉となった、というものである。このような事実関係の下、裁判所は、養子Xが、養子Yと被相続人Aの養子縁組は法律上解消されたものと信じて単独相続人として相続財産を占有管理していたとして、相続開始と同時に始めたXの占有は単独所有の意思による自主占有としての性格を帯有するものと認め、ただし、Xが相当の注意をもって相続関係を調査すれば、Yが共同相続人であることを知ることができたのに、これを怠り、単独所有者であると信じたことに過失があるとして、一〇年の取得時効の主張をしりぞけ、二〇年の取得時効のみを認める。右判決は、Xが養子となった経緯及びその後の経緯から、「単独の所有権があると信ぜられるべき合理的事由」ありとして、単独所有の意思を認めつつ、過失ありとの判断をしたものである。

ところが、八八四条を適用するに際して善意とならんで必要とされる「他の部分も自己の持分に属すると信ぜられるべき合理的事由」の有無の判断は――学説の多くが、大法廷判決を「悪意又は有過失の僭称相続人に対する請求には八八四条の適用がない」とする立場であると一般化しているように[23]――「過失」の有無の判断を含むと解せられる。そうであるとすると、八八四条の適用に必要な「合理的事由」は、単独所有の意思の認定に必要な「合理的事由」よりも厳格であるということになる。先の昭和五二年の裁判例のような事案においては、単独所有の意思を認めるために必要な「合理的事由」はあるが、八八四条の適用に必要な「合理的事由」はない――両時効は競合しない――という可能性もある。[24]

いずれにしても、八八四条の適用に必要な「合理的事由」が認められる場合には、通常、単独所有の意思も認められるであろう。かつて、昭和三九年判決は、八八四条にいう「相続権の侵害」ありとされるためには、単独占有の事実があれば足り、所有の意思は不要であるとしていたが、この点が今日維持されるべきかどうかは疑問である。[25]

(3) 時効の期間と起算点

(a) 取得時効の起算点　取得時効の起算点は、単独所有の意思をもって占有(自主占有)を開始した時である。昭和四七年判決の基準によって単独所有の意思が認められた裁判例では、自主占有の開始時は相続開始時である。[26] 自主占有の始めに善意無過失であれば、取得時効の期間は一〇年、そうでない場合には、二〇年である(民一六二条)。一〇年の取得時効が認められた例は少ない。[27]

(b) 五年の消滅時効の起算点　八八四条によれば、五年の消滅時効は、相続人が相続権侵害の事実を知った時を起算点とするが、その期間の短さから、一〇年の取得時効より前に完成することがありうる。例えば、昭和三七年一一月一七日の大阪高裁の決定[28]は、子を相続した離婚父母XY間の争いに関するものであるが、Xが、離婚後子を養育し当該不動産(母Y方の実家から子が承継した財産)を占有管理してきたYに対し、遺産分割の申立てをし、Yが五年の消滅時効を援用した事案において、相続開始当時自己が共同相続人であることを知りながら、五年が経過して、相続回復請求権は時効消滅し、Xは遺産分割審判申立資格を失ったとする。

ただ、この裁判例は例外的であり、多くの下級審の裁判例は、起算点を厳格に解し、五年の消滅時効の完成を容易に認めない。第一に、相続開始の事実を知らないときは、時効は進行を始めない。除外された相続人が遠方に居住していたため被相続人の死亡の事実すら知らないで、年月が経過することがあるが、このような場合には時効は進行しない。[29] 第二に、自己が共同相続人であることを知らないときは、時効は進行を始めない。旧法から新法への過渡期、家督相続にみられた長子単独相続の意識が妨げとなって、長男以外の共同相続人らが自分たちに相続権があることに思い及ばず、当時としてはそのように考えたとしてもやむを得ないとみられる事例がある。[30] また、共同相続人らが、自分たちの代理人のなした相続放棄が利益相反行為で無効であることを知ったときを起算点とする裁判例がある。[31] また、自己を事実上の養子と考えていた者が、養子縁組の記載遺漏を発見するまでは、時効は進行を始めない。[32] 第三に、自己の相続権が「侵害」されたことを知るのでなければ、時効は進行しない。この点については、前述したように、単独名義の相続登記がなされたことをもって「侵害」と認定する裁判例が少なくなく、この場合、単独名義の相続登記がなされたことを知った時が起算点となる。[33]

大法廷判決以降現在に至るまでも、五年の消滅時効を認めたものはない。

(c)　二〇年の消滅時効の起算点　　二〇年の消滅時効の起算点は、八八四条によれば、「相続開始時」である。

二〇年の期間の性質について、通説はこれを除斥期間と解するが、[34] 判例は大審院時代から一貫して消滅時効と解する。[35] 消滅時効は、通常、「権利ヲ行使スルコトヲ得ル時」より進行するが（民一六六条一項）、二〇年の消滅時効は、判例によれば、相続権が侵害されて相続回復請求権が発生したかどうかにかかわらず、一律に相続開始時から進行を始める。一般原則からすると変則的であるが、その理由を、昭和二三年一一月六日の最高裁判決[36]は、家督相続に関する争いは、相続開始後二〇年の時効で打ち切ることが家督相続の性質からもまた公益上からも必要であると、説明する。以後、判例は、家督相続か否かにかかわらず、相続開始時を起算点とすることで、確定している。

この点について、通説は、判例が二〇年を消滅時効と解しつつ、権利を行使しえない間に消滅時効の開始を認めるというのは不合理である、と批判する。

相続回復請求権の消滅時効の起算点を「相続開始時」とする解釈は、一九世紀後半のフランスの学説においてみられ、[37]おそらく、そのような解釈が、ボワソナードによってわが国に導入され、草案一四九二条が「相続回復訴権は…相続開始の時（á partir de l'ouverture de la succession）より三〇年を経過するのでなければ時効にかからない」と規定し、旧法を通して、現行の八八四条の「相続開始の時から二十年を経過したときも、同様である」という文言になったのではないかと推察される。フランスにおいては、その後、この解釈は、相続を承認するか放棄するかの選択権の三〇年の時効—選択権の時効消滅の結果、相続人は相続権自体を失い、相続回復もできなくなる—の起算点が相続開始時であること（仏民七八九条）と混同しているという批判がなされ、今日では、相手方が明らかに表見相続人と振る舞って占有を開始した時を起算点とするのが一般的である。[38]近時、わが国においても、二〇年の起算点を、相続権の侵害を引き起こす「表見相続の開始時」とすべきであるという見解が見られる。[39]このような見解にたてば、八八四条の二〇年の消滅時効の起算点である「表見相続の開始時」と、取得時効の起算点である「単独所有の意思をもって単独占有を開始した時」（自主占有開始時）との差はなくなる。ただ、右の見解をとらないまでも、昭和四七年判決をはじめ、同判決の基準により二〇年の取得時効を認めた裁判例においては、相続開始時が自主占有開始時と認定されているものが多い。

3　両時効の関係

八八四条の適用を受けるために必要な「合理的事由」がある場合には、単独所有の意思もまた認められるとすると、同条の消滅時効が成立する場合には取得時効もまた成立しうることになる。もっとも、消滅時効しか成立しない場合もありえ、たとえば、単独占有の事実はないが単独名義の相続登記がなされている場合や、一〇年の取得時効が経過しないうちに五年の消滅時効が完成する場合などが考えられるが、いずれも実際には稀にしか生じないであろう。そうであるとするならば、消滅時効と取得時効は、大抵の場合、競合することが予想される。さらに、八八四条適用に必要な「善意かつ合理的事由」が認められる場合には、一〇年の取得時効に必要な善意無過失も認められるであろうから、一〇年の取得時効との競合もありうる。

二〇年の消滅時効と二〇年の取得時効の競合については、期間が同じであること、また、前述したように、各起算点の「相続開始時」と「自主占有開始時」も、これまでの裁判例をみるかぎりでは一致することが多く、両時効の競合が問題を生じさせることはほとんどない。両時効の競合によって問題が生じうるとすれば、それは、五年又は二〇年の消滅時効と一〇年の取得時効の競合の場合であろう。たとえば、共同相続人の一人Yが、戸籍上他人の子として届け出られている兄弟Xの存在を知らないで、相続開始後すみやかに相続財産の占有管理を始め、中断事由もなく一〇年を経過したが、Xが相続持分権の侵害を知ったのは相続開始後八年を経過した頃で、いまだ五年を経過しないうちに訴を提起した場合や、あるいは、Xが相続開始後一八年後に相続権の侵害の事実を知って訴を提起した場合に、Yによる一〇年の取得時効の主張を認めるか否かである。

この点については、大審院時代に、八八四条の消滅時効は特別規定であって、一般の取得時効を排除するという判例理論（本稿では、取得時効排除の理論と呼ぶ）が形成されており、この判例理論によれば、右の例では、一〇年の取得時効の主張は認められないことになる。ただ、取得時効排除の理論が今日もなお判例上維持されているかどうかは必ずしも明らかではなく、検討を要する。

（9）　なお、昭和三九年判決・前出注（7）の一審は、時効消滅とともに、表見共同相続人の単独所有となるとする。また、共同相続人間の争いに関するものではないが、東京高判昭和三八年七月一五日下民集一四巻七号一三九五頁もまた、時効消滅により表見相続人が所有権を取得する、と述べている。

(10) 鈴木禄弥＝唄孝一『人事法II』一四六頁（昭五〇）。

(11) 名古屋高判昭和三八年三月二九日下民集一四巻三号五一三頁。

(12) 共同相続人間の争いに関するものではないが、東京地判昭和四五年九月二四日判時六一九号七〇頁は、相続権を有しないにもかかわらず、共同相続人であると称する者から二分の一の相続持分を譲り受けた第三者が真正相続人に対し、二〇年の消滅時効を援用して分割請求をした事案において、この第三者に二〇年の消滅時効の援用を認めたうえ、「真正相続人の所有権のうち二分の一の持分権は消滅し、表見相続人が右持分権を取得した」として、分割請求を認める。

(13) 東京地判平成六年三月一八日・前出注(4)。その事実関係と判旨は次のとおりである。

［事実］Aは昭和四七年一〇月七日死亡し、妻Bが$\frac{2}{6}$、長男X_1、長女X_2、二男Y_1及び二女Y_2が各$\frac{1}{6}$の割合で本件不動産を共同相続した。X_1は、Aの生前その家業の書籍販売業を中心となって手伝い、A死亡後家業を受け継ぎ、本件土地上にある本件建物の一部を店舗兼住居として使用してきた。X_2は婚姻後本件建物から転居したが、Y_2は本件建物の一部に居住し、またY_1は本件土地内に建物を建築して不動産業を営んできた。昭和五〇年一二月一七日、Cは、X_1に対する手形判決にもとづく強制執行を代位原因として、Aの相続を原因とするBらの本件土地建物の所有権移転登記をしたうえ、X_1の持分について同月二三日強制競売の申立をし、同日強制競売開始決定がなされ、その旨の登記がなされた。翌二四日、X_1らは協議のうえ、資産を保全するための一時的な措置として、本件土地についてX_1の登記名義をなくし、本件建物についてY_1名義にすることとし、手続をY_1に一任することで合意し、X_1らは印鑑登録証明書をY_1に交付し、未完成の遺産分割協議書に書名押印した。昭和五一年一月五日X_1はCに四〇〇万円を支払って全面解決し、同月一二日右競売登記は抹消されたので、X_1はその旨をY_1に伝え登記手続を止めるよう求めたが、Y_1はこれに応じず、同年二月二六日本件建物についてY_1名

義に保存登記をし、さらに同月二〇日本件土地についてBの持分をX_2Y_2に各$1/12$、Y_1に$1/6$移転する旨の登記をした。X_1は、同年二月、本件土地建物について各登記がなされていることを知り、同月二八日本件建物の持分$1/6$につき処分禁止の仮処分をし、次いで、同年三月二九日$X_2Y_1Y_2$を相手方として遺産分割調停を申し立て、昭和五三年七月まで調停が行われたが、Bから兄弟争いは止めるよう諭され、同月二七日取り下げた。Bが平成元年九月に死亡した後、平成三年に再び紛争が生じ、X_1は翌四年四月調停の申立をしたが、同年九月不調に終わった。その直後、Y_1はY_2に対して贈与を原因として本件建物の所有権移転登記をした。X_1X_2は各持分権にもとづき、Y_1Y_2を相手どり、本件土地建物につき所有権移転登記を求め本訴を提起した。これに対し、Yらは、①遺産分割協議が成立した、かりに①が認められないとしても、②遺産分割調停を取り下げた昭和五三年七月二七日以後五年の経過とともに、Xらの相続回復請求権は時効により消滅した、と主張した。本判決は、①につき遺産分割協議が成立したと認める余地はなく、Xらは各$1/4$の持分を有するとしたうえで、②につき、大法廷判決を踏まえたうえ、次のように判示して、Xらの請求を認容した。

〔判旨〕「前記認定事実によると、共同相続人の一部であるYらは、本件土地建物について、他に共同相続人としてXらがいることを知りながら、本件土地についてはB持分移転登記を、本件建物についてはY_1の単独登記をし、更にY_2に移転登記をしたものであって、しかも、Yらの本来の持分をこえる部分につきYらの相続による持分があるものと信ぜられるべき合理的な事由があるとは認められない。したがって、Xらの請求については、民法八八四条の適用が排除されるというべきであるから、Yらの消滅時効の主張は理由がない。」

(14)　大判明治四四年七月一〇日・前出注(2)、大阪地判昭和四五年二月一四日・前出注(3)、福島家白河支審昭和三七年一〇月二七日家月一五巻二号一五一頁。

(15)　表見共同相続人が相続登記を経由していない場合に五年の消滅時効を認めたもとして、大阪高決昭和三七年一一月一七日高民集一五巻八号五九九頁がある。

(16)　最判昭和四七年九月八日・前出注(5)の原審、東京高判昭和五二年二月二四日下民集二八巻一～四号一〇六頁、東京地判昭和五八年九月二七日判時一一〇七号八三頁。なお、金山正信「判批」民商六八巻四号九九頁（昭四八）、川井健「判批」法協九〇巻一一号一二四頁（昭四八）、有地亨＝生野正剛「判批」民商九〇巻五号一〇〇頁（昭五九）、田中整爾『占有論の研究』二一五頁（昭五〇）、四宮和夫『民法総則』三〇〇頁（昭六一）、星野英一『民法概論Ⅰ（序論・総則）』二五六頁（昭四六）参照。

(17) 最判昭和四七年九月八日・前出注(5)。

(18) 東京高判昭和五二年二月二四日・前出注(16)。

(19) 東京地判昭和五八年九月二七日・前出注(16)。

(20) 最判昭和五四年四月一七日（昭五一（オ）六三九号）・前出注(6)のほか、最判平成七年一二月五日金判九九三号三頁の原判決参照。

(21) 遺産分割協議書無断作成事例として、大法廷判決・前出注(1)、最判平成七年一二月五日・前出注(20)、相続放棄申述書無断作成事例として、最判昭和五四年四月一七日（昭五一（オ）六三九号）・前出注(6)、最判昭和五四年四月一七日（昭五三（オ）六号）・前出注(4)、相続分不存在証明書無断作成事例として、福岡地判昭和五八年六月二八日・前出注(4)がある。

(22) 東京高判昭和五二年二月二四日・前出注(16)。

(23) 鈴木禄弥「相続回復請求制度の雲散―最近の最高裁判決にことよせて―」判タ三七八号九頁（昭五四）、田中整爾「相続回復請求権と物権的請求権・占有訴権」法時五一巻一二号一四頁（昭五四）、泉久雄「相続回復請求権の性質」加藤一郎ほか編『民法の争点Ⅰ』二三〇頁（昭六〇）他。

(24) なお、東京地判昭和五八年九月二七日・前出注(16)は、唯一の相続人として相続財産を占有管理するXが、相続開始から二〇余年後、本件不動産売却のため登記名義を変更しようとしたところ、被相続人と前婚の妻との間に子（その代襲相続人として孫のY）の存在が判明し、Yに対して、一〇年の取得時効の完成により所有権を取得したことの確認を求めた事案において、昭和四七年判決の基準に従い、Xの単独所有の意思を認めてその請求を認容しているが、一〇年の取得時効を認めた点については疑問がある。すなわち、事実関係からして、「単独の相続権があると信ぜられるべき合理的事由」があり、Xに単独所有の意思を認めてよいが、しかし、相当の注意をもって相続関係を調査すれば、Yが共同相続人であることを知ることができたといえるから、過失があり、一〇年の取得時効は成立しないと思われる。ただ、当事案では、占有開始時は相続開始時でもあり、相続開始時からすでに二〇年を経過しているので、二〇年の取得時効は認められてよい事例であった。

右裁判例は、取得時効のみが問題とされた事例であるが、かりに、八八四条の適用が争われたとしても、同条を適用するための「善意かつ合理的事由」は認められないのではないだろうか。

(25)　最判平成一一年七月一九日民集五三巻六号一一三八頁は、昭和三九年判決を踏襲して、相続権侵害の意思は要しないとしつつも、所有の意思については言及していない。
(26)　最判昭和四七年九月八日・前出注(5)、東京高判昭和五二年二月二四日・前出注(16)、東京地判昭和五八年九月二七日・前出注(16)。
(27)　仙台高判昭和五〇年一〇月二〇日判時八〇三号七九頁、東京地判昭和五八年九月二七日・前出注(16)。
(28)　大阪高決昭和三七年一一月一七日・前出注(15)。
(29)　東京高判昭和四五年一月二八日・前出注(3)。
(30)　東京高判昭和四五年一月二八日・前出注(3)、大阪地判昭和四五年二月一四日・前出注(3)。
(31)　東京高判昭和四九年一二月二六日・前出注(3)。
(32)　福島家白河支審昭和三七年一〇月二七日・前出注(14)参照。
(33)　前出注(14)参照。
(34)　山畠正男『註解相続法』三一一頁［中川善之助監修］（昭二六）、柚木馨『判例相続法論』一〇二頁（昭二八）、松坂佐一『民法提要　親族法・相続法』一八四頁（昭五〇）、鈴木＝唄・前出注(10)一四五頁、中川善之助＝泉久雄『相続法』六三頁（昭六三）他。

(35) 大判昭和八年一二月一日大民集一二巻二七九〇頁、最判昭和四二年四月二八日判時四八二号四六頁、最判昭和三九年二月二七日・前出注(7)他。

(36) 最判昭和二三年一一月六日民集二巻一二号三九七頁。

(37) Baudry-Lacantinerie et Wahl, Traité théorique et pratique de droit civil des succession, t. 1, 1899, n°903 et 907.

(38) Planiol et Ripert, Traité pratique de droit civil français, t. 4, 1956, par Maury et Vialleton n° 331; H.,L. et J. Mazeaud, Leçon de droit civil t. 4, vol. 2, 1963, n°1255; Colin et Capitant, Cours élémentaires de droit civil français, t. 3, 1950, par Julliot, n°1104.

(39) 伊藤昌司『新・判例コンメンタール民法14　相続(1)』二二頁［島津一郎ほか編］（平四）。また、大木康『時効理論の再構築』六七―六八頁（平一二）は、二〇年の期間を消滅時効と解する立場から、「『相続開始の時』とは相続開始の前には時効が進行しないという程度の意味ではなかろうか。」と述べている。

三　民法八八四条の消滅時効完成前の時効取得援用の可否

1　判　例

(1)　大審院の判例

明治四四年七月一〇日の大審院判決[40]（以下では、明治四四年判決という）は、相続回復請求権の請求権者たる真正相続人と相手方たる表見相続人との間では、特別時効の規定（旧九六六条、同九九三条、民八八四条）によるべきであり、一般の時効を定めた規定（民一六二条等）は適用されないとする。事案は、旧法下の遺産相続開始当時未成年であった共同相続人らの父親が、一部共同相続人Xらの代理人として行った相続放棄が、法定期間経過後になされた無効のものであったため、Xらが、単独名義の相続登記を経由した表見共同相続人Yを相手どり、所有権の確認及び相続登記の抹消を求め、これに対し、Yが五年の消滅時効及び一〇年の取得時効を援用したものである。明治四四年判決は、五年の消滅時効については、相続権侵害の事実を知ったこと（相続登記がなされたことを知ったこと）の立証がないとして時効の主張をしりぞけ、一〇年の取得時効については、先のように判示してこれをしりぞける。この事案は、五年の消滅時効が、起算点を厳格に解する結果、未だ完成していないにもかかわらず、一〇年の取得時効の完成が認められる可能性があったものであり、判決の具体的・実質的な意義は、五年の消滅時効完成前に一〇年の取得時効の主張を認めない趣旨と理解することができる。昭和七年二月九日の大審院判決(41)（以下では、昭和七年判決という）は、明治四四年判決をふまえて、「家督相続人が家督相続の回復を為し得る間に於ては仮令僭称相続人に於て相続財産に属する不動産を占有することあるも時効に因りて所有権を取得することを得ざるものと解するを相当」とする。

明治四四年判決及び昭和七年判決は、八八四条の消滅時効を特別時効とみて一般の時効に優位し、真正相続人と表見相続人の間では一般の取得時効は排除されるとしたが、ただし、このことは、表見相続人の占有が瑕疵ある占有となり取得時効を基礎づけることができないということを意味するものではない。昭和一三年四月一二日の大審院判決(42)は、その旨を述べる。この昭和一三年判決は、真正家督相続人が、家督相続回復の訴において勝訴判決を得たのち、表見家督相続人及びその者から不動産を譲り受けた第三取得者を相手どり、所有権の確認及び登記の抹消等を求め、これに対し、第三取得者が自己の占有期間に表見相続人の占有期間をあわせ一〇年の取得時効を主張した事案において、表見相続人の占有は時効取得をなしうるに「応ハシキ占有」ではないとして取得時効の主張をしりぞけた原判決を破棄、差し戻したものである。同年八月二七日の大審院判決[43]も、同種の事案において、「僭称相続人等の占有は取得時効を完成せしむるに適せず」として第三取得者の取得時効の抗弁をしりぞけた原判決を破棄し、差し戻した。昭和一三年のこの二つの大審院判決によって、第三取得者は表見相続人の占有期間をあわせ取得時効を主張できることが明確になった。

なお、表見相続人の占有が悪意等の瑕疵ある占有の場合には、その瑕疵を承継することはいうまでもない（民一八七条二項）。昭和一七年三月二六日の大審院判決[44]は、昭和一三年の二つの裁判例と同種の事案において、廃除された家督相続人が、廃除の届出がないことを奇貨として、家督相続人として相続財産を占有する場合には、この者に過失があるとして、第三取得者による一〇年の取得時効の主張をしりぞける。

以上、大審院の判例を要約すると、㋑相続回復請求権者たる真正相続人と相手方たる表見相続人との間では、八八四条が適用され、取得時効の一般規定は適用されない、㋺ただし、㋑の判例理論は、表見相続人の占有が取得時効を基礎づけることができないことを意味するのではなく、表見相続人の占有は、所有の意思をはじめ取得時効の要件を具備するものであれば、取得時効を基礎づけることができる、㋩表見相続人の占有が取得時効を基礎づけることができる場合には、第三取得者は、自己の占有期間に表見相続人の占有期間をあわせ取得時効を主張することができる、というものである。㋑の判例理論は―明治四四年判決自体、共同相続人間の争いに関するものであり―共同相続人間にも適用される。㋺㋩の判例理論もまた、共同相続人に適用されると思われるが、大審院の裁判例はいずれも、非相続人たる表見相続人に関するものであった。

(2)　戦後の判例

㋑㋺㋩の判例理論のうち、㋺いわゆる表見相続人の占有が取得時効の要件を満たした場合には、取得時効を基礎づけることができ、㋩第三取得者が表見相続人のそのような占有を自己の占有にあわせ取得時効を主張することができるという判例理論は、戦後、昭和四七年判決によって、踏襲された。

昭和四七年判決は、旧法下の遺産相続につき、家族A死亡当時戸主であった共同相続人Bが、単独で相続したと誤信して全遺産を占有管理し、その一部を長男Xに贈与し、Xが、他の共同相続人Yらを相手どり、自己の占有期間に前主Bの占有期間をあわせ二〇年の取得時効を原因とする所有権移転登記手続を求め、これに対し、Yらが反訴を提起して持分権の確認を求めた事案において、Bは相続の時から自主占有を取得したとして、Xの取得時効の主張を認める。戸主が、家族の死亡に伴う遺産相続につき、共同相続であることに思い及ばず、単独相続したと誤信して単独で占有管理する場合に、この単独占有者たる共同相続人がいわゆる表見共同相続人にあたることは、昭和三九年判決によって認められており、そうであるとすると、昭和四七年判決は、第三取得者が自己の占有期間に前主たる表見共同相続人の占有期間をあわせ取得時効を主張し、これが認められた事例とみることができる。昭和四七年判決は、表見共同相続人による単独占有が一定の場合に自主占有となり取得時効を基礎づけることができることを明確にした点で、㋺の判例理論を共同相続人についても及ぼしたものであり、また、そのような表見共同相続人からの第三取得者について、㋩の判例理論を踏襲したものと理解することができる。

㋺㋩の判例理論に対して、㋑の判例理論（取得時効排除の理論）については、最高裁判所の態度は明らかでない。その原因として、次のようなことが考えられる。

第一に、消滅時効とともに取得時効が援用される場合に、消滅時効の完成が認められる以上、取得時効について判断するまでもないから、㋑の判例理論に言及する必要はない。昭和三九年判決は、表見共同相続人

める。

第二に、㋑の判例理論は、表見共同相続人が相続回復請求権の相手方たりうるか否か、ないし、共同相続人間に八八四条の適用があるか否かにかかわっており、八八四条の適用が否定されるならば、㋑の判例理論は全く問題にならず、相続財産を単独で占有する共同相続人が主張できるのは取得時効のみということになる。明治四四年判決をはじめ大審院の判例は共同相続人間にも旧法九九三条(民八八四条)の適用があることを当然の前提としていたが[45]、昭和三〇年代後半頃、共同相続人間では八八四条は適用されないとする下級審の裁判例が現れ、次第に有力になっていく[46]。これら適用否定説をとるものは、もっぱら取得時効の成否につき判断する。例えば、昭和五四年判決の一審は、相続放棄書を偽造して(それから一四年後に)単独名義の相続登記を経由した表見共同相続人が、他の共同相続人からの更正登記手続請求に対し、二〇年の消滅時効と二〇年の取得時効をともに援用した事案において、消滅時効については適用否定説をとって、これをしりぞけ、取得時効についてのみ判断する(ただし、単独所有の意思が表示されたとはいえないとして、結果的には取得時効の主張をしりぞける)[47]。この点につき、大法廷判決は、いわば限定的適用説ともいうべき立場をとり、「他の部分が他の共同相続人に属することを知っている(悪意)者」又は「他の部分が自己の持分に属すると信ぜられるべき合理的事由のない者」については八八四条は適用されないとしており、この新基準によって同条の適用が否定される場合にも㋑の判例理論は適用されず、したがって、取得時効の成否のみを判断することになる。例えば、昭和五四年判決は、消滅時効については、大法廷判決に従い、八八四条の適用を否定してこれをしりぞけ、取得時効については、単独の自主占有の成立を疑わせる事実があるとして、これをしりぞける。

第三に、㋑の判例理論は、表見相続人からの第三取得者を相続回復請求権の直接の相手方とみるか否かともかかわってくる。大審院時代にあっては、相続回復請求権の相手方は表見相続人に限定され、第三取得者は相続回復請求権の相手方ではないとされていたので、(48)㋑の判例理論と㋩の判例理論が矛盾なく両立していた。ところが、昭和三〇年代以降、下級審において、相続回復請求権の相手方を表見相続人に限定せず、第三取得者をも相手方とみて消滅時効の援用を認める判決が相次ぎ、(49)この立場にたつと、㋑の判例理論と㋩の判例理論の関係が問題となる。つまり、第三取得者も相続回復請求権の相手方となるとした場合に、㋑の判例理論を厳格に貫くと、第三取得者は取得時効を援用することができなくなり、大審院時代から判例が一貫してとる㋩の判例理論と矛盾することになる。他方、第三取得者も相続回復請求の相手方として消滅時効を援用できるとしつつ、㋩の判例理論にもとづいて取得時効の援用もできるとすると、そのかぎりで、㋑の判例理論と矛盾することになる。(50)この点につき、平成七年一二月五日の最高裁判決（以下では、平成七年判決という）(51)は、第三取得者は相続回復請求権の相手方ではないが、民法一四五条の時効援用権者拡大の法理によって表見相続人の有する時効利益を援用することができる、という立場をとるものと理解することができ、この立場にたつと、第三取得者は、民法一四五条に基づいて、表見相続人が援用しえた消滅時効の利益を享受できるとともに、㋩の判例理論に基づいて、取得時効を主張することもできることになる。すなわち、㋑の判例理論と抵触しないで、第三取得者は、両時効を援用することができることになる。ただし、平成七年判決自体は、表見共同相続人が遺産分割協議書を偽造して単独名義の相続登記を経由した事案に関するものであり、「善意かつ合理的事由」の存否の判断は表見共同相続人について判断すべきとされた結果、第三取得者がたとえ善意無過失であっても、表見共同相続人が「善意かつ合理的事由」を欠き、八八四条が適用されない以上、㋑の判例理論が問題となる余地のない事例であった。そして、平成七年判決は、取得時効について、「単独の所有権があると信ぜられるべき合理的事由」がなく自主占有は成立しないとした原審の判断を相当とする。

第四に、表見相続人と第三取得者がいずれも当事者となっている場合、消滅時効については、表見相続人がこれを援用し、取得時効については、第三取得者がこれを援用するということは、㋑及び㋩の判例理論から可能である。したがって、この場合に両時効について実質的な判断がなされても、必ずしも、㋑の判例理論に反するものではない(52)。

以上のような諸事情とも関連して、㋑の判例理論に対する最高裁判所の態度は必ずしも明らかではない。ただ、下級審の裁判例の中には、㋑の判例理論に抵触する可能性のあるものがみられる。

例えば、昭和四二年四月一二日の東京高裁の決定は(53)、旧法下の遺産相続につき、単独占有者たる共同相続人(の相続人)Yを相手方として他の共同相続人Xらが遺産分割の申立てを行ない、これに対しYが消滅時効及び二〇年の取得時効を主張した事案において、消滅時効については、Yの代理人が終始Xらに相続権があることを前提として話合いを進めていたことから、時効完成後に時効利益を放棄したとして時効の主張をしりぞけ、取得時効については、右と同一の事実に基づき、所有の意思を否定して時効の主張をしりぞける。また、昭和五四年判決の原判決は(54)、一審判決―八八四条適用否定説をとり、また、所有の意思を否定する―を取り消して、二〇年の消滅時効を認めるとともに、単独所有の意思を認めて二〇年の取得時効を認める。

両判決は、八八四条の消滅時効と取得時効のいずれの主張も可能であることを前提として、それぞれの成否を判断している点で、注目される。ただ、いずれも、二〇年の取得時効との競合事例であること、また、右昭和四二年の決定は、消滅時効も取得時効もともにしりぞけ、右昭和五四年判決の原判決は、両時効の完成をともに認めており、いずれも、消滅時効完成前に取得時効の完成を認めたわけではないことに留意すべきであろう。

2　学　説

(1)　取得時効と消滅時効の競合を認める説　　通説は、㋑の判例理論（取得時効排除の理論）に反対する。[55] 法律関係の早期確定とりわけ取引の安全を図るべきことを主たる論拠とする。しかし、判例は、第三取得者が自己の占有期間に表見相続人の占有期間をあわせ取得時効を援用することを認めるのであるから、この論拠は少なくとも大審院の㋑の判例理論に反対する根拠とはなっていない。また、表見相続人に取得時効を認めないと表見相続人は所有権を取得することができず法律関係は確定しないという批判[56]は、消滅時効完成の反射効として所有権取得を認めないことを前提としており、消滅時効完成の反射効として所有権取得を認めるのであれば、この批判もあたらない。

(2)　取得時効を排除する説　　㋑の判例理論を支持する学説は、表見相続人に取得時効を認めてまで保護する必要はないという。[57] ただ、今日の判例上、相続財産を単独所有の意思をもって占有管理する者に認められるはずの取得時効の規定が、なぜ排除されるのか、その理由としては、右主張は必ずしも十分ではない。

3　検　討

(1)　相続を取得原因とする占有と一〇年の取得時効　　八八四条の消滅時効と取得時効の競合が主として問題となるのは、共同相続人の一人が、自己が唯一の相続人であると信じ、またそう信じることに合理的事由もあり、相続財産の単独占有を開始して一〇年を経過したが、八八四条所定の五年又は二〇年の消滅時効はいまだ完成していない場合に、この者に一〇年の取得時効の主張を認めてよいかどうかである。

この場合、一〇年の短期取得時効を公信の原則と同種の（不動産）取引の安全のための制度であると解する立場によれば(58)、取引の安全の保護が問題となる場面ではないから、そもそも一〇年の取得時効を主張することはできない。したがって、この立場によれば、二〇年の取得時効しか問題にならないのであるから、先に見たような判例の状況を前提とするかぎり、取得時効の排除の是非を論ずる実益はない。

しかし、判例は、右の場合にも一〇年の取得時効は可能であるという立場をとっているので、その一〇年の取得時効を排除すべきか否かが、問題となるのである。

(2)　取得時効排除の理論の淵源　八八四条の消滅時効を特別時効とみて、一般の時効を排除するという考えは、立法過程においてもみられる。八八四条の前身の旧法九六六条は、旧民法証拠編一五五条を基礎とし、証拠編一五五条はボワソナード草案一四九二条にあたるが(59)、草案一四九二条は、「特別時効」に関する条文の一つとして設けられ、「法定相続人又は包括権原の受遺者若しくは受贈者がその資格を主張するところの相続回復訴権（L'action en pétiton d'hérédité）は、同じ資格をもって被相続人の財産の全部又は一部を占有する者に対しては、相続開始の時（á partir de l'ouverture de la succession）より三〇年を経過するのでなければ時効にかからない」と規定する。ボワソナードは、その注釈の中で、同条の趣旨を次のように述べている。「La pétition d'hérédité は、相続人又は包括権原による承継人がその資格を主張し、同じ資格をもって被相続人の財産の全部又は一部（tout ou partie des biens de la succession）を占有する者に対し、行使する物的訴権である。相続人又は包括権原による受遺者若しくは受贈者であることが認められると、その結果として、この資格に付随する相続財産の全部又は一部は原告に返還される。相続財産の一個（d'un bien d'une succession）の占有者が買受人、特定財産の受贈者その他の特定承継人として占有する場合には、この者に対しては通常の所有物返還訴権（la revendication ordinaire）が行使され、この場合には、時効期間は個々の不動産（un immeuble）につき一五年又は三〇年であり、個々の動産については即時である。これに対し、占有が包括名義にかかるときは、時効期間は―不動産か動産かを問わず、また、正原由及び善意の有無にかかわらず―総体的に（uniformément）三〇年である。この長期の時効期間は、伝統的なものであり、そして、財産の全部又は部分（la totalité ou une quote part d'un patrimoine）が問題となっていること、及び相続人が相続開始の事実や自己が相続人であることについて知らないことが無理もないということ、によって説明される。[60]」。つまり、ボワソナードによれば、草案一四九二条の長期時効は特別な時効であり、それよりも短い時効等を排除することを内容とするが、このような特別時効を設ける理由は、一つには、相続回復訴権においては、全体にしろ部分にしろ総体としての相続財産が目的物となっていること、二つには、相続開始の事実や自己が相続人であることを知らないことがあるという真正相続人側の事情に対する配慮である。

証拠編一五五条は、その後かなりの内容の修正を受けて、現行の八八四条に受け継がれていくが、ボワソナードの右の見解は、㋑の判例理論（取得時効排除の理論）の是非を論ずるにあたって、なお参考となる。

第一の理由―総体財産を時効取得することはできない―については、フランスの学説においても、取得時効排除の説明として、言及されることがある。[61]相続回復訴権の目的物を総体としての相続財産と解した場合、一般的に、総体財産（des universalités）は取得時効の対象とはならないとされていることからすれば[62]、相続回復訴権行使の場合の取得時効排除の理論は右の一般原則とも調和する解釈論であるといえよう。しかしながら、今日のわが国の判例上、相続回復請求制度は、相続によって承継した個々の権利に基づく返還請求等が八八四条の消滅時効に服することにその実質的意義があり、専ら個々の財産の返還等が問題となり、また、相続財産が包括的な存在として理解されているわけではない。このような判例を前提とするかぎり、第一の理由を、取得時効排除の理由とすることはできない。また、かりに、総体財産としての相続財産を時効取得することができないことを取得時効排除の理由とする場合であっても、相続財産を構成する個々の財産を時効取得することができるかどうかは、別に問題となりうる。フランスにおいては、これを肯定する学説がある。[63]ただし、フランス民法においては、(表見)相続を取得原因とする占有は、三〇年の長期取得時効のみを基礎づけることができ、短期取得時効を基礎づけることはできない。相続は、短期取得時効の要件である「正権原(juste titre)」(仏民二二六五条)にあたらないからである。[64]この点において、(表見)相続を取得原因とする占有であっても、占有の始めに善意無過失であれば、一〇年の取得時効を認めるわが国の判例とは異なる。

第一の理由に対し、第二の理由、つまり、ボワソナードが、真正相続人側の事情に配慮している点は、わが国の判例理論を前提とした場合であっても、取得時効排除の理由として、考慮に値する。すなわち、(イ)の判例理論によれば、「善意かつ合理的事由」を備えた者が、相続財産の単独占有を始めて一〇年を経過したとしても、必ずしも相続財産上に単独所有権を取得することができないということになるが、それは、相続分を侵害された共同相続人(真正相続人)に対する配慮であり、五年の消滅時効との関連でいえば、「相続権侵害の事実を知った時」から少なくとも五年間の猶予を被侵害共同相続人(真正相続人)に与えることであると、理解することもできる。

ところで、五年の消滅時効は、元来、家督相続の場合の戸主権の所在の早期確定をその目的とするものであったが、特別の議論のないまま、家督相続回復請求権に関する旧法九六六条が同九九三条によって遺産相続の場合に準用され、さらに戦後民法が改正された際にそのまま現八八四条に引き継がれ、より一般的に相続財産に関する法律関係の早期確定という趣旨にとってかわられた(65)。しかし、五年の消滅時効は、その起算点が被侵害者たる真正相続人の認識にかからしめられているため、必ずしも早期確定という点で有効に機能したわけではない。これまで、五年の時効消滅を認めた裁判例は極めて少なく(66)、とりわけ共同相続人間にあっては、判例は起算点を厳格に解して時効の完成を容易に認めない。一般に、短期の消滅時効の起算点が請求者の認識にかからしめられている規定（民一〇四二条等）にあっては、その点に、権利行使の機会の確保と権利関係の早期確定との調整をはかることが予定されており、八八四条に関する右のような判例の状況も、両者の調整の結果にほかならない。立法過程の議論をみても、「相続権者が相続権の侵害を知っていれば」特に短い期間に権利を主張させてもよい(67)―表現を換えれば、相続権の侵害を知っていれば、長く不問に措くことはないであろう(68)―と考えられていたのである。権利行使の機会の確保と権利関係の早期確定との調整という観点からするならば、八八四条が適用される場合に、取得時効―権利を失う側の認識とはかかわりなく、占有という事実に基づいて権利取得を認める制度―を排除することは、理由のないことではない。

結局のところ、取得時効排除の理論を今日においても維持すべきかどうかは、表見（共同）相続人によって相続権ないし相続分を侵害された相続人の権利行使の機会の確保についてどの程度配慮するか、にかかっているように思われる。この点につき、本稿では、次のように考える。

八八四条の消滅時効は、元来、相続という財産承継の原因の特殊性をも考慮して、二〇年間は権利行使の機会を確保する趣旨であったこと、また、五年の消滅時効も、早期確定の観点から期間の短期化を図ったとはいえ、起算点を「相続権侵害の事実を知った時」として被侵害者の認識にかからしめることによって、権利行使の機会の確保の趣旨を尊重していることから、同条全体としては、権利行使の機会確保と法律関係の早期確定の調整を図る規定と解することができる。そうであるとするならば、五年または二〇年の消滅時効完成の前に、一〇年の取得時効の完成を認めることは、権利行使の機会の確保という趣旨に反し、これを認めるべきではない。

(40) 大判明治四四年七月一〇日・前出注(2)。
(41) 大判昭和七年二月九日大民集一一巻一九二頁。本判決は、表見家督相続人が相続開始から二〇年を経過した後、真正家督相続人に相続財産を売り渡し、登記を了したので、表見家督相続人の債権者が真正相続人を相手どり、右売買行為を詐害行為として取り消し、右登記の抹消を求めた事案において、表見相続人の下で完成した二〇年の取得時効の（債権者側）の主張をしりぞけたものである。
(42) 大判昭和一三年四月一二日大民集一七巻六七五頁。
(43) 大判昭和一三年八月二七日新聞四三四二号一〇頁。
(44) 大判昭和一七年三月二六日大民集二一巻二八四頁。
(45) 大（連）判大正八年三月二八日・前出注(2)他。
(46) 前出注(3)の適用否定裁判例参照。
(47) 最判昭和五四年四月一七日（昭五一（オ）六三九号）・前出注(6)の一審判決のほかに、次のような裁判例がある。東京高判昭和五二年一〇月一三日・前出注(3)は、適正な遺産分割後あらたに遺産に属することが明らかになった借地権の単独占有者が、共同相続人らからの更正登記手続請求に対し、消滅時効と取得時効を援用した事案において、消滅時効については、八八四条の適用を否定してこれをしりぞけ、取得時効については、他の共同相続人の相続分に属する部分について、「権原の客観的性質からみて『自己のためにする意思』で占有するものとはいえないし……『自己のためにする意思』を表示した等の事実を認めることができない」として、これをしりぞける。なお、仙台高判昭和五〇年一〇月二〇日・前出注(27)は、共同相続人Yの代理人の不出頭という瑕疵があったにもかかわらず成立した遺産分割調停に基づき当該土地の占有を始めた共同相続人Bからの不動産譲受人Xが、相続登記を経由しているYに対し、調停成立日を起算点として一〇年の取得時効を主張して、登記の抹消を求めた事案において、Xの主張を認めたものであるが、Xの取得時効の主張を認めることは、㋑の判例理論に反するというYの上告理由に対して、本件は遺産分割の調停により本件土地がBの所有とされた場合であって、単独の相続人であると僭称して本件土地を占有する（相続回復請求権の）場合とは異なる、と述べている。

(48)　大判大正五年二月八日・前出注(2)、大判昭和四年四月二日大民集八巻二三七頁。

(49)　東京高判昭和三八年七月一五日・前出注(9)、東京地判昭和四五年九月二四日・前出注(12)、東京地判昭和五〇年八月一一日下民集二六巻五〜八号六八九頁他。

(50)　東京地判昭和五〇年八月一一日・前出注(49)は、被相続人の全財産の二分の一を遺贈された者が、相続登記を経由した家督相続人Y_1及びY_1からの不動産譲受人Y_2らを相手どり、共有持分権の確認及び更正登記を求め、Yらが消滅時効及び取得時効を援用した事案において、第三取得者も相手方となるという立場から、二〇年の消滅時効の完成を認め、取得時効についてはなんらふれていない。㋑の判例理論を踏襲したうえ、第三者についてもその判例理論を及ぼしたと理解することも可能であるが、しかしまた、消滅時効が認められた以上取得時効について判断する必要がなかったと理解することも可能である。

(51)　最判平成七年一二月五日・前出注(20)。

(52)　最判昭和五四年四月一七日（昭五三（オ）六号）・前出注(4)の一審は、相続放棄申述書を偽造して単独名義の相続登記を経由した表見共同相続人とその者からの第三取得者が、他の共同相続人らからの更正登記手続請求に対し、両時効を援用した事案において、他の共同相続人が相続登記がなされたことを知った時から五年が経過していないとし、また、二〇年の消滅時効については承認による中断を認め、いずれの消滅時効の完成を否定する一方で、取得時効については、単独名義の相続登記がなされたときに表示による自主占有があり、その時からいまだ一〇年が経過していないとして、時効の完成を否定する。

なお、非相続人たる表見相続人とその者からの第三取得者に対する抹消登記手続等請求事例につき、福岡高判昭和五六年六月三〇日家月三四巻七号三八頁参照。

(53) 東京高決昭和四二年四月一二日家月一九巻一一号八三頁。

(54) 最判昭和五四年四月一七日（昭五一（オ）六三九号）・前出注(6)の原判決。

(55) 我妻栄「判批」『判例民事法昭和七年度』六二頁以下（昭九）、川島武宜『民法（三）』一五四頁（昭二六）、山畠・前出注(34)三二頁、柚木・前出注(34)一〇〇頁、中川善之助『民法大要（下巻）親族法　相続法』二〇三頁（昭二九）、山中康雄「相続回復請求権」中川善之助教授還暦記念『家族法大系Ⅵ　相続(1)』四一頁（昭三五）、松坂・前出注(34)一八五頁、鈴木＝唄・前出注(10)一四五頁、伊藤昌司「相続回復請求権の性質」中川善之助先生追悼『現代家族法大系４　相続Ⅰ　相続の基礎』一四一頁（昭五五）、鈴木禄弥『相続法講義』六二頁（昭六一）、中川＝泉・前出注(34)六五頁、中川高男『親族・相続法講義』三一六頁（平一）、上村明広「相続回復請求権」石田喜久夫・西原道雄・高木多喜男先生還暦記念論文集上『不動産法の課題と展望』三〇七頁（平二）、泉久雄『新版　注釈民法(26)相続(1)』一二四頁［中川善之助ほか編］（平四）他。

(56) 右近健男『民法Ⅲ親族・相続』二四〇頁［林良平ほか編］（平一）。

(57) 加藤一郎「相続回復請求権」谷口知平ほか編『民法演習Ⅴ』一八七〜一八八頁（昭三四）。

(58) 草野元己『取得時効の研究』六九頁以下（平八）参照。

(59) 辻正美「判批」民商八一巻三号七九頁以下（昭五四）参照。

(60) Boissonade, Projet de code civil pour l'empire du Japon, t. 4, 1891, p. 1005.

(61) Josserand, Cour de droit civil frainçais, t. 3, 1933, n°1014.
(62) H., L. et J. Mazeaud, Leçons de droit civil, t. 2, vol. 2, 1967, par Juglart, n°1477; Weill, Droit civil, Les biens, 1983, n°446.
(63) Planiol et Boulanger, Traié de droit civil, t. 4, 1956, n°2308.
(64) H., L. et J. Mazeaud, op. cit., n°1501 et s.; Weill, op. cit., n°463; Planiol et Ripert, Traité pratique de droit civil français, t. 3, 1952, par Picard, n°701 et s.
判例においても、専ら三〇年の取得時効のみが問題となっている。この点については、拙稿・前出注(8)「共同相続と取得時効」一四三頁参照。
(65) 法典調査会民法議事速記録七〔日本近代立法資料叢書7〕二五〇頁、五三五頁参照。
(66) 大阪高決昭和三七年一一月一七日・前出注(15)のほか、大判昭和七年九月二二日新聞三四六三号一三頁、東京高判昭和三八年七月一五日・前出注(9)、大阪高判昭和四一年二月一〇日高民集一九巻一号七〇頁がある。これら三つの判例は、表見相続人が非相続人の場合である。
(67) 法典調査会民法議事速記録七・二五〇頁。
(68) 梅謙次郎『民法要義　巻の五　相続篇』一〇頁（明三三）。

四　むすび

相続財産を単独で占有管理する共同相続人甲と他の共同相続人乙との間の相続財産をめぐる争いで、かつ時効がかかわってくる事例は、大きく二つの類型に分けることができる。その一は、甲が単独名義の相続登記を経由している場合で、乙が甲に対し持分権確認請求ないし更正登記手続請求をし、甲が時効を防禦的に援用する事例である。その二は、登記が被相続人名義の場合で、甲が乙に対し、時効を攻撃的に援用して、所有権確認ないし移転登記手続請求をする場合である。多くの攻撃的援用事例においては、取得時効が援用され、防禦的援用事例においては、消滅時効のみが援用される場合と、消滅時効と取得時効がともに援用される場合とがある。取得時効を攻撃的に又は防禦的に援用する事例は、昭和四七年判決以降に比較的多く見られるようになるが、これは、昭和四七年判決が、一定の条件付きながら、共同相続人の一人による占有を単独所有の意思をもってする占有と認め、取得時効を基礎づけることができることを明らかにしたことが、大きく影響していると思われる。

単独名義の相続登記を経由している甲が消滅時効を防禦的に援用する場合については、相続登記をなすに至った経緯から、さらに三つに分けることができる。文書偽造等の不正手段を用いた場合、戸籍上共同相続人乙の存在が明らかでない場合、その他の場合—共同相続人の存在が戸籍上明らかであるが、登記をなすにあたって不正手段を用いたわけではなく、単独名義の相続登記の原因である遺産分割や相続放棄に無効等の瑕疵がある場合等—である。

このうち、これまで件数が多かったのは不正手段使用事例であり、昭和五三年の大法廷判決は、不正手段使用事例につき、八八四条が適用されないことを明確にした。したがって、不正手段使用事例においては、専ら取得時効の成否が問題となる。ところが、大法廷判決後の最高裁判決は、この場合、「単独の相続権ありと信ぜられるべき合理的事由」がないとして、相続開始時の単独所有の意思を否定する。このように、判例は、不正手段使用事例においては、消滅時効、取得時効ともに認めない傾向にある。ただ、取得時効については、民法一八五条—とりわけ、表示による名義の転換—に基づいて、その占有を単独所有の意思に基づく占有へ転換することは可能であろう(69)。

大法廷判決によるとき、八八四条が適用されうる典型的な事例は、戸籍上共同相続人の存在が明らかでない場合——共同相続人の一人が、戸籍上他人の子として届け出られている兄弟の存在を知らないで、自己を唯一の相続人と誤信して相続財産を単独で占有管理する場合等——であるが、このような場合には、通常、単独所有の意思も認められる。そこで、取得時効と消滅時効の関係が問題となる。

この点につき、大審院時代の判例は、八八四条が適用される場合には、取得時効の規定は適用されない—明治四四年判決の事案に即していえば、五年又は二〇年の消滅時効が完成する前にあっては一〇年の取得時効の完成は認められない—と解していたが、通説は大審院の判例理論に反対し、また、最高裁判所はこの点についてふれることなく、戦後の下級審の裁判例の中には大審院の判例理論に抵触する可能性のあるものさえみられる。今日、大勢としては、判例理論の変更が期待されているともいえる状況にある。

しかしながら、八八四条の消滅時効の制度を、権利行使の機会確保と法律関係の早期確定の調整を図る趣旨にもとづくものと解するならば、五年又は二〇年の消滅時効完成の前に、一〇年の取得時効の完成を認めることは、権利行使の機会の確保の趣旨に反するのではないか。少なくとも、共同相続人間においては、遺産分割において公平な分割の実現を図る途をできるだけ残すべきであり、そのためには権利行使の機会を確保することが望ましい。このように考えて、本稿では、八八四条が適用される場合には一〇年の取得時効を排除すべきである、という私見を述べた。ただ、二〇年の取得時効については、これを排除するには及ばないと考える。

(69)　拙稿・前出注(8)「共同相続と取得時効」二二三～二二六頁参照。

9　共同相続人間における遺産建物の使用関係(1)

桶田和子

一　問題の所在

相続人が数人ある場合における相続財産の法律関係は「共有」であり(民法八九八条)、各共同相続人は、その相続分に応じて被相続人の権利義務を承継する(民法八九九条)。そして、相続財産は遺産分割によって各共同相続人に分配され、それに属する個々の財産の帰属が最終的に決定されることになる。そこで、相続開始後、遺産分割により個々の財産についての最終的な帰属が確定するまでの間の一時的なものとして、遺産の「共有」という状態が生じるものと解されている。ここにいう「共有」の法的性格が民法に定める通常の共有であるのか、それとも合有であるかに関しては、かつて周知のとおり激しい議論の対立があった。(2) しかし、遺産をめぐる「共有」がどのような内容のものであるにせよ、遺産分割により個々の財産の最終的な帰属が決定するまでの間、それを管理する必要があるため、共同相続開始後、遺産分割までの間における遺産の管理、すなわち「共同相続財産の管理」がとりわけ問題になる。

ところが、民法は、限定承認の場合、(3) 相続放棄の場合、(4) 財産分離の場合(5)につき相続財産に関する規定をもつが、遺産分割前の共同相続財産の管理については、とくに一般的・総括的な規定をもうけていないため、さまざまな問題が生じる。しかし一般的には遺産分割までは共同相続人が全員で管理することになり、共同相続人間の協議により管理方法が決まればそれによることになると解されている。

このように、共同相続人間で管理方法に関する協議がまとまる場合にはその合意にしたがうことになるが、合意がない場合に、どのように管理するかが問題となるのである。遺産分割前の相続財産の管理については、一般に相続財産の共同相続人への帰属を共有とみるか合有と構成するかにかかわりなく、民法に直接の規定がないから、物権法の共有の規定を適用あるいは類推適用して問題を処理することになると説かれている。(6) それによると、各共同相続人は、相続分に応じて使用・収益をすることができ(民法二四九条)、保存行為は各相続人が単独でなしえ(民法二五二条但書)、管理行為は各相続人の相続分に応じた多数決により(民法二五二条本文)、また相続財産の変更ないし処分行為は共同相続人全員の一致がないとできない(民法二五一条)とされている。しかし、共同相続人による具体的行為が、保存行為、管理行為、変更・処分行為のどれにあたるかが明らかでなく、また遺産分割を目的とした過渡的・暫定的なものである共同相続財産の特殊性のため争いが生じることになる。

そこで本稿においては、遺産分割前の共同相続財産の管理の問題のなかでも、判例上最も問題となっている共同相続人の一人が相続開始後遺産中の不動産（とくに家屋）を独占的に占有・使用している場合に、共同相続人間においてどのような法律関係が生じるのかについて、争点をしぼって検討することとする。なおその際、共同相続財産の特殊性についても考慮しつつ検討を進めていきたい。

（1）本稿は、以前筆者が発表した判例研究（専修法研論集二三号一頁（一九九八年））に加筆修正をし、その周辺の問題に言及したものである。
（2）この点については、来栖三郎「共同相続財産に就いて―特に合有論の批判を兼ねて」法協五六巻二、三、五、六号（一九三八年）、品川孝次「遺産『共有』の法的構成」北大法学一一巻二号（一九六一年）、同「遺産共有の法律関係」判タ一二一号三頁（一九六一年）、柚木馨「共同相続財産の法的性質」『家族法大系Ⅵ相続⑴』一五三頁（有斐閣、一九六〇年）、中川善之助＝泉久雄『相続法〔新版〕』一九五頁（有斐閣、一九七四年）、谷口知平＝久貴忠彦編『新版注釈民法㉗』一三七頁〔宮井忠夫・佐藤義彦〕（有斐閣、一九八九年）など参照。
（3）民法九一八条・九二六条。
（4）民法九四〇条。
（5）民法九四四条・九五〇条。
（6）於保不二雄「共同相続における遺産の管理」『家族法大系Ⅶ相続⑵』九六頁（有斐閣、一九六〇年）、中川＝泉・前掲注（2）二一〇頁。

二　従来の状況（判例・学説）

1　共同相続財産の管理については、従来、遺産分割前の共同相続財産である土地建物を占有、居住している共同相続人に対して他の相続人は明渡請求を求めることができるかということを中心に論じられてきた。(7)これについて、かつて最高裁は、共同相続財産を目的物とする使用貸借契約の解除は民法二五二条の管理行為にあたるとして、持分の過半数を有しない他の共同相続人が解除をしても効力がないとした(最判昭和二九年三月一二日民集八巻三号六九六頁)(8)が、その後、共有物の持分の価格が過半数を超える共同相続人は、共有物を単独で占有する他の相続人に対して、当然にはその占有する共有物の明渡しを請求できるものではなく、明渡を求める理由を主張立証しなければならないと判示し(最判昭和四一年五月一九日民集二〇巻五号九四七頁)(9)、他の共同相続人らからの明渡請求を排斥するようになった(この二つの判例はいずれも、居住相続人が被相続人の生前から同居していた事案である)。さらに最高裁は、多数持分権者から使用貸借契約により共有物の占有利用を承認された第三者に対して明渡しを請求した事案においても、同旨の判示をしている(最判昭和六三年五月二〇日判時一二七七号一一六頁)(10)。

このように、最高裁では、被相続人の生前から一部の共同相続人が共同相続財産である土地建物を占有居住している場合に、民法の共有の規定を適用することにより問題を解決しようとしており、さらに明渡請求は特別の事情がない限り認められないとしている。しかし「明渡を求める理由」が具体的にどんなものなのかは明らかにされていない。(11)

下級審の裁判例のなかには、使用収益方法の決定および使用貸借契約の解約は、単なる管理事項ではなく、共有物の重要な事実上および法律上の処分を加える共有物の変更に該当し、共有者全員の同意を要するものと解すべきであると判示しているものもある。(12)

2　学説においても、この問題に関しては、判例と同様に居住相続人(いわゆる同居相続人を論じているものが多いが）を保護しようという方向で一致しているようである。ただその理論構成については、見解が分かれている。民法の共有の規定を適用することにより問題を解決しようとする見解、[13]「居住権」を認めるという見解、[14]遺産分割の請求として構成する見解[15]などがある。それぞれについて、各見解からの批判がなされているが、学説は、遺産分割の請求として構成する見解が有力である。[16]

このように、居住相続人に対して他の共同相続人が当然には明渡しを求めることができないとすれば、不法行為による損害賠償請求ないし不当利得返還請求が可能であるか、すなわち共同相続人間における居住利益の分配ということが問題となってくる。前述した学説において、「居住権」を認めるという見解においては、権利に基づいた適法な居住であり、遺産分割の請求として構成する見解においては、遺産分割の中で考慮されることになるので、これらの見解をとる場合には、不法行為ないし不当利得を論じる余地はないが、民法の共有の規定を適用するという見解では、持分を超える使用収益は、不法行為ないし不当利得になりうる可能性があるといえよう。

3　これまでみてきたように、居住相続人をできる限り保護する判例・学説の立場によると、居住相続人に対して他の共同相続人が明渡しを求めることはむずかしいようである。そう考えると、遺産である土地建物に占有、居住している一部の共同相続人による遺産分割時までの使用収益が、他の相続人に対して不法行為ないし不当利得にあたるかが問題となってくることになる。

この問題について、最高裁では、直接判断を下したものは見当たらないが、先に述べたように、「当然に共有物を単独で占有する権限を有するものではないが……」[17]としているので、持分を超える使用収益を不法行為ないし不当利得とする可能性を残しているようにも思われる。

また、下級審でもこれについて判断しているものは少ないが、共同相続財産である建物全部を占有使用している共同相続人に対して他の相続人（持分三分の一）が持分に相当する使用料を不法行為に基づいて請求した事案で、遺産分割前の相続分の権利性は通常の共有持分権のように確定的なものではなく浮動的・潜在的であることなどから、占有使用者の使用収益が直ちに他の相続人の持分を侵害し不法行為を構成するものではないとし、請求を棄却した裁判例がある(18)。これは、特に不法行為の成否について正面から論じ、不法行為または不当利得の可能性について述べていることは注目に値するが、判例の立場が統一されているわけではない(19)。

4　学説において、遺産分割前の使用収益が不法行為ないし不当利得にあたるか否かについて論じたものは、従来あまりなかった。ただ戦前の古い学説が、共有物に関する共有者間の不当利得について、一般的な指摘をするにとどまっていた(20)。そこでは、共有者が持分の範囲を超えて使用収益したときは、その受けた利得を不当利得として他の共有者に返還しなければならないとしているが、一般的な指摘にとどまり、具体的な判断基準等については述べられていない。戦後においても、これらを引用して、一部共同相続人がその持分を超えて使用収益したことによる利益は、不当利得になるとしているものもあるが(21)、やはり具体的には何ら述べられていない。しかし、近時、この問題については、実務家の間で裁判実務を通じて論議されるようになり、それに伴い、持分を超える使用収益をどのように考えるかが議論されるようになってきた。

実務家の間の裁判実務を通じた議論の中では、一方で、不当利得を認めるということを前提に、その方法として、管理費と収益を相殺するのがよいとするもの(22)、賃料相当額より管理費用を控除した金員に相続分の割合を乗じて算出した利得の返還が必要であるとするものなどがある(23)。他方、最近では、黙示的に被相続人の死亡を始期とする始期付使用貸借契約が締結されており、それは遺産分割終了まで継続することから不当利得は成立しないとするもの[24]、同居中に使用貸借が成立していて、被相続人死亡後はその解約の当否を判断するというもの[25]、不当利得の法理で問題を解決するのは妥当でなく、居住利益は遺産分割の手続き内で配分されるべきであるとするもの[26]などがある。

ところで、この問題に関する東京家裁身分法研究会における多数意見は、「同居相続人[27]が相続開始前と同様な状態で、少なくとも遺産分割の終了するまで無償で居住を継続している現実からみて、これを正当化する解釈論的理論構成をすべきではないか」というものであったとされる[28]。この見解によると不法行為ないし不当利得は成立しないということになろう。しかしその理論構成によっては、何らかのかたちで居住利益を返還しなければならない場合もあると思われる。遺産分割手続き内で居住利益を考えるべきであるという見解によれば、遺産分割に際して、遺産全体の構成、相続人らの人的、家庭的な一切の事情、ことに実際には、その土地や家屋と相続人とのかかわり合いの情況を配慮して、具体的事案に応じて家屋評価を考慮することにより、妥当な解決が図られることになろう(なお、使用貸借契約による利益が特別受益と認められるかどうかという問題は、全く別である[29])。

相続開始前から遺産建物に居住していた相続人に対し、他の共同相続人が明渡しを請求できるかという問題において、遺産分割の請求として構成するという説が有力であったことから考えると、この問題に関しても、遺産分割の手続き内で考えるという見解が学説上は有力であると考えられる。

(7)　谷田貝三郎「共同相続財産における遺産の管理」同志社法学一五号二七頁(一九五二年)、於保・前掲注(6)九五頁、岡垣学「遺産の管理」島津一郎ほか編『相続法の基礎（実用編)』一一四頁（青林書院新社、一九七七

年〕、猪瀬慎一郎「共同相続財産の管理」『現代家族法大系5相続II』一頁〔有斐閣、一九七九年〕など。

(8) ①最高裁昭和二九年三月一二日判決(民集八巻三号六九六頁)

[事実] A所有の本件建物について、AとYは使用貸借契約を締結し、Yは本件建物においてAと同居していたところ、Aが死亡し、その結果、Aの共同相続人であるX(持分三分の一)、Y(持分三分の一)およびB(持分三分の一)が本件建物を共同相続し、XがYに対して、本件建物の明渡しを求めて訴えを提起した。その後、XからYに対して、本件建物に対する使用貸借契約の解約申し入れの意思表示が行なわれた。第一審はXの請求を棄却し、Xが控訴した。原審は控訴を棄却し、Xが上告した。

[判旨]「Aの死亡による共同相続人が為す右使用貸借の解除は、民法二五二条本文の管理行為に該当し、したがって共有者(共同相続人)の過半数を要する」と判示し、Xの上告を棄却した。

この判決においては、現住している共同相続人の居住を保護するための理論構成であったが、この判旨からすれば、過半数の相続分をもつ共同相続人による明渡請求は、認められることになりそうである。そのためか、その後の下級審は、過半数の同意により遺産を占有する相続人に対し明渡しを請求できるとする判決とできないとする判決とに分かれていた。

肯定――東京地裁昭和三五年一〇月一八日判決(判タ一一五号六五頁)、神戸地裁昭和三七年七月二五日判決(下民集一三巻七号一五六三頁)、大阪高裁昭和三八年二月一日判決(下民集一四巻二号一五三頁)など。

否定――神戸地裁昭和三四年二月二日判決(下民集一〇巻二号二二五頁)、東京地裁昭和三四年一二月二四日判決(下民集一〇巻一二号二七一九頁)など。

(9) ②最高裁昭和四一年五月一九日判決(民集二〇巻五号九四七頁)

[事実] Aは、事業の後継者として期待して、次男YとA所有の本件建物で同居していたが、次第に折り合いが悪くなり、Aは所有権に基づいてYに明渡しを請求し、その訴訟の係属中に死亡した。その結果、Aの共同相続人であるXら(八名。持分の合計が一二分の一一)がY(持分一二分の一)に対し訴訟を続行した。第

一審は、Yに対して本件建物の明渡しを命じた。Yが控訴したが、原審は控訴を棄却し、Yが上告した。

［判旨］「思うに、共同相続に基づく共有者の一人であつて、その持分の価格が共有物の過半数に満たない者（以下単に少数持分権者という）は、他の共有者の協議を経ないで当然に共有物（本件建物）を単独で占有する権限を有するものでないことは、原判決の説示するとおりであるが、他方、他のすべての相続人らがその共有持分合計すると、その価格が共有物の価格の過半数をこえるからといって（以下このような共有持分権者を多数持分権者という）、共有物を現に占有する前記少数持分権者に対し、当然にその明渡を請求することができるものではない。けだし、このような場合、右の少数持分権者は自己の持分によって、共有物を使用収益する権限を有し、これに基づいて共有物を占有するものと認められるからである。従って、この場合、多数持分権者が少数持分権者に対して共有物の明渡を求める理由を主張立証しなければならない」と判示した。

(10)　③最高裁昭和六三年五月二〇日判決（判時一二七七号一一六頁、判タ六六八号一二八頁）

［事実］　Aは、その所有にかかる本件建物で診療所を経営していたが、A死亡後、その兄弟姉妹であるB、C、D（代襲相続）とXが各四分の一の持分で本件建物を共同相続した。ところが、B、C、Dは、Xと協議することなく、同三名が理事となっているY医療法人をして、亡Aの病院経営の一切を、Yが経営する病院の分院として事実上引き継がせ、さらにYとの間で、亡Aの残債務をY医療法人が肩代わり返済することを条件とする本件建物の期間十年の使用貸借契約を締結した。そこで、自らも医師として病院を経営するXが、Yに対し本件建物の明渡しを請求した。第一審は、Xの請求を棄却し、Xが控訴した。原審は控訴を棄却し、Xが上告した。

［判旨］　最判昭和四一年五月一九日（前掲注(9)）を引用し、「この理は、共有物の一部から共有物を占有使用することを承認された第三者とその余の共有者との関係にも妥当し、共有者の一部の者から共有者の協議に基づかないで共有物を占有使用することを承認された第三者は、その者の占有使用を承認しなかった共有者に対して共有物を排他的に占有する権原を主張することはできないが、現にする占有がこれを承認した共有者の

持分に基づくものとみとめられる限度で共有物を占有使用する権原を有するので、第三者の占有使用を承認しなかった共有者は右第三者に対して当然には共有物の明渡しを請求することはできないと解するのが相当である。なお、このことは、第三者の占有使用を承認した原因が共有物に管理または処分のいずれに属する事項であるかによって結論を異にするものではない。」と判示し、Xの上告を棄却した。

(11) ①判決では、共同相続財産における使用貸借契約の解除は民法二五二条の管理行為にあたるので、過半数の持分を有しないと明渡請求は認められないとしているが、これは、逆にいうと、占有居住している共同相続人が少数持分権者である場合には、使用貸借契約の解除は可能とされることがあるかもしれない。②判決では、既に使用貸借契約は解除は認定されていて、明渡しのみが問題とされており、多数持分権者は、共有物を現に占有する少数持分権者に対し、当然に明渡しを請求できるものではなく、「明渡を求める理由」を主張し立証しなければならないとしている。しかしこの「明渡を求める理由」が具体的にはどんなものなのかは明らかではない。また、③判決では、相続開始後、共同相続財産である建物について、共同相続人の一部と第三者が使用貸借契約を締結したものであるが、②判決を踏襲し、第三者との使用貸借契約の締結は共有物の管理行為にあたるが、当然には明渡しを請求することはできないとしている。

(12) ④甲府地裁都留支部昭和四二年一二月二六日判決（判タ二一九号一六七頁）

〔事実〕 亡Aは、その生前、家業を継いで本件建物を贈与され、以来A及びその妻子であるYらが二〇年以上にわたり家業を発展させてきたが、その他の兄弟姉妹Xらがそれぞれ他の場所で独立しているにもかかわらず、本件建物の敷地が相続により共有財産になり、Yが少数持分権者になった結果、未だ遺産分割前に他の共有者から共有持分の過半数を占めることを理由に、XらがYに対し店舗兼居宅である本件建物の収去と該敷地の明渡しを請求した。

〔判旨〕「Xの主張する使用収益方法の決定及び使用貸借の解約は、単なる管理事項ではなく、共有物の重要な事実上及び法律上の処分を加える共有物の変更に該当し、共有者全員の同意を要するものと解すべきである」と判示し、Xの請求を棄却した。

⑤東京地裁昭和六三年四月一五日判決（判時一三二六号一二九頁）も、遺産分割後の共有物の使用についてであるが、少なくともいったん決定された共有物の使用収益方法を変更することは、共有者間の占有状態の変更として民法二五一条の「変更」にあたり、共有者全員の同意によらなければならないと解するのが相当であるとして、同旨の見解を示している。

(13)　この見解には、相続財産の使用収益を管理行為とし、その決定は多数決によるとしている見解（谷田貝三郎「判批」民商五六巻一号一一三頁（一九六七年））、相続開始前から被相続人と同居していた相続人につき居住を継続すべき正当性が認められる限り、自己の居住を主張しうるとし、その居住を継続すべき正当性の存否、程度については生存の基盤たる家屋居住者の保護を理念とする借家法一条の二の規定を類推適用して判断すべきであるという見解（岡垣学「相続財産における居住の保護とその評価」ジュリスト三四六号八一頁（一九六六年））、遺産分割前における相続財産の使用収益をめぐる争いは、遺産分割と同じく、共同相続人の全員一致の決定を要するという見解（宮井＝佐藤・前掲注(2)一五七頁）、持分権に基づく利用に対して他の共有者がその持分権に基づく利用を主張することが、場合によって権利濫用となるという見解（川村泰啓「共有」谷口知平＝加藤一郎編『民法演習II』一二五頁（有斐閣、一九五九年）、甲斐道太郎「共同相続財産」谷口知平＝加藤一郎編『民法演習V』一七五頁（有斐閣、一九五九年））、共有物の変更と同一視し、全員一致の決定を要するという見解（山中康雄『共同所有権論』五三頁（日本評論新社、一九五三年）、猪瀬・前掲注(7)一〇頁（有斐閣、一九七九年））などがある。

　これらの見解については、相続財産の使用収益を多数決で決定するとすれば、相続開始前からの同居相続人の居住は保護されなくなり、結果として妥当でない場合が多くなってしまう（他人から借用していた場合に、貸主が死亡したからといって当然には貸借関係は終了しないことを思えば、被相続人が所有者である場合の方が弱い立場になってしまうというのは何ともおかしい）（星野英一「判批」法協八四巻五号六八八頁（一九六七年〕、有地亨「遺産の管理」谷口知平＝加藤一郎編『新民法演習V親族・相続』二一九頁〔有斐閣、一九六八年〕、岡垣・前掲注(7)一一五頁）とか、共同相続財産に属する土地や家屋の利用に関する紛争の法的解決に際し一般の共有物の利用に関する物権編の規定をそのまま適用するのは、果して妥当であろうか、甚だ疑問である（品川孝次「判批」上智法学一〇巻三号九五頁〔一九六七年〕）などという批判がなされている。また遺産の占有利用は、本来遺産の性質を変じない利用行為であって変更行為とはいえない（田中壮太＝岡部喜代子＝橋本昇二＝長秀之『遺産分割事件の処理をめぐる諸問題』三三八頁〔法曹会、一九九三年〕）という批判もある。

(14) 法定賃貸借関係が認められる（鈴木禄弥『居住権論〔新版〕』七九頁〔有斐閣、一九八一年〕）とか、黙示的に被相続人の死亡を始期とし、遺産分割終了を終期とする始期付使用貸借契約が締結されていると考えられるという見解（田中＝岡部＝橋本＝長・前掲注(13)三三九頁）がある。

これに対しては、同居相続人は既に彼自身の持分権の中に建物利用の合法性の基礎を有しているから、法定賃借権を構成する必要はないのではないか（川村・前掲注(13)一二五頁）、建物所有者と同居者との間に使用貸借契約が黙示的にせよ存すると見るのは無理がある（高木多喜男「判批」別冊ジュリスト『平成八年度重要判例解説』八七頁〔一九九七年〕）という批判がある。

(15) 星野・前掲注(13)六九〇頁、米倉明ほか『民法講義8相続』一三四頁〔有斐閣、一九七八年〕、有地・前掲注(13)二二一頁。

これに対しては、遺産分割まで長期間を要することもある（田中＝岡部＝橋本＝長・前掲注(13)三三九頁）とか、九〇六条というそれ自体においてあくまでも一般相続法の規準であるもののなかに所有権の自由を否定し抑制する根拠を求めることは慎むべきである（川村・前掲注(13)一二五頁）という批判がある。

(16) 泉久雄「共同相続人による遺産管理」泉久雄ほか編『判例演習（親族・相続法）〔増補版〕』三二一頁〔有斐閣、一九七三年〕。

(17) ②判決。前掲注(9)参照。

(18)　⑥東京高裁昭和四五年三月三〇日判決（判時五九五号五八頁）
［事実］　A所有の建物に、Aの死亡後Aの先妻の子Yらが居住していたところ、三分の一の持分を持つAの妻XからYら（持分合計三分の二）に対し、本件建物の明渡しと、相続開始から遺産分割にいたるまでの損害金の支払いを請求した。
［判旨］　共同相続人中の一人が相続開始前より引き続き相続財産に属する建物を使用収益しているとしても、それによって直ちに相続開始時より遺産分割までの間使用収益しない相続人が右建物に対して持つ相続分（共有持分権）を故なく侵害し不法行為を構成するものと解することはできないと判示した。しかし遺産分割では分割時までの使用収益による利益は分割の対象となる積極財産と評価されるべきであるので、分割により遺産建物の所有権を確定的に取得した相続人は占有使用者に対して不法行為または不当利得によりその返還を請求できることがあるとしている。

(19)　これに対し、⑦東京地裁昭和四八年七月一一日判決（判時七三八号八〇頁）は、遺産共有の例ではないが、共有物である建物の一部共有者から持分（四分の二）を譲り受けて占有使用している者に対して、他の共有者（持分四分の一）が明渡しと使用収益の利得を請求した事案で、共有者の一人が単独で占有している場合であっても、協議や分割の合意がない限り明渡請求は許されないが、金員請求の点は不当利得を認めている。
また、⑧東京高裁昭和五八年一月三一日判決（判タ四九五号一一〇頁）は、遺産分割前の遺産である土地上に相続人の一人（共有持分六分の四）が、遺産分割審判申立係属中に建物を建築所有し、この土地を排他的に占有することになったので、他の相続人（共有持分六分の一）が、その土地に対する自己の持分権が侵害されているとして建物収去土地明渡を求めた事案で、明渡請求は棄却したが、「この場合、共有物の使用、収益についての協議が成立するか、又は共有物の分割が行なわれるまでは、使用、収益を奪われた他の共有者は、不法行為又は不当利得を理由とする金銭賠償によって救済を求めるほかはないものと考えられる」と述べている。

(20)　石田文次郎『物権法論』四四四頁（有斐閣、一九三二年）、末弘厳太郎『物権法（上巻）』四二一頁（有斐閣、一九二二年〕。

(21) 谷田貝・前掲注(7)三六頁。

(22) 日野原昌「遺産の管理費・収益」判タ一五六号六三頁〔一九七四年〕。

(23) 岡垣・前掲注(13)八四頁。

(24) 田中＝岡部＝橋本＝長・前掲注(13)三四〇頁。

(25) 岡本詔治「被相続人と同居していた共同相続人の遺産建物使用権」私法判例リマークス一九九八〈上〉八八頁。

(26) 高木・前掲注(14)八七頁。

(27) ここでは、居住相続人の中でも特に同居相続人をとりあげ論じている。

(28) 岡垣・前掲注(13)八六頁。

(29) 都築判事によると、特別受益にはならないとしている（都築民枝「建物の無償使用収益と特別受益、寄与分」判時一六〇五号四頁）。

三　共同相続財産の特殊性

1　共同相続財産の共有関係

先にも述べたとおり、民法は、共同相続財産について、「共有」に属し（民法八九八条）、各共同相続人はその相続分に応じて権利義務を承継すると規定しているだけで、同様に単純な「共有」でない組合や建物区分所有の場合のような特則がない。その上、共同相続人間には、親戚関係があるにしても、法的に認められた特別な人的関係があるわけではなく、遺産共有は、やがて遺産分割により解消され、遺産中の各財産は、各相続人の単独所有に復帰すべき運命にあり、この復帰が、民法の予想し期待するところであるといわれている[(30)]。これらの点から考えると、遺産共有は、通常の「共有」と異なるところがない。とはいえ、遺産共有においては、これまで被相続人一人に属していた多数の財産が一挙に数人の相続人の共有に服するに至ったのであるから、これを各人の単独所有に還元するにあたっても、一つ一つの財産を個別的に物権法の共有物分割の手続きによって分割するのではなく、遺産全体を概観してこれを有機的に各共有者に割り当てることが、合目的的である。そのため、民法九〇六条は、遺産分割手続について定め、民法九〇九条は、遺産分割の遡及効について定めており、遺産分割手続の開始まで遺産が適正な状態に維持されるために必要な規制がなされているといわれている[(31)]。ここが、通常の「共有」と異なるところである。また、遺産共有は、各共同相続人の意思にかかわらず共有関係が生じたものであり、清算を目的とした過渡的暫定的なものであるため[(32)]、各共同相続人間の関係は利害が対立するものである。しかし遺産分割の遡及効から遺産分割が終わるまでは各個の財産の権利帰属者が未確定の状態にあるため、遺産分割が終了するまでの間は、遺産全体を包括的一体をなすものとして保持することが望まれている[(33)]。これらの点で、遺産共有は通常の「共有」とは異なる特殊性を持っているということができる。従来の状況をみてもわかるとおり、この共同相続財産の特殊性ということが判例・学説の随所にあらわれてきているのである。そこで、本稿の目的である「共同相続人間における遺産建物の使用関係」について具体的に検討していく前に、共同相続財産がどういう点で特殊であるのか、単純な「共有」でない場合として、組合財産と建物区分所有における共用部分と比較しながらみていくことにする。そしてそれが問題解決にどのような影響を与えるのかについてみていきたいと思う。

2　他の「共有」との比較

(1)　通常の「共有」の基本的性格

一般に通常の「共有」においては、各共有者はその持分権を自由に譲渡することができ、しかも原則として何時でも共有物の分割を請求することができるという二つの特色があるといわれている。(34) つまり、「共有」は、誰が共有者になってもよいような、共有者間の結合関係のゆるい場合を前提とした制度であり、共有関係はごく崩れやすい関係であるということができよう。このようなことから、「共有」の性格は、第一は、共有者間にはなんらの人的結合あるいは人的つながりがないことであり、第二は、共有者間の関係は、ただ目的物が同一であるという点だけであるとされている。さらに、第一の点から、持分処分が自由であること、および、分割請求をいつでも行なうことができることが説明され、第二の点から、各共有者が有する権能が制約あるいは牽制されるということが説明されている。こうして、「共有」は個人主義的な性格を有する共同所有として位置づけられているのである。(35)

(2)　組合財産

民法六六八条は、各組合員の出資その他の組合財産は総組合員の共有に属すと定めている。

組合は、一定の目的を達成するために複数の者が共同して事業を行う契約関係であり、組合の財産は、その組合の事業執行の用に供される財産であって、もっぱら組合目的達成＝共同事業遂行のために管理・利用されるべきものであるだけでなく、社会的に一つの活動単位として現れる組合の取引における信用の基礎たるべきものであるから、組合員各自の個人的財産から切り離されたところの、いわば組合自体の財産として取り扱われねばならないとされている。(36) すなわち、この組合財産は、一面において組合員個人の財産と区別されるべき財産であるといえるが、他面において組合はそれ自体法人格を認められる団体ではなく、組合員全員が法主体としての個性をなお失わないままに結合するものと観念されていることの帰結として、組合員全員に帰属するものと考えられているのである。[37]このような考え方から、民法は組合財産を総組合員の「共有」に属するものとしているのであるが、その「共有」は、各自の個人権利性がうすれて、財産の独立性が強くなったものであると考えられる。他方において、民法は、組合関係の存続中における組合財産の分割請求を認めず（民法六七六条二項）、また持分の処分を禁じており（民法六七六条）、さらに組合の債務者がその債務を組合員個人に対する債権で相殺することを禁じている（民法六七七条）。先にも述べたとおり、持分処分の自由と分割請求権とは、通常の「共有」の特色であるから、これらを欠く組合財産「共有」の法律関係[38]は物権編に規定する通常の「共有」と異なる性質をもつということは明らかである。さらに、組合は、共同目的のための同一方向の協力的な人的つながりがありある程度永続的な結合関係を有するという点で、人的つながりのない過渡的暫定的な結合関係である遺産共有とも異なるのである。

また、組合財産の管理・利用は、組合財産をいかに管理・運用するかという組合事業遂行の一環として取り扱われる事柄であり、この場面での組合員の関与のあり方は、共同所有者たる地位におけるものというよりは、むしろ組合財産の運用者たる地位におけるものであると考えられる。要するに、組合においては、各組合員は他の組合員と共同してではあるが、組合財産の所有者であるとともにこの財産の管理・運用者でもあるから、組合員の組合財産への関与は、一面では共有者として、他面では管理・運用者（つまり業務執行者）としてという二面にわたることになる。[39]

このように考えると、組合財産の管理・利用は、一般に「共有財産」の問題として取り扱われる場合が多いが、実際には業務執行をする際の財産の運用の問題であるので、他の「共有」とは同じ次元では論じられないのではないかと思われる。

(3)　建物区分所有における共用部分

建物区分所有法一一条は、共用部分は区分所有者全員の共有に属すると規定し、同法一二条によれば、共用部分の「共有」には、同法一三条から一九条の規定が適用される。したがって、民法二四九条以下の共有規定の適用の余地はほとんどないということになる。ところで、建物区分所有法の共有規定が民法の共有規定といちじるしく異なる点は、持分処分の自由が制限され、共有物分割請求権が否定されていることである。これらの点は組合財産の場合と同じであるが、その他の点はどうであろうか。

まず、人的結合関係の有無に関しては、建物区分所有にはいろいろな態様があり[40]、その態様に応じ区分所有者間の共同関係にも強弱さまざまな程度のものがあるので、区分所有者間には必ずしも人的結合関係ないし人的つながりがあるとはいえず、区分所有者間の関係は、一種の組合のような共同の目的をもつ関係である場合もあるが、どちらかというと利害が対立するものである場合が多い。

また、共用部分の「共有」は、暫定的・経過的なものでなく、恒常的・継続的な性格を持つものである[41]。

このようにみてみると、建物区分所有の場合には、さまざまな態様があるため、一律に扱うわけにはいかないが、建物区分所有法の規定からみると、区分所有者間には、建物、敷地の管理・使用に関する共同関係が成立していることは明らかであり、その点で団体的性格を有するということができるのではないか。

3　共有物の管理・利用に関する決定に際しての多数決原理採用の適否

共有物の管理・利用に関して、民法は、共有者の持分の過半数によって決定することができる（民法二五二条本文）と規定している。つまり、右の過半数で決定した管理に関する事項は、その決定に反対しあるいは加わらなかった共有者を含めて全ての共有者を拘束する規範となるということができる。このように共有物の管理に関する事項について全員一致を必要とせず過半数で足りるとする理由は次のように説明されている。まず、共有物の管理の必要性および管理が共有者全員に利益をもたらすことが指摘される。その上で全員の同意を得てから管理を行なうべきであるとするのは不便であり、反面、共有物の変更ほどには共有物の価格に対して大きな影響を与えないという説明、あるいは過半数を持分の価格によって算定すると定められている点を引き合いに出して、共有物についてより大きな利害を有する者の利益を保護する趣旨であるとの説明がなされている(42)。

組合財産の管理・利用に関して、判例は、民法六六八条以下に特則がないかぎり、二五一条・二五二条が適用されると解している(43)。しかし、先にも述べたとおり、組合財産はもっぱら組合の事業のために供せられたものであるから、組合員はこれに対する個人的な使用権をもつものではなく、その管理・利用は組合の業務執行に属する事項であり、組合規約に特段の定めがないかぎり、業務執行に関する民法の規定によって規律されると解すべきであるとされている(44)。すなわち、組合員の過半数により決定されることになる（民法六七〇条）。このように解することは、共同所有者の一部の者の権利が他の一部の者の意思によって喪失させられる結果となるという感覚的な疑念が残るにせよ、組合財産をどのように活用するかはその適宜の処分も含めて組合の意思決定方式（意思決定規律）に基づいて決めるべきことであって、組合員の所有意思の介在を許すべきではないことから、当然の帰結である(45)。そう考えると、組合財産の場合には、「共有」とはいっても、その管理・利用に関しては「共有」という所有概念とは離れた、業務執行する上での財産の運用の問題であるという考え方から多数決原理が採用されているということができるようである。

建物区分所有における共用部分の管理・利用に関しては、建物区分所有法一八条一項本文が、共用部分の管理に関する事項については、共用部分に軽微変更を除く変更を加える場合を除き、区分所有者およびその議決権の過半数による集会の決議で決定することができ、右の決議によらなければ決定することができないと定めている。また、建物区分所有法一七条一項は、軽微変更を除く変更は、区分所有者およびその議決権の四分の三以上の多数による集会の決議で決定することができ、右の決議によらなければ決定することができないと定めている。すなわち、建物区分所有法は、変更及び管理の全てに関して多数決原理を採用しているのである。その理由としては、全員の合意を必要とした場合に生ずる実際上の不都合があげられるとともに、団体的拘束の必要性があげられている(46)。

このようにみてみると、通常の「共有」はもとより、理由は異なるが、単純な「共有」でない組合財産や建物区分所有の場合にも、管理・利用に関する事項は、いずれも多数決によって決定するとしているのである。

それでは、共同相続財産の場合はどうであろうか。共同相続財産の管理・利用について、民法は特に規定をおいていないため、物権法の共有の規定を適用あるいは類推適用するとされている(47)。そうすると、他の場合と同様に多数決により決することになりそうである。しかし、従来の判例・学説の状況をみてみると、必ずしも多数決により決定することができるとしているわけではない(48)。

そこで、共有物の管理・利用に関して多数決によることの適否について考えてみると、もともと多数決原理を採用するということは、多数による決定によって定立された規範が残りの少数をも拘束する点で、団体法的規律であるということができる。[49] すなわち、自己の合意や承諾を根拠とするのではなく規範により拘束されるということである。それに対し、全員一致による決定は、自己の合意や承諾を根拠とする、より個人主義的な契約法的規律であるといわれている。[50] ということは、その共有に団体性があれば多数決原理を採用できるということのようにも思える。[51] 建物区分所有の場合にはそのようにも考えられるだろう。しかし、この考え方によると、通常の「共有」の場合には、先にも述べたとおり、人的結合のないゆるい結合関係であり、個人主義的性格をもっているということから、全員一致による決定がなされることになり、共有物の管理について多数決原理を採用する民法の規定と矛盾するとも考えられる。[52]

それでは、共有物の管理・利用に関して多数決によることの適否については、どのように考えたらよいのだろうか。これまでのそれぞれの共有の性質を考えあわせると、組合財産は別として、自己の合意に基づかずに共有者になることのない「共有」(建物区分所有など)においては、共有物の管理・利用について、多数決によって自己の合意に基づかずに形成された規律によって拘束され、また負担に任ずるとしても、共有者がそれを選択し予測できるという点でそれほど不都合はない。しかし、他方自己の合意に基づかずに共有者になりうる「共有」(遺産共有など)においては、共有物の管理・利用について、多数決ではなく全員一致による規律形成を原則とすると考えたほうがよいように思われる。また、共有状態の存続が目的とされている「共有」の場合(建物区分所有など)には、分割を回避し、各共有者の共有物に対する利用が円滑に行なわれようとするため、多数決により管理・利用方法を決定していかざるをえないだろう。しかし、共有状態の早期終息が好ましい分割を目的とした「共有」の場合(遺産共有など)には、法的に積極的に支持することができない占有の状態は共有物の分割によって解消することになるので、管理・利用に関しては、多数決ではなく、全員一致を原則とすると考えられるのではないだろうか。

このように考えると、共同相続財産の管理・利用は、従来の判例・学説の示すとおり、多数決による決議になじまないもののように思われる。(53) これをもとにして、遺産建物の使用関係について、次から具体的に検討していこう。

(30) 鈴木禄弥『相続法講義』一八三頁〔創文社、一九八六年〕。
(31) 鈴木・前掲注(30)一八三頁。
(32) 品川孝次「共同相続財産の法的性質」Law School二五号六六頁、鈴木・前掲注(30)一八五頁。
(33) 品川・前掲注(32)六六頁。
(34) 鈴木禄弥『物権法講義二訂版』二九頁〔創文社、一九七九年〕、内田貴『民法Ⅰ　総則物権総論』三四三頁〔東京大学出版会、一九九四年〕。
(35) 山田誠一「共有者間の法律関係—共有法再構成の試み（一）～（四）」法協一〇一巻一二号二七頁、一〇二巻一、三、七号〔一九八四～八五年〕。
(36) 鈴木禄弥編『新版注釈民法(17)』五六頁〔品川孝次〕〔有斐閣、一九九三年〕。
(37) 品川孝次『契約法下巻』三二九頁〔青林書院、一九九八年〕。
(38) これにつき、かつては組合財産に関する民法の規定を特則とする多少特殊な共有であるとする見解がむしろ支配的であったが、大正末期から昭和初期にかけて合有理論の研究が進むにつれて、組合財産の「共有」を「合有」と解する見解が有力になり、やがて学説上支配的になったともいえる。とはいえ、合有の内容については、十分に解明されたとはいえないし、統一的な理論が確立されていたわけではない。問題なのは、組合財産の共有の法的性質を「合有」と解すべきか否かということよりも、組合財産をめぐる具体的個別的な諸問題の妥当な法的処理を解明し、それが通常の共有におけるとどれほど相違するかを確認することであるといわれている（品川・前掲注(37)三三一頁）。

(39) 品川孝次「組合財産「共有」の特殊性」山畠・五十嵐・藪先生古稀記念『民法学と比較法学の諸相III』九五頁〔信山社、一九九八年〕。

(40) もっともシンプルな二戸建てのたて割型住宅から大規模な分譲マンション、商業店舗ビルまでたくさんの態様がある。

(41) 玉田弘毅『建物区分所有法の現代的課題』八二頁〔商事法務研究会、一九八一年〕。

(42) 山田・前掲注(35)一一頁。

(43) 品川・前掲注(37)三三二頁（最高裁昭和三三年七月二二日判決民集一二巻一二号一八〇五頁）。

(44) 品川・前掲注(37)三三二頁。

(45) 品川・前掲注(39)一〇四頁。

(46) 山田・前掲注(35)三頁。

(47) 前掲注(6)参照。

(48) 二参照。

(49) 山田誠一「建物区分所有等に関する法律と共有物の管理」民商九三巻臨時増刊号(2)一六三頁〔一九八六年〕。

(50) 山田・前掲注(49)一六四頁。

(51) 多数決原理を採用せず全員一致による決定をした方が、共有者全員の総意に基づく決定ということで、強い結合関係に適し団体性を有するものであるといえなくもない。しかし、多数決により決定された事項は、たとえそれが自分の意に反したものであったとしても、それを甘受しなければならないということを考えると、個人の意思は団体に埋没することになる。反面、全員一致による決定は、それ自体より制約が強いようにも思えるが、自分の意に反した決定はなされず一人一人の権利が尊重されるという点で、個人主義的なものであり、ゆるい結合関係に適するといえるのではないだろうか。

(52) しかし、共有の場合、同じ物を複数の者が所有している以上、単独所有と異なり何らかの制約を受けることにならざるを得ない。通常の共有では、持分処分の自由、分割請求権が認められるが、その反面、管理・利用については、制約を受けることになる。それが多数決による管理の決定であり、そのために、共有者は場合によっては希望する管理ができない、あるいは希望しない管理を甘受しなければならないという制約を受けると考えられるのではないだろうか。このように考えると、組合財産の場合には組合の意思決定方式(意思決定規律)として、建物区分所有の場合は、団体性ゆえの多数決原理の採用であり、通常の共有の場合は、同じ物を複数が所有する上での制約としての多数決原理の採用ということではないかと思う。

(53) このように、遺産共有の場合、その管理・利用を多数決ではなく全員一致により決定するということになると、何も決められないまま遺産分割になってしまうとも考えられるが、遺産共有はもともと清算を目的とした過渡的・暫定的なものであると考えると、そうなることもやむをえないと思われる。遺産共有の場合、各共有者間の関係が対立している関係であるからこそ、各人の共有持分権を無視できないのではないだろうか。

四 具体的検討

1 使用方法を協議によって決める場合

共同相続人間において遺産建物の利用に関して争いが生じ、または生じるおそれがあるときは、まず共同相続人全員の協議によってその方法を決めるのが望ましい。この場合、遺産建物の利用は、一般的には保存行為でも変更・処分行為でもなく、管理行為であると考えられ[54]、先に述べたように、物権法の共有の規定によると、民法二五二条により各共同相続人の相続分に応じ過半数をもって決められることになる。しかし、従来の判例が示すとおり、多数持分権者からすでに家屋を占有している少数持分権者に対して当然に明渡を請求できるものではないし、[55] そうかといって少数持分権者の勝手な言い分を通すわけにもいかない。先にも述べたとおり、共同相続財産の管理・利用に関する決定は多数決になじまないものであると考えると、原則として全員一致の決定によることになるが、相続開始後まだだれも占有・使用していない段階での協議においては、遺産分割までの短期間の利用であり、各共同相続人の立場は平等なものであると考えられるので、多数決によって一部の相続人に遺産建物の利用を認めることができると解することができる場合もあると考えられなくもない。しかし、協議に反対の少数持分権者が当該遺産建物の所有者になる可能性を考えるとやはり全員一致の決定によるしかないのではないかと思われる。また、いずれの意見も全員の一致をみず決定することができないときは、相続財産をめぐる家庭内の紛争事件として、家庭裁判所に対して、家事調停の申立てをすることができる。[56] しかし、調停は全当事者の合意がないと成立しないから、この方法によっても必ず解決できるわけではない。そうすると結局は遺産分割手続きによるほかはないであろう。[57]

このように協議で使用方法を決めたときは、その取り決めに従わなければならないので、一部の相続人がこれに反する使用をするときは、他の相続人は単独でそれを排除することができると解することになろう。また、協議が成立した後にその使用方法を変更するには、再度協議をすることになる。この場合、意見の対立がないときには問題がないが、意見の対立があるときには、すでに遺産建物を占有している場合の判例の立場を考えると、遺産分割と同じく、共同相続人の全員一致の決定を要すると解し、多数決による使用収益方法の変更は許されないものと解するのが相当であると考えられる。[58]

2 協議が成立する前に、一部の相続人が独占的に占有・使用している場合

協議が成立する前に、一部の相続人が独占的に占有・使用している場合には、(1)一部の相続人が相続開始前から占有・使用していた場合と、(2)一部の相続人が相続開始後他の相続人に無断で勝手に占有・使用している場合がある。そして、さらに(1)の一部の相続人が相続開始前から占有・使用していた場合には、被相続人と同居していた場合[59]と、同居していなかった場合に分けられる。それぞれについて、順に検討してみよう。

(1) 一部の相続人が相続開始前から占有・使用していた場合

(a) 被相続人と同居していた場合

これは、被相続人の所有する建物に、なんらかの事情で相続人の一部が同居し生活していたところ、被相続人が死亡し、その後も同居相続人がそのまま遺産建物に居住しているという場合である。これまで判例で問題になった事案の多くはこの場合であり、学説もこのような事案をとりあげ議論してきたようである。共同相続人の一部が、被相続人の生存中から遺産である建物において同居してきた場合に、その同居相続人の相続開始後遺産分割までの間の遺産建物の使用について、その法律関係をどのように解するか。先にも述べたように、この種の紛争は、従来、共同相続財産の管理の問題として論議されてきた。しかし、その解決に当たっては、単に「管理」の問題として扱うだけでなく、占有使用者の居住権限の法的構成などの面からのアプローチも必要ではないかと思われる。

従来の判例・学説の状況によると、理論構成は異なるものの、被相続人の生存中から同居していた相続人の居住をできるだけ保護するという方向にあるという点では一致している。そこで、ここでは一体どのように同居相続人の居住を保護していくか、その法的構成を検討し問題を解決していきたいと思う。問題の解決

にあたっては、まず建物所有者と同居している家族の建物利用関係は、どのような性質のものであるかを検討する必要があると思われる。なぜなら、もし同居している相続人が被相続人の生存中に何らかの使用権限を有するのであれば、自己固有の権利として相続開始後もその権限を主張しうる可能性があるからである。

特定の共同相続人が、相続開始前に、被相続人とその所有建物に、家族として同居し共同生活を送っているという関係は、社会的にはよくみられる関係である。(60) そしてその関係は、たとえば、夫所有の建物に妻が同居している場合、親所有の建物に子が(61)同居している場合、また兄所有の建物に弟が同居している場合など当事者の事情に応じて利用形態もさまざまである。当事者に明確な契約がある場合にはよいが、そのようなものがない場合に(62)、このような法律関係をどのように構成するかについて考えなければならない。この検討にあたっては、とくに同じく同居相続人といっても、それが夫または妻である場合とそれ以外のものである場合とでは、夫婦には同居義務があるということから異なる扱いをすべきであろう。

まず、夫所有の建物に妻が同居している場合の建物利用関係については、夫婦の同居協力扶助義務ないし婚姻費用の分担責任の履行の一方法とみる、家族法上の権利義務であるとする構成(63)のほか、利用関係を使用貸借と解したうえで、夫婦共同生活の場であるという特殊性を考慮して使用貸借の規定を修正適用するという構成(64)をとるなどが可能である。これらの見解では、夫婦共同生活関係が消滅しない限り、利用関係も消滅しないことになる。（右の二つの見解の当否についてあえて言えば、その具体的内容においてさしたる相違がないのであるのならば、端的に家族法上の権利義務関係として扱ったほうが、当事者の意思にも合致するものであると思われる）。

つぎに、親所有の建物に子供が同居している場合の建物利用関係について、従来の判例・学説は、親が子に不動産を無償で貸与する関係を一般に使用貸借契約であると解してきたようである。(65) しかし、このような場合をすべて画一的に使用貸借と解するのには疑問がある。なぜなら、親所有の建物に子供が同居しているといっても、その当事者内部の事情はさまざまなものが考えられるからである。たとえば、親が、扶養義務の履行として、経済力のない子供に住む場所を提供するという意味合いを含めて、自己所有の建物に子供を同居させるということも考えられるし、反対に、親が高齢になり、子供がその親の世話をするために、子所有の建物に親を同居させる（いわゆる引取り扶養）とか、同様の場合に親所有の建物に子が同居するということも考えられよう。また、子が家業を営むため親所有の建物に同居し、そこで営業するという場合もある。あるいはまた、右のような諸事情がなく、単に親と子が互いに同居するという場合もあるだろう。これらすべての場合における親子の利用関係を、おしなべて使用貸借と解する立場をとることで、具体的・個別的紛争を妥当に解決することができるのだろうか。やはり、それぞれの場合に応じた解釈が必要ではないかと思われる。それぞれ場合に分けて考えてみよう。すなわち、(ア)まず、高齢の親を扶養するために、子が自己所有の建物に親を引き取るいわゆる引取り扶養の場合には、家族法上の扶養義務の履行、すなわち家族法上の権利義務として解釈することができよう。ときには、親が子に対する扶養義務の履行として親所有の建物に子を同居させる場合もあるだろうが、その場合も同様である。(イ)つぎに、扶養の権利義務関係があるとはいえなくても、現実に親も子も親族的扶養の意識をもって共同生活を送っている場合には、親と子の間に使用貸借あるいは家族法上の権利義務に準じた関係があるとみることができよう。(ウ)さらに、家業を営むため親所有の建物に同居し、そこで営業するという場合には、親と子の間に使用貸借契約が締結され、またはより長期の利用を予定した合意が推認されると考えられよう。(エ)また、親子間に扶養関係はないが、親が子に近くにいてほしいなどの理由で、自己所有の建物での同居を希望し、子も支出をまぬがれるため、親所有の建物に同居する場合などは、先に述べたような家族法上の権利義務とみることはできないし、契約関係と思われない場合もあろう。この場合には単なる使用貸借か、場合によっては好意的使用関係ということができるのではないだろうか。(オ)以上のような諸事情がない場合、兄所有の建物に弟が同居している場合など、夫婦・親子以外の親族の場合には、一般に使用貸借と解することができる場合が多いであろう。

それでは、建物所有者である被相続人が死亡したときには、この法律関係がどのようになるのか、これが問題となってくるのである。この場合に、当事者に明確な契約があり、それが相続開始後も主張することができる場合には、同居相続人みずからの権利として構成することができる。しかしほとんどの場合がそうであろうが、とくに明確な法律関係がない場合にどうなるのか。利用関係を家族法の権利義務あるいは扶養関係とみるとすると、一般的には被相続人の死亡後には利用の根拠を失うことになる。しかし、同居相続人の相続開始後の無償使用を、配偶者居住権の余後効として、あるいは親族的扶養関係の余後効(こういう効果は容易には認められないであろうが)として、被相続人死亡後も認めるとすることもできるであろう。また、利用関係を使用貸借と解すると、使用貸主である被相続人が死亡した場合、使用貸借は当然には終了せず、その後も継続する。その場合、使用貸借の解約の当否を判断することにより、被相続人死亡後も無償使用を認めると解することもでき、この場合には、民法五九七条の適用に当たって、契約で定めた目的を達したかどうかとか、相当の期間が経過したかどうかを判断する際に、被相続人と同居相続人との関係が考慮されることになろう。それでは、利用関係を好意的関係とみる場合はどうであろうか。この場合には、扶養関係や使用貸借関係のような考え方はできず、当事者の意思から無償使用できるという合意が推認されるとも考えられないので、利用関係は消滅することになると思われる。

このように考えてみると、遺産建物に対して同居相続人は、生前の被相続人との関係いかんによっては、少なくとも遺産分割の終了までは無償使用が認められることになろう。最近の判例・学説が、同居相続人が相続開始後も相続開始前と同様の状態での居住をできる限り保護しようとする傾向にあることから考えても、このような理論構成も可能ではないかと思われる。

要するに、被相続人と同居相続人との生前の利用関係を、具体的事案に即して判断することにより、相続開始後、遺産分割終了までの無償使用を根拠づける理論構成を見いだすことができると考えられる。最終的には、学説の有力説のいうように、遺産分割の請求として処理されることになると思われるが、それまでの無償使用を根拠づけることにより、居住の利益に関して、特別の考慮をする必要性がない場合も多くなるようにも思われる。

(b)　同居していない場合

これは、相続人の一部が、被相続人と同居していたわけではないが、被相続人の生前から被相続人の許諾を得て遺産である建物を使用し、相続開始後もこれを使用している場合である。原則としては、(a)の被相続人と同居していた場合と同様に考えられるが、被相続人が相続人の一人に自己所有の建物を無償で使用させていたという事案を考えると、ほとんどの場合、被相続人と使用を許諾された相続人との間で使用貸借契約が締結されていたと認められるであろう。この場合、使用貸主である被相続人が死亡しても使用貸借契約は当然には終了しないので、相続開始後は、共同相続人の一人として占有・使用していると同時に、使用貸借契約に基づいて占有・使用していることになる。この使用貸借の終了時期は契約内容によることになり、被相続人との間に被相続人の死亡までという取り決めがあれば被相続人の死亡により使用貸借は終了するし、契約で定めた目的を達した場合や相当な期間が経過した場合にはそのとき使用貸借は終了することになる。また、他の共同相続人は、被相続人の使用貸主としての地位を相続により承継するので、使用貸借契約終了までは引き続き貸し続けなければならない。そして、使用貸借契約が存続していれば占有・使用している相続人には共有物全体を占有する権限があるので、他の共同相続人は明渡しを求めることもできないし、不当利得なども成立しないということになる。

それでは、他の共同相続人は、この使用貸借契約を解約あるいは解除、または目的の達成、期間満了などの使用貸借契約の終了を主張し明渡しを求めることができるのであろうか。使用貸借契約の解約または解除などは、管理行為であるとされているので、[66] 過半数の決議をもってすることが可能ということになるが、判例は、たとえ多数持分権者からの明渡請求であっても、当然には明渡しを認めないこととしている。[67] 事案により判断されることになるが、使用貸借契約の解約または解除などが認められるときは、たとえ明渡しは求められないとしても、不当利得が成立することになろう。なお、被相続人死亡後、占有する相続人が従前と異なる使用をしていたり、遺産建物の増改築をするなどというような行為を行なおうとした場合、信頼関係が破壊された場合などは、解除の原因になると思われる。

(2)　一部の相続人が相続開始後他の相続人に無断で勝手に占有・使用している場合

たとえば、被相続人が一人で暮らしていて被相続人死亡後空き家になっていた家屋に、相続人の一人がだれの了解も得ずに入居し占有をはじめたという事案がこれにあたる。これに納得しない他の相続人が明渡しを求めるわけであるが、明渡しを求める他の相続人の持分の合計が過半数を超えていたとしても、そのことのみによって現に占有・使用している相続人に対する明渡請求が当然には認められない。このことは、判例の示すとおりである。(68) しかし、これでは、早い者勝ちを認める結果になってしまい、法的秩序を害するおそれがあるため、疑問がないわけではない。そこで、遺産建物の使用方法は協議で決めるべき事項であるので、現に遺産建物を占有・使用している相続人に対し、他の相続人が遺産建物の使用方法について協議を求め、過半数の持分をもって、遺産建物の占有を、当該建物の明渡しを求める相続人の一人又は数人とし現に占有・使用している相続人の占有を認めない旨決議すれば、現在占有している相続人の占有権限は否定されることになるから、そのように決議をして明渡しを求めることができると解する考え方がある。(69) この考え方では、このような明渡しが現在占有している相続人にとって酷であり、明渡しを求める側に合理的理由がない場合には、権利の濫用になる場合もあろう。このように解することは、他の相続人に何の了解もなく遺産建物を占有した相続人の占有を排除することができる点で合理的であるが、持分が過半数に満たない相続人の占有が保護されないということになる。普通の共有の場合にはそのように解してよいかもしれない(70)が、先にも述べたように共同相続財産の管理・利用に関する決定は多数決になじまないものであると考えるとそのような明渡しを認めるべきではないだろう。そう考えるとやはり、遺産建物の使用方法をめぐる共同相続人間の争いは、民法九〇六条により遺産分割手続きを通して行なうのが妥当であるということになろう。ただ、相続開始後に遺産建物を占有した相続人の占有があまりにも他の相続人を害するなど特段の事情があるときは妨害排除請求として明渡しが認められると解する余地があるかもしれない。

このように、相続開始後遺産建物の占有をはじめた相続人に対して他の共同相続人が明渡しを求めることはむずかしいようである。そう考えると、遺産建物を独占的に占有されることにより使用が妨げられている共同相続人を救済するには、不当利得または不法行為を理由とする金銭賠償によるほかない。先にも述べたとおり、近時不法行為を理由とする損害賠償はあまり認められていないが、不当利得については、占有する相続人に共有持分以外の全体を占有する権限があれば不当利得は成立せず、共有持分しかなければ残りの使用について不当利得となるということになる。一部の相続人が相続開始後他の相続人に無断で勝手に占有・使用している場合には、原則として、不当利得が成立することになろう。

(54)　品川孝次「共同相続人間の遺産の管理をめぐる紛争」別冊判タ八号三三六頁。
(55)　②判決。前掲注(9)参照。
(56)　家事審判法一七条。
(57)　宮井＝佐藤・前掲注(2)一五五頁。
(58)　⑤判決（前掲注(12)）、星野・前掲注(13)六九二頁参照。
(59)　この点の詳細は、筆者・前掲注(1)参照。
(60)　田村精一「親族間の不動産利用関係」『契約法大系Ⅲ』二九三頁以下（有斐閣、一九六二年）。
(61)　ここでは成熟している子を指す。
(62)　通常はこのような場合が多い（田村・前掲注(60)二九六頁）。
(63)　鈴木潔『最高裁判例解説民事篇昭和三五年度』四一五頁。
(64)　玉田弘毅「被相続人の内縁の妻の居住権」法律論叢三八巻四号二九頁（一九六四年）。
(65)　岡本詔治「親子間の不動産無償利用関係について」島大法学三九巻一号―四号（一九九五年）。
(66)　①判決。前掲注(8)参照。
(67)　②判決。前掲注(9)参照。
(68)　②判決。前掲注(9)参照。

(69) 田中＝岡部＝橋本＝長・前掲注(13)三四〇頁。
(70) 品川・前掲注(54)三三七頁。

五 最近の判例の動き

このように、いろいろと検討してきたが、最近、最高裁は、遺産である建物の使用関係をめぐり、共同相続人の一人が、相続開始前から被相続人の承諾を得て遺産である建物において被相続人と同居していたときは、特段の事情のない限り、被相続人と同居相続人との間において、遺産建物について、相続開始時を始期とし、遺産分割時を終期とする使用貸借契約が成立していたものと推認されるとし、同居相続人に遺産建物を無償で使用させる合意があったものと解するという判示をした(最判平成八年一二月一七日民集五〇巻一〇号二七七八頁)[71]。不法行為はいうまでもなく不当利得にもならないとし、この無償使用を正当化するために使用貸借契約の成立を認めたわけである。これまでの見解を一歩進めて、相続開始後、遺産分割終了までの無償使用を契約という形で具体的に根拠づけた点で評価できると思われる[72]。

しかし、共同相続人の一人が被相続人と同居していた場合すべてに、この最高裁判決と同様に被相続人と同居相続人との間で遺産建物を無償で使用させる合意が推認されるのであろうか。先に述べたように、このような関係は、社会的によくみられる関係であり、当事者の事情に応じて利用形態もさまざまである。これらの場合すべてに同様の解釈ができるかは疑問である。無償使用が認められない場合もあるのではないだろうか。それでは、一体どのような場合に、この最高裁判決のように被相続人と同居相続人との間に使用貸借契約の成立が推認されることになるのであろうか。

夫所有の建物に妻が同居するというような夫婦間の使用の場合は、夫婦間に同居義務があり、所有配偶者の死後は、生存配偶者には配偶者居住権の余後効があると考えられるので、生存配偶者の無償使用は認められることになる。しかしこの余後効がどこまで続くか明確にされていない段階では、この最高裁判決のように少なくとも遺産分割までは無償で使用させる合意があったものと推認されると思われる（さらに言えば、生存配偶者の死亡まで無償で使用させる合意があったものと推認されるのではないだろうか）。また、親子間の場合も、被相続人と同居相続人との間に扶養関係があったり、扶養関係があるとはいえなくても現実に親も子も親族的扶養の意識をもって共同生活を送っているなどの場合には、同様に考えられよう。しかし、そのような事情がない場合、それ以外の親族の場合には、当然には無償使用が認められるとは考えられず、同居相続人が被相続人と同居するに至った事情などを具体的に判断していかなければならないだろう。たとえば、夫婦、親子以外の親族の場合でも、被相続人と同居相続人との間にある種の扶養のような関係があった場合や、二人が共同で家業を営み家族として共同生活を送っていた場合などは、少なくとも遺産分割終了までは無償で使用させる合意があったものと推認されよう。しかし、同居相続人の便宜のため単に同居していた場合などは、相続開始後も無償使用が認められるか疑問である。

また、同居していない場合には、被相続人の生前から使用貸借契約の効力が生じており、具体的事案により、期間の定めが必ずしも遺産分割終了までとは認められないということになろうし、一部の相続人が相続開始後他の相続人に無断で勝手に占有・使用している場合には、このような考え方をあてはめることはできないのは当然である。

なお、最高裁平成一〇年二月二六日判決（民集五二巻一号二五五頁）[73]は、共有不動産を共同で使用する内縁の夫婦の場合に、この最高裁判決の考え方を採用している。事案は、生前から共有不動産であったこと、内縁の夫婦という関係であることなどが異なるが、このような場合にも、当事者の通常の意思に合致することを根拠として、特段の事情のない限り、一方が死亡した後に他方が単独使用する旨の合意の成立が推認されるとしたものである。このような考え方が、今後どのような場合に採用されていくか、注目に値するといえよう。

(71) ⑨最高裁平成八年一二月一七日判決(民集五〇巻一〇号二七七八頁)

[事実] 被相続人Aは、Yらとともに、Aの所有する本件建物において、家族として同居生活をし、家業を営んできた。Aが死亡し、Yらはその遺産となった本件土地建物に引き続いて居住していたが、Aの共同相続人であるXら(持分一六分の一二)がYら(持分一六分の四)に対し、本件土地建物につき共有物分割請求と不法行為ないし不当利得に基づく賃料相当額の支払請求をした。第一審では共有物分割の訴えは不適当であるが、賃料相当額の支払いについては請求を認容した。Xらが控訴し、Yらが附帯控訴したが、原審は、控訴を棄却したため、Yらが上告した。

[判旨] 「共同相続人の一人が相続開始前から被相続人の許諾を得て遺産である建物において被相続人と同居してきたときは、特段の事情のない限り、被相続人と右同居の相続人との間において、被相続人が死亡し相続が開始した後も、遺産分割により右建物の所有関係が最終的に確定するまでの間は、引き続き右同居の相続人にこれを無償で使用させる旨の合意があったものと推認されるのであって、被相続人が死亡した場合は、この時から少なくとも遺産分割終了までの間は、被相続人の地位を承継した他の相続人等が貸主となり、右同居の相続人を借主とする右建物の使用貸借契約関係が存続することになるものというべきである。けだし、建物が右同居の相続人の居住の場であり、同人の居住が被相続人の許諾に基づくものであったことからすると、遺産分割までは同居の相続人に建物全部の使用権限を与えて相続開始前と同一の態様における無償による使用

を認めることが、被相続人及び相続人の通常の意思に合致するといえるからである。」と判示し、破棄差戻した。

(72)　⑨判決は、本稿の土台になった筆者判例評釈の対象となったものであるが（前掲注(1)）、これについては、評釈・解説として、先に引用したもの（高木・前掲注(14)、岡本・前掲注(25)）のほか、中川淳・判例評論四六三号三一頁、右近健男・判タ九四〇号九二頁、野山宏・ジュリスト一一一一号一九七頁などがある。

(73)　⑩最高裁平成一〇年二月二六日判決（民集五二巻一号二五五頁）

〔事実〕　AとYは長年内縁関係にあり、楽器指導盤の製造販売業を共同で営み、A所有の本件不動産を居住及び事業のために共同で占有使用していた。A死亡後Yが本件不動産を単独で使用していたところ、Aの相続人であるXとYとの間で本件不動産の所有権帰属をめぐり争いとなり、前訴において、本件不動産がAとYとの共有であったことを認め、Yが二分の一の持分を有することを確認する旨の判決が確定した。Xは、Yに対し、不当利得返還請求権に基づいて、本件不動産の賃料相当額の二分の一の支払を求めた。原審は、Yの持分を超える使用による利益につき不当利得の成立を認め、Xの請求を一部認容したため、Yが上告した。

〔判旨〕「内縁の夫婦がその共有する不動産を居住又は共同事業のために共同で使用してきたときは、特段の事情がない限り、両者の間において、その一方が死亡した後は他方が右不動産を単独で使用する旨の合意が成立していたものと推認するのが相当である。けだし、右のような両者の関係及び共有不動産の使用状況からすると、一方が死亡した場合に残された内縁の配偶者に共有不動産の全面的な使用権を与えて従前と同一の目的、態様の不動産の無償利用を継続させることが両者の通常の意思に合致するといえるからである」と判示し、破棄差戻した。

本判決の評釈・解説としては、伊藤司・法学教室二一六号九六頁、岡本詔治・判例評論四七七号四九頁などがある。

六　結びにかえて

すでに述べてきたように、遺産分割前の共同相続財産の管理について、民法はとくに一般的・総括的な規定をもうけていないため、さまざまな問題が生じている。そこで、本稿では、そのなかでも、判例上最も問題となっている共同相続人の一人が相続開始後遺産建物を独占的に占有・使用している場合の共同相続人間での法律関係についてとりあげ、検討を行なってきた。遺産中の不動産のなかでもとくに建物（家屋）をとりあげたのは、その使用関係が内部的なものであり、有償の契約関係にない場合が多いという点で、土地の場合より争いが生じやすいことによる。判例でも建物に関する争いがほとんどであった。本稿では、このような関係につき、共同相続財産の特殊性を考慮しつつ、その状況による解決を模索したわけであるが、とくに共同相続人の一人が相続開始前から被相続人と同居し、相続開始後も独占的に占有・使用している場合には、占有使用者の居住権限の法的構成などを考慮することにより、その場合に応じた解決を試みると同時に、最近の判例の動きに着目し、その見解が及ぶ範囲についても考えてみた。その結果、このような遺産建物をめぐる争いは、共同相続人間の協議により全員一致で決定されるのが原則であるが、それができない場合には、最終的には遺産分割の手続きのなかで解決し、それまでの無償使用に関しては、被相続人の生前の使用関係から、具体的事案に即して判断されるのがよいと思われる。そう考えると、遺産分割終了後の使用関係についても若干考えなければならないだろう。遺産分割が一切の事情を考慮してなされるとしても、遺産が唯一建物一棟のみであったような場合には、遺産分割によってもこれまで居住していた者にその所有権が与えられるとは限らない。その場合、これまで居住していた者が遺産分割終了後も居住しつづけることができるのだろうか。遺産分割により一切を考慮して決定されたのだからとわりきることもできないではないが、生存配偶者の場合などにはやはり居住の必要性を考えざるをえないだろう。その際には、新たに所有者との賃貸借契約あるいは使用貸借契約を締結するという方法もあるが、配偶者居住権の余後効として生存配偶者の死亡まで遺産建物の無償使用を認めると考えられる余地があるのではないかと思われる。これらの点はまだまだ検討しなければならないだろう。なお、遺産分割前の共同相続財産については、共同相続財産を第三者が占有している場合の法律関係や、共同相続人による具体的行為が保存行為、管理行為、変更・処分行為のどれにあたるかなどまだ多くの問題が残されている。これらについては稿を改めて論じていきたい。

ところで、共同相続財産の管理について、立法論としては、民法八九九条の次に、「相続人が数人あるときは、家庭裁判所は、利害関係人又は検察官の請求によって、相続財産の管理について必要な処分を命ずることができる。家庭裁判所が相続人に代わって相続財産を管理すべき者を選任した場合には、第二七条乃至第二九条の規定を準用する。」という一か条を加え、かつ、管理人の選任について適当な公示方法を講じたならば、これで必要かつ十分であろうと思われる、という於保教授の提案がある。(74)この提案に賛成する意見も多い(75)ということをつけ加えておく。

(74)　於保・前掲注(6)一〇四頁。

(75)　猪瀬・前掲注(7)二〇頁、米倉・前掲注(15)一二九頁。

10　共同相続人の一人による占有と取得時効

辻　伸行

はじめに

共同相続人の一人が遺産に属する不動産を単独で占有し、その占有が長期間に及んでいる場合、相続登記手続などをきっかけにしてその不動産の所有権の帰属をめぐって共同相続人間で争いが生ずることがある。この場合、単独占有する共同相続人は、短期または長期の取得時効の成立を主張することが多いであろうが、その際、その占有に単独所有の意思があるといえるかが最大の争点となる。この問題については、周知のように、最高裁は昭和四七年九月八日の判決（民集二六巻七号一三四八頁）で、「共同相続人の一人が、単独に相続したものと信じて疑わず、相続開始とともに相続財産を現実に占有し、その管理、使用を専行してその収益を独占し、公租公課も自己の名でその負担において納付してきており、これについて他の相続人がなんら関心をもたず、もとより異議を述べた事実もなかったような場合には、前記相続人はその相続のときから自主占有を取得したものと解するのが相当である。」と、判示した。そして、それ以降の裁判例もこの最高裁の立場をほぼ踏襲してきたといえる。

このような判例の立場に対して、学説のこれまでの対応は十分なものといえなかったように思われる。右の最高裁判決およびそれ以降の裁判例について紹介はなされてきたとはいえ(1)、一連の裁判例の整理分析は十分なものといえないし、また、右の判例理論には、実質的考慮においても、また理論構成の上でも疑問な点があるにもかかわらず、十分に掘り下げた議論がなされてきたとはいえないように思われる。具体的にいえば、右の最高裁判決は、共同相続人の一人による占有の自主占有性を右の判旨が示す実質的判断基準で認定するが、ここでの判断要素は単独所有の意思（単独自主占有性）を認める基準として妥当なものであろうか。

とくに、単独相続したものと信じていたという主観的事情（「誤信」ないし善意性）を所有の意思の判断基準にしている点は、疑問なしとしない。というのは、今日の判例・通説によれば、所有の意思は、権原または占有事情により外形的・客観的に判断されるべきものであると解されてきたし、また、他主占有から自主占有への性質変更の場合であれば、民法一八五条でいう「表示」または「新権原」がなければ自主占有とならないとされてきたからである。それにもかかわらず、学説によるこれまでの議論は、右の最高裁判決が示した実質的判断基準を基本的には支持しているように思われる。しかし、右の一般論との齟齬をどのように考えたらよいのであろうか。この点について十分に説得力のある議論が展開されてきたとはいえないように思う。他方、共同相続人の一人による占有について単独自主占有を認めるにしても、どのような理論構成をとるのかを、右の最高裁判決は明らかにしていない。共同相続人の一人による占有は、自己の相続分については自主占有であるが、他の共同相続人の相続分については他主占有であるということを前提に、後者の他主占有が自主占有へ変更する（性質変更）と構成すべきなのか、それとも、この前提をとらずに、相続開始による単独占有の取得とともに単独自主占有になると構成すべきなのか。学説は、この点について議論があり、見解の一致を見ていない。理論構成の面からも検討の余地がありそうである。

　そこで、本稿では、この問題に関する裁判例を整理分析するとともに、これまでの学説を検討し、これを踏まえて共同相続人の一人による占有の性質を決める実質的判断基準を提示し、あわせて単独自主占有が認められるとするならばどのような論理でその認定を行うのか（理論構成）について私見を明らかにしたい。

　なお、本稿において検討の対象とする事例は、不動産の自主占有者であった被相続人を共同相続した複数の相続人のうちの一人が単独でその不動産を占有し、その占有を継続している場合である。[2]　被相続人が他主占有者である場合にもその共同相続人の占有の性質について問題になるが、これは、他主占有者を相続した相続人の占有の性質が問題になる事例（他主占有相続事例）であり、本稿で検討する事例とは別の考慮がなされるべきであるから、[3] 別稿で論ずることにする。[4]

（1） 田中整爾『自主占有』（叢書民法総合判例研究⑨）一一頁以下、五二頁以下、一二二頁以下（一粒社、一九八四年）、同『自主占有・他主占有』三三頁以下（法律文化社、一九九〇年）、藤原弘道『時効と占有』三三頁以下、一〇四頁（日本評論社、一九八五年）、門広乃里子「共同相続と取得時効」帝京法学一九巻二号一八八頁（一九九六年）

（2） この場合、被相続人は所有者であることが通常であろうが、無権利者であることもありえよう。しかし、本稿では、単独占有する共同相続人が他の共同相続人との関係で単独自主占有者といえるかを問題にするのであるから、被相続人が所有者であったか無権利者であったかは直接には問題にならない。なお、被相続人が無権利者であった場合には、真の所有者との関係で取得時効の成否、したがって、所有の意思の有無という別の視点が加わることになる。

（3） 共同相続人の一人による占有は、被相続人（他主占有者）に不動産を賃貸していた貸主など占有をなさしめた者との関係で自主占有となるか、という形で問題になる。これは、他主占有者を相続した者の占有の性質決定の問題であって、共同相続人間の占有の性質決定の問題ではない。すなわち、被相続人が他主占有者である以上、共同相続人の一人の単独占有も他主占有ということになる（ただし、その後の状況によって自主占有へ変更することがありうる）（後掲注(4)の辻論文参照）。もっとも、共同相続人の一人による占有が他の共同相続人との関係でいわば他主占有を独占していることになるのか、他の共同相続人のためにも占有しているということになるのか、という別の問題が生じうる。これは、本稿のテーマと類似する問題であるといえよう。

（4） 辻伸行「他主占有者を相続した者の占有の性質と取得時効」（一）、（二）、（三）、（四・完）上智法学論集四

一巻二号一頁以下（一九九七年）、同四二巻三・四合併号一三一頁以下（一九九九年）、同四四巻二号六一頁以下（二〇〇〇年）、同四五巻二号一頁以下（二〇〇一年）参照。

一　判例の状況と分析

1　序

共同相続人の一人が遺産に属する不動産を単独占有し、これを継続した場合の取得時効の成否について判示したリーディングケースは、前掲の昭和四七年九月八日の最高裁判決である。(5) まず、この最高裁判決がどのような内容のものであり、その後の裁判例においてこの問題がどのように展開されていったかをみることにする。その際、単独所有の意思（単独自主占有性）の有無がどのような実質的判断基準によって判断されたのか、そして、その判断をどのように理論構成したのかという二つの観点から、裁判例を概観することにする。

2　最高裁昭和四七年九月八日判決

〔1〕　最判昭和四七年九月八日民集二六巻七号一三四八頁

〔事実〕　本件土地を所有していたAは昭和一五年一二月二八日に死亡し、その遺産をB、C、およびD（大正一三年に死亡）の代襲相続人Y_1、Y_2、Y_3が共同相続した。その後、Cが昭和一八年二月一日に死亡し、E_1、E_2、E_3、E_4、E_5がCの遺産を共同相続した。ところが、BはA死亡当時戸主であったので、当時家督相続制度の下にあった関係もあって、家族であるAの死亡による相続が共同相続であるとは考えず、本件土地は戸主たる自分が単独で相続したものと誤信し、単独で占有使用し、その収益はすべて自己の手に収め、地租も自己名義で納入してきた。そして、Bは昭和三〇年初め頃長男Xに本件土地を贈与して引き渡し、以降XがBと同様に占有し、使用収益してきた（登記はA名義のままのようである）。一方、C、Y_1、Y_2、Y_3は、本件土地を共同相続した事実を知らず、したがって、BおよびXが単独で占有し、使用収益していることについてなんら関心をもたず、異議も述べなかった。Xは、Bが本件土地の占有を開始した時から二〇年を経過した昭和三五年一二月二八日をもって時効により所有権を取得したと主張して、Yらに対して本件土地所有権移転登記手続きを求める訴えを提起し、これに対して、Yらは、相続分を有することの確認を求める反訴を提起した。

第一審では、X敗訴。原審は、Xの自主占有を肯定して本件土地の時効取得を認め、X勝訴。Yら上告。

〔判旨〕上告棄却「共同相続人の一人が、単独に相続したものと信じて疑わず、相続開始とともに相続財産を現実に占有し、その管理、使用を専行してその収益を独占し、公租公課も自己の名でその負担において納付してきており、これについて他の相続人がなんら関心をもたず、もとより異議を述べた事実もなかったような場合には、前記相続人はその相続のときから自主占有を取得したものと解するのが相当である。叙上のような次第でBしたがってXは本件土地を自主占有してきたものというべきであり、これと同趣旨の原審の判断は相当である。」

(a)　単独自主占有を認定する場合の理論構成

〔1〕判決は、共同相続人の一人（B）による占有を自主占有と認定した際の理論構成について明確な判示を行っていない。すなわち、Bの単独占有が他の共同相続人の相続分について他主占有であることを前提に、民法一八五条の適用による性質変更によってその相続人の占有の全部が自主占有となるとしているのか、それとも、他主占有を前提とせずにBの単独占有について所有の意思の有無を判断して、自主占有と認定したのか、が明らかでないのである。(6)

もっとも、〔1〕の原審判決は、単独占有する共同相続人の占有は自己の相続分については自主占有であるが、他の共同相続人の相続分については他主占有であり、単独占有する共同相続人の占有の全部が自主占有となるためには、占有の性質が民法一八五条の適用によって変更する場合でなければならないとして、この性質変更によって自主占有性を認定している。(7) そして、上告理由が原審の民法一八五条の解釈適用について批判を加えたのに対して、〔1〕判決は「同旨の原審の判断は相当である」と判示しているのである。このことからすると、〔1〕判決は民法一八五条の性質変更問題として把握しているとみられなくもない（なお、登載判例集の参照条文にも民法一八五条が引用されている）。しかし、〔1〕判決の判旨の文言に即してみるならば、民法一八五条による性質変更であったと断言することはできないであろう。むしろ、担当裁判官は、そもそも占有の性質変更による性質決定と、性質変更によらない占有の性質決定との区別を、あまり意識していなかったのではないかと思われるのである。(8)

(b)　単独自主占有を認定するための実質的判断基準

〔1〕判決は、共同相続人の一人による占有について単独所有の意思を認定するための実質的判断基準として、その共同相続人が、①単独相続したと信じて疑わなかったこと、②相続財産を現実に占有し、相続財産の管理、使用を専行して収益を独占したこと、③公租公課も自己の名でその負担において納付してきたこと、④他の相続人がなんら関心をもたず、異議を述べなかったことの四つを挙げる。そして、この四つの諸事情を満たしていれば、共同相続人の一人による占有について自主占有を認定してよいとするのである。しかし、この実質的判断基準については、いくつか問題がある。すなわち、第一に、〔1〕判決は、単独所有の意思を認定する際に①〜④の事情を並列的なものとして評価しているのか、それとも、①の「誤信」を所有の意思を認定する際の中核的事情とみているのかという問題がある。しかし、〔1〕判決の判旨自体からはこ

の点が明らかでない(9)。第二に、右の諸事情が実質的判断基準であることを認めるとしても、これらの事情だけが決定的な実質的判断基準といえるのか。実質的判断基準としてほかの事情が考えれないであろうか。また、単独占有する共同相続人が共同相続の事実を知っている場合（①の事情がない場合）には、単独自主占有を認定することは許されないのであろうか。第三に、より根本的には、①〜④の事情が実質的判断基準として妥当か、という問題がある。

3　最高裁昭和四七年判決以降の裁判例

(1)　裁判例分析の視点

〔1〕判決以降の裁判例を分析する場合、次の三点に留意すべきであろう。

(i)単独占有する共同相続人の単独所有の意思は性質変更問題（民法一八五条適用問題）として捉えるのか、それとも他主占有を前提とせずに単独占有における占有事情から単独自主占有性を認定するのか。〔1〕判決は、すでにみたように、この点について明確な判示をしていない。それでは、その後の裁判例は、〔1〕判決を受けてどのような判断をしたのであろうか。

(ii)〔1〕判決は、前述の四つの事情がある場合に共同相続人の単独所有の意思を認定できるとした。これ以降の裁判例では、この点はどのように捉えられたのか。

(iii)〔1〕判決は、単独占有する共同相続人が単独相続したと誤信した事例であった。それでは、この共同相続人が共同相続であることをはじめから知っていた場合、つまり悪意の場合に、その共同相続人の占有について単独自主占有性が認定されることはなかったのか。

以下では、共同相続人が単独相続と誤信した裁判例と共同相続を知っていた裁判例に分けて、右の三つの視点を中心にしてみていくことにする。

(2)　共同相続人が単独相続したと誤信していた事例

〔2〕　東京高判昭和五二年二月二四日下民集二八巻一＝四号一〇六頁、判時八五一号一八六頁

〔事実〕　Xは昭和一〇年、AB夫婦の養子Cと婿養子縁組をすることになっていたが、挙式当日のCの家出をきっかけとして、AX間の話し合いにより、AB夫婦はCと離縁してXと養子縁組をすることになり、縁組の届出がなされた。しかし、別居したCには手切れ金の趣旨で金員が支払われたことはあるが、CはABXとほとんど没交渉のまま離縁の届出がなされないうちに、他の男との間にYを出産し、昭和一四年に死亡した。他方、XはABと養子縁組をした後直ちに本件建物に入居してABと生活を共にし、本件土地建物をその家族の一員として占有、使用していたが、Aが死亡し、次いでBが昭和二五年一月一八日に死亡した後は、もっぱらXが本件土地建物を独占的に占有・使用・収益し、自己の出捐と責任において管理していた。XはAB夫婦とCとの養親子関係は解消し、自己が本件土地建物を単独相続したものと信じていたとして、取得時効を援用しCの代襲相続人Yに対してその持分権の移転登記を請求した(なお、この訴え提起まで、本件土地建物の登記はA名義のままであった)。原審は、Xの取得時効の主張を認め、請求を認容。Y控訴。

〔判旨〕　控訴棄却「XはAの死亡によりその遺産をB及びYとともに共同相続し、Bの死亡によりさらにその遺産をYとともに平等の相続分をもって共同相続したものであって、このような相続関係からみるときは、XがB死亡以後単独で本件不動産を占有していたとしても、この事実のみからは直ちにこれをXの単独所有の意思による自主占有とみることはできないけれども、(1)Xは、……AB夫婦とCとの養親子関係は法律上も解消したものと考え、したがって少なくともBの死亡後は自己が唯一の相続人として本件不動産の単独所有者であると信じてこれを占有していたものであること、(2)Xは、Bの死亡後は本件不動産を自己一家の生活の本拠として使用収益し、その管理を行い、公

租公課を含む一切の費用を支弁してきたこと、(3)CとAB夫婦との養子縁組は、法律上離縁とはなっていないものの、少なくともCに五〇〇円の金員が交付された以降は、上記のように事実上協議離縁にひとしい状態になっており、Y一家は、ABX一家とはほとんど全く没交渉に生活し、同家の動向には全く関心がなかったこと等の前記諸事情を総合するときは、Bの死亡とともに開始されたXの本件不動産の占有は、右不動産に対するXの単独所有の意思による自主占有としての性格を帯有するものと認めるのが相当というべきである。Yは、Xが相続による占有開始の際主観的に単独所有の意思をもっていたとしても、これを他の共同相続人であるYに対して表示しない以上Yとの関係では右占有はXの単独所有による自主占有とはいえないと主張するが、上記のごとき事実が存する以上、たとえYのいうような表示がなされなくても、Xの右占有をその単独所有意思による自主占有と認めることに妨げはない。また、Yは、YがXの本件不動産の占有に対し異議を述べなかったのは、その機会がなかったためで、Yに過失はないのであるから、異議がなかったことを理由としてXの自主占有を認めることは許されないと主張する。しかし、共同相続人の一人による単独自主占有の成立を肯定しうるためには、他の共同相続人がその責に帰すべき事由により右占有に異議を述べなかったという事実の存在を常に必要とするものではなく、上記(1)から(3)まで摘示のような事実関係の存在のみによって右の単独自主占有を認めるに妨げがないのみならず、本件においては、YがBの死亡およびこれによる相続開始の事実を知らず、そのためにXの本件不動産の単独占有に異議を述べる機会をもたなかったのは、ひっきょう前記のようにY一家とABX一家とが互いに全く没交渉かつ無関心な状態のもとで生活してきたためであるから、これらの事情は、かえってXの単独自主占有を肯定する理由こそなれ、これを否定すべき理由となるものではない。」(傍点は、辻による)と判示して、二〇年の取得時効の成立を肯定した。

(a)〔2〕判決は、Xの単独自主占有を認定する理論構成について、〔1〕判決と同様に、明確に論じてはいない。他の共同相続人に対して単独所有の意思がある旨の表示を必要としないとの判示するところからみると、民法一八五条の性質変更の問題としては捉えていないともいえそうであるが、なぜ「表示」を必要としないのか、その理由は示されていない。性質変更問題だが民法一八五条は適用されないというのか、性質変更問題ではないから、変更事由に当たらなくても、Xの単独占有の占有事情から性質決定すべきものとして捉えているのか、必ずしも明らかでない。したがって、「表示」を要しないということから直ちに、性質変更問題として捉えていないとみることはできないであろう。〔2〕判決においても、〔1〕判決と同様、相続開始とともに取得したXの占有について単独所有の意思が認められるかを問題にしているだけであり、占有の性質変更による占有の性質決定とこれによらない占有の性質決定との区別をあまり意識していなかったのではなかろうか。

(b)　〔2〕判決も、〔1〕判決の示した単独所有の意思を認定するための諸事情を基準にして、共同相続人の一人による占有について単独自主占有性を認定している。〔1〕判決が示した①〜④の諸事情に関して〔2〕判決で注目すべき点は、他の共同相続人Yは異議を述べず、関心も示さなかったとされた点（④の事情）に関する説示であろう。すなわち、Yは自分が共同相続人の一人であることを知らなかったから、異議を述べる機会がなかった（異議を述べなかったことに過失はない）と主張したのに対して、裁判所は、異議を述べなかったことに帰責事由は必要としないこと、また、Yに異議を述べる機会がなかったのは、Xと没交渉かつ無関心な状態で生活してきたからで、Yの主張はXの単独自主占有を否定する理由とはならない旨を判示した。しかし、Yが異議を述べなかった・関心を示さなかったという客観的事実によって、また、異議を述べる機会がなかったのはXと没交渉であったからということを理由にして、Yの相続権を奪ってよいのか、さらには、このような他の共同相続人Y側の事情をXの所有の意思を判断する要素としてよいのかは、検討を要するところであろう（三**1**参照）。

〔3〕 東京地判昭和五八年九月二七日判時一一〇七号八三頁、判タ五一二号一四九頁

〔事実〕 Xは昭和二三年八月AB夫婦の養子となり同居していたが、Bは昭和二六年一月死亡、Aも昭和三五年一二月に死亡した。XはAの死亡後唯一の相続人であると信じて相続税を支払い、本件土地建物の占有・管理、家賃の収集を行うとともに、その家賃でもって公租公課も支払ってきた。ところが、Xは、昭和五七年になって本件土地建物を売却するため登記名義をAからXにかえる必要が生じ、その際Aの戸籍を調査した結果、Aには離婚した先妻Cとの間に子Dがおり（Dは、昭和一一年に死亡）、その代襲相続人としてDの子Yがいることをはじめて知った。Xは、相続開始時（昭和三五年一二月二四日）を起算日とする一〇年または二〇年の取得時効の完成により所有権を取得したことの確認を求めて訴えを提起した。

〔判旨〕 請求認容「成程相続は占有の態様を変更すべき新権原とはいえず、共同相続人の一人のみが相続財産につき現実の占有をしているからといって、その全部につき自主占有をするものではないと解すべきではあるが、共同相続人の一人が、単独に相続したものと信じて疑わず、相続開始とともに相続財産を現実に占有し、その管理、使用を専行してその収益を独占し、公租公課も自己の名でその負担において納付し、これについて他の相続人がなんら関心をもたず、異議も述べないという事情がある場合は、相続のときから相続財産につき単独所有者としての自主占有を取得したものというべきであり（最判昭和四七年九月八日第二小法廷民集二六―一三四八頁）、本件においては、右認定事実よりするならば、Xは自主占有を取得したものと判断され、……Xは占有の始期たる昭和三五年一二月一四日より一〇年を経過したことにより本件土地・建物についての所有権を取得したものである。」

〔3〕判決も、共同相続人の一人による占有について、〔1〕判決が示した判断基準（①〜④の事情）に従って、単独自主占有を認定したとみることができる。また、〔3〕判決は、共同相続人Xの占有が他主占有であることを前提にして単独自主占有に変更したと認定したのか、性質変更によらずに自主占有の性質決定をしたのか明確でない。共同相続人が現実の占有をするからといって単独自主占有となるものでない、と判示し

ているところからすると、他の共同相続人の相続分については他主占有であることを前提に単独自主占有へ性質変更したと捉えているとみられなくもないが、〔1〕と異なる判示をしているとも思われない。

ところで、右の〔2〕、〔3〕判決のほかに、次の裁判例がある。それは、共同相続人の一人が遺産分割の調停に基づいて単独占有を開始したところ、他の共同相続人の一人を排除して行った調停であったため無効な遺産分割であったという事例において、単独占有する共同相続人は、善意無過失で単独自主占有をしたとして一〇年の取得時効の成立を認めたもの（仙台高判昭和五〇年一〇月二〇日判時八〇三号七九頁）である。しかし、この裁判例は、事実関係と判断内容が不詳であるため、どのような理論構成や実質的判断基準によって単独自主占有を認定したか明らかでない。[10]

(3)　単独占有する共同相続人が他に相続人のいることを知っていた事例

〔4〕　東京地判昭和五一年五月二六日判時八四四号五三頁

〔事実〕　Aは昭和二七年五月二五日に死亡し、Y、X_1、X_2が本件不動産を含むAの遺産を共同相続した。Yは、Aの生前から本件不動産においてAと同居し、Aとともに耕作し、Aの死後も従前の耕作を継続し本件不動産の占有・管理を続けてきた。ところが、Yは、昭和二七年八月四日にX_1およびX_2が相続を放棄したとの申述書を偽造してこれを家庭裁判所に提出し、昭和四四年三月と五月に本件不動産についてYが単独相続したかのように所有権移転登記等を行った。しかし、他方で、Yは昭和三一年七月一六日に、Xらに相続分が存すること、本件土地について遺産分割による取得分が存することを認めるとともに、遺産分割問題についてXYらが話し合って円満に解決したい旨の手紙をXらに送付していた。昭和四八年三月ごろY名義の単独登記がなされていることを知ったX_1とX_2は、本件不動産についてそれぞれ三分の一の持分を有することの確認と持分に応じた共有の更正登記手続きを求めて訴えを提起した。

〔判旨〕　請求認容「Yは、昭和二七年五月二五日、Aの死亡以来現在に至るまで本件不動産を単独で占有管理してきた……が、Yは、本件不動産についてXらが相続分を有することを知っており、かつ同年八月四日に浦和家庭裁判所熊谷支部に提出されたXら作成名義の相続放棄申述書もYがXらの知らない間に偽造したものであ（り、）……その効力のないことを知悉していたものと考えられるから、Yは、単独で本件不動産を占有していても、共同相続人であるXらの相続分についてはXらのために占有するものというほかなく、本件不動産について単独所有者としての所有の意思はないものと認められ、YがXらに対し、本件不動産について単独所有者としての占有をすることを表示したときに、その占有が自主占有となるものというべきである。したがってYの本件不動産の占有が自主占有となったのは、本件不動産についてY単独の所有名義の登記がなされたとき、すなわち、本件不動産（一）ないし（三）については昭和四四年三月二七日、本件不動産（四）ないし（一一）については同年五月八日からであると解され、本件訴は、右自主占有の後一〇年の取得時効期間経過前に提起されたものであるから、Yらの取得時効完成の主張は理由がない。」（傍点は、辻による。）

〔4〕判決は、本件不動産を単独占有する共同相続人Yが共同相続であったこと（単独相続したのでないこと）を知っていたことを理由に、Yに単独所有の意思を認めることはでいない旨を判示する。したがって、この判決も、単独相続と誤信したことを単独自主占有の判断要素として捉えているということができ、〔1〕判決の示した判断基準を前提にしているといえよう。しかし、他方で、共同相続であったことを知っており、その単独占有が他主占有であったとしても、単独占有する共同相続人が単独所有の意思を「表示」したときは、単独自主占有に変更するとしている。そして、具体的にはYが自己の単独所有名義の登記をしたという客観的事実がこの「表示」となり、この時点で単独自主占有に変更する、ということを判示している。このように、〔4〕判決は、共同相続人の一人による占有の性質について、二段階で判断しており、第一段階では「誤信」していたかによって占有の性質を判断し、そこで単独所有の意思がないと判断された場合には、第二段

階として、民法一八五条の「表示」がなされれば、性質変更により単独自主占有なるとしているといえよう。

ところが、その後、以上のような〔4〕判決の判旨と相容れない最高裁判決が現れている。

〔5〕　最判昭和五四年四月一七日判時九二九号六七頁、金判五七五号二四頁

〔事実〕　Aは昭和二二年一二月二六日に死亡し、X_1、X_2、Yが共同相続したが、遺産に含まれる本件土地（農地）は、Aの死亡後Yが農業を受け継いでこれを占有・管理し、その間他の共同相続人Xらから苦情を述べられたことはなかった。また、Yは、他にXら共同相続人がいることを知りながら、Xら名義の虚偽の相続放棄の申述を司法書士に依頼し、これによって単独の相続登記（単独所有権移転登記）を行った。そこで、XらはYに対して更正登記手続きを求めて訴えを提起した。原判決は、Yは本件土地を占有・管理し、二〇年間占有を継続したとして、取得時効の成立を認めた。Xら上告。

〔判旨〕　破棄差戻「数人の共同相続人の共有に属する相続財産たる不動産につきそのうちの一人による単独の自主占有が認められるためには、その一人が他に相続持分権を有する共同相続人のいることを知らないため単独で相続権を取得したと信じて当該不動産の占有を始めた場合など、その者に単独の所有権があると信ぜられるべき合理的な事由があることを要するものと解すべきである（最高裁昭和四五年（オ）第二六五号同四七年九月八日第二小法廷判決・民集二六巻七号一三四八頁の事案参照）。これを本件についてみると、……Yは他にXら共同相続人のいることを知りながらあえてXら名義の虚偽の相続放棄の申述をすることによって本件不動産につき単独名義の相続登記をしたというのであるから、Yの単独の自主占有の成立を疑わせる事実があることが明らかであるといわなければならない。そうすると、たやすくYの時効取得を認めた原判決には、理由不備、取得時効に関する法律の解釈適用を誤った違法があり、……破棄を免れない。」

なお、単独占有する共同相続人が他の共同相続人に無断で遺産分割協議書を作成し、単独名義の相続登記をした事例において、〔5〕判決と同様の判示をした原審判決（高松高判平成五年一二月七日）を支持する最高

裁判決がある（最判平成七年一二月五日金判九九三号三頁）。

(a)〔5〕判決は、単独占有する共同相続人が他に共同相続人のいることを知りながら、虚偽の申述により単独相続の登記をした場合には、単独自主占有であることを簡単に認めることはできないとしており、共同相続人が単独相続したものと信じたという主観的要素（「誤信」＝善意性）を単独所有の意思の有無を判断する際の決め手にしている。〔1〕判決が単独相続と信じたことを単独所有の意思を認定する中核的判断要素とみているか明らかでなかったのに対して、〔5〕判決では、この主観的事情を中核的な判断要素であると解しているとみることもできよう。この点で、〔5〕判決は、共同相続人の単独所有の意思の有無の判断について、〔1〕判決とややニュアンスの異なる判示をしているということができる。(11)

ところで、単独占有する共同相続人が他に共同相続人がいることを知っていれば、相続開始の時点では単独所有の意思を認めることができないにしても、その後、単独自主占有に変更することはないのであろうか。〔4〕判決は、偽造された相続放棄申述書によって単独相続登記がなされた場合でも、この登記をした時に「表示」がなされたものとして単独自主占有に変更した旨を判示した。これに対して、〔5〕判決は、単独占有する共同相続人が、他の共同相続人が相続放棄をしたとの虚偽の申述を行って単独相続登記をしたことをもって、「単独自主占有を疑わせる事実」であると判示して、反対の判断を行ったのである。〔5〕判決のように、「誤信」（善意）を所有の意思の決め手にするとなると、単独占有する共同相続人が一旦他の共同相続人の存在を知った以上は、単独所有の意思が認定されることはもはやないということになるのであろうか。それとも、民法一八五条の二つの変更事由があれば、単独自主占有へ変更するが、単独相続登記は「新権原」でもないし、「表示」にもなりえないから、単独自主占有を認定できないということなのであろうか。この点は、今後の裁判例の展開に待たなければならない。ともあれ、〔5〕判決には、単独占有する悪意の共同相続人については、たとえこの共同相続人名義で単独相続登記がなされたとしても単独自主占有を認めて取得時効の保護を与える必要はないとの価値判断があったといえよう。

(b)　しかし、〔5〕判決の判旨についてうがった見方をすれば、単独占有する相続人が他に共同相続人がいるかに全く関心を示さずに、家督相続をしたものとしてそのまま不動産を占有・管理し続けるだけにとどめ、虚偽の相続放棄の申述によって単独相続登記などしなければ、あるいは単独所有の意思が認められたかもしれない。そうだとすると、単独占有する共同相続人がいわば余計なことをしたばかりに、単独所有の意思が否定されたことになる。他の共同相続人を刺激せずに占有・管理を継続したならば単独自主占有が認められるということになる。しかし、このような単独所有の意思の判定の仕方で果たしてよいのであろうか、との疑問がわいてくるのである。

4　まとめ

(a)　共同相続人の一人による占有について単独自主占有性を認定する判例の実質的判断基準は、〔1〕判決が示した①〜④の諸事情であり、これが、それ以降の裁判例でも、基本的に維持されている。もっとも、①の「誤信」が実質的判断基準の中核をなすものか、他の諸事情（②〜④の事情）と並立する事情なのかについては、ほとんどの裁判例は明確にしていない。そして、①の「誤信」という事情を欠く事例（悪意の事例）では所有の意思を認めないとするのが判例である。ただし、〔4〕判決は、悪意で単独占有する共同相続人でもその後に虚偽の相続放棄申述書によって相続登記をすれば、その時に自主占有へ変更することを認める。しかし、その後に現れた最高裁の〔5〕判決は、悪意であることを理由に、相続登記をしても自主占有を認めることはできないとする。共同相続事例では、悪意の共同相続人には所有の意思を一切認めないとするのが、最高裁判例の立場であるといえそうである。

しかし、最高裁がその多くの判決で、一般論として悪意者でも自主占有者となりうる（善意・悪意と所有の意思の有無とを区別する）という立場を示しており（最判昭和四五年一〇月二九日判時六〇〇号八三頁、同昭和五六年一月二七日判時一〇〇〇号八三頁など）、共同相続事例で示された判例理論は、これと相容れないように思われる。これをどのように考えるかが課題である。

(b) 判例は、共同相続人の一人による単独占有の性質決定の理論構成について、他の共同相続人の相続分について他主占有であることを前提にして、民法一八五条の性質変更の論理で判定するのか、それともこの前提をとらずに単独占有の性質を占有事情により判定するのか、その論理を明確にしていない。むしろ、多くの裁判例において、そもそもこの区別を十分に意識しておらず、漠然と捉えていたように思われる。しかし、民法一八五条の趣旨を考えるならば、この二つは区別して考えるべきであり、混同したり、漠然と捉えてよい問題ではないはずである。

（5） 最高裁昭和四七年判決以前の裁判例としては、東京高決昭和四二年四月一二日家月一九巻一一号八三頁があるだけのようである。この裁判例の事実と判旨は以下の通りである。

〔事実〕 Aは昭和一八年五月に死亡し、長女B、長男C（昭和三八年死亡）、次男X_1、三男D（昭和三七年死亡）、次女E、四男X_2がAの共同相続人となった（各相続分は、六分の一）が、遺産である本件土地はDが占有管理し、そして、D死亡後はその妻子Y_1、Y_2が同様に占有管理し、固定資産税を負担していた。X_1、X_2、Cの子X_3は、Yらに対して遺産分割を求めて調停を申し立てたが、調停が成立せず、審判に移行し、その中でYらは二〇年の取得時効の成立を主張した。原審判は、Xらの主張を認め、遺産分割を命じた。Yらは抗告。

〔判旨〕　抗告棄却「昭和三七年一月にDが死亡するや、そのころ、その妻であるY_1が、Dの兄弟姉妹中最年長のBに対し、兄弟姉妹間に本件土地分割の話を持ち出してほしいと依頼したことは前記のとおりである。そして、Yらが昭和三八年秋、Aの遺産につき相手方らに相続権のあることを前提として話合いを進めていたということをもあわせ考えると、Y_1もその長女のY_2もともに本件土地を所有の意思をもって占有していた事実はないものと認めるべきである。」と判示して、取得時効の成立を否定した。

この判決は、その判旨によれば占有者Yらの側から遺産分割を申し出ていたというのであるから、単独所有の意思の有無の判断基準についてどのような立場を採ろうとも、単独自主占有を認定できる事例ではなかったものであり、単独所有の意思を否定した一事例という以上の意味はないであろう。

(6)　この点に関しての〔1〕判決に対する学説の見方は分かれており、いずれとみるかは相半ばしているといえる。民法一八五条による性質変更として捉えている見解として、金山正信「判批」民商六八巻四号六三五頁以下（有斐閣、一九七三年）（民法一八五条前段の「表示」があったものとみる）、金山正信「判批」判例評論一七三号一三九頁（判例時報七〇三号一三〇頁）（判例時報社、一九七三年）、田中整爾「判例解説」家族法判例百選（第三版）一八九頁（有斐閣、一九八〇年）（民法一八五条前段の「表示」があったものとみる）、田中整爾『占有論の研究』二三八頁（有斐閣、一九八五年）、遠藤浩「判例解説」谷口知平・加藤一郎編『新版・判例演習民法1総則』三〇三頁（有斐閣、一九八一年）（民法一八五条前段の「表示」があったものとみる）がある。これに対して、共同相続人の一人による占有の性質について、性質変更によらずに判断したものとみる見解として、輪湖公寛「判例解説」最高裁判所判例解説民事篇昭和四七年度七〇二頁（法曹会、一九七四年）、川井健「判批」法協九〇巻一一号一五〇九頁（有斐閣、一九七三年）、林良平「占有権の相続」『現代家族法大系4　相続Ⅰ相続の基礎』（中川善之助先生追悼）二五一頁（有斐閣、一九八〇年）、藤原弘道「さまよえる『所有ノ意思』」『現代における物権法と債権法の交錯』（林良平先生献呈論文集）三二八頁以下（有斐閣、一九九八年）（藤原弘道『取得時効法の諸問題』（有信堂、一九九九年）所収）がある。なお、北川善太郎教授は、「どの理論に立つかは判決自体からは残念ながら明確でない」というにとどまる（「判批」家族法判例百選（新版・増補）三二七頁（有斐閣、一九七五年））。また、田中整爾教授も、後に、〔1〕判決による単独自主占有の認定が民法一八五条による性質変更によったとみていよいかどうかは明確でない、という（前掲注（1）『自主占有』一一五頁）。

（7） 東京高判昭和四四年一一月八日判時五七八号五三頁、民集二六巻七号一三六二頁。もっとも、学説には、これと異なって原審判決を理解する見解がみられる（川井・前掲注（6）一五〇九頁および田中・前掲注（1）『自主占有』一一五頁以下）。しかし、原審判決は、たしかにやや曖昧なところもあるが、単独占有する共同相続人の占有の性質は他の共同相続人の相続分については他主占有であることを前提にしていることからすれば、民法一八五条の「新権原」に準じてまたは黙示の「表示」により単独自主占有へ性質変更したものとして捉えているとみるべきであろう。

（8） この点の区別が曖昧にされるのは、共同相続事例だけではない。この曖昧さは所有の意思の認定一般について裁判例や学説にしばしばみられることである。辻・前掲注（4）論文、とくにその（二）一六一頁注45参照。

（9） もっとも、学説上、〔1〕判決は①の「誤信」を実質的判断基準の中核であると捉えた判決であると理解する見解がある。北川・前掲注（6）三二七頁、有地亨・生野正剛「判批」民商九〇巻五号七四二頁（②③④の諸事情は単独自主占有となるための決め手とはならない。①の「共同相続人の一人が単独で相続したものと信じて疑わなかったという確信がどの程度のものかが重要なものであるとみてよい」という）、野村泰弘「取得時効と善意——民法一六二条一項の『所有ノ意思』との関連において」法学研究論集（西南学院大学大学院）七号五〇頁（一九八九年）、田中・前掲注（1）『自主占有・他主占有』三六頁などである（なお、二3参照）。

(10)　仙台高判昭和五〇年一〇月二〇日判時八〇三号七九頁

〔事実〕　Aの死亡後、昭和二七年九月一〇日に遺産分割の調停が成立し、これに基づいて共同相続人の一人であるBがAの遺産である本件土地を占有してきた(調停前の占有状況は不明)。ところが、この調停は他の共同相続人Yが出席しないままなされたものであった。その後、本件土地は、BからXに譲渡された。他方、本件土地は、昭和三二年三月一四日付けで家督相続を理由にY名義の所有権移転登記がなされている。昭和四六年二月一二日、Xは、調停成立時から一〇年の取得時効が成立したとしてYに対し登記の抹消を求めて訴えを提起した。原審は、Bの所有の意思を肯定しXの請求を認容。

このような事実関係において、仙台高裁は「Bの本件土地に対する占有が自主占有であるとの原審の判断には、所論の違法はない。」と判示し、遺産分割調停によって単独所有の意思を取得したとする原審判決を支持した。その際、一〇年の取得時効の要件である善意無過失について、調停の成立によって所有者と信じ、そう信ずるにつき過失はないと判示するが、この誤信をもって単独所有の意思を認定する根拠としているかは、明らかでない。また、性質変更の問題として捉えたかも明らかでない。いずれにしても、事実関係、および本判決が支持した原審の判断内容が不詳の裁判例である。

なお、共同相続人の一人が単独占有した裁判例として、しばしば大阪高裁昭和五三年一月三一日判決(下民集二九巻一＝四号四四頁、判時九〇六号五一頁)が挙げられる(門広・前掲注(1)一九五頁以下、藤原・前掲注(1)四〇頁、有地・生野・前掲注(9)七四〇頁以下)。しかし、この裁判例は、共同相続と家督相続が重なるやや複雑な事例であるが、本稿で扱う共同相続事例とみるべきではない。以下、事実関係と判旨を紹介し、若干の検討を行うことにする。

〔事実〕　Aの妻Bは、明治三四年本件土地を購入し所有権移転の登記を済ませていたが、明治三八年八月に死亡し、本件土地はAB間のCおよびYら九人の子が共同相続した。しかし、登記はB名義のままでAが占有管理していた。Aは大正一二年八月隠居し、長男Cが家督相続して、家督財産を承継するとともに本件土地の占有を承継した(登記はB名義のまま)。Cは本件土地の小作料をすべて収受し、公租公課の全部を負担してきた。また、Cは他の共同相続人Yらと遺産分割の協議や遺産分割前の管理について相談をしたことはなく、Yらも本件土地の相続について積極的な行動にでたことはなかった。昭和四三年六月Cが死亡し、XがCを相続した。Xは、Cが時効によって本件土地を取得したとして、Yらに対して所有権移転登記手続を求めた。第一審は、Cが本件土地を家督相続により取得したものと信じ、現実に占有し、その使用・収益を独占・専行し、公租公課を負担しており、外部的に観察して所有の意思あるものとして認識可能な状態にあった以上、Cは家督相続のときから民法一八五条前段の表示により単独自主占有したものであると判示して、Xの請求を認容した。Y控訴。

〔判旨〕 原判決取消・請求棄却。

(1) Aは、妻Bが本件土地を買い受けて取得し、その登記を経由したものであることを当然知っていたと推認できるから、Aの本件土地の占有はBの遺産相続人たる九人の子のためにする占有であったと認めるのが相当であり、自主占有ではなく、他主占有であったというべきである。そして、CはAの隠居後家督相続をして本件土地の占有を承継したのであるが、Aの占有が所有の意思に基づかないものである以上、Cの占有もその性質が変わることはない。

(2) Cは、家督相続開始後二ヶ月以内に家督財産たる不動産について所有権移転登記を経由しながら、本件土地についてはB名義のままとしておき、C名義への移転登記をしなかったことからみて、家督財産でないことを理解していたと推認できること、戦前の家督相続制度の下でも、戸主の家督相続財産と家族の特有財産としての遺産相続財産との区別は厳然としており、遺産相続財産については家督相続が開始されても新戸主は当然に取得するものでないことは周知のことであったこと、本件のように、隠居相続で不動産の名義を速やかに新戸主へ登記する場合には、家族名義のものは家督相続の登記ができず、家督財産の対象になっていない不動産の存在をいやでも意識させられること、また、他の相続人Yらは、その相続分について決して無関心ではなかったことなどを指摘して、Cの占有は他の相続人のための占有であって所有の意思に基づく占有ではない（新権原に当たらない）。

⑶　したがって、Cの家督相続開始後の占有は、共同相続人の一人としての相続分をこえる分については他の共同相続人のための占有であって、所有の意思に基づく占有ではなく、家督相続の時から民法一八五条の「表示」をしたものと認めることもできない。

〔検討〕　本件は、被相続人Bについての共同相続人の一人（C）が、Aを家督相続したのを契機に単独占有を始めた事例である（家督相続の被相続人Aは、本件土地を管理していた他主占有者にすぎなかった。AはBの土地（本件土地）の相続人でなかったことに注意）。Cは他主占有者（A）を家督相続したのであるから、Cの占有は他主占有になるはずであり、ただ、その後に自主占有へ変更する余地があるだけである。また、本件においては、Cが家督相続によって単独自主占有を取得したかを問題にしているのであって、Bの死亡による共同相続でCが単独相続したものとして単独自主占有を主張している事例ではないのである。たまたま、Cは所有者Bの共同相続人の一人であったというにすぎない。したがって、本件は共同相続事例とみるべきではなく、他主占有相続事例と見るべきであろう。そして、Aの他主占有は権原の性質上他主占有とされるものではなく、事務管理といった所有者（＝共同相続人ら）の意思によらない占有であったという点で特殊な事例であったということができる。

⑾　下村正明「占有の性質判定に関する一考察（一）」民商一一六巻六号八五三頁が、すでにこのことを指摘している。

二　学説の状況

1　序

共同相続人の一人が遺産に属する不動産を単独で占有している場合に、その占有が単独自主占有と認定されるべきかについては、〔1〕判決が現れて以来、学説においてもしばしば論じられてきた。おおよそのことをいえば、〔1〕判決の結論ないし実質的判断基準について異論を唱える論者はなく、ただ、その実質的判断基準の理解の仕方、あるいは単独自主占有を認定する論理（理論構成）について、論者により見解の違いがみられるという状況にある。

以下では、裁判例の分析と同様に、単独自主占有かを判断する理論構成の側面とその実質的判断基準の側面との二つの視点から、学説を概観しよう。

2　共同相続人の一人による占有の性質決定の論理

(1)　民法一八五条による性質の変更として捉えるべきか否かの対立

判例においては、共同相続人の単独占有の性質決定の論理が明らかでなかったが、学説においては、この点はほぼ意識されており、共同相続人の一人が遺産に属する不動産を単独で占有した場合に自主占有性を判定するときは、民法一八五条の適用（性質変更）によって行うべきであると解する見解（民法一八五条適用説）(12)と、共同相続人の一人による占有の性質決定を他主占有を前提にした性質変更問題として捉えるのではなく、その占有の性質をいわば白紙の状態にしてその性質を判断すべきであるとする見解（民法一八五条非適用説）(13)

とが対立してる。民法一八五条適用説は、単独占有する共同相続人の占有は自己の相続分について自主占有であっても、他の共同相続人の相続分については、他の共同相続人のために占有しているとみられるから、直ちに単独所有の意思を認めることはできず、他主占有であるとし、この他主占有が単独自主占有に変わるためには、民法一八五条の要件を満たさなければならい、というのである。これに対して、民法一八五条非適用説は、共同相続人の一人による占有の性質について、他主占有であるという前提をとらずに単独自主占有か否かを判断しようとする見解である。後者の見解がこのように解する論拠としては、①共同相続人が単独相続したものと信じて単独占有する場合に単独自主占有性を認めようとするのであれば、相続が開始し占有を始めた時から単独所有の意思があったとみるべきことになるから、他主占有が単独自主占有に変更したという構成はとれないこと[14]、また、②共同相続人の占有には相続により承継した観念的占有と相続人が独自に現実的支配を始めた占有という二面性があり、後者については単独自主占有か否かを直接に判断すればよく、性質変更問題として捉える必要がないことが挙げられている[15]。

(2)　共同相続人の一人による単独占有を「不明瞭・多義的」であると捉えて理論構成する見解

門広助教授は、フランス民法では、共同相続人の一人による占有は不明瞭・多義的（équivoque）な占有であり、不明瞭・多義性を払拭しないかぎり、時効取得は認められない、と解されているとし（仏民二二二九条）、このフランスの法理論を基礎にして、共同相続人の一人による占有が単独自主占有となるかについて、次のように主張する[16]。すなわち、①共同相続人の一人による占有は、「共同相続権を取得原因としており、その権原の性質上所有の意思の点で不明瞭・多義的である」[17]。②「共同相続人の一人による不明瞭・多義的な占有については、所有の意思の推定（一八六条）は働かない」[18]。③単独占有する共同相続人は、「共同相続財産の排他的所有権を時効取得するためには、通常の証明法則により、排他的所有の意思に基づいて単独占有を開始したことを証明しなければならない[19]」。しかし、④この証明ができない場合でも、共同相続人の不明瞭・多義的な占有は、「他主占有に準じて、一八五条にもとづき排他的所有の意思にもとづく占有への転換が認められてよい[20]」。さらに、⑤共同相続人の単独占有が不明瞭・多義的ではなく、他の共同相続人の相続分を認めて共同相続人全員のためにする占有であることが明らかなときは、単独占有する共同相続人は、「典型的な他主占有と同じく、一八五条にもとづき共同相続人全員のためにする占有を排他的所有の意思にもとづく占有へ転換するのでなければ、相続財産を時効取得することはできない[21]」、という。

この見解の特徴は、第一に、共同相続人の一人による占有は不明瞭・多義的であり、民法一八六条一項の所有の意思の推定が働かないと解する点、第二に、相続し占有を開始した当初から排他的所有の意思(単独所有の意思)があることを、単独占有する共同相続人の側が証明できれば、単独自主占有となり、また、この証明ができない場合や他の共同相続人のためにも占有していることが明らかな場合でも、性質変更事由(「表示」または「新権原」)があれば単独自主占有への変更を認めるというように、二元的ないし三元的な単独自主占有の認定を行おうとしている点にあるといえよう。

3 単独所有の意思の有無についての実質的判断基準

(1) 序

〔1〕判決は、すでにみたように、単独自主占有を認定するための要素として、単独占有する共同相続人が、①単独相続したと信じて疑わなかったこと(誤信)、②相続財産を現実に占有し、相続財産の管理、使用

を専行して収益を独占したこと、③公租公課も自己の名でその負担において納付してきたこと、④他の相続人がなんら関心をもたず、異議を述べなかったことの四つを挙げる。学説は、一般に判例の示したこの実質的判断基準を支持しているようにみえる。ただし、この実質的判断基準の捉え方については、①の単独相続したとの誤信を実質的判断の中核に据えて理解する見解と、この主観的事情は判断の一要素として捉えるに留まり、さまざまな要素を総合的に考慮して所有の意思を捉えようとする見解とに大きく分けられる。[22]

(2)　「誤信」を実質的判断の中核的要素とみる見解（「誤信」＝中核説）

(a)　北川教授は、〔1〕判決の挙げる右の判断要素を並列的に理解すべきでなく、共同相続人が単独相続したと誤信した事情（①の事情）がなければ、そもそも自主占有は成り立たないのに対して、その他の要素は、この「誤信」を根拠づける諸事情にすぎない、という。[23]

(b)　学説の中には、共同相続人の一人による占有の自主占有性の判定に限定するのでなく、より広く占有者の所有の意思をいかなる実質的基準により認定すべきかという問題一般の中で、「所有者と信じたこと」という事情を所有の意思の有無の判断の中心に据えようとする見解がある。すなわち、藤原教授は、民法一六二条二項の一〇年の短期取得時効を取引の安全保護の制度であると捉え、権原、すなわち「取引行為＝所有権の移転を目的とする法律行為によって取得された占有のみが、『所有ノ意思』をもってする占有」であるとするが、[24]これに対して、同条一項の二〇年の長期取得時効については、「真の権利者を保護するための制度、証拠をなくした真の所有者をして所有権の証明を容易ならしめる趣旨のもの」であると捉え、長期取得時効における所有の意思をもってする占有は、「占有取得の原因が何であるかを問わず、占有者が同時にその物の所有者であるに相違ないとの強い推定を生ぜしめるような占有」であるとする。[25]そして、長期取得時効にあっては、「ここでの『所有の意思』の有無は、権原の客観的性質によってではなく、やはり占有者が『所有者と信じて』占有を継続したかどうかを中心にして判定することになる。ただ、その場合に、占有者が主観的にそのように信じていたというだけでは足りず、占有に関する外形的客観的事情の存在によってそれが裏打ちされていることが必要であろう。そうでなければ、本当に所有者と信じていたかどうか明らかでないし、また、占有者が同時にその物の所有者であるに相違ないとの強い推定を生ぜしめることにもならないからである。たとえば、占有者が目的物の管理使用を独占しているとか、公租公課を自己の名で負担しているとか、権利者の側でそのことに関心を示さず、異議も述べていないといった事情が、しばしば所有の意思を認定させる積極的事情として考慮されているのも、以上のような観点から理解することができるであろう」(傍点は、辻による)、という。(26)

このような立場からすれば、共同相続人の一人が単独占有する場合の単独所有権の取得時効については、長期取得時効の適用を受けるのみであり、その際の単独所有の意思の有無の判断は、単独占有する共同相続人が外形的客観的事情を伴って所有者と信じていたという善意性の有無によってなされることになろう。

(3) 「誤信」を単独所有の意思を認定する場合の一要素とみる見解(「誤信」=一要素説)

(a) この見解は、「単独相続したと信じて疑わなかった」という要素は、自主占有を認定する一資料となりうるが、それ以上のものではないとみる。(27) すなわち、所有の意思は、登記簿上所有名義人になっているか、公租公課を負担していたか、対価の支払があるか、自己の所有物と誤信していたか、真の権利者が異議を唱えていたか、といった諸事情を総合的に考慮して、自主占有の有無を具体的に判断すべきであり、この「誤信」は、その判断の際に考慮される一つの事情に過ぎないというのである。(28)

(b)　このように捉えるのは、次のような理由からであると思われる。すなわち、単独相続したと信じたこと（自己が所有権を取得したと信じたこと）＝「誤信」は、民法一六二条二項の「善意」の要件の問題であり、善意占有は当然自主占有であるが、しかし、悪意、つまり、他人が所有者であることを知っている場合でも、自主占有であることがある。したがって、――悪意占有について、常に所有の意思を否定するならばともかく、そうでない限り――善意＝「誤信」と「所有の意思」とは別の概念として捉えるべきであり、[29]「誤信」を中核にして所有の意思の有無を判断することは適切でないという理由である。

(12)　金山正信・前掲注(6)民商六三五頁以下、金山・前掲注(6)評論一三九頁、風間鶴寿「判批」法時四九巻一三号一四四頁、田中「判例解説」前掲注(6)家族法判例百選一八九頁、田中・前掲注(6)占有論の研究二三八頁、田中・前掲注(1)『自主占有・他主占有』八六頁以下、一三六頁以下。以上の学説は、単独占有する共同相続人が「所有ノ意思アルコトヲ表示」することによって、単独自主占有に変更すると捉える。林良平・前掲注(6)二五四頁および後藤勇「取得時効における所有の意思」判タ九五四号五四頁（一九九八年）は「新権原」による単独自主占有への変更として捉えている。また、四宮和夫＝能見善久『民法総則』（第五版）三三九頁（弘文堂、一九九九年）は「表示」による変更か、「新権原」による変更か、明らかでないが、自主占有への変更を認める。なお、中川善之助・泉久雄『相続法』（第四版）一八四頁以下（有斐閣、二〇〇〇年）も、この見解を前提にしていると思われる。

(13)　伊藤昌司「判批」判タ五二二号一二九頁（一九八四年）、稲本洋之助『民法II（物権法）』二一七頁（青林書院、一九八三年）、川井・前掲注(6)一五一〇頁、遠藤・前掲注(6)三〇四頁以下。なお、星野英一「遺産分割の協議と調停」『家族法大系VI　相続(1)』（中川善之助教授還暦記念）三五三頁（有斐閣、一九六〇年）（『民法論集第三巻』所収）は、民法一八五条を適用しないで単独自主占有を認めることができるとする。民法一八五条を適用しないという意味が必ずしも明らかでないが、もし共同相続人の占有の性質を本来他主占有であるとの前提をとらずに認定する（性質変更として捉えない）というのであれば、ここに含まれるであろう（遠藤・前掲注(6)三〇三頁や門広・前掲注(1)二〇八頁以下は、星野教授の見解をこのように捉えているようである）。

(14) 伊藤・前掲注(13)一二九頁。

(15) 輪湖・前掲注(6)七〇二頁は、「共同相続人が相続財産につき現実の占有を取得したときは、その占有には、相続によって被相続人から承継した観念的な占有と相続財産に対する現実的支配を伴う現実的占有との二面性が認められる。この現実的占有に着目して、本件具体的事情のもとでは、相続財産を占有する共同相続人は単独所有者としての自主占有を取得したものと考えることもできる」、と述べ、性質変更問題として捉えず、相続人固有の占有の性質を問題にすることもできる旨を、論じている。川井・前掲注(6)一五一〇頁も、占有の二面性を前提に考えている。すなわち、「占有の二元性を認め、現実的占有を重視するなら、その当該占有そのものにつき所有の意思の有無を問いうることとなろう。」、という。しかし、占有の二面性をここに持ち出すことには、かなりの疑問がある（後に、**三**で検討する）。

(16) 門広・前掲注(1)二三八頁以下、同「相続と取得時効」私法六〇号二三七頁以下（有斐閣、一九九八年。なお、後掲注(79)も参照せよ）。

(17) 門広・前掲注(1)二一四頁、二三五頁以下。

(18) 門広・前掲注(1)二二〇頁。なお、同二三七頁以下。

(19) 門広・前掲注(1)二二一頁。なお、同二三八頁。

(20) 門広・前掲注(1)二二一頁。

(21) 門広・前掲注(1)二二二頁。なお、同二三八頁。

(22) 田中・前掲注(1)『自主占有』一四頁参照。

(23) 北川・前掲注(6)三二七頁。門広・前掲注(1)二三八頁は、共同相続人の「不明瞭・多義的」な占有について、「自己が唯一の相続人であると誤信して単独占有を始め、しかも誤信してもやむをえないような事情がある場合に」、単独占有開始時における単独自主占有が認められやすいであろうし、「自己の名における公租公課の負担や処分行為、単独名義の登記も、排他的所有の意思の認定にプラスに働くであろう」、という。これも「誤信」＝中核説に近いといえようか。もっとも、門広説によれば、前述のように、占有開始時における単独所有の意思が認定されない場合でも、単独自主占有への変更がありうるとしており、この場合の性質変更では、排他的所有の意思の表示が必要であるが（新権原による転換は稀）（同二二五頁）、この「表示」は、「他の共同相続人がすみやかに分割を求めるであろうほどインパクトのある行為が直接間接に他の相続人に向けて行われることが必要である」と述べている（同二三九頁）。そうすると、単独自主占有への変更が問題になる場合には、「誤信」を中核とする実質的判断基準によって行われるわけでないということになろう。なお、「表示」を厳格に解する門広氏のこのような理解そのものは、適切であると思われるが（三4(2)(b)参照）、しかし、これによると、性質変更の可能性を認めても単独自主占有へ変更することは稀であろうし、また取得時効が成立することはまずないということになろう（ほとんどの場合他の共同相続人は対抗措置をとるであろうから）。それは、単独占有開始時に単独自主占有を認定する場合と差がありすぎはないであろうか。性質変更の場合をこのように解するとするならば、単独占有取得時の自主占有の認定においても他の共同相続人に対する強いインパクトある行動を要求しないとバランスがとれないのではなかろうか。

(24)　藤原・前掲注(1)時効と占有九八頁、藤原・前掲注(6)「さまよえる『所有ノ意思』」三四〇頁も参照。

(25)　藤原・前掲注(1)時効と占有一〇四頁、藤原・前掲注(6)「さまよえる『所有ノ意思』」三三七頁も参照。

(26)　藤原・前掲注(6)「さまよえる『所有ノ意思』」三三七頁以下、なお、同三四一頁以下も参照。また、野村・前掲注(9)五二頁、五六頁以下は、悪意の占有者による取得時効の成立を阻止するという観点（道徳を重視する時効観）から、単独相続したと信じたこと（善意）と、このよう信ずるについて合理的な事由（善意の合理的根拠）がある場合に、単独自主占有を認定できるとし、この基準は共同相続の場合に限らず、他の類型にも妥当する、という。

(27) 安達三季生『注釈民法(5)総則(5)』(川島武宜編) 一八五頁、二一七頁(有斐閣、一九六七年)、金山・前掲注(6)民商六三八頁、田中・前掲注(6)家族法判例百選一八九頁、田中・前掲注(1)『自主占有・他主占有』八六頁以下。下村正明「占有の性質判定に関する一考察(二・完)」民商一一七巻一号二六頁もほぼ同趣旨であろう。

(28) 安達・前掲注(27)二一七頁。

(29) 田中・前掲注(1)『自主占有』一四頁、同・前掲注(1)『自主占有・他主占有』二六頁以下、下村・前掲注(27)二六頁以下参照。

三 問題点の検討と私見の展開

1 従来の議論における問題点とその検討

(1) 単独自主占有の認定の論理(理論構成)について

(a) 性質変更構成の適合性　共同相続人の一人による占有の性質について、はじめから、すなわち、相続を原因とする単独占有取得時から単独自主占有を認定しようとする場合には、いわば白紙の状態で自主占有であったことを認定するのであるから、他主占有が自主占有へ変更するという構成を採ることには無理がある。[30] 民法一八五条は、当該占有が他主占有であることを前提にして占有継続中に自主占有へ変更する場合を規定しているのであり、したがって、共同相続人の一人による占有が自主占有であるかを民法一八五条の性質変更の問題として扱おうとする見解(民法一八五条適用説)は、共同相続人の一人による占有の単独自主占有性の判定には適合しないといえよう。

これに対して、単独占有取得時は単独自主占有を認定できない（したがって、他の共同相続人の相続分については、他主占有ということになる）ものの、その後の状況の変化により単独自主占有を認定できる場合には、性質変更構成をとるべきことになろう。このように、単独自主占有の認定にあたっては、理論構成として使い分けがなされるべきであり、民法一八五条適用説が論理的にまったく受け入れられないということにはならない。[31]

(b)　原始的性質判断構成の論理の妥当性　(ア)共同相続人の一人による占有の性質決定について性質変更構成をとるべきでなく、その占有の性質をいわば白紙の状態で判断すべきである（原始的性質判断）と解する見解（民法一八五条非適用説）は、これまで合理的な説明を行ってきたであろうか。民法一八五条非適用説をとる論者は、すでに指摘したように（二2(1)(b)）、しばしば占有の二面性から説明しようとする。[32] すなわち、共同相続人の一人が現実に単独占有を始めたときは、その占有には被相続人から承継した占有とその共同相続人が行う現実の占有との二面性があり、後者に着目して単独自主占有を認定しようとするのであるから、性質変更によらないというのである。しかし、占有の二面性の論理によって原始的性質判断を説明することは無理があると思われる。

(イ)　すなわち、被相続人の占有を単独相続によって承継し（ないし、共同相続において遺産分割によって単独で占有を承継し）た場合でも、相続人自身の占有期間だけを主張することができると解されている（民法一八七条の適用の肯定＝判例・通説）。ここでは、たしかに、相続人の固有の占有に着目されており、このことは占有の二面性によって説明されてきた。しかし、この占有の二面性という観念は、あくまで右のような占有期間の併合・分離主張（民法一八七条）に関する理論的説明として用いられるべきものである。[33] 自主占有者である被相続人を相続して占有を取得した単独相続人は、たとえ自己の占有期間だけを主張する場合にも自己の占有が自主占有であることを独自に証明する必要はない。また、他主占有者である被相続人を単独相続した相続人は被相続人の他主占有性を承継するから、その占有は他主占有であって、この性質を変更するのでなければ自主占有とはならない。相続人の占有の性質は被相続人の占有の性質を当然に承継するものであって、被相続人の占有の性質と無関係に相続人固有の占有として独自に性質決定されるというものではないのである。このように、占有の性質が問題となる場面では、占有の二面性を問題にする余地はないというべきであろう。

(ウ) 以上のことは、共同相続の場合についても基本的にはなんら異ならない。すなわち、被相続人が他主占有者であった場合には、共同相続人の占有は、単独占有であれ、共同占有であれ、他主占有であるし、また、被相続人が自主占有者であれば、共同相続人の占有は、単独占有であれ、共同占有であれ、自主占有である。共同相続による占有承継は複数の共同相続人に総体としてなされるものであり、それ以上のものではない。共同相続人は被相続人の自主占有を当然に承継し、共同相続人の占有の性質を被相続人の占有の性質から離れて独自に判断するという問題は生じないのである。したがって、ここでも、共同相続人の占有の性質を判定する理論的前提として占有の二面性を問題にする余地はない。もっとも、共同相続の場合には、相続によって承継した占有が自主占有であるにしても、共同相続人間の占有関係の調整という問題が別にある。しかし、この問題も、占有の二面性とか相続人固有の占有の性質決定といった視点とは異なる次元の問題である(34)(門広氏のいう「対共同相続人取得時効型」の問題である)。すなわち、共同相続人の一人による占有が単独自主占有か相続分の限りでの自主占有(他の共同相続人の相続分については他主占有)かは、他の共同相続人との関係において問題となるのであり、占有の二面性を前提に被相続人の占有の性質から離れて独自に占有の性質を判断することによって解決されるべき問題ではない。複数の共同相続人は被相続人の自主占有性をそのまま承継するのであり、ただ共同相続人の一人が単独占有しているために、他の共同相続人との関係で単独占有の性質が問題になるのである。

(エ)　このように考えるならば、他主占有相続事例における相続人の占有（他主占有者を相続した相続人の占有）の性質決定の問題と、本稿のテーマである共同相続の一人による単独占有の性質決定の問題とを同一平面で捉えるべきではない、ということになろう。[35]　他主占有相続事例における相続人の占有について自主占有性を認定する場合に、民法一八五条による性質変更と構成するからといって、共同相続事例における単独自主占有性の認定について性質変更構成を採らなければならないという論理的必然性はない。また、反対に、共同相続事例における相続人の単独占有の性質について性質変更によらずに性質決定をすると構成するためには、他主占有相続事例における相続人の占有について性質変更によらずに自主占有性の有無を判断する立場（民法一八五条非適用説）[36]に立たなければならないという論理必然性もないのである。

(c)　証明責任に関して　共同相続人の単独所有の意思を認定する際の証明責任については、従来ほとんど論じられてこなかった。しかし、次のように理解すべきであろう。すなわち、共同相続人の一人による単独占有も、民法一八六条一項により所有の意思があるものと推定される。しかし、現実に占有していない他の共同相続人の側で共同相続の事実を証明すれば、その単独占有は他の共同相続人のためにも占有している（他主占有）と事実上推定され、単独占有する共同相続人の側で単独所有の意思のあることを示す事実を明らかにしない限り、その占有は他の共同相続人の相続分について他主占有と認定されることになり、所有の意思の推定が覆される。[37] つまり、共同相続においては、所有の意思の推定は容易に覆されることになる。しかし、この推定が覆され、共同相続人の占有の単独自主占有性が否定される場合（他主占有とされる場合）でも、単独占有する共同相続人の側がさらに単独自主占有へ変更したこと証明したならば、変更の時から単独自主占有性が認定されることになろう。性質変更の場合には、占有者側に自主占有への変更について証明責任があることに異論はないと思われる。[38]

(d) 民法一八五条適用説と性質変更事由　民法一八五条適用説は、民法一八五条の変更事由により単独自主占有へ変更するとみる。そして、共同相続人の一人が単独相続したものと信じて疑わず、不動産の管理、使用を専行し、公租公課を負担し、他方、他の共同相続人がなんらの関心をもたず、異議も述べなかったという事情があれば、事実上「表示」したものとして捉えようとするものが多い。[39] しかし、このような実質的判断基準となる諸事情の存在が「表示」、あるいは「新権原」に当たるとみることには無理がある。すなわち、これらの諸事情が「新権原」に当たらないことはいうまでもないし、また、事実上「表示」があったとみるのは、民法一八五条の変更事由に強引に当てはめようとするものであって、あまりに牽強付会というほかない。「誤信」は主観的事情であるし、管理、使用の専行および公租公課の負担という客観的事実が当然に所有者としての行動であるとはいえない。また、他の共同相続人の無関心や異議を述べなかったという事情は、他の共同相続人の側の態度であって、単独占有する共同相続人の側の行動でないから、「表示」と結びつけることには無理がある。さらに、右の客観的事実が単独占有する相続人の所有の意思を示すものであったとしても、この事実の存在だけで「表示」があったとみることは、性質変更のために、「占有者カ自己ニ占有ヲ為サシメタル者ニ対シ所有ノ意思アルコトヲ表示シ」たことを要求した趣旨[40]からあまりに離れるであろう。

(2)　実質的判断基準としての客観的事実とその適否

(a)　すでにみたように、判例は単独占有する共同相続人の「誤信」のほか、管理、使用の専行、収益の独占、公租公課の負担、他の共同相続人の「無関心・無異議」といった客観的事実によって単独所有の意思の有無を判断しようとしている。また、学説もこれらの客観的事実は「誤信」を裏づける要素であると主張する見解（「誤信」＝中核説）や、「誤信」を単独所有の意思を認定する際の一要素とみる見解（「誤信」＝一要素説）があった。では、右の客観的事実を実質的判断基準との関連でどのように評価すべきであろうか。

(b)　まず、「誤信」＝中核説に関しては、管理、使用の専行や公租公課の負担が「誤信」を裏づける客観的事実であるということの意味が問題である。もし管理、使用の専行や公租公課の負担といった客観的事実を、「誤信」の存在を示す徴表であると捉えるのであれば、疑問である。なぜなら、単独占有する共同相続人が管理、使用を専行し、公租公課を負担していたからといって、単独相続したと信じていたとは限らないのであり、悪意である場合もあるからである。これらの客観的事実は、「誤信」を裏づける事情ではなく、「誤信」の前提となる事情であるというにすぎない。このように、管理、使用の専行や公租公課の負担は「誤信」の存在を客観的に裏づける事実とはいえないのであり、したがって、「誤信」を実質的判断基準とするからには、「誤信」したという事実そのものを右の客観的事実とは別に証明すべきことになる。

(c)　他方、「誤信」は客観的事実と並ぶ実質的判断のための一要素とみる見方（「誤信」＝一要素説）にも問題がある。これによれば、管理、使用の専行や公租公課の負担は独立した判断要素となるから、単独占有する共同相続人が悪意の場合でも、これらの客観的事実を考慮して単独所有の意思を認めることもできるということになろう。しかし、これらの客観的事実があっても、共同相続人の一人が他の共同相続人のためにも占有する場合、つまり他主占有であることがありうるのであるから、[41] 単独占有する共同相続人の単独所有の意思の存在を推断することはできない。したがって、これらの客観的事実から自主占有か否かを判断することはできず、これらは所有の意思の存在を認定するための実質的判断要素にはなりえないというべきである。これらは、せいぜい自主占有が認定されるための前提条件（必要条件）となるにすぎないとみるべきであろう（これらの客観的事実すらなければ、いかなる場合も単独自主占有を認定することはできない[42]）。

(d) 共同相続人の一人が単独占有することについて他の共同相続人が関心をもたず、異議も述べなかったという事情も、「誤信」を裏づける客観的事実、ないし実質的判断の一要素とみることはできないであろう。

(ア) 「無関心・無異議」は他の共同相続人側の事情であって、単独占有する共同相続人の「誤信」の有無とはまったくかかわりがない事実である。他の共同相続人の「無関心・無異議」から「誤信」の事実を推断することはできないのであるから、これを「誤信」を裏づける客観的事実とみることができないことは明らかである。

(イ) また、単独占有する共同相続人の占有事情から外形的客観的に所有の意思を判断するというのであれば、他の共同相続人側の事情である「無関心・無異議」を所有の意思の有無の実質的判断要素とみるのも奇妙である。「無関心・無異議」という相手方の事情の如何が所有の意思の有無の判断に影響を与えるというのは、理解に苦しむ。「無関心・無異議」は、時効期間経過の説明にはなりえても、所有の意思の判断要素とみることはできないといわなければならない。

(ウ) さらに、他の共同相続人の「無関心・無異議」は、これを単独所有の意思の判断要素とすることによって、取得時効の成立の可能性を認める合理性もないであろう。すなわち、共同相続人の一人による占有に対して他の共同相続人がなんら関心を示さず、異議も述べなかったのは、他の共同相続人が共同相続の事実を知らなかったからである、という場合が少なくないであろう。共同相続したことを知らなかったのであれば、占有の状況や自己の相続分に関心を持ちようがない。この場合には、相続したことを知らなかったから関心を示さなかったままでで、相続人であることを知りながら関心を示さなかったわけではないということになろう。単独占有する共同相続人が単独相続の登記をしようと行動を起こせば、他の共同相続人は共同相続の事実を知り、権利を主張したかもしれないのである。[43] そうであるにもかかわらず、「無関心・無異議」を理由に他の共同相続人に不利益を一方的に負わせることは、公平でない。[44] もっとも、家督相続制度が廃止されて半世紀以上たった今日では、家督相続したと誤解することはまずないであろうから、他の共同相続人は共同相続を知っている場合が普通であろう。しかし、そうであっても、他の共同相続人の「無関心・無異議」を表面的に捉えて、他の共同相続人に取得時効の成立による不利益をたやすく負わせるべきではない。すなわち、他の共同相続人が共同相続の事実を知っていた場合でも、遺産に属する土地について親族間で事を荒げ波風を立ててまで権利主張をすることがはばかられた、という近親者間の特殊な事情がありえよう[45][46]し、他方、単独占有する共同相続人が、単独相続の登記をしようと行動を起こせば、他の共同相続人もそのまま放置するとは限らないのである。単独占有する共同相続人はそのような行動もせずに、他の共同相続人をいわば「眠った子を起こさない」ような状態に置いていたとも考えられる。そうであれば、他の共同相続人は関心をもっていなかった・異議を述べなかったとして、その者に不利益を負わせることは妥当でない。

そうすると、「無関心・無異議」を所有の意思の実質的判断要素に含めたこと自体が問題であったということになろう。

(3)　「誤信」を実質的判断基準とすることの適否

共同相続人の一人による占有の性質決定の実質的判断基準の捉え方は、判例・学説上見方の違いはあるものの、単独占有する共同相続人が単独相続したと誤信したこと(「誤信」＝善意性)を最も重要な判断要素とみている点ではほぼ一致しているといえよう。では、単独占有する共同相続人が「誤信」していた場合に、この「誤信」を実質的判断基準にして単独所有の意思を認定することははたして適切であろうか。この点を次に検討しよう。

(a)　単独占有する共同相続人の「誤信」と所有の意思　　「誤信」を実質的判断基準として所有の意思を認定することには、次のような疑問があり、妥当でない。

(ア)所有の意思を内心の意思とみるならば、単独占有する共同相続人が単独相続したと誤信し単独所有権を取得したものと信じたときは、この共同相続人に所有の意思があるとみることができよう。占有者が「誤信」している場合には、自己の所有物として占有しようとする内心の意思を有しており、内心において他人のために占有しようとしているわけでないからである。しかし、他方、所有の意思を内心の意思とみるにしても、単独占有する共同相続人が悪意であっても所有の意思が認められる場合はあるのであり、したがって、共同相続人が「誤信」していたか否かだけで、内心の所有の意思の有無が決まるわけではないはずである。[47]

また、所有の意思を内心の意思でなく外形的客観的に捉えるべきであるとする今日一般的になっている立場からすれば、「誤信」という主観的事情によって所有の意思の有無を判定することは、一貫性を欠くことになる。したがって、共同相続人の「誤信」を所有の意思の認定に結びつけるべきでないということになる。

さらに、性質変更構成との関連でいえば、単独占有する共同相続人が「誤信」していたとしても、それで民法一八五条によって自主占有になることがないのはいうまでもない。

そうだとすると、「誤信」という主観的事情は、自主占有性を判断する実質的判断基準とみることはできないのであって、民法一六二条二項（短期取得時効）の善意の要件に関して考慮されるに留まる事実であるというべきである。

(イ)ところで、「誤信」＝中核説からは、――すでに紹介したことをまとめれば――次のような主張がなされている。(i)長期取得時効は、短期取得時効の存在理由とは異なり、証拠をなくした真の所有者を保護する制度であり、占有取得原因を問わず、「所有者と信じて」占有を継続したかによって所有の意思の有無を判断すべきであるとし、長期取得時効の存在理由と絡めて長期取得時効における所有の意思について「誤信」を実質的判断基準とみる主張と、(48) (ii)基本的には、(i)と同じ立場に立ちながら、取得時効は不道徳な制度であってはならないとの時効観をとくに強調して、善意の占有者にのみ所有の意思を認定すべきであるとする主張(49)とである。

しかし、(i)の主張については、所有の意思の認定に関する実質的判断基準を短期取得時効と長期取得時効によって変えることには疑問がある。このように理解することは、取得時効の趣旨目的と所有の意思とを結合させることになるが、その論理必然性はないし、「所有の意思」要件に関する沿革にも反するからである。(50)たしかに長期取得時効と短期取得時効の制度趣旨は異なるいえようが、それぞれの制度趣旨に沿った取得時効制度の実現は「所有の意思」の要件によって図るべきものではなく、他の要件によってはかるべきものであろう。(51)

また、長期取得時効の趣旨が証拠をなくした真の所有者の証明困難を救済する制度であるというのであれば、占有者が悪意であることが判明した場合には、真の所有者でないことは明らかであるから、「誤信」＝善意を要件とすることによってたしかに真の所有者でない占有者にまで長期取得時効の保護を与えることを阻止することができるとは一応いえよう。しかし、①占有者において、「誤信」していたか否か（善意・悪意）は簡単に証明しうるとはかぎらない。「誤信」を要求したならば、取得時効の成否をめぐって悪意であるか否かを争点とした訴訟上の攻防が延々と繰り広げられることになり、長期取得時効の目的を十分に機能させることがでなくなるであろう。善意は推定されるにしても、占有者のかなり以前の主観的状態を占有者が証拠を挙げて証明することは容易でない。すなわち、所有者として振る舞い他者を排除したといった客観的事実があっても、善意であることを示すものでないことはいうまでもないし、善意そのものを示す間接事実を挙げることはそう簡単でないのである。そして、相手方から占有者が悪意であることを示す証拠を出されたときに、それに対抗する手段がなく、真偽不明にすることすらできずに悪意と認定されるおそれが出てこよう。これでは、長期取得時効が真の所有者を保護する制度として機能しなくなるであろう。また、②右の(i)の立場によれば、相手方において占有者が悪意であったことを証明することは、この証明を通じて占有者が真の所有者でないことを証明することにほかならず、これに対抗するだけの証拠を持たない占有者の証明困難を救済しようとする長期取得時効の趣旨に反することになろう。「誤信」の有無を問題にすることは、結局、占有者が真の所有者であるか否かの証明を取得時効制度に持ち込むことになり、占有の長期継続という形式的画一的基準によって所有権の帰属を判断する取得時効制度と相容れないものとなろう。(52)

(ii)については、次のようにいうことができよう。すなわち、時効制度は不道徳な制度であってはならないとの時効観のもとでは、他人の所有権を奪って所有権の取得を認めることは、取引の安全を図る場合以外に認めるべきでないから、取引の安全を図る制度とは見られない長期取得時効の存在理由としては、真の所有者の証明困難の救済という点にあるというのである。長期取得時効の存在理由をこのように捉える論者の中には、その存在理由を徹底させて、自己が真の所有者でないことを知っている占有者にまで長期取得時効による保護を与える必要はないから、所有の意思を否定すべきである、と主張するものがある。たしかに、取得時効制度も不道徳な制度であってならないことは当然であるし、長期取得時効が悪意の占有者の所有権取得をも目的としているものでないことはいうまでもない。しかし、長期取得時効の存在理由を右の点に求めることから、当然に悪意占有者の自主占有性を排除すべきであるとはいえない。やはり、悪意の占有者(共同相続であることを知りながら単独占有する共同相続人)であっても外形的客観的に所有者として振る舞っていたならば、所有の意思を肯定して長期取得時効が成立する余地を認めるべきであろう。[53] 取得時効制度は、真の所有者であることを証明できない占有者に対して長期の占有継続という形式的画一的基準によって所有権の帰属を認めるのであるから、その中に真の所有者でない者そしてまた悪意者が含まれることは避けられない。しかし、だからといってこのような取り扱いが不道徳であるとはいえない。長期取得時効の制度は、占有者が真の所有者であるか否か、悪意か否かが時間の経過によって証明困難となり、[54] 占有者が不利益を被ることになりかねないので、これらの点を問わずに占有の長期継続を要件に所有権の取得を認めようとするものだからである。もし悪意者を排除すると解するならば、すでに述べたように、悪意か否かが訴訟上の争点となって延々と争われることになり、単独占有する共同相続人が長期間の経過によって善意者であることの証拠を失っていたときは、この共同相続人を取得時効によって保護できないことになろう。右の(i)で述べたように、これでは長期取得時効制度の存在意義が大きく減殺され、制度として十分に機能しなくなるといっても過言でないであろう。証明の困難を救済するという目的が貫けず、長期間占有を継続してきた占有者を困難な証明をめぐる争いに巻き込むことになるからである。(55)

(b) 次に、とくに、単独相続したと誤信して単独占有する共同相続人について、「誤信」＝善意性を根拠にして単独所有の意思を認定し、取得時効の成立の可能性を認めなければならない実質的な理由はあるであろうか。

(ア) まず、家督相続時代における遺産相続（共同相続）を家督相続したと誤信した場合（〔1〕判決の事例）や、戦後間もない時点での相続であったため共同相続人の一人が家督相続により単独で相続したと誤信していた場合が考えられる。しかし、家督相続制度の影響があったにしても単独相続したと誤信した相続人について単独所有の意思を認める必要はないと考える。善意を理由に家督相続したと誤信した者まで保護する見解には賛成できない。(56) 遺産相続を家督相続と誤信したとか、家督相続廃止後に家督相続したと誤信した場合の善意性は、単なる事実の誤認に過ぎずなんら保護に値しないというべきである。もっとも、今日では、このような誤認はまずあり得ないから、(57) もはや問題になることはほとんどなく、議論する実益はあまりないであろう。(58)

(イ) 右以外で単独相続したと誤信した場合はどうか。ここでも「誤信」したことを根拠に単独所有の意思を認める必要はない。すなわち、「誤信」した共同相続人の単独自主占有性を否定しても、この共同相続人は相続分を超える相続財産を取得できなくなるにすぎない。「誤信」した共同相続人の単独所有権取得の期待・信頼を保護する必要は、ここでは取引安全の保護の要請という問題は生じないから、取引の場合と比べて低いといえよう。この場合に取得時効を認めなくても、単独占有を長期間継続してきた者は、後に遺産分割手続でそのまま現状を維持した形で分割がなされる可能性が高いから(民法九〇六条参照)、単独占有する善意の共同相続人に思わぬ不利益を与えることにはならないのである。

また、自己が単独相続したと信じていたのであれば、遺産分割を考えないのであるから、単独所有権移転の相続登記手続を行おうとするのが自然である。相続登記をそもそもしようとしなかったのは、他に共同相続人がいることを知っていて、「眠った者を起こさない」ようにしようとした可能性が大きい。これを知らなかったとしても、相続登記をしようとしたときに戸籍を調べるから、その時点でほとんどの場合共同相続であったを知ることになる(これを知りえないのは、他に戸籍に表われていない相続人がいた場合くらいか)。相続登記をしようとすれば、他に共同相続人がいることを知りえたのである。登記しようとしない怠惰な善意相続人に善意であることを理由に単独所有の意思を認め、取得時効による保護を与えることは必要でないと思う。単独占有をしている共同相続人が戸籍を調べ他に共同相続人がいることの確認の努力をしたときは、単独所有の意思は認められず、他方、そのような努力をせずに、相続登記をしようともせず、単独相続したものと思いこみ漫然と単独占有していた相続人には、単独所有の意思が認められるというのは、妥当でない。

(c) 単独所有の意思の有無の判断基準を「誤信」に求めるのであれば、単独占有している共同相続人が占有継続中に共同相続の事実を知った場合には、その時点から単独所有の意思を失うことになりはしないであろうか。しかし、このように解すると所有の意思の有無が主観的な事情の変化によって左右されることになり、妥当でなかろう。そうすると、単独占有を開始した時に「誤信」したことが認められれば、その後に悪意になっても占有・管理の客観的状況に変化がない限り単独所有の意思は覆らないとみることになろうか。だが、このように解しても、種々の疑問が生ずる。なにゆえ後に悪意になっても単独所有の意思は覆らないのか、その根拠が明らかでない[59]。実質的考慮の観点からみても、当初「誤信」していれば、その直後に共同相続であることを知っても、単独所有の意思が認められるの対し、当初から共同相続であることを知っていた場合には認められないというのは、あまりにバランスを失し、このように区別することの妥当性は疑わしい。さらに、道徳的時効観を強調して所有の意思の有無を「誤信」(善意性)によって判断しようとするのであれば、「誤信」の継続が必要であろう。

結局、「誤信」を実質的判断基準にして単独所有の意思の有無を判定することは、適切でないといえよう。

(d) 以上のことから、「誤信」したか否かという内心の認識(善意・悪意)とこれを基礎づける様々な事情によって単独自主占有の意思の有無を判断することは、妥当でないということになる。では、どのような実質的基準によりその有無を判断すべきなのであろうか。一般的にいえば、これまでの学説・判例が承認してきたように、所有の意思と所有者と信じたこと(「誤信」=善意性)とは明確に区別すべきであり、所有の意思は、これまで一般論として言われてきたように、占有者の善意か悪意かを問わず、権利者を排除して所有者として振る舞おうとする意思の有無によって決すべきであり、この意思は権原または外形的客観的な占有事情によって認定される、というべきであろう[60]。

それでは、どのような外形的客観的事情がある場合に、単独自主占有を認定できるのか。次に、この点を検討することにする。

2 共同相続人の一人による占有と他の共同相続人の相続持分権の侵害

(1) 他の共同相続人の相続持分権を侵害する事実の必要性

(a)　取得時効の成立要件である「所有の意思」は、一般に「所有者として占有する意思」ないし、「所有者がなしうると同様の排他的支配を事実上行おうとする意思」であり、単なる内心の意思ではない、と解されてきた[61]。このような把握の前提には、占有者は真の所有者であると主張する者の主張を否定して（所有者を排除して）目的物の支配をしたとみうる客観的事実（権原または占有事情）がなければならないという理解があったといってよい[62]。このような理解によれば、所有者から許容された権利（他主占有権原）に基づいて占有したり、他者の所有権を容認して占有するとみられる場合には、占有者は真の所有者と主張する者を排除して占有しているとはいえず、所有の意思は認められないことになる。

(b)　具体的にいかなる客観的事実があれば所有者を排除して占有しているとみられるかについては、見解が分かれるであろうが、右のような理解は一般に承認されてきたと思われる。ところが、共同相続人の一人による占有に関しては、この点が十分に自覚的に捉えられないままに、「誤信」という要素が強調されて単独所有の意思の有無の判定が議論されてきたように思われる。しかし、右の一般的な理解を踏まえるならば、共同相続人の一人が単独占有を始めた場合にその占有が単独自主占有になるためには、単独相続したと誤信したかとは無関係に、他の共同相続人を排除して占有するという客観的事実、換言すれば、他の共同相続人の相続持分権を否定して占有するという共同相続持分権を侵害する客観的事実が存在しなければならないというべきである[63]。

(2)　管理、使用の専行、公租公課の負担は、他の共同相続人の相続持分権を侵害する客観的事実といえるか

(a)　これまでみてきたように、判例や学説は、単独占有する共同相続人が単独相続したと誤信して管理、

使用を専行し、公租公課を負担し、他方、他の共同相続人が「無関心・無異議」であった場合には、その占有について単独自主占有を認めることができるとしてきた。しかし、管理、使用の専行、公租公課の負担は、他の共同相続人の相続持分権を侵害しているといえるであろうか。

(b) 民法は、遺産分割までの遺産の管理について特別の規定を置いていない。したがって、共有に関する規定の準用をも考慮しながら、共同相続の実態に反しないように、遺産の管理を規律していくべきことになる。(64) ところで、共同相続人の一人が遺産に属する不動産を単独で占有・使用している場合に、相続分で過半数を占める他の共同相続人からその不動産の明渡請求がなされることがある。この場合の共同相続人の占有・使用が遺産管理を逸脱し他の共同相続人の相続分を侵害するもので違法であるというのであれば、明渡請求が認められることになる。しかし、判例・通説は、通常は右の違法はないとしてこの明渡を認めていない。(65) その根拠は必ずしも一致しているとはいえないが、その実質的な理由は、次の点にあるといえよう。すなわち、とりわけ被相続人とともに相続開始前より共同相続人の一人が遺産に属する不動産を占有・使用してきた場合には、「当該遺産が占有者である共同相続人にとって、生活の基盤となっている住居とか、相続開始前より、被相続人が相続人と共同経営をしてきた経営体の物的基盤(営業用財産)であることが多く、占有者の意思を無視して、占有関係を多数持分権者の一方的意思で、変更すべきでない」からである。(66) このように、共同相続人の一人による占有においては、多くの場合、親族間の人的関係が深くかかわっており、また、遺産分割に際してもこれらの人的関係や事情が考慮されることをも考えるならば、他の共同相続人からの明渡を認めるべきでないのである。(67)

以上のことを前提にするならば、共同相続人の一人による占有は、たとえ管理、使用を専行し、公租公課を負担したとしても、遺産管理の範囲を逸脱したものとみることはできず、共同相続人の一人による管理行為にすぎないということになる。(68) したがって、この場合は、他の共同相続人の相続持分権の侵害には当たらない。

3 単独所有の意思はどのような場合に認められるか

(1) 他の共同相続人の相続持分権を侵害する場合

では、どのような客観的事実があれば、他の共同相続人の相続持分権を侵害したと評価できるのであろうか。ここで、単独所有の意思を判定する具体的基準を示すことにする。

(a) 第一に、単独占有者が戸籍上唯一の相続人となっているが、実際には共同相続であって戸籍に表れていない相続人が他にいた場合である。(69) 戸籍上の単独相続人が単独占有を行い、使用収益を継続していた場合には、戸籍に表れていない他の共同相続人と遺産管理の協議や遺産分割の協議をしたなど、単独所有の意思の存在を否定する客観的事情が存在しない限り、単独相続登記がなされていなくとも、単独自主占有を認めてよいであろう。単独占有している相続人が戸籍上唯一の相続人となっている以上、戸籍と単独占有の事実から他の共同相続人の相続持分権が侵害されている(他の共同相続人が排除されている)とみることができるからである。

(b) 第二に、遺産の中の当該不動産を共同相続人の一人に帰属させることが遺産分割により決まり、これに基づいて単独占有がなされ、この遺産分割に基づいて相続登記がなされた場合である。(70) 遺産分割がなされたならば、たとえその遺産分割が共同相続人の一部を除外して行われたために無効であり、再度遺産分割がなされるべき場合であっても、[71] あるいは、偽造された「相続分皆無証明書」により他の共同相続人の相続分がゼロである遺産分割協議書が作られたといった場合であっても、さらには、遺産分割が利益相反行為その他の理由で無効とされる場合であっても、[72] 単独所有の意思を認めてよい。この場合、遺産分割が無効であるから、他の共同相続人の相続持分権が侵害されていないともえいそうであるが、しかし、現実に遺産分割に基づく単独占有が継続しているのであるし、時間の経過とともに遺産分割が有効か無効かが不明確になることもあるのであるから、その有効か否かを問題にせずに他の共同相続人の相続持分権が侵害されているとみるべきであろう。なお、相続登記そのものは単独所有の意思を判断する決定的基準とはいえないにしても、この場合、この遺産分割と単独相続登記手続は一連の行為として通常行われるであろうから、登記したことをもって単独占有する共同相続人について単独所有の意思を認めてよいであろう。遺産分割に基づく単独占有と単独相続登記によって、他の共同相続人の相続持分権が侵害されているとみることができるからである。[73]

(c) 第三に、単独占有する共同相続人が他の共同相続人の相続放棄申述書により単独名義の相続登記を行った場合である。この場合には、その申述書が偽造されたり錯誤などにより他の共同相続人の相続放棄が無効であったとしても(〔4〕判決がまさにこのような事例である)、他の共同相続人の相続持分権が侵害されているとみてよく、やはり単独占有する共同相続人に単独所有の意思を認めてよいであろう。なお、ここでも、相続放棄申述書の作成と単独相続登記が他の共同相続人の相続分を否定する一連の行為として行われるから(単独相続登記をするために相続放棄申述書が作られるのである)、これに基づく単独相続登記をしたことをもって単独自主占有を認定してよいと思われる。

(d) 単独占有する共同相続人が管理、使用を専行し、公租公課を負担してきたということだけでは、単独所有の意思があるとはいえないことは、すでに述べたとおりである。しかし、第四に、管理、使用の専行および公租公課の負担を行うとともに、他方で他の共同相続人からなされた分割請求に対して単独相続を主張してこの請求を拒否し続けた場合には、単独占有を続ける共同相続人に単独所有の意思を認めてよいであろう。この場合には、他の共同相続人は、家庭裁判所に分割の調停や審判の申立をすればよいだけのことであるから、その相続持分権を侵害していないともいえそうであるが、単に分割の協議が調わないというのでなく、占有する相続人が単独相続を理由にその相続持分権を否定していることが明らかなのであるから、このような場合にも、他の共同相続人の相続持分権を否定する客観的外形的事実が存在するとして、その相続持分権が侵害されていると解してよいであろう。

(2)　私見に対する予想される批判とその検討

(a)　これまで、単独占有する共同相続人について遺産分割や相続放棄申述とこれらに基づく単独相続の登記がなされた場合、およびその相続人が単独相続を主張して遺産分割を拒否する行動をとった場合には（以下、これらの場合を遺産分割などがなされている場合、という）、他の共同相続人の相続持分権を侵害しており、この相続人に単独自主占有を認めてよいということを述べてきた。これに対しては、右のように解すると、遺産分割などがないまま長い年月を経過して権利関係が複雑・不明瞭になった状況においては、取得時効の成立が認められないためなお遺産分割をしなければならなくなるが、これは耐えがたい煩雑さを生むことになる、という批判が予想される。[74] しかし、複雑・不明瞭な権利関係になるからといって、遺産分割などがない場合にも単独占有する共同相続人に単独所有の意思を認めることには、次の理由から合理性がないと思われる。すなわち、(i)遺産分割などがなされていない場合にも単独占有する共同相続人に単独所有の意思を認めることになると、他の共同相続人が親族間の和を保ち波風を立てたくないということから共同相続人の一人による占有を黙認してきたことを逆手にとって、取得時効による目的不動産の独り占めを認めることになりかねない。そして、これを認めることは、遺産分割がなされないまま放置されてきたことの責任を他の共同相続人にのみ負わせることになり、単独占有する共同相続人の利益に偏し、妥当性を欠くといわなければならない。また、(ii) 権利関係が複雑・不明瞭であることの意味は、長い年月の経過によって相続が重複して相続人が増え各地に散在することと、特別受益の関係が不明瞭になることであろうが、これらの事情があった場合に遺産分割に手間がかかるにしても、遺産分割ができなくなるものではない。この場合たしかに遺産分割に手間がかかることにはなろうが、しかし、だからといって単独占有する相続人が独り占めしてよい理由にはならない。その手間・費用は共同相続人全員で負担すべきものであろう。さらに、(iii)共同相続事例に関する従来の判例・学説に立っても、単独占有する相続人が共同相続であることを知っていた場合には、単独所有の意思を認めることができないというのであるから、長い年月遺産分割などがなされなかったために権利関係が複雑・不明瞭になっても、単独所有の意思を認めることはできず（取得時効の成立を認めず）、遺産分割をしなければならないという事態が生ずることになろう。したがって、私見に対してのみ、単独所有の意思（取得時効の成立の可能性）を認めないために権利関係が複雑・不明瞭になるという批判を向けることは適当でないというべきである。(iv)それでも複雑・不明瞭な権利関係のもとでの遺産分割の「耐えがたい煩雑さ」に対して、何らかの配慮をなす必要があるというのであれば、それは遺産分割の期間制限の問題として解決すべきである。たとえば、権利濫用といった一般条項を用いるとか、遺産分割請求権の消滅時効を立法論として検討するなどが考えられよう。

(b)　これまで述べてきた私見によれば、単独占有する共同相続人が悪意であっても、他の共同相続人の相続持分権を否定する外形的客観的事実が存在し、その相続持分権の侵害とみられる場合には、単独自主占有を認めることができる、ということであった。このような私見に対しては、時効は不道徳な制度であってはならないとの時効観を基礎にして、共同相続を知りながら単独占有を始め、遺産分割などおよびこれに基づく単独相続登記をした相続人に取得時効の利益を与えることは妥当でないとの批判が予想される。しかし、このことについては、すでに詳細に論じたように、道徳的時効観を前提にして長期取得時効の存在理由を真の所有者の証明困難を救済する点にあるという立場に立つ場合でも、単独占有する共同相続人の悪意を理由にその単独所有の意思を否定すべきでない(1(3)(a)(イ)参照)。たとえば、共同相続人の一人が遺産分割などおよびこれに基づく単独相続登記をして単独占有を継続していたという場合に、長い年月の経過後に他の共同相続人から遺産分割などの無効の主張がなされ、これに対して、単独占有する共同相続人が時効取得を主張したという事例でいうならば、他の共同相続人側が遺産分割などの無効と単独占有する相続人の悪意を証明することで、単独占有する共同相続人の長期取得時効の成立が否定されるのでは困る。長い年月の経過によって単独占有する共同相続人が証拠を失い遺産分割などの無効や悪意の証明を阻止することができなくなることがあるからである。そもそも、かなり以前の遺産分割などの有効性および善意性を示す証拠は曖昧になっているのであり、単独占有する共同相続人が有効か無効か、善意か悪意かの争いに巻き込まれることになる。これを避けるため、たとえ無効・悪意であったとしても取得時効が成立するとして現状をそのまま維持しようとするのが長期時効制度の狙いであるといえよう。

4　共同相続人の一人による単独自主占有の性質決定の論理

(1)　共同相続人の一人による占有の性質

(a)　これまでの判例や学説は、共同相続人の一人による占有について単独所有の意思が認められなければ、自己の相続分は所有の意思を認めることができるにしても、他の共同相続人の相続分については他主占有であると解してきた。[77] この点は、ほとんど異論をみないところであるが、疑問を呈する見解もないわけではない。すでに紹介したように(二)2(2)参照)、門広氏は、共同相続人の一人による占有は他の共同相続人のためにも管理、使用するものなのか、他の共同相続人を排除して排他的所有者として管理、使用するものなのか、その判断は難しく、その意味で不明瞭・多義的な占有であるという。[78] たしかに、その単独占有について単独所有の意思が認められるか否かが権原の性質から明らかになる場合でないから、その占有の性質は具体的な占有事情により判断がなされるまで、未確定な状態あるといえるのであり、共同相続人の一人による占有は常に他主占有であると決めつけることは適切でない。しかし、だからといって、他主占有概念を使わずに、わが民法の規定にもまた法理論にもない「不明瞭・多義的」(équivoque)という概念を使わなければならない理由は見出せない。共同相続人の単独占有について占有事情により外形的客観的に単独所有の意思が認められれば単独自主占有となり、認められなければ、他の共同相続人の相続分について他主占有になる、といえば済むことではなかろうか。[79] 単独自主占有性の判定が難しいとしても、判断基準の明確化と証明責任の問題にすぎないというべきである。

(b)　私見によれば、すでに述べたように(三)3(1)(a)参照)、戸籍上単独相続であったが、実は共同相続であり他に戸籍に表れていない相続人がいたという場合には、単独所有の意思を認定してよい。そして、この場合には、共同相続人の一人による占有は相続によって単独占有を始めた時点から単独自主占有であると認定すべきである。このような例外的な場合を除き、共同相続人の一人による占有は、他の共同相続人の相続分については他主占有となるとみるべきである。

(c)　もっとも、共同相続人の一人による占有は、自己の相続分については自主占有であり、他の共同相続人の相続分について他主占有であるとみると、目的物全部に及ぶ一つの占有について、同時に二つの性質を併有するという通常みられない状況が生ずる。また、通常の他主占有であれば、賃貸借とか寄託などの権原に基づく占有であるが、ここでの他主占有は、このような権原があるわけではない。したがって、また、他主占有者に「占有をなさしめた者」も存在しない（他の共同相続人が単独占有する共同相続人に占有させるという内容（賃貸借・寄託などの締結）の遺産分割があって始めて、他の共同相続人は占有をなさしめた者になるといえよう）。このように、ここでの他主占有性は、通常の他主占有とはやや性質を異にするとはいえるが、しかし、他主占有であることに変わりはない。すなわち、他主占有とは所有の意思のない占有であると一般に解されており、自主占有と認められないその他の占有を広く他主占有と呼んできたことからも明らかなように、他主占有の概念は積極的に定義されてきたものでないから、共同相続人の一人による占有について単独所有の意思が認められなければ他主占有であるということが許されるであろうし、それで済む問題であろう。ここでの他主占有の特殊性は、必要に応じて考慮すれば足りるであろう（次の(2)参照）。

(2)　単独自主占有への性質変更

(a)　すでに論じたように（三3(1)(b)(c)(d)）、共同相続人の一人が単独占有を始めた後に、当該不動産を取得する内容の遺産分割がなされたとか、相続放棄により単独相続がなされ、これらに基づいて単独相続の登記がなされたという場合には、その遺産分割などがたとえ無効であったとしても、単独自主占有を認めるべきである。また、単独占有する共同相続人が単独相続を主張し遺産分割協議を拒否している場合も同様である。ただし、これらの場合には、単独占有のはじめから単独所有の意思があったとすることはできないから、遺産分割などに基づく単独相続登記があった時、あるいは遺産分割協議を拒否した時に他主占有が単独自主占有へ変更したものとして捉えるべきことになる。

(b) ところで、他主占有から自主占有への変更が問題になる場合には、民法一八五条の適用をまず検討しなければならない。同条は、「所有ノ意思アルコトヲ表示」するか、または、「新権原」がなければ、自主占有に変更しない旨を規定する。まず、(i)「新権原」の内容については、従来必ずしも一致した理解がなされてはいないが、「新権原」は、沿革的にみれば、売買や贈与など所有権移転を目的とする法律行為を指すものである。[80] この沿革にはかなりの合理性があり、[81] これに従った解釈がなされるべきであろう。そして、この沿革を前提にするならば、遺産分割協議・遺産分割調停は「新権原」に該当するとみることができるにしても、審判による遺産分割、相続放棄の申述、単独相続登記、単独相続の主張に基づく遺産分割協議の拒否は、いずれも「新権原」であるとみることはできない。次に、(ii)「表示」については、その内容をかなり広げて解釈し、占有事情の客観的な変更により所有の意思あることが事実上表示されたと認められる場合に、占有をなさしめた者にその認識ないし認識可能性があれば、「表示」があったものとみる見解が有力に主張されている。[82] この見解によれば、遺産分割、相続放棄の申述、単独相続登記、単独相続の主張に基づく遺産分割協議の拒否は、いずれも「表示」に当たるとみることができるかもしれない。しかし、「表示」の内容をこのように緩く解することには賛成できない。民法一八五条において性質変更事由として「表示」を要求したのは、もし「表示」を要件としないと、占有をなさしめた者が知らない間に占有者の他主占有が自主占有へ変更することになり、この者が権利行使や時効中断を行えず不意打ち的な不利益を被るおそれがあるからである。(83)したがって、この規定の「表示」の内容としては、占有をなさしめた者がいることを前提にして、その者に対して明示的であれ、黙示的であれ、所有の意思のあることを明確に「表示」するものでなければならならず、その者が「表示」を受けたならば、通常、対抗措置を採るであろうとみられるものでなければならない。単に所有の意思を示す客観的事実があるというだけでは不十分である。そうだとすると、単独相続の主張に基づく遺産分割協議の拒否は、「表示」に当たりそうであるが、しかし、他の共同相続人は占有をなさしめた者とはいえないから、「表示」の枠組みで捉えることには無理があろう。また、それ以外の遺産分割や単独相続人は占有をなさしめた登記も、これ自体「表示」に当たらないことは明らかである。したがって、〔4〕判決は単独所有の名義の続これに賛成することはできない。

(c)　では、どのように考えたらよいであろうか。共同相続人の一人による占有が他主占有であるというとき、自主占有への変更に民法一八五条の適用があるであろうか。

(ア)　民法一八五条は、他主占有から自主占有へ変更するすべての場面に適用があるものと一般に解されてきたように思われる。(84)しかし、民法一八五条は「権原ノ性質上占有者ニ所有ノ意思ナキモノトスル場合ニ於テハ……」と規定しており、この文言の表現方法からみるならば、権原の性質上他主占有とされる場合と、権原の性質によらずに他主占有となる場合があり、民法一八五条は前者の性質変更に適用される規定であるとみることができそうである。この点については、現行民法の起草者の説明からは必ずしも明らかでないが、民法一八五条は、旧民法財産編一八五条における占有の性質変更の考え方をそのまま受け継いだものとされている。(85) 旧民法の規定よれば、権原の性質による容仮占有（他主占有）と権原の性質によらない容仮占有（他主占有）とに分けて法定占有（自主占有）への変更について規定し、前者については、現行民法一八五条と同様の二つの変更事由がある場合に自主占有へ変更し、後者については、「自己ノ為メニ占有ヲ始メタルトキ」（所有の意思を有するに至ったとき）に自主占有へ変更する旨を定めていた。(86) そうすると、現行民法一八五条は、旧民法におけるこの二元的取扱いをそのまま受け継いだとみることができるであろう。

(イ) では、この区別は、どのような理由に基づくものと考えられるのか。旧民法の起草者であるボワソナードはその理由を述べていないが、(87) 次のような理由が考えられる。すなわち、権原の性質上容仮占有（他主占有）となる場合には、占有者は占有をなさしめた者の意思と信頼に基づいて占有しているのであるから、自主占有への変更を認めるにしても、占有をなさしめた者の信頼を裏切り不意打ち的な不利益を与えないような規律が必要であり、そのために、旧民財一八五条や現行民法一八五条では、二つの事由に限定しているのである。これに対して、権原の性質によらないで容仮占有（他主占有）とされる場合、たとえば、他人の物について無断で一時的な使用のために占有を始めたとか、他人の物について事務管理によって占有し、維持保存しているといった場合には、占有をなさしめた者がいない。だから、二つの変更事由に当たる事実がなくても、占有開始後に所有者として振る舞っていた事情（自主占有事情）があれば、自主占有への変更を認めても、これによって占有をなさしめた者の信頼を裏切り、不意打ち的な不利益を与えるなどという問題は生じないであろう。たしかに、この場合、真の所有者は取得時効の成立によって所有権を失う危険が生ずるから、不利益を受けるおそれがある。しかし、自主占有事情により当初から自主占有と判断される場合（たとえば、窃盗による占有取得）であったとしたら、真の所有者が不利益を受けていたのであり、たまたま他主占有であったところその占有継続中に自主占有事情により自主占有に変わったとしても、真の所有者の信頼を裏切ったということにはならないであろう。[88] また、占有事情が時間の経過とともに徐々に変化して行き、当初の占有については他主占有としてしか評価できないが、その後の占有事情が少しずつ変化することにより自主占有とみられるようになったというように、占有事情は連続的なものであるから、当初の占有事情だけで判断し後の性質変更は二つの事由だけに限る、というわけにはいかないことも考えられよう。要するに、占有取得時の占有の性質が権原によってではなく、占有事情により他主占有と判断される場合には、その後の自主占有への変更について、二つの変更事由に限定する理由はないということから、権原の性質上他主占有となる場合の自主占有への変更とは異なる規律をした、ということができるのである。[89] そうであるとするならば、権原の性質によらないで他主占有となった占有が自主占有へ変更するのは、民法一八五条の適用によってではなく、自主占有事情によって外形的客観的に所有の意思を認定することによってであるということになる（もちろん、権原によらない他主占有でも、他主占有者が「新権原」＝自主占有権原（売買、贈与）を取得したり、真の所有者に対して所有権を主張するといった「表示」がなされた場合には、これらによる自主占有への変更を否定する必要はない）。

(ウ)　ところで、共同相続人の一人による占有が他の共同相続人の相続分について他主占有であるとされる場合、その他主占有性は権原の性質によるものとはいえないであろう。[90] なぜなら、単独占有する共同相続人は、他の共同相続人と契約により占有移転を受けて占有しているわけではなく、共同相続を契機として単独占有を始めたにすぎず、他の共同相続人の相続分についていわば事務管理をしているとみられるからである。[91] また、他の共同相続人は一人の共同相続人に占有をなさしめたのでないから、民法一八五条の「占有をなさしめた者」に対する「表示」が問題になることもない。そうだとすると、共同相続人の一人による占有が他の共同相続人の相続分について他主占有であるとされる場合には、その自主占有への変更に民法一八五条の適用はなく、単独占有者たる共同相続人の自主占有事情によって自主占有へ変更するかを判断すべきことになる。ここでの自主占有事情とは、いうまでもなく遺産分割の協議・調停・審判、(92)相続放棄およびこれらに基づく単独相続登記、あるいは単独相続の主張に基づく遺産分割協議の拒否である（公租公課の負担管理、使用の専行は、自主占有へ変更するための前提条件である）。なお、単独自主占有への変更の証明責任は、いうまでもなく単独占有する共同相続人が負う。

(30) なお、他主占有相続事例においては、相続人の自主占有性の判定は性質変更問題として捉えられているが（ただし、反対説あり）、共同相続事例はこれと同様に考えることはできない。両者を混同すべきではない。有地・生野・前掲注(9)七三八頁注(4)は、共同相続人の自主占有性の判定の問題と他主占有相続人の自主占有性の判定の問題とを基本的に同じにみているが、次の理由から疑問である。他主占有相続事例では、被相続人の他主占有を相続人が承継するから、この他主占有が自主占有に変更するかという形で問題になるのに対して、共同相続事例では、被相続人は自主占有者であり、占有を承継し単独占有を開始した共同相続人も自己の相続分については自主占有者なのであって、ただ、他の共同相続人との関係でもなお自主占有者であるといってよいかが問題になるのである。けっして、被相続人から承継した他主占有が自主占有へ変更するという場面での性質決定の問題ではない。したがって、単独占有取得時における占有の性質を問題にする場合には、はじめから単独自主占有か否かが問題になるだけで、性質変更という構成はとりえないのである。

(31) この限りで、共同相続人の一人による占有の性質決定について二元的に捉える門広氏の見解は、基本的に支持できよう（二2(2)参照）。

(32) 輪湖・前掲注(6)七〇二頁、川井・前掲注(6)一五一〇頁、遠藤・前掲注(6)、三〇四頁以下。なお、性

質変更構成をとる場合にも、占有の二面性を持ち出す論者がある（金山・前掲注(6)民商六四二頁、同・前掲注(6)評論一三九頁）。しかし、占有の性質変更の論理と占有の二面性の論理は結びつくものではない（辻・前掲注(4)（二）一六〇頁以下参照）。

(33) 辻・前掲注(4)論文の（三）六三頁以下参照。

(34) 遺産分割までの遺産の管理をどうするか、遺産分割をどうのように行うかなどは、共同相続人相互間の問題であり、被相続人のどのような権利義務が共同相続人に承継されるかの問題とはかかわりないことである。それと同様に、ここでの問題も占有の二面性・相続人固有の占有を認めるかという相続の次元の問題とは異なるのである。

(35) 有地・生野・前掲注(9)七三七頁注4は、この両者を同一平面の問題としてパラレルに捉えているが、本文で述べたように論理的にみて大いに疑問である。

(36) 舟橋諄一博士が主張された見解である（舟橋諄一『物権法』（法律学全集第一八巻）二九六頁（有斐閣、一九六〇年））。辻・前掲注(4)（二）一四二頁以下参照。

(37) 門広・前掲注(1)二二〇頁、二三七頁以下は、共同相続人の占有については、この推定は働かないというが、その理論的根拠は示されておらず、疑問である（三4(1)(a)参照）。

(38) 最判平成八年一一月一二日民集五〇巻一〇号二五九一頁は、他主占有相続事例であるが、同旨を判示する。

(39) 前掲注(12)に掲げた諸論攷参照。

(40) 辻・前掲注(4)（二）一五四頁、辻伸行「『所有の意思』の判定基準について(1)——不動産所有権の取得時効を中心にして」獨協法学二九号一四〇頁以下（一九八九年）参照。

(41) たとえば、単独占有している共同相続人が将来の遺産分割まで無償で目的不動産を使用することの見返りとして、公租公課を負担し、修繕費用等の管理費用を負担することは十分に考えられる。とくに遺産分割によって自分が当該不動産を取得することになるであろうと期待をしている単独占有者＝共同相続人であれば、公租公課などを負担することは自然である。

(42) もっとも、最判平成七年一一月一五日民集四九巻一〇号三〇八八頁は、所有権移転登記を求めなかったこと、および固定資産税を負担しなかったことは所有の意思を否定する決定的事実ではない旨を判示しており、これらが自主占有の認定の前提条件ですらないことを示唆する。

(43) 川井・前掲注(6)「判批」一五一〇頁（新堂教授の指摘）参照。

(44) 〔2〕判決は、単独所有の意思を認定した根拠となる諸事情の一つとして、他の共同相続人（養子）C＝Yは事実上協議離縁に等しい状態になっており、単独占有する共同相続人Xとほとんど没交渉に生活し、Xの動向にまったく関心を示さなかった事情を挙げている。しかし、Yが没交渉で疎遠であったことは、取得時効の成立によりYの相続権を奪ってもやむを得ない事情といえるであろうか。没交渉とは、Xも没交渉ということである。Yの相続権を奪う理由にはならない。XはYと没交渉であったために他に共同相続人がいないもの信じた結果、取得時効の利益を受け、他方、YはXと没交渉であったということで、相続権を失ってもやむを得ないとされる。これは公平でなかろう。相続放棄があった場合や、いわゆる「事実上の相続放棄」と同様に評価できる場合ならばともかく、これらの状況にない場合にまで、他の共同相続人の相続権を失わせることは妥当であるとはいえない。以上のことから、没交渉で「無関心・無異議」であるという事情を他の共同相続人の利益を切り捨てる根拠とすることには賛成できないのである。

(45) 有地・生野前掲注(9)七三九頁は、「親族という特殊な身分関係にある者相互間では、権利主張が抑制的であったり、親族間の平穏を維持するために通常であればなされるべきことが殊更放任されるという特殊事情を考慮する必要がある」という。

(46) 親族間のセンシィティヴな人間関係があったにしても、他の共同相続人が共同相続の開始を知っていたのであれば、遺産分割を請求しないまま放置してきた以上、「無関心・無異議」と評価されてもやむを得ない、という見方があるかもしれない。しかし、他の共同相続人が共同相続を知っていたとしても、単独占有する共同相続人も同様に遺産分割を請求せずに放置している以上、他の共同相続人だけが不利益を甘受しなければならないいわれはない。たとえ単独占有する共同相続人が単独相続したと「誤信」していたとしても、単独相続の登記をしようと行動を起こせば、ほとんどの場合共同相続であることを知りうるであろうし、したがって、遺産分割を請求することは可能であったのである。

(47)　所有の意思を内心の意思と理解するにしても、所有者と信じたことという善意性と所有の意思（内心の意思）とは区別すべきである。たとえ他人に所有権があるにしても所有者として振る舞うという意思であって、悪意と所有の意思とは矛盾するものでないはずである。一般に従来このように考えられてきたといえよう（最判昭和五六年一月二七日判時一〇〇〇号八三頁（他人物売買の事例）は、所有の意思と善意占有とを明確に区別する）。なお、藤原判事は、善意性と所有の意思との混同があるとの批判に対して、悪意の自主占有も理論上はありうるけれども、善意と所有の意思との間にもともとどれほどの差があるものか、混同しているとの批判は当たらないという（藤原・前掲注(1)時効と占有五六頁）。しかし、両者はやはり区別すべきである。

(48)　藤原・前掲注(6)「さまよえる『所有ノ意思』」三三七頁。

(49)　野村・前掲注(9)四五頁以下、五二頁、五六頁以下。なお、藤原判事（前掲注(6)「さまよえる『所有ノ意思』」三三四頁以下、前掲注(1)時効と占有五六頁）が、盗人・不動産侵奪者の占有については、悪意であり、自主占有を認定して取得時効の成立の可能性を認める必要はない、というのも同趣旨であろう。

(50)　辻・前掲注(40)一二一頁、一五一頁以下参照。

(51)　具体的には、短期取得時効についていえば、過失の要件でもって取引の安全を保護するという目的を実現すべきである。つまり、取引がなくて自主占有をする場合には、その多くにおいて過失があるであろうから、過失の要件の問題として短期取得時効の目的を実現することができるのであり、このように考える方が起草者の立場に整合すると思われる（辻・前掲注(40)一二一頁参照）。

(52) 場合によっては、占有者において自分が真の所有者であることの証拠も、所有者と信じていたことの証拠も挙げられないまま、真の所有者である占有者が取得時効による保護を受けられないことにもなりかねない。時効のように形式的画一的に規律する制度においては、それを十分に機能させるため、占有者の「誤信」といった主観的事情を取得時効の成否にかからしめるべきでないのである。ちなみに、債権の消滅時効の例でいえば、その根拠について、弁済したことの証拠を失った弁済者=債務者の証明困難を救済するためであると解する見解が今日有力であるが、この立場においても、弁済したと信じている債務者だけに消滅時効の成立を認めようとしているわけではない。取得時効の問題に関しても、この趣旨を十分に汲み取るべきである。

(53) これまでの通説である。我妻栄(有泉亨補訂)『新訂物権法』(民法講義II)四七一頁(岩波書店、一九八三年)。

(54) 占有者は所有権を有するものと推定されるから(民法一八八条・一八六条一項)、正確には、占有者に所有権が帰属しないことの相手方による証明を阻止できない場合ということになる。

(55) 占有者に所有権が帰属するか否かの証明の困難の問題と、悪意か善意かの証明困難の問題とは異なるのではないかとの疑問が生ずるかもしれないが、両者は共通する問題を含んでおり、密接な関係にあるといえる。というのは、悪意とは占有者に所有権が帰属していないことを知っていたことであり、悪意の証明には所有権が占有者に帰属していたか否かの証明の問題が前提にあるからである。

(56) 川井・前掲注(6)一五一〇頁は、〔1〕判決の事例について、「家督相続時代に開始した遺産相続という事情を考慮すると、判旨は妥当」であるという。しかし、遺産相続において被相続人に直系卑属がいる以上、戸主が単独相続することは戦前の家督相続の時代でもあり得なかったのであり、家督相続時代であったということは、単独自主占有を肯定する根拠とはならないというべきである。

(57) 川井・前掲注(6)一五一一頁が、この点を指摘する。

(58) ここで、事実上の相続放棄との関連について、若干の検討をしておく。他の共同相続人の事実上の相続放棄があった場合には、その結果、単独占有する共同相続人が単独相続したと信じている場合が多いであろう。事実上の相続放棄の効力と取得時効の成否が問題になる。まず、①事実上の相続放棄でも、共同相続人間の協議・相談の結果、他の共同相続人の相続分が占有する相続人へ贈与されたとみられるときは、単独占有する相続人は目的不動産の単独所有権を取得することになるから、通常、時効取得の問題は生じないことになる。この場合には贈与と評価できる協議・相談かあった否かの証明の問題があるだけである。これに対して、②共同相続人間の協議・相談があっても、家督相続制度の影響のもとで「あととり」である共同相続人の一人が共同相続を意識せずに、全部の遺産を相続したものと考え、他方、他の共同相続人も共同相続を意識することなく、「あととり」が全部を相続することを当然のこととしている場合がある。このような場合には相続人間に共同相続の意識がないのであるから、相続分の贈与の観念を入れる余地はない。また、③「あととり」と他の共同相続人の双方に共同相続の意識がなく、また、何らの協議・相談もなく、「あととり」とされている共同相続人がそのままに単独占有を継続しているという場合がある。この場合も、贈与を認める余地はない（以上につき、石田喜久夫「事実上の相続放棄」『家族法大系Ⅶ　相続(2)』（中川善之助教授還暦記念）一四四頁以下（有斐閣、一九六〇年）。なお、石田教授は、③の場合を事実上の相続放棄と呼ぶことに疑問を呈している（石田・前掲一三五頁））。そして、星野教授は、②や③のような場合に、占有する相続人に単独自主占有を認め、取得時効の成立を肯定しようとするもののようである（星野・前掲注(13)三五二頁）。しかし、②や③は、遺産分割がなされないため共同相続人間の遺産をめぐる法律関係が不確定なままの状態で継続しているとしかいいようがないのであって、単独占有する共同相続人に単独所有の意思を認めるなんらの根拠もない。もっとも、②や③は家督相続制度廃止直後でこの制度の影響が残っていた時代にみられた現象で、今日では、まず考えられないといってよいから、あまり議論する実益はないことかもしれない。

なお、今日実際に事実上の相続放棄として行われている方法は、「相続分皆無証明書」を添付して単独占有する共同相続人の単独名義に移転登記をする方法や、当該不動産を含む主要な遺産が共同相続人の一人に帰属するような遺産分割協議書を作成して移転登記をするという方法である。これらの場合は共同相続人間の合意によるものであり、偽造や詐欺・脅迫といったことがなければ、その効力は有効であると解する学説が多い。右の①のような贈与がなされたとみることになる（なお、これに反対する論者として、右近健男「事実上の相続放棄」『現代家族法大系5　相続Ⅱ』（中川善之助先生追悼）一八七頁以下（有斐閣、一九七九年）がある）。この立場に立って、このような事実上の相続放棄を有効とみるのであれば、取得時効の問題は通常生じないことになる。

(59)　民法一六二条二項の善意・無過失の要件に関しては、「占有ノ始」の時点において占有者が善意・無過失であれば、その後に悪意になっても善意占有として扱われる。これは、占有者の取引の安全の保護を中心とする短期取得時効の制度趣旨からこのように解しているのであって、所有の意思の要件とは事情が異なるのであり、善意・無過失の要件と同様に解することはできない。

(60)　このような一般的基準は、共同相続人の単独占有以外の場合では、判例（最判昭和五八年三月二四日民集三七巻二号一三一頁）や学説において一般に受け入れられてきたものである。なお、権利者を排除して所有者として振る舞おうとする意思＝所有の意思は、内心の意思か、それとも客観的事実（権原又は占有事情）によって把握される客観的存在かという問題があるが、この点はあまり意味のある議論ではないと思われる。内心の所有の意思と捉えても客観的事実によってこれを証明しなければならないのであるから、内心の所有の意思を外形的客観的事実によって証明するか、それとも所有の意思を客観的事実によって判断するかの違いであり、結局、ほとんど説明の違いといってよいほどのものだからである。問題は、所有の意思を認めるに十分な客観的事実とはどのようなものかであり、この点の理論的かつ、具体的な検討が必要なのである。

(61)　我妻・前掲注(53)四七一頁、舟橋・前掲注(36)二九五頁。

(62)　四宮＝能見・前掲注(12)三三七頁。前掲最判昭和五八年三月二四日、前掲最判平成七年一二月一五日、最判平成八年一一月一二日民集五〇巻一〇号二五九一頁参照。

(63)　単独所有の意思を否定しようとする他の共同相続人からすれば、自己の相続持分権を否定していないとみられる客観的事実を主張立証すべきことになる。
(64)　高木多喜男「共同相続人による遺産管理と相続回復請求権」『不動産法の研究』一三七頁以下（成文堂、一九八一年）参照。
(65)　最判昭和四一年五月一九日民集二〇巻五号九四七頁。辻伸行「判批」獨協法学一九号七二頁以下（一九八二年）参照。
(66)　高木・前掲注(64)一四一頁。
(67)　品川孝次「判批」上智法学論集一〇巻三号九五頁以下（一九六七年）、猪瀬慎一郎「共同相続の財産管理」『現代家族法大系5　相続II遺産分割・遺言等』（中川善之助先生追悼）九頁以下（有斐閣、一九七九年）、辻・前掲注(65)七二頁以下。
(68)　なお、共同相続人の一人が単独相続したと誤信していた場合には、この共同相続人に他の共同相続人のためにも遺産を管理しているという認識はないわけであるが、この場合でも本文で述べたことが妥当するであろう。遺産管理の範囲に属するか否かは、客観的事実によって判断すべき事柄であり、善意とか内心の意思で判断すべきでないことは、これまで述べたとおりである。単独相続したとの「誤信」や、共同相続を知りつつ自己の所有物にしようとする内心の意思があったとしても、このことだけで共同相続人のための遺産の管理を逸脱して占有していると評価すべきではない。ところで、高木・前掲注(64)一五二頁は、単独占有する共同相続人を「遺産全体の管理人に選任する黙示の特約ないし、遺産管理の委任の黙示の特約が存すると解するか、少なくとも、遺産管理の事務管理が成立すると考えられる」という。しかし、安易に黙示の特約を認めるべきでないし、少なくとも、他の共同相続人と没交渉であったり、単独占有する共同相続人が単独相続したと誤信していたり、他の共同相続人のために遺産管理する意思がなかった場合などにおいては、黙示の特約を認める基礎となる事実が存在しないから、黙示の特約があったとみることはできまい。これらの場合は、原則として、事務管理ないし準事務管理による遺産管理、あるいは後に不当利得によって清算される事実上の遺産の管理とみるべきであろう。

(69) 戸籍上唯一の相続人となっているとは、他の共同相続人が全く戸籍上に表れていない場合である。たとえば、相続人=非嫡出子が他の夫婦の嫡出子として出生届がなされていた場合などである。戸籍を辿れば手間はかかっても共同相続であることを知りうる場合は、戸籍上も共同相続であり、ここには当たらない。ところで、戸籍上唯一の相続人であるか否かという、事情によっては難しい判断を単独占有する相続人にさせることは、この者に無理を強いることにならないか、との疑問が生じるかもしれない。たしかに戸籍に表れた相続人を確定することは必ずしも容易でないことがあり（幾代通著・徳本伸一補訂『不動産登記法』〔第四版〕一三三頁注(1)(有斐閣、一九九四年)。いくつもの戸籍謄本を見なければならなかったり(被相続人が離婚した前婚に子がいる場合や、非嫡出子がいる場合)、除籍簿を調べたりしなければならないこともある。しかし、戸籍に表れた相続人を調べることは可能であるし、また、いずれ遺産分割や相続登記をしなければならず、その際には、相続人がだれかを戸籍で確認する必要があるから、相続人が自己の占有の性質を確認することは十分に期待でき、無理を強いることにはならないであろう。

(70) 前掲仙台高判昭和五〇年一〇月二〇日（前掲注(10)参照）の事案を参照せよ。

(71) 星野・前掲注(13)三七〇頁、三七七頁、中川・泉・前掲注(12)三二六頁、伊藤昌司『新版注釈民法(27)相続(2)』（谷口知平・久貴忠彦編）三五八頁、三六三頁、三七八頁以下（有斐閣、一九八九年）参照。

(72) 伊藤・前掲注(71)三五二頁、中川・泉・前掲注(12)三四二頁以下、星野・前掲注(13)三五六頁参照。

(73) 高木・前掲注(64)一五一頁は、相続回復請求権との関連であるが、共同相続人の相続持分権の侵害となる場合として、単独登記がなされた場合を挙げる。これに対して、安達・前掲注(27)一八〇頁、一八四頁は、登記は自主占有性認定の決定的基準とはならないという。

(74) 星野・前掲注(13)三五三頁は、複雑・不明瞭な権利関係における遺産分割することの耐えがたい煩雑さを回避するために、取得時効の成立、すなわち、単独所有の意思を肯定しようとする。

(75)　門広・前掲注(1)二一八頁、二三七頁参照。なお、遺産分割などおよびこれに基づく単独相続登記がなされないまま共同相続人の一人が単独占有するというのは、多くの場合、そのまま現状維持をはかり、遺産分けをしない状態のまま先送りにしよう、面倒なことは先送りしようという態度に基づくものであり、他の共同相続人も親族間の和を壊しかねない遺産分割を先延ばしにしようということで何もいわないことになりやすいのである。とくに、単独占有する相続人は、できれば自分がその財産を独占したいが、他の共同相続人から何か言ってきて争いになれば、遺産分割も考えなければならないということで、占有管理をしているというのが、実際ではないであろうか（前掲大阪高判昭和五三年一月三一日が参考になる（前掲注(10)参照)）。

(76)　星野・前掲注(13)三五三頁参照。

(77)　金山正信・前掲注(6)民商六三七頁、金山・前掲注(6)評論一三九頁、伊藤・前掲注(13)一二八頁、遠藤・前掲注(6)三〇一頁、北川・前掲注(6)三二六頁。安達・前掲注(27)一九一頁は、総有的所有者ないし共有者の一人によってなされる単独占有についてであるが、原則として自主占有を認めることはできないという。なお、共同相続人の一人による占有の性質をどのように捉えるかは、遺産分割前における相続財産の共同所有関係を合有と捉えるか、共有とらえるかの問題と論理的関連がないといえよう。

(78)　門広・前掲注(1)二一三頁以下、二三四頁、同・前掲注(16)二三七頁以下。

(79)　ここで、門広説について、やや詳しく検討しておこう。(i)占有者の所有の意思は推定される（民法一八六条一項)。したがって、通常の理解によれば、共同相続人の一人による占有の性質は、他の共同相続人の側でその占有が他主占有であることの証明に成功しなければ、単独所有の意思の有無が真偽不明の状態でも証明責任により単独所有の意思があるとされることになるはずである。門広氏は、しかし、これでは単独所有の意思が広く認定され、取得時効が容易に成立することになって望ましくない、という。共同相続事例では、共同相続人間の人的関係から他の共同相続人が権利主張せず、単独占有を黙認することが少なくないのであるから、単独占有する共同相続人の取得時効を認めるのに慎重でなければならない、というのがその理由である。そこで、門広氏は、「不明瞭・多義的でないこと」という概念を導入し、かつ、不明瞭・多義的な占有については、所有の意思の推定は働かないとすることによって、単独占有する共同相続人の取得時効の成立を妥当な範囲に限定しようとする（門広・前掲注(1)二二七頁以下、同・(16)二三七頁以下）。たしかに、共同相続人の一人による占有について単独所有の意思を容易に認める結果をもたらす解釈は、具体的妥当性からいって適当でない。しかし、所有の意思の認定を適切に行うために「不明瞭・多義性」の概念がなぜ必要なのかは明らかであるとはいえない。また、「不明瞭・多義性」概念を用いることと所有の意思を推定しないこととは論理的に結びつくものでもない。推定を働かさないとの解釈を採用するにしても、「不明瞭・多義性」概念を用いることでその説得力を増すものでもない。推定が働かないと解する場合でも、単独占有する共同相続人が単独所有の意思を証明できなければ他の共同相続人の相続分について他主占有となり、証明できれば単独自主占有となるというだけであり、「不明瞭・多義性」をとくに問題にする余地はないのではないか。また、「不明瞭・多義性」概念を用いたところで、門広氏も不明瞭・多義的な占有を結局他主占有に準じて扱うというのであるから（門広・前掲注(1)二二一頁、二三八頁）、わざわざ占有の「不明瞭・多義性」を問題にする理由や必要性はなく、直截に他主占有といえばよい、といえるのではなかろうか。

(ii)次に、共同相続人の一人による占有について、所有の意思の推定を働かせないという主張は、論理的にみてもまた実質的考慮からも是認しえない。まず、なにゆえ共同相続の場合に推定規定の適用を排除するのか、論理的説明は困難であろう。共同相続の場合には、自主占有か他主占有か明確でないから推定を働かせない、というのであれば（門広・前掲注(16)二三七頁）、大いに疑問である。そもそも民法一八六条一項の推定は、占有一般についての規定である。占有者は占有していることだけで所有の意思が推定されるのである。占有が具体的にどのような状況の下で開始したかにより推定規定が適用されたり、排除されたりするものではないであろう。共同相続人の一人による占有についても、単独所有の意思は推定されるというべきである。しかし、他の共同相続人（相手方）においてその占有の取得原因となっている相続が共同相続であることを証明すれば、その占有が他主占有であることが事実上推定されるとみるべきであり、単独占有する共同相続人が単独所有の意思のあることを示す証拠を提示できなければ、他主占有と判断されることになる（推定が覆る）。このような取扱いによって、他の共同相続人に不利益が生ずるとは思われないし、従来からこのように理解されてきたのではないだろうか。

(iii)わが民法では、「不明瞭・多義的でないこと」を取得時効の要件としておらず（放棄された）、この点は証明責任に解消したものであるという（門広・前掲注(1)二一六頁以下、同・前掲注(16)二三八頁参照）。そうであるにもかかわらず、この概念を、いわば木に竹を接ぐようにして、日本法の解釈に持ち込んだところにかなり無理があったといえよう。この概念の導入によって明快な解釈論を提示できるというのであれば、たしかにこのような概念を用いることにも意味があるであろうが、しかし、以上でみたように、そうであるとは思われない。

(80)　辻・前掲注(40)一四五頁以下、同・前掲注(4)（二）一三四頁、藤原弘道「相続と取得時効」判タ八六四号一九頁（一九九五年）（藤原弘道『取得時効法の諸問題』（有信堂、一九九九年）所収）、門広乃里子「占有権の相続と取得時効」帝京法学一九巻一号一二六頁以下（一九九四年）、田中・前掲注(1)『自主占有・他主占有』一二三頁など。

(81)　辻・前掲注(40)一四七頁参照。

(82)　田中・(6)一五七頁、一八六頁、一八八頁、一九五頁以下、二〇六頁、二二七頁、二三二頁、同・前掲注(1)『自主占有』一一九頁以下、一二二頁、同・前掲注(1)『自主占有・他主占有』八七頁以下、下村・前掲注(27)（二）一八頁。

(83)　辻・前掲注(40)一四〇頁以下、辻・前掲注(4)（二）一五四頁以下参照。

(84)　田中『自主占有・他主占有』一三七頁は、民法一八五条の適用範囲をすべての占有に及ぼすことができ、所持への意思の客観化という現在の解釈にかなう、という。なお、同一二七頁以下も参照。下村・前掲注(27)(二)一二八頁注82。

(85) 法務大臣官房司法法制調査部監修『法典調査会民法議事速記録一』六二九頁以下(商事法務研究会、一九八三年)の穂積陳重の説明参照。

(86) 旧民法財産編一八五条は、次のように規定していた。第一項 容仮ノ占有トハ占有者カ他人ノ為メニ其他人ノ名ヲ以テスル物ノ所持又ハ権利ノ行使ヲ謂フ

第二項 容仮ノ占有者カ自己ノ為メニ占有ヲ始メタルトキハ其占有ノ容仮ハ止ミテ法定ト為ル

第三項 然レトモ占有ノ権原ノ性質ヨリ生スル容仮ハ左ニ掲クル場合ニ非サレハ止マス

第一 占有ヲ為サシメタル人ニ告知シタル裁判上又ハ裁判外ノ行為カ其人ノ権利ニ対シ明確ノ異議ヲ含メルトキ

第二 占有ヲ為サシメタル人又ハ第三者ニ出テタル権原ノ転換ニシテ其占有ニ新原因ヲ付スルトキ

なお、旧民法財産編一八五条の母法たるフランス民法典二二三八条ではこのような二元的扱いはなされておらず、ボワソナードの発想に基づくもののようである。民法一八五条の沿革の詳細については、辻・前掲注(40)一三九頁以下参照。

(87) 辻・前掲注(40)一四八頁参照。

(88) 真の所有者としては、占有者の占有が権原によらない場合には、自主占有であれ他主占有であれ、何時でも占有者に対して返還を請求するなど占有者に対して対抗措置を法律上常に採ることができるのであるから、他主占有が「表示」または「権原」なしに自主占有に変更したからといって、真の所有者の信頼を裏切り、不意打ち的な不利益を与えるものではない。また、権原に基づかない占有が当初から自主占有であるか、他主占有から自主占有へ変更するか、はたまた他主占有のままかは、占有者側の事情によるのであって、真の所有者からすれば、取得時効成立の可能性の有無は偶然の事柄にすぎない。だから、占有事情によりたまたま当初他

主占有とされために真の所有者が取得時効の成立による所有権喪失の危険を免れていたとしても、その後の占有事情の変化により自主占有へ変更し所有権喪失の危険が発生したからといって、真の所有者のこの点の利益を考慮する必要はないであろう。たとえば、他人の物を奪ったが一時使用の目的で当初占有していたところ、その後気が変わり自分の所有物として占有する状況を作ったという場合に、自主占有への変更は「新権原」や真の所有者に対する「表示」に限定すべきでない。自主占有事情から外形的客観的に所有の意思を認定できれば、自主占有への変更を認めてよいであろう。盗人のようにはじめから所有の意思があったか、後に所有の意思を持つに至ったかで所有の意思の判定の仕方を変える理由はないからである。

(89)　辻・前掲注(40)一四八頁以下参照。

(90)　権原は、従来から、占有取得の原因たる事実というようにかなり広く漠然として捉えられてきたが（辻・前掲注(40)一一四頁以下）、沿革に従って、占有を基礎づける法律行為であると解すべきであろう。自主占有権原であれば、売買、贈与など所有権の移転を目的とする法律行為であるし、他主占有権原であれば、賃貸借、使用貸借、寄託、質権設定などの法律行為であるということになる（辻・前掲注(40)一三七頁以下、一四五頁）。共同相続人の一人が単独占有する場合には、共同相続人間では何ら法律行為を原因にして単独占有が始まったものではないから、その占有が単独自主占有であれ、他主占有であれ、権原に基づく占有とはいえないのである。

(91)　前掲注(68)参照。なお、最高裁平成八年一二月一七日判決（民集五〇巻一〇号二七四七頁）は、共同相続人の一人が相続開始前から被相続人所有の建物に被相続人と同居しており、相続開始後は引き続きその建物を単独で占有、使用していたという事例において、被相続人と同居相続人との間には使用貸借契約があったものと推認でき、被相続人死亡後は、他の共同相続人がこの契約を承継して貸主となる旨を判示する。これによれば、共同相続人の一人による占有は、他の共同相続人の相続分について権原（使用貸借）に基づく他主占有となりそうである。しかし、この判示の適否自体検討すべき問題があるし、また、この判決は同居相続人は被相続人死亡後も無償使用が許されるかが争われた事例に関するものであり、取得時効の事例にまで判旨を一般化すべきではないであろう。

(92) すでに述べたように、権原の性質によらない他主占有であっても、「新権原」による自主占有への変更を否定するものではない。たとえば、他人の物を一時使用する目的で無断でその占有を始めたが、後にその他人から占有物を買い受ければ自主占有へ変更する。ところで、単独占有する共同相続人に当該不動産の所有権を帰属させる遺産分割協議ないし調停が成立した場合、この協議・調停も「新権原」とみてよいであろう。ただし、遺産分割協議の実態がなく遺産分割協議書が偽造されたに過ぎない場合には、権原ありとはいえないし、また、一部の共同相続人を除外して協議や調停がなされた場合にも、除外された者との関係では権原ありとはいえないであろう。売買が「新権原」になるといっても、売買の実態がなくただ偽造された売買契約書があるだけでは、「新権原」ありとはいえないというのと同じである。しかし、こういう場合であっても、私見によれば、これらに基づいて単独相続登記がなされたときには、自主占有事情があるとして自主占有への変更を認めてよいとするのである。

むすびに代えて

最後に、共同相続事例における取得時効と関連する問題に言及して、むすびに代えることにする。

(1) 共同相続以外の共同所有関係と所有の意思

(a) 共同相続以外の共同所有事例（非共同相続事例）として、共有者の一人が共有物を単独占有し、管理、使用を独占している場合、あるいは、入会地について入会権者の一人が単独占有し、管理、使用を独占している場合を挙げることができる。これらの事例に関して、これまでの裁判例のおおよその傾向を示せば、単独占有者の占有は他主占有であり、民法一八五条による変更事由がない限り自主占有とはならないとの立場をとっており、自主占有への変更を認めた事例はほとんどない、ということである。(93) 共有事例や入会事例では、他に持分権者や入会権者がいないと誤信することが共同相続事例以上に稀であったからであろうか、あるいは、単独占有は従来からの管理行為の延長に過ぎないとみられる状況があったからであろうか。ともあれ、共同相続事例の判例理論との関係については、判例はとくになにも述べていない。

(b)非共同相続事例では、所有の意思の認定をどのように考えたらよいであろうか。非共同相続事例にも、共同相続事例における単独所有の意思の判定の論理と実質的判断基準がそのまま当てはまると考えてよいであろう。すなわち、非共同相続事例においても、単独占有者の占有は他の権利者との関係で他主占有であるが、この他主占有は管理の委託などについて共有者間や入会権者間で協議がなされた場合はともかく、そうでない限りは権原に基づかない他主占有であろう。したがって、この他主占有が自主占有に変更するためには、民法一八五条によるのでなく、自主占有事情、すなわち、単独所有の登記や、他の共有者からの共有物分割請求を拒絶するとか、単独所有を主張して他の入会権者の収益行為を拒否するといった事実が必要であろう(公租公課の負担、管理、使用の専行は、自主占有へ変更するための前提条件である)。そして、共有ないし入会の目的物であることを知らず、単独所有者と誤信していたとしても、共同相続事例におけると同様に、「誤信」を単独所有の意思の実質的判断基準にすべきではない。以上のように考えると、単独占有者に自主占有への変更を認めなかった裁判例と比べて、自主占有への変更をやや広く認める結果になるかもしれない。しかし、そのような結果になっても、不当であるとは思われない。当初の共有関係や入会関係が解消したのかもしれず、その権利関係の存否が時間の経過とともに不明確となることがあるのであり、この場合に単独所有権を有することを示す証拠を失った単独占有者の証明困難を取得時効制度によって救済する必要があるからである。単独占有する共同相続人の場合と異なって取り扱う理由はないであろう。

(2) 相続人の観念的占有権と共同相続人の一人による占有との関係

相続人は被相続人の遺産を相続開始時に現実に占有を始めなくても、占有の効果（観念的占有権）を取得すると解されている。このことは、共同相続事例でもいえることであり、共同相続人の一人が単独占有を取得した場合でも、現実の占有をしていない他の共同相続人も観念的占有権を有していると解されている。[94] そして、他の共同相続人の観念的占有権と共同相続人の一人による占有との関係は、共同占有の関係であるとか、準共有の関係であるとかいわれている。しかし、いずれに解しようとも、現実の占有をしていない共同相続人の観念的占有権は単独占有する共同相続人の占有の性質の判断には関係してこないといえよう。共同相続人の観念的占有権の観念は、占有訴権の当事者適格、民法七一七条の占有者の不法行為責任、所有権を主張する者（共同相続人以外の者）に対する取得時効の援用といった共同相続人以外の者との関係で問題になるに過ぎないし、[95] そもそも、相続人が相続開始後も現実の占有を有しない場合に無占有状態が生じることの不都合を解消するために作り出された観念である。共同相続人の一人による占有の性質決定について、他の共同相続人の観念的占有権を考慮する必要はないであろう。

(3) 非相続人が相続人として単独占有する場合の占有の性質

相続人でない者が相続人であると誤信して占有したり、相続人でないことを知りながら相続人であると主張して占有している場合（非相続人事例）、その占有の性質はどのような実質的判断基準と論理で決まるものであろうか。[96]

(a) 戸籍上単独相続人となっている非相続人が単独占有している場合は、戸籍上の単独相続人が相続人でなくとも相続人として占有を開始している以上、被相続人の占有が自主占有であれば、戸籍上の単独相続人の占有も自主占有であるとみてよいであろう[97]。戸籍上の単独相続人は自分が真正の相続人であると誤信している場合が通常であろうが、そうでなく他に真正の相続人がおり、自分が相続人でないことを知っているときでもその占有の自主占有性を認めてよい。自主占有者である被相続人の戸籍上の単独相続人が占有しているという外形的客観的事実から自主占有性が認められるというべきである(公租公課の負担、管理、使用の専行は自主占有を認定するための前提条件である)。このような理解は、戸籍上の単独相続人として単独占有している者が実は共同相続人の一人に過ぎず、他に共同相続人がいる場合における単独占有の性質決定の仕方(三**3**(1)(a)、**4**(1)(b)参照)とも整合するであろう。

(b) 戸籍上相続人となっていない者が単独相続人であると主張して単独占有している場合はどうか。この者が相続人であるとただ主張して占有するだけでは、外形的客観的にみて自主占有事情があるとはいえない。自分が相続人であり、他に相続人がいない事実を示して相続登記手続をするとか、真正相続人からの明渡請求に対して自己が単独相続したことを主張してこの請求を拒否するという事実がなければ、自主占有事情があるとはいえないというべきである(この場合も、公租公課の負担、管理、使用の専行は自主占有を認定するための前提条件である)。したがって、通常はこのような単独占有について取得時効が成立することはないと思われる。右のような事情がなければ、単独占有者がたとえ自分を相続人であると誤信していても、真の相続人を排除したことにはならないから、自主占有性を認めるべきではない(権原によらない他主占有)。以上のことは、共同相続事例における単独占有の性質決定と整合するであろう(三**3**(1)(b)(c)、**4**(2)参照)。

(4) 相続回復請求権との関係

(a) 最高裁昭和五三年一二月二〇日判決（大法廷）（民集三二巻九号一六七四頁）は、共同相続事例において民法八八四条の相続回復請求権の消滅時効を援用できるのは、占有者が他に共同相続人のいることを知らず、かつそのことに合理的事由がある場合である旨を判示する。この最高裁判決を前提にするならば、所有の意思があるとされ、かつ善意・合理的事由がある場合にのみ、相続回復請求権の消滅時効と取得時効の両方の援用が問題になるが、共同相続事例においては、この要件を満たすことはきわめて稀であるから、そもそも相続回復請求権の消滅時効と単独占有者の取得時効の関係が実際に問題になることは少ないであろう。

(b) それどころか、判例や多くの学説に従い、所有の意思の実質的判断基準を「誤信」とそれを基礎づける占有事情に求める場合には、長期取得時効においても、単独占有する共同相続人は善意であり、かつそのことに合理的な事由が所有の意思の認定のために要求されるから、取得時効の要件を満たすときは民法八八四条の適用があるのが通常であろう。その結果、共同相続事例においてはそもそも長期取得時効を議論する意味はなくなることになろう。二〇年の取得時効が成立する以前に相続回復請求権の五年または二〇年の消滅時効が完成するからである。これに対して、私見のような実質判断基準によって単独占有する共同相続人の所有の意思の有無を判定する場合には、民法八八四条の適用がないとき（善意・合理的事由のないとき）にも単独占有する共同相続人の所有の意思が認定されることがあるから、長期取得時効の援用が意味を持つ場合は十分にあることになる（三3参照）。

(c) これまで議論されてきたのは、一〇年の短期取得時効の要件が満たされている場合と相続回復請求権の消滅時効との関係である。相続回復請求権の消滅時効が完成する前であっても短期取得時効の要件を満たしている以上は取得時効の援用を認めてよいとみるか、それとも相続回復請求権の消滅時効が完成しないのに取得時効の援用によって真の相続人（他の共同相続人）の権利を奪うことは妥当でないから、その援用を認めるべきでないと解すべきか、という点である。この点について、判例は、相続回復請求権の消滅時効が完成する前に取得時効を援用することは許されないという立場（否定説）をとり、(98) これに対して、学説の多くは判例に反対する立場（肯定説）をとっており、(99) 判例と学説が対立している。しかし、私見によれば、単独占有する共同相続人について短期取得時効の要件（所有の意思と善意・無過失）を満たすことはきわめて稀である。単独占有者が戸籍上は単独相続人となっているが、真実は共同相続であって戸籍に表れていない共同相続人が他に存在していたという事例において、この単独占有者が他に共同相続人がいたことを知らなかったという場合（三3(1)(a)）ぐらいであろう。したがって、実際には、右の論点が問題になることはほとんどないといってよいであろう。

(d)　しかし、実際上問題となることがどれほどあるかはともかくとして、相続回復請求権の消滅時効が完成する前に短期取得時効を援用できるかは、理論的問題関心からいっても考えておいてよい問題であろう。否定説の根拠は、相続回復請求する者が相続権侵害の事実を知らないまま権利行使ができないとすることは妥当でないという権利行使の機会確保の視点を重視するところにある。しかし、権利行使の機会確保を理由とするのであれば、単独占有者から不動産を取得した第三取得者についても、取得時効の援用を認めるべきではないであろう。単独占有する共同相続人（表見相続人）については援用を許さずに、第三取得者については取引の安全を尊重すべきであるという要請があるから援用を認めるべきであるとするのが一般であるが、善意無過失である単独占有する共同相続人（表見相続人）にも取得時効の援用により時効利益を受ける利益は大きいはずであり、第三取得者と異なって扱う十分な根拠があるかは疑問である。そもそも民法八八四条は真の相続人（他の共同相続人）の権利行使の機会確保の規定とみるべきではない。むしろ、同条は他の二重期間制限規定と同様に、相続関係の早期安定を図るために――起算点を通じて権利行使の機会を確保することにも配慮しつつ――短期消滅時効を設けたものである。したがって、同条は、真の相続人が相続権を知ってから五年間、あるいは真の相続人が相続権を知らない場合には相続開始から二〇年間、絶対的にその権利行使を保障しようという趣旨、つまり他の時効制度によって右の期間より早期にその権利行使が阻止されることを排除する趣旨を含む規定ではない、とみるべきであろう。そだとすると、多数の学説のいうように肯定説を採るべきであるということになる。

（93）　共有事例として、大判昭和六年六月二日裁判例（五）民法九九頁、大判昭和一二年一一月一七日判決全集四輯二三号七頁、広島高松江支判昭和三〇年三月一八日高民八巻二号一六八頁、東京地判昭和五七年一月二九日判タ四七七号一二三頁がある。入会事例としては、大判大正六年二月二八日民録二三輯三二二頁、長崎控判大正一三年一〇月六日新聞二三三六号一六頁、東京高判昭和五九年一月三〇日高民三五巻一＝三号一八頁がある。

（94）　鈴木禄弥「占有権の相続」『家族法大系Ⅵ　相続⑴』（中川善之助教授還暦記念）一一〇頁（有斐閣、一九六〇年）（鈴木禄弥『物権法の研究』四一四頁（創文社、一九七六年）所収）、高木多喜男「相続人の占有」『不動産法の研究』一九九頁（成文堂、一九八一年）（民商四六巻二号初出）、石田喜久夫『新版注釈民法㉗相続⑵』（谷口知平・久貴忠彦編）五八頁以下（有斐閣、一九八九年）。なお、四宮和夫「判批」法協八八巻一号八九頁以下は、共同相続人の一人が占有する場合には、観念的占有権の概念を用いるべきでないというが、現実の占有をしていない他の共同相続人に占有の効果を帰属させることを認め、通説と同様の結論に達している。

(95)　門広・前掲注(1)一八五頁以下、二一一頁以下が、このことを指摘する。

(96)　非相続人の単独占有の性質決定について判示した裁判例はほとんどないようである。最判昭和三五年九月二日民集一四巻一一号二〇九四頁は、相続人なくして死亡した者の遺産を事実上の親族会議で相続人と定められた者が相続人になったものと誤信して占有していた事例において取得時効の成立を認めたものであり、この占有者の所有の意思を当然の前提にしているといえようが、とくに自主占有性の判断について判示したものではない。このように、非相続人事例は、実務では実際にほとんど問題になっていないが、理論上問題になる点であるから、一応検討しておくことも無駄ではないであろう。

(97)　もっとも、本文のようにして非相続人の占有について自主占有を認定することができる場合でも、自己の占有期間に被相続人の占有期間を併合して取得時効を援用することはできないというべきである（民法一八七条の非適用）。すなわち、相続開始時点と非相続人の占有取得の時点が異なる場合には、非相続人について観念的占有権は考えられず、被相続人の占有期間と非相続人の占有期間は分断されるからである。また、相続開始時点において非相続人の自主占有が開始したとみられる場合でも、非相続人は被相続人の占有を承継したととらえることはできないから、非相続人の占有に占有の二面性を認めることはできないであろう。したがって、被相続人の占有を相続人が相続を原因として承継した場合と同様にみることはできないのである。

(98)　大判明治四四年七月一〇日民録一七輯四六八頁。判例の詳細な分析については、門広乃里子『相続回復請求権』（叢書民法総合判例研究）九九頁以下（一粒社、二〇〇〇年）を参照されたい。

(99)　泉久雄『新版注釈民法(26)相続(1)』（中川善之助・泉久雄編）一一四頁以下（有斐閣、一九九二年）参照。

品川孝次先生ご略歴と主要著作目録

品川孝次先生ご略歴

履　歴

出生地・学歴

昭和　五年　七月二八日　北海道亀田郡大野町に生まれる

昭和二三年　三月　北海道庁立函館中学校卒業

昭和二八年　三月　北海道大学法経学部法律学科卒業

職　歴

昭和三一年　四月　北海道学芸大学講師

昭和三六年一〇月　北海道学芸大学助教授

昭和四〇年　三月　北海道学芸大学助教授退職

昭和四〇年　四月　上智大学法学部助教授

昭和四三年　四月　上智大学法学部教授

昭和五〇年　一月　上智大学法学部長（昭和五二年三月まで）

昭和五八年　三月　上智大学教授退職

昭和五八年　四月　帝京大学法学部教授

昭和五八年　四月　　帝京大学大学院法学研究科　副委員長兼教務委員長（平成二年三月まで）
平成　二年　三月　　帝京大学教授退職
平成　二年　四月　　専修大学法学部教授
平成一一年　四月　　専修大学大学院法学研究科長（平成一三年三月まで）
平成一三年　三月　　定年退職

（非常勤）兼任講師就任（単年度のみの講師就任を除く）
法政大学法学部（昭和四七～四八年度）、武蔵大学経済学部（昭和四七～四九年度）、千葉大学人文学部法経学科・同学法経学部法学科（昭和五二～五五年度、五八～五九年度）、埼玉大学経済学部（五二、五三、五五年度）、上智大学法学部・同大学院法学研究科（昭和五八～六〇年度）、筑波大学第一学群社会学類（昭和五九～六一年度）、白鷗大学大学院法学研究科（平成一一～一二年度）

所属学会
日本私法学会（元理事）、日本法社会学会、比較法学会

品川孝次先生主要著作目録

著　書（共著を含む）

加藤＝鈴木編『注釈民法⒄』「注釈：民法六六八条いし六七七条、六八一条」
（有斐閣、昭和四四年）［改定：後記の新版（全面改訂）］

『親族法（判例コンメンタールⅦ）』（我妻編著）「養子」
（コンメンタール刊行会、昭和四五年）

『民法⑷債権総論』（遠藤ほか編）「多数当事者の債権関係・総説～連帯債務」
（有斐閣、昭和四五年）［改定：新版・昭和五六年、第三版・昭和六二年、第四版・平成九年、第四版増補版・平成一一年］

『民法⑻親族』（遠藤ほか編）「養子」
（有斐閣、昭和四六年）［改定：新版・昭和五六年、第三版・昭和六二年、「養子」につき全面改訂→後記の第三版贈訂版］

『民法教材Ⅰ（民法総則）』
（文真堂、昭和四八年）［改定：増補第三版・昭和五三年］

『民法教材Ⅱ―一（物権法第一分冊）』
（文真堂、昭和四八年）

好美＝米倉編『民法読本1　総則・物権』「権利の主体」
（有斐閣、昭和五三年）［改定：第二版・昭和五六年］

『担保・保証の法律入門』（高木＝白羽＝品川＝中井＝山崎 著）「仮登記担保」「譲渡担保」
（有斐閣、昭和五三年）［改定：第二版（全面改訂）・昭和五六年］

『契約法　上巻』（青林書院、昭和六一年）
『民法(8)親族』〈第三版増訂版〉「養子」（有斐閣双書・昭和六三年）［改定：第四版・平成九年］
『新版注釈民法(17)』（鈴木編）「注釈：民法六六八条ないし六七七条、六八一条」（有斐閣、平成五年）
『契約法　上巻［補正版］』（青林書院、平成七年）
『契約法　下巻』（青林書院、平成一〇年）

論説など

『北海道における農家相続の実態　第一集』（共同執筆）（北大法学部相続調査研究会、昭和三一年）
扶養意識の諸様相―北海道農村における意識調査より―　北大法学会論集第六巻（昭和三一年）
遺産『共有』の法的構成―共有論と合有論の対立をめぐって―　北大法学会論集第一一巻二号（昭和三六年）
遺産『共有』の法律関係　判例タイムズ一二一号（昭和三六年）［後に補正、『遺産分割の研究』（小山ほか編）（判例タイムズ社、昭和四八年）に所収］
遺産の範囲―占有権―　判例タイムズ一三五号（昭和三七年）［小山ほか編『遺産分割の研究』所収］
農家相続と農地―調査報告―北海道の実態（北海道亀田郡大野町）『農家相続と農地―調査報告』（財団法人農地調査会、昭和三八年）
札幌家裁における甲類審判事件（共同執筆）『転換期における家事資料の研究―昭和二三年・二四年』家事資料研究会―報告書第一輯（昭和三八年）
抵当権の効力が及ぶ範囲『民法基本問題一五〇講Ⅰ　総則・物権』（一粒社、昭和四一年）

事務管理・不当利得・不法行為　谷口・加藤編『新民法演習四　債権各論』（有斐閣、昭和四三年）
農家相続と農地（各論）—北海道の実態（北海道亀田郡大野町）川島編『農家相続と農地—調査報告』（東京大学出版会、昭和四四年）
弁済の法律的性質『民法基本問題一五〇講　II　債権』（一粒社、昭和四四年）
時効援用権者の範囲　法学セミナー一八三号（昭和四六年）
他人の物と留置権の効力—留置権と所有権の抗争—『法律学演習講座②　民法総則・物権法』（法学書院、昭和四六年）
従物・附合物・附加物・集合物『演習民法（総則・物権）』（青林書院新社、昭和四六年）［改定：新版→後記の同名の書・平成元年］
廃除原因、遺産の範囲『演習民法（親族・相続）』（青林書院新社、昭和四七年）［改定：新版→後記の『演習民法（相続）』・昭和六〇年］
不法原因給付—きれいな手の原則—『民法を学ぶ』（有斐閣、昭和四七年）［改定：第二版・昭和五六年］
契約の成立時期、無償契約の特質、ほか『法律学演習講座③　債権総論・各論』（法学書院、昭和四七年）
遺産の範囲と遺産分割の対象—債務—、ほか『遺産分割の研究』（判例タイムズ社、昭和四八年）
表見代理の効果—無権代理との関係—法学教室〈第二期〉4（有斐閣、昭和四九年）
遺産分割と共有物分割との関係『判例と学説四　民法III』（日本評論社、昭和五〇年）
たとえば、デパートの店舗内にある商品を一括して譲渡担保にとることができるか『民法学3〈担保物権の重要問題〉』（有斐閣、昭和五一年）

過失相殺における『被害者』の範囲（一）、（二）　判例評論二二八号、二三一号（判例時報社、昭和五三年）

相続と登記　ジュリスト増刊・民法の争点（有斐閣、昭和五三年）［改定：新版→後記の民法の争点Ⅰ・昭和六〇年］

共同相続財産の法的性質（一）、（二）、（三）　Law School 二五、二七、二九号（立花書房、昭和五三年〜五四年）

共同相続人間の遺産の管理をめぐる紛争『家族法の理論と実務』（判例タイムズ社、昭和五五年）

無権代理と第三者　Law School 三〇号（立花書房、昭和五六年）

相続回復請求権　『新版民法演習5』（有斐閣、昭和五九年）

相続と登記　ジュリスト増刊・民法の争点Ⅰ（総則・物権・親族・相続）（有斐閣、昭和六〇年）

廃除原因、相続財産の範囲『演習民法（相続）［新演習法律学講座七］』（青林書院、昭和六〇年）

譲渡担保の意義・機能　金融商事判例増刊号＝七三九号「譲渡担保―実務と理論の問題点―」（経済法令研究会、昭和六一年）

民法八九七条、八九八条、八九九条の注釈（判例・学説の推移の集大成）『民法コンメンタール㉓　相続Ⅰ』（ぎょうせい、昭和六三年）

遺言と登記手続　判例タイムズ六八八号（臨時増刊号）「遺産分割・遺言二一五題」（判例タイムズ社、平成元年）

金銭債権の特定遺贈の対抗要件　同右

従物・附合物・付加物・集合物『演習民法（総則・物権）［新演習法律学講座4］』（青林書院、平成元年）

組合財産「共有」の特殊性『民法学と比較法学の諸相　Ⅲ』（山畠・五十嵐・藪古稀記念）（信山社、平成一〇年）

判例評釈・解説

共同相続と登記（最判昭和三八・二・二二）
ジュリスト増刊・民法の判例（有斐閣、昭和四一年）［改定：第二版・昭和四六年、第三版・昭和五四年］

合意解除の効果（大判大正一一・九・二六）
別冊ジュリスト七号・売買（動産）判例百選（昭和四一年）

二重譲渡における履行不能の時期（最判昭和三五・四・二一）
別冊ジュリスト一〇号・不動産取引判例百選（有斐閣、昭和四一年）［改定：第二版・平成三年］

養子縁組の取消権と時効（大連判大正一二・七・七）
別冊ジュリスト一二号・家族法判例百選（有斐閣、昭和四二年）

共有物を単独占有する共有者に対する他の共有者からの明渡請求の可否（最判昭和四一・五・一九民集二〇・五・九四七）
上智法学論集第一〇巻三号（昭和四二年）

共同行為者の流水汚染により惹起された損害と各行為者の賠償すべき損害の範囲（最判昭和四三・四・二三判例時報五一九号一七頁）
判例評論一二〇号（判例時報五三八号）（判例時報社、昭和四四年）

民法七一五条に基づく使用者責任と同法七二四条の加害者を知ることの意義」（最判昭和四四・一一・二七判例時報五八〇号四七頁）
判例評論一三六号（判例時報五九〇号）（判例時報社、昭和四五年）

遺産分割と登記（最判昭和四六・一・二六）
別冊ジュリスト四〇号・家族法判例百選（新版）（有斐閣、昭和四八年）［改定：第四版・昭和六三年、第五版・平成七年］

遅延損害金と利息制限法一条一項（最判昭和四三・七・一九民集二二・七・一五〇五）

『判例演習講座　民法一（総則・物権・債権）』（世界思想社、昭和四八年）

遺産を構成する特定財産につき共同相続人の一人から共有持分権を譲り受けた第三者と民法二八五条による共有物分割請求の可否（大阪高判昭和四六・一〇・二八判例タイムズ二七一号）

観音寺市水道汚染事件（高松地判昭和三九・五・二五下民集一五・五・一一五三）判例タイムズ二八八号（判例タイムズ社、昭和四八年）

遺産分割と登記（最判昭和四六・一・二六）別冊ジュリスト四三号・公害・環境判例百選（有斐閣、昭和四九年）

別冊ジュリスト四六号・民法判例百選I総則・物権（有斐閣、昭和四九年）［改定：第二版・昭和五七年、第四版・昭和六三年、第五版・平成七年］

組合の財産関係（大判昭和一一・二・二五）

別冊ジュリスト四七号・民法判例百選II債権（有斐閣、昭和五〇年）［改定：第二版・昭和五七年、第三版・平成元年］

共有物分割訴訟と持分譲受の登記（最判昭和四六・六・一八民集二五・四・五五〇）民商法雑誌七五巻五号（有斐閣、昭和五二年）

遺留分権利者が減殺すべき贈与の無効を訴訟上主張している場合における短期消滅時効の進行（東京高判昭和五一・五・二六判例タイムズ三四一号一七二頁）判例タイムズ三四七号（判例タイムズ社、昭和五二年）

交通事故における夫の過失を被害者である妻の過失として斟酌しうるか（最大判昭和五一・三・二五民集三〇・二・一六〇）ジュリスト臨時増刊・昭和五一年度重要判例解説（有斐閣、昭和五二年）

相続資格の競合と相続放棄（京都地判昭和三四・六・一六下民集一〇巻六号一二六七頁）

別冊ジュリスト六六号・家族法判例百選〈第三版〉（有斐閣、昭和五五年）

その他

北海道を考える―どさん子の気質・習俗―〈「北海道を考える」と題する三〇数名による新聞連載論文の一編〉
北海道新聞昭和三六年二月二六日［後に補筆し、永井陽之助＝岡路市郎編『北海道』（共同執筆）（中央公論社、昭和三六年）の一部となる］

遺産共有ないし遺産分割『体系民法事典』（青林書院、昭和四一年）［改定：後記の新版民法事典］

遺留分に関する民法一〇三一条ないし一〇四四条の注釈
別冊法学セミナー・『基本法コンメンタール　民法Ⅲ親族・相続』（日本評論社、昭和四六年）［改定：後記の新版親族・相続］

債権の消滅、弁済の解説、および民法四七四条の注釈
別冊法学セミナー・『基本法コンメンタール　民法Ⅱ債権』（日本評論社、昭和四七年）［改定：後記の新版債権総論］

遺産の分割、財産分離
別冊法学セミナー増刊・『現代法学事典二』『同三』（日本評論社、昭和四八年）

抵当権の総則規定に関する判例の解説
別冊法学セミナー・基本判例シリーズ『判例民法Ⅰ（総則・物権法）』（日本評論社、昭和四八年）

仮装譲渡と第三者、組合脱退と組合財産の分割、種類債務の特定とその効果、過失相殺における被害者の範囲、日常家事代理権と表見代理、などの各問題につき、それぞれつぎの各巻で解説
セミナー法学全集『民法Ⅰ　総則』、『同Ⅱ　物権』、『同Ⅲ　債権総論』、『同Ⅳ　債権各論』、『民法Ⅴ　親族・相続』（日本評論社、昭和四八年六月～五〇年六月）

相続総論、相続能力と胎児、代襲相続、相続欠格と相続人の廃除、など『民法の基礎（入門編）』（青林書院新社、昭和五〇年）［改定：昭和五五年］

被奪還者の奪還者に対する占有回収の訴、占有の訴に対する本件に基づく反訴の拒否、など『民法三〇〇題〈民法演習ノート〉』（有斐閣、昭和五〇年）

遺産共有、遺産の管理、債権債務の共同相続、相続分の指定と分割方法の指定および遺贈、（共同執筆の）相続分の譲渡と取戻し『新版体系民法事典』（青林書院新社、昭和五一年）［改定：第三版・五七年］

相続不動産の売買の特殊事項、など『不動産取引の基礎（実用編）』（青林書院新社、昭和五一年）

相続の効力―「無権代理人の本人相続」など『相続法の基礎（実用編）』（青林書院新社、昭和五二年）

民法三七四条ないし三八七条に関する判例の解説（共同執筆）『判例コンメンタール四　民法II』（三省堂、昭和五二年）

債権の消滅・弁済の解説、および民法四七四条の注釈
別冊法学セミナー・『基本法コンメンタール　新版債権総論』（日本評論社、昭和五二年）［改定（共同執筆）：第三版・昭和六三年、第四版・平成八年］

民法一〇三二条～一〇四四条の注釈
別冊法学セニナー・『基本法コンメンタール　新版親族・相続』（日本評論社、昭和五三年）［改定：〈第三版〉相続・平成元年］

遺産分割と登記　法学セミナー二七六号（昭和五三年）

最新重要判例解説―過去一年間の判例を中心に―　Law School 別冊付録（立花書房、昭和五五年）

請負における所有権の帰属

別冊法学セミナー四四号・司法試験シリーズ『民法』（日本評論社、昭和五五年）［改定：後記の別冊法学セミナー一一七号『民法II』・平成四年］

演習民法（二四回）　月刊法学教室・創刊号〜二四号（有斐閣、昭和五五年一〇月〜五七年九月）

代理に関する一〇判例の解説『判例ハンドブック　民法総則・物権』（日本評論社、昭和五八年）［改定：第二版・平成四年］

債権法講義II（契約法）第一分冊、同　第二分冊（自費刊行・昭和六〇年）

遺留分に関する民法一〇二八条〜一〇四四条の解説『逐条民法特別法講座（一〇）親族・相続』（ぎょうせい、昭和六三年）

請負における所有権の帰属　別冊法学セミナー・司法試験シリーズ第三版『民法II〈債権総論・債権各論・不法行為〉』（日本評論社、平成四年）

民法解釈学の展望
――品川孝次先生古稀記念――

2002年（平成14年）3月22日　第1版第1刷発行
3039-0101

編集代表　須田晟雄
　　　　　辻　伸行

発行者　今井　貴

発行所　株式会社　信山社
〒113-0033　東京都文京区本郷6-2-9-102
電　話 03（3818）1019
FAX 03（3818）0344
henshu@shinzansha.co.jp

Printed in Japan

印刷・製本／勝美印刷・大三製本

ISBN4-7972-3039-8 C3332
1911-0101-02-040-020
NDC分類 324.001